中国社会科学院中国边疆研究所　**厉声　主编**

当代中国边疆·民族地区典型百村调查：**云南卷（第三辑）**

分卷主编：**方　铁　翟国强**

中国社会科学院中国边疆研究所 厉 声 主编

当代中国边疆·民族地区典型百村调查·云南卷（第三辑）

# 翱翔中的拉祜族乡

## ——云南省临沧市临翔区南美拉祜族乡调查报告

■李红军 梅 英◎著

社会科学文献出版社

SOCIAL SCIENCES ACADEMIC PRESS (CHINA)

# 总 序

　　深入实际、开展国情调研，是中国社会科学院肩负的重要科研任务，也是中国社会科学院履行好党中央、国务院赋予的"思想库"、"智囊团"职能的重要方式。中国边疆省区占国土面积的60%以上，边疆区情及当地的民族社会调研（边疆调研）是中国国情调研的重要组成部分。正如一位边疆工作者所说：不了解少数民族，就不了解中华民族；不了解边疆，就不了解中国。1983年中国社会科学院中国边疆史地研究中心建立后，特别是1990年以来，一直将边疆调研作为学科研究的重点之一。

　　2004年，中国边疆史地研究中心承担国家社科基金特别项目"新疆历史与现状综合研究"（简称"新疆项目"）。2006年，中国边疆史地研究中心牵头，立项开展"当代中国边疆·民族地区典型百村调查"（简称"百村调查"），作为此特别项目的子课题。"百村调查"以新疆为重点，在全国新疆、西藏、内蒙古、宁夏、广西五个民族自治区和云南、吉林、黑龙江三省基层地区同时开展，共调查100个边疆基层村落。调查工作在"新疆项目"领导小组和专家委员会指导下，由"百村调查"

专家委员会暨编委会组织实施。在中国边疆史地研究中心主持拟定的调查大纲框架下，发挥每个省区的优势，体现各自的特色。

本项目的实施得到了边疆地区各级地方党政部门的支持。首先，调查工作注意与地方党政部门的相关工作衔接、听取意见，在实施调查之前，主动向各级党政部门汇报情况，听取指示和意见。其次，调查组主动让各级党政部门了解调研的全过程，在调研过程中出现问题时及时向相关党政部门请示。再次，调研阶段成果和最终成果的副本同时提供地方党政部门参考。

"百村调查"的调研主题是：改革开放 30 年来中国边疆基层村落的民族社会和经济发展的历史与现状。具体内容包括：乡村概况、基层组织、经济发展、社会生活、民族、宗教、文教卫生、民俗风情等。项目调研的时间是：2007~2008 年（资料下限至 2007 年底或适当延长）。

"百村调查"的调研对象为：100 个具有典型意义与特色的中国边疆基层村落。课题以基层乡、村两级为调查基点，大致每个省区选择 2 个地州，每个地州选择 1~2 个县，每个县选择 2 个乡，每个乡选择 2 个村。新疆共调查 22 个村，其他地区均为 13 个村（辽宁、吉林、黑龙江以东北边疆为单元，共调查 13 个村）。调查点的选择要求：

（1）本地区社会稳定与经济发展中具有典型意义的基层乡和村。

（2）存在边疆现实政治、社会或经济发展的热点、难点问题。

（3）与 20 世纪 50 年代全国边疆民族调查能有一定的衔接。

"百村调查"采取学术调查与现实政治相结合的方法，以社会人类学入村入户调研方法为主，同时关注现实政治、社会与经济发展中的热点、难点问题：一般共性调查与专题专访调查相结合，在一般综合性调查的基础上，选择好专访或专题调研的"切入点"——总结经验与完善不足相结合，在总结各项工作经验的同时，善于发现问题和提出解决问题的对策与建议。调研注重入户访谈和小范围座谈的专访调查。在一般性问卷和统计资料收集的基础上，注重对基层干部、群众典型、教师、宗教人士等特定人员的专题访谈，倾听和收集他们对基层社会稳定与经济发展的看法、意见和建议，形成能说明问题的专访或专题调研报告。

"百村调查"的成果形式分为调查综合报告与专题报告两大类。

（1）调查综合报告：依据大纲规定，撰写有关乡村经济社会等发展状况的综合报告，课题结项后分期公开出版。专题报告及调查资料可以公开发表的，在篇幅允许的情况下，作为附录附在综合报告末尾。

（2）专题报告：内容较敏感、不适宜公开出版的专题报告，集成《专题报告集》，内部刊印。

"百村调查"总主编　厉声　谨识

2009 年 8 月 25 日

# 目　录
## CONTENTS

# 图目录
## FIGURE CONTENTS

# 表目录
## TABLE CONTENTS

# 序 言
## FOREWORD

一

云南地处祖国西南边陲，全省东西横贯 864.9 公里，南北纵跨 990 公里，总面积 38.3 万多平方公里，居全国第八位。境内绝大部分是山地，矿藏丰富，有 25 种矿产资源保有储量居全国前三位。不仅动植物资源呈多样性，而且少数民族文化也是复杂多样的。云南是个多民族的省份，有 52 个少数民族，其中 5000 人以上的世居少数民族有 25 个，是全国边疆少数民族种类最多的省区。云南历史悠久，公元前五六世纪，滇池地区已出现创造了灿烂青铜文化的滇国，两汉时云南正式进入中央王朝的版图。

19 世纪后期，英法殖民者以缅甸、越南为基地，把侵略矛头指向云南。传教士进入云南传教，随后开埠通商和修筑滇越铁路，蒙自、河口、思茅与腾越是最早设立的商埠。英法殖民者大量掠取锡等矿藏资源，云南封闭的状况也逐渐改变。

1950 年云南和平解放。1952 年至 1956 年，中央政府在少数民族地区进行民主改革。在白族、回族、纳西族和壮族聚居的地区，采取政策略宽于汉族地区的土改方式；在处于封建领主制和奴隶制阶段的傣族、藏族、哈尼族、普

1

米族以及一部分纳西族、彝族的地区，采取和平协商土改的方式；在保留原始公社制度残余的傈僳族、景颇族、佤族、布朗族、基诺族、怒族、独龙族以及一部分拉祜族的地区，不进行土改，通过发展生产直接过渡到社会主义社会。土地改革与民主改革完成后，各族农民分到耕地和生产资料，农业生产获得较大发展。

新中国成立60年来，特别是十一届三中全会后，云南在农业、工业、贸易、文教卫生等诸领域都发生了巨大的变化。但目前与内地其他地区相比仍存在一些困难和问题。

据调查，云南边境县市地区有以下特点：一是社会经济发展速度普遍缓慢，总体上与先进地区的差距仍在扩大。二是基础设施与基本建设滞后，严重制约当地社会经济的发展。三是影响社会稳定的问题突出，治理难度很大。四是跨境民族境内外不同部分往来密切，本民族自我统一意识增强，并呈现继续发展的趋势。五是与邻国相比，云南边境县市一些地区获得国家支持的力度不够，与越南等国的优惠政策形成反差。六是地方财政较困难，难以落实国家规定的脱贫项目的配套经费。七是地方教育、卫生保健、文化事业等发展水平偏低。

因此，云南边境县市地区目前的状况，与建设和谐边疆的目标很不适应。最近中国与东盟10国共同签署中国—东盟自贸区《投资协议》。双方已成功完成自贸区协议的主要谈判，自贸区将如期在2010年全面建成。中国—东盟自贸区合作的高速进展，对云南边境县市地区以及当地少数民族的稳定与发展提出了更高要求。

在这一背景下，对国情、区情作进一步了解，以制定相应的政策、措施，显得十分必要。

中国社会科学院中国边疆史地研究中心主持的国家社科基金特别项目"当代中国边疆·民族地区典型百村调查"（简称"百村调查"），是一项涉及广西、云南、西藏、新疆、内蒙古、宁夏、吉林、黑龙江等八省区 100 个村寨的大型调研项目。云南省作为中国边疆少数民族种类最多的省，在本次调查中共选点 13 个，主要集中在云南沿边一线的各民族边疆村寨，个别分布在非边境县市地区。

## 二

在中国近现代发展史上，对于边疆地区的关注，主要出现在 19 世纪末 20 世纪初。一批学者对中国边疆尤其是西南边疆地区进行了调查研究，取得了一定成果。新中国建立后，在相关政府部门、研究机构的推动下，开展了对国内各民族社会历史的调查活动。20 世纪五六十年代，根据党中央和国务院的部署，国家有关部门在全国范围内进行了大规模的少数民族社会历史调查，其中也对云南各民族社会历史发展情况进行了全面的调查。该次调查对云南少数民族地区的社会、经济、文化发展起到了重要的推动作用，也为后来的学术研究积累了大量的历史学、民族学、人类学、社会学资料。2003 年 7 月至 8 月，云南大学组织力量对全国 32 个少数民族村寨进行了调查，其中包括云南各民族村寨调查。这次调查，也是一次典型的少数民族村寨调查，获得了 21 世纪初中国各民族典型村寨的珍贵资料，具有重要学术价值。

与历次少数民族社会历史调查不同的是，本次由中国社会科学院中国边疆史地研究中心发起的边疆"百村调查"项目，主要是从边疆学的角度考虑，突出了边疆、村落和

现实发展状况三个要点，期望通过深入的田野调查，面向中国边疆农村地区，真实反映现实的中国边疆村寨客观发展状况，为国家宏观把握边疆发展现状，构建和谐、安全、富裕边疆提供参考资料。此次调查虽然并未把少数民族因素作为关键内容予以突出，但由于中国历史上形成的边疆社会人口结构，决定了调查的内容必定要涉及大量的少数民族村寨。因此，云南的调查点与全国其他边疆地区的情况一样，涵盖了大量的少数民族村寨。

云南在本次调查中所选择的 12 个调查点，是根据总体项目的设计，选择具有代表性的 4 个地州，在每个地州选1~2 个县，每个县选择 1~2 个乡，每个乡选择 1~2 个村（农场），最后完成 12 份村寨调查报告，以及相关的若干份调研咨询报告。通过调研和提交的研究成果，较全面地反映云南省尤其是沿边地区社会与经济发展的状况，以及存在的主要问题，并提出解决问题的基本思路和切实可行的对策建议。

选择什么样的村寨作为调查对象？云南项目组遵循以下原则：第一，尽量顾及民族特点，选择自治州、县的自治民族，即壮族、苗族、彝族、瑶族等；第二，尽量选择不同类型的乡镇、村寨，距离不能太近，避免雷同；第三，所选村寨要尽量大一些，以便进行 50 户问卷抽样。根据上述原则，我们分别选取以下 12 个村寨作为调查对象。

红河哈尼族彝族自治州所属河口瑶族自治县桥头乡下湾子村和老汪山村、河口县老范寨乡小牛场村、河口南溪镇马多依下寨和红河县迤萨镇跑马路社区安邦村；文山壮族苗族自治州所属麻栗坡县猛硐瑶族乡坝子村和丫口寨、麻栗坡县董干镇八里坪村和马崩村；临沧市沧源佤族自治

县勐董镇永和社区、沧源佤族自治县勐角乡翁丁村以及玉溪市元江哈尼族彝族傣族自治县甘庄华侨农场等。

这些村寨各具特点，例如下湾子村和老汪山村分别是苗族和布依族的村寨，是多元文化融合的典型。在这里我们可以看到内地汉儒文化与边疆苗族、布依族等少数民族文化的融合，是中华民族文化"和谐"与"多元"的实例见证。红河县迤萨镇跑马路社区安邦村素有"侨乡"之称，该村侨眷占绝大多数，分别与老挝、美国、法国、加拿大、泰国、越南等国有侨眷关系，逐渐成为中国看世界和世界看中国的一个窗口。

除以上所说的13个少数民族聚居村寨以外，3个子课题组还对所调研地州的其他一些地区，选择较突出的一些问题进行了调研，并撰写相应的调研咨询报告。

## 三

本项目的调查和研究，拟在以下方面有所突破：一是云南边疆地区社会经济发展状况的总体评价；二是云南边疆地区社会经济发展趋势预测；三是云南边疆地区社会经济发展存在的突出问题；四是解决云南边疆地区社会经济发展中存在问题的基本思路；五是解决云南边疆地区社会经济发展中存在问题的对策建议；六是对包括云南在内的中国边疆地区，当前和今后一段时期存在的问题及解决办法的思考；七是对今后在边疆地区进行社会经济可持续发展调研的建议。

研究的方法，主要是采取社会学、人类学的基层调查方法，系统收集和整理相关的资料和数据，尤其重视新资料和经过调查得来的第一手资料，同时结合历史学的分析、

演绎和归纳的方法，在此基础上进行全面深入的分析和研究，形成具有较高水平的研究成果。

在调查和研究的过程中，以云南大学西南边疆少数民族研究中心（教育部人文社科重点研究基地）以及云南省的红河学院、文山学院、临沧高等师范专科学校等高校的教师和研究生为基本力量，同时吸收相关地州民族研究所的研究人员和各级政府的有关人员参加，共同协作，博采众长。在调研的过程中，注重依靠各级政府有关部门和乡村两级干部，深入村寨进行调研，实施问卷调查，细心倾听各民族干部和群众的意见，在此基础上形成真实客观、有一定的深度和广度、符合科研规范、有较高学术含量的研究成果。可以说，通过参加者的共同努力，基本上达到了项目所设计的预期目标。

"当代中国边疆·民族地区典型百村调查·云南部分"项目，由以下人员分别担任项目组及子课题组的负责人。

课题主持人：方铁（云南大学西南边疆少数民族研究中心教授，该中心原主任）

课题副主持人：翟国强（中国社会科学院中国边疆史地研究中心副研究员）

**红河哈尼族彝族自治州子课题组**

组长：金少萍（云南大学西南边疆少数民族研究中心教授）

副组长：何作庆（云南省红河学院教授）

**文山壮族苗族自治州子课题组**

组长：杨永福（云南省文山学院教授）

副组长：杨磊（云南省文山学院教授，副校长）

**临沧市子课题组**

组长：邹建达（云南师范大学教授）

副组长：杨宝康（云南省临沧高等师范专科学校教授，副校长）

在调查研究的过程中，得到了云南省政府有关部门、红河哈尼族彝族自治州、文山壮族苗族自治州、临沧市、玉溪市及所属县乡各级政府的大力支持和有效帮助，谨此表示衷心的感谢！

最后，本课题能以专著的形式出版发行，应该感谢中国边疆史地研究中心、社会科学文献出版社等单位提供的机会和付出的努力。在审阅本书稿的过程中，中国边疆史地研究中心李方研究员付出了辛勤劳动，一并表示感谢。

主持人（分卷主编）：方铁　翟国强

2009 年 8 月 20 日

# 第一章　概述

南美拉祜族乡作为临沧市临翔区两个少数民族乡之一，是临沧市境内拉祜族的主要聚居地。它位于临翔区县城西部的高寒山区，距临翔区城 48 公里，东接临翔区博尚镇，西接临沧地区耿马傣族佤族自治县，南与临沧地区双江拉祜族佤族布朗族傣族自治县勐库镇接壤，北连临翔区章驮乡。据调查所得口碑材料和文献分析结果，今居住于普洱市及临沧市双江县、沧源县等地的拉祜族均由此地迁出，是云南拉祜族原始文化的发源地之一。由于该地地处深山，与外界交流偏少，该地至今仍保存了大量的原始拉祜族文化，是云南省研究拉祜族传统文化不可多得的"活化石"。

南美拉祜族乡共有国土面积 120.85 平方公里，全部为山区，海拔为 1500～2835 米。乡政府所在地海拔为 1950 米，群众居住线在海拔 1800～2500 米。由于地处高山，该地年霜期在 40 天以上，年平均降水量为 2200 毫米，年平均气温 14℃～16℃，是典型的寒冷多雨的山区。与地理环境相对应，该地植被以常绿落叶阔叶林为主，垂直分布特点突出，森林覆盖率在 20 世纪 50 年代初期曾一度达到80%～90%。南美拉祜族乡辖多衣、南美、南华、坡脚 4 个村民委员会，24 个自然村，33 个村民小组（社），聚居有拉祜、汉、彝、布朗、傣、佤、回 7 种民族，民风民俗独特。2009

1

**图 1－1　南美拉祜族乡远眺**

年年底，全乡总人口为 4525 人，其中拉祜族人口 3231 人，占总人口的 71.4%，耕地面积 13692 亩，森林面积 89000 亩，森林覆盖率达 50%。2010 年年末，该乡实有耕地 14487 亩，其中水田 2799 亩、旱地 11688 亩；森林面积 8.9 万亩，森林覆盖率达 50%。

　　据目前拥有的地方史料，南美拉祜族乡之"南美"作为地名始于何时已无法准确考证。田野考察中，据当地拉祜族居民讲"南美"来源于傣语，"南"是"河头"之意，地名的由来与该地地处勐库河的发源地相关；至于"美"，则意义不详。"南"为"河流"、"江"之意，或为正确。因为，根据临沧市双江拉祜族佤族布朗族傣族自治县傣族方言调查相关材料，当地拉祜族所说的"美"也为"江"、"河流"之意。结合南美乡拉祜族居民对该地名的发音近似"南勐"，而傣语中"勐"多为地名之用，语意表"坝子"的习俗，笔者认为"南美"或为傣语地名，其意应为"河

图 1 - 2　莽莽苍苍的原始森林

头所在的坝子"，该名与此地为以傣族为主要居民的章驮隶属地不无相关。"南美"作为行政区划名称，最早出现于民国 21 年（1932）相关史料中。当时，临翔区（时称缅宁县）行政区划中第二区辖永达乡，永达乡辖大南美村，永达乡治所在今临翔区博尚镇勐托行政村。新中国成立前，今南美乡部分区域设立了保甲等地方机构。中华人民共和国成立至 1987 年前，南美一直作为行政村属"九山头地"的临翔区章驮管辖。新中国成立初期归第二区章驮辖，1957 年撤区并乡，归章驮乡辖；1966 年章驮乡改称庆丰公社，仍辖南美；1983 年政区重新改革，章驮乡复称章驮区；1987 年，区乡再次改革，章驮区又改称章驮乡至今。1987 年 12 月，原章驮乡辖区的多依、南美、南华三个村与原博尚镇辖区的坡脚村合并，正式成立南美拉祜族乡。

　　建乡前，南美拉祜族乡居民基本上处于一种自在、自为、自流的状态，生产生活方式极为落后。建乡以后，通

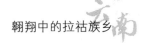

过历届党委、政府的不懈努力和各级各部门的关心支持，南美拉祜族乡居民的生产生活方式发生了较大改变，核桃、茶叶、烤烟、油菜、畜牧业等产业相继形成，各项社会事业也得到了推进。但由于历史、环境等综合因素影响，南美拉祜族乡社会经济发展水平一直处于较为低下的状态，是临沧市的重点扶贫乡镇。1995 年，该乡被列入云南省 506 个扶贫攻坚乡名录。从其整体发展水平来看，在临沧市范围内该乡社会经济发展水平依旧处于总体偏下、有待提升状态。事实上，这与南美拉祜族除了森林资源较为丰富外，其余各项综合条件在很大程度上不利于农业生产密切相关。南美拉祜族乡土壤以红壤和黄壤为主，腐质层较薄，且普遍缺磷，肥力较低；加上因地势陡峭等原因，农田大多缺水、灌溉条件差。因此在当地经济以农业为主，主要种植水稻、小麦、玉米、荞麦、油菜、茶的情况下，各种作物的产量均普遍较低；畜牧业以养羊为主，经济效益也不高。境内河流属澜沧江水系，主要河流是澜沧江主要支流之一的小黑江的支流勐库河，水质清澈，但流量小，水电开发潜力小。到目前为止，尚未发现有开采价值的矿产资源。境内唯一的工业企业是由临翔区民委投资并独立经营核算的拉祜王酒厂。

拉祜族是南美乡的主体民族，他们一直是当地社会、经济、文化发展的主体。基于此，在调查过程中，笔者对以拉祜族为调查对象，对其族源、族称、迁徙史、语言文字、体质特征等相关问题作了详细调查，并在综合田野考察所得和文献材料基础上作了一些初浅分析，后文分别对其予以陈述。

图 1 - 3 南美拉祜族乡拉祜王酒厂

# 第一节 南美拉祜族族源

拉祜族是亚洲古老民族之一，现主要分布于中国云南省及东南亚的缅甸、泰国、越南、老挝的山区和半山区，美国加利福尼亚州也有少量分布。据现有研究成果，中国境外的拉祜族均由云南省迁出。因此，民族学界一般认为云南省是全世界拉祜族的故乡。云南省作为中国境内拉祜族的主要聚居区，拉祜族人口在 1000 人以上的区、县、自治县有 22 个。它们分别隶属于临沧市、普洱市、西双版纳傣族自治州、红河哈尼族彝族自治州、玉溪市五个州市，其中人数最集中的是普洱市的澜沧拉祜族自治县，该县也是全国唯一的拉祜族为主体民族的自治县。拉祜族人口位居澜沧之后的，便是临沧市的双江拉祜族佤族布朗族傣族自治县、耿马傣族佤族自治县，普洱市的孟连傣族拉祜族佤族自治县。云南拉祜族分布区域，均处于澜沧江东西两岸、哀牢山两侧、红河中下游沿岸的山区与半山区。除此之外，云南省的大多数拉祜族都与其他民族交错杂居。

对于拉祜族的族源，目前学术界主要有两种观点。第一种观点认为，拉祜族是云南境内最早的土著民族之一；第二种观点则认为，拉祜族并非云南的土著民族，他们属于古代氐羌族群的后裔，当今的分布局面是历经多年迁徙的结果。综合史据考证并结合笔者多年深处拉祜族居住地的调查所得，笔者认为于南美拉祜族族源而言，第二种观点应更为妥帖，他们应是古代氐羌族群的后裔。具体而言，得出该结论的依据包括如下几个方面。

首先，语言依据。从语言学角度看，拉祜语属汉藏语系藏缅语族彝语支，据语言学家对今属藏缅语族的藏、彝、哈尼、白、羌、纳西、傈僳、拉祜等 17 个民族的语言进行研究，他们发现在 1000 个左右的常用词中，具同源关系的占 1/5 左右。语言上存有的同源关系，部分说明了藏缅语族17 个民族可能具有共同的渊源。笔者曾对南美拉祜族的语言做过调查，除部分语言被当地同居的民族同化外，至今仍有大部分语言保留了藏缅语族的特点。因此，根据南美拉祜族所持语言具备的词特点，其祖先应属于藏缅语族的一支，与氐羌族群存有关联。

其次，史料依据。笔者在对南美拉祜族研究过程中，对相关历史文献进行过查询审阅。结果发现，史料中有南美拉祜族作为氐羌族群后裔迁徙至南美的线索。据史料记载，早在新石器时代晚期，羌人中的一支就开辟了一条由今甘肃、青海一带经今四川西部进入云南西北部的通道。公元前 4 世纪初，秦献公武力统一西方，导致大批羌人迁离故地，"其后子孙分别，各自为种，任随所之"（《后汉书·西羌传》）。因此，约在战国时期，拉祜族先民迁入云南，与其他彝语支族体形成《史记·西南夷列传》等史籍中所称的昆明人。如民族史学家尤中先生认为，《史记·西南夷列传》中的"西南夷"就其族系分类来说，属于氐羌、百越、百濮（孟高棉）三个系统。其中，属于氐羌的有僰族、昆明族、叟族、摩沙族。昆明族和叟族不断分化、重组，秦汉以后，逐渐形成除白族、纳西族以外的五个彝语支民族，即彝族、哈尼族、拉祜族、傈僳族和阿昌族。在晋宁石寨山墓葬出土的战国至秦汉时期的铜俑和储贝器上的人物像，大致可区分出 11 组不同的发饰和服饰的居民，其中一组男女皆头梳双辫，身穿长可及膝的长袍，有人认为是昆明人形象，而据相关资料记载，近代拉祜族等民族男女成员都曾经头梳辫子，身穿长袍，与昆明人形象相同。南北朝后，拉祜族从昆明族和叟族分化出来，《新唐书·南蛮传》称之为"锅锉蛮"："戎州管内……南有离东蛮，锅锉蛮，西有么些蛮，与南诏、越析相姻娅。"这是拉祜族在史籍中第一次以单一族体出现，当时他们主要分布在今云南省楚雄彝族自治州西北部。南诏时期，"锅锉蛮"的生产较为落后，过着采集和狩猎的移动生活，南诏政权很难对他们实行直接统治，因而史籍中的记载很少。宋、元时期，拉祜族神秘地从汉文史籍中消失，直至明代才重新出现。宋、元时期的拉祜族"消失"，一度被称为拉祜族历史的难解之谜。通过对其他史料及拉祜族民间传说、民族史诗的分析研究，可以发现宋、元时期，拉祜族先民进行了南迁。其中，大规模的南迁有两次：一次是在大理国后期，段氏与乌蛮三十七部关系破裂，段氏击败乌蛮三十七部，拉祜

族先民南迁。另外一次则是1253年忽必烈灭大理国之时。
虽然当年忽必烈曾命"（姚）枢裂帛为旗，书止杀之令"，
即禁止杀害当地居民。但其派驻云南的大将兀良合台在
"攻诸夷至未附者"时遭到强烈抵抗（《元史》卷三《宪宗
纪》），于是他在征伐各地时大行杀戮。其后兀良合台平定
了乌蛮三十七部等，并被委以镇抚云南的重任，但在其与
大理段氏共同镇抚云南的20年间，仍未停止屠杀政策
（《元史》卷一二一《兀良合台传》），这些做法导致了拉祜
族大举南迁。笔者认为，云南拉祜族民间传说中有三条狗
尾巴那么多的人走一路，有三碗苏子那么多的人走一路的
迁徙故事应该就是对这次大迁徙的追忆。在这次大迁徙中，
以拉祜纳为主体的支系沿今巍山、南涧等地进入今临沧市，
以拉祜西为主体的支系顺哀牢山西侧和无量山东侧进入今
普洱市的景东、景谷一带。明代，拉祜族重现于史书，主
要活动地为滇南。至清代文献记载，楚雄府所辖的广通县
（今广通镇）、南安州（今楚雄彝族自治州双柏县），楚雄府
以南的顺宁府（治所在今临沧市凤庆县，并辖今临沧市的
临翔区、云县、双江拉祜族佤族布朗族傣族自治县一带）、
耿马宣抚司（治所在今临沧市耿马傣族佤族治县，并辖今
双江拉祜族佤族布朗族傣族自治县的一部分）、普洱府（治
所在今普洱市普洱哈尼族彝族自治县，并辖今普洱市翠云
区、墨江哈尼族自治县、景谷傣族彝族自治县）、孟连宣抚
司（治所在今普洱市孟连傣族拉祜族佤族自治县，并辖今
普洱市澜沧拉祜族自治县、西盟佤族自治县一带）等处都
有被称作"倮黑"的拉祜族的分布，其中大部分"倮黑"
集中分布在顺宁府、耿马宣抚司、孟连宣抚司、普洱府等
处。故清朝嘉庆年间伯麟在《进云南种人图说》中称"自

普洱府思茅、威远两厅以西，顺宁府缅宁厅（今临沧市临
翔区——编者注）、云州（今临沧市云县——编者注）以
南，车里土司之西，耿马土司之东，孟连土司之北，为倮
黑夷众所窟"。被称为"苦葱、苦聪、小古宗、野古宗、黄
苦聪"等的拉祜族则主要分布在今新平、元江、镇沅等县，
因此在清代基本形成今拉祜族的分布格局，以上区域至今
仍是拉祜族主要聚居区。

　　再次，民间口碑传说依据。调查中，笔者发现南美拉
祜族流传至今的口碑传说中，存有对本民族的迁徙、发展
史记载。其中，部分词语可以反映出其源于青藏高原之氐
羌族群。根据如今整理出版的拉祜文文献《MUDPHAL MIL-
PHAL》（《创世纪》，又译为《开天辟地》）、《KEOKUD》
（《迁徙史》）、《HAQHO KHAWD》（《招魂歌》）、《QHAWR
KEO KHAWD》（《年歌》）、《BOTE SHIQTE KHAWD》（《祈
福歌》），以及汉文版《牡帕密帕》（汉语译名《创世纪》）
等口碑传说中记载，拉祜族的先祖原居住在"milni tawt
qhod"（"密尼多科"），意为"红土高原"或"红土高山"
一带，也译为"黄土高地"，周围有名为"nawqhieq xeulpo"
的湖，湖中有盐，该大湖又称"mudni xeul shawfkeul, lawq-
pa xeul shawfkeul"。后来，拉祜族先民才离开此地。离开的
具体原因，一种说法是因为先祖原与汉族居住在一起，后
来因人口增加，汉族和拉祜族为争夺生存空间发生了战争。
拉祜族战败，因此不得不离开此湖开始大迁徙。另一种说
法则是，拉祜族先祖依靠采集野果野菜为生，后期随着人
口不断增加，野果野菜被人们采食完了，森林也被人们用
火烧光了，人和动物都无法再也无法生存下去。因此，他
们只好离开"milni tawt qhod"（"密尼多科"），开始大迁

徙。据这些口碑传说材料，拉祜族祖先由"peurti narti"（"北氏南氏"）迁出后，先到了"avor aqaw to"坝和"avor aqaw qhaw"山。后来，当地强大的官兵又迫使他们离开。最后，他们迁入了"mudmied milmied"（"牡缅密缅"）。如今民族学界认为，"milni tawt qhod"所指应为今天黄土高原一带。当然，这也与各地拉祜族记忆和口碑中其祖先由北方或西北方迁来在大方向上相吻合。如今，分布在云南省金平、镇沅等县的拉祜族就认为他们的祖先是由北方迁来的。"nawqhieq xeulpo"湖是青海湖，"mudni xeul shawfkeul, lawqpa xeul shawfkeul"意为"太阳、月亮洗澡的地方"，也同样指青海湖。拉祜族地区流传的《海水为什么是咸的》《太阳月亮洗澡池》等故事应当就是对居住在青海湖附近的历史生活的记忆。然而，由于拉祜族口碑传说中的古地名缺乏相应的其他民族语言地名的对比，加之古代拉祜族没有文字，也没有类似彝族等民族存在的父子联名制等可以推断大体年代的文化内容，因此对口碑中的部分古地名的准确所指还需要进一步的考证。不过在大的方向上已经基本明确，即由北方或西北方迁徙而来。此外，对"mudmied milmied"（"牡缅密缅"）所指为今云南省临沧市或今临沧市市区所在地临沧坝子，在拉祜族民族内部及学术界形成了普遍的共识。有研究者将拉祜族迁入临沧坝子或临沧市前后数百年的历史时期称为"牡缅密缅"（或"勐缅密缅"）时期，并认为这是拉祜族进入云南后的一个重要的历史发展阶段。

最后，民俗依据。除上述依据外，南美拉祜族日常生活习俗中至今仍有其源于氐羌族族群的大量遗存，其中以火葬极为突出。南美拉祜族至今保留着庄子所谓的"羌人死，燔而扬其灰"之俗。南美拉祜族乡各个村寨，寨民死后都实行火葬，各个村社都有其统一进行焚烧、埋葬的山林。在调查过程中，当地的拉祜族自称南美"地皮比较干净"，他们所说的意思就是南美拉祜族世世代代都实行火葬，地点集中，不到处垒坟，不会把地皮弄脏。南美拉祜族传统的葬礼中，都是用一丈二或一丈六长的白布缝布套把死者套好，两根楼棱间用藤篾捆扎成类似担架的架子，然后将用白布套套好的死者遗体放上，抬至火葬场焚烧。如果去世的是女性，使用的楼棱从木掌楼楼板下抽出，如果是男性则抽取的是木掌楼楼顶的楼棱。在把尸体抬至火葬场地之时，如果死者有儿子，儿子也要加入抬尸体的队伍行列并经过他抬一段路程后，再换其他人抬。抬至火葬场后，参与帮忙的人开始砍树、劈柴、架柴，准备焚烧遗体。垒焚烧的木架之时，如果死者为女性，柴架九层，男性则为八层。据说这样做是因为女人会生小孩，女人的肠子比男人多一截，所以柴要多架一层。所有的准备工作做完后，人们把将白布套好的遗体脸朝下放在柴堆上后开始点燃柴堆，而且引火的火把必须从死者家中带来。火化后的骨灰，有的村寨用石块等将骨灰掩盖而垒成坟，有的村寨不垒。纵观这些习俗，氐羌族群的文化遗存清晰可见。此外，笔者在南美拉祜族乡调查之时，对当地妇女的服饰进行了仔细的观察，发现她们的服饰至今仍较为完整地保留了北方少数民族服饰的特点。南美拉祜族妇女服饰拉祜语称为"阿波哈的拖"，她们喜欢裹一丈多长、垂及腰际的黑色头巾，身穿开衩很高的高领长袍。这些传统服饰岔口两边和衣服周围都镶有彩色几何纹布块或条纹布块，沿衣领及开襟处还镶有雪亮的银泡。事实上，这种服饰显然不

11

符合亚热带地区民族的着衣习俗，而在很大程度上仍然保留着西北高寒地区民族的服饰特点。晋宁石寨山墓葬出土的战国至汉时的铜俑和贮贝器上的人物形象中，其中有一组身着长可及膝的长袍人物形象，经学者鉴定为昆明人形象，其着衣风格与南美拉祜族颇为类似。根据唐代文献中记载，古代乌蛮"妇人衣黑缯，其长曳地"，沿循"古羌人—昆明人—乌蛮—（锅锉蛮）—拉祜族"这一发展图谱，南美拉祜族妇女着衣与亚热带地区风格存有差异的原因也便有了合理的解释。当然，当拉祜族先民从西北寒冷的甘青高原迁徙到西南温热的川、滇一带时，其"裘褐""华毡"自然也相应变化成了简单且开衩很高的服饰，但依旧保留了高领和长袍的风格。

图1-4　南美拉祜族妇女服饰

综上所述，基于南美拉祜族语言、生活习俗、服饰风格调查所得，以及史料分析，笔者认为南美拉祜族应源于甘青高原的氐羌族群。至于其具体的迁徙路线，也能从民间传唱、流传的神话、古歌中找到线索。

# 第二节　南美拉祜族族称

我国的50多个少数民族除汉族之外，基本上每个民族族称都包括自称和他称两种。从某种程度上讲，这是古代先民群落之间交往的历史痕迹。查询汉民族的古代文献，所记载的周边族群名称有的是本民族的自称，有的则是其他民族对他们的别称。这些称呼有的内含贬义，有的也有褒扬之意。于拉祜族而言，有"拉祜纳"（黑拉祜）、"拉祜西"（黄拉祜）、"拉祜普"（白拉祜）三个支系，民族学界多认为其自称为"拉祜"。"拉"在拉祜语中是老虎的意思，"拉祜"是用火烤吃虎肉的意思，因而拉祜族被称为"猎虎族"；拉祜族的他称则包括有"史宗""野古宗""苦聪""倮黑""磨察""木察""目舍"等几种。然而，根据南美拉祜族乡田野考察所得，笔者发现，当地拉祜族的族称不止这些，还存有一些当地其他民族对他们的他称。为了对其族称进行整体描述，下文综合现有研究成果和自己的调查结论，从他称和自称两个方面对南美拉祜族的族称略作阐述。

首先，他称。从他称来看，拉祜族在中国历史文献中的他称较多。这些他称，在南美拉祜族中依旧部分存在。史料记载中，《新唐书·南蛮传》称拉祜族为"锅锉蛮"，明代天启《滇志》称拉祜族为"菓葱"，清代雍正年间《云南通志》、嘉庆年间伯麟《进云南种人图说》、道光年间《普洱府志》、光绪年间《云南通志稿·南蛮·种人》等文献中则称之为"苦葱、苦聪、小古宗、野古宗、黄苦聪"等。这些称呼作为汉民族对拉祜族的称呼，多为不同时代的汉语音转写。如今，它们依旧出现在其他民族称呼拉祜族之时。如云南省的傣族、佤族、布朗族、哈尼族、彝族、纳西族等少数民族仍旧称拉祜族为"目舍""牡色""捆""目察""苦聪"；缅甸和泰国境内的拉祜族被其他民族称为"牡萨""牡色""慕社""麦袖"；老挝境内，拉祜族则被其他民族称为"伕贵"等。这些他称内含多为"山地民族""狩猎民族""猎人"之意。此外，"倮黑"也是拉祜族较为常见的他称之一。中华人民共和国成立前，西方学者多用"倮黑"指称拉祜族。回顾我国古代文献，清康熙年间的《楚雄府志》卷一中也开始称拉祜族为"倮黑"。"倮黑"一词作为拉祜族的主要称谓之一，一直沿用至20世纪50年代初。直至1953年，在《关于澜沧拉祜族自治区若干问题的报告》中首次使用"拉祜族"代替了"倮黑"作为拉祜族族称。自此之后，各种书面材料中才不再用"倮黑"一词于拉祜族族称。虽然目前民族学界对"倮黑"一词是他称还是自称仍旧存有争论，认为是自称者并不认为该词存有贬义。笔者认为，拉祜族的族称"倮黑"应为内含贬义的他称，且与历代统治者对拉祜族的鄙视不无相关。因为，笔者在调查过程中发现，"倮黑"一词并不被该民族主体认可，他们普遍认为该称呼存有贬义。

南美拉祜族的他称使用较多的是"倮黑"。如今，临沧市各民族仍习惯称拉祜族为"老黑"，此即为"倮黑"的汉语方言化异读。临翔区的汉族等民族居民在中华人民共和国成立前，曾按照服饰称呼不同地区的拉祜族。如居住在今博尚镇藤龙等地的拉祜族因其服饰颜色偏黄而被称为"小黄老黑"，南美拉祜族也曾被称为"小黄老黑"，居住在其他地区的拉祜族还有的被称为"长尾巴老黑"等，这些称谓因多带有贬义而在中华人民共和国成立后逐步地取消，现在临翔区民间已基本不再使用。对于"老黑"的他称，当地拉祜族非常不喜欢，也不认可这个称谓。临沧人也大多认为，临沧方言中"老黑"带有蔑称性质，而南美乡拉祜族也只将"老黑""倮黑"称呼使用于谩骂和很熟的朋友之间偶尔开玩笑的场合。问及为何不喜欢该称呼时，当地拉祜族居民认为称他们为"老黑"，是取笑他们不讲卫生、很少洗脸，是看不起他们，所以不认可。此外，据笔者考察所得，南美拉祜族还有与其他地区拉祜族不同的他称。其一，"缅"。《爨龙颜碑》中"缅戎寇场"所称的"缅"应指拉祜族。如今，临沧市傣族方言仍旧称拉祜族为"缅""目舍"，意为猎人；佤族、布朗族也称拉祜族为"缅"。临翔区旧称为"缅宁"，即来源于傣语，意为"拉祜族居住的坝子"，也与此不无相关。其二，"喇乌"。笔者认为，雍正年间《云南通志》中的"喇乌"所指也应为拉祜族。

　　其次，自称。就自称而言，民族学界一般认为云南境内三个支系的拉祜族——拉祜纳、拉祜西、拉祜普（一般译为黑拉祜、黄拉祜、白拉祜，黑、黄、白含义已不明，学术界目前尚未就此问题形成共识），存有统一的自称："拉祜。"此外，各地的拉祜族因居住区域的不同，还存有几种特殊自称。这些自称包括如下几种情况：第一，使用迁徙中出现的情况作为自称。例如，居住在澜沧拉祜族自治县糯福乡一带的拉祜西支系，自称"拉祜俄吾土拔拉尾"，意为最早迁徙到当地的拉祜人。西双版纳傣族自治州勐海县的拉祜纳支系自称"拉祜苏列"，"苏列"为遗失、漏落之意，"拉祜苏列"意指他们属于迁徙中脱离大队，遗落在当地的拉祜人。澜沧拉祜族自治县大山区的拉祜纳支系被早迁入澜沧县的拉祜族称为"拉祜虚韦"，意为掉队的拉祜人。第二，以服饰等文化特征自称。例如，分布在临沧市的拉祜族以服饰颜色加民族统称"拉祜"作为自称，有黑拉祜、白拉祜之别。南美拉祜族衣着尚黑，因此自称"黑拉祜"。不过现在拉祜族各支系的服饰，在颜色上的区别已经不是非常突出。此外，居住在临翔区明子山等地的拉祜族因和汉族等民族长期杂居，服饰、生产生活方式汉化程度较高而被南美等地拉祜族称为"汉拉祜"。第三，以祖居地作为自称。例如，临沧市的拉祜族有南美拉祜（祖居临翔区南美）、改心拉祜（祖居双江上改心）等称呼。此外，根据相关资料和国外学者研究成果，境外的拉祜族还存有拉祜纳、拉祜西、拉祜普、拉祜尼（红拉祜）、拉祜朋比利（葫芦拉祜）、拉祜散莱（散莱含义不明）等自称。缅甸拉祜族自称拉祜纳、拉祜西、拉祜尼（红拉祜），其中拉祜纳、拉祜西自称与云南拉祜族相同，泰国拉祜族的自称与缅甸拉祜族相同。越南拉祜族包括拉祜纳、拉祜西、拉祜普三个支系，其自称与云南省红河哈尼族彝族自治州金平苗族瑶族傣族自治县的拉祜族自称相同，部分老挝拉祜族则自称为拉祜朋比利，意为葫芦拉祜。美国加利福尼亚州拉祜族是越南战争时期到美国的移民，据美国著名藏缅语言学家 J. A. 马蒂索夫博士等学者统计约有 600 人，其中部分移民有禁止饮酒的习俗，这部分移民的自称与澜沧江西岸曾信奉大乘佛教的部分拉祜西支系的自称相同，这部分拉祜西支系也有严格的禁止饮酒的习俗。从调查情况来看，"拉祜"是南美拉祜族普遍使用的自称。

拉祜族之"拉祜"自称，其中的文化含义较具代表性的解释有如下三种。

第一，虎崇拜说。此说认为"拉"为拉祜语"虎"的意思，"祜"为没有语义的语尾词，"拉祜"是用虎来命名的民族。"中国少数民族简史丛书"中的《拉祜族简史》等文献采用此说。持该观点的学者，所持的依据主要包括如下两个方面：其一，从相关历史文献看，古氐羌族群对虎的崇拜较为普遍。因此，作为古氐羌族群后裔的拉祜族以虎作为民族自称也在情理之中。加之，古代分布在今巴蜀地区的巴人也非常崇拜虎，所以主要分布在云南与四川毗连地区的的彝族、傈僳族等也都受此影响而崇拜虎。因而，迁徙途中经过巴蜀的拉祜族必然会受此影响而有虎崇拜这个明显的文化特征。其二，在同属古氐羌族群后裔的藏缅语族的各民族中至今仍普遍存在虎崇拜。如彝语支的彝族、傈僳族等民族都有以虎命名的氏族。云南东部及小凉山地区的彝族称虎氏族为"罗波"，意为"虎人"，虎氏族的成员都认为祖先是虎的儿子，虎也具有镇恶驱邪的能力。此外，彝族还有虎宇宙观。例如，楚雄彝族自治州大姚县彝族罗罗濮的史诗《梅葛》记载：远古的时候没有天、地、太阳、月亮、江河、海洋等，后来是虎变成了天地万物，"虎头作天头，虎尾作地尾。……虎的左眼作太阳，虎的右眼做月亮。虎须作阳光，虎牙做星星。虎油做云彩。虎气成雾气。虎头作天心地胆。虎肚作大海。虎血作海水。大肠变大江，小肠变成河。……"四川凉山地区彝族也有类似说法，认为虎是万物的本源，虎尸解体生万物。研究者经过比较，发现同样的观念在今澜沧拉祜族自治县的拉祜西支系中也存在。拉祜族人名广泛使用"拉"，如"扎拉、娜拉"，其意直译就是"男（公）虎、女（母）虎"。基于以上原因，部分学者认为拉祜族的"拉祜"自称与虎崇拜相关。

第二，猎虎说。此说认为"拉"为拉祜语"虎"的意思，"祜"是烤肉发出的香味。其所持主要依据是拉祜族口碑《牡帕密帕》里的记载：传说中人类的始祖是扎迪和娜迪这一对同胞兄妹，他们生下的后代不断繁衍，人口逐渐地增加，人们于是得以团结起来去猎虎。老虎终于被猎获，参加狩猎的人们一起来分割虎肉。这些人中，有的拿着虎肉说"刹期拉祜来氏贾"，意即要把虎肉烤出香味以后再吃。这些猎人后来就成了拉祜族的祖先，其族称自然也就用了"拉祜"。也有部分研究资料中，认为"祜"所指的是烤肉的程度。除了上述说法外，还有另一种说法。传说拉祜族祖先们有一次捕猎到了虎，分割虎肉后拉祜族的祖先们点燃篝火烤肉吃。因为这个吃法与其他人的吃法不同，所以就有了"拉祜"的自称。由于这两种说法都与猎虎有关且传闻较为普遍，因此很多的资料和出版物中都采用了这个说法，用"猎虎民族"指称拉祜族，并认为这是对拉祜族的一种美称。

第三，山河说。认为"拉祜"的"拉"为"江河"之意，"祜"为"上方、上头"之意，属方位词，因此"拉祜"应与其所处的地理位置有关。此说认为，该族称与拉祜族历史上的大迁徙和分布格局密切相关。回顾拉祜族历史上的大迁徙，从北方或西北方迁到西南地区，途中经过了很多江河。据拉祜族口碑传说中，其在今四川西南部、云南北部的"七山七水交汇处"分道迁徙，江河无疑是拉祜族关于大迁徙的深刻地民族记忆之一。拉祜族多居住在山地、山区，许多云南少数民族对拉祜族的称谓含有"山地民族""居住在山上的民族的含义"。由于云南的河流多发源于高山，所以住在山区的拉祜族也就住在了河流的上方、上头，因此拉祜族之"拉祜"应为"江河上方"之意。由于这是较新的观点，目前还较少采用。

上述几种说法中，笔者认为将拉祜族之"拉祜"自称解释为崇拜虎说有些牵强。因为，就整体而言，虎崇拜在拉祜族文化和习俗中的表现并不明显。虽然，不少研究者认为拉祜族图腾崇拜中的植物图腾崇拜是葫芦图腾或葫芦崇拜，全民性的动物图腾崇拜主要是狗图腾和虎图腾崇拜。这些观点与前述"拉祜"的崇拜虎说密切相关，为许多研究者所赞同。但笔者以为，就整体而言，拉祜族没有真正意义上的虎图腾和虎崇拜。之所以如此说，是因为在拉祜族整体的宗教信仰体系中，虎的地位根本达不到所谓"图腾"的标准。如弗雷泽（J. G. Frazer）所言：图腾（totem）是某一种类的自然物，以此为图腾的主体应认为其物的每一个部分都与他有密切而特殊的关系。此外，应对其加以迷信的崇敬。此外，赖纳茨（Reinach）也进一步指出：图腾应是指一氏族人所奉为祖先、保护者及团结的标志的某种动物、植物或无生命的物体。根据现有研究资料，拉祜族并没有任何将虎奉为祖先的口碑和传说，也没有发现拉祜族有虎氏族。事实上，虎也并非类似汉民族的龙图腾那样，是一种为本民族和其他民族共同认可的民族标志。虽然今澜沧拉祜族自治县的拉祜西支系中确实存有人老化为虎的说法，但在其他地区的拉祜西、拉祜纳、拉祜普支系中并没有流传此说法。根据笔者所得，南美拉祜族也没有这样的观念。当然，由于拉祜族所持为万物有灵的原始宗教观念，虎作为万物之一自然也有其"灵"。但在拉祜族的信仰体系中，虎并没有被他们给予虎特殊的地位，虎并不是拉祜族整个民族或民族的绝大部分所信奉的保护神。在日常生活中，拉祜族并没有专门针对虎的祭祀。比如狩猎之前和之后，他们祭祀的是山神和猎神而不是虎，猎获了虎也没有专门的禳解仪式和巫术。此外，考察图腾崇拜的特殊表现，如宗教仪式上杀死图腾并食其肉的情况，拉祜族也没有举行宗教仪式等特殊情况下杀虎的案例。虽然，与猎捕虎的难度虽然不小，当这样的狩猎活动本身并不具备特殊的含义，其食用虎肉的行为也没有特殊的含义。从拉祜族的实际生活来看，其猎户主要是食虎肉而非将虎作为图腾，或是对虎进行崇拜。因此，笔者认为，就整体而言，拉祜族没有真正意义上的虎图腾和虎崇拜。若将"拉祜"之自称理解为虎崇拜，未免有些牵强。与之相比较，葫芦更具备全民性的图腾崇拜的特征。拉祜族民间流传着许多葫芦与人类起源有关的神话，日常生活中也有许多葫芦制作的器物，如葫芦笙等乐器。此外，拉祜族民间常将葫芦视为吉祥、如意的象征。例如，居住在镇沅彝族哈尼族拉祜族自治县的拉祜族认为葫芦可以消灾避难，因而习惯将葫芦子缝在儿童的衣物上，将葫芦状的花纹绣在女性服饰上，以求平安吉祥。

基于上述分析，并结合笔者在南美乡调查所得及拉祜族历史上长期以游猎为主要生计方式的事实，笔者认为，第二种解释应相对准确、较为可取。南美乡拉祜族方言中，"拉"为"虎"的意思，"祜"是"烧、烤"之意，"祜呷"

即为"烧吃、烤吃"的意思。当地居民对"拉祜"的解释，也大多认可第二种解释。如其他地区的拉祜族一般，他们认为猎虎体现了拉祜族勤劳、勇敢的民族精神，得到了大家的广泛认可。

# 第三节　南美拉祜族迁徙史

民族迁徙是指一个民族的整体或部分，由于某种原因离开原有生存环境（包括自然环境和社会文化环境），进入另一生存环境居住的民族分布变化过程。民族迁徙是一种有规模的集体迁徙，这种迁徙可以引起一个民族人口和文化重心的移动，并最终导致民族分布变化。世界上大多数民族都有过迁徙的历史，在时代久远之时，由于战争、政治、生计，以及自然灾害和疾病，民族迁徙较之现代更为频繁。

考察一个民族的迁徙历史，地名是一个重要的依据。在中国历史上无数次的社会动乱中，有的民族南下，有的民族西迁。在一次次的迁徙和移民中，许多民族将地名作为记录其迁徙历史的重要途径。回顾中国的地理沿革史料，可以找到许多显示古代民族迁徙的踪迹。异地同名作为一种文化现象为今考古学家研究民族迁徙提供了重要的依据，钱穆先生在《再论楚辞地名答方君》一文中就详细介绍了这种探寻民族踪迹的方法。他说："异地同名，决非时同并起，亦非偶然巧合。古人迁居无常，由此至彼，往往以故地名新邑，如殷人所都皆曰'毫'之类是也，故鄙论谓探索古史地名，可以推见古代民族迁徙之遗者。在此，异地同名既有先后，则必其地人文开发较早者得名在先，人文

21

开发较迟者得名在后，故湖南地名有与湖北相同者，大抵皆湖北人迁徙至湖南，而挟故乡旧名以肇锡兹新土……"谭其骧先生在其《晋永嘉丧乱后的民族迁徙》一文中，也通过对侨置郡县的研究，找出了中原汉族南迁江南的踪迹。苍铭先生在《民族迁徙与云南地名》一文中，也对云南各民族迁徙史与地名之间的相关作了论述。① 那么，南美拉祜族的迁徙史能否从其居住地的地名中找到些许线索呢？经笔者考证，临沧市临翔区境内共有"南美"地名两处，除南美拉祜族乡外，圈内乡有南美自然村，两地同名。临翔区居民普遍习惯称南美乡为大南美，称圈内乡之南美自然村为南美。调查过程中，南美拉祜族乡的"南美"地名始于何时已无法准确考证，而其由来据当地拉祜族居民称是傣语，"南美"是"河头"之意，因该处是勐库河的发源地。通过对双江拉祜族佤族布朗族傣族自治县傣族方言的调查，"南"确是"河流""江"的意思，但"美"意不详。南美乡拉祜族居民对该地名的发音近似"南勐"，傣语中"勐"多为地名用语，在临沧市使用较多，且南美乡相邻的"章驮"地名确认为傣语，意为"大象打架的地方"。综合以上情况，"南美"是傣语地名，为"河头"之意的可能性较大。由此，综合田野考察结果，从南美拉祜族居住地之"南美"地名中，笔者尚未能寻觅到其迁徙历史的相关线索。

此外，在民族学研究中，口承文化是除地名之外考证民族迁徙历史的另一个重要依据。拉祜族作为一个无文字民族，古歌谣和传说中都留下了许多地名。云南澜沧拉祜

---

① 苍铭：《民族迁徙与云南地名》，《中国地名》1998 年第 1 期。

族自治县拉祜族史编辑办公室曾据此先后派人查找这些地名并弄清了拉祜族先民的发祥地、族源和迁徙路线。这条由地名连接起来的民族迁徙路线与亲属语言的比较所得出的语言亲疏关系和分布线基本相同，与历史资料也相吻合。① 而笔者在对南美拉祜族迁徙历史进行研究之时，笔者正是通过此途径探寻到了相关证据。

南美乡拉祜族传说，他们先祖由江西、江苏等地迁出后，由于战争等原因不断迁徙，一直迁到今大理地区。从大理地区迁入临沧坝子的路线，又有如下两种说法。

其一，自大理洱海边的"咩雌儿波"（洗麻潭）南迁，几十代后居于今临沧市区以北数十里的南信、南本。具体内容如下：有一天卡些首领扎帛带人追赶鹿群，发现鹿蹄间掉下一块油黑肥沃的泥土，说明鹿群来自一个土壤肥沃的好地方，因此紧追不放，并射伤了一头公鹿，天黑的时候他们追随受伤的鹿进入了一个坝子并在一棵大树下露宿。第二天一早扎帛起来烧火，看见一只小鸟蹲在一根"树枝"上鸣叫，他用弩将小鸟射下，过去一看才发现"树枝"原来是受伤的公鹿的鹿角，受伤的鹿跑到这里就死了。他们发现这个坝子树木繁密，水草茂盛，鸟兽很多，是一个理想的居住地。离开的时候扎帛叫大家搜寻衣袋里的粮食，最后从一个人的箭袋中发现了一粒"纳夕"即粟子，扎帛将这粒粟子种在火塘边，并作下了标记，然后回寨子。到了这一年的秋天，扎帛带人重返坝子，发现种下的粟子长得像竹筒那样粗，有九个枝杈，收了九大包籽实。于是他

---

① 张蓉兰：《从古歌谣中的地名探溯拉祜族先民迁徙路线》，《民族语文》1994 年第 4 期。

们回到寨子将坝子的情况告诉了众人，决定搬到坝子里去。为了防止其他人跟来，扎帛派人通知外人，说拉祜人要举行祭神活动，在寨中的烟气未灭之前不准外人进寨。然后堵死寨门，收集枯枝等堆放在打歌场上，收拾好东西离开的时候把枯枝等点燃。等十多天后烟气散尽外人进寨才发现拉祜人早就迁走了。扎帛带领的拉祜人从此在临沧坝子定居下来。

其二，由大理"咩雌儿波"（洗麻潭）南迁后居住今临沧市云县莲花塘一带。有一天，村里的妇女们发现有动物踩踏了田里的秧苗，猎手扎帛等察看后认为是鹿，于是追赶鹿而发现临沧坝子。该传说其他的传说内容与上一说一致。

上述两个传说中，拉祜族的祖先都迁徙到"牡缅密缅"并住了很久。后来，外族来了。对于此外族，南美拉祜族多传说是傣族和回族，其中回族争得最凶。因为回族人打仗用刀而拉祜族人用弩，因此回族人开始的时候总是吃亏。后来，回族人在拉祜族的成年人外出劳动的时候，让回族的儿童用零食去引诱留在家里的拉祜族儿童，让他们拿家中弩上的弩芽（相当于枪栓）来换零食。后来发生战争之时，上了战场的拉祜族人弩没有了弩芽，结果战败了，只好最终逃离了临沧坝子。在回族人追击的过程中，拉祜族人跑不动了就用刀砍断芭蕉进入树林躲避休息。追兵赶到后，发现砍断的芭蕉树的断口处已经长出新芽，在不知道芭蕉树的生长速度相当快的情况下，他们误认为拉祜族人已经走过很长时间，就放弃追赶。因此，拉祜族得以保全。为答谢芭蕉的救命之恩，时至今日，南美拉祜族都将芭蕉树称为竜树，每个大的村寨都有竜林即芭蕉林，每年祭祀。

在接下来的路途中，一些老弱走不动了，就留在今南美乡一带，剩下的人继续走，就到了今临沧市双江县以及普洱市的澜沧县等地。

图1-5　南美拉祜族祭拜的芭蕉竜树

其三，由大理洱海边的"咩雌儿波"（洗麻潭）南迁，经今大理白族自治州的弥渡、南涧等地，先迁到了今临沧市云县的云州坝子暂时定居下来，后来才到"牡缅密缅"。一次，在撒完谷种后村寨里的男人们出发去"追山"（即狩猎），去了20多天才回来。回来后，一个男人让妻子第二天到地里看一看秧苗长出来没有。妻子第二天看了之后回来说，秧苗已经长出来了，但被野兽啃食了一部分，这个男人到了田里之后，通过脚印判断是马鹿，寨人商议后派出九个人组成一个狩猎队去捕猎马鹿，狩猎队队长的儿子虽然年纪还小，也坚持参加了狩猎队。九个人组成的狩猎队经今云县头道水，一直追赶马鹿到了今临翔区昔本附近，即临沧坝子的边缘。当时坝子没有人居住，到处是茂密的森林，狩猎队进入坝子中，在一棵大树下宿营。第二天一早，狩猎队队长的儿子烧火时射鸟而发现了死鹿。而且发现宿营的大树有九个枝杈，树上有九窝貂鼠，九群蜂。狩猎队把鹿肉吃完了，把树上的九群蜂也烧吃了才离开。离开前找到了一粒粟子种下，隔几个月后再回去，发现粟子长得很好，决定迁入。当时，云县居住的民族只有拉祜族和回族两个民族。拉祜族于是派人通知回族，拉祜寨子这几天要点起烟火祭竜，不允许他族的人进寨。然后，拉祜族点起烟火悄悄离开了。过了一段时间，回族人发现拉祜族人走了便尾追而来。走的过程中，拉祜族人砍伐松树开辟前进的道路。每砍倒一棵松树，松树就死了。枯死的松树暴露了拉祜族前进的路线，回族人据此紧追不放。后来，回族追到一片被拉祜人砍断后通过的芭蕉林，此时的芭蕉树断口处已经长出了新的芭蕉叶。和其他传说一样，因为回族不知道芭蕉的生长速度极快，回族人认为拉祜人已经过去很长时间，难以追上了，于是放弃了追赶。因此拉祜人认为芭蕉一直照顾、护佑拉祜人，加之芭蕉的生长和繁殖速度极快，拉祜人也希望拉祜族的人口想芭蕉一样，又多又快地增加，因此把芭蕉当作竜来祭祀。

后来，当拉祜族把"牡缅密缅"即临沧坝子的树砍了一半的时候，回族追到了临沧坝子。拉祜人在前面开荒，回族跟在后面开田。于是，两族的头人就田地的分配问题进行了谈判。拉祜族头人提出田要平分，回族人只同意分给拉祜人1/3。于是，谈判最终破裂，争夺临沧坝子的战争开始了。回族人最终还是通过上面提到的换弩上的关键部件的办法取得了胜利，拉祜人被迫离开了"牡缅密缅"。他们在今南美一带居住了几十年后，由于环境不利于发展，大部分人再次开始迁徙，以致迁徙到了今天的双江、澜沧，以及东南亚的泰国等地，少数人留了下来，他们就是今天南美拉祜人的祖先。在回族人占领"牡缅密缅"之后，傣族、汉族才先后进入。根据这些传说，拉祜人无疑应是最早发现并开发"牡缅密缅"的民族。

普洱市的澜沧县拉祜族口碑传说《根古》、南美拉祜族的口碑《古本》中，都将临沧坝子称为"牡缅密缅"（也译为"勐缅密缅"）。《根古》中记载，拉祜族从"北氏南氏"一直迁徙到了"糯弄糯谢"，有一天他们看到了一只衔着灵芝草的马鹿，于是跟着马鹿走了很长的距离，到达了牡缅密缅，"灵草是牡缅坝子的草，黑土是牡缅坝子的土。拉祜人从此在这里安家，从此在这里生活"。拉祜人在勐缅密缅住了很长时间，由于人丁兴旺，形成了两大部落，一个是哥哥的部落，一个是妹妹的部落，"哥哥生七子成了 30 个部落，妹妹养九子，成了 99 个部落。哥哥部落在河头，妹妹部落在河尾"，"当时的勐缅密缅有 122 个寨子，最大的寨子有 700 户人家"。兄妹部落之间后来因为猎物的问题而引起了误会，因为有一次妹妹猎到了马鹿并分一份肉给哥哥，不久哥哥猎到了一只豪猪也分一份肉给妹妹，妹妹没有见过豪猪，她看到豪猪身上的刺比马鹿身上的毛粗，便认为豪猪的体型应当比马鹿大，而哥哥分给她的豪猪肉的分量却比她给哥哥的马鹿肉少很多，于是生气地带着妹妹部落离开了。后来妹妹猎到了豪猪，才知道自己错怪了哥哥，兄妹俩于是得以消除误会，重归于好，但快乐幸福的日子却因为外族的入侵而被打断了。哥哥在战争中受伤，临终前将妹妹叫到跟前，拿出三支弩箭，一支金箭，一支银箭，一支铜箭，向南射去，"头人刚刚射完就死去，把他安埋在大青树下。按照头人说的话，去南方寻找落箭的地方"，拉祜人就离开了"牡缅密缅"，"传说这三支箭，一支落在澜沧牡密（指今澜沧地区），一支落在玛牡密（指今缅甸），一支落在泰牡密（指今泰国）。拉祜族寻到了落弩箭的地方。今天的拉祜人，就居住在这三个地方"。

拉祜族传统文化中没有具体的年代概念，也没有可以推演年代的文化体系，因此这些传说只有大的时代划分，而没有具体的年代说明。通过与相关史料的对照，发现传说的内容与史实在时间上基本吻合。南美乡拉祜族传说中与他们先民争夺临沧坝子的民族主要是傣族和回族，史学界研究认为回族进入云南始于忽必烈平大理国。元朝建立后，回族以功勋身份移居云南各地，且主要分布在坝区。元朝时今临翔区分属顺宁府（治所在今临沧市凤庆县）、木邦路、银沙罗甸宣慰司等辖地，说明元时今临翔区已开始被纳入云南行省辖区范围，这个过程中应当就伴随着回族的迁入，在这种情况下回族与拉祜族发生冲突是可能的。明初回族因移民及戍边再次大量进入云南，但明代在今临沧市包括临翔区境内设立的土司主要是傣族土司，傣族主要居住在坝区。现有史料中没有明代今临沧市临翔区境内傣族和回族与拉祜族发生争夺坝区的冲突的记载，说明当时在今临沧市范围之内至少在坝区傣族已经取得强势地位，所以是明初进入的回族与拉祜族争夺临沧坝子的可能性较小，拉祜族传说中与傣族的争夺反映的应当是明代傣族与拉祜族关系的缩影。因此，拉祜族先民从今大理一带迁入临沧市的时间应在宋元之交，失掉临沧坝子的时间应当不晚于元代后期或明代早期，即拉祜族迁入今南美乡境内的时间至新中国成立前有 500 余年。至于元明清以来进入今临沧市坝区居住的回族，则因清末杜文秀起义失败而大量迁出，但留下不少的地名和传说。

综合上述分析，笔者认为拉祜族是较早开发临沧坝子的民族之一。这可以依靠泰勒的"遗存法"，从临沧现存的一些地名上寻找例证。例如，自明代设立土司起沿用至清乾隆十二年（1747）年改土归流前的名称"猛（勐）缅"，通常认为是傣语，"勐"为坝子，"缅"是指拉祜族，"勐缅"即拉祜坝子的意思。从南美乡拉祜族方言分析，也可能直接来自拉祜语转写，即南美乡拉祜族老人还有使用的对临沧坝子的称呼"牡密"（拉祜族方言发音为 mu mie）。临翔区旧名之一"缅宁"为傣语音译的汉字转写，意为"拉祜族居住的坝子"，该转写也有希望安宁之意。今天临沧坝子和其他居住的居民已不是拉祜族的地点也有不少与拉祜族相关的地名，如老黑寨、老黑地基等。

此外，根据调查所得，笔者认为今澜沧等地拉祜族与南美乡拉祜族有关联。具体而言，是由南美迁徙而至的。根据其他研究资料，缅甸有一部分拉祜族自称"拉祜南美"。笔者认为，这些拉祜族应是由今南美乡迁徙到缅甸。正因如此，他们才会以"南美"作为其族称。综合所有资料，可以大体上勾勒出拉祜纳支系进入云南境内后的主要迁徙路线，即主要迁徙方向为由北至南，具体的主要路线是：今楚雄州—今大理州洱海地区—今临沧市临翔区即"牡缅密缅"—今临沧市双江县、普洱市澜沧县等地一部分迁徙至缅甸等东南亚国家。虽然在调查过程中，笔者发现南美乡当地居民很普遍的一种说法是其先祖由江西、江苏地方，或南京迁来。类似情况在与南美乡接壤的博尚镇大勐准村等地的傣族等世居民族中也普遍存在。这一现象的出现，应当是长期民族迁徙导致社会记忆散失与混乱，民族交往中受到汉族等民族文化的影响，以及由于历史上民族不平等的客观事实，促使相对弱势民族从文化与历史中创建与强势民族的共同点等因素共同作用的结果。因为，从拉祜族的历史可以看出，迁徙贯穿其几乎全部的过程。在拉祜族的迁徙史中，主要的迁徙形式又是因为战争的失败或是外部强大势力逼迫下的非自愿迁徙。频繁的非自愿迁徙，导致拉祜族在时间、空间上很难获得发展所需要的充足的条件和过程，如没有长时期获得支持发展的有利自然和社会环境。在频繁的非自愿迁徙中，民族文化内容的部分丢失，社会记忆的片断散失和混乱等情况也会出现。由于以上原因，拉祜族的社会、经济、文化等方面的综合发展水平一直以来都处于相对低水平，甚至在局部地区出现了发展的倒退，并对整个民族发展的不均衡性产生了直接影响。

最后，根据南美拉祜族发展史考辨所得结果，笔者认为拉祜族拉祜纳支系在进入"牡缅密缅"即临沧坝子后，曾获得了一个非常难得的农业发展机会。此前的迁徙中，拉祜族不可避免地要和其他民族争夺生存空间，难以获得一个长期的、相对稳定的发展环境，而发现并单独进入了"牡缅密缅"地区，改变了这种状况，"牡缅密缅"（或"勐缅密缅"）时期在拉祜族的历史上是一个重要的历史阶段的主要原因也就在于此。在进入临沧坝子和今临沧市之前和之后，今南美乡等地拉祜族的先民曾经经历过一个农业占重要地位的经济发展阶段。进入临沧坝子的传说称，大理洱海边"咩雌儿波"（洗麻潭）的得名，是因为拉祜族先民在那里居住时种麻，麻是织布材料，而以此命名，说明种植规模不小。进入临沧坝子两种不同路线的传说都成促使拉祜族迁入临沧坝子的主要动机是肥沃的土地可供耕种，其中之一还提到是妇女发现稻田秧苗被动物啃食，扎帛等人看脚印后确认是鹿，于是出发追猎，发现临沧坝子，因此当时农耕应在拉祜族的生产生活中占重要地位。进入临沧坝子后开始定居，而定居生活的出现一般公认为是农耕发展的表现，同时坝区优良的自然条件促进了农业生产发展，农业逐步成为主要的生计方式。拉祜族的人口得以增长，社会形态得到进一步的发展，虽然最终这种发展再次被外族的进入而打断，但此前的发展为拉祜族在接下来的迁徙和继续发展打下了基础。后来，由于丢失了坝区和迁徙至高海拔山区，南美拉祜族农业生产所需的自然条件弱化，生计方式被迫适应新的环境，导致迁入南美乡境内的 500 多年的时间里，经济发展倒退到以采集狩猎为主，水稻的种植等农业生产技术出现了失传。至中华人民共和国成立时，南美乡拉祜族的生计方式还保留着以采集和狩猎为主，刀耕火种的粗放农业占小比重的倒退的发展状态。几乎与世隔绝的自然环境，也使得南美拉祜族的文化和心理转向了封闭。当然，也正是因为这些原因，南美拉祜族也才得以至今仍旧保留了很多拉祜纳支系的古老文化。

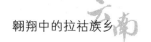

## 第四节　南美拉祜族语言文字

中国的拉祜族语言主要以拉祜纳和拉祜西两大支系方言为主。总体而言，两种方言虽然在语音、词汇上有一定差别，但基本可以互通。相比较之下，拉祜纳方言的使用范围更为广泛。据有关学者调查统计，80%以上的拉祜族所用民族方言为拉祜纳方言。经过调查，居于临沧市、普洱市等地区的拉祜族使用的主要是拉祜纳方言。拉祜纳方言共有辅音音位 24 个，单元音音位 9 个，声调 7 个。在拉祜纳方言的音节上，国内外学者至今还存有不同看法。中国学者认为拉祜纳方言的音节结构主要由元音加辅音，或者辅音加元音加声调构成，没有带辅音尾的音节，而国外与拉祜文有关的出版物上则都有带辅音尾的音节的材料。实际上，调查显示国内外拉祜族使用的拉祜纳方言中带辅音尾的词汇极少。因此，20 世纪 50 年代设计的云南拉祜文中也没有带辅音尾的元音。拉祜西方言以澜沧县南段话为代表，共有辅音音位 30 个，单元音音位 11 个，复元音音位 2 个，声调 7 个，除高平调外其余 6 个与拉祜纳方言相同。拉祜西方言中也有少量带辅音尾的音节。例如，新平县拉祜语辅音音位共 26 个，声调 3 个；镇沅县拉祜语辅音音位共 22 个，单元音音位 7 个，复元音音位 5 个，鼻尾元音音位 5 个，鼻化元音音位 5 个，声调 7 个。

拉祜语日常使用的词汇包括名词、动词、形容词、数词、量词、代词、副词、连词、助词、叹词 10 类。上述几类词汇中，以单音节词居多，双音节词次之，多音节词最少，且多为植物、动物名称。拉祜语词汇有一个很明显的特点，这便是四音连绵词（也称四音格词）较多。当然，这与四音连绵词结构不无相关。它们常被用于阐明事理等用途，具有诗歌色彩浓厚、修辞效果较好的特点。除本民族特有的词汇外，拉祜语中还存有大量的外来词汇，这是长期以来各民族之间文化交流的结果。例如，笔者在调查中就发现，临沧市拉祜族拉祜纳方言中存有大量汉族、傣族词汇，这与其长期和这些民族杂居不无相关。此外，拉祜语词汇用于表述之时，常常是名词中心语在数量词组定语之前；人称代词分单数、双数、复数；有领格助词和结构助词；有使动范畴，用变调、声母清浊交替或两者兼用表示。此外，其语法还具有藏缅语族彝语支语言的主要特点，即虚词和语序是主要的语法手段。

拉祜族没有本民族自创的文字。20 世纪初以后，西方传教士、语言学家和中华人民共和国政府先后以拉祜纳方言为基础方言，以拉丁字母为主要形式，创制过三套拉祜语文字：传教士文字、云南拉祜文（试行）、马蒂索夫文字。

传教士文字为 20 世纪初欧洲和美国的传教士创制，目前流行于中国、缅甸、泰国的美国浸会中（Baptist Churches，全称基督教浸礼宗教会，美国的浸会在南北战争后分为北方教会和南方教会两派，我国一般把从美国北方传入的浸会称为浸礼会，即 Baptist Churches from North U. S. A；而把从美国南方传入的浸会称为浸信会，即 Baptist Churches from South U. S. A。）20 世纪初，外国传教士开始进入云南与缅甸接壤的拉祜族地区传教。传教士在拉祜族和佤族地区早期传教活动中曾借用傣文，但效果不理想，于是开始创制拉祜族和佤族文字。最早是美国浸信会驻景栋的牧师

H. H. 帝伯，他参照景颇文的形式，创制了一套罗马字母的拉丁文，于 1906～1907 公布实施。之后天主教传教士也用罗马字拼音法设计了一套拉祜文，该套拉祜文与浸信会创制的拉祜文大同小异，主要在缅甸信仰天主教的拉祜族中使用，其他国家拉祜族较少使用。1907 年用 H. H. 帝伯创制的拉祜文翻译的《马可福音》正式出版，这套拉祜文也随着同为美国浸信会牧师的美国传教士永伟理（W. M. Young）在云南传教活动的逐步展开而开始在云南拉祜族教徒中推广使用。1921 年起，永伟理将澜沧县糯福作为在云南和缅甸北部拉祜族地区传教活动的中心，而且开始开办教会学校，培养拉祜族传教人员，该套拉祜文开始大规模地在拉祜族地区的教会和教徒中推广使用。

云南拉祜文（试行）是 20 世纪 50 年代由中国科学院语言研究所和云南民族学院的语言学学者，以及拉祜族知识分子共同设计的。该文字方案以拉祜纳方言为基础方言，以澜沧拉祜族自治县勐朗坝、东回、糯福等地的语音为标准音。共有 33 个字母，18 个韵母，其中复韵母 10 个，声调 10 个，文字简洁，便于学习、推广和使用。1957 年获批准后开始推行，但因受"左"倾路线和"文革"影响停止。十一届三中全会以后，得到恢复和贯彻。

马蒂索夫文字方案是美国著名的藏缅语言学家 J. A. 马蒂索夫博士在 20 世纪 80 年代初，以拉祜纳方言为基准设计的。

上述三套文字方案各有优缺点。传教士文字方案是为了在拉祜族地区传播基督教而设计的，是宗教的产物，为宗教而服务，这就决定了该方案的推广与使用具有与生俱来的局限性。马蒂索夫文字方案是学术研究的成果，是为研究和交流的需要而创制的，没有能在拉祜族地区推广使用。目前在我国国内使用的是云南拉祜文试行方案。云南拉祜文试行方案的实施，结束了数千年以来拉祜族没有民族文字的历史，对拉祜族社会经济文化各方面的发展起到了极大的促进作用，如对拉祜族地区农村扫盲工作产生了极大的影响，直接推动了拉祜族地区教育事业的发展，同时拉祜语专门人才的培养工作也得以顺利开展，拉祜文图书出版和拉祜语广播等相关事业也得到很大的促进，对更好的传承和保护、研究拉祜族文化也具有重要意义。

基于上述拉祜族语言文字概况，笔者对南美拉祜族进行了调查。

调查表明，南美拉祜族日常生活中使用的拉祜语主要是拉祜纳方言，包括辅音音位共 24 个，单元音音位 9 个，声调 7 个。日常生活中，语言的语法特征与其他地区拉祜族方言相同：虚词和语序是主要的语法手段，语序是主语—宾语—谓语。如，"妈妈讲故事"一话，南美拉祜族拉祜纳方言表述为"妈妈——故事——讲"。此外，笔者在调查中发现，南美拉祜族日常使用的词汇中四音连绵词较多，如至今他们仍普遍称临沧坝子为"临沧牡密"。

由于地处边远深山，南美拉祜族与外界接触较少，民族成员在日常生活中使用的主要是民族方言。因此，南美拉祜族使用汉语的运用能力普遍偏低，能够熟练使用汉语方言交流的当地拉祜族居民较少，极少有居民能使用标准普通话进行交流。至于英语，了解和使用的程度更低。即使已经接受过初中以上教育的居民，也极少有人能使用英语进行熟练的阅读和简单口语交流，在读学生的英语和汉语运用能力也不理想。至今，在南美拉祜族乡，语言依旧还是拉祜族居民与外界交流的一个障碍。外界进入南美拉祜族乡的人员，如果不会讲拉祜语，也没有当地人陪同，很难接近他们更难以交流。笔者在调查中发现，村民们晚上常聚集到村社中有电视机的人家看电视，最喜欢的节目是场面刺激的武打片和战争片，但能完全听懂剧中人物的普通话对白的人并不多。科技、新闻等节目则几乎没有人看，遇到播放此类节目的时段居民们往往换频道或者聊天、喝茶，主要原因就是听不懂含有大量专业和流行词汇的话语。此外，据当地中小学教师和教育管理者介绍，学校教育中的语言障碍问题也极为突出。拉祜族学生在家庭和社区生活中主要使用拉祜语，学校教学则使用汉语，加之会讲拉祜语的老师极少，拉祜族学生入学以后一般需用 3～4 年的时间来学习和适应汉语。这一方面增加了学习的难度、使学生畏惧学习，另一方面则浪费了大量的学习时间。等学生基本熟悉汉语之时，学习期也结束了。因此，南美拉祜族学生语言科目学业成就并不理想，除个别年份外，南美中学的语言科目（语文、英语）中考成绩排名几乎都位于临翔区各中学的末尾。

此外，南美拉祜族历史上没有自己创制的民族文字，云南拉祜文试行方案也没有在该地得到推广。对于为什么拉祜族没有文字，民间流传的传说是这样的：当初拉祜族、傣族、汉族等民族的祖先都去找神仙（一说为佛爷；南美拉祜族没有厄莎创造天地等传说，厄莎在南美拉祜族的观念中不是至高无上的神）要文字，神仙都给了各个民族文字，要他们自己带回去。傣族祖先把文字写在竹笋壳上，汉族祖先把文字写在纸上，拉祜族祖先把文字写在粑粑上，结果走到半道上肚子饿了，拉祜族的祖先就把写着文字的粑粑吃掉了，所以拉祜族就没有了文字，只能是"吃到肚里，记在心上"。而傣族、汉族的文字都带了回去，所以这两个民族都有文字。至于后来，云南拉祜文试行方案为什么没有在南美乡推广，除了落后的经济发展水平和教育水平之外，还与南美拉祜族使用拉祜纳方言自身的特点相关。因为后期推广的拉祜族文字以澜沧拉祜族自治县勐朗话的语音为标准音，而由于南美拉祜族历史上长期处于封闭状态，与外界包括其他地区的拉祜族的交流较少，他们使用的拉祜纳方言中保留了许多传统拉祜纳方言的词汇和语音，这就使南美拉祜族和澜沧拉祜族的拉祜纳方言在语音、词汇上的差别之处相对较多，使得南美拉祜族学习云南拉祜文试行方案较其他地区拉祜族困难大。1987 年 12 月，南美拉祜族乡成立之后，从乡政府领导干部到普通工作人员，不乏从云南民族大学（原云南民族学院）拉祜语专业毕业和进修过之人，但这些人到南美乡工作之后却还需要学习当地的拉祜族方言才能和本地拉祜族居民交流。由此可知，其间存有的差别甚大。

如今，南美拉祜族乡村中学开展"双语教育"之时，教学过程中使用的语言包括推广的拉祜语和汉语，使用的教材是汉语教材，而学生语言却是南美拉祜语方言。三种语言之间存有差异却需要学生同时运用，这导致了学校教学效果极不理想。语言之间的差异除了给学校教育带来负面影响之外，民间文化传承也因此带来了很多问题。南美拉祜族民间的口碑传说，如《迁徙史》（《招魂歌》）、《年歌》、《祈福歌》、《牡帕密帕》（《创世纪》）、《根古》、《古本》等，这些口碑传说在节庆、祭祀、婚礼、丧葬等场合由会说本地拉祜语的老人传唱。但由于语言文字隔阂的存在，难以整理留存，后代也由于语言存在差异难以理解。调查中，笔者发现这些口碑传说已经面临着失传的危险。如今，南美乡拉祜族能传唱《古本》的不少于20人，但能够传唱完整的《古本》的，只有70多岁高龄的罗正志一人，乡里对此并没有任何文字材料记载。或许，多年之后，唱者、读者、听者都将消失殆尽，这对于拉祜族民间文化多样性的保持而言不能不说是很大的遗憾。

## 第五节　南美拉祜族体质特征

现代遗传学证明，人的体质特征一方面受先天遗传影响，另一方面则受后天的环境因素（气候、食物、生活习惯等）制约。这些因素对人类体质特征的影响错综复杂、相互联系、密不可分，各地区各习俗的人体质特征往往在这些因素综合作用下，表现出较大的差异。

从调查结果看，南美拉祜族人外貌具有如下特点：皮肤浅黄褐色；头发黑而平直；眼色深，为褐色到黑色；体毛和胡须少；眼裂呈水平位；面部扁平；唇红、中等厚度、正唇形；鼻梁凹形、鼻根中等高、鼻翼中等高度；耳垂圆形。而对其身高、体重进行测量后可以发现，南美拉祜族身体素质低下明显，这与2004年我校课题组对南美乡1418名成年拉祜族进行体质测量后相关数据一致。2004年，笔者曾选取了南美拉祜族诸多个案，对其体质数据进行了关注，并作了详细记录，所得具体数据如表1-1所示。①

---

① 苏汉林等：《临沧南美拉祜族发展研究》，云南民族出版社，2007，第138~140页。

表 1-1　南美乡 1418 名成年拉祜族人身高分型

单位：人，%

| 分　型 | | 男（763） | | 女（655） | |
| --- | --- | --- | --- | --- | --- |
| | | 人　数 | 所占比例 | 人　数 | 所占比例 |
| 很矮 | 男 × ~149.9 厘米<br>女 × ~139.9 厘米 | 87 | 11.40 | 61 | 9.31 |
| 矮 | 男 150~159.9 厘米<br>女 140~149.9 厘米 | 453 | 59.37 | 257 | 39.24 |
| 亚中等 | 男 160~163.9 厘米<br>女 149~152.9 厘米 | 169 | 22.15 | 187 | 28.55 |
| 中等 | 男 164~166.9 厘米<br>女 153~155.9 厘米 | 35 | 4.59 | 80 | 12.21 |
| 超中等 | 男 167~169.9 厘米<br>女 156~158.9 厘米 | 15 | 1.97 | 41 | 6.26 |
| 高 | 男 170~179.9 厘米<br>女 159~167.9 厘米 | 4 | 0.52 | 29 | 4.43 |

从表 1-1 中可以看出，南美乡拉祜族 3 岁男童平均身高和体重分别是 78.7 厘米、11.2 公斤，3 岁女童平均身高和体重分别是 82.1 厘米、10.7 公斤。6 岁男童平均身高和体重分别是 100.5 厘米、15.5 公斤，6 岁女童平均身高和体重分别是 102.4 厘米、15.1 公斤。据云南省教育厅和省体育局 2000 年云南省国民体质监测公报提供的资料，云南省 3 岁男童的身高体重平均是 95.2 厘米、13.9 公斤，女童平均身高和体重分别是 94.3 厘米、13.9 公斤；6 岁男童平均身高和体重分别是 113.1 厘米、18.9 公斤；女童平均身高和体重分别是 111.8 厘米、17.9 公斤。南美乡儿童各项指标均低于全省平均水平。成年男子、成年女子的平均身高、平均体重也较低。成年男子平均身高约为为 155 厘米，平均体重约 50 公斤。成年女子平均身高 147 厘米，平均体重 47 公斤，平均寿命也较低，对疾病的抵抗力较弱。

南美拉祜族 1~14 岁者体质特征如表 1-2 所示。

南美拉祜族 15~100 岁者体质特征如表 1-3 所示。

表1－2 南美拉祜族1～14岁者体质特征

| 项目 \ 年龄（岁） | | 1 | 2 | 3 | 4 | 5 | 6 | 7 | 8 | 9 | 10 | 11 | 12 | 13 | 14 |
|---|---|---|---|---|---|---|---|---|---|---|---|---|---|---|---|
| 男 | 人数 | 17 | 11 | 10 | 14 | 18 | 15 | 12 | 20 | 6 | 30 | 18 | 18 | 13 | 12 |
| | 身高平均值（厘米） | 63.4 | 74.8 | 78.7 | 90.2 | 98.9 | 100.5 | 107.8 | 108.0 | 112.7 | 118.7 | 125.2 | 130.7 | 133.3 | 141.7 |
| | 体重平均值（公斤） | 7.3 | 7.3 | 11.2 | 12.5 | 13.8 | 15.5 | 20.0 | 19.3 | 20.0 | 22.6 | 24.9 | 28.8 | 32.3 | 33.8 |
| 女 | 人数 | 11 | 6 | 15 | 16 | 8 | 11 | 19 | 17 | 7 | 16 | 16 | 16 | 17 | 10 |
| | 身高平均值（厘米） | 64 | 77.2 | 82.1 | 92.0 | 89.8 | 102.4 | 105.7 | 110.7 | 118.0 | 120.7 | 127.9 | 129.9 | 135.1 | 138.4 |
| | 体重平均值（公斤） | 7.4 | 9.5 | 10.7 | 12.4 | 12.3 | 15.1 | 16.8 | 21.5 | 22.0 | 23.1 | 27.5 | 28.4 | 32.3 | 32.7 |

表 1－3　南美拉祜族 15～100 岁者体质特征

| 项目 | 年龄（岁） | 15 | 16 | 17 | 18 | 19 | 20~29 | 30~39 | 40~49 | 50~59 | 60~69 | 70~79 | 80~89 | 90~99 | 100以上 |
|---|---|---|---|---|---|---|---|---|---|---|---|---|---|---|---|
| 男 | 人　数 | 12 | 22 | 12 | 29 | 18 | 192 | 196 | 168 | 81 | 51 | 25 | 3 | 0 | 0 |
| | 身高平均值（厘米） | 143.9 | 150.6 | 150.1 | 153.1 | 156.6 | 156.7 | 156.6 | 156.9 | 155.5 | 153.5 | 152.1 | 153.3 | | |
| | 体重平均值（公斤） | 36.2 | 44.1 | 44.9 | 46.6 | 50.1 | 50.4 | 51.1 | 51.2 | 49.6 | 49.5 | 45.5 | 43.7 | | |
| 女 | 人　数 | 10 | 14 | 13 | 25 | 17 | 160 | 153 | 155 | 74 | 49 | 16 | 4 | 2 | 1 |
| | 身高平均值（厘米） | 141.8 | 147.3 | 147.8 | 150.6 | 146.6 | 148.7 | 148.6 | 147.6 | 147.4 | 145.9 | 141.0 | 146.3 | 149.0 | 160.0 |
| | 体重平均值（公斤） | 35.1 | 41.0 | 43.0 | 44.9 | 46.2 | 45.9 | 44.5 | 44.1 | 42.3 | 40.6 | 36.7 | 37.3 | 49.0 | 49.0 |

如前所述,人类体质特征多种因素综合作用的结果,与其所处环境、习俗、文化等密切相关。笔者认为,南美拉祜族群众身体素质之所以处于总体低下状态,与如下除遗传外影响因素相关。

第一,婚姻习俗。南美拉祜族群众身体素质总体较差,与其长期实行族内通婚、早婚习俗相关。

调查发现,南美乡拉祜族习惯于本村本乡娶亲,不与外乡人和外族通婚。他们特别习惯于姑舅姨表子女通婚,且结婚时间较早,一般结婚年龄都在 16~18 岁。由此可见,其族内通婚的习俗是较为盛行的。从某种意义上说,南美乡自然村内拉祜族之间的婚配已经带有近亲的色彩。从遗传学角度说,近亲配偶的增多必然影响后代身体素质,南美拉祜族体质普遍较差成为了一种必然。南美拉祜族久行族内通婚,与其社会发展历史密切相关。回溯其社会发展历史,早在大约 500 年前,南迁后居住在临沧坝子的拉祜族与傣族、回族发生争夺临沧坝子冲突,拉祜人战败并逃离临沧坝子到达南美乡。此后,一些走不动的老弱病残者留在了南美乡一带,其余的人则继续迁徙到了今临沧地区双江县及思茅地区的澜沧县等地。居住在南美乡的拉祜族,由于地理环境封闭,一直延续了其原始社会发展阶段不与外族通婚的习俗,实行族内通婚的婚姻制度。正因如此,直至新中国成立,南美乡拉祜族人口仍尚不足 1000 人。至 2005 年,全乡拉祜族人口才发展至 3203 人。为了解决此问题,南美乡政府曾对拉祜族人与外族结婚的给予奖励 200 元。即使如此,南美拉祜族与外族通婚现象至今仍然很少。在当地村民观念中,与外族人结婚是不光彩的事情。例如,调查中发现有 15 户居民的南楞田村直到 2005 年年底仍无一人与外族通婚。长期以来，由于联姻范围狭小甚至近乎等于近亲婚配，南美拉祜族身材不高、体质较弱、身体素质低下也就成了必然之事。

此外，南美拉祜族乡早婚现象十分突出。根据婚姻法规定，妇女法定结婚年龄为年满 20 周岁，男性为年满 22 周岁，但这项工作在南美拉祜族乡实施起来十分困难。在当地人看来，女孩子若过了 18 岁还没有嫁人，就是丢人的事、就会遭受别人非议。因此，当地拉祜族群众大多不去乡政府办理结婚手续，多是先结婚后登记，更多依靠民间伦理规范及道德谴责来维护自己的婚姻。调查中，通过笔者对 2000 年以后结婚的 15 对夫妻结婚年龄进行统计，男性实际初婚年龄平均为 19.8 岁，女性为 18.5 岁。虽然近年来乡政府加大了对国家婚姻法的宣传力度，早婚现象有所减少，初婚年龄有所提高，但就实际执行情况看，离婚姻法规定的法定年龄相比仍有差距。在南美拉祜族乡现存的社会、医疗条件下，早婚必然早育，而在父母体质差、年龄小的情况下，生育的孩子身体素质低下也随之成了必然。

第二，生活习俗。调查发现，南美拉祜族身体素质低下与其生活习俗密切相关。

首先，南美拉祜族无论男女一般从 6 岁就开始喝酒、抽烟，此习俗对其身体素质有一定影响。妇女在怀孕期间与哺乳期间，不戒烟戒酒；孩子成长关键期，父母也没有任何严禁其抽烟、喝酒规定，有的孩子甚至在入学前就已有了烟瘾、酒瘾。烟、酒对人体存有伤害是毋庸置疑的事实，孕期妇女和幼年孩童有此习惯，必然会影响身体和智力发育，从总体上导致民族成员身体素质偏低。

其次，与其信仰原始宗教不无相关，南美拉祜族大多

43

不种植也不会有针对性食用蔬菜，这在一定程度上影响了其身体素质。总体观之，南美拉祜族的生产方式极为简单，种植的蔬菜种类少，即便有少数人家会在房前屋后种植几种蔬菜，也在传统习俗影响下从不施肥仅任其自由生长。加之，南美乡地处高寒山区，运输进去的蔬菜极少，大多数拉祜族家庭常年仅以盐和辣椒为菜。运输条件尚且可以改善，但其民族固有的观念却无法更改。在南美乡中心学校调查时，学校老师曾就学生生活问题之时和笔者谈及一个案例。当年，学校为了改善学生伙食，由教师和学生一起开辟基地种植蔬菜，然而拉祜族学生却由于看到教师悄悄给蔬菜施人畜肥而宁愿挨饿也不吃施过肥的蔬菜。此类事情，在南美拉祜族家庭中则更是普遍。

**图1-6　烟斗不离身的南美拉祜族妇女**

再次，社会经济。众所周知，人的身体素质如何在很大程度上取决于所摄入的营养物质。现代营养学证明，蛋白质作为构成人体的基本物质，肉类是其主要来源。以肉类为主食，能保证形成细胞材料的蛋白质得到充分供给，从而能使人的身体变得强壮。南美拉祜族乡地处偏远山区，经济、文化、卫生、交通等均较落后，生产劳动方式也极为原始。直至新中国成立，人们还一直过着刀耕火种、食不果腹、衣不蔽体的贫苦生活。新中国成立后，尽管政府加大了对南美拉祜族乡的扶贫力度，但由于各种原因，该乡至今仍是一个国家级贫困乡。至今，仍有农户每年缺粮，有的贫困家庭全部财产价值不过几百元。在这样的条件下，多数家庭终年饮食单调，一年中仅有几次吃肉的机会，强壮肌体所需蛋白质供给严重不足，家庭成员身体素质普遍偏低。而对于正在长身体的中小学生而言，虽然国家已经在对其实行免费教育的基础上对住校的拉祜族学生原先每日提供两餐免费伙食（即不提供早点，午餐和晚餐免费），现在又增加了营养早餐，即每人每天一袋免费牛奶和一个免费鸡蛋，但由于经费太少，数量有限，仅能保证吃饱，根本无法保证充足营养。即便在学校利用培训基地种植蔬菜以改善学生伙食的情况下，仍未能从根本上解决资金缺口问题。学生在学校吃的伙食一般都是一饭一菜，菜多为煮洋芋或煮佛手瓜，两三个星期都难得吃一次肉。在这样的条件下，食用补充包括儿童成长所需微量元素，如钙、锌、维生素 D 等的营养食品、海产品更是奢谈。这对于正在长身体的中小学生而言，所食食物不能满足身体需要，健康必然受到影响，身体素质偏低也就成了必然之事。

综合笔者的调查情况，南美拉祜族身体素质偏低的情况是较为严重的。这一方面与其社会经济发展水平密切相关，另一方面也与其固守某些不良生活习俗相连。若要对此情况有所改善，进一步提升南美拉祜族群众身体素质，

**图 1－7　南美拉祜族乡中心完小的拉祜族学生**

从根本上说，还是要在发展经济的基础上，通过引入先进文化以改变其落后习俗。从物质和精神两个方面入手，并统筹兼顾，才能实现最终目标。

# 第二章　基层组织

　　据民族学相关研究资料，大多数拉祜族地区在解放前，其传统的社会组织以"卡些卡列（村寨头人、长老制度）"为代表。"卡"是拉祜族原始大家庭公社基础上建立的村寨的基本组织形式，它既是社会的政治行政组织，也是生产劳动和军事组织。"卡些"和"卡列"是"卡"的首领，"卡些"为正，"卡列"为副。卡些卡列构成了拉祜族村寨社会政治经济活动的指挥中心，他们把握着政治、经济大权，各种决策由他们制定，生产由他们安排，对外关系处理由他们决定。新中国成立后，传统的卡些卡列组织逐渐被现代的党政组织代替。基于此，笔者在南美拉祜族乡调查之时，沿循南美拉祜族社会发展历史，既涉及传统的卡些卡列组织，也关注了现代社会的党政、群众组织。下文对调查所得略作陈述。

## 第一节　传统的卡些卡列

　　根据笔者调查结果，南美拉祜族地区与其他地区相比较，其历史上出现的卡些卡列制度并不严格和完备。直至1949年，南美拉祜族的卡些卡列制度由于受生产力水平和社会内部要素发育程度制约，仍处于一种早期阶段。从20

世纪 50 年代开始，南美拉祜族乡本并不完备的卡些卡列制度逐渐消失，逐渐被现代的党政组织取而代之。

拉祜族传统的卡些卡列社会组织是在其进入半定居、相对定居时期才产生和逐渐发展起来的。"卡些"是拉祜语音译，"卡"意思是村寨、聚落，"些"意思是主人、机关，"卡些"的原始意思是寨主、聚落首领，"卡列"含义与"卡些"相同。卡些由寨人民主选举产生，主要靠能力和威望当选，可以连选连任。卡些主要职责包括组织村寨居民从事狩猎、采集、农耕等生产活动，战时率寨人出征，平时解决内部纠纷，处理对外交往事务等。卡些除可以获得寨人的尊重外，也可以享受一些特殊的待遇，如寨人在过年时向卡些拜年，猎获猎物给卡些送一份等。细究拉祜族发展史，明末清初随着佛教的传播，部分拉祜族地区开始出现了以卡些卡列制度为基础的"政教合一"的政治制度。其后，即使清朝任用拉祜族上层管理地方、民国时期推行保甲制度，都未能彻底消除卡些卡列制度。根据流行于临沧市南美等拉祜族地区的《古本》、流行于普洱市澜沧拉祜族自治县等地的《根古》述及，在"牡缅密缅"（或"勐缅密缅"）时期即进入临沧市和临沧坝子之前，如今居住于南美地区的拉祜族就应该已经存有卡些卡列组织。因为，传说中发现"牡缅密缅"即临沧坝子的核心人物扎帛身份就是卡些。后来，就是他和村寨的长老做出了全族秘密迁入"牡缅密缅"的决定。传说中，在进入"牡缅密缅"后，随着生产的发展、人口的增加，部落开始出现，即《根古》中所说的哥哥部落和妹妹部落。再根据拉祜人离开"牡缅密缅"是因为哥哥部落的首领临终前射箭，并让拉祜人找落箭的地方定居分析，南美拉祜族在"牡缅密缅"时期就应该已经发展到了部落联盟时期。

　　然而，如前所述，据调查结果，较之其他地区而言，南美拉祜族的卡些卡列制度并不够严格和完备。传统社会中的卡些能得到村寨成员的尊重，却较少有体现出社会地位差异的经济等方面的特权。在南美拉祜族村寨中，卡些卡列虽为首领，但其地位基本是与村民平等的，和村民相比并无明显的优势存在。人们在猎到猎物后，并不会被强制要求给予卡些一份。日常生活中，卡些的主要职责就是代表村寨处理对外交往事务，与德高望重的老人一起处理内部的纠纷等。但从新中国成立初期的情况来看，习惯法应是主要的社会约束力，处理纠纷等都主要依靠习惯法。从此意义上讲，南美拉祜族的卡些卡列制度所反映的应当是早期的卡些卡列制度的一些基本特点，如浓厚的古代长老制度的遗风，生产和分配中的集体主义、平均主义等。卡些职位不一定世袭，其地位和权威的获得，主要依靠在生产生活中的实际能力。由此观之，南美拉祜族的卡些卡列制度由于受生产力水平和社会内部要素发育程度的制约，仍处于一种早期阶段。其社会功能表现为初级性和不完善性，他们虽然具有某些社会政治功能，但尚未成为阶级统治的工具；虽然具有规定约束村民的行动准则，但这还是属于约定俗成的习惯法则。从实际意义上讲，这些早期的卡些卡列更是他们社会生活的公仆。

　　1950 年 5 月，临翔区（时称缅宁县）解放，同年 11 月，临翔区人民政府正式成立，南美拉祜族社会迎来了新的发展阶段。南美乡拉祜族社会发展形态实现了跨越式发展，由原始社会末期直接跨越进入社会主义社会。有研究者指出，中华人民共和国成立后的前 30 年社会发展是革命

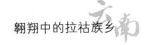

性的转变，即各个民族都无一例外地转向相同的制度和文化，因而达到普遍的社会同质性，所以这种变化就性质而言是革命，就模式而言是转型，就结构而言是社会一体化。在这样的背景之下，传统的卡些卡列制度受到了强烈的冲击，新的一体化的政权组织全面取代了拉祜族原有的卡些卡列制度。与此相应，传统社会中的卡些也逐渐从人们生活中消隐。

当然，这并不意味着这些卡些在历史上的影响力随之消失。笔者在调查中发现，南美拉祜族乡历史上的卡些之后较之他人能较大程度得到寨人的尊重，其中部分有卡些背景的人甚至进入了基层政权。例如，担任过南愣田自然村村支书，现任南美行政村支部书记、村支书，曾获得2005年临沧市民族团结先进个人称号的李云就出身卡些家庭。在当地人看来，他处事较为公平合理，且家庭富裕、和睦，因此南愣田自然村的居民实际上仍在很大程度上也把他视为卡些，重大节日、宗教祭祀等都由他来主持。由此可见，传统社会形成的约束力是难以在短时期内消除的。

## 第二节　现代党政组织

新中国成立后，按照一体化的社会结构和社会转型的总体要求，南美拉祜族乡建立了统一的基层政权。村级政权开始建立，党的机构也开始逐步发展。由于南美拉祜族乡居民以拉祜族为主，少数优秀的拉祜族人在各级政府的培养下也逐渐成为基层干部、成为党员。

南美拉祜族乡下设多依村、南美村、南华村、坡脚村4个自然村。其中，多依村位于南美乡政府以北17公里处，

**图 2 - 1　南美拉祜族乡政府所在地**

分布在海拔 1800 ~ 2300 米，辖 7 个村民小组，有耕地面积
3042 亩（全部为旱地），人均占有耕地面积 2.74 亩；有轮
歇地 2550 亩，荒山荒地 2580 亩，人均占有总耕地面积
7.36 亩。南美村是南美乡唯一一个纯拉祜族村，位于乡政
府以北 3 公里处，全村面积为 30 平方公里，分布在海拔
1800 ~ 2200 米，辖 10 个村民小组。有耕地面积 2561 亩
（其中：水田 1288 亩，占耕地面积的 50.3%；旱地 1273
亩，占耕地面积的 49.7%），人均占有耕地面积 2.63 亩；
有轮歇地 1970 亩，荒山荒地 2020 亩，人均占有总耕地面积
6.74 亩。南华村位于南美乡政府以南 5 公里处，分布在海
拔 1700 ~ 2300 米之间，辖 9 个村民小组。有耕地面积 4109
亩（其中：水田 1400 亩，占耕地面积的 34.1%；旱地 2709
亩，占耕地面积的 65.9%），人均占有耕地面积 2.79 亩；
有轮歇地 4330 亩，荒山荒地 4180 亩，人均占有总耕地面积
8.56 亩。坡脚村位于南美拉祜族乡南部，属山区，距乡政

府 10 公里，全村平均海拔 1710 米。年平均气温 14.3℃，年平均降雨量 2105 毫米。辖区有 5 个自然村，7 个村民小组，有耕地面积 2144 亩，人均占有总耕地面积 2.74 亩，森林覆盖率 55%。

　　为了对上述 4 个辖区进行有效管理，南美拉祜族乡根据中共临沧市临翔区委办公室、临沧市临翔区人民政府办公室《关于印发临沧市临翔区南美拉祜族乡行政机关职能配置内设机构和人员编制方案的通知》（临办发〔2006〕151号）精神，统一设置行政机关股级机构六个，分别履行相应职能。具体部门和相应职能为：（1）党政综合办公室。负责党务、政务、统战、财务、统计、档案、史志、机要、保密、维稳、综治，以及综合类机关服务、管理等工作，负责人大主席团和政协小组的联系协调等日常工作。（2）纪检审计办公室。负责纪检监察、信访、执法、行风、审计、案审、宣教、党风等工作。（3）组织人事宣传办公室。负责党的组织建设、宣传教育、党员管理及党校工作；负责干部、工人的考察、任免、调配、培训、干部档案、工资、职称、福利、老干部、劳动和社会保障等工作；负责共、青、妇等群团组织工作。（4）农村发展办公室。负责搞好农业、林业、水利、扶贫、交通、村镇建设、移民、科技、供销、招商引资、工业、企业发展改革等工作。（5）社会事业办公室。负责教育、卫生、人口和计划生育、新型农村合作医疗、民政、文化、体育、广电、残联、旅游、防震、民族宗教、安全生产等工作。加挂计划生育工作站和乡教育督学办公室牌子。（6）武装部。负责民兵、征兵、预备役、防空和战备动员等工作。

　　就目前来看，南美拉祜族乡以上 6 个内设机构负责人分别由党政领导兼任。因此，全乡核定行政编制 19 名（含武装部 2 名），实有人员 15 名，工勤人员编制 1 名，实有人员 1 名；领导职数设置 8 名，实有人员 9 名。2010 年南美乡完成了村"两委"换届工作。四个行政村村干部的职数设置为每个行政村设三名村干部，即村党组织书记、村委会主任和副主任。村"两委"（即村共产党员支部委员会和村民自治委员会的简称）委员中，至少要有一名 35 岁以下年轻干部和一名女委员，根据实际情况兼任团组织书记和妇代会主任。每个村民小组设组长一名，副组长一名，由村民小组推选产生，推选时必须有本组 2/3 以上的村民参加，获得到会人员半数以上同意。目前各行政村党组织主要负责人是多依村支部书记胡荣专，南美村支部书记李云，南华村支部书记李德昌，坡脚村支部书记刘开明。

近年来，为进一步加强全乡农村基层组织建设、转变干部工作作风，更好地联系、服务群众，南美拉祜族乡党政组织积极为党员和群众开展各种服务工作，结合乡情实际制定了相关工作方案。执行过程中，以乡、村两级公共服务为主导、以加快新农村建设进程为要求，积极探索服务农民工作新模式。通过建立健全乡、村两级服务工作网络，努力构建"三农"社会化服务网络体系，进一步密切党群干群关系，促进农村和谐稳定。为强化行政责任，规范行政行为，改善服务态度，加强自身建设，提高工作效能，促进依法行政，恪尽职守，提高执行力和公信力，乡行政机关实行服务承诺制。其主要内容如下：（1）贯彻落实党在农村的路线、方针、政策。（2）加强党的基层组织建设，充分发挥基层党组织的战斗堡垒作用和党员的先锋模范作用，负责党员教育管理和党风廉政建设工作，严格党的组织生活，做好发展党员工作。（3）领导和主持本级人民代表大会代表的选举及其他工作，督促本级人代会和上级人代会的决议、决定在辖区内的执行，并督促检查村民委员会工作执行情况，认真办理人民代表提出的议案和建议。（4）开展社会主义精神文明建设，做好群众的思想政治工作，动员群众积极投身社会主义经济建设，抓好社会治安综合治理，确保社会、政治、经济稳定发展。（5）研究总体发展思路，制定经济、社会发展中、长期规划的年度计划并组织实施。（6）决定本行政区域内的重大问题，改进工作作风、提高工作效率，保证各项政治、经济、文化任务的完成。（7）维护民族团结，执行少数民族政策，保障少数民族的权利，尊重少数民族的风俗习惯，促进各民族经济共同发展。（8）建立健全农村市场经济体系。（9）鼓励兴办各种协会和中介组织，提高农村的自我组织、自我管理能力。（10）引导农村进行科学化、现代化的农村生产，增加农民收入，发展农村经济，组织引导农村劳动力转移和就业。（11）负责农村社会管理，维护社会稳定，负责为农村、农业、农民的公共服务和社会化服务体系建设，发展农村社会公共事业和集体公益事业。

根据调查结果，南美拉祜族乡各党政组织采取的措施中，最富实效性的举措是建立"农民服务站（点）"。服务站建立后，成为政府解民情的窗口、办理民事的载体、解决民忧的途径、凝聚民心的纽带和造福民众的平台。该服务从2009年12月底即开始组织实施。就目前情况来看，南美乡"农民服务站"设于乡农业综合服务中心。起初先是在人群较为集中的多依村委会、南美村委会、南华村委会和坡脚村委会，设立了四个农民服务点，服务地点为各村委会。后来，坡脚村委会坡脚片区增设一个农民服务点，服务地点设于坡脚片区烤烟房内。逢每月月末南美街天，"农民服务站"便开展为民服务活动。服务内容包括：（1）农业综合服务中心进行农业新技术和农机发展的推广应用、农业病虫害防治咨询。（2）林业站办理农民自用材（10立方米及以下）《林木采伐许可证》、宣传推广核桃种植技术，进行集体林权制度改革政策宣传、纠纷调解。（3）水利水土保持站进行防汛抗旱、防止环境污染、农田水利建设等知识宣传。（4）民政办办理《结婚证》，提供优抚评残、民间组织登记、收养登记等各项民政业务咨询并对有关人员发放低保资金。（5）财政所办理家电下乡业务、惠农一折通业务。（6）计划生育服务站办理《生育证》、《独生子女证》，提供优生优育咨询服务和发放避孕药具。（7）新型农村合作医疗办公室提供门诊减免报销、住院减免报销等服务，补办对合作医疗证遗失，说明补偿报销程序不清问题。（8）村镇建设管理所代办《云南省村镇房屋建设准建证》、《房产证》等。（9）劳动和社会保障工作站办理企业退休职工养老金认证、再就业优惠证和农民工服务手册。（10）安全生产监督管理站进行食品药品安全宣传、安全事故紧急处理。（11）兽医站推广畜禽养殖新技术，进行畜禽疫病预防、畜禽与畜禽产品的检疫、屠宰检疫、疫情普查等工作，公布疫情统计报告及推广应用疫情测报技术。（12）国土资源管理所办理农村宅基地审批手续，办理《集体土地建设用地使用证》，进行土地权属争议调处。（13）司法所进行纠纷调解、法律解答、法制宣传。（14）派出所进行户口管理、办理身份证，预防、制止犯罪活动，并举行维护公共秩序，预防治安灾害事故相关活动。

上述"农民服务站"在提供便民服务之时，始终遵循"便民、公开、公平、依法高效"和群众自愿原则，为群众提供服务。所谓的便民原则，所指为申请人提供申办事项的资料（费用）后，申办事项全过程由农民服务站工作人员办理。凡是涉及费用代收的，一律出具书面收据，办结后与申办人按实结算。公开原则则必须对申办事项的服务项目、办事程序、承诺时限、办事结果进行公开，接受群众监督。公平原则则指凡群众申办的事项，对任何人的申办事项一律平等对待，不得优亲厚友，代理人员不得利用职权谋取私利。依法原则则指办事人员须依法受理申办事项，过程要严格遵守法律、法规和相关政策规定，必须按法定程序和要求进行办理。高效原则则指受理申办事项严格实行限时办结和承诺办结（特殊情况除外），切实提高办事效率。群众自愿原则则指受理事项必须由群众自愿申办，代办员不得强行群众申办。此外，"农民服务站"在提供便民服务之时还认真履行八项"工作承诺"：不让来办事的人员在我这里受冷落；不让工作的事项在我这里积压延误；不让工作的差错在我这里发生；不让工作的机密在我这里泄露；不让影响团结的言行在我身上出现；不让违纪违法的行为在我身上发生；不让机关的形象因我受到影响；不让群众的利益因我受到侵害。

综合调查所得，南美拉祜族乡党政组织在取代传统社会的卡些卡列组织后，短期内便和当地群众建立了密切、和谐关系。如今，该民族农村地区的稳定问题已经得到了较好解决。

# 第三章 社会经济

20世纪50年代初期，云南拉祜族社会发展程度整体偏低，大多处于原始社会发展阶段，南美拉祜族也如此。新中国成立前，南美拉祜族乡人口不足1000人，经济发展极为落后。生产方式以刀耕火种为主，种植的玉米、毛稗、荞子产量也不过亩产几十斤。农户一般只有半年的口粮，其余时间需要靠采摘、狩猎为生。在极低的医疗卫生条件下，人们疾病繁多但只能靠传统的草药治疗。遇有重病、恶性传染病之时，只能无能为力地听天由命。新中国成立后，南美拉祜族和中国境内其他民族一样，社会形态迅速实现了转变，从原始社会直接进入了社会主义社会。此后，人民政府开始陆续派出干部进驻南美，带领群众进行土地改革，改进耕作制度。我国政府拉开农村反贫困帷幕，临沧市临翔区（今称）也开始了对南美拉祜族的扶贫介入，其社会发展开始出现变迁。1958年，南美拉祜族乡开始兴修水利、开垦水稻田，初步学习水稻种植、固耕山地。1994年起，区委开始连续组派"村建"工作队到南美开展反贫困工作。

经过多年的努力，南美拉祜族群众的生产生活水平得到了提高，社会生产力也逐步得到了提升。南美拉祜族人民在一段时间后结束了解放初期穿棕衣、披羊皮，以野菜充饥的饥寒交迫的痛苦岁月，部分农户粮食基本实现了自给，生活水平较之解放前已经有了很大程度的改善。就目前情况看，如果就解放时期的贫困线而言，南美拉祜族可以说确实实现了反贫困目标。但就相对贫困而言，根据实地调查结果，笔者认为虽然他们较之旧社会时生活水平确实有了较大程度的提升，但较之全我国其他民族社会发展状况相对贫困问题依旧极为严峻，反贫困之途依旧漫长。本章中，笔者沿循南美拉祜族乡社会发展历史和其反贫困途径，对其社会经济发展历程加以陈示。

## 第一节　南美拉祜族生活原态

民族学界一般认为，作为氐羌族群后裔的拉祜族喜居深山且长期迁徙，历史上的社会生计方式多以游猎为主。根据解放初期拉祜族相关民族调查材料，也确实如此。但笔者认为，南美拉祜族社会发展历史中应曾经历过定居农耕之阶段，后期的游猎生计方式乃是其对居住环境变迁的适应结果。之所以得出上述结论，是因为笔者综合田野考察所得材料和文献查询结果，发现南美拉祜族民间传说中，都反映出其先民在进入临沧市之前、后，都曾经历过一个定居农耕占重要地位的社会经济发展阶段。

前述拉祜族进入临沧坝子的传说中称，大理洱海边"咩雌儿波"（洗麻潭）的得名，是因为拉祜族先民在那里居住时种麻。麻作为一种织布材料，以之命名一个地方，说明当时的种植规模应不小。而前述论及拉祜族迁徙史之时，说到拉祜族进入临沧坝子有两种不同的路线传说，但这两种传说中都讲到拉祜族发现临沧坝子是由于妇女发现稻田秧苗被动物啃食，卡些扎帛等人看脚印后确认是鹿，于是出发追猎才最终发现了此地的。发现临沧坝子后，他们在离开前在随身物品中找到几颗粟米种下，几个月后再去查看，发现粟米长得非常茂盛。在证明当地土地非常肥沃适合族员生存后，拉祜族大队人马才陆续迁入临沧坝子，开始定居。由此传说可知，拉祜族在迁入临沧坝子前已经开始种植稻谷等农作物，迁入临沧坝子后依旧继续沿循了这样的生计方式并开始定居。传说中还称，临沧坝区优良的自然条件为拉祜族后来的农业生产发展提供了优良条件，农业因此逐步成为了其主要的生计方式。至于其后来迁居南美深山老林，采取游猎的生计方式，则是由于和傣族等外来民族战争失利，丢失了临沧坝区导致的。迁徙至南美这个高海拔山区后，农业生产所需的自然条件消失，生计方式被迫适应新的环境出现了改变。从定居农耕到游猎的生计方式变迁，使得这支拉祜族支系在迁入南美乡境内的500多年时间里，社会生产力发展水平出现了倒退。长时间处于以采集狩猎为主的社会生计状态，使得南美拉祜族族员遗忘了其祖先曾有的水稻种植等农业生产技术，出现了文化断层。

新中国成立之时，居住于高山深林的南美拉祜族生计方式以采集和狩猎为主，农耕占的比重已经极小。他们在日常劳作中，存有性别分工。一般来讲，狩猎是男性的工作，采集则是妇女的工作。

拉祜族以善于狩猎闻名，他们英勇彪悍，男孩子一般从10岁起就开始学习狩猎。火枪和弩是每个成年男子必备的器物，他们把弩弓和烧饭时支锅用的铁三角架视为家庭的支柱，把火枪和供祖先用的神桌看作是家庭根基。如今，南美拉祜族仍习惯将狩猎称为"追山"。狩猎过程中，凡身体条件适合的男性都可以参加，并没有严格年龄限制。与外界交流极少和生产力发展水平极低密切相关，狩猎过程中使用枪支的情况极少，其所使用的主要狩猎工具是自制的弩。拉祜族使用的弩箭涂有毒汁，由一种称为"弩箭毒"的植物浆液制成。此种浆液据说毒性极强，有"见血封喉"的效果。狩猎过程中，如果使用的是弩箭，猎物身上被箭射中的部位不能食用。田野考察过程中，笔者发现南美拉祜族成员至今仍保留了此项弩箭制作技术，但问及"弩箭毒"的具体形态特征及提取毒液、解毒方法之时，村民均表示此为民族"秘密"，不示外人。除弩箭外，拉祜族狩猎使用的另一个重要工具是狗。如今，进入南美拉祜族村寨，几乎每家每户都养有狗，且族员均有不食狗肉的习俗。"追山"之时，村寨中的几个青壮年男子乃至全村的猎人邀约在一起集体进行。在出发之前，集体选出公认的比较有狩猎经验的人担任"猎头"。狩猎过程集体协作，有的追赶猎物，有的在猎物的逃跑的方向上进行拦截。首先打中者分得猎物的头、胸口最好的肋骨和心脏，然后再与其他人按"见者有份"的原则平均分配一份猎物。每个人的弩箭上都有自己的记号，加之这种约定俗成的规矩有强制力，所以极少会发生争执。猎头如果不是首先打中的人，也只能取一份平均分配的猎物。其他常用的狩猎方法有布陷阱，如用绳索和藤条布设扣子捕猎野鸡一类的小型动物，用铁制兽夹和插有竹签的陷阱捕猎麂、野猪等，这类狩猎方式需要的人不多，但需防止误伤到人，所以会及时将陷阱位置通知本村和附近村寨的人。狩猎用具对女性有严格的禁忌，女性可以和家人一起享用猎物，但被女性身体接触过或跨过的弩不能再打到任何猎物，即便是自家的弩也不例外，该女子也会患上月经不调等疾病，因而狩猎过程女性不参与。

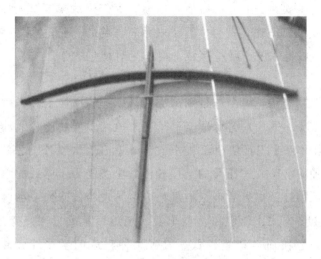

**图 3－1 南美拉祜族男子狩猎之弩**

与男性狩猎分工相对应，南美拉祜族女性史上从事的劳动主要是采集、照料儿童等。采集的常用工具是砍刀，对象则主要是山中各种野生植物资源。至今，南美拉祜族仍保留了这样的采集习俗。他们平日多食各种野菜、野果，如，蕨菜、五加叶、苋菜、鱼腥菜、树头菜、火镰菜、香椿、白花、鸡嗦果、多依果、木瓜、花红、橄榄、苦楝子，以及各种野生菌类等，这些野菜和野果，多有清热解毒、防病治病的药物功效。由于生产力水平较低，狩猎及采集所得食物的烹饪方法较简单，如肉食烹饪方法主要是烧、煮，炊具类型也不多，使用的主要炊具是土锅。

除狩猎采集之外，为了维持正常的生活，南美拉祜族

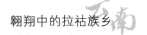
男女劳动力都参与"刀耕火种"的粗放型山地农业生产。"刀耕火种"是山地民族常用的耕作法，这种耕作方法在西南边疆高原山区特别普遍。耕作时，人们将生长在山坡上的树木砍倒烧毁，然后播种田地。南美拉祜族刀耕火种种植的主要作物包括荞、苏子（油料作物）、毛稗、大麦等，产量较低，极少种植蔬菜。耕作之时使用的生产工具主要是木器如木棍，较少有铁器制作的犁等生产工具。这一方面和其与外界极少进行商品交换，先进的生产工具难以进入有关。另一方面则是由于其居住地域多为坡度较大的山地，犁和牛很难使用于耕作中。由于山地贫瘠，加之刀耕火种的耕作方式播及的土层较浅，土壤肥力不够；加之南美拉祜族日常生活以狩猎采集为主，农耕仅作为一种协助的生产方式，他们在将种子播入土地后不重视田间管理，因此总体而言产量较低。刀耕火种粗放的耕作，结果是"种一片坡，收一土锅"，既填不饱肚子又毁灭了赖以生存的森林。由于不是主要的生计方式，其土地私有观念也不突出，大量的土地实行的是轮耕制。

解放之时，由于南美拉祜族居住地交通不便，其与外界的经济交往的规模、范围都较小。当地居民之间发生的交换，主要是用山区的特产交换生产、生活必需而自身不能生产的食盐、铁器等。商业基本上不存在于族群内部，没有本地拉祜族商人。此外，当时当地的手工业也较少，主要的手工业是织布和简单的手工编织。

## 第二节　政府推行反贫困之策

1949 年中华人民共和国成立前夕，毛泽东在起草的

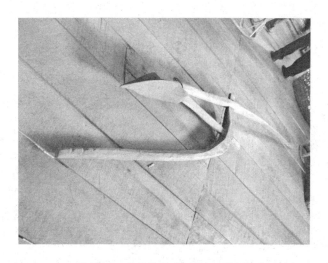

图 3 - 2　南美拉祜族后期才用的犁

《中国人民大团结万岁》宣言中宣告："中华人民共和国现已宣告成立，中国人民业已有了自己的中央政府。""它将领导全国人民克服一切困难，进行大规模的经济建设和文化建设，扫除旧中国所留下来的贫困和愚昧，逐步地改善人民的物质生活和提高人民的文化生活。"[①] 新中国成立以后，我国政府便开始率领各族人民踏上了摆脱贫穷落后的旧面貌之途。总体而言，新中国成立至今推行的反贫困战略和政策呈现出与经济增长、社会发展相一致的趋势，具有较强的阶段性特征。与反贫困的社会大背景相适应，临沧市政府介入南美拉祜族社会发展，推行反贫困政策的历程可以分为两个阶段：第一阶段为 1951～1984 年，第二阶段为 1984 年之后。

　　第一阶段，1951～1984 年。此时，中国社会经济以传

---

　　① 　毛泽东：《毛泽东文集》第 5 卷，人民出版社，1996，第 348 页。

统小农经济为主，大范围地区普遍处于比较贫穷状态，该时期推行的反贫困政策主要是在计划经济体制下进行的救助型反贫困，针对农村"五保户"、特困户，以及各种自然灾害受灾群体，政府通过紧急救济计划和自上而下的民政救济系统，以划拨专项资金及援助衣、物的方式，由民政部门对农村特困人口和受灾群众实施救助。如学者所言，中华人民共和国成立后的前30年社会发展是革命性的转变，即各个民族都无一例外地转向相同的制度和文化，因而达到普遍的社会同质性，所以这种变化就性质而言是革命，就模式而言是转型，就结构而言是社会一体化①。该时期，国家在民族问题上以马克思主义的民族观为指导，将各民族平等和共同发展作为出发点和目标，同时针对各民族发展不均衡这个事实，在实现社会同质性和一体化的同时，对于各民族的经济社会的发展也给予了支持和帮助。新中国成立后，党和政府认为中国当时存在的普遍贫困的主要原因在于所有制，因而对所有制的改造成为消除贫困的首要任务和主要途径，所以对少数民族地区和其他地区进行了一系列社会改革。社会改革首先是民主改革，即废除各种剥削制度，在农村是以土地革命为中心，废除土地私有制，建立起社会主义的所有制体系；其次就是社会主义改造，即将城市和农村的各种经济形式改造为社会主义公有制经济，并通过建立以集体为单位的社会网络来保障人民群众的生活，以逐步消除贫困，同时引导各民族走上社会主义的发展道路。就南美乡拉祜族而言，社会改革的核心

---

① 高丙中：《社会学人类学论丛第六卷——现代化与民族生活方式的变迁》，天津人民出版社，1997，第85~86页。

内容是政府直接将国有土地划拨给拉祜族居民居住和耕种，逐步建立起公社、大队和生产队三级所有的集体经济体系。对南美乡拉祜族的社会改革同时也是在实现社会发展形态的跨越，由原始社会末期直接跨越进入社会主义社会，实质上也属于"直过"民族地区。因此从 1951 年 11 月完成剿匪等任务后，临翔区人民政府将工作重心转移到建设上起，对南美乡拉祜族的反贫困工作实际上就开始了，只不过由于当时的社会条件的特点，没有直接使用"反贫困"这个表述，而是将着眼点放在促进各民族共同发展上。

1951～1984 年，各级政府对南美乡主要开展了以下的反贫困工作。第一，动员散居在深山中的拉祜族居民迁至交通相对便利的山区中部，划分了土地给迁出的拉祜族居民居住和耕种，在生活上给予照顾。接着开始建立村级党、政机构，并在接下来的土改中实行缓冲区土改政策，对南美、明子等地拉祜族中被列为富农的极少数人不采取强制措施，而是做工作动员，使其主动将土地交出进行统一的分配，并保证其分配权，以减少社会震动，平稳、顺利地实现社会形态跨越。第二，进行基本设施建设。1952 年起国家动员进入定居农耕的拉祜族农民开垦水田、兴修水利。"大跃进"时期尤为突出，如南美行政村仅 1958 年一年就开垦水田 1135 亩，南美乡绝大部分水田都是这个阶段开垦出的。1951 年建立南美小学，这是该地区正规的学校教育的开始，1966 年南美小学办高小班，成为完全小学。1978 年后，小学实行免费教育，考入高中、中专或高中毕业考入大专的学生，分别给予奖学金 50、100 元，在南美乡工作的教师，每人每月增发山区补贴 15 元。1965 年 9 月成立南美卫生所。1969 年起又对南美、南华、多衣、坡脚等困难大队的"赤脚医生"给予补贴。1972 年、1975 年分别建成坡脚、南美河两个小型电站。

此外，政府同时还对南美拉祜族的经济生产进行了直接扶持。1952 年后政府先后引入玉米、小麦、水稻等作物进行种植，1983 年后引入油菜。1965 年起全县推广使用化肥，1966～1979 年每年拨给南美拉祜族居民每户一至数包化肥无偿使用。1965 年"大四清"和"文革"期间多次派工作队至南美乡，这些工作队除进行政治宣传教育之外还不同程度地对拉祜族群众生产生活进行指导，帮助拉祜族居民提高农业生产技术。家庭联产承包责任制实行后迅速地在南美乡推行，1984 年粮食总产达到 84 万公斤，人均占有口粮达到了 170 公斤，约 2/3 的农户基本达到或接近温饱。这些扶持对于南美乡拉祜族的发展起到很大作用，在各级政府的努力下，至 20 世纪 80 年代南美拉祜族的生产生活各方面都发生了很大变化，不过其贫困问题实际上还没有得到根本解决，没有全部解决温饱问题。

第二阶段，1984 年至今。1984 年 9 月 30 日，中共中央、国务院发出《关于帮助贫困地区尽快改变面貌的通知》（以下简称《通知》），该《通知》首次提出了"贫困县"的概念，并在全国划定了 14 个片所辖的 225 个贫困县。《通知》指出，解决好贫困地区的问题具有重要的经济意义和政治意义，要使这些地区丢掉"贫穷落后"的旧帽子，要使当地老百姓经济发展、生活改善，就必须依靠当地人民自己的力量，结合当地特色，因地制宜，充分挖掘、利用好本地各种资源，有计划有选择地发展农业、工业、服务业等，努力盘活市场经济。以此为背景，南美拉祜族反贫困之途翻开了新的一页，迈入了第二阶段。

图 3-3 南美拉祜族乡生态茶园

为了加快发展，也为了便于开展扶贫工作，临沧市临翔区 1987 年成立了南美拉祜族乡，对其发展继续实行政策照顾。1986 年，章驮至南美公路正式通车，结束南美不直接通公路的历史。1987 年全区开始征收耕地占用税，而对多衣、南美、南华、坡脚免征。1987 年，地、县妇联帮助南美乡引种花椒 1012 株，林业局派技术员对种植和管理进行指导。同年 5 月省民委投资 2.1 万元帮助南美乡开办梅花鹿养殖场，至 1989 年繁殖小鹿 6 只，割鹿茸 20 架。1990年起 5 年内除烟、酒外，农业税、农林特产税、屠宰税、乡办企业、个体工商户产品税、营业税、所得税减半征收，免征市场交易费和个体工商业管理费，外地企业和农业专业户、个体工商户到南美投资办厂、务工、经商在税收上享受当地企业、群众待遇。小学继续实行免费教育，居民实行半免费医疗，拉祜族农民一对夫妇继续允许生育 3 胎，人均口粮在 175 公斤以下农户，不足部分由国家定销。

1990～1994 年所得税收全部留乡，自主使用，并在农业、教育、交通、化肥、农药、柴油等资金和物资的分配上高于其他乡镇。1994 年，国务院提出了《国家"八七"攻坚计划》，明确要求集中人力、物力、财力，动员社会各界力量，到 20 世纪末解决 8000 万贫困人口的温饱问题，同时国家的扶贫政策也发生了变化，由直接给予生产生活的物资、资金补助转为重点投入交通、教育、通信、能源等基础设施建设。在这样的大背景之下，"九五"期间，南美拉祜族乡被列为云南省 506 个扶贫攻坚乡之一，扶贫攻坚成为南美乡发展中的头等大事。作为省、地、县三级重点扶贫的民族乡，南美乡的反贫困工作得到了多方面的大力支持，重点实施了如下五大工程。

第一，安居工程，重点改善全乡居民的居住条件。该工程的具体实施分为三期，第一期安居工程，重点针对拉祜族较为聚居、贫困情况较突出的南美行政村竹笆山一、二、三社居民，由居民自备石料、木材，政府无偿提供砖、瓦、水泥、石灰并负责全部的施工费用；第二期安居工程主要针对南楞田村及坡脚行政村四、五、六社等其他村社贫困拉祜族和其他民族居民，建筑材料及施工费用政府和居民各负担一半；第三期安居工程针对余下的需要改善居住条件的居民，政府只补贴部分施工费用，其余由居民自行解决。截止到 2002 年年底工程验收时，全乡共有 601 户、2700 余人的拉祜族居民的住房由木掌楼改为落地瓦房，占全乡拉祜族总人口的 80%。

第二，组织生产、安排生活工程，重点解决生产、生活中的具体困难。这项工程与其他工程相比投入较多。首先是人力的投入较多，乡政府的工作人员全部下到各村社

**图 3 - 4　南美拉祜族安居房**

直接指导拉祜族居民进行生产、生活。由于各村社的条件非常有限，加上不能给村民增加困难，下村社的干部必须自带行李，自己砍柴，自己做饭，南美乡的居民给这些干部起了个名称——"黄胶鞋干部"。其次是资金和物力的投入也较多。由于生产技术和管理相对较落后，粮食不能自给，1987 年设乡至 2002 年，每年平均要拨发 20 多万公斤的粮食来保证不缺粮。各挂钩扶贫单位每年向挂钩村社居民每户提供 100 元到数百元不等的扶贫款和化肥、衣物等生产生活物资。为开展好生产每年还需要大量拨发生产中所需的各种物资，如种子、化肥等。在村建工作中对改善村社生产生活条件的投入也较大，如 2003 年对多衣行政村烂坝寨 33 户拉祜族居民进行的温饱示范工程一次就投入 20 万元。乡政府在经济发展模式等方面也开展了实践，如针对拉祜族居民传统的生产生活中缺乏计划性和积累观念，在 20 世纪 90 年代中期，政府尝试实行生产分配经营合作组的生产生活方式，即将村社成员编为合作组，实行集体生产、集体劳动、集体管理、集体分配，政府直接投入各种生产生活资料，下派干部到各合作组直接指导、组织生产生活，但在实行几年后因成效不大放弃。政府又尝试发展畜牧业，由于难以推广现代化的养殖技术，成效还不是非常理想。而这些措施中的投入乡政府也须负担一部分，全乡每年的财政收入还不到10万元，只能靠贷款及借款来弥补资金不足，使乡政府背上了沉重的债务。截至2004年年底，乡政府实际的债务总额高达180多万元，其中20万债务是安居工程的材料和施工款，余下160万主要就是组织生产、安排生活工程的债务。

图 3-5　南美拉祜族养殖的羊群

　　第三，基础设施建设工程，重点解决交通、水利等基础设施薄弱的问题。在有关部门的支持下，1996年实现行政村通公路，至2004年，临耿公路进入南美乡的22公里道路路面已由土质改为塘石，到双江县勐库镇的土质公路通车。新修了一批水利工程，改善全乡的农业灌溉条件。程控电话、移动基站等通信设施也先后建成，村村通电、通电视的目标也已实现。乡政府的新办公楼也在 2005 年年初竣工，中学、小学的校舍等也得到部分改善。

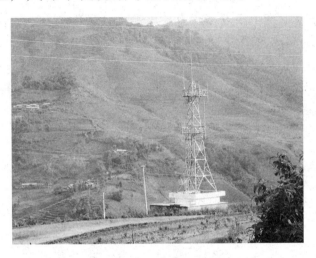

图 3 - 6　南美拉祜族乡通信设施

第四，经济发展工程，重点在于调整产业结构，增加群众收入。从各级政府的统计材料上看，该工程的实施对南美乡经济的发展起到了很大作用。南美乡乡政府统计，2002 年年底，全乡粮食总产量 205.5 万公斤，人均占有粮食 339 公斤，全乡经济总收入 470.32 万元，人均年纯收入703 元，分别是 1987 年建乡时的 2.4 倍、2 倍、8 倍、6 倍。但客观分析，即便这些统计数据都非常精确，该乡仍然处于较贫困状态。如人均年纯收入 703 元，还不到临翔区2002 年全县农民人均年纯收入的一半，只相当于人均年收入 800 美元的传统小康标准的 1/10 左右。在产业的调整和新产业的培植上进展不大，到目前为止，农业仍是主要产业，而且总的技术水平不高，突出的表现是产量较低；除了由区民宗局投资并独立经营的拉祜王酒厂外，全乡没有工业企业，第三产业的发展也很不理想。

第五，教育科技培训工程，针对当地的实际情况，重点在于"普九"义务教育和成年人科技培训工作。当时，国家对拉祜族教育给予了特殊照顾，南美乡拉祜族居民可以享受从小学到高中阶段的义务教育。2005 年，乡上设有一所初级中学和一所完小、九所村小，临翔区城区和其他乡镇的学校也按政府要求接纳南美乡拉祜族学生就读。1996年，南美乡就被列入普及九年义务教育乡镇之列。但从整体上看，南美乡包括拉祜族在内的居民的受教育程度仍然很低，这项工程的实施并没有从根本上改变南美乡拉祜族人口总体受教育水平低的状况。根据 2000 年第五次人口统计，南美乡 6 岁及 6 岁以上总人口 3992 人的各项受教育指标均低于临沧地区拉祜族的整体水平，尤其是接受过初中以上教育的人口少，女性受教育程度比男性低[1]，以未上过学计文盲率为 34.49%，高于全国 6.72% 的比率。具体如表 3 - 1 所示。

总体而言，南美拉祜族反贫困至今历经的两个阶段更大程度上是一种关注生存环境改善的救助型反贫困，这是基于南美拉祜族居住地的实际生境和社会发展程度之上做出的决策。客观分析，与南美拉祜族贫困状况较深的状况相关的原因包括如下三个方面：

---

[1]　临沧地区人口普查领导小组办公室：《临沧地区 2000 年人口普查资料》，2001。

表 3 – 1　　"五普"南美乡 6 岁及 6 岁以上人口受教育程度统计

单位：人, %

| 受教育程度 | 人口数 | 所占比例 |
|---|---|---|
| 未接受过学校教育 | 1377 | 34.49 |
| 扫盲班 | 281 | 7.04 |
| 只接受过小学教育 | 1739 | 43.56 |
| 接受过初中教育 | 513（男 367、女 146） | 12.85 |
| 接受过中专教育 | 75（男 54、女 21） | 1.88 |
| 接受过高中教育 | 26（男 23、女 3） | 0.90 |
| 接受过大学专科教育 | 19（男 15、女 4） | 0.48 |
| 接受过大学本科教育 | 2（男 2、女 0） | 0.05 |

　　首先，自然环境因素。生存环境的确对于人类的生存和发展发挥着至关重要的作用，这正如美国经济学家托达罗曾指出的那样："几乎所有第三世界国家都位于热带或亚热带地区，而历史事实是，现代经济增长一切成功的范例几乎都发生在温带国家。这样一种分歧不能简单地归之于巧合，它必然与不同的气候环境直接或间接引起的某些特殊困难有关。"[1] 这样的说法不无道理，因为人类经济活动总是以资源为基础。现代工业化和经济发展本身都以不断扩大使用越来越多样化、越来越大量的资源为特征。而地处缺乏土地、水、矿藏等自然资源之地的国家，自然资源的缺乏必将使得其发展相对滞后。纵观我国大多数处于绝对贫困的地区，也存有一定的地域分布特征。我国的贫困地区大多集中于中西部自然条件恶劣的偏远山区，这些地

---

[1]　樊怀玉：《贫困论——贫困与反贫困的理论与实践》，民族出版社，2002，第 30 页。

区多属深山区、石山区、高山区、黄土高原区，土层薄、土质差、可耕地少、水源缺乏，加之生态系统十分脆弱，在高寒区甚至还有恶劣的气候因素等，均不利于农业生产和人类居住。究其贫困根源，恶劣的环境和资源短缺的现状不能不说是制约其发展导致贫困的根本原因。通过前面对南美拉祜族的生境进行客观审视，可以发现其贫困根源也与它所拥有的自然资源条件密切相关。资源的缺乏导致与外界交流不畅，而交流不畅又反过来进一步加剧了其资源缺乏的困境。其次，由自然环境因素带来的基础设施建设的滞后。由于地处偏远、交通不便、信息闭塞，贫困人口在发展农村工业方面处于极为不利的地位，不能通过发展非农产业来提高收入。最后，语言和文化方面的障碍，使他们缺乏进入城市务工经商的机会和能力，这样就更使得这些地区经济发展极度缓慢，贫困问题无从解决。这显然与小平同志多次强调的"社会主义的目的就是要全国人民的共同富裕，不是两极分化"①相违背。如何有组织、有计划地控制、缩小贫富差距，解决这些特殊贫困地区的贫困问题，达到共同富裕的目标成了亟待解决的问题。

临沧市政府介入其社会发展推行反贫困之策，正是基于这样的事实做出的客观抉择。他们试图通过对有一定生产能力的农村贫困户，从政策、资金、物资、技术、信息等方面给予扶持，通过生产经营活动，帮助其解决温饱、摆脱贫困；通过安排必要的以工代赈资金，鼓励、支持贫困农户投工投劳，开展农田、水利和公路等方面的基础设

① 邓小平：《邓小平文选》第3卷，人民出版社，1993，第110～111页。

施建设，改善其生产条件；通过安排优惠的扶贫专项贴息贷款，制定相关优惠政策，重点帮助贫困地区、贫因农户发展以市场为导向的种植业、养殖业，以及相应的加工业项目，促进增产增收。通过上述两个阶段救助型反贫困政策的推行，南美拉祜族的社会发展被注入了新的"血液"，随着生产力的提升，人们生活条件有了很大的改善，物质基础建设迈上了新的台阶。

## 第三节　社会生产方式变迁

政府介入南美拉祜族社会发展推行反贫困政策后，在社会各界的共同努力下，南美拉祜族的扶贫攻坚工作在"九五"期间取得了很大的成效，全乡各方面都有了很大发展。据南美拉祜族乡人民政府统计数据，其在 2005 年就实现了如下经济指标：（1）农牧副业生产。有耕地 12540 亩，其中水田 3118.5 亩，旱地 9421.5 亩，轮歇地 3514 亩。水稻种植 2630 亩，产量 46.5 万公斤。小麦种植 724 亩，产量 6.1 万公斤。油菜种植 2010 亩，产量 33.6 万公斤。玉米种植 5342 亩，产量 110.6 万公斤。茶园 6950 亩，可采摘面积 1721 亩，产量 4.2 万公斤。果园面积 1209 亩，其中：苹果园 22 亩、梨园 323 亩、李子园 415 亩、桃子园 149 亩，其他果园 300 亩。白花木瓜种植 2164 亩（茅粮酒业集团订单种植）。大牲畜存栏数 2626 头，马、骡、驴存栏数 397 头，山羊存栏数 4941 头，牲猪存栏数 4106 头，鸡 8645 只。（2）经济收入状况。全乡农村经济总收入 613.94 万元，其中：农业收入 404.14 万元，林业收入 55.02 万元，畜牧业收入 130.17 万元，工业收入 5.68 万元，建筑业收入 0.28 万元，运输业收入 5.26 万元，商饮业收入 2.53 万元，服务业收入 2.94 万元，其他业收入 7.92 万元。总费用：275.89 万元。净收入：338.05 万元。农民外出劳务收入 7.42 万元。可分配净收入总额：345.47 万元。农民人均收入 801 元。因为工作成绩突出，2002 年，南美拉祜族乡还曾被国家民委和云南省政府授予"民族团结先进模范集体"称号。2010 年，全乡经济总收 1248.16 万元，较上年同期增加了 202.99 万元，增长 19.42%。其中：畜牧业收入 240 万元；茶叶收入 158 万元；烤烟收入 173 万元；油菜收入 140 万元；核桃收入 101.5 万元。农民人均纯收入 1528 元，较上年同期增加了 214 元，增长 16.28%。完成粮食总产 2260 吨，比 2009 年增加 180 吨，创历史新高。①

经济增长以社会生产方式变迁为基础，南美拉祜族乡后期发生的变化与政府介入反贫困并引导其社会生产方式相关。此社会生产方式变迁过程，按照时间先后和变迁的主要内容，可以分为如下两个阶段。

第一阶段，新中国成立至改革开放前。该阶段南美拉祜族社会生产方式变迁最主要的表现是，农业地位逐步提升并成为了其主要的生计方式。

引发这一变迁的决定性力量，是与以各级人民政府为代表的国家政权介入密切相关的。依靠国家政权的力量，南美拉祜族社会发展实现了同质化，即与其他民族一起共同迈入了社会主义社会发展阶段；此外，政府的介入还改变了拉祜族生存的空间，通过对土地等资源进行统一的、

---

① 杨光勇：《临翔区南美拉祜族乡 2010 年基本情况》，2010 年 9 月 22 日，http：//www.ynszxc.gov.cn/S1/S1540/S1541/S1552/C20574/DV/20110922/3173345.shtml。

有计划的分配，南美拉祜族农业发展开始具备了自然和社会空间。在所有制和政权组织形式等方面的社会同质化实现以后，集体化、人民公社等运动过程中集约型的生产方式开始引入和推广。随着铁制农具等生产工具的大量引入，种植的农作物种类得以增加，水稻、玉米等农作物的种植技术和牛耕技术也随之被引入了南美拉祜族地区。在这一阶段政府组织当地拉祜族群众进行了土地开垦，尤其在"大跃进"期间和农业学大寨运动中，大量开垦水田，到1967 年，水稻种植技术被当地拉祜族居民掌握，同时建设了一批农业水利设施，改善了农业生产条件。

当时，随着农业生产的发展、开垦的旱地越来越多，南美乡森林面积也在逐步减少。解放初期，南美乡原有森林覆盖率为80% ~90% 。但1958 年"大跃进"运动发起，根据国家的有关政策和临沧市及其他地区社会经济发展的需要，开始大量砍伐木材，"文革"期间砍伐的数量虽有所减少，但森林覆盖率较之原始状态已经急剧减少。这使得原来自然经济阶段占主导地位的采集业比重逐步减小，不再是其主要的社会生计方式。一直以来，狩猎是南美乡拉祜族获取肉食的主要途径，狩猎技术的高低也是衡量一个男性是否能干的主要标准。南美乡林区原有的野生动物种类较丰富，但森林面积的减少意味着野生动物生存空间缩小，直接导致野生动物种群和数量下降，对狩猎产生了影响。然而，随着南美乡的总人口由50 年代初期的近1000 人增长到1989 年年末的4183 人，人口的增长带来的消费需求增长与森林面积的逐步减少之间形成了矛盾。肉食需求增加，但依靠传统的狩猎技术却无法满足需求。因此，后期南美拉祜族的狩猎技术也随着社会生产方式的变迁发生了相应的变化。其中，对狩猎技术影响最大的是枪支的引入和广泛的使用。国家对南美乡这样的少数民族地区在物价和特殊商品供应方面有特殊照顾，昭通等地出产俗称"铜炮枪"的火药枪等狩猎枪支作为国家物资供应部门提供的特殊物品，开始进入南美乡等拉祜族地区。此时，普通家庭已经有经济能力购买和使用枪支了，后来枪支迅速取代弩弓成为拉祜族主要的狩猎工具。枪支的广泛使用，使得狩猎成功的可能性大大增加，原先较难捕猎的大型和凶猛动物也不再难捕猎。虽然参加狩猎的人数减少，但获取的猎物数量却增加了。因此，即使后来狩猎不再是其主要的生计方式，但依旧在一定程度上保持着其作为家庭获取肉食的主要途径之地位。

第二阶段，改革开放至今。这一时期南美拉祜族社会生产方式发生的变迁主要是以现代化为目标的变迁。具体而言，已经发生和正在发生的变迁主要表现为如下三个方面。

首先，农业和畜牧业成为主要的生产方式。农业和畜牧业成为主要的生产方式是发展的必然结果，也是政府主导的经济建设的预期目标。自 1994 年起，区委就连续四年组派"村建"工作队到南美工作。实施的扶贫攻坚"五大工程"其中之一就是以建设 3000 亩高稳产农田地为目标，实施"基本农田地建设工程"。期间，投资 70 万元，组织群众投工投劳，修筑"三面光"大沟 2.8 公里，段面处理10 公里，完成水浇地 150 亩，新增灌溉面积 200 亩，完成南华、南美大沟的除险加固工程，坡改梯地 1405 亩，解决了山地坡度大、难以耕种的难题。此外，扶贫攻坚工程还以强化基础教育和提高科技含量为重点，实施"教育和科技培训工程"，把教育和科技培训作为五大扶贫攻坚主要工程加以实施。在中学开办一年制 3＋×班，由乡政府划出 10 亩土地作为培训基地，每年投入 2 万元培训经费。培训的主要内容就是粮食生产、养殖技术和经济林果栽培、管理技术。1998 年起每年安排乡农技校培训经费 2000 元，村农技校 1000 元。① 在如此大的外界推动力下，南美拉祜族社会生产方式由狩猎和采集为主转变为农业和畜牧业为主成为了一种必然。

其次，狩猎完全退出了生产领域，采集还有所保留，但不再是主要的生产方式而只是作为对农业生产的部分补充而存在。如前所述，狩猎退出南美拉祜族的社会生产生活中，与森林资源的减少不无相关。20 世纪 80 年代中期，临翔区林业局等部门批准对南美乡林区进行商业性质的采伐，因为经济利益可观，当地拉祜族居民也积极砍伐，使得森林覆盖率继续下降，在 1990 年时已下降至 43.9%，野生动物生存空间大面积缩小，加之枪支使用的普及，野生动物数量和种群急剧减少，狩猎作为生产方式所必须的基本资源条件逐步丧失。加之，20 世纪 90 年代中期起，国家出于保护环境和维护社会安定等考虑，修订了枪支管理的法规政策，制订了一系列野生动物保护法规，从法律上彻底否定了狩猎及枪支使用的合法性和继续存在的空间。在可供狩猎资源的大幅度减少，以及国家有关枪支使用政策的调整双重作用下，狩猎逐渐退出了南美乡拉祜族的生产领域。

---

① 郭绍唐：《临翔区在南美拉祜族乡展开"扶贫攻坚大决战"》，《民族工作》1999 年第 7 期。

最后，以第三产业的出现为标志，多样化的产业结构的雏形正在逐步形成。第三产业的出现是政府对产业结构调整的结果，也是南美乡社会经济发展的产物。在扶贫攻坚工程实施期间，临翔区政府为了实现预定的2000年南美拉祜族脱贫目标，曾按照"长短结合、林牧并举、放开搞活、全面发展"的工作思路和方针，实施以畜牧业、林果业、个体经济为主的"经济发展工程"，奠定了南美多样化产业结构形成的基础。当时曾改造自然草山2万亩，人工连片规范种草6800亩，引进优良品种，实行种牛冻精改良，以科学饲养推动畜牧业向优质化发展。此外，还从"管、封、造、节"入手，大力发展以核桃为主的经济林果基地建设，将核桃种植由1994年的147亩发展到7176亩。只是由于多方面的原因，第三产业在南美乡到目前为止还处于较低的发展水平。

综上所述，政府介入南美乡拉祜族社会发展推行反贫困之策后，其社会生产方式变迁两个阶段的相关表现，可以发现具有如下几个特点：首先，变迁的主要动力来自外部。具体而言，1950年前主要是非自愿性的迁徙导致的环境改变，1950年后主要是各级政府代表的国家政权。其次，变迁速度逐步加快。1950年后南美拉祜族社会变迁速度加快，甚至使得其生产方式的结构发生了较大转变。最后，变迁与国家制度性规定和政策制定密切相关。从50年代初的所有制改革到集体化运动、人民公社、家庭联产承包责任制，这些制度的变动都直接影响了对拉祜族的扶贫，影响了变迁的内容和形式。

# 第四节　南美拉祜族乡"十五"发展回顾

"十五"期间，南美拉祜族乡在各级政府的领导下，有针对性地推进产业建设，稳步发展各项社会事业。经过五年发展后，该乡综合实力较之解放时期有了明显提高，人民生活不断改善，基础设施建设也取得突破性进展。在经济结构日趋科学合理的基础上，发展方式逐步从单一向多元化转变。客观地说，南美拉祜族的生存现状经历"十五"发展后，总体而言较之解放初期确实发生了极大的改变，反贫困成效若以原来的贫困线为基准将目标定为消除绝对贫困，当时的目标已经实现。

然而，若以目前社会发展大环境为着眼点，将南美拉祜族"十五"之后的生存状态与之相较，事实上广大拉祜族员家庭仍处于较为突出和严重的相对贫困状态之中。如果将南美拉祜族乡发展建设目标与解决中国少数民族地区长期以来存在大三发展差距：社会发展差距、经济发展差距、人类发展差距[①]问题相关，从此角度对其前期建设成效加以审视进行评价，可以发现历经"十五"规划发展后的南美拉祜族较之其他地区社会群体而言，差距仍然十分明显。具体情况如下文所述。

第一，经济发展差距明显。南美拉祜族地区"十五"期间社会经济发展取得了很大成就，但村民人均收入据统计仍然比较低，同全国平均水平相比仍存在着相当大的差

---

① 胡鞍钢、温军：《社会发展优先：西部民族地区新的追赶战略》，《民族研究》2001年第3期。

距。1984年国家颁布的贫困线标准是人均年收入120元，南美乡1987年人均纯收入仅117元，1995年人均纯收入为272元。2000年国家贫困线标准提高到人均年收入625元，2005年是825元。南美乡政府统计，2002年人均纯收入为703元，2003年为722元，2004年为739元，2005年为801元，总体上仍处于贫困线以下。国家统计局2004年颁布的统计数据显示，全国农民的年人均收入1985年为397元，1989年为602元，2003年为2622元，南美乡1987年、1995年、2003年的人均收入，仅分别相当于1985、1989、2003年全国农民的年人均收入的29.47%、45.18%、27.96%。《中国统计年鉴2002》显示，2001年，云南省农民人均纯收入为1534元，城镇居民人均可支配收入金额为6798元；广东省农民人均纯收入3770元。南美乡2003年人均纯收入只相当于2001年云南省农民人均纯收入的47.1%，云南省城镇居民人均可支配收入的10.1%，广东省农民人均纯收入的19.2%，相对贫困突出。国家目前的小康标准是人均年收入不低于800美元，联合国确立的绝对贫困即赤贫标准是每人每日收入低于1美元。按1∶8的汇率概算，2005年801元的人均年收入仅相当于中国小康标准的12.5%，每人每日收入只相当于0.27美元，为赤贫标准的1/4，绝对贫困仍表现得非常明显。

此外，南美拉祜族每个家庭拥有的财产也非常少。绝大部分家庭除粮食外全部财产总和不超过3000元，少的只有数百元。例如，当时竹笆山二社任南美村计划生育宣传员的扎多，家住扶贫安居工程瓦房一间，家庭财产除粮食外有床、一套油漆木桌和数个木凳、一台黑白电视机、一大一小两口铁锅、两口铝锅、两头猪，全部财产约折合

2500 元。竹笆山二社扎多拍，全部财产是：煮饭铁锅一口，炒菜小铁锅一口，小铝锅一口，碗 4 个，猪 1 头，没有床，睡篾笆，破旧毯子 1 条，垫絮 1 张。2004 年粮食总产玉米约 125 公斤，稻谷约 100 公斤，加上粮食 2004 年全部财产折合约 500 元。

**图 3 - 7　南美拉祜族民居**

　　第二，从人类发展差距看，"十五"后的南美拉祜族乡较之其他地区而言差距也十分明显。良好的身体健康条件是人的生存和发展的前提和基础条件，这不仅关乎人的生活质量，更关乎一个人获取收入的能力。健康生存能力的欠缺，其实也是生存能力贫困的一个重要方面。南美拉祜族族员至今身体素质较之全国同龄人员指标仍存有较大差距。据 2004 年调查，南美乡拉祜族 3 岁男童平均身高和体重分别是 78.7 厘米、11.2 公斤，女童平均身高和体重分别是 82.1 厘米、10.7 公斤。6 岁男童平均身高和体重分别是 100.5 厘米、15.5 公斤，女童平均身高和体重分别是 102.4

厘米、15.1公斤。据云南省教育厅和省体育局2000年云南省国民体质监测公报提供的资料，云南省3岁男童的身高、体重平均是95.2厘米、13.9公斤，女童的身高、体重平均为94.3厘米、13.4公斤；6岁男童的身高、体重平均113.1厘米、18.9公斤，女童的身高、体重平均111.8厘米、17.9公斤。南美乡拉祜族儿童各项指标均低于全省平均水平。2002年南美中学学生体育成绩达标率为全县倒数第四名，小学为倒数第五名，2003年南美中学与另外四所中学体育成绩达标率达到100%，小学却降到倒数第二。

此外，"十五"后的南美拉祜族地区，人们接受教育与获取知识的能力也不容乐观。他们缺少生产知识和引进知识的能力与途径，人们利用已有的知识促进生产与发展的效率低下，获得和使用信息交流与传播的工具也普遍缺乏。从受教育程度看，有资料统计，至2001年年初，云南省少数民族尚有60%以上人口不通汉语，少数民族文盲率为45.5%，其中拉祜族属于较高水平，为72.06%，妇女文盲率全省平均为60.32%，拉祜族高达70%以上，人均受教育年限拉祜族只有1.3年，2000年第五次人口普查统计数据显示，全国文盲率为6.72%，南美乡6岁及6岁以上人口文盲率是34.49%，接受过初中及以上教育的仅占16.56%。2004年临沧教育学院苏汉林教授带领的课题组对4084名（占全乡总人口4394人的92.94%）南美乡常住居民的受教育程度进行了调查，以不识字为标准文盲率是23.31%，低于2000年"五普"34.49%的比例，接受过初中及以上教育的占12.54%，略低于"五普"的比例，具大专以上学历的21人中有外地籍干部19人，总体受教育程度仍然较低。

另外，南美拉祜族地区知识资源严重不足，知识发展能力低下，人们交流知识的能力也很弱。当地的村民基本没有机会和能力利用报纸、图书、电视、电话、互联网等手段获取知识与信息，并给予此推动社会的发展。具体如表 3 - 2 所示。

表 3 - 2　2004 年南美乡常住居民受教育程度调查统计<sup>①</sup>

单位：人，%

| 受教育程度 | 人　口 | 所占比例 |
|---|---|---|
| 不识字及未上过学 | 952 | 23.31 |
| 小学毕业 | 2620 | 64.15 |
| 初中毕业 | 480 | 11.75 |
| 中专及高中毕业 | 11 | 0.27 |
| 大专及以上学校毕业 | 21 | 0.51 |

第三，从社会发展差距上看，差距仍然十分明显。新中国成立后，南美拉祜族地区的社会制度实现了跨越式发展，按照全国一体化的要求建立了行政机构，设立了各种服务机构。但由于地区差异的存在，以及落后的经济发展和人类发展水平的制约，南美拉祜族地区社会服务体系建设和服务质量一直明显滞后。即便经历"十五"期间大力发展，由于地理区位的边际性、自然环境的相对不利客观事实存在，许多拉祜族家庭成员健康状况不容乐观。其他地区早已经被消灭、控制的地方病、传染病，在当地仍未能得到及时有效的治疗。就当时南美乡目前的社会经济状

① 说明：与表 3 - 1 所统计 2000 年"五普"部分数据存在差异的主要原因是本次调查是以是否毕业为标准而不是以上过未毕业或正在读为标准，与人口总数无关，因为 2000 年总人口是 4386 人，2003 年年底政府统计总人口为 4394，仅增加 8 人。

况看，除非国家全额负担，否则不可能建立农村医疗和其他社会保障制度。1988年南美卫生所改为南美乡卫生院，但乡卫生院连割阑尾这样的小手术都做不了，医护人员少且技术职称低，工作方法和态度不令人满意。笔者在调查期间曾到乡卫生院购买普通药品，值班医生却拿错药，险些发生危险。对于一般家庭，得了病往往无钱就医或不能就近治疗；如果得了大病，就得卖口粮、牲畜或大量借债，整个家庭陷入经济困境中，因病致贫、因病返贫的现象极为普遍。健康与贫困之间甚至形成了一种恶性循环：生病—医疗费用增加—生产费用减少—生产困难—贫困—营养不良—再生病—更贫困。

除了医疗条件较差之外，由于社会发展水平整体偏下，"十五"后的南美拉祜族地区松散的社会生活组织形式仍然存在，通信设施和服务网络普遍落后。从交通事业发展看，南美乡在临沧地区和临翔区车管所的档案上，是登记在册车辆最多的乡镇，有2000多辆，但实际上绝大部分是为了利用国家对民族自治乡车辆收费的优惠政策而在南美乡落户和登记的外地车辆，全乡实际拥有，并在乡里的生产生活中被使用的农用车等车辆还不足100辆。道路条件改善而交通不便的情况没有根本改善，乘车难的问题仍然突出。固定的营运车辆只有每天一班发往县城的中巴车。以下是2004年10月笔者到南美拉祜族地区进行调查之时笔者与南美乡至临翔区城营运客车司机的交谈片断记录。

笔者：平时的生意好不好？坐车的人多不多？

司机：生意一般，平时少，街天会坐得满，前几天人坐多了还被交警抓着罚款。

笔者：超载了几个人？在哪里上的车？

　　司机：一个，在离街子五六公里的弯道上的车，交警在街口堵着。

　　笔者：罚了多少钱？

　　司机：200块，都是罚200块一个人。

　　笔者：你不知道交警会来检查，超载要罚款吗？

　　司机：平时不来，说不准哪天冷不丁来查。我不是不晓得超载会罚款，问题是那些人从山上下来赶街也不容易，路难走，招手叫停车不给他们上车也过意不去。再说了，就只有我这辆车跑这段路，我不给他坐他就只能走路，如果跑这段路的车多我才不会多拉人。

　　综上所述，可以看出，"十五"后的南美拉祜族乡发展任务依然较为严峻，群众脱贫致富之路依然漫长。当然，如何消灭绝对贫困，遏制相对贫困，走向共同富裕，是一个极为复杂的课题。从世界范围来看，至今也还没有哪个国家真正实现了共同富裕、消灭了贫困，在当今已经高度发达的欧美国家，也随处可见相当比例的贫困人口。即使从经济发展总体趋势看，我国社会前进的步伐在加速，离成为发达国家目标已为时不远，但扶贫工作仍然不可能终结。相对贫困的存在是一个客观事实，在比较长的历史时期内，中国与发达国家的经济和社会发展水平之间存有的距离尚仍难以消除，民族地区边远农村反贫困之途就更为漫长了。

## 第五节　南美拉祜族乡"十一五"建设
## 概况及未来发展蓝图

　　在"十五"所取得的社会经济发展成就基础上，南美拉祜族乡在各级政府的领导下，又经过了"十一五"为期五年的有对性的发展推进。经笔者将"十五"期间深入当地调研所得社会经济发展材料与如今"十一五"结束后当地社会发展状况相比较，发现南美拉祜族乡五年期间，如下几个方面已经取得了较为突出的成就。

第一，国民经济保持持续增长。"十一五"结束后，南美拉祜族乡全乡经济总收入达1202万元，和"十一五"规划制定的经济总收入920万元目标相比，增加252万元，增长30.1%。此外，农民人均纯收入达1510元，比"十一五"规划制定的农民人均纯收入1121.4元目标增加388.6元，增长34.7%。从这些统计数据来看，南美拉祜族乡发展后劲明显增强，从某种程度上讲已经找到了实现其社会可持续发展的有效途径。

第二，产业结构日趋合理。综合调查结果，笔者发现历经"十一五"期间五年的努力，南美拉祜族乡的产业结构已经日趋合理。目前，烤烟、核桃、茶、畜牧、旅游业等产业在当地已经初具规模，给当地居民带来了实惠。2009年，烤烟产业为南美拉祜族乡带来了92.4万元的经济收入；2010年，烤烟业再次创收173万元，占当地国民经济总收入的14.4%。除烤烟产业外，核桃产业也得到了大力发展。截至2009年，全乡累计核桃种植面积31000亩，比2005年的7300亩增加23700亩，人均占有核桃面积达7亩。2010年，核桃产业实现产值101.5万元，比2005年的39万元增加62.5万元，比"十五"末增加1.6倍。"十一五"期间，南美拉祜族乡政府为了促进社会经济发展，增加国民收入，采取了如下几个方面措施：（1）加大中低产茶园改造力度。截至2009年，全乡累计种植茶13000亩，比2005年度6950

亩增加6050亩，实现人均占有茶园面积3亩。在2010年茶市有所回暖的社会经济背景下，实现产值76万元。（2）认真抓好畜牧业。2010年，南美乡实现畜牧业产值240万元。（3）积极推行"油烟连作"模式，稳定油菜面积。为了发展油菜产业，南美乡政府投入科技，改良品种，提高单产。2010年，全乡实现油菜收入143万元。（4）进一步加大旅游开发力度。"十一五"期间，南美拉祜族乡的旅游产业实力进一步得到了加强。当地政府在南美村葫芦寨开发建成了"南美拉祜族风情园"，打通了茶山坡至白石岩的旅游毛路，并实施了拉祜族风情园二期开发，为培育民族文化旅游业奠定了坚实的基础。总体而言，南美拉祜族乡之所以能取得如此成就，与当地政府推行的"'一树两叶'，长抓核、茶，近抓烟，以短养长、长短结合"的产业发展思路是密不可分的。

图3-8 南美拉祜族种植的烤烟

第三，基础设施建设得以加强。"十一五"期间，南美拉祜族乡在水利、道路、办公设施等基础设施建设方面投入了大量资金。就目前情况来看，当地的基础设施较之"十五"期间已经有了明显改善。其中，水利设施方面，南美拉祜族乡首先着手解决农业灌溉问题，对竹笆山大沟、南华大沟、坡脚大沟、磨刀河沟、山神大沟、大丫口沟险段进行了管道引渡及险段处理。此外，还对卡房沟1.2公里进行了防渗处理，确保了1465亩农田灌溉用水。其次，南美乡政府还重点关注了饮水问题。"十一五"期间，共实施人畜饮水工程11件，90%的农户饮水难的问题得到了解决。乡村道路建设方面，南美拉祜族乡在"十一五"期间共开通毛路39.14公里，实施水泥整齐块体弹石路40公里；通过"一事一议"实施路面硬板化建设4189米。总体而言，随着"十一五"期间乡村公路建设和管护工作的有序开展，南美拉祜族乡如今已经初步解决了群众出行难问题。除水利设施建设外，"十一五"期间，南美拉祜族乡还完成农村民房加固改造和拆除重建272户，沼气池建设50口，农村改厕20户；完成廉租房建设1600平方米、计划生育服务所建设300平方米；并借助建设村级组织活动阵地项目机遇，对南华、坡脚、南美三个村委会进行了改造。随着这些与人民生活密切相关的基础设施建设工作进一步推进，南美拉祜族乡乡容乡貌较之以往而言发生了翻天覆地的变化。

第四，各项社会事业协调发展。"十一五"期间，南美拉祜族乡进一步优先发展教育事业，全面落实义务教育政策，进一步改善教育基础设施。对南美中学、南华小学、坡脚小学教学楼和运动场进行重建，教育优先发展的战略地位更加突出。随着硬件设施建设的加强，并配之以相应

图 3 - 9 南美拉祜族乡新修的水池

的制度完善，南美乡"十一五"期间"两基"成果得到了有效巩固。五年内，实现了中学入学率 98% 以上、巩固率 97% 以上、小学入学率 99.5% 以上，巩固率 99% 以上的目标。此外，当地政府进一步强化医疗服务体系建设，实现了 2010 年参合率达 98.2% 的目标。在此基础上，着力控制计划外生育和多孩现象，将人口自然增长率控制在 7‰ 以内。在将农村最低生活保障制度和扶贫开发政策有效衔接的前提下，社会弱势群体得到了有效救助。

从这些情况来看，南美拉祜族乡经过"十一五"期间各级政府和群众的不懈努力，各项社会事业之间已经逐步实现了协同发展的目标。调查中，笔者发现：随着南美拉祜族乡各项社会事业得到长足发展，村民参与村寨建设的积极性也有了大幅度的提高。如今，在各级政府部门的领导下，南美拉祜族乡已经制定并开始实施"十二五"发展规划。经和当地政府部门管理人员访谈，笔者对其发展蓝图有了一定程度的了解。下文综合访谈所得及政府部门相关统计资料，对南美乡未来发展设计予以描述。

"十二五"期间，南美拉祜族乡经济社会发展总体思路为：一树两叶建支柱，长短结合调结构，科技人才强基础，和谐稳定保民生，又好又快促发展。在此基本思路的指导下，南美拉祜族乡结合当地的经济、人文、社会、环境现状，提出了2012年的建设目标：第一，实现全乡农村经济总收入3014万元，年均增长19%；农民人均纯收入3665元，年均增长25%的经济发展目标。第二，实现人口达4704人左右、人口自然增长率在7‰以内的人口计划生育目标。第三，实现森林覆盖率及水利有效灌溉保证率分别由2010年的50%和20%增加到70%和40%的环境发展目标。第四，实现群众对政务、村政务公开满意度达到95%以上的社会服务目标。第五，加强卫生网络建设，改善乡村医疗卫生条件，合理配置医疗卫生资源，健全新型农村合作医疗制度，解决好农村群众看病难和因病返贫的问题。该建设目标根据党的"十七大"关于"坚持把发展现代化农业，繁荣农村经济作为首要任务"和"发展现代农业，必须按照高产、优质、高效、生态、安全的要求，加快转变农业发展方式，推动农业科技进步和创新，加强农业物质技术装备，健全农业产业体系，提高土地产出率、资源利用率、劳动生产率，增强农业抗风险能力、国际竞争能力、可持续发展能力"提出。在具体实施过程中，又划分为五个阶段：2011年全面启动阶段、2012年重点建设阶段、2013年全面铺开阶段、2014年整体推进阶段、2015年全面提升和基本实现阶段。

就南美拉祜族乡社会、经济、文化发展现状来看，上述目标的实现具有可操作性但需要经过详细、周密的计划方能实现。因此，南美拉祜族乡当地政府将"十二五"期间经济社会发展主要任务和对应的保障措施作了细致分解和布置。

"十二五"期间，南美拉祜族乡经济社会发展的主要任务如下。①

## 一 加快产业结构调整

在巩固传统产业的基础上，充分利用资源禀赋，结合市场需求，按照"'一树两叶'，长抓核、茶，近抓烟，以短养长、长短结合"的产业发展思路，巩固和提升油菜、畜牧业，确保粮食安全的基础上，着力优化产业结构调整，转变经济增长方式，促进农民快速增收致富。

### （一）农业产业规划

（1）改造中低产田地4500亩。从发展农业，满足国民经济和人民生活需要的角度看，在南美拉祜族乡人口不断增加，耕地不断减少的情况下，要保持农作物增长的态势，提高耕地单位面积的产量便成为必然的选择。而要达到这个目标，就必须加强对中低产田的改造和治理，挖掘中低产田的生产潜力，提高中低产田的单产，促进农作物的产量。

（2）改造中低产茶园6000亩。低产茶园改造是提高茶叶产量和茶叶生产经济效益的重要途径，通过中低产茶园改造，使低产茶园焕发新活力，走产业发展生态化、生态建设产业化的路子，提升产业发展水平。

---

① 资料来源：临沧市临翔区统计局。

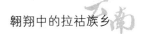

（3）发展 3000 亩龙胆草种植示范区。通过发挥气候资源优势开发龙胆草种植进入稀缺名贵药材市场，进而改善南美乡农业种植产业结构，培育出新的经济增长点，推动经济增长。

（二）林业产业规划

加快农村发展、促进农民增收，最大的潜力在山，最大的希望在林，最大的活力在中低产林改造。按照"政府引导、农民主体、社会参与、金融支持、市场运作"的原则，改造中低产林 5000 亩，充分利用林业资源，转变林业发展方式，加快南美根艺加工厂二期建设，打造样板，以点带面、点面结合，整体推进林业产业化建设。

（三）畜牧产业规划

开发草山 2000 亩，实施种草养畜，实现草山开发保护与畜牧产业发展双赢局面。

## 二　加强基础设施建设

（一）水利工程基础设施建设

加快民生水利建设，实施全长 48 公里的 6 条农田灌溉沟渠（三面光）建设工程，改造农田灌区，提高农田灌溉率，提升农田抵御自然灾害的能力；实施全长 72 公里的人畜饮水建设工程，解决农村人畜饮水困难问题。

（二）村组交通道路建设

将村组道路建设作为一项为民办实事的民心工程来抓，

通过对南团线村组公路 6.7 公里硬化、西山线村组公路 11.7 公里硬化，村、组、户 44.9 公里道路进行全面硬化，切实解决群众出行难问题和制约群众生产生活的不利因素，带动农产品进城，拓展农民增收的空间。

### （三）人居环境改善

按照"因地制宜、分类指导、量力而行、先易后难、有序推进"的要求，科学编制新家园行动计划旧房改造，2013 年前消除茅草房，实施民居地震安全工程，到 2015 年 90% 以上的民居房达到 8 度以上抗震技术标准，人均居住面积达 15 平方米以上，群众居住质量得到进一步改善。

### （四）农村信用社建设

为搞活农村经济经营机制，壮大资金支持实力，恢复南美农村信用社，担负起信贷支持南美乡农村经济建设的重任，将商业化经营与服务"三农"有机结合起来，积极拓展业务领域，创新支农服务，加大支农投入，在支持南美乡经济发展上发挥重要作用。

### （五）小集镇建设

坚持"统一规划，合理布局，综合开发"的方针，抓好南美街扩建（市场扩建，街道绿化、亮化）、竹笆桥农贸市场及其附属工程建设。通过集镇规模的扩大，为南美乡发展拓展空间，促进个体及民营经济的长足发展和友邻乡（镇）商贸往来，解决当地富余劳动力就业出路，有力推动南美乡财政和农民收入的增加。

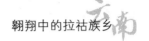

## 三 加快社会各项事业发展

### （一）优先发展教育事业

加快九年一贯制学校建设及相关配套设施建设，改善教育硬件基础，努力改善办学条件。建立健全"控辍保学"相关制度，继续巩固和提高"两基"成果，加强对教育的管理和投入，加强校园周边环境治理，杜绝校园安全责任事故。

### （二）加快完善医疗卫生、社会保障体系

扩大新型农村合作医疗参合面，参合率达95％以上，完善药品价格公示制度，完善医药卫生和食品安全运行监管体制机制；加强农村医疗卫生基础设施建设，新建两所卫生室（南华村、多依村），完善乡卫生医疗体系，加强农村巡回医疗工作，使农村新型医疗合作真正发挥作用，进一步缓解农民看病贵、看病难的问题；认真落实农业人口独生子女"奖优免补"政策，积极开展人口出生缺陷干预预防工作，人口自然增长率控制在7‰以内，提高出生人口素质；认真落实最低生活保障制度，救灾救济资金和物资按时足额发放，切实解决弱势群体和困难群众的生产生活。

### （三）加快发展文体广电事业

以不断满足人民群众日益增长的精神文明需求为根本出发点，加强文化产品发展与文化基础设施建设，为每个村民小组建一个活动室，加大对村文化活动室管理人员、村文艺人才、骨干的培养和培训力度，积极引导广泛开展

丰富多彩群众性文化体育活动。使村文化室真正成为最广泛的惠民、乐民、便民的基层文化阵地；着力完善和建设农村信息化基础设施建设，促进农业信息化建设，努力缩小城乡"数字鸿沟"。继续实施"广播电视村村通"工程，新增安装"广播电视村村通"接收设备 700 户，使广播电视"村村通"普及率达 100%，确保用户能收听收看到中央广播、电视节目；加快建设电话"村村通"，到 2013 年电话普及率达 80% 以上，实现通信网络全覆盖。加快农村"三合一"（实现农村电话、电视、电脑三种信息载体有机结合、优势互补、互联互动）工程建设，提高农村信息化水平。

### （四）加大食品安全和生产安全监管力度

建设四个农村自办宴席集中办试点，完善配套设施（场地、储物室、操作间、烹饪器具桌椅等工具及保障队伍）。加强对采购、烹饪、食用、卫生消毒等各个环节监督管理，确保食品安全，杜绝食品安全事故；认真贯彻"安全第一、预防为主、综合治理"的方针，加强对生产、流通、消费等各个环节及食品、交通、建筑、石厂等重点领域和重点行业的安全监管，保持全乡安全生产良好态势。

## 四　推进新农村建设

紧扣"四有"要求和"高起点规划、高水平建设、高效能管理"原则，按照"因地制宜、分类指导、量力而行、先易后难、有序推进"的要求，科学实施新家园行动计划旧房改造。认真抓好扶贫整村推进、省级重点民族示范村等项目的实施，提高项目建设的质量和效率，大力实施科

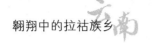

技扶贫项目，通过农业实用技术推广、培训提高生产力；加强农村清洁环保能源建设及利用，进行集中饮水源地保护，继续推进农村"一池三改"新修沼气池、改水、改厕、改路，加大太阳能利用和民居房美化工程。

## 五　合理开发土地

本着有效增加耕地面积、提高土地利用率、提高农用地质量，改善农业生产条件、改善土地生态环境，更加合理利用土地的原则，实施土地开发整理（耕地补充）项目871.57公顷，保持耕地总量动态平衡，确保粮食生产稳定。

## 六　大力发展旅游事业

抓住云南省旅游业二次创业的契机，加大重点旅游项目的开发和建设力度，推进南美拉祜风情园扩建项目及配套附属工程建设、5000亩狩猎场建设，做好拉祜风情西环旅游线（南美滑草场—万亩古茶林—狩猎场—风情寨—白石崖）项目开发工作。

"十二五"期间，南美拉祜族乡为了实现前述发展目标、推进社会整体和谐发展，采取了如下保障措施。①

## 一　兴教育

建设社会主义社会必须树立以"百年大计，教育为本"的思想，优先发展教育，采取切实有力措施，落实教育的战略地位，提高民族素质，多出人才，出好人才。

---

① 资料来源：临沧市临翔区统计局。

## （一）提高教育普及程度

由于南美乡建乡晚，拉祜族人口比例占71%，古老的民族习性和传统的生活方式，形成了思想意识落后，接受新事物能力弱，群众受教育程度低，平均受教育年限仅三年，教育远远落后于其他友邻乡（镇、街道）的情况。为进一步提高劳动者素质，全社会和广大教育工作者，必须增强教育改革发展的紧迫感，积极发展学前教育，加大教育普及力度，使适龄儿童入学率达100%，全面普及九年义务教育（包括初中阶段的职业技术教育）；按农业农村经济发展需要，进行烤烟种植、核桃种植、大棚蔬菜种植、肥猪饲养、果树嫁接、茶叶栽培等实用技术培训，基本扫除青壮年文盲，使青壮年中的文盲率降到2%以下。通过岗位培训、继续教育和在职学历教育，提高广大从业人员的思想文化素质和职业技能。

## （二）加快教师队伍建设

振兴民族的希望在教育，振兴教育的希望在教师。建设一支具有良好政治业务素质、结构合理、相对稳定的教师队伍，是教育改革和发展的根本大计。下决心，采取重大政策和措施，提高教师社会地位，大力改善教师的工作、学习和生活条件，努力使教师成为最受人尊重的职业。加强师资培养培训工作，制定教师培训计划，促进教师特别是中青年教师不断进修提高，使绝大多数中小学教师更好地胜任教育教学工作。到"十二五"末，通过师资补充和在职培训，绝大多数中小学教师要达到国家规定的合格学历标准，小学和初中教师中具有专科和本科学历者的比重

逐年提高。

### （三）加强教育设施建设

坚持"一步规划到位，分步实施"和"实事求是，因地制宜"的原则，科学调整学校规划布局，合理撤并校点，力争用五年时间，完成新校园及学校附属设施标准化建设，九年一贯制学校实行标准化管理。图书生均达 30 册，学生课桌椅、教学仪器、文体器材、劳动课设备配备率达 100%。

### （四）改进教学方法

进一步转变教育思想，改革教学内容和教学方法，克服学校教育不同程度存在的脱离经济建设和社会发展需要的现象。按照现代科学技术文化发展的新成果和社会主义现代化建设的实际需要，更新教学内容，调整课程结构。加强基本知识、基础理论、基本技能的培养和训练，重视培养学生分析问题和解决问题的能力，加强实践环节的教学和训练，促进教学、生产相结合。

### （五）加大教育经费投入

改革和完善教育投资体制，增加教育经费。目前教育经费相当紧缺，不仅不能适应加快改革开放和现代化建设对人才的需求，而且也难以满足现有教育事业发展的基本需要，为增加教育投资，落实教育战略地位，积极筹措资金，加大教育经费投入。考虑群众承受能力，要确实加强收费管理，严禁乱收费。要创造条件，鼓励和支持学生勤工俭学。

## 二　重科技

在科学把握发展规律的基础上，认真分析农业方面的优势和不足，充分利用资源禀赋，采取科教兴农措施，推进现代农业建设。

### （一）提高农民科技素质

人是生产力的第一要素，提高劳动力素质是提高劳动效益的根本所在。充分利用党员远程教育设备、农民专业合作社、农村实用技术进课堂等多种平台，开展一系列的农业科技培训活动，采取联合互助组互帮互助，党委委员＋机关干部＋村组联干部＋农户的科技帮扶模式，在农村中形成"要致富，学科技"的氛围，造就一批有文化、懂技术、会经营的新型农民。2015 年年末，乡辖所有劳力都熟练掌握核桃、茶叶管护和烤烟、油菜种植技术。

### （二）加快科技信息传播

随着现代农业不断深入发展，农民对信息的渴求越来越强烈。按照"十二五"规划，到 2015 年村村实现网络化、"村村通"广播电视工程全部实施，进一步整合资源，加大资金投入，强化科技信息网络建设，加强科技对"三农"的服务，提高农村科技信息化普及率。

### （三）积极推广新型农产品

按照高产、优质、高效、生态、安全的要求，充分发挥科技带动产业发展的作用，通过"以点带面"的方式，在适度规模生产中提高科学种养殖水平，大力引进先进的新品种、新技术、新肥料、新农药、新机具，提高科技成果转化率，加强农技推广，通过体制创新、科技创新、机制创新，充分发挥基层农科人员的积极性，推动现代化农业建设。

## 三 强产业

### （一）做强核桃产业

"十二五"经济指标的实现关键取决于核桃产业的发展，"十二五"期间核桃产业必须"一把手"工程，每年掀起两次核桃大会战，对已建成的核桃产业进行全面抚育管理，加强日常管护，提高管护质量，向管理要效益，到"十二五"末核桃产业实现产值1000万元，成为全乡经济收入的支撑产业。全面推行"粮林间作"模式，所有核桃地块夏套玉米冬套荞，提高复种指数，提高单产。

### （二）做优茶叶产业

"十二五"期间，要抓住茶叶产业发展的机遇，采取新植与改造并重的措施，加大老茶园改造力度，做优茶叶产业。

1. 发挥茶叶协会作用。南美乡由于几乎每户农户都有茶园，但由于劳动力紧缺，种植、管理技术相对滞后，采摘数量偏少，形不成规模，因此要充分发挥好茶叶产业协会的作用，协调好各方面工作，加大低产茶园改造和良种推广的力度，尽快建成一批高产稳产茶园，提高茶叶的单产、质量和亩产值。

2. 突破加工环节。原料必须通过加工才能成为最终产品，没有好的加工，再好的原料也卖不出好的价钱。"十二五"期间结合千亩古茶园开发与保护的辐射作用，积极采取过硬的措施，按照标准化生产的要求，加快建立茶叶加工厂。

3. 培育龙头企业，推进产业化进程。建立深加工企业与生产者相对固定联系的原料基地和订单生产，扩大辐射面，带动产业发展，特别是做好新型的民营茶叶企业的发展，充分发挥机制活、经营好、开拓能力强的特点，强化辐射带动示范作用，联合小型、个体的茶经营者，逐步扩大规模和影响力，形成龙头，将示范、引导、带动群众发展茶叶商品生产，扩大产业规模，合理有效配置社会资源，实施优势互补，全面推进茶叶优势产业的快速发展。

（三）做大烤烟产业

根据资源优势和产业现状，加快农业产业结构调整有新进展、农业产业化经营水平有新提高，按照"一树两叶，以短养长，长短结合"的产业发展思路，到 2013 年种植烤烟达 3000 亩，预计实现产值 600 万元以上，进一步转变经济增长方式。结合南美乡的特殊乡情，成立烤烟专业合作社，按"六统一"即：统一经营管理、统一种植地块、统一生产劳动、统一技术培训、统一物资采购、统一作物管护的方式，强势推进烤烟产业，所有烤烟种植地块全部推行"油烟连作"模式，为农民增收，经济增长创造新的支撑点。

（四）培育旅游产业

着力培育旅游产业，以南美拉祜风情园为依托，围绕

探秘体验和休闲度假两大功能，展示原始森林生物多样性，满足科考、教育和徒步探险等不同需求，把旅游业培育成新兴产业，推进现代服务业的发展。

## 四　保民生

十七届五中全会突出强调了保障和改善民生的重要性，充分体现了党中央对人民生活的关怀，充分表明了保障和改善民生在经济社会发展中的核心地位，意义十分重大。

### （一）完善民主议事制度

实施干部分片挂钩制度，推行"一线工作法"，了解民意、体察民情，破解发展难题，及时预防和化解矛盾。全面推行"四议两公开"工作法，推进村民自治，提高民主管理、民主决策水平。

### （二）完善社会保障制度

1. 完善农村医疗保障制度。进一步加大财政投入，加强医疗卫生网络建设，完成农村合作医疗入保工作，确保参合率达到95%以上，解决群众看病难、看病贵问题。

2. 完善农村最低生活保障制度。对符合保障条件，人均收入达到最低生活保障标准的，及时纳入保障范围。遵循"低保对象有进有出，补助水平有升有降"原则，健全准入退出机制，真正保障好低收入群体生活问题。

3. 完善农村社会养老保险制度。按照"个人缴费、集体补助、政府补助相结合"的筹资模式，坚持"保基本、广覆盖、有弹性、可持续"的原则，建立与经济发展水平相适应的社会保障体系，让更多农民享受社会养老保障，逐步解决农民老有所养的问题。

### （三）完善农村基础设施

1. 以新农村建设为契机，多方筹措、合理利用资金，加大对农村基础设施财政投入，加强村组整治规划建设，绿化、亮化、美化乡村，实施农村集中饮水源地保护工程、一池三改等民心工程，改善农村生活环境。

2. 大力开展基本农田水利设施建设，新修农田灌溉沟渠、人畜饮水沟渠，提升抵御自然灾害的能力。加快实施农田土地整理项目，提高粮食综合生产能力、保护生态环境、优化土地利用结构、提高土地的利用率和产出率，确保经济、社会、环境三大效率的良性循环。

3. 加速实施村组道路硬化，解决农民出行难、农产品运输成本高的问题。

## 五 抓招商

借助第二轮西部大开发的东风，围绕"一树两叶建支柱，长短结合调结构，科技人才强基础，和谐稳定保民生，又好又快促发展"的总体发展思路，牢固树立招商引资是第一要务的前提，优化软环境、增强软实力，扩大对外开放水平，用活资源招好商、招大商，吸引企业入驻南美，创造更多就业岗位，借梯上楼、借力发展。

回溯南美拉祜族社会经济发展史，建乡前，由于受民族、地域、历史等诸多因素制约，当地个体之居民信息闭塞，认识落后，商品意识、市场经济意识差，多处于自在、自为、自流的状态；而从当地社会之整体发展来看，其生产生活方式也极为落后，基本处于分散、分割、分流状态。

如今，经过历届党委、政府的不懈努力和各级各部门的关心支持，个体之居民生产生活方式已经有了较大改变，自爱、自强、自立的民族精神逐步树立，勤劳致富、科学发展的思想意识也逐步得到了提高；而从当地社会之整体发展来看，以核桃、茶叶、烤烟、油菜、畜牧业为主的支柱产业已经形成，各项社会事业稳步推进，"生产发展、生活富裕、乡风文明、村容整洁、管理民主"的社会主义新农村建设基础更加强劲。总体言之，依托其特有的自然和文化资源，南美拉祜族乡未来的发展前景是美好的。

# 第四章　文化与教育

据《临沧县志》记载，民国时期，临沧县（今临翔区）小学校多设于坝区和半山半坝区的集、镇或住户集中的村寨，而边远高寒山区，学校极少。特别是少数民族聚居的多衣、南美、坡脚、南华等地，从未办过学校。中华人民共和国成立后，在发展坝区和半山半坝区办学的同时，才开始重视山区和少数民族地区的办学。① 因此，解放前的南美拉祜族并没有接受过系统的学校教育。1951年，主要招收拉祜族子女的南美小学开始创办，1966年起办高小班，成为南美山区的完全小学。但由于学生来源有限，自创办至1987年，一般只有1~3个教学班，教师1~4名，在校生最多时72人，历年高小毕业生11届350人。② 由于学校教育起步晚，加之拉祜族没有自己创造的文字，解放前南美拉祜族文化主要是一些民族民间历史传统文化，如在婚礼等场合传唱描述民族迁徙史为主要内容的《古本》等。这些民间文化主要在节日时期通过口头传承，具有特定的时间和场合要求。因此，在当时的情况下，总体而言文化

---

① 云南省临翔区地方志编纂委员会：《临翔区志》，云南人民出版社，1993，第310页。
② 云南省临翔区地方志编纂委员会：《临翔区志》，云南人民出版社，1993，第324页。

活动相对较为贫乏。直至 1988 年 10 月，在原来的文化室基础上建立了南美乡文化站，设一人专门负责。文化站在县文化馆的巡回辅导及指导人员培训下，以图书报刊阅览、组织群众开展业余文艺演出为主要活动。此后，随着学校教育制度进一步完善、文化活动场所得以修建，南美拉祜族的文化教育活动开始步入正轨。

调查过程中，笔者就南美拉祜族乡的教育发展史、目前学生学业情况、文化形态几个问题进行了调查，并在调查所得资料基础上解析其存有问题背后的原因，为研究其社会发展提供些许参考。

## 第一节　南美拉祜族乡学校教育发展史

据调查，南美拉祜族乡最早建立的是南华小学，建于1949 年，创始人为唐应刚。该校先后开设过一二年级、一二三年级复式班。始建初期，由于盗匪猖獗，曾多次受到土匪的大肆哄抢盗窃。解放后，在中国共产党的领导下，1950 年司彦光老师在坡脚村开设了坡脚小学（当时隶属博尚镇）。1951 年，在南美村旧地基新建了南美小学，开始时有学生 25 人，任教教师先后有杨永福、卢德军、赵云龙、杞朝兴、李发明等。1964 年，为便于学生上学，学校搬迁至南楞田，同时在竹芭山开设了南美小学。1960 年，李发明在户肯村开设了户肯小学；1964 年，杞朝兴在烂坝寨村开设了烂坝寨小学；1967 年，杨国全在多依村开设多依小学。为将教育进一步提高到更高阶段，于 1968 年开办了附设初中。开办后，由于教师资源及教学资源缺乏，1972 年将附设初中归并至章驮中学。后来，在学校建设"遍地开花"的年代，1972 年又将平寨村的仓房改装，由李德春开设了平寨小学，同年在多依村山背后由张小发老师开设山背后小学，在南华河边寨由李仕兴老师开设河边寨小学，在南美团山村由董大旺老师开设团山小学，在西山村由董开兴老师开设西山小学，在株栗树坡由罗大先开设株栗树坡小学，在大窝铺村由杞朝兴老师开设大窝铺小学。当时，全乡共有 14 所小学教学点，学校由生产队的教师和村社干部及村民一起投工投劳修建，由贫下中农管理委员会（简称贫管委员会）负责管理，教师工资由生产队按工时记。由于南美隶属章驮乡，其教育教学业务均有章驮乡教育管理委员会直管。1984 年，成立了李发明同志为校长、杞朝兴同志为副校长、董开兴为教导主任、李学忠同志为副主任兼出纳会计的南美辅导区。同时，坡脚小学教学业务归南美辅导区直管，并于 1985 年成立了南美辅导区党支部，由杞朝兴任支部书记，党员包括杞朝兴、董开兴、罗正志。

1987 年 12 月，南美成立了南美拉祜族乡人民政府，同时成立了南美乡教育管理委员会。当时，由李学忠同志任主任兼小学校长，全乡共有 22 个教学班，有公办教师 19 人、代课教师共 30 人，有学生 364 人。1992 年，南美村竹芭山创建了南美中学，由陈绍斌同志任校长，共有 1 个教学班，有教师 5 人，有 55 名学生。2004 年 8 月，撤销南美乡教育管理委员会，成立南美乡中心学校，由蒋太良同志任中心学校校长，负责全乡的教育教学管理。2009 年 8 月，撤销南美乡中心学校，成立南美乡教育办公室，由沈冰任办公室主任，负责全乡的教育教学管理。同时成立南美乡九年制学校，由唐禹专任校长，负责对全乡中小学的教育教学管理。2010 年 4 月，王光辉出任校长，负责对全乡中小学的教育教学管理。2011 年 8 月，孔广跃担任南美乡教育办公室主任、南美乡九年制学校校长，董大文同志任副校长。

从南美拉祜族教育发展史调查情况看，由于经济发展滞后，南美拉祜族乡自开办学校教育后，校舍建设难问题一直较为突出。经调查，南美乡原有教学点建有的校舍多为 1988 年后在外界资助下得以建立。其中，云南省中行建盖了南美完小教学楼，政府及群众集资建盖了南美完小宿舍楼、多依小学教学楼、南华小学教学楼、南美中学教学楼和宿舍楼，香港基督教赞助 4 万元建盖了烂坝寨小学教学楼。直至 2009 年，在国家系列兴教政策的推行下，南美乡政府为了排除 D 级危房共征地 46.2 亩，新建教学楼 1984 平方米、新建学生宿舍 2476 平方米、新建食堂 641.2 平方米、新建厕所 1226 平方米。2012 年 1 月 18 日，上述危房改造工程方才完工并交付使用。如今，南美村、南华村一至九年级，多依村、坡脚村三至九年级的学生已经全部搬迁至新校园入学。

## 第二节　南美拉祜族学生学业成就现状调查

2006～2012 年，笔者曾多次深入南美拉祜族乡，对其社会、经济、教育发展等问题进行过细致调研。综合多次田野考察结果，发现地处高寒山区的南美拉祜族乡，学生低学业成就问题极为突出，值得探究。为了对此问题作进一步探究，笔者首先到南美乡所属的临翔区教育局对南美拉祜族学生中考成绩进行了统计分析，此后又对当地接受过学校教育的拉祜族学生技能改变状况作了考察。需要指出的是，之所以选择上述调查内容，是由于目前学界较为

图 4 - 1　南美拉祜族乡原中心完小

图 4 - 2　南美拉祜族乡原中学

通用的"学业成就"概念（academic achievement）所指为学生在一定时间段内，在他人的指导和帮助下所获得的学习成果，包括文化基础、情境态度、言语信息、动作技能、

**图 4 - 3　南美中小学布局规划**

策略技能、智慧技能和创造性。一般而言，在校期间有据可查的学业成就主要是学生的学习成绩；此外，通过学校教育后学生发生的技能改变也为学业成就表现之列。下文即为笔者调查所得结果。

首先，南美拉祜族学生在校期间学业成绩普遍较低。经笔者对当地居民及其上级教育管理部门走访统计，2000年至今南美拉祜族乡没有一个本地拉祜族学生考上专科院校。2000年以来，历届中考南美乡中学的各科目的及格率均低于全区平均水平。除个别年份外，南美中学中考成绩排名都位于临翔区各中学的末尾，其中尤以语言类科目成绩最差。其中，考试成绩较好的2005年，南美乡中学中考500分以上仅有一人，400分以上仅有三人。通过对表4 - 1所示2004、2005年南美乡中学中考成绩进行分析，可以发现当地学生学习成绩较之全区而言差距是较大的。

表 4 - 1　南美拉祜族学生学业成就比较

单位:%，分

| 比较项目\n年　份 | 南美中学平均分在全区排名 | | 语　文 | | | | 英　语 | | | |
|---|---|---|---|---|---|---|---|---|---|---|
| | 语文 | 英语 | 及格率 | | 平均分 | | 及格率 | | 平均分 | |
| | | | 全区 | 南美 | 全区 | 南美 | 全区 | 南美 | 全区 | 南美 |
| 2004 | 20 | 20 | 87.14 | 41.2 | 85.05 | 68.6 | 35.79 | 12.0 | 63.43 | 54.76 |
| 2005 | 20 | 20 | 88.6 | 41.7 | 86.3 | 68.0 | 37.4 | 8.3 | 62.2 | 44.0 |

其次，南美拉祜族学生辍学率较高。据 2000 年第五次全国人口普查统计，南美乡 6 岁及 6 岁以上总人口共 3992 人，他们的各项受教育指标均低于临沧市拉祜族的平均水平。其中，接受过初中以上教育的人口仅占 16.56%，女性受教育程度比男性低。[2]虽然据南美乡政府统计，2003 年全乡小学生入学率为 98.4%、巩固率为 92%，中学生入学率为 81%、巩固率为 85.7%，但调查中发现，实际辍学率要远高于学校统计数据。一般而言，学校的在校生仅在学期开学和期末时较多。至于学期中间，学生发生间断性辍学的人数极多。在这样的情况下，动员学生复学一直是南美乡小学教师的日常工作之一。

表 4 - 2 为前述南美乡 6 岁及 6 岁以上人口受教育程度情况统计表。

表 4 - 2　南美拉祜族受教育程度统计

单位：人，%

| 受教育程度 | 人口数 | 所占比例 |
|---|---|---|
| 未接受过学校教育 | 1377 | 34.49 |
| 扫盲班 | 281 | 7.04 |
| 只接受过小学教育 | 1739 | 43.56 |
| 接受过初中教育 | 513（男 367、女 146） | 12.85 |

最后，南美拉祜族学生接受学校教育后所获技能不容乐观。即使南美拉祜族乡早在 1950 年就开始了学校教育的新纪元，2003 年就普及了小学教育，但据 2004 年我校课题组对 4084 名（占全乡同期总人口 4394 人的 92.94%）南美乡常住居民受教育程度进行调查所得数据，接受过学校教育但重返文盲者所占的比例是极高的。当时，调查者中不识字者占 23.31%。如今，南美拉祜族乡具有大专以上学历的 21 人中 19 人都是外地籍干部。由此观之，南美拉祜族本民族本地居民接受学校教育后，所获技能极为有限，总体而言仍然处于较低水平。

山区拉祜族学生普遍存有低学业成就问题，该问题曾得到了国内外教育学、人类学等学科研究者的广泛关注。至今，已有诸多学者对其从不同角度进行过阐释，所涉及的理论较有代表性的有西方学者的遗传基因差异理论、文化剥夺理论与文化冲突理论、文化中断理论、语言类型差异理论、阶层化社会理论、社会阶层与文化资本理论、文化模式理论、社会地位团体与学校科层制理论、选择性同化策略理论，以及中国学者滕星提出的多元文化整合教育理论等。总体而言，由于各学科研究者的介入共同致力于研究和改善山区拉祜族地区学生的低学业成就困境，该问题研究已经取得了一定的研究成果。但客观审视，即便同为山区拉祜族，由于生存地域差异导致的主体特殊性存在，针对某一个案，单一运用某一理论解释此问题所得结果大多存有特殊性。正因如此，针对山区拉祜族学生低学业成就问题一直未能探寻出切实有效可行的解决对策。无疑，在构建和谐社会的今天，此问题亟须进行更加深入系统研究。因为该问题已经使他们在现代社会处于极其不利境地，同时也成为了我国少数民族教育事业发展的"瓶颈"①。

地处高寒山区的南美拉祜族学生低学业成绩问题为何如此突出？为探寻此问题的答案，笔者与当地学校的教师和学生进行了访谈。下文为三则笔者在南美乡调查之时与学校教师和学生的访谈记录。

访谈一：笔者与南美乡任教教师李××（南美乡人，汉族，2004年时任南美乡中心校区兼任乡小学、中学校长，在南美乡从教30余年）访谈

笔者：南美乡哪些学生成绩相对好一些？

李××：老师和乡政府人员的孩子，还有汉族学生。当地拉祜族学生成绩一般都不太好，辍学率高。

笔者：拉祜族学生成绩不太好的主要原因是什么？

李××：教学条件差是一方面，语言障碍也是问题。拉祜族学生在家里讲拉祜话，到学校以后老师都说汉话，不讲拉祜话。上课的时候都用汉语，他们基本上要到三四年级才听得懂老师讲的内容，这时小学都要毕业了。

笔者：在您看来，这些拉祜族学生辍学的主要原因是什么？

李××：主要是穷，不想读书，认为读了书也找不到工作。一到开学或者上级检查，老师就得到处跑去追学生回来上课，很辛苦。家长也不管，小孩不去读书，说几句还不去就不管了，还说娃娃自己不想去不好强迫。还有就是早婚，十七八岁甚至十三四岁的姑娘小伙子就谈恋爱，过不久就回家，老师到家一问，结婚了，也就不可能再读

---

① 滕星、杨红：《西方低学业成就归因理论的本土化阐释——山区拉祜族教育人类学田野工作》，广西民族学院学报（哲学社会科学版），2004（5）。

书了。

访谈二：笔者与南美乡任教教师李××（南美乡人，汉族，体育教师，1990后曾在南美完小和南美中学任教，2005～2006学年任南美中学初二年级组组长兼综合班班主任）访谈

笔者：李老师经常下村寨动员学生回来上课，对学生辍学的问题您怎么看？您认为有什么好的解决方法吗？

李××：学生辍学率高是事实，我带的这个综合班，学生全部来齐的时候，像初一第一个学期有57个人，现在只有35个。动员学生回来的工作难做，这几年差不多全乡所有的村子都跑遍了，还得自己贴一些钱，上个学期有一回去河西一个村子，我自己出钱打了20斤酒，买了两条烟，把全村人找齐跟他们讲要娃娃回来读书，当时答应了，结果却一个都不回来，我还因为这个事挨了领导骂。我的感觉是小学不突出，中学就突出了，主要是拉祜族谈恋爱早，十三四岁一进初中就开始了，一谈起来就没有心思读书，接着就是结婚，今年初我们学校一个16岁的女生就嫁到帮卖（30公里外的一个章驮乡村寨）去了。穷倒也是事实，不过拉祜族学生读书不需要出多少钱，连吃饭都是政府包了。具体要怎样解决我也说不好，反正是很难办的事情。

笔者：听说这里有针对拉祜族学生设置的综合班，它在课程设置和教学上与普通班有什么不同？

李××：综合班虽然说是初中，实际上学的语文、数学这些主科都是小学内容。学生基础差，初中的教材太难。另外，还教学生学手工制作像编织之类的内容。平时不上自习，晚上就放电视、放录像给他们看。

笔者：听学校其他老师讲学生成绩不太理想，您认为主要原因是什么？

李××老师：教学条件差，老师、校舍都不理想，还有是语言，我班上的学生读到初中了，汉语的表达和理解能力还是不行，上课讲普通话听不懂，讲方言还好些。

访谈三：笔者与南美乡拉祜族学生罗××（拉祜族，就读初中一年级）访谈

笔者：你觉得那些功课学习起来较为困难？

罗××：语文、英语、数学都难学。

笔者：你学习过程中最主要的困难是什么？

罗××：听不懂，课本内容难。

笔者：你们班不读书回家的学生多不多？回家的人为什么不到学校读书了？

罗××：多。在学校要早起，冬天觉得冷，老师讲的东西也听不懂，一点都不好玩。

综合上述访谈所得，可以发现南美拉祜族学生低学业成就问题突出，除存有其他学者以其他地区拉祜族学生为个案探寻出的诸如体质等共性客观成因外，学生缺乏接受学校教育必要的文化资本是该问题出现的主要动因。南美拉祜族学生之所以普遍出现低学业成就问题，很大程度上与他们缺乏接受学校教育必要的文化资本，一直处于"被迫"、"提拔"式接受学校教育的状态相关。

文化资本理论提出者布迪厄认为，文化资本以三种形式存在：第一种是以一种具体化的状态而存在，例如一个

人的思想和肉体的长时间的保存。第二种以一种客观化的状态存在。当文化资本转变成图片、书、辞典、乐器、机器之类的东西时，文化资本就以这种客观化的状态而存在。第三种就是以工具化的形式而存在。① 若将此引入山区拉祜族学生低学业问题分析中，语言作为交流得以发生、教育得以进行最为基本的工具，是学生接受学校教育最低层次的文化资本。然而南美拉祜族学生在小学乃至初中阶段存有语言障碍问题却尤为突出。调查中发现，南美拉祜族学生低学业成就问题出现最基本的原因就在此。入学前，他们所处的家庭中95%以上的家长仅会使用拉祜语；而学校中，会熟练使用当地拉祜语方言的本地籍教师却极为稀少。因此，南美拉祜族学生自学前班开始接受的学校教育内容，都以汉语为主要载体。在这样的情况下，拉祜族儿童入学后，一般都要经历两到三年的时间才能初步跨越语言障碍，到三年级才基本能接受汉语教学。这一方面使得他们在一、二年级甚至三年级期间，不得不将主要的精力置于学习汉语之上。待他们具备接受学校教育所需的基本文化资本之时，小学教育也基本结束了，低学业成就成了必然之事。另一方面，拉祜族学生进入学校后，和教师之间存有的语言交流障碍给他们带来了心理上的恐惧，普遍长期处于焦虑状态中。这无疑对其学业成就获取带来了负面影响，学业成就低下进而也就发生了。在存有上述双重困难的情况外，南美拉祜族学生随着年级的提升还不得不又附加第三种语言——英语的学习训练。学习中，他们艰难地在拉祜

---

① 〔澳〕戴维·思罗斯比：《什么是文化资本》，潘飞编译，《马克思主义与现实》2004年第1期。

语、汉语、英语之间跳跃转换，由此语言类科目学业成就低下局面得以形成。

如前所述，南美拉祜族学生地学业成就与其未能拥有接受学校教育的文化资本相关，其中尤以语言较为突出。那么，在现代信息社会条件下，他们为何连接受学校教育最简单的文化资本——语言都如此缺乏呢？调查中，笔者发现当地拉祜族家长在接受学校教育的态度上，他们往往过分放任子女做出弃学的自由选择。最为突出的表现就是孩子不愿上学，家长劝几句，如果孩子仍不想去也就罢休了。访谈中，拉祜族家长持"娃娃不想去上学，也不好硬要他去"言论者不在少数。由此观之，南美拉祜族学生低学业成就问题的出现，与南美乡拉祜族居民对其子女教养中缺乏现代教育制度所需要的激励机制，缺乏与外界进行文化交流进而培养起子女接纳外来文化的良好习惯不无相关。综观如今仍旧处于贫困状态的南美拉祜族地区，家长放任子女弃学是一种极为普遍的现象。那么，又是什么原因使得这些家长对其孩子采取了在他者看来难以理喻的、放任自流的教育态度呢？笔者对此问题作了进一步调查，结果发现南美拉祜族家长之所以采取如此态度，与学校教育需要长期投资，而他们所处的较低经济水平使他们无力支持密切相关；与学校教育需要大量投资，但却未必能在毕业后获取收益相关。但除此两个可能原因外，笔者发现，南美拉祜族家庭中家长普遍存有的惰性文化心理是其采取缺乏激励机制的教养方式、放任子女弃学的主要症结所在。当地拉祜族家长大多对现状容易满足，不思进取，对人、事过于冷漠，只围绕与其自身利益相关的狭小关系网进行活动，对外界和他人充满不信任。在这样的惰性文化心理支配下，他们固守传统文化进而对传播现代文化的学校教育采取可有可无的漠视态度成了一种必然之举。

若以奥斯卡·刘易斯的"贫困文化"概念为依据，将贫困文化视为贫困阶层所具有的一种独特生活方式，所指为长期生活在贫困之中的一群人的行为方式、习惯、习俗、心理定式、生活态度和价值观等非物质形式。从其表现包括因循保守、听天由命人生观，安于现状、知足常乐的生活观，懒散怠惰、好逸恶劳的劳动观，老守田园、安土重迁的乡土观，重利轻义的财富观，厚死薄生、奢办婚事的消费观，养儿防老、多子多福的生育观，不患寡而患不均的分配观，自给自足、疏于合作的社群观，生性多疑、盲目排外的人际观，重视眼前、目光短浅的功利观，视农为本、轻商贱役的生产观，消极等待、恪守传统的时间观等①方面的界定出发，上述南美拉祜族家长普遍存有的惰性文化心理实际上就是该群体拥有的贫困文化表现之一。如今，学界对贫困文化对主体具有消极影响已经取得了共识，南美拉祜族地区之个案也说明了这点。在贫困文化影响下，南美拉祜族家庭家长普遍处于安于现状、自我封闭的生活状态中，他们以言传身教的社会教育方式将这些文化承接到了子女身上。当子女采取和他们持有相同价值观的行为时，他们没有理由也不会反对。而由于其自身尚且难以起到示范作用，"娃娃不想去上学，也不好硬要他去"也就成了自然之举。

临翔区南美乡地处高寒山区，与外界交流不便。拉祜族迁居此地后，由于其历史上战争失利、屡屡被迫迁徙等

---

① 吴理财：《论贫困文化（上）》，《社会》2001 年第 8 期。

原因，依自然环境之势长期处于封闭发展状态。封闭导致交流缺乏、发展缓慢，进而导致其长期处于贫困状态。而此贫困状态又进一步加剧了族员的自我封闭心理，形成了其排斥外来文化、固守原有习俗、安于现状的特有贫困文化。调查中，笔者发现如今大多数南美乡拉祜族所认可的好生活标准仍仅处于有酒喝、有肉吃、有房住的状态。每问及近年生活状态如何之时，最普遍的回答便是："过得成的，比那几年好，饭也有得吃，猪也喂着一两个呢。"对于家里除了床、桌子和凳子外，没有别的家具，没有电视、电话这些在其他地区居民家中早已普及的家电，他们并不在意。在他们看来，"我们拉祜人从来就是这样过的"。问及家中粮食是否够吃时，很多家庭只要家中米缸还有米，哪怕只是一碗，回答都是"够的"、"有的"。政府介入扶贫后，政府发放的化肥、子种、粮食等生产生活物资被居民拿去换酒喝、换肉吃或低价变卖等情况极为普遍。

如刘易斯所言，贫困文化一经形成便会走向永恒。南美拉祜族族员在童年时期就开始吸收贫困文化所内含的基本态度和价值观念，并在日复一日的日常交往中不断得固化。学校教育作为一种新事物，作为一种传播外界文化的重要途径，要真正发挥其应有的作用，必须以学生准备接受可能改变他们生活的条件和机会为前提，必须以南美拉祜族弃其世代相传的贫困文化为前提。据其他地区拉祜族个案研究成果，这一切并非不可能实现；但基于南美拉祜族社会发展史，这并非一朝一夕、一人一事就能实现之易事。南美拉祜族学生低学业成就问题的解决，需要家庭、学校共同营造激励积极向上的学习氛围，需要社会各界辅以有效的文化反贫困策略方能实现。

# 第三节　南美拉祜族乡文化现态调查

众所周知，文化可以作广义和狭义两种方式理解。对南美拉祜族文化现态问题进行调查，本应囊括广义文化各个要素。但如前所述，由于南美拉祜族地区发展相对滞后、学校教育进入较晚、民间文化活动较为贫乏，物质文化和制度文化建设相对较少。因此，调查中笔者采纳了狭义之文化定义，即仅指精神文化，包括世界观、人生观、价值观、宗教信仰以及生活方式、生产方式，社会制度等体现出来的各种理念等。事实上，以价值观为核心的精神文化也才是一个民族文化的核心和精髓。它外化为各种形式存在，并影响着一个民族的方方面面。

调查中，笔者发现经由长期历史发展后，南美拉祜族形成了其某些特有的民族文化，如不过分注重物质利益，待人诚恳，热情好客，注重集体，团结互助等。这些作为南美拉祜族民族文化精髓的核心传统价值观，在现代社会中对增强民族凝聚力无疑具有积极作用。但在现代化的进程中，某些价值观却又在实际生活中与现代化倡导的理念发生了冲突。下文择取三例对此加以说明。

先以南美拉祜族不注重物质利益为例。无疑，此价值观在物欲横流的商品社会里，对于树立良好的社会风尚有积极意义，但与此同时也对南美拉祜族发展带来了负面影响。具体而言，包括如下三个方面。

第一，不注重物质利益致使其生活期望低、安于现状、不求发展。南美乡拉祜族认可的生活好的标准是有酒喝、有肉吃、有房住。调查时问当地拉祜族居民，这几年或当年生活怎么样，最普遍的回答是："过得成的，比那几年好，饭也有得吃，猪也喂着一两个呢。"对于家里除了床、桌子和凳子外，没有别的家具，没有电视、电话这些在其他地区居民家中早已普及的家电，他们并不在意，因为"我们拉祜人从来就是这样过的"。对于物质生活条件，他们很满足于较低的温饱标准。

**图4-4 南美拉祜族人家**

第二，不注重物质利益致使他们缺乏商品意识和积累观念。这使得当地拉祜族较少从事商业，在交换领域中频频吃亏。家中养的羊、猪、鸡也出售一部分，但主要是供自食和送鬼等用途。商品交换中以物易物的情况仍然普遍存在。现代商品的计量交换的方式他们不易适应。经常使用他们所称的"点个数"的方式，即具体多少元钱买多少个的方法，较少使用秤之类的衡器。如售核桃，拉祜族居民用"点个数"的方法，一元钱买5个，5元钱可以买到

25 个核桃，而 25 个核桃的重量远远超过一市斤，2004 年普遍价格是一市斤 5 元左右，这就使商贩可以利用"点个数"和论市斤出售的计量方式差异获得较高比例的利润。赊借和以物易物中也存在类似的观念差异导致的不平等交易，如一市斤猪肉，如果是赊借或以物易物，一般用大米折算，合 8～12 碗大米，碗是选用当地普遍使用的瓷碗。调查中实地称量，一碗可容纳的大米为九市两～一市斤（因为碗的具体大小略有区别），这样 8～12 碗大米有 7.2～12 市斤，按 2004 年临沧地区大米售价平均每市斤 1.1～1.2 元计算，折合人民币 8～13 元，超出了一市斤猪肉 5～6 元的平均零售价。也有用谷子折计的情况，但同样不合理，竹笆山二社扎多拍有一次赶街吃了 6 小碗羊肉，每碗折 8 市斤谷子，6 碗就折为 48 市斤谷子，相当于 40 多市斤大米。

第三，不注重物质利益致使其发展目光短浅。他们在处理日常事务之时，往往"见小不见大"，只见眼前利益、不注重长远利益。大量存在的小额赊借、赊贷便是该问题的突出表现。扶贫工作中，问及家中粮食是否够吃，只要米缸还有米，哪怕只是一碗，回答都是"够的"、"有的"。只要今日吃饱，不管他日无粮的思想十分突出。经常出现扶贫中发放的化肥、子种、粮食等生产生活物资被居民拿去换酒喝、换肉吃或低价变卖等情况。如 2004 年前附近的博尚镇、章驮乡有人专门从南美乡拉祜族居民手中低价收购政府和挂钩扶贫单位免费提供的化肥，然后又以低于市场售价的价格转卖给两地的农户，从中牟利。这些负面影响，与现代化所提倡、所需要的价值观是不相适应的。

再以传统的"敬畏万物"之心为例。该价值观一方面使得当地人与自然和谐相处有利于环境可持续发展，但另一方面这也制约了南美乡拉祜族对现代化生产生活方式的接纳。1966～1979年，政府每年拨给南美拉祜族居民每户一至数包化肥无偿使用。最初的几年化肥发下去的第二天就被拉祜族居民送了回来，理由是"用不得，山神会怪的"（怪为方言责备，责罚之意）。所以直到20世纪80年代末化肥的使用才逐步普及，其他新技术的推广也同样受到了一定阻碍。人生了病，认为是鬼作祟，要杀猪、鸡送鬼，也服用一些草药，"神药两解"。2003年前，看病免费，到医院就诊的病人较多，从2003年起，取消免费医疗，只在药价上给予优惠，看病的人少了，杀牲送鬼又多了起来。加之经济收入较低，居住又分散，所以经常出现一个村社医生说的"小病拖成大病，大病拖到送命"的情况，普遍的杀牲送鬼同时影响了生产资料的积累和生活水平的提高。巫术的影响犹存，2003年，坡脚行政村曾发生一起使用巫术的事件。据村民称，一个到该村某户上门的女婿，秘密收集了全休所有人使用过的小物件，施咒后挖坑深埋，施巫术者被当场拿获，证物被取出，因为政府宣传过法制，村民们才没有按传统习惯严厉处置施巫术者，而是将人和物证交政府处理。当向政府有关部门和村民了解处理结果时，政府人员否认有此事，村民们则称此人被派出所关了一段时间，后来那个上门女婿就搬走了。

再以南美拉祜族集体主义观念为例。南美拉祜族的集体主义观念至今仍比较强，集体的复仇和血亲复仇现象至今仍然存在。在村寨中，一家有饭大家吃、一家有酒大家喝，一户杀猪全寨吃肉的原始生活方式极为盛行。正因如此，南美乡拉祜族一直有"一个拉祜人好惹，三个拉祜人惹不得"的说法。这种在生产、生活乃至冲突中的团结一致，团结互助的精神，对于增强民族认同感和凝聚力是有益的。但其中含有的"有饭大家吃，有酒大家喝"平均主义思想，无疑也在无形中助长了分配和消费中的无计划性，导致当地居民普遍缺乏科学的计划消费和积累观念。具体而言，表现为如下三个方面。

表现之一，不良消费方式盛行。烟、酒、辣椒号称南美乡拉祜族的"三大嗜好"。饮食中好辣椒，却较少种植，基本靠购买。烟和酒几乎人人都嗜好。种植烟草的人家不多，大多数人家还是靠购买其他地区生产的毛烟和各种低档卷烟满足消费。酒在拉祜族的生活中有特殊地位，他们有浓厚的大碗酒的民风，几乎男女老少都好饮酒，调查期间就曾见到年轻妇女一手抱着幼儿哺乳，一手端着酒杯饮酒，以及十来岁的儿童和成人一道抽烟、饮酒的场面，善饮者易与他们沟通。有喜事、丧事要饮酒，朋友相聚要饮酒，议事要饮酒，打歌要饮酒，过节要饮酒，闲来无事也要饮酒，瓶装的白酒和啤酒价格贵，主要消费散装白酒。平均一个成年男性可日均消费白酒 0.5 市斤以上，按当地出售的散装白酒最低价一市斤 2 元人民币计，至少 1 元，如全年饮酒开支为 365 元，相当于 2003 年人均年收入 722 元的 50.55%。大部分人家都是全家饮酒，消费支出的比重就更大。烟、酒方面的开支过大，影响了生活质量，也使得生产领域的再投入和精神文化方面的消费开支不足。

表现之二，民间赊借现象的普遍存在。1997 年前存在十分普遍的高利贷现象，100 元的借贷，月息高达 8～10 元。南美乡政府一名工作人员三年内借了 12000 元的债务，而最终偿还的利息高达 7000 元。实物的赊借利息也很高，当地流传有一把面条的赊借多年后利息加到相当于一条黄牛价格的故事。赊借、赊贷一般都要求有抵押，不少有此类行为的家庭，田里的庄稼，林中的果树，养的牛、羊、猪都常是"属于"几家人所有，即属于户主和债主所共有。大量的赊借、赊贷是小额的日常开支，几斤肉，几斤米、几斤酒的赊借经常发生。1997 年后乡政府专门发了文件禁止高利贷，但民间的小额现金和实物借贷仍然普遍存在。小额累积成大额，导致生产生活受严重影响的事例并不少见。如坡脚行政村曾在乡政府工作过后提前退休的罗某，原本属于当地生活水平中上的人家，1996 年后，由于罗某和三个儿子酗酒，经常赊借烟酒肉米等，又不努力干活，至 2004 年年底负债总计在 3000 元以上，生活水平已下降到较低标准，村民们普遍认为这一家人已经"不行了"。靠近集镇的地区由于赊借方便更为普遍的发生类似的情况，所以南美乡有一个与其他乡镇不同的情况，就是靠近集镇即乡政府所在地的村社大多是贫困现象较严重的村社，如距乡政府所在地不足一公里的竹笆山一、二社。通过两社常住户中的 35 户的调查，只有最为富裕的罗开发一家没有这样的小额借贷，罗开发家 2001 年以来只用过乡政府提供的发展畜牧业的专项贷款并于 2004 年全部还清。村民最常赊借、赊贷的物品依次是大米、香烟、白酒、猪肉，民间借贷经额一般在每笔 1000 元以下，发生频率最高的为 100 元以下。

　　某些民族文化的存在，使得汉族和部分少数民族对南美拉祜族存在一定程度的心理贬低。例如，他们普遍认为拉祜族各方面都非常落后，只会喝酒不会干活等。笔者在临沧市和当地人聊起深入南美拉祜族乡调查之事时，曾不止一人用带有蔑视的口气询问："那里是不是一把面条还可以换一只老母鸡？你有没有换过？"事实上，这已经在一定程度上其与外界之间的正常交流。在遭受外界歧视后，南美乡拉祜族也视汉族为狡猾者，是做生意奸诈者，民间普遍流传着"汉族吃老黑头，老黑啃老鼠头"的说法。虽然上述的情况并不是民族间交往的主流，但相互间的族群形象的误解和误判由此可见一斑。

任何一种民族文化，都源于一个民族的生活和生存环境，是本民族大众思想和智慧的结晶，是本民族的独特性所在，为一个民族所特有。它可以通过如下三种形式影响社会发展：其一，通过传统教育的方式，培养出适合本民族发展的生存方式的劳动者，并在某种意义上决定该民族的生产和生活方式。其二，通过传统的道德观、价值观、人生观，直接影响着人们的消费观、投资观和经营观，而且还直接决定着产业结构的调整、投资方向的转变和消费内容的变化等。其三，通过传统习俗、社会组织制度等文化内容，使得一个民族内部保持联系并产生凝聚力的纽带，对整个民族起着一种调适、整合的作用，这在经济落后、法制不健全的地方表现得更为突出。基于前述之南美拉祜族乡调查结果，透过显现的生产生活方式审视其后内含的文化意义和价值所在，可以发现，固化于南美拉祜族中的某些文化亟待扬弃，否则必将阻碍其社会乃至族员身心健康发展。

# 第五章　宗教

聚居云南西南部山区的拉祜族，多属"直过民族"，在其原始社会发展阶段，大多信仰原始宗教。近代以来，由于佛教和基督教的传入，部分地区拉祜族单一信仰原始宗教的格局有所改变，形成了多元一体共存之势。具体而言，既有保持其原始的"鬼神信仰"者，也有信仰来自异民族、异文化的佛教和基督教者。这些宗教兼容并存，构成当地拉祜族特有的宗教文化，对其文化和社会发展起了重要的作用。然而，于南美拉祜族而言，由于所处地域位居高山、偏远地区，基督教、小乘佛教、伊斯兰教等人为宗教并无机会传入。直至解放时期，南美拉祜族的宗教信仰以传统的万物有灵之原始宗教信仰为主。时至今日，当地居民的日常生活中，鬼神观念依旧非常突出。

调查过程中，笔者发现在当地村民的意识中，鬼神无处不在，山有山神、树有树鬼，生产狩猎等生活诸事无不在鬼神的控制下。在日常生活中，祭竜林、祭猎神祭奠仪式极为常见。他们以原始拜物教的方式，对各种影响他们现实生活的自然现象和事物加以崇拜，并试图通过祭祀仪式和各种巫术，对隐藏在这些事物后面的鬼神作抚慰或操纵，从而达到消灾免难、生活平安的目的。以当地男子最为主要的狩猎活动中为例，他们在狩猎开始前就须由猎头

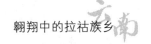
主持祭猎神，到参与狩猎的每个人家中取一把米，如果没有米可用米糠代替，取来的米或米糠混合后煮熟，再煮一个鸡蛋或一只公鸡，如果用鸡则不能把鸡切开煮。煮好后将以前猎获的野兽的头骨和煮好的米饭、鸡蛋或整只公鸡包括内脏摆在猎头家的砧板上，点燃蜡条，猎头念请求猎神保佑打猎能有收获之类的祈语。在请猎神享用祭品后，猎头剥开鸡蛋或鸡头验看，如鸡蛋的蛋清部分分量较多，鸡头各部分结构比较整齐等情况出现，就意味着会有好的收获。米饭先取一份给参加狩猎的狗吃，剩余的米饭、鸡蛋和鸡肉只能由猎头享用。如果猎捕到麂子、野猪之类的大猎物，那么分到猎物头的人，不论其是否是猎头，需在家里将猎物头和其他部分的肉分开煮好，将煮好的猎物头摆好并浇上一勺其他部分的肉煮出的汤，点燃蜡条，答谢猎神，其他部分的肉可以不献祭，如没有分到头则不必举行该仪式。此外，南美拉祜族村民在人与人之间的社会交往过程中，禳解巫术和放蛊为代表的黑巫术在民间使用频繁且被人们广泛信服。

综观南美拉祜族日常生活中的诸多表现，笔者认为南美拉祜族如今的宗教信仰仍以原始宗教为主。基于此，本章以原始宗教理沦为主线，基于田野考察所得，对南美拉祜族宗教信仰现状进行陈示。

# 第一节　神、鬼、魂理念

神、鬼、魂是信仰原始宗教的民族思想观念中必存的形象。就聚居澜沧等地的拉祜族而言，这些形象有"尼、哈、夺、耻干、篾"之别。"尼"主要指精灵，"哈"指魂，

"夺"指妖精、妖怪，"耻干"指怪物，"箴"指邪气、幽灵、游魂等。"尼"（精灵）和"哈"（魂）是信仰原始宗教的拉祜族最常用的、最基本的词汇。他们认为，天地万物都有特定的"尼"，凡死于非命和遭遇各种不幸的人都是因为触犯了某种"尼"所致，凡做某事不成功都是因为"尼"没有依附在对应的人和物上。因此，信仰原始宗教的拉祜族进行各种活动之前都要举行祭祀活动。同时，信仰原始宗教的拉祜族认为，一切生物都有"哈"，即灵魂。"哈"与生物的生死直接相关，凡人生病、做噩梦、牲畜疾病流行等都是因为"哈"离开所致。因此，人畜生病之时都要举行招魂、追魂仪式。而就聚居于临沧市境内信仰原始宗教的拉祜族来看，其观念中存有三种形态的神灵："萨"（神）、"哈"（魂）和"内"（鬼）。其中，神是善良的、万能的；魂是附在物体上万物皆有的；鬼则是害人的。

据拉祜族研究资料，厄莎是其崇拜的最高神灵。在拉祜族史诗《创世纪》（又译为《开天辟地》）等口碑传说中，都是厄莎创造了天地万物，厄莎无所不在、无所不能。因此，在拉祜族地区多有专门祭祀厄莎的场所，他们几乎在每个节日中都要对其加以祭拜。如，拉祜族的传统节日尝新节，主人家要杀猪宰鸡，邀请乡邻、亲朋来一起品尝新米饭和丰盛酒菜。开宴前，先点燃蜡条，盛一碗新米饭敬献天神厄莎和祖先神灵，再给狗盛一碗新米饭，之后再给牲畜和农具献新米饭。之所以如此，就是因为拉祜族的始祖扎迪和娜迪是厄莎创造的，并于后来按厄莎旨意婚配并繁衍后代。当时人们没有谷物吃，只有吃土度日。厄莎看到此景后极不忍心，派狗把五谷带给了人们，并教他们栽种。拉祜人因此很感激厄莎和狗，规定每年吃新米饭时首先用新米饭供奉厄莎和祖先神灵，且第一碗新米饭要给狗吃。

经笔者调查，聚居临沧市境内的拉祜族村寨也大多祭厄莎，其场所多为神林中专门留下的空地，仅有部分村寨建有专门的厄莎庙（拉祜语称"厄莎叶"）。以空地为场所祭祀厄莎的拉祜族村寨，一般常在空地中间堆一堆河沙，沙堆上放石块，上面立方形木塔。沙堆四周各立一根竹斗，内盛茶叶、大米、食盐等，并在竹斗上拴几根白线。农历年初献祭，在石块上点燃蜡条，更换竹斗上的白线。值得一提的是，调查发现南美拉祜族的厄莎观念与其他地区拉祜族有所不同。南美拉祜族所称的厄莎，是指有某种技能且帮助过别人，受到普遍尊敬的人物，如医生、学者，以及后来出现的教师等，很大程度上是一种尊称而不是特指至高无上的神。虽然，当地拉祜族不食狗肉和尝新节先喂狗的习俗在南美拉祜族地区至今仍保留延续着。但从神话传说来看，狗给拉祜人带来了粮食种子；从现实生活来说，则是因为狗在其长期的狩猎生活中发挥中了重要作用。

至于其他鬼神，南美拉祜族理念中存有的有母萨（天神）、密萨（地神）、母夺（雷神）、戈袜遮袜（村寨保护神）、密科（山神）、猎神等。对于与人为善的鬼神，需要祭祀。祭祀之时，主要参加者是男性，必不可少的祭品是蜡条。最好的蜡条是用峭壁上筑巢的野生蜂的蜂蜡制成的"挂蜂蜡"，近年来由于野生蜂蜡较难获取，在普通的祭祀中也部分改用购买的蜡烛代替。至于对人、畜有所伤害的鬼神，则需要"送"，包括猴子鬼、琵琶鬼、扑寺鬼、皮拍鬼等害人鬼。调查中，笔者发现一个有趣的现象，这便是在南美拉祜族乡民间害人的鬼多为妇女形象，仅有少数为男性。此外，某些人家或会因为某些事件，被当地人称为"养鬼"人家。一旦被认定为这样的人家，日常生活中普通人极少与之往来，尽量不与之接触。实在没有办法回避接触的情况下，他人决不能轻易进入其家中，也不随意喝其提供的酒和茶、不吃其提供的食物。因为，据说这样的人会在酒、茶、食物中下药害人，与之接触的人会被"鬼害"，进而出现生病、做噩梦等情况。对于这样的人家，当地人是无人愿意与之通婚的。据说，与之通婚的人家会因家里接纳了"养鬼"的人家的人而把鬼带来，这样与之通婚的家庭也就同样成为了"养鬼"的人家。对于这些害人的"鬼"，只有莫巴等人可以通过念咒语等方式识别，并使其现形，将之捉走、送走。

　　魂的观念在南美拉祜族的节日和习俗中也有体现。临沧境内的拉祜族叫魂，多用一只公鸡，一点大米、菜、盐和一束红、白、蓝线搓成的魂线，由莫巴或其他招魂者将上述物品带到村外，插上两枝带叶片的树枝（多用栗树），然后大声喊"回来"，或者喊"×××（需要叫魂者的姓名），回来"，边喊边往家走，到家后将叫魂线拴在需要叫魂者的脖子和手腕上，然后杀鸡看卦，如卦象不好，则接着再叫。叫魂在南美拉祜族中非常普遍，在这里很多人的手腕和脖子上都系着这种红白蓝三色的叫魂线。此外，临沧拉祜族还有使用叫魂箩叫魂的情况，即莫巴在需叫魂者的家中，点燃蜡条后将大米、菜、盐等物品装入竹编的叫魂箩内，然后念叫魂词，念完后杀鸡、看卦。因为多是在人生病的情况下送鬼、叫魂，因此南美拉祜族称治病是"神药两解"，即既服草药，也送鬼、叫魂。2003年前，看病免费，到医院就诊的病人较多，从2003年起，取消免费

医疗，只在药价上给予优惠，看病的人少了，杀牲送鬼又多了起来。

## 第二节　宗教活动

原始巫术是南美拉祜族原始宗教的重要内容。综合调查结果，其进行的活动主要有占卜、禳解、诅咒、盟誓、神判等几种。

南美拉祜族占卜之时多用鸡卜，最常用的是鸡的股骨，有时也用鸡头、鸡蛋。鸡股骨卜须用公鸡，且占卜前必须先烧腊条祈求神灵并许愿。主持祭祀仪式的人将鸡宰杀煮熟后，取其后股骨并在骨孔上插签，依据能插入签的骨孔数量、插入的签的正斜等对欲卜之事做出判断。如果首次占卜不满意，祭祀者可以重新烧腊条向神灵祈求后重新杀鸡占卜，直至满意为止。鸡头卜所用鸡也是公鸡，占卜之时主要看鸡头顶端。如呈白色且光亮则吉，若出现发黑无光泽等情况则凶。如果是叫魂，鸡头顶端呈白色则认为魂未回到人体，需要重新杀鸡、叫魂。鸡头卜还可以看鸡舌中的筋，如果筋向鸡舌前方弯曲则吉，向后方倒卷则凶。鸡蛋卜多用于占魂、占死者墓地、占狩猎收获等情况。占魂即占卜人的灵魂是否在身体上，做法是祈求神灵并许愿后用鸡蛋在人胸前和后背触碰数次，然后将鸡蛋煮熟并剥去蛋壳观察蛋白，如蛋白上出现坑窝之处说明魂还在人身上，反之则说明魂已经不附在人身上。占死者墓地之时，则将出殡时放在死者棺材前或停尸时放在尸体旁的生鸡蛋抛起，落地后蛋壳破处便是死者自己挑选的墓地，如不破则认为死者不喜欢这个地点，需要重新选择墓地。用鸡蛋占卜狩猎收获情况之时，通常的做法是趁人不注意从本村寨某户人家偷一个鸡蛋。每位猎手用这个鸡蛋轻轻地碰自己的弩或枪，碰完后将鸡蛋打破放入碗中，以蛋黄星点大小判断，如果蛋黄星点小则认为将猎获大猎物，若蛋黄星点大则认为将猎获小猎物。此外，猎头主持祭猎神时也用到鸡头卜和鸡蛋卜，出猎前献祭猎神可用鸡或鸡蛋，在向猎神祈求并许愿后，猎头剥开鸡蛋或鸡头验看，如鸡蛋的蛋清部分分量较多，剥的过程中鸡头各部分结构比较整齐等情况出现，就意味着会有好的收获。除上述几种类型占卜外，南美拉祜族常用的还有猪卜、谷粒卜、米卜等占卜形式。

禳解巫术是以消灾免难为目的的巫术，主要在发生各种意外或者异常情况时使用。云南拉祜族典型的禳解巫术有波爹、贡可松、卡可送、灭阿、送瘟神等。波爹为拉祜语音译，"波"是澜沧等地拉祜族的一个重要的原始宗教概念，"波"能为人们带来幸福安康，因此凡出现各种怪异现象如雷击、房屋被风毁坏等，以及发生灾难，就需要举行祈"波"的仪式即"波爹"。如发生雷击，则被雷击的土地的主人就被认为没有"波"或"波"不足，需要举行波爹仪式，需杀猪请全寨人吃饭，吃饭的人要为主人全家一一拴福线，主持波爹仪式的人要到被雷击的地里用蜡条等祭品祭雷神，祭后杀鸡看卦，卦好则灾难已被消除。"贡可松"是认为家里出现家人久病不起，房屋失火等异常时叫"可"的妖怪作祟，需要将之驱赶而举行的巫术仪式，通常在晚上举行，请莫巴主持，使用蜡条、鸡和各种法器将"可"捉住后送出家。"卡可送"是隔除进入寨中作祟的灾魔的巫术仪式，这是全寨性的巫术，多选择属虎、属马日

举行，认为这两个属相日子硬。"灭阿"意为驱邪，非正常死亡的游魂会变成叫"灭"的邪魔，要举行"灭阿"仪式将之驱逐，一般也要请莫巴等人主持。送瘟神是针对瘟神作祟的巫术，凡人和牲畜普遍生病则认为是瘟神作祟，每年的农历四月三十日用泥土捏成各种奇形怪状之物，和茶叶、大米、火炭放在背箩中，然后抬出寨外远处扔掉。南美拉祜族中存在的送鬼、叫魂是主要的禳解巫术，黑巫术主要是"放歹"之类的诅咒巫术。据当地居民讲，2003年，坡脚行政村曾发生一起使用巫术的事件。一个到该村某户上门的女婿，秘密收集了全村所有人使用过的小物件，施咒后挖坑深埋，施巫术者被当场拿获，证物被取出，因为政府宣传过法制，村民们才没有按传统习惯严厉处置施巫术者，而是将人和物证交政府处理，村民们称此人被派出所关了一段时间，后来就搬走了。

诅咒又称"放鬼""放咒验"，拉祜语称"克"（诅咒）、"尼派"（施行妖术）、"古派"（施行法术），诅咒妖和仇人是常见的黑巫术。咒妖巫术主要是针对"夺"（即扑寺鬼）和"气迫"这两种被认为对人危害最大的鬼和妖，"夺"和"气迫"都是人变的妖，主要是妇女所变，而莫巴等知晓咒语者念咒语可使妖现形，因此巫术有浓厚的神秘色彩，没有人公开咒语内容，相关的咒语和念咒语的过程鲜为人知。咒仇人巫术是最为保密的原始巫术，如何施行和咒语的内容等不轻易授人。如果实行该巫术时情况被对方知晓，对方也可以用同样的方法以咒还咒，而这种以咒还咒的力量被认为更强，一旦还咒便无可救药。

除上述活动外，祭祀祖先、村寨保护神、山神、猎神等也是南美拉祜族原始宗教信仰中重要的活动。

　　根据笔者所获和现有调查结果，拉祜族所有祭祀活动中以祭祀祖先为多。澜沧县等地的拉祜族，甚至将祖先与厄莎相提并论。由于其地位较其他崇拜高，对祖先的祭祀在拉祜族的各种祭祀活动中占主导地位。聚居临沧市境内的拉祜族，祭祀祖先的活动方式多样。有的在居住的房屋的房梁上供一碗清水，有的在家里堂屋设供桌、摆放香炉等器物。南美拉祜族则多在木掌楼的起居室即主房间火塘边靠边墙处设一个小供桌，摆放香炉等物品祭祀。每年的春节、清明节等重要节庆，农历的二月初八、七月半，家中有红白喜事等情况下都要献祭。

　　祭戈袜遮袜（村寨保护神）作为一项重要的宗教祭祀活动，临沧市境内拉祜族多在农历二月初八举行，也称为祭竜。每个村寨每年都选出一人担任竜头主持祭祀，且一般只允许男性参加。祭祀时，杀一头猪和一只鸡，由莫巴（又称为"布募"、"魔巴"，指村寨中熟悉各种祭祀等方面知识的人）率领男青年若干人打扫神坛，在选定的神树下搭简易的祭台，摆放茶、酒、猪肉、鸡肉等祭品，点燃蜡条后，莫巴念祝词，"竜头"和其他村民磕头。祭祀完毕后，莫巴看鸡卦，参加祭祀的人在神林聚餐。南美拉祜族的戈袜遮袜（村寨保护神）即"竜"较为特殊，不是真正的树而是芭蕉。之所以选择芭蕉是为了纪念当年因战争失利被迫离开临沧坝子，被外族追赶时芭蕉的相救之恩。村寨中的竜林，平时由世代相传的竜头负责管理，除竜头外其他人不能随意进出竜林，卡些也不例外。竜林中的芭蕉树不能砍，结出的芭蕉也不允许吃，猪、鸡等也不许进入。每年农历正月第一个属猪日祭竜，全村人都要参加。祭祀地点竜壁在竜林的深处，竜林有两层木或竹栅栏，祭祀时男性可以进入里面一层木栅栏，而女性只能在木栅栏之外，也就是不允许女性进入竜壁。竜头负责准备祭祀用品和器具，祭祀当天首先要派人到河里捞取10市斤左右的河沙，堆放在竜壁，祭祀用品是茶叶、河沙（单独准备）、蜡条（必须是挂蜂蜡）两根，准备六个竹编的小笼盛放祭品，其中三个小笼放茶叶，三个小笼放河沙。准备就绪后，竜头带领众人进入竜壁，凡进入竜壁的人不许穿鞋，不能背包。竜头将六个装祭品的小竹笼放在堆好的沙堆上，然后点燃蜡条，念"祈求竜林保佑寨子平安"等祈词，然后众人行拜礼，但不跪，行拜礼后所有人一起动手修理栅栏，铲草，然后离开，祭竜结束。整个祭竜过程中，不杀生，不看卦，祭拜当天禁食酒肉。竜头世代世袭，同时竜头也担任歌头，即打歌的组织者和负责者，农历每月的十五、三十两天要在家中烧蜡条祭拜。但除管理竜林、主持祭竜、打歌等事务外没有别的政治和经济权力，平时虽然受到寨人的尊重，但不能和卡些一道管理村寨的事务。

南美拉祜族日常生活中除祭祖外，进山活动之前对山神、猎神的祭拜活动也极为普遍。无论什么人到山上去狩猎、伐木等，首先要做的事情就是祭山神，然后才可以做其他事。祭拜之时，先在山上选好一棵树，将茶叶、大米、盐等祭品放在树根部，磕头，请山神接纳祭品。如果要在山上搭窝棚守地，或由其他原因临时在山上住宿，祭拜之时则先煮一罐茶，绕着窝棚等住地周围浇上一圈，以茶敬山神，并表示对山神的敬意。在南美拉祜族看来，这样做了之后，山神就会知道这个人很懂礼节，不但不会派猛虎等相害，还会将猛虎等赶走，让进山的人得平安。在他们眼里，对山神的大不敬会带来各种灾难。山神于南美拉祜族的重要性，可以从笔者在调查中所获的一个发生于 20 世纪 70 年代至 80 年代初案例中得以一瞥。当年，政府每年拨给南美拉祜族居民每户一至数包化肥无偿使用。最初的几年化肥发下去的第二天就被拉祜族居民送了回来，理由是"用不得，山神会怪的"（怪为方言责备，责罚之意）。所以直到 20 世纪 80 年代末化肥的使用才逐步普及。南美拉祜人认为"一座山有一个山神（也称山神老爷），一条河有一条龙，一棵树有一个魂"，上山、路过山都要献山神。

除了祭山神，祭猎神也是南美拉祜族极为常见的祭祀活动。南美拉祜人认为，不祭山神、猎神不能去狩猎，去了也猎不到猎物。狩猎开始前由猎头主持祭猎神，须到参与狩猎的每个人家中取一把米，如果没有米可用米糠代替，取来的米或米糠混合后煮熟，再煮一个鸡蛋或一只公鸡，如果用鸡则不能把鸡切开煮。煮好后将以前猎获的野兽的头骨和煮好的米饭、鸡蛋或整只公鸡包括内脏摆在猎头家的砧板上，点燃蜡条，猎头念请求猎神保佑打猎能有收获之类的祈语。在请猎神享用祭品后，猎头剥开鸡蛋或鸡头验看，如鸡蛋的蛋清部分分量较多，鸡头各部分结构比较整齐等情况出现，就意味着会有好的收获。米饭先取一份给参加狩猎的狗吃，剩余的米饭、鸡蛋和鸡肉只能由猎头享用。如果猎捕到麂子、野猪之类的大猎物，那么分到猎物头的人，不论其是否是猎头，需在家里将猎物头和其他部分的肉分开煮好，将煮好的猎物头摆好并浇上一勺其他部分的肉煮出的汤，点燃蜡条，答谢猎神，其他部分的肉可以不献祭，如没有分到头则不必举行该仪式。

# 第六章　民俗

　　民俗作为一个民族历史的真实写照和民族文化心理的表现，是一个民族日常物质生活和精神生活历代相沿积淀而成的风尚、习俗等习惯性行为方式。一方面，这些习惯性行为方式一经约定俗成，便为人们所遵守、传承，在某种程度上约束着民族文化持有者；另一方面，由于这些具有悠久历史、丰富内容、浓郁的民族特色的行为方式渗透于人们社会生产、生活各个领域中，又可在社会实践过程中不断被文化主体进一步丰富。南美拉祜族经由上百年的历史发展，形成了独具民族特色的民俗。其所具有的建筑、节日、婚恋、丧葬、服饰、饮食等传统民俗，作为该民族在其特有的自然、人文环境下形成的历史积淀，无一不蕴含着该民族所持有的人与自然、人与人之间和谐相处的交往理念。根据南美拉祜族乡所处之独特环境，笔者主要对其建筑、节日、婚恋、丧葬、服饰和饮食几个方面习俗作了调查了解。下文分别对其予以陈述。

## 第一节　居室

　　与狩猎、游耕生计方式相适应，南美拉祜族在政府介入其社会发展推行扶贫之策之前，族员大多处于游居状态，户数一百以上的大聚落基本没有。为了减少建筑浪费，也为了搬迁方便，南美拉祜族处于自然经济阶段之时，创造出了两种传统住房：一种是落地式茅屋（简易窝棚），另一种是木掌楼（掌楼房）。两种住房均取材于自然木料且搬迁，是其处于游猎游耕生产方式和山林自然环境条件下的必然选择。

拉祜族木掌楼是在落地式茅屋的基础上发展起来的，它以栗木为柱、草片为屋顶，柱脚直接埋入扳土，柱顶为丫叉形，柱间以条木衔接，以竹篾藤条拴固。按习俗，盖一间木掌房的木料要由一棵树改锯出来，其中包括长3~5米的柱子12根、过梁11根。屋顶椽子多用竹类，以藤条拴捆，无榫。房子没有窗户，四周用竹篾笆为墙围起来后，向南开一道大门。从现存实物看，木掌楼高度一般在5~6米，宽为4~5米，长为7~8米。在柱子一米高的地方安装木板，连接墙壁作为地板，柱子一米高以下的地方不围，用来饲养牲畜。上层一般分内外两间，内间大，火塘一般设置在内间中轴线上靠近边墙的位置，神龛设在火塘旁边墙与楼板相接处，用篾笆铺在火塘周围楼板上就为床。外间放手磨、木杵臼等生产生活工具。以独木砍为台阶，固定在阳台之上。下层为牛圈或猪圈，1~1.5米高。放置粮食一般在主屋前后另盖简易小掌楼，或在山间、地头就地建盖作仓库。

南美拉祜族木掌楼虽然简陋，但其内部构建却必须严格遵循传统习俗。火塘一般设置在内间中轴线上靠近边墙的位置。火塘上架铁三角，上置土锅（现多使用铁锅或铝锅）。火塘是家庭的核心，拉祜人视火塘和神龛一样神圣，认为火塘是火神住的地方。火塘里的火不论春夏秋冬、白天黑夜，始终不灭。火塘、三角架等不仅是重要的生活用具，而且是令人敬畏的神物。无论任何人，都不能往火塘里吐口水，不能跨越火塘，不得踩火塘上的三角架和锅庄石，不得用火柴头敲打三角架等，否则就被认为会惹怒火神，降下灾难。火塘周围，可以铺上竹篾笆当作床。此外，火塘旁边墙与楼板相接处一般设一神龛。拉祜人认为神龛是供神居住和与人交流的地方，非常神圣，人们不能在上面随便放置东西，尤其忌放置肉类，也不能随便触动神龛和神龛上的神器物件。调查中，笔者发现许多人家屋内还供奉着祖先的牌位。木掌楼外部的晒台一般用于晒谷物、衣物等物。木掌楼下层一般无围墙，或用几根竹竿作围栏，用于关牲畜或堆放柴火、农具、杂物等，高 1～1.5 米。上下两层之间的楼梯用一根粗栗树，砍出台坎，固定在晒台上当作楼梯供上下出入。这样由一根独木砍出的"楼梯"，未曾走过的人走在上面往往有站立不稳的感觉，但拉祜人即使背着粮食、抱着孩子，走在上面也如履平地。放置粮食一般在主楼前后另盖简易小掌楼，或在山间、地头就地建盖作仓库。

南美拉祜人建盖木掌楼，要在平时就将各种材料统统备齐，建盖时亲戚、朋友、全寨人都会来帮忙，拉祜人互帮互助、团结协作的传统在盖房时表现得尤为明显，连老人、小孩也会来帮助干些力所能及的活计。在南美拉祜族的传统居住习俗中，对住房的建盖有着严格的要求。整间房的建盖不用一根铁钉，不用一棵废旧木料。上梁的时间要与太阳升起的时间相同，梁的根部要对着太阳升起的方向，房屋的建盖要在一天之内全部完成，如果一天之中无法完成，就须丢弃，重新选地点、选时间另盖。家里有人死了，即使房屋尚新也要拆了房子重新盖。拉祜族群众将蛇视为不祥之物，如果有蛇爬到掌楼里，就算是刚刚盖好的新房，也会被主人烧掉。木掌楼的房梁除必备的梁外，还有一根悬梁，拉祜人俗称"老鼠梁"。据说从前拉祜人的祖先在葫芦中无法出来，天神请小鸟去将葫芦啄穿，放出祖先，小鸟拼尽全力，累得嗓子都歪了，也无法将葫芦啄穿（南美乡原有一种鸟，嗓子长在脖子侧边，南美人称之为"歪脖子雀"，现已绝迹）；天神又请老鼠去啄，并许愿给老鼠：若能将葫芦啄穿，以后，人住在哪里，就让你住在哪里。老鼠竭尽全力，最终将葫芦啃通，于是拉祜人履行让老鼠同住的诺言，建盖房屋时留下一根梁供老鼠过路。拉祜人住房周围不设土坯围墙，木掌楼的墙面用隔音性能较差的竹篾笆，有其渊源。据传先前由于佤族有猎头习俗，拉祜村寨亦受其害，若采用土坯为墙或筑土为墙，对方来袭击时不易被发觉，因而一律不采用土质围墙。木掌楼的使用年限不长，一般情况下，两三年就要进行修缮，五六年后又需重建新屋。现在，随着南美乡经济的发展，有的拉祜人家盖房时对木掌楼作一些改进，例如采用石棉瓦作屋顶代替草片顶，使房屋的使用年限大大延长。

　　简易窝棚也被南美拉祜族称作"班考"，一般高为两米，以草片为顶，无窗户、无墙或泥挂墙（柱间横竖绑若干树条为骨架，用稻草裹稀泥挂上去以手抹平）或用细树枝四周围起围拢当墙。班考的出现，与过去拉祜族地区地广人稀、耕地距村寨较远、农业生产以"刀耕火种"为主且实行土地轮歇耕作方式相关。为了耕作方便，人们常常在离村寨较远的地里搭建临时性住房，班考于是成为随着耕作地不断迁徙的游动住地。每年到了播种和收获季节，

图 6 - 1　南美拉祜族草片顶木掌楼

图 6 - 2　南美拉祜族木闪片顶木掌楼

南美拉祜族便到各家的窝棚居住，直到整个收获季节完毕，整个时间段持续六七个月。由于在班考居住的时间并不短，他们在班考旁一般也饲养猪、狗等家畜。此外，调查发现，当地拉祜族建班考除了方便生产外，还有另一个重要原因，即为了防止战乱、瘟疫等天灾人祸。有了班考，一旦发生这些事，人们才有避难的居所。许多班考随着耕地的相对固定，后期也逐渐演变成了定居的村寨。

**图 6 - 3　南美拉祜族窝棚**

南美拉祜族的传统住房虽极富民族特色、建盖也相对容易，但这种房屋结构不牢固，不耐久，使用年限短，隔音性、保暖性均较差。常常存在四面透风、冬不御寒、夏不避雨的情况。此外，人畜同住也导致卫生条件较差。因此，20 世纪 80 年代政府介入南美拉祜族乡社会发展，推行反贫困政策之后就起开始重点实施安居工程。由居民自备石料、木材，政府无偿提供砖、石棉瓦、水泥、石灰并负责施工费用，分批、分期为拉祜族群众建盖安居房。如今，随着安居工程的推进，这些传统的民居已经很少能够看到了。

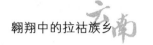

## 第二节　婚恋

南美拉祜族婚恋包括串婚、订婚、结婚仪式几个过程，一般情况下婚姻较为自由、父母很少干涉。

串姑娘是南美拉祜族男子选择配偶的重要方式，他们在十四五岁之后便可自由参加此项活动以选择自己心仪的对象。串姑娘活动多在每年秋收以后至次年春耕开始前进行，此时男女青年纷纷相约到山上（一般各三五人），借以吹葫芦笙、口琴及对山歌等活动传情达意。对歌的内容很丰富，有的是传统的情歌、有的是即兴演唱，但歌词都是和爱情有关。青年男女通过对歌相互试探，互诉衷情，各自物色意中人。男青年若发现合适的对象，便去抢其包头、头巾或挎包之类的饰物；女青年发现合适的对象，同样也会出手抢其帽子、佩刀之类的物品。男女青年抢到意中人的东西后，若没有受到对方的反对则表明有意；若无意，被抢者会奋力抢回自己的东西，即使东西被扯坏了也不放手。若暂时抢不回，日后也要托好友要回来，这样抢错东西的青年男女以后才能友好相处。意中人以后相会时，双方都以相互道歉为由加强接触，增进感情。在这期间，女方会注意观察男方勤快程度、干活如何、有无手艺、力气大小、性格好坏等。如果一切满意，就互赠信物，女方通常将自己的口弦、包头、挎包等作为信物赠送对方，男方通常将自己的佩刀、口弦赠送对方，以此作为定情的凭证。南美拉祜族男女在选择对象的过程中，主要看对方是否心地善良、能否体贴老人和爱护兄弟姐妹、品行是否端正、是否能吃苦耐劳。拉祜族男子一般喜欢手脚勤快的女子；

而拉祜族女子则一般喜欢能犁地、砍柴的男子。不论男女，在选择对象的时候，看重的都主要是对方的人品，容貌是次要的。

总体而言，南美拉祜族青年串姑娘的恋爱活特点之一是集体性。男女之间约会时，很少有单独邀约对方的情况。这与拉祜族传统道德观念有关。他们认为，做任何事情都要光明正大，谈情说爱也不例外。特点之二则是具有明显的季节性。拉祜族传统节日如火把节、尝新节、扩塔节等，是拉祜族青年男女社交活动频繁的时期，是寻觅伴侣、谈情说爱、喜结姻缘的高峰时期。其余时候，特别是农忙季节，许多拉祜村寨禁止男女青年再到林中吹笙对歌谈恋爱。否则，不仅会受到家人、亲友和寨里人的谴责，而且会被认为是一种伤风败俗的行为。之所以有此"奇怪"的想法，人们所持的一种解释是认为与拉祜族地区长期以来形成的小农经济有密切联系，农事活动具有明显的季节性，此时必须禁止男女活动；另一种解释则认为，由于拉祜人尚黑、忌红、白，而开春后正是桃花、李花盛开的季节。因此，此时不宜谈情说爱。

确定心仪的对象后，男女双方各自告知父母对方的人品及相互之间的恋爱过程和程度。此后，男方便可托媒到女方家提亲。提亲的媒人一般由人品好、能言善辩、为人处世经验丰富的人充当。提亲时必须带上几公斤酒，这酒在此时此刻有着特殊的意义和作用。如果女方父母满意这门亲事，就会将酒倒给在座的每一个人喝，如果女方家不同意的话，这酒就绝对不会被开启。如果女方父母不同意，男方会不停地上门提亲，有的多达六七回，直到女方父母被其诚心所感动而同意这门亲事。

　　双方父母同意后，便可选择结婚日子。之前，男女双方须互赠礼品，男方一般会送女方一套衣服、一对耳环和手镯以及酒、肉、米等，女方则给男方制一麻布背袋。举行婚礼当天，新郎在伴郎和芦笙队陪同下到新娘家，为新娘家担水、舂米，并向老人敬酒、听取老人训导。饭后，才能将新娘迎到新郎家。新娘进家后，由新郎舂米、新娘簸米，并用新舂的米做饭招待女方家送亲来的亲属和客人。此外，还要在家门前搭一个"青棚"（用新鲜树枝搭建），在青棚下摆酒席，宴请宾客。南美拉祜族举办婚礼宴请宾客，往往由于条件所限，例如场地、桌椅碗筷数量有限等，而采用流水宴席的方法，通常只摆1~2桌宴席，一批人吃好离席后，另一批人再入席进餐，因此，宴席时间往往是从早到晚。现在，一些条件较好的拉祜族人家结婚时往往请汉族厨师帮忙。席间，由村中一长辈为新婚夫妇拴"白线"祝福。对他们讲要孝敬老人，好好地过日子之类的话。婚礼上一般还要请莫巴来唱古本。近年来，随着外来文化的介入，南美拉祜族婚礼也开始时兴闹新房。传统的闹新房过程是：新娘端来一盆热水，亲切而甜蜜地喊丈夫洗脚，丈夫把脚伸进盆里，妻子便帮他把脚洗干净。这时候，闹房的人们故意用火塘灰把新郎的脚弄脏，让新娘重洗，或在热水里撒火塘灰，让新娘重去打洗脚水，如此反复多次，直到新娘机警麻利地把新郎的脚洗好，把从娘家带来的一双新鞋给新郎穿上。据说这样做是为了考验新娘的脾气是否温和，为人是否可亲，以及做事是否麻利、机灵等。接着，青年男女打歌通宵达旦，庆祝这对拉祜儿女成婚。拉祜人认为，火塘标志着夫妻双方有一颗火热的心，围着火塘歌舞祝福新婚夫妇终生相爱。新婚之夜，新郎新娘通宵不眠，要为前来祝贺的人敬酒敬茶，直到次日日出。

婚礼结束后，新郎带着生活用具和生产工具，如锄头、毯子等，在亲友的陪同下，随新娘到女方家上门。上门时间一般为三年。这就是拉祜族独特的"从妻居"习俗，拉祜族认为，父母把女儿养大成人不容易，女儿成家后要报答父母的养育之恩。从妻居住期间新郎可以回家探视父母并帮助干活。上门期满后，丈夫可以携妻子和子女回到自己的家里生活，也可以重新盖房屋另立门户。如上门期间已继承了女方家的财产，则要一直留在女方家。

由于婚姻自主、婚前感情基础较深，南美拉祜族婚后一般相处较好。多数家庭夫妻双方互敬互爱、对爱情忠贞，上山打猎、下河捞鱼之时，夫妻经常同出同归、形影不离，很少有离婚的现象。他们认为婚姻是自己选择的，不管对方碰到什么样的灾难，都要永远在一起、不离不弃。所以，拉祜族的家庭离婚率很低。因此，南美拉祜族人多有以离婚为耻辱的观念。特殊情况需要离婚之时，须举行传统的离婚仪式。其中，最重要的一道手续是办分手宴席。由先提出离婚的一方要备办丰盛的酒席请客，客人一律不送礼，这种习俗带有惩罚先提出离婚一方的性质。按拉祜族的说法，这叫"结婚不设宴，离婚要请客"。这种带有惩罚性质的习俗，其目的一是警戒年轻人选择对象要慎重从事，切勿轻率，二是希望离异双方今后不要相互仇视。离婚时，拿来一根线，男女各拉一头，找个证明人，拿根火柴把线从中烧断。从此以后，男女各走一方。也可以由族长或寨老主持，双方各执一对蜡烛，用剪刀将蜡条剪断，就算完成了民族习俗意义上的离婚。

此外，南美拉祜族绝不允许发生婚外、婚前性关系，

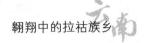

违者将受到严厉处罚。

# 第三节　生死

南美乡拉祜族人重视生育，他们认为生儿育女是一件大事，必须备受重视。因此，当地妇女怀孕期间一般不做重体力活，也不单独外出，且随时需要有家人陪伴在身旁。丈夫白天外出干活也只在家附近，晚上随时守候在妻子旁边。接近分娩时，则不再下地干活。分娩时，由于受传统习俗影响，南美拉祜族妇女多选择在家生产。即便在南美乡卫生院对到医院分娩的产妇免除住院费的情况下，不少拉祜族妇女分娩时也不愿到医院去。届时，当地的亲朋好友都会到产妇家中，帮助料理照顾产妇、烧开水、搭产床、请接生婆请事宜。如今，随着社会的发展，已经开始有部分拉祜族家庭请医生到家中为产妇接生。每当此时，乡医院的医生们总是不辞辛苦，不论刮风下雨，不论白天还是黑夜，欣然前往。因为在当地医生们看来，拉祜族乡亲能到医院来请医生到家中接生，已经是一个不小的进步了。

按南美拉祜族的风俗，生产时要等到胎盘落地后才能剪断婴儿脐带，且要对婴儿的胎盘要进行安埋。产后，妇女须休息一个月，由丈夫承担家务。当地人一般简称此时段为"坐月子"。坐月子期间，产妇吃鸡蛋白酒（白酒是云南省临沧市等地对糯米酿制的米酒的通称）、禁止吹风、禁止接触冷水、禁止食用隔夜的饭菜，亲戚朋友可以携带米、鸡、蛋等营养食品前去看望产妇。坐月子期间，产妇在家中可以做些轻微的事，但绝不能下地干活，也不在天气变化较大时出门。此外，从夫居的产妇未满月时一般不能回娘家。该时间段内，有产妇的人家一般不欢迎陌生人来家里。他们常在门口挂一束黄泡刺，这既表示避邪，同时也是为了告诉外人家中有产妇。从调查结果来看，南美拉祜族家庭并没有重男轻女或重女轻男的陈腐观念。拉祜族人不论生男生女，家人都会悉心照料产妇。因此，女婴在南美拉祜族地区也不会受歧视。无论什么家庭都会小心爱护和养育婴儿，现实生活中严禁打骂婴儿，甚至禁忌在背后说出有害于婴儿的言语。此外，其多子多福的观念也不突出。由于南美乡地广人稀，当地计划生育政策允许每个家庭生育三胎。但从调查结果看，多数拉祜族家庭都支持政府的计划生育政策，他们对到家中做计划生育工作的乡干部一般不会恶言相待，超生的人家较少。

图 6-4　南美拉祜族母婴

作为氐羌族群的后裔，南美乡拉祜族所用的传统丧葬形式为火葬。为何采纳此种埋葬习惯那时，从调查结果看，与拉祜人对火的重视和敬畏不无相关。拉祜族人视火为光明洁净之神，认为火葬能使人升天，能把死者灵魂送上光明世界，能使祖先的亡灵保佑子孙后代。因此，对正常死亡者举行火葬是一种莫大的尊敬，也唯有正常死亡者才能享受此待遇。如果是非正常死亡，如被杀、淹死、孕妇难产而死等，则被认为是死得不好，不再进行正常的火葬仪式，不进行火化，而是将其随便抬到山上林中掩埋。调查中，笔者发现如今南美拉祜族依然实行火葬，各个村社都有统一的进行火葬的山林，因此南美拉祜族经常称南美"地皮比较干净"，意即南美拉祜族世世代代都实行火葬，地点集中，不倒处垒坟。他们往往一个村或邻近几个村合用一块葬地，且此墓地被视为神圣的地方，里面的一草一木都不能随便乱动，否则被认为会遭到神灵的惩罚。正因如此，笔者在调查过程中未能得以进入其中。

据当地人讲述，南美拉祜族原始的火葬仪式包括如下几个程序。

第一，问嘱。死者进入弥留状态之际，家人要询问其遗言。如：家里是否欠债？有无他人借债？有无未收回的物品？还有什么话要交代？等等。询问完毕后，家人一起安慰病人，让他无须牵挂家中人、家中事，尽管放心到厄莎那里去。

第二，报丧。人死后，家人鸣火枪报丧。附近寨子里的人和亲友听到枪声后获知有人去世，进一步打听到哪家人去世后就来帮忙料理丧事。此后，再请帮忙的亲朋好友到较远的外寨亲友家报丧。

第三，装殓。莫巴为死者清洗尸体、更换新衣后，用一块一丈二或一丈六长的白麻布包裹尸体；给死者嘴里含上银器，说些祈福的话，如希望死者"把金子、银子留下，荞麦毛稗留下，苞谷大米留下，让后人过好日子"。然后，死者家里有猪的要杀猪、无猪的杀鸡，杀猪和杀鸡前用绳子拴住猪和鸡的脚，将绳子的一头放在死者的手上并说道："这些猪和鸡给你领去好好饲养。"

第四，出殡。用从房上抽出的楼棱（这是建房时就准备好的，要若死者为男性，要抽出火塘顶上的楼棱，若是女性，则抽出安放火塘的楼棱）扎成担架，将尸体放在担架上，再用藤篾绕尸体固定于尸架上，然后将门打开，送出尸体。尸体从门内送出时，还要将门楣上方屋檐的茅草抽出一把，垫在死者头下。将尸体双手交叉平放胸前，拉直双脚，摆正头部，然后出殡。出殡时，要朝天鸣枪，死者生前是猎手的还要沿路往前射箭直到葬场。尸架由身体强壮的男子来抬，死者脚朝前。子女和送葬者跟随其后，尸架没有抬出寨子前一定要平抬，出了寨子才能抬在肩上。如死者有儿子，儿子要抬一段路程，再换其他人抬。一路上要由莫巴念教路词，为死者招魂引路。拉祜族的原始信仰认为人死之后都要回到祖先居住的地方去，跟祖先的灵魂生活在一起。认为有莫巴来为死者招魂引路，亡灵就能顺利回到祖先居住的地方。

第五，火化。到火葬场后，人们开始砍树、劈柴、架柴，准备焚烧遗体。如死者为女性，柴架九层，男性则为八层。据说这样做是因为女人会生小孩，女人的肠子比男人多一截，所以柴要多架一层。将白布套好的遗体脸朝下放在柴堆上后就可以点燃柴堆，引火的火把要从死者家中带来。火化尸体时，按死者身长钉四根木丫杈，中间架木柴。尸架放在木柴上，尸体面部朝下，四周再竖放木柴，然后由莫巴念咒点火燃烧。焚烧尸体的同时烧一把麻皮扎

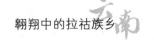

好的茅草，传说是给死者在返回的路上打苍蝇。火化尸体要一直到木柴烧尽为止。

第六，安葬。火化完毕，由死者之孝子亲人持扫帚按顺时针方向和逆时针方向各扫七圈，将骨灰扫拢。村民和死者家人将宰杀的猪或鸡，烹熟取一部分送到葬场祭供。祭毕即掩埋骨灰，垒几个石头做标记。回家时送葬者每人都要折一根茅草，插在自己背后的衣领中。在半路上还要砍一根树枝插在路上把路栅起，以告示死者阴魂不能回家。进寨前，将衣领上的茅草丢掉，进寨后要涮洗衣服。

整个丧葬过程对于年长死者是三天，一般的人则当天去世当天安葬。如果死亡的时间是下午和晚上，才可以在家里停放一天，第二天再去安葬。但无论对于什么人，出殡当日，全村人停止生产劳动，以示哀悼。如果是家里的老人去世，做儿女的要守孝三年，三年内不能讨亲嫁女。此外，火化后的三个晚上，家人要到坟前烧火，还要给死者安草烟（坟前设有烟袋）。整个吊唁过程中，前来吊唁的乡亲可根据自己的经济情况给办丧事的人家送来吊唁物品，以示对死者吊唁和对其家庭的支持。

新中国成立后，南美拉祜族传统意义上的丧葬习俗较之以往有所改变。如今，南美拉祜族乡虽保留火葬习俗，但手续已经大大简化了。调查中发现，与汉族杂居的拉祜族甚至已开始仿汉族实行土葬、修建坟墓。

# 第四节　节日

南美拉祜族一年之中有许多节日，如春节、新米节、火把节、中秋节、祭祖节、葫芦节、清明节等。虽然这些节日名称有的和汉族的颇为类似，但这只是表层现象。从调查结果看，南美拉祜族这些节日的内涵和庆典的方式较之汉族类似节日而言，存有诸多不同之处，均富有浓郁的民族特色。其举行活动的时间，多在农历某月第某个属相日举行，如农历正月第一个属猪日祭竜等。下文根据调查结果，对南美拉祜族较为重要的几个节日稍作介绍。

扩塔节。扩塔节是南美拉祜族最为重视、规模最大、内容最丰富、时间最长、影响最大的民族节日。"扩塔"是拉祜语的译音，意即"年、节、岁、轮回"；"扩塔节"意即春节。南美拉祜族春节含大年、小年两个重要的庆典环节，正月初一至初四为大年，又叫"女人年"；正月初九至正月十二日为小年，又叫"男人年"。之所以除了常规的小年还需另设"男人年"，传说是因为远古过年时男子常常外出打猎，在家守候的妇女为了慰劳男子，便在小年过完后重新安排过一次年。因此，后来就有了过小年的习俗。

南美拉祜族极为重视扩塔节，常常从上一年的腊月二十四日就开始准备相关事宜。主妇忙着打扫房屋、清洗衣物、赶缝新衣，青年男女忙着做口弦、绣花包，孩子们则准备陀螺等。除夕之夜，家家蒸糯米饭、舂糯米粑粑，寨子里碓声此起彼伏，热闹异常。舂好的粑粑要先揉成几块小的分别摆在刀、斧、锄、犁等农具上，用以感激这些生产工具为人们砍树开地，使粮食获得了丰收。待初一清晨鸡叫、人们放过几响火枪后，全寨子青年男女就抬着竹筒、提着小桶等装水用具涌到泉边、水井旁抢"新水"。据说，第一个抢到新水的人被认为能在新的一年里交好运，最先抢到新水的人家，当年的谷子就会先熟，且事事如意、无灾无难。因此，新水抢回来后先要供于神龛上祭神敬祖，然后给老人洗手。抢水活动结束后，人们开始烤粑粑，并将其先献给传说中的英雄扎怒扎别再献给牛、农具以示慰劳。

扩塔节期间，人们初一在家，初二至初四亲友互拜。上门的儿子带着自己的妻子回父母家拜，出嫁的女儿亦携女婿回家拜，辈分小的到辈分大的家里拜。拜年时，多以两挂肉、两个粑粑、两包茶叶等作为礼物，以双数表示吉祥。受拜之时，老人要给小辈祝福，勉励他们好好劳动、健康成长，晚辈们要在父母或长辈家住一日或数日后才回家。扩塔节期间，村寨中还要举行祭祀活动。祭祀时，在寨中广场用松树等装饰祭坛，然后献上香、烛、谷子、糯米粑粑、肉、水果，由老人带领祝颂祖先，完毕，开始围着祭坛跳"摆舞"。跳舞时，中间放一张桌子，桌上放篾箩或升斗，装上各种谷物种子，插上采来的象征来年风调雨顺、吉祥如意的鲜花。全寨男女老少围着，欢聚到一起载歌载舞，通宵达旦，称为"跳笙"。经过"跳笙"的谷种，各家都要拿一些回去，拌在自家的谷种中。据说，这种谷种播在地里，庄稼会长得更好，人畜平安，生活顺意。此外，扩塔节期间还有荡秋千、打陀螺、射弩等活动。打陀螺通常以比赛的方式进行，少则两人，多则数十人，各为一方。陀螺成圆锥形，大如茶杯。比赛双方称为打家和支家，比赛时，支家每人持一陀螺和一根鞭子，先用鞭线将陀螺绕紧，然后扯动鞭子，陀螺即飞旋而出，使陀螺立于地上旋转，称为"支陀螺"。打家放出的陀螺要以击中对方在地上旋转的陀螺为准，双方陀螺碰撞后在地上继续旋转到最后的一方为胜。若击不中，则打方、支方互换继续比赛。拉祜族人认为陀螺打得多，命中率高，来年的瓜果就会结得多，谷物就会获得丰收。打陀螺不仅在寨内进行，有时寨与寨之间还各自选出代表队开展比赛，风气颇盛，民间亦有谚语云"过年过到二月八，陀螺打到青草发"。但现在的陀螺比赛多是年轻人举行的较小规模的比赛。荡秋千亦是年节里不可缺少的活动。

火把节。除扩塔节外，火把节也是南美拉祜族较为重视的节日。从民族学角度讲，火把节作为彝语支系各族的共同节日，是氐羌族群节日文化的延续和发展。当然，拉祜族有着不同于其他民族的关于火把节来历传说。据拉祜族传说远古时候，天神厄莎在创造了人类和万物之后，自认为劳苦功高、功德无量，要求人们在八月十五这天向他进贡。后来，拉祜族英雄扎努扎别带领人们进行反抗，拒绝给厄莎进贡。厄莎一怒之下将太阳和月亮藏了七天七夜，天地一片漆黑，人们根本无法耕种庄稼。扎努扎别采松明绑在水牛角上，将蜂蜡涂在黄牛角上，点燃照亮大地，人们得以耕种、收获，战胜了厄莎。厄莎十分气恼，设计用毒药涂在牛屎虫的角上并将扎努扎别刺中身亡。扎努扎别虽然被害死了，但他的英雄形象已永远根植于拉祜人的心中，人们永远缅怀他。为了纪念他，寄托人民群众对英雄的哀思，拉祜族在每年农历六月二十四这天点燃松明火把，这样就形成了拉祜族一年一度的火把节。

南美拉祜族过火把节之时，条件好的家庭杀猪、条件稍差的家庭杀鸡，节日氛围极浓。到了晚上，人们在村寨中央立上一对数丈高的大火把，由头人或德高望众者将大火把点燃，然后各家各户再将自家房前的松明火把点燃。此时，灯火通明，青年男女开始用枯松树、松脂、黄瓜叶

或南瓜叶配以火炭舂制的粉末，对着火把互相投撒嬉戏。家长则手持火把在房前屋后绕行，尤其是要到果树下绕行。据说，经火把燎绕的果树来年才会获得丰收。也有的家长会到田间地角举行叫谷魂仪式。若路遇拉祜族人家叫魂，切记不能与他们讲话，否则会惊动神灵导致谷物欠收。

尝新节。南美拉祜族各家各户过尝新节并没有统一的时间。每年七八月间，谁家的稻谷成熟谁家就可以开始安排过尝新节。按习俗，这天家中所有人都要回到家里，连牲畜也赶回家。条件好的家庭杀猪，条件差的家庭宰鸡，邀请亲朋好友来家欢聚。饭熟后，上香点蜡，先将熟的新米饭盛一碗敬献给祖先，再给狗盛一碗，然后再将新米饭逐一献给耕牛、农具，以求谷神保佑。举行完这些仪式后，人们才可以开始吃饭。吃饭时，新米饭要让老人先尝，通常是长辈吃完后晚辈才吃。

尝新节的起源，当地人是这样讲述的。相传很久以前，拉祜族仅靠狩猎和采摘野果野菜为生，人们常常吃了上顿无下顿，日子过得艰苦。到了冬天更是难熬，有时甚至一连几天都没有东西下肚。天神厄莎知道后很同情拉祜族，便教拉祜人种谷子。一天早上，厄莎在碓窝里装满了圆滚滚、黄灿灿的谷子，然后叫女儿去舂。姑娘一杵舂下去，碓窝里的谷子舂泼了一地。厄莎家的谷子多得堆成山，姑娘也懒得去拣撒在地上的谷子。在她舂好米走后，一只斑鸠飞到碓边啄吃了撒在地上的谷子。第二天，厄莎降到凡间，见扎保夫妇饿得有气无力地坐在火塘边烤火，便对他们说："拉祜要过好日子，必须学会种谷子。"扎保夫妇回答说："没有谷种，叫我们咋个种呢？"厄莎说："谷种被天天到水塘边喝水的斑鸠吃了。你们要想得到谷种，就要捉到斑鸠。"扎保夫妇听了之后便制作了扣子，捕到了斑鸠，剖开嗉子一看，谷种只剩一粒了。"哎！一粒谷物咋个种呢?"扎保夫妇嫌谷种太少，失去了种谷的信心。这时厄莎又走来对他们说："一棵独树，百年以后可以长成林，一粒谷种，六月之后可以收千粒。"说完，他把种谷的方法一五一十地全都教给了扎保夫妇。扎保夫妇遵照厄莎教的方法，用尖木棍在地上掏了个土窝，播下了第一粒谷种。他们夫妇俩日日夜夜守护着这颗谷种。过了不久，绿茵茵的稻苗长出来了。他俩又小小心心地薅杂草，瞧着谷子开花，抽穗、灌浆；等到谷子成熟了，又想办法防备谷子被雀偷吃。到了八月里，他们收到了满满一竹碗谷子。这下子，扎保夫妇高兴得又唱又笑又跳。他们舍不得吃这谷种，把谷种分给大家，然后领着大伙开了一片山地，一把火烧了地里的草木，种下了谷种。到了第二年的八月里，拉祜山上到处都长满了金黄金黄的谷子。拉祜人高兴地围着谷子，又跳又唱。为了感谢天神厄莎，拉祜人当天把收获的谷子摊在火塘上方的"炕芭"上，用火将谷子烘干，接着把谷子放在碓窝里舂成米，煮出香喷喷的新米饭。他们把煮好的第一碗新米饭敬献给天神厄莎。到了晚上，全族的男女青年，在打谷场上，把火烧得旺旺的，手牵手围成圆圈，通宵达旦地欢跳芦笙舞。边跳边唱：汗水浇出了金子般的谷子，金谷赶走了拉祜人的饥饿；肯为后世造福的先辈啊，我们唱歌跳舞把你们祝福！从此以后，每逢新谷成熟，拉祜人都要热热闹闹地庆祝一番，这一天就成为"尝新节"。

搭桥节。每年四月中旬的属龙日，南美乡拉祜族村民都会出义务工在村寨交通要道架桥处架新桥或翻新旧桥，俗称搭桥。届时，全村男女老少全体出动，男子砍木料、更换朽坏的木桥，女子则铲除路边的野草。整个活动过程，伴随着男男女女的歌声和欢笑声，热闹非凡。

葫芦节。在拉祜族创世史诗《牡帕密帕》中，天神厄莎造就天地万物后将一粒金色的葫芦种子种在了一棵大树下。后来，种子慢慢发芽、开花、长成了葫芦。厄莎请来小米雀和松鼠啄开葫芦，拉祜族始祖扎迪（男）和娜迪（女）从葫芦中走出来，随后拉祜族子民开始繁衍。20世纪90年代，澜沧县人民政府根据这一传说，将每年农历十月十五日到十七日定为拉祜族的葫芦节，拉祜语为"阿朋阿龙尼"。葫芦节创建后，南美拉祜族逐渐开始过葫芦节，庆祝方式主要是集体歌舞。每年葫芦节，南美拉祜族群众都会穿上灿烂的民族服饰，带上美酒与糯米粑粑，集中在每个村子的广场上载歌载舞，举行一年一度的庆祝活动。男子吹着芦笙、女子跳着舞蹈，整个村寨都沉浸在欢乐之中。通过舞蹈，人们感谢上天赐予的阳光和雨水，感谢风调雨顺、无病无灾的美好年景。这样的活动要持续几天，人们不停地跳着、唱着。渴了停下来喝口米酒，饿了吃一口粑粑，然后再接着跳、接着唱，节日的氛围极为浓厚。

清明节。农历二月第一个属马日是南美拉祜族传统的清明节，拉祜族称献坟日（也称献坟节）。严格意义上来讲，清明节是从汉族地区引入的节日。历史上记载的拉祜族并没有过清明节之习俗，史书记载他们"居深箐，择丛篁日处结茅而居，迁有死者，不殓不葬，停尸而去，另择居焉"。后来在汉族影响下，拉祜族才开始有上坟扫墓的清明节。前已述及，南美拉祜族至今实行火葬，有的垒坟，有的不垒坟，但不论是否垒坟，农历二月的献坟日都要进行献祭。献祭日，任何人都不能下地干活。献坟日的献祭，

**图6-5 南美拉祜族集体舞蹈**

有的在家里进行，有的到垒好的坟头进行。当天，富裕的人家杀猪、鸡，普通的人家杀鸡，非常穷的用鸡蛋。一般情况下，以用鸡献祭的人家居多。献祭前，杀一只公鸡和一只母鸡，煮熟后取其鸡头、鸡脚、翅膀、内脏各一部分用于献祭。如果到坟头献祭，不论用什么献祭，祭品都不带回家。如在家里献祭，要煮一罐茶，分倒在二或四或六个碗里，摆放在桌上。将鸡等其他祭品放在簸箕里后，点燃蜡条、磕头，并烧数张没有写过字的纸。献祭完毕，将祭品连同簸箕抬出村寨扔掉。

苦荞节。农历六月，南美拉祜族会过传统的苦荞节。之所以有这个节日，是因为苦荞曾是南美拉祜人主要的种植作物。从调查结果来看，这个节具体举行的日期并不确定，其主要活动是叫苦荞魂。全家人选好过节日子后，到了当天就杀鸡。然后，全家人都到苦荞地里除草，叫苦荞的魂。回来的时候，把从苦荞地到村寨的路上需要修补的

路面和小桥修补好，意为把苦荞的魂回来的路打扫干净，让它回来的时候好走。举行这些仪式后，苦荞的魂被叫回来，地里的苦荞就能好好生长并获得丰收。

## 第五节　日常禁忌

南美拉祜族诚实纯朴、热情好客。日常生活中，以敬老为荣是他们最大的特点。每年大年初一抢到的新水，要先给老人洗脸；大年初二日，年轻人要到父母、亲友家给老人拜年，用温水为老人和长辈洗脸洗脚；每年新米成熟时，第一碗新米饭要让老人先尝；重大集会和节庆，要请老人坐上席；屋内中柱旁老人家的座位，年轻人及外人不能坐；在老人面前不说不礼貌的话；吃饭时，第一碗要先添给老人；敬酒敬茶时，要先敬给年岁最长者；给老人递烟、酒、茶，必须双手捧上。进入南美拉祜族人家，第一位接到主人家敬的酒的人要把酒转奉给在座的老人或年岁最长者。

除必须敬重老人外，南美拉祜族在日常生产、生活中还有许多禁忌。根据调查结果，包括如下几个方面。

生产禁忌：每月初一、十五、三十早晨不舂米、不耕作。父母亲的忌日，不播种。村中死人，全村停止生产一天。丑日不卖牛，亥日不卖猪，午日不下种。不用土坯为墙。

交往禁忌：大年初一不准外族人进寨，住在家中或接近寨边的客人也不准走，而是用好酒好肉款待他们，节后放行。外来男女即便是夫妻也不能在同一房间住宿。拉祜族妇女产后三日内，忌讳外人进家。贸然闯入者，必须接受主人家的请求，认婴儿为干儿子或干女儿，给婴儿取一个吉祥如意的名字，做婴儿的干爹、干妈，并按礼节送点钱物给孩子做纪念。

待客禁忌：主人杀鸡待客，客人不能主动拿鸡头吃，如主人拿给客人吃时，客人要接受，不得推辞或转让给别人。

其他禁忌：禁止打狗杀狗，不能吃狗肉。不得随意拨弄火塘，不得从火塘上跨过，不得对着火塘吐口水，火塘的上方不能坐人，不能跨越火塘，不得踩踏火塘上的三脚架和锅庄。不得随意触摸神桌和神桌上祭献神灵的东西，不能在神桌上摆放东西，特别忌讳摆放肉类。大年初一不能说不吉利的话。女人不能跨过弩、箭、扁担。妻子怀孕的人不能参加狩猎。

# 第七章 南美拉祜族文化发展 困境及对策探讨

南美拉祜族作为一个直接从原始社会过渡到社会主义社会的"直过"民族，虽然经过多年的发展，其社会程度仍然发育较低。沿传至今的民族文化仍然较多地带有封闭性和保守性，这在严重影响了其社会经济发展的同时，也给文化发展造成了巨大的阻力。调查发现，南美拉祜族传统文化中孕含着贫困亚文化因子，笔者认为，南美拉祜族要真正走出贫困，只有关注到这点并采取相应措施才能实现。

## 第一节 文化交流不足

文化交流事关人类社会的发展，也事关文化自身的发展。首先，人类社会的发展与文化交流之间有着密切的关系，如果没有各种不同文化间的相互交流、融合和创新，人类社会的发展便无从谈起。综观人类社会发展史，大凡兴盛的民族和地区，必然存在最广泛的交流与交往，而停滞落后的民族和地区则大多处于自我封闭和隔绝的状态。同样，综观人类历史上曾经登上过人类文明发展顶峰的国家，它们都有一个共同的特点，这便是当它们的强盛达到极点的时候，它们与外界交往和交流的能力也是最为强有力，而一旦这种能力被其他国家所取代，其巅峰地位也就随之被取代了。此外，文化的发展与文化的交流密切相关。任何一个民族的文化都是在相互交流和互相影响中得以生存和发展起来的，一部文化发展史就是一部文化交流史。于文化而言，本文化的外传能促进人类文明的进步和全球文化的繁荣，外来文化的输入则又可使本族人民从截然不同或不尽相同的文化比较中看到自身文化所处的境地，从而找寻本文化进一步发展繁荣的道路。因此，文化要发展除了靠自身的创造力，实行积累、进步外，还必须依靠外来文化的补充、丰富、启发、刺激，在与他文化通过交流不断发生摩擦、搏击、竞争、交流和融合中，文化自身才能得到发展和壮大。

南美拉祜族存有文化贫困问题，与其文化交流不足密切相关。南美拉祜族在失去临沧坝子退入林区之后，其生存环境随之走向了封闭，与外界的文化交流在有限的交通条件下走向消停。物质上的交通条件尚且可以改善，然而民族之间的矛盾冲突及战争中的失利和被迫迁徙，再次使得南美乡拉祜族的民族心理趋向封闭。在物质与精神、主观与客观条件双重作用下，南美拉祜族逐渐自足于封闭的生存环境中封闭着自身的民族心理，延续着古老的生活方式。"流水不腐，户枢不蠹"，封闭的、不流动的文化生命力必将受到影响。加之南美拉祜族婚姻制度长期沿袭族内通婚，又失去了与其他民族交流途径。封闭的生存环境和封闭的民族心理导致文化交流缺失、阻碍了文化和社会的发展；同时，文化和社会发育程度偏低又反过来加剧了环境和心理的封闭。南美拉祜族在陷入了越封闭就越不能交流，越不能交流就越封闭的怪圈后，长期处于自我隔离和自我封闭的生活状态中。这无疑严重制约了南美乡拉祜族和其他民族、其他文化之间的文化交流和文化互动。深山密林中的拉祜族对外界知之甚少，外界对他们同样知之甚少。调查中，在临翔区很多70岁左右的老人记忆中，解放前南美乡一带一直是"无人区"。而前文述及的拉祜族和其他民族间族群形象的误判、误读现象，在调查中更是屡听不鲜。即使在新时期，外界进入南美拉祜族地区的人员逐渐增多，但该民族封闭的性格仍一时难以改变。总而言之，民族文化之间交流的不足，对于拉祜族进行文化变迁显然是不利的。

调查过程中，笔者发现制约南美乡拉祜族文化交流的因素，主要表现为如下三个方面。

第一，地理环境因素。任何一种文化的产生和发展，都与其特定的历史和地理环境密切相关。从文化的产生看，地理环境作为人类赖以生存和发展的物质基础，是意识和精神产生的基础。历史证明，社会发育程度越低、越是远古，人对地理环境的依赖性越大。原始社会时期，刚从动物界分离出来的人类群体为了生存，常居住于热带和亚热带的森林中和湖岸边，且通常是几十个人的小群体。地理环境对他们各方面的活动，几乎都起着决定性的作用，由此伴生的文化究竟是何类型与之密切相关。而从文化的发展来看，地理环境也与之发育程度如何也密切相关。以小例证之，改革开放以来，沿海地区迈着比内地更强有力的步伐并得到了飞速发展就是一个有力的例证。深圳、上海的开放，便是得益于其优越的地理环境。而以大例为据，地理环境对中国传统文化的作用和影响也说明了这点。有学者认为，中国封闭内敛的大陆型文化形成，与中国之三面陆地，一面临海的地理环境特点相关。中国北面多沙漠，西面从北到南有帕米尔高原和青藏高原把中国和西亚隔开，东面和南面是大海，形成一种与外部世界半隔绝的状态，这是形成中国文化独立发展、自成体系的原因。著名学者冯天瑜在《中国古文化的土壤分析》一文中，认为大陆型文化所面对的外在环境比较稳定，故较安土重迁、保守，不要求创意创新及想象力，从而形成自我封闭、向心凝聚和独立自足、稳定绵延的文化形态。古代先民之"中华帝国，无求于人"的自我陶醉、自我封闭观念与此不无相关。云南作为一个山多坝少的省份，基于农业生产基础形成和发展的传统文化无疑只能以坝区为地理环境前提，这也同时决定了坝区是当地的经济中心，文化和经济的发展着力点必将集中于此。南美乡地处高海拔山区，离当地的经济文化中心相距甚远，并不具备此优势。加之南美乡山高地阔，人口垂直分布特点明显，居住点之间"喊得答应，走路要走半天"，往来极为不便，难以形成具有同一特点的文化。在交往不便、人口分布密度极低的情况下，无论民族内部还是外部之间的文化交流都遇到了一定的障碍。

第二，交通因素。交通不便长期以来一直是云南社会经济发展的主要制约因素之一。解放前，临翔区主要的交通线路均不通过南美，直到1986年章驮至南美公路正式通车才结束南美不直接通公路的历史。1996年实现行政村通公路，至2004年，到双江县勐库镇的土质公路通车，临耿公路进入南美乡的22公里道路路面已由土质改为塘石，不过路况仍然不好，部分路段路面凹凸不平，遇到下雨天气路面易塌陷。至2005年每天也只有一班中巴车发往县城，

农用车也很少。2005 年笔者到南美乡调查之时，乘坐客车到 48 公里外的县城票价是 12 元，这对南美乡拉祜族居民而言并不便宜，当地打短工，如帮人收稻谷，每日平均收入只有 5 元，少的只有 3 元。乘车的多是政府工作人员，中小学教师和生意人。即使到了城里，也没有经济实力长期停留去了解城里的生活，而外地人到南美乡也同样不方便。至今，南美拉祜族乡与外界之间交通不便的问题并未得到根本解决，全乡通车里程 87 公里，但仅有 23 公里为弹石路，其余全部为毛路，晴通雨阻的状况突出。交通不便的实际困难，在历史和今天一直持续影响制约着南美拉祜族与外界进行经济文化交流。

第三，心理因素。文化交流以文化自信为前提。一个民族只有对自身文化价值做出充分肯定，对自身文化生命力持有坚定信念，才能积极主动地进行文化交流，并在文化进步的强烈向往和不懈追求努力下，最终推动文化的发展。解放后，迁出森林定居的拉祜族，文化交流的自然环境障碍和社会环境障碍被逐步减少和弱化，政府相关部门也积极通过相关举措倡导和鼓励其与外界、与他民族进行文化交流。然而，长期以来形成的封闭、自卑心理，使他们畏惧，不习惯和外族、外面的世界接触和交流。调查中，笔者收集到了一个典型个案。2003 年 8 月，临沧城区生意较火爆的民族打歌场到南美乡招聘男女各十名青年表演打歌，每月供吃住，并给相对已不低的 300 元工资。乡政府先派非本地籍的工作人员去做宣传动员，效果不理想。于是改派一名叫阿得的当地拉祜族干部去做工作。在他的动员下，家长同意子女去打这份工，前提是必须由阿得作担保，保证他们的子女在临沧的安全。获得担保后，阿得和另外

几名工作人员把 20 个人送到了打歌场，安排好一切并陪他
们住了两天才回乡。没想到的是，就在阿得等人回乡的第
二天，20 个年轻人都回来了，回来的理由是"不习惯、不
好玩"。由于回来时没有通知打歌场的经理和其他人，签了
合同要保证 20 个人安全的打歌场派出所有人在城里寻找他
们，虽然不久得到乡政府电话知道了事情的原委和人员的
去向，打歌场再也没有到南美乡招聘员工，拉祜族打歌表
演的演员都改从耿马、双江等县招聘。至今，南美拉祜族
长期在外打工和学到专业技术的人依旧寥寥无几。究其原
因，这源于他们长期以来心理上的封闭，封闭导致了自我
满足，也导致了自卑，他们不愿自觉、主动地适应与他们
的传统异质的生活和工作方式，文化交流之途也随之被
扼断。

　　文化交流与社会发展之间存有直接关系，笔者在当地
的调查中就发现了极为典型的个案证据。调查发现，南美
拉祜族乡各村与外界之间文化交流的程度差异与村寨贫困
程度差异之间存有正相关。在南美拉祜族乡较为富裕的多
衣村、新寨、瓦房村无一例外都是民族杂居、相互间通婚
等交流较多的村寨，而拉祜族聚居、不与或较少与外族通
婚、交流较少的竹笆山一社和二社、南华村、坡脚四社、
坡脚五社、坡脚六社都较为贫困。多衣村李小平、新寨罗
丛生、瓦房村罗芳发等拉祜族中的富裕户都与汉族等通婚，
南美村十社二八老七，竹笆山二社扎多拍、扎多若、老三
耐等贫困户都是不与外族通婚的拉祜族。此现象的存在，
并非是一种巧合，而正好印证了前述文化交流与社会发展
和文化发展的重要性观点。这从侧面表明，文化交流对于
南美乡这样的山区少数民族社区的脱贫、发展，其确有着

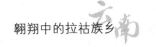

直接的促进作用，值得反贫困研究和实践者关注。

## 第二节　惰性文化心理作祟

众所周知，惰性是指生活在社会中的主体固守某种生产、生活和思维方式的取向，他们不敢或不愿打破常规，实现创新。而所谓的惰性文化心理，与此对应的就是指文化主体固守传统文化、排斥外来文化，拒绝或排斥变革的心理倾向。综观处于贫困状态的地区，这是一种普遍存在的文化现象。持有此类文化的主体，往往表现为对现状容易满足，不思进取，对人、事过于冷漠，只围绕与自身利益相关的狭小关系网进行活动，对外界和他人充满不信任。调查中，笔者发现，南美拉祜族普遍存有明显的惰性文化心理，这直接对脱贫和现代化发展的实施带来了影响。综合调查所得，笔者认为，南美拉祜族惰性文化心理的存在，带来了如下几个方面的负面影响。

首先，惰性文化心理使得主体缺少主体性。调查中发现，南美乡拉祜族对于扶贫攻坚及各项发展措施往往采取表面接受、实际排斥的态度，往往只是在形式上参与，而不主动将其内化。以扶贫攻坚"五大工程"中的安居工程为例。安居工程基本目的是改善居住条件，工程由政府统一规划、统一建盖，通过新规划使居民区的交通、卫生等条件得到改善，但搬进新房后的拉祜族居民还是保持着原有的卫生习惯，如较少使用公厕，较少洗澡、换衣，也没有利用新的居民区的"准小城镇"的特点来主动发展第三产业。当然，客观分析，在这个问题上政府政策失误也有一定原因。第一期工程居民只需负担石料、木料，这对于生活在山区的拉祜族而言不是难事。第二期工程负担是政府和居民各一半，第三期工程政府只负担部分施工费用，其余全部由居民承担，这样二、三期工程大部分家庭的经济负担就加重了，尤其是第三期工程涉的部分居民，至今很多人家还有数千元到几百元不等的债务尚未清还。第一期工程实施中政府规划时出现失误，遗漏了牛圈、猪圈用地，使许多居民不得不把牲畜继续圈养在已经搬离的木掌楼下，管理不便，而且2002年以来已经多次发生外地人盗窃南美乡居民耕牛的案件，耕牛作为家庭重要的财产和劳动工具，居民们必须认真保护。安居工程中部分房屋的建筑质量较差，出现了石棉瓦屋顶漏雨、地基下陷等问题，挫伤了居民对政府搞安居工程的热情和信心。政府没有给一部分需要搬离原先住地的居民划拨新的耕地，造成这些居民需要走很远的路回到原先居住的地点去劳动，给生产生活带来了不便。所以除少数老年人因不习惯住安居房外，绝大部分搬回木掌楼的住户主要是出于关养牲畜安全、方便的考虑，拒绝搬迁主要是由于搬迁后生产不方便等原因，如距南楞田村一公里的半山腰的三户住户就是因为如果搬到南楞田移民点，每天需要走一公里的山路才能到责任田而拒绝搬迁，移民点上分给他们的新屋子盖好了几年都不肯迁入。2004年起，上级有关部门决定搞民族旅游开发，要求将部分安居房又恢复成原来的木掌楼或者改良过的木掌楼，结果就极少有人响应，给计划的实施增加了难度。2005年年底2006年年初政府大搞新农村建设，要求南楞田等示范点要安排几户建盖钢筋水泥浇灌的住房，由于费用须由住户自己承担，至今没有一户人家响应。

其次，惰性文化心理使南美乡拉祜族固守传统生产生活方式，生产方式在变迁中发生了变化，但没有达到预期目标。直接从原始社会到社会主义社会的形态过渡，使得南美拉祜族社会发育滞后，族员的思想意识基本跟不上现代商品经济、市场经济的步伐。他们往往满足于简单的、粗放的生产生活状态，对政府有着强烈的依赖意识，他们认为共产党好、政府好、国家政策好，有什么问题、有什么困难，党和政府都会帮助解决。在南美拉祜族乡调研期间，很多拉祜族居民对外界的经济、社会发展变化则了解不多，而对其拥有的现实生活表示满意。他们不愿意与外人接触，在村中遇到的拉祜族妇女，大多都不愿和外人打招呼，或绕路走开，或进入房内躲避。在生产过程中，仍大多沿用传统生产方式中的粗放耕作，不注重田间管理，劳动时间投入也较少。很多拉祜族群众对今后的生产、生活没有什么具体计划，大都得过且过，随遇而安，习惯于政府怎样安排就怎样做。劳作过程中，没有严格的时间安排和有规律的日常作息制度的传统生活方式仍然保持，人们往往将大量时间消耗在人际交往等非生产性活动中。经常出现村民自家农活不做，去帮别人打短工的情况。问及具体原因，源于他们认为打短工供吃供酒还有工钱，钱"来得快"。乡政府工作人员经常劝导族员"做自己家的活也要像做别人家的活那样认真"，这和其他地区形成了强烈的反差。此外，惰性文化心理的存在使得当地的孕产妇保健和新生儿护理仍然用传统方式，儿童的教养方式仍十分随意，如孩子不上学，家长劝几句，还不想去就罢休了。婚姻上仍固守不与外族通婚的习俗，传统文化中的殉情现象仍然存在，2003年就发生了一起。目前，南美拉祜族与外族通婚的仍很少。乡政府曾对拉祜族男女与外族结婚的给予奖励200元，但羞于与外族通婚的旧观念根深蒂固，他们认为与外族人结婚不光彩，至于早婚早育现象，在南美拉祜族地区更是非常普遍。

最后，惰性文化心理使得南美拉祜族"等、靠、要"思想突出。调查中，笔者发现，南美乡目前的整体情况还处于"建设靠拨款，吃粮靠返销，穿衣靠救济"的状况。南美乡部分群众中有这样一些观点：粮食不够吃不怕，政府不会让老百姓饿死；现在的生活可以了，拉祜族就是这样子过日子的。调查过程中，乡政府工作人员曾向笔者讲述了一件在南美拉祜族乡发生的让人啼笑皆非的事情。扶贫攻坚工程实施期间，临翔区妇女联合会为了教会拉祜族群众腌制咸菜，曾组织了一批腌制咸菜的技术人员，带了一些咸菜坛和原料到南美乡培训拉祜族群众腌制咸菜。次年再去，咸菜吃光了，前年腌制咸菜的咸菜坛闲置起来了，究其原因，是等待着妇联再运去咸菜坛，再帮助腌制咸菜。由此可见，当地民族传统惰性文化心理观念的改变，新的思想、新的意识的建立决非一朝一夕之事。综观其生活习惯，不够科学合理的消费结构也仍然存在。当地拉祜族流行的"要懒就扎实懒，不勤不懒，政府不管"、"一家有，家家有"、"一家杀猪，全村吃肉"诸类语言，将其存有的惰性、依赖心理表露无遗。在原始平均主义思想的影响下，人们每天想的不是如何依靠自己的双手去致富，而是整天想着哪家还有余粮可以共吃。这无疑严重影响了群众的积极性，阻碍了当地经济的发展。2003年12月14日，笔者在坡脚村委会调查之时，看到财务公开栏目中公开的财务内容如下：

一、收入类：上期结余 0 元，上级拨款 5000 元，提留统筹 0 元，救济款（物）9680 元，企业上交 0 元，集资款 0 元，罚款 0 元。合计 14680 元。

二、支出类：公积金支出 0 元，公益金支出 5000 元，上交政府部门 0 元，救济拨款 9680 元，接待支出 2560 元，出差补助 0 元。合计 17240 元。

三、结存类：现金 0 元，存款 0 元，结存物资 0。

不同民族惰性文化心理的形成，除了文化系统本身维护自身稳定的固有特质之外，还存有各种具体的原因。笔者认为，就南美拉祜族居民而言，其惰性文化心理的形成包括历史和现实两个方面的原因。

从历史原因看，与该民族群体历史上发生的社会变迁几乎都是非自愿、非自发变迁相关。无论是非自愿的迁徙引起的变迁，还是现在的现代化发展道路，他们都是被动地、非自愿地进行变迁。虽然这种变迁一定程度上可以归为适应性变迁，即是为了适应新的环境、新的条件而发生的变迁，但对南美乡拉祜族而言是一种非自愿的适应。且这种社会变迁非自愿的特征，在 20 世纪 50 年代后更加突出。当然，在此需要说明，将南美乡拉祜族的社会变迁，尤其 20 世纪 50 年代后的变迁定位为非自愿变迁，并非是否定国家的有关政策和各级政府所付出的辛劳。在此，仅为基于探寻其反贫困成效问题，尤其是为什么对南美乡进行的扶贫没有取得预期效果的问题之答案；从民族主体之行为发生主动与否角度出发，对此予以定位。如此说法，其最终的目的也在于希望能对高投入低成效的政府反贫困问题成因进行探讨。正是在这些非自愿变迁的过程中，南美乡拉祜族和类似的少数民族社会传统的生产方式，以及原有的生产生活方式与自然的平衡被打破，强大的外力加速了其发展的自然进程。由于这一切都是在外界介入下发生的，而并非南美拉祜族民族主体通过自身的努力实现的自愿变迁，加之该民族群体由于历史发展中战争导致的自卑心理，使得南美乡拉祜族后期形成了惰性文化心理。

从现实原因看，南美拉祜族惰性文化心理的形成与其经济形态缺乏历史过渡相关。根据马克思主义的观点，社会经济形态的正常发展顺序是由自然经济到商品经济再到产品经济，而南美拉祜族由于历史的特殊原因，缺乏商品经济充分发展的历史阶段。长期的自然经济发展阶段必然只能孕育出与其经济现实相对应的心理状态，后期反贫困突然转入产品经济阶段，必然由于其缺乏相应的经济基础而难以契合。在这样的背景下，大多数人的心理变化必然滞后于经济事实，而只能以自己所处的环境和日常生活中的感受作依据，这使得惰性心理状态维持了平稳的暂时适应期。

惰性文化心理的存在于社会发展而言，危害是巨大的。这不仅仅事关经济方面，甚至波及社会思想、伦理道德、资源利用、生产方式诸方面的发展。南美拉祜族要早日实现反贫困的目标，必须着手解决该心理问题。最大限度抑制惰性文化心理的消极影响，破除陈规陋习，纠正认识偏差。没有任何人有权利剥夺一个民族实现现代化，享受现代生活方式的权利，但要实现这个目标，是需要外部的扶持和内部的共同努力的。唯有南美拉祜族观念更新速度跟随科技进步速度，淘汰其与自然经济阶段相适应的文化心理，跟上时代潮流更新观念，反贫困目标才能最终实现。

# 第三节　文化适应性低下

民族文化是各民族在其历史发展过程中创造和发展起来的，它深深地熔铸在民族的生命力、创造力和凝聚力之中。拥有该文化的主体发生的一切活动，都无法脱离民族这个母体，都要受到作为民族精神支撑的民族文化的制约和影响。民族文化作为一种控制力，在相当程度上左右着人们的思想和行为。文化的"不适"，往往会导致行为的"不适"，其结果又将进一步导致人的经济行为偏离经济发展的一般原则。对南美拉祜族反贫困问题进行研究，仅将原因只归咎于"生态环境恶劣"、"经济基础薄弱"、"人口素质差"等是远远不够的。这些是处于表层的原因，更为深层的原因如前所述在于其民族文化与当前地区的经济发展之间出现了"不适"。综合调查结果，笔者认为，南美乡拉祜族传统文化保留有许多拉祜纳支系的古老文化，在这些传统文化中，有的是有着现代意义的优秀文化精华。如至今仍保存的敬畏自然、尊重自然界的法则，努力在自身生存与自然之间维持平衡的人与自然和谐共存原则；保护森林，不过度向自然索取的生态价值观；以及家庭伦理中的尊老爱幼，男女平等，在习惯法中也有反映的诚言、守信、不偷盗等。但南美乡拉祜族传统文化中，也有很大一部分是不适应于现代化建设需求，阻碍了其快速适应外界经济文化发展需求的、抑制了其适应性的文化。正是这些传统文化的存在，导致了南美拉祜族深陷贫困的陷阱中。根据调查结果，这些值得反思的传统文化抑制了其文化适应性主要表现为如下几个方面。

首先，原始宗教影响。南美乡拉祜族至今保持原始宗教信仰中非常浓厚的鬼神观念，认为"一只山有一个山神（也称山神老爷），一条河有一条龙，一棵树有一个魂"，上山、路过山都要献山神，每年举行的招魂、祭祀仪式极多。虽然这些信仰确实为他们构筑了一个自我保护的心理堡垒，满足了安全需要，但这同时也使得南美乡拉祜族不易接受现代科学知识，人为阻碍了社会生产力的发展。如，20 世纪 70 年代至 80 年代初，政府曾每年拨给南美拉祜族居民每户一至数包化肥无偿使用。最初的几年，分发的化肥发下去的第二天就被拉祜族居民送了回来，理由是"用不得，山神会怪的"。直到 20 世纪 80 年代末，化肥在南美拉祜族地区的使用才逐步普及。再如，受传统习俗影响，有的拉祜人种菜时不施肥，即便是在学校里接受教育的学生也如此。在南美乡中心学校，为改善学生伙食，教师和学生一起开辟基地种植蔬菜，然而，拉祜族学生种菜时不愿给蔬菜施肥，若见到教师悄悄给蔬菜施人畜肥，则宁愿挨饿也不愿吃施过肥的蔬菜。在鬼神观念的支配下，他们普遍对现代科学技术缺乏信心，仍然大量存在杀牲送鬼，"神药两解"治病的情形。2003 年前，看病免费，到医院就诊的病人较多，从 2003 年起，取消免费医疗，只在药价上给予优惠，看病的人少了，杀牲送鬼又多了起来。这种方式既易耽搁疾病治疗，又造成生产资料和财富的浪费，与现代化的生产生活方式的要求不相符。

其次，平均主义思想制约。南美乡拉祜族集体主义和平均主义思想较重，也有负面影响。一家有事大家帮，一家有宴请也是全村寨和所有亲戚朋友一律不干活来赴宴，养的猪、羊杀了之后也是集体享用，很少有剩余。2004 年 5

月，竹笆山一社一户人家女儿出嫁，前后一共宴请三天。正式婚礼前一天，亲友和寨中大部分人就来赴宴，晚上通宵打歌，主人提供酒、烟、茶，并花钱请歌手来唱《古本》。婚礼举行当天开流水宴，因为桌子少，院子面积小，所以坐满一桌客人就上一桌饭菜，吃完后重新坐满客人又摆上一桌，从上午9时开始到晚午7点以后结束，晚上又通宵打歌，主人供应烟、酒、茶。第三天宴请帮忙的人和亲友。女方父亲称，请了两名汉族厨师做菜，每人每日工钱30元。虽然饭菜数量和品种比不上真正的本县汉族宴席，但总的开支仍然不小。购买蔬菜、烟、酒等物品和支付的工钱开支是1800元左右，柴是自己家里准备好，无须购买，杀了一头自家养的猪，另买了一头，这样算下来，整个婚礼的花费不包括给女儿的陪嫁品在2500元左右，客人送的礼金一般为5～10元，也有送几斤大米的。收到的礼金总数不足1000元。男方家的情况与女方家差不多。寨里每户人家办喜事都是如此的情况，而2000多元对于贫困线以下的家庭不是小开支，当地人认为客人来了，就要让大家尽兴开心，多出些钱也值得。非生产性开支过大，对于积累和发展显然是不利的。

再次，不良生活习俗影响。南美乡拉祜族嗜烟，不论男女老少都嗜好。调查中，相关人员谈及部分拉祜族因无钱买酒，借钱借粮打酒换酒喝。不法人员乘机针对这些拉祜族发放变相高利贷，盘剥拉祜族群众。或是先给他们借钱借粮，来年偿还时翻倍，翻一倍、两倍不止；或是借钱，以后用农产品打价抵还，打价很低，以市场价的一半、三分之一等不定。这些做法致使部分拉祜族群众粮食还在青苗成活期就被抵押了，猪、牛还没有长成就已经是别人的了。此外，南美乡拉祜人男女老少皆好抽烟，且吸烟的初始年龄低，很多人六七岁就开始吸烟。有的学生由于受家庭影响，还在学校读书就已有了烟瘾。拉祜人抽烟妇女比男人更甚。在南美乡，不论是在田中劳作时，在林中放牧时，怀有身孕时，还是在家中怀抱婴儿做家务时，妇女嘴不离烟杆的现象随处可见。对于少数民族嗜酒问题，杜玉亭在《学术探索》2004 年第五期上发表了对基诺族嗜酒问题的研究论文，认为嗜酒现象反映了少数民族现代性迷失错位。对此观点，笔者基本赞同，但认为归为现代适应性缺乏更为恰当一些，因为现代性迷失错位实际上反映的正是传统文化现代适应性缺乏。南美乡拉祜族饮酒的具体起始年代不详，但从他们至今未掌握酿酒技术判断，在生产方式退回到狩猎采集占主导的山区生活阶段后，酒的消费肯定是相当少的，也很有可能是遗失了酿酒技术。解放后很长时期，酒的消费都不多，但改革开放后，尤其扶贫攻坚开始后，由于各方面条件的改善，酒的消费量大增，嗜酒情况迅速严重起来。杜玉亭研究基诺族嗜酒时发现电视等大众传媒和党政干部的行为对基诺族嗜酒起了引导作用，即他们对外面的世界向往，但又较少有机会长期接触，于是从这两个渠道获取的生活方式就被误导为他们向往的外面世界生活方式的主流而加以模仿。南美乡拉祜族嗜酒受传媒和党政干部的影响存在，但从根本上讲是传统文化的现代适应性缺乏。究其原因，笔者认为源于拉祜族这样处于相对弱势，又进行快速的二次变迁的民族，在面对社会转型、生产方式的剧烈变迁、传统文化与现代化发生强烈的碰撞时，引起了较强的文化震撼，产生的震撼和苦闷、焦虑等心理，一定程度上可能会带来社会失衡的危险。南美乡拉祜族没有出现社会失衡，但是出现了严重的嗜酒问题。南美乡拉祜族在社会急剧转型向现代化迈进的过程中产生普遍嗜酒现象，绝非偶然。在一定程度上，这是他们克服传统文化现代适应性缺乏带来的困惑等心理反应，以及面对新的社会转型无所适从时采取的一种应对措施。

## 第四节　文化自觉缺失

所谓的文化自觉就"是指生活在一定文化中的人对其文化有'自知之明'，明白它的来历，形成过程，所具的特色和它发展的趋向，不带任何'文化回归'的意思，不是要'复旧'，同时也不主张'全盘西化'或'全盘他化'。自知之明是为了加强对文化转型的支柱能力，取得决定适应新环境、新时代时文化选择的自主地位。""文化自觉是一个艰巨的过程，首先要认识自己的文化，理解所接触到的多种文化，才有条件在这个已经在形成中的多元文化的世界里确立自己的位置，经过自主的适应，和其他文化一起，取长补短，共同建立一个有共同认可的基本秩序和一套各种文化能和平共处、各抒所长、联手发展的共处原则。"① 简而言之，文化自觉就是文化主体在充分认识了解自身文化的基础上认定优势，对外来文化予以合理吸纳并形成自己的特色，在多元文化并存格局中确立自己的位置。

文化自觉可以让每一个民族成员在接受外来文化的同时，正确认识自己民族文化的精髓所在并延续之，不故步

① 〔英〕《新哲学讲演录》，广西师范大学出版社，2004，第486～487页。

自封也不文化自卑，充满一种理智的民族自豪感和自信心。文化自觉可以最终实现本民族文化和外来文化交融后的重生和传承，可以树立文化主体的文化自信。作为当今世界共同的时代要求的文化自觉，于斩断贫困根源实现反贫困目标无疑是极为重要的。然而，笔者在调查过程中发现，南美乡拉祜族的文化自觉在很大程度上是缺失的，这严重影响了当地的文化经济发展。而究其发生原因，包括以下几个方面。

第一，文化转型主导权缺失。20 世纪 50 年代后，随着社会形态转变和外界救助，南美拉祜族的社会生产方式由采集狩猎为主转为以农业为主。物质基础的变化必然带来上层建筑的改变，社会生产方式的转变也将伴随文化转型。南美拉祜族由传统文化转向适应现代化需要的文化，与外界、他民族保持同步，这本是一件幸事。然而，如前所述，并非南美乡拉祜族自身文化发展的必然结果，而是在外力的推动下进行的转型。更主要的是，如此二次文化转型并不是由南美拉祜族自主决定的，在更大程度上他们是作为被动接受外来文化的受者出现的。在这样的前提下，其文化自觉意识必将难以培养起来。他们无力选择本民族文化发展的方向，自然也就随之将其视为与己无关之物。

反映到前期反贫困过程中，作为一项社会发展中的系统工程，扶贫应当是政府和扶贫对象共同参与，但南美乡的实际情况并非如此。政府实施的物质扶贫并未能与传统文化先行良性沟通，由于南美乡原有经济实力薄弱，扶贫的各项投入全部来自政府和有关挂钩扶贫单位。所用的策略基本都是通过直接发放生产工具、生产物资，发放救济衣、粮，拨发建设资金等方式进行物质扶贫。这在使得南美乡居民等、靠、要思想问题出现并进一步加重的同时，加剧了其文化贫困程度。虽然就此方面，政府有所关注，但一直以来并未采取有效扶贫措施。南美乡拉祜族居民，一方面因为文化贫困无法适应变迁，因而用传统文化与现代化相对抗，一方面又完全依赖政府的扶持来满足生活、生产各项需要，于是角色的移位就发生了。笔者认为，南美拉祜族前期反贫困过程出现高投入低成效结果，与此不无相关。这次问题的发生，其主要原因就是南美乡拉祜族居民的文化自觉度不高，缺乏文化自信和建设意识。如果把扶贫攻坚比喻为一部社会戏剧，在传统的扶贫模式中，政府的位置是编剧、导演、制片主任三个角色，也即是政府是发展计划制定者、计划实施的负责人计划的投资者。扶贫对象，即以拉祜族为主体的南美乡居民本来应是演员，在双方共同努力下完成这部社会戏剧的演出。但由于前面提及的原因，政府实际上同时承担起了编剧、导演、制片主任和演员四个身份和角色，而南美乡居民没有成为真正的演员，而是坐在台下观看演出的观众，以一种虽在现场，却置身事外的方式来应对。所以，南美拉祜族前期反贫困的最终结果就是，居民没有能从这幕戏剧中获得本质的收益，而政府一手承揽的"演出"也未能真正达到"演出"预期的目标。

第二，文化主体地位缺失。著名的法国人类学家列维·施特劳斯曾说过："每个文化都是与其他文化交流以自养。但它应当在交流中加以某种抵抗，如果没有这种抵抗，那么很快它就不再有任何属于它自己的东西可以交流。"此处之"抵抗"与我国学者费孝通先生所谓的"文化自觉"颇为类似，抵抗作为一种行为，自然无法通过静态之文化实现，其实施的主题必须是人，也即持有该文化的民族主体。南美拉祜族在外来文化强制进入后，为何出现文化自觉缺失局面，与其主体地位缺失密切相关。回溯其社会文化发展史，南美乡拉祜族在脱贫过程中一直处于主体缺失状态。现代化的发展模式由政府制定，由政府为主导推行。政府在其中起主导地位是必要的，尤其对拉祜族这样各方面处于弱势的民族而言更是需要政府的主导作用，但政府在具体的实践中却往往忽视了一点，就是这些民族才是真正的发展的主体。作为主体的部分被忽视，使这些民族往往只能非自觉地把自己排斥在了发展模式之外。在这个过程中，对新环境、新时代的文化选择同样也是被动的。他们既无力阻止传统文化的流失，也缺乏现代适应性，他们不可能倒退，但前进的方向又不能由自己控制，无法达到文化选择的自主地位。

文化自觉的形成对脱贫和实现现代化非常重要，只有形成文化自觉，才能准确地把握自己的文化，对角色进行准确定位，从而主动地对现代化做出适应性变迁，去接受挑战，并争取成功。而一个民族如果没有形成文化自觉，或文化自觉缺失了，那么在新的文化转型和新发展道路上，极有可能成为付出沉重代价的群体。南美乡拉祜族文化贫困的核心也就在于此。

# 第五节　反文化贫困对策思考

传统经济学通常将资本分为三种类型：物质资本、人力资本和自然资本。社会学家布迪厄提出除上面提到的三种资本外还有文化资本，文化资本以三种形式存在，第一种是以一种具体化的状态而存在，如一个人的思想的长时间保存；第二种是以一种客观化的状态存在，当文化资本转变成像书、辞典、乐器、机器之类的东西时，文化资本就是以这种客观化的状态而存在；第三种是以工具化的形式存在，当以学术认同感的形式来看待具体的文化资本时就属于这种状态。布迪厄同时认为这种具体化的状态是最重要的，并认为那些能够适应社会高层文化的个人就拥有文化资本。布迪厄的文化资本概念已得到很多研究者的赞同，而且这些学者进行的研究都发现了文化资本对于社会个体的行为、社会地位、成就等有重要的影响，同时也是人的发展中的重要支撑①。南美乡拉祜族的文化贫困实际上也就意味着文化资本的缺乏，从而使得个体、群体在社会发展和竞争中处于不利地位，加剧贫困等被剥夺状况，因而文化贫困在很大程度上是贫困的根本症结，文化扶贫势在必行。以往的扶贫工作中，也有文化扶贫，但并不是重点，而且以往的文化扶贫，更多的是采用狭义上的文化扶贫，即强调提高扶贫对象的科学文化水平，加大教育投资等，这样的扶贫是必要的，但真正意义上的文化扶贫应包含更广泛的内容，重点应当放在如何消除或消减文化贫困现象。如果文化贫困现象得不到根本改变，像南美乡这样高投入低成效，社会资源得不到合理利用的情况势必将会重演，所以文化扶贫应当是扶贫中的重点。

反贫困离不开物质条件建设，但如前所述南美拉祜族惰性文化意识是导致贫困的内在根源。因此，其反贫困不

---

① 〔澳〕戴维·思罗斯比：《什么是文化资本》，潘飞编译，《马克思主义与现实》2004 年第 1 期。

能忽视文化建设。必须把文化建设放在优先发展位置，关键在于变更陈腐观念、提升劳动者发展能力、变迁制度文化等方面有重大突破，为其经济发展提供观念先导、智力支持、技术支撑和制度保障，才能巩固反贫成果，找到一条持续脱贫实现全面小康的可持续发展道路。针对南美拉祜族乡的实际，笔者认为文化扶贫应从以下几个方面入手。

第一，通过主体间的交往促进文化交流。就南美拉祜族生存现状而言，想方设法推动民族成员走出封闭状态，促进其与外界进行文化交流是极为重要的。然而，作为人类社会历史向前发展动力之一的文化交流，唯有通过具有文化的主体的迁徙、互动实现。因此，南美拉祜族通过文化交流促进社会发展，进而脱贫的路径也唯有依附于主体的互动方能实现。笔者认为，结合其实际情况，可以考虑采取如下几个方面的政策措施。

首先，大力推行"走出去"的策略。"走出去"利于加强交流，也利于脱贫。为了达到"走出去"的目的，要大力加强政府的引导作用，可以政府为主导，精心组织外出务工，通过经济联系和劳动力的输出加强交流。现代社会需要和鼓励人的流动，对南美乡这样的少数民族贫困山区来说，人"走出去"，既可以加强经济交流，也可以通过人员的流动实现信息的流动，弥补南美乡现代化传媒领域的不足。通过"走出去"，可以通过文化交流实现文化自觉，在将民族优秀文化精华推出去的同时也吸纳先进文化，最终合为一体为本民族所用。于此，南美拉祜族乡竹笆山二社富裕户罗开发提供了一个极好的案例。他初中毕业后曾到四川峨眉山一带服过兵役，为此他回乡后还得到了"峨眉山"的外号。在外出服役的几年时间里，他通过与外界

文化的接触，观念有了很大的概念。返乡之后，他拥有了
与其他拉祜人不同的敢作敢想的军人作风，思想比较开放。
自退伍回乡后，就开始多种经营，除种粮食外，还种果树，
养牛养羊养猪，并靠自学掌握了一些科学养殖的方法。如
今，他一直是全村首富，他家也成为了全村第一个有卫星
电视信号地面接收系统和彩电的家庭。当然，客观地说，
该反贫困政策近年来已被临翔区政府所采纳，外出打工人
数已有所增加。只是由于受教育程度低、存有语言障碍等
原因，这些外出务工人员直到返乡之时仍未掌握各种专业
技术。他们在外地打多只是从事简单体力劳动，基于其身
体素质较差的现实，长期在外打工的人很少。调查中，笔
者发现这些打短工回来的男青年学会了唱流行歌、学会了
打麻将、"双抠"，也学会了赌博，却没有带回一门有用的
技艺。女青年经过外出打工返乡后，也已不剃传统的光头，
而是留起了长发、戴上了发夹，还有的戴起了汉族和其他
民族的饰品，使用上了化妆品。遗憾的是，却没有一人能
掌握美容美发化妆技艺，回乡之后进行相应的产业。由此
可见，实施"走出去"之策并非简单的人走出去，更重要
的是走出去的主体应有一种积极主动的发展意识，应有一
定的"学习"目标。于文盲率偏高的南美拉祜族乡而言，
这样的任务就目前来看，更大程度上无疑只能依靠政府来
完成。笔者认为，后期政府实施"走出去"战略，需要精
心组织，这其中的"精心"就是有组织、有计划、有目标。
唯此，这些外出务工人员才能真正将适用技术带回家乡，
才能通过文化交流实现文化和社会的发展，而不是以往为
出而出的走过场行为。当然，上述结论是基于笔者的实地
调查资料得出的，以下即为具体的两个个案访谈记录。

## 个案一　笔者和竹芭山二社罗开发的访谈

笔者：你家里的生产生活在寨子里是搞得最好的了，寨子里的人也喜欢来你家，主动跟你学经验的人多吗？

罗开发：一个都没有，不要说主动学，教他他都不学。其实我也没有多少经验，主要就是做活要舍得苦，有些人懒，做活不愿意苦，男的说起来干活去了，媳妇说再睡一下，媳妇说干活去了，男的说再睡一下，到头来一天到晚一样不干，这样肯定不行，水就是淌着也要伸手去接才喝得着嘛。

笔者：你认为目前最普遍存在的困难是什么？有什么解决的方法？

罗开发：主要是粮食不够吃，除了我家和另外两家好一点的不缺，别的家家都缺，苦来（方言赚到之意）的钱都拿去买粮食了，发展别的方面就没有钱。政府应该想办法贷给每家四五千块钱让他们把欠的债还了，一家欠两三千块，还了债后剩下的把家里的生产安排好，交给家里的老人和媳妇们做，然后组织年轻劳力去打工，自己去不行，现在的年轻人自己去打工不行，活计想做轻松的，工钱想拿高的，哪里有这种好事，又不会计划，一天苦得20块钱，抽烟喝酒用掉一半，又赌掉一些，剩不了多少。应该组织起来，政府派人领着去，平时管着他们，拿到工钱先还贷款，剩下的再给他们。

笔者：你觉得政府目前的扶贫有哪些地方做得不到位？

罗开发：政府现在不管生产生活让农户自己去搞生产的做法不好，搞不上去。水利条件也不够好，2005年的退耕还林款到现在（2006年3月）也没有兑现。一把手不太得力，应该选相当有本事的人来好好发展经济，不然不要

说大学生就是派个留学生来都搞不好，发展不上去，邓小平说的嘛，管他白猫、黑猫，抓得着老鼠就是好猫。

## 个案二　笔者和竹笆山二社其他居民的访谈

笔者：家里目前生产生活存在最主要的困难是什么？

罗小发（中等户）：想发展，多赚钱，但是找不着门路。小额贷款要有担保，找不着担保人，政府也不帮担保，贷不出来。

扎卓（贫困户）：缺粮，谷种不好，产量低。债也欠得多，谷子收回来还了债剩下的就只够吃三四个月。不借债又不行，不得吃，熬不过去。如果能把债还清了就好搞了。

笔者：你们想不想学罗开发的做法，也过上他们家那样的生活？

罗小发：想，不过没有机会，也没有门路。

扎卓：罗开发聪明，也有门路，想是想，学不来。

居民们说的门路，主要是指罗开发曾任过村文书一职，有些"关系"。同时在居民们提到罗开发时都习惯加上"我们寨子"的前缀，实际上这传递了一个重要的信息，即在竹笆山居民的眼中，罗开发虽然富裕，其生活与他们却没有本质的区别，不光是空间上的相同，本质上也是拉祜族农户的生活，所以必须通过走出去来实现异质文化的交流才能促进发展。

其次，通过文化旅游推行"引进来"政策。针对南美拉祜族独特的自然人文资源，文化交流除当地村民"走出去"之外，还可选择开展有特色的民族文化旅游，将他者"引进来"。这样既可以加强当地拉祜族和异质文化的交流，同时又升华了对本民族文化的认识。调查中，笔者发现，南美乡如今已经开始了民族旅游之途，但展示的主要文化仅限于打歌，而打歌实际上在临沧地区很多民族中都存在，并非南美乡特有，并没有将其民族文化特色突出出来。基于其实际情况，笔者认为可以借鉴沧源县翁丁佤族原始部落特色旅游项目开发的做法。沧源翁丁佤族原始村寨建设项目目前已经取得了一定的成效，该项目重点展示佤族的原始部落的居住格局、寨心文化、拉木鼓、剽牛等特色文化，既宣传了佤族文化，也带来可观的经济收入。2006 年五一黄金周期间，沧源翁丁大寨平均每天接待游客 2000 人以上，仅门票收入每天就达 2 万多元。南美乡也可以突出传统文化的特色，例如搭桥节的搭桥和祭祀活动、拉祜族传统婚礼仪式等。开发的具体运作上，政府及相关部门首先应做好南美乡拉祜族传统文化的搜集、整理及保护工作，并对拉祜族居民进行传统文传教育工作，但不应采用行政部门的工作方法来进行此项工作，应由有关部门，如高校中的研究机构和专业研究人员来进行，以免发生"捡芝麻丢西瓜"的情况。此外，政府及有关部门应设法采取有效手段对外宣传南美乡拉祜族的传统文化，积极吸引外来投资，并在民族文化旅游产业的开发中，顾及当地居民利益，让他们从民族文化产业的开发中直接受益，从而增强南美乡拉祜族居民对传统文化的认识，提升保护和传承民族文化的自觉性，达到真正的"自知之明"。再次，在制定具体开发措施的过程中，也应采用参与式的原则，尊重拉祜族的价值观，充分听取拉祜族居民的意见，征求建议，形成一种共同协商、共同选择、共同努力的良好机制。

最后，移风易俗，倡导文明新风。前已述及，南美乡拉祜族传统生活方式及其所固有的一些传统价值观对现代生活方式的建立有阻碍作用。如宗教观念和频繁的宗教活动，减弱了对科学技术的信心，影响了生产资料的积累。逢节庆和举行婚礼时所有相关人员一律停止工作来参加活动，普遍存在通宵打歌等集体娱乐，形成了晚睡晚起的生活习惯，传统习俗中每月属猪、属马日不干活的习惯在很多村寨还有保留，加之传统生产方式劳动量投入少的特点，使得其日常生活中的时间安排较为松散，非生产性时间耗费过多，工作时间利用效率低。要改变这些现象应首先改变部分传统价值观。价值观属于思想意识，一旦形成就有很强的稳定性，且生活方式属于民俗的重要组成，而民俗实际上也是一种强大的社会力量，具有鲜明的地方和民族特点，对民族和群体具有直接的作用，因此与民俗相关的民族或群体很难自觉地克服民俗的影响，也难以自觉地改变价值观，所以政府应在其中发挥主要作用，既要尊重和理解拉祜族的价值观，对其适合现代化生产生活方式的部分进行发扬，同时也要积极做好树立健康、文明生活方式的宣传教育工作，努力丰富村民的业余生活。政府工作人员应当在树立健康、文明生活方式上做好表率。酗酒、嗜酒等生活方式中存在的问题并非只限于拉祜族居民，政府工作人员中也非常普遍。南美乡缺乏各种健康文明的娱乐活动，喝酒成了一些工作人员打发休息时间的唯一方式。所以改变不健康的生活方式，应从政府工作人员做起。政府目前对于嗜酒这样普遍存在的不健康、不合理的生活方式多采取"听之任之"的态度，比如现在政府安排活动要给居民提供酒，实际上在误导和助长嗜酒之风，这些做法需要改变。此外，历史证明族内通婚是造成南美乡拉祜族与其他民族相互间文化交流不足的一个重要原因，而且对南美乡拉祜族的体质也产生了影响，所以要对传统婚姻习俗进行变革。一方面可以采取一些引导性的措施来鼓励与外族通婚。政府以前采取的与外族通婚奖励100元的方法和思路是可以考虑的，但100元的金额太少。如果使用经济奖励鼓励通婚的方法与某些政策有抵触，政府可以考虑有针对性地选择适量与外族通婚的家庭进行重点扶持，配合宣传，应当可以收到成效。另一方面要扩大族内通婚的范围，既扩大南美乡拉祜族内部的通婚范围，鼓励南美、南华的拉祜族与多衣、坡脚的拉祜族通婚，也鼓励和其他地区拉祜族通婚。应当通过经济交流等手段引导他们更多地接触外面的世界，让他们通过亲身的比较来认识到"外面的世界很美好"，从而主动破除不与外族通婚的婚姻制度和扩大族内通婚的范围。

第二，树立以人为本的扶贫方式。重点在于把扶贫内化为拉祜族内在需要，即将"政府要求脱贫"的客位模式转变为拉祜族"我要脱贫"的主位模式，克服惰性文化心理，走主体参与式发展道路，即让发展的主体——扶贫的对象积极、自主参与有关的决策、实施、利益的分配、监督、评价等各个环节，与外来的力量一道促进真正的发展。具体原则包括建立伙伴关系，尊重"乡土知识"和当地人的价值观，重视过程而不是结果，以人的发展为中心，建立制度化的参与机制等[1]。政府应结合当地的实际，考虑到拉祜族传统文化的特点来制定扶贫措施和具体实施方案，

---

[1]　钱宁：《文化建设与西部民族地区的内源式发展》，《云南大学学报》（社会科学版）2004年第1期。

并改变某些不合理的工作方法和态度，以最大限度地减少拉祜族传统文化影响下的心理和行为方式上的对抗。同时可选择合适的家庭进行扶持，通过这些家庭的致富，发挥榜样效应，带动更多的人主动参与发展计划的实施。作为拉祜族居民一方，也必须努力设法克服民族自卑心理等不利于发展的因素。还应充分发挥南美乡拉祜族干部和教育程度高的居民的作用，这些人往往与当地居民较亲近，也有一定的威信和影响力。近些年来，南美乡政府的书记、乡长都不是本地人，只有乡人大主任、副乡长级别中有本地人，当地的干部中有这样的一种观点，如果"一把手"是本地拉祜族，那么开展各项工作的难度就可能小一些。

第三，提高拉祜族人口的总体素质。科学发展观强调以人为本，而人的素质较低一直以来可以说是扶贫中的"瓶颈"，要脱贫就需进行人力资源的开发，而人力资源的开发首先就要提高人的素质。要提高全民族或者扶贫对象整体的综合素质，要求做到一方面继续抓好基础教育，一方面加强成人教育，尤其是技能教育，成年人生产劳动技能和生活技能的提高不仅可以促进人力资源的开发，还可以对基础教育等产生促进作用，所以在发挥现有教育资源的作用的同时应充分动用一切可能的社会资源建立社会化的教育体系。还应针对少数民族妇女受教育程度低等事实，努力提高妇女素质，因为"女人的作用在任何地方都是一样的。在每一个国家中，女性的现状都会影响着这个民族的道德、品格和行为方式"。①。南美乡拉祜族妇女素质的提高，首先要改变早婚早育的传统婚俗，并有针对性地对妇

① 〔英〕塞缪尔·斯迈尔斯：《品格的力量》，中国商务出版社，2004。

女开展科学文化和生活技能教育。

第四，应把加强拉祜族青少年的教育作为重点。南美乡拉祜族和其他民族居民中，拉祜族学生学业成就低，2000年以后考上专科院校的学生主要是当地汉族学生及其他地区户口转至南美乡的拉祜族学生。有部分南美乡拉祜族儿童没有念完小学，接受完初、高中教育的更少。造成这一情况的原因比较复杂。首先是拉祜族学生身体素质低。1985年中国学生体质与健康调查研究的结果表明拉祜族儿童的身体发育水平为：除胸围外，其他各项发育指标均处于落后状态，形成拉祜族固有的躯干短，骨盆、肩狭窄，体重轻的体型特征。造成拉祜族儿童身体素质低下的主要原因是早婚、早育及族内通婚、近亲结婚的婚俗，以及拉祜族的生活习俗和较低的生活水平。其次，在南美乡拉祜族居民的儿童教养方式中，孩子不愿上学，家长也不勉强，传统教育方式中注重实用性，又与现代教育需要长期的投资，以及存在投资的风险性相冲突，较低的经济水平使他们无力去支持教育长期投资，也不愿去冒风险，也就降低了对教育的期望值，经济贫困实际上是发展山区少数民族教育面临的一个普遍的困难。再次，是语言问题的影响。美国教育人类学家和教育学家所提出的文化中断理论、语言类型差异理论，都注意到语言在少数民族学生低学业成就中产生的影响，认为是一个主要原因。从南美乡的实际看，语言的确是一个突出问题。日常生活中95%以上的拉祜族家庭使用拉祜语，而学校教育使用汉语，儿童入学后，一般要到三年级才可以接受汉语教学，也就是一、二年级甚至三年级实际上都以学习汉语为主。南美乡现有的14名中学教师没有拉祜族，29名小学教师只有5名拉祜族，教师中会熟练使用当地拉祜语方言的本地籍教师很少。对南美乡拉祜族学生而言，其学习的语言实际上是三语，除本民族语言外，还须学习汉语、英语，而他们的语言科目学业成就也不理想。语言科目学业成就不理想，还导致南美乡拉祜族缺乏适应现代媒体的语言支撑，加上媒体数量较少，他们同样面临着"数字鸿沟"的难题，难以通过媒介这个"通过仪式"（rites passage）融入到信息化的现代生活中。

南美中学历年中考语文、英语成绩比较如表7-1所示。

**表7-1　南美中学历年中考语文、英语成绩比较①**

单位：%，分

| 比较项目<br>年　份 | 南美中学平均分在全区排名 | | 语　文 | | | | 英　语 | | | |
| --- | --- | --- | --- | --- | --- | --- | --- | --- | --- | --- |
| | | | 及格率 | | 平均分 | | 及格率 | | 平均分 | |
| | 语文 | 英语 | 全区 | 南美 | 全区 | 南美 | 全区 | 南美 | 全区 | 南美 |
| 2000 | 20 | 20 | 83.0 | 30.4 | 102.7 | 70.9 | 57.6 | 4.4 | 90.5 | 62.3 |
| 2002 | 16 | 4 | 96.7 | 95.8 | 93.7 | 92.0 | 38.9 | 66.7 | 66.7 | 74.7 |
| 2003 | 20 | 6 | 92.1 | 25.0 | 86.3 | 59.3 | 28.5 | 18.8 | 61.1 | 67.4 |
| 2004 | 20 | 20 | 87.14 | 41.2 | 85.05 | 68.6 | 35.79 | 12.0 | 63.43 | 54.76 |
| 2005 | 20 | 20 | 88.6 | 41.7 | 86.3 | 68.0 | 37.4 | 8.3 | 62.2 | 44.0 |

由于南美乡拉祜族的历史发展的特点，他们使用的拉祜语，对于教学中涉及的许多词汇无法翻译，比如"火车"一词，澜沧拉祜族使用"阿米罗列"一词，"阿米"为火，

① 注：资料来源为临翔区教育局教研室，其中2000年全区参加中考中学为21所，2002年后为20所。2002南美中学参考人数为24人，2003年为16人。缺2001年资料。2002和2003年包括其他科目的成绩都突然上升，然后又很快下滑，其中的原因学校方面无法给出具体的解释，当时的校长和教务主任等人已经调离。经多方了解，某位当时曾参与整个考试工作的教师透露了一些具体情况，从其提供的情况分析考试过程中可能存在监考不严等违规现象，但由于此事缺乏其他证据，有关部门也没有相关材料，因此不便于下结论。南美中学1992年成立至今也仅有2002、2003年各科目中考成绩排名进入了前10名。

"罗列"为车,而南美乡拉祜方言中就没有创制出这个词。如果使用现行拉祜文课本,因为不是以南美乡拉祜族使用的拉祜语为基准,而且长期以来不在这个地区流传,所面临的困难与使用汉语一样。语言障碍直接影响了拉祜族学生的学习效果,同时早婚习俗等文化因素对南美乡拉祜族学生学业成就的影响也不容忽视

奥格布提出了"类卡斯特社会"的概念,即按照种族来就业。中国不存在种族问题,但存在与"类卡斯特社会"所指相同的按民族阶层建构的社会劳动体系,这主要是因为各民族在历史上所形成的实际发展程度差异造成的,拉祜族尤其是山区拉祜族,实际上是一个与外界工业化社会并存的相对封闭的自然经济为主的社会,这样的社区所能培养的劳动力在很大程度上不符合现代工业化社会对劳动者能力和素质的要求,使得山区拉祜族劳动力的就业面很窄,多数劳动力只能适应山区和其他地区提供的农业和简单体力劳动的岗位。赫斯的社会阶层与文化资本理论认为家庭属于低社会阶层,家庭文化所蕴含的价值观念和语言沟通方式对于学生在学校中的学习有直接影响,处于语言交流类型不利和缺乏文化资本的低社会阶层(主要指家庭)的学生面临更多的学业失败。贫困的拉祜族家庭处于社会的低层,又生活在封闭社区,语言沟通方式和长期积累的文化资本,不利于学生在现代教育中的学校进行学习。南美乡拉祜族不过分注意物质生活条件,实际上就是对生活的期望值较低,等、靠、要思想严重,对教育需求不强烈,对学生的学习产生了不利影响。

中央民族大学的滕星教授等研究者,对同样属于云南省506个扶贫攻坚乡之一的澜沧县木戛乡进行的教育人类学研究发现的问题与南美乡的情况基本上一致。基于此问题,

滕星教授提出了"多元文化整合教育理论"。该理论认为，一个多民族国家在负担人类共同文化成果传递功能的同时，不仅要负担传递本国主体民族优秀传统文化的功能，而且同时也要负担起传递本国各少数民族优秀传统文化的功能。"多元文化整合教育"的内容，除了主体民族文化外，还要含有少数民族文化的内容。少数民族不但要学习本民族优秀传统论，还要学习主体民族文化，以提高少数民族年轻一代适应主流文化社会的能力，求得个人最大限度的发展。主体民族成员除了学习本民族文化外，还要适当地学习和了解少数民族的优秀传统文化，以增强民族平等和民族大家庭的相互了解。"多元文化整合教育"的目的在于继承各民族优秀遗产，加强各民族间的文化交流，促进多民族大家庭在经济上共同发展；在文化上共同繁荣；在政治上各民族相互尊重、平等、友好与和睦相处，最终实现多民族国家在多元一体格局下的各民族大团结①。基于此，要提高南美拉祜族的人口素质，加快脱贫致富步伐，必须先以解决基础教育面临的问题、实施全民教育为前提。教育过程中，除努力提高成人科学技术水平、改革现有的教育模式外，还应注意少数民族教育中的文化适应问题。在正确处理好语言、民族心理、价值观等文化内容与教育的关系的基础上，应对传统文化与现代化之间可能发生的冲突，将文化扶贫贯彻到教育改革之中。当然，仅通过外界努力是不够的，为了让教育主体形成自觉学习意识并形成文化自觉，在教育过程中必须将传统优秀文化教育纳入教育内容。

---

① 滕星、杨红：《西方低学业成就的归因理论的本土化阐释——山区拉祜族教育人类学田野工作》，转引自《中国人民大学书报资料中心复印报刊资料·教育学》2005年第1期，第82、83页。

# 参考文献

1. 临沧地区人口普查领导小组办公室:《临沧地区 2000 年人口普查资料》,2001。

2. 〔澳〕戴维·思罗斯比:《什么是文化资本》,潘飞编译,《马克思主义与现实》2004 年第 1 期。

3. 〔法〕E. 杜尔干:《宗教生活的初级形式》,林宗锦等译,中央民族大学出版社,1999。

4. 〔法〕马赛尔·莫斯:《论馈赠——传统社会的交换形式及其功能》,中央民族大学出版社,2002。

5. 〔美〕克里福德·格尔兹:《文化的解释》,纳日碧力格等译,上海人民出版社,1999。

6. 〔英〕雷蒙德·弗思:《人文类型》,费孝通译,华夏出版社,2002。

7. 〔英〕拉德克利夫 - 布朗:《社会人类学方法》,华夏出版社,2002。

8. "中国少数民族简史"丛书《拉祜族简史》编写组:《拉祜族简史》,云南人民出版社,1986。

9. 苍铭:《民族迁徙与民族文化》,《今日民族》1997 年第 2 期。

10. 苍铭:《云南民族迁徙文化研究》,云南民族出版社,1997。

11. 林惠祥:《文化人类学》,商务印书馆,2000。

12. 康晓光：《中国贫困与反贫困理论》，广西人民出版社，1995。

13. 黄淑娉、龚佩华：《文化人类学理论方法研究》，广东高等教育出版社，1996。

14. 牛汝辰：《地名与民族迁徙》，《贵州民族研究》1987 年第 4 期。

15. 钱宁：《厄莎·佛祖·耶稣》，《思想战线》1997 年第 4 期。

16. 滕星、杨红：《西方低学业成就的归因理论的本土化阐释——山区拉祜族教育人类学田野工作》，转引自《中国人民大学书报资料中心复印报刊资料·教育学》2005 年第 1 期。

17. 王正华、少英：《拉祜族文化史》，云南民族出版社，1999。

18. 晓根：《拉祜族"卡些卡列"制度的产生和变异》，《云南民族学院学报》1996 年第 1 期。

19. 尤中：《云南民族史》，云南大学出版社，1994。

20. 云南省临翔区地方志编纂委员会：《临翔区志》，云南人民出版社，1993。

21. 张跃：《中国民族村寨研究》，云南大学出版社，2004。

22. 中共云南省委政策研究室、云南省志编纂委员会办公室：《云南地州市县概况——临沧地区分册》，云南人民出版社，1988。

23. 中国社科院民族研究所：《澜沧县拉祜族卷》，2002。

**图书在版编目（CIP）数据**

翱翔中的拉祜族乡：云南省临沧市临翔区南美拉祜
族乡调查报告／李红军，梅英著 -- 北京：社会科学文
献出版社，2018.7
（当代中国边疆·民族地区典型百村调查．云南卷．
第3辑）
ISBN 978 - 7 - 5097 - 5054 - 4

Ⅰ.①翱… Ⅱ.①李… ②梅… Ⅲ.①农村调查 - 调
查报告 - 临沧市 Ⅳ.①D668

中国版本图书馆 CIP 数据核字（2013）第 214525 号

·当代中国边疆·民族地区典型百村调查：云南卷（第三辑）

**翱翔中的拉祜族乡**
——云南省临沧市临翔区南美拉祜族乡调查报告

著　　者／李红军　梅　英

出　版　人／谢寿光
项目统筹／宋月华　范　迎
责任编辑／范　迎

出　　版／社会科学文献出版社·人文分社（010）59367215
　　　　　　地址：北京市北三环中路甲 29 号院华龙大厦　邮编：100029
　　　　　　网址：www. ssap. com. cn
发　　行／市场营销中心（010）59367081　59367018
印　　装／三河市龙林印务有限公司

规　　格／开　本：889mm × 1194mm　1/32
　　　　　　印　张：6.875　字　数：152 千字
版　　次／2018 年 7 月第 1 版　2018 年 7 月第 1 次印刷
书　　号／ISBN 978 - 7 - 5097 - 5054 - 4
定　　价／249.00 元（共 4 册）

本书如有印装质量问题，请与读者服务中心（010 - 59367028）联系

中国社会科学院中国边疆研究所　厉声　主编

当代中国边疆·民族地区典型百村调查：**云南卷（第三辑）**

分卷主编：**方　铁　翟国强**

中国社会科学院中国边疆研究所 厉 声 主编

当代中国边疆·民族地区典型百村调查：云南卷（第三辑）

何作庆◎著

# 陆疆华侨农场的兴衰

——云南省玉溪市元江县青龙厂镇华侨事务管理区红新村调查报告

社会科学文献出版社

SOCIAL SCIENCES ACADEMIC PRESS (CHINA)

深入实际、开展国情调研，是中国社会科学院肩负的重要科研任务，也是中国社会科学院履行好党中央、国务院赋予的"思想库"、"智囊团"职能的重要方式。中国边疆省区占国土面积的60%以上，边疆区情及当地的民族社会调研（边疆调研）是中国国情调研的重要组成部分。正如一位边疆工作者所说：不了解少数民族，就不了解中华民族；不了解边疆，就不了解中国。1983年中国社会科学院中国边疆史地研究中心建立后，特别是1990年以来，一直将边疆调研作为学科研究的重点之一。

2004年，中国边疆史地研究中心承担国家社科基金特别项目"新疆历史与现状综合研究"（简称"新疆项目"）。2006年，中国边疆史地研究中心牵头，立项开展"当代中国边疆·民族地区典型百村调查"（简称"百村调查"），作为此特别项目的子课题。"百村调查"以新疆为重点，在全国新疆、西藏、内蒙古、宁夏、广西五个民族自治区和云南、吉林、黑龙江三省基层地区同时开展，共调查100个边疆基层村落。调查工作在"新疆项目"领导小组和专家委员会指导下，由"百村调查"

专家委员会暨编委会组织实施。在中国边疆史地研究中心主持拟定的调查大纲框架下，发挥每个省区的优势，体现各自的特色。

本项目的实施得到了边疆地区各级地方党政部门的支持。首先，调查工作注意与地方党政部门的相关工作衔接、听取意见，在实施调查之前，主动向各级党政部门汇报情况，听取指示和意见。其次，调查组主动让各级党政部门了解调研的全过程，在调研过程中出现问题时及时向相关党政部门请示。再次，调研阶段成果和最终成果的副本同时提供地方党政部门参考。

"百村调查"的调研主题是：改革开放30年来中国边疆基层村落的民族社会和经济发展的历史与现状。具体内容包括：乡村概况、基层组织、经济发展、社会生活、民族、宗教、文教卫生、民俗风情等。项目调研的时间是：2007～2008年（资料下限至2007年底或适当延长）。

"百村调查"的调研对象为：100个具有典型意义与特色的中国边疆基层村落。课题以基层乡、村两级为调查基点，大致每个省区选择2个地州，每个地州选择1～2个县，每个县选择2个乡，每个乡选择2个村。新疆共调查22个村，其他地区均为13个村（辽宁、吉林、黑龙江以东北边疆为单元，共调查13个村）。调查点的选择要求：

（1）本地区社会稳定与经济发展中具有典型意义的基层乡和村。

（2）存在边疆现实政治、社会或经济发展的热点、难点问题。

（3）与20世纪50年代全国边疆民族调查能有一定的衔接。

"百村调查"采取学术调查与现实政治相结合的方法，以社会人类学入村入户调研方法为主，同时关注现实政治、社会与经济发展中的热点、难点问题：一般共性调查与专题专访调查相结合，在一般综合性调查的基础上，选择好专访或专题调研的"切入点"——总结经验与完善不足相结合，在总结各项工作经验的同时，善于发现问题和提出解决问题的对策与建议。调研注重入户访谈和小范围座谈的专访调查。在一般性问卷和统计资料收集的基础上，注重对基层干部、群众典型、教师、宗教人士等特定人员的专题访谈，倾听和收集他们对基层社会稳定与经济发展的看法、意见和建议，形成能说明问题的专访或专题调研报告。

"百村调查"的成果形式分为调查综合报告与专题报告两大类。

（1）调查综合报告：依据大纲规定，撰写有关乡村经济社会等发展状况的综合报告，课题结项后分期公开出版。专题报告及调查资料可以公开发表的，在篇幅允许的情况下，作为附录附在综合报告末尾。

（2）专题报告：内容较敏感、不适宜公开出版的专题报告，集成《专题报告集》，内部刊印。

**"百村调查"总主编　厉声　谨识**
**2009年8月25日**

# 目 录
## CONTENTS

# 图目录
## FIGURE CONTENTS

# 表目录
## TABLE CONTENTS

# 序　言
## FOREWORD

### 一

云南地处祖国西南边陲，全省东西横贯 864.9 公里，南北纵跨 990 公里，总面积 38.3 万多平方公里，居全国第八位。境内绝大部分是山地，矿藏丰富，有 25 种矿产资源保有储量居全国前三位。不仅动植物资源呈多样性，而且少数民族文化也是复杂多样的。云南是个多民族的省份，有 52 个少数民族，其中 5000 人以上的世居少数民族有 25 个，是全国边疆少数民族种类最多的省区。云南历史悠久，公元前五六世纪，滇池地区已出现创造了灿烂青铜文化的滇国，两汉时云南正式进入中央王朝的版图。

19 世纪后期，英法殖民者以缅甸、越南为基地，把侵略矛头指向云南。传教士进入云南传教，随后开埠通商和修筑滇越铁路，蒙自、河口、思茅与腾越是最早设立的商埠。英法殖民者大量掠取锡等矿藏资源，云南封闭的状况也逐渐改变。

1950 年云南和平解放。1952～1956 年，中央政府在少数民族地区进行民主改革。在白族、回族、纳西族和壮族聚居的地区，采取政策略宽于汉族地区的土改方式；在处于封建领主制和奴隶制阶段的傣族、藏族、哈尼族、普米族以及一部分纳西族、彝族的地区，采取和平协商土改的方式；在保留原始公社制度残余的傈僳族、景颇族、佤族、布朗族、基诺族、怒族、独龙族以及一部分拉祜族的地区，不进行土改，通过发展生产直接过渡到社会主义社会。土地改革与民主改革完成后，各族农民分到耕地和生产资料，农业生产获得较大发展。

新中国成立 60 年来，特别是十一届三中全会后，云南在农业、工业、贸易、文教卫生等诸领域都发生了巨大的变化。但目前与内地其他地区相比仍存在一些困难和问题。

据调查，云南边境县市地区有以下特点：一是社会经济发展速度普遍缓慢，总体上与先进地区的差距仍在扩大。二是基础设施与基本建设滞后，严重制约当地社会经济的发展。三是影响社会稳定的问题突出，治理难度很大。四是跨境民族境内外不同部分往来密切，本民族自我统一意识增强，并呈现继续发展的趋势。五是与邻国相比，云南边境县市一些地区获得国家支持的力度不够，与越南等国的优惠政策形成反差。六是地方财政较困难，难以落实国家规定的脱贫项目的配套经费。七是地方教育、卫生保健、文化事业等发展水平偏低。

因此，云南边境县市地区目前的状况，与建设和谐边疆的目标很不适应。最近中国与东盟 10 国共同签署中国—东盟自贸区《投资协议》。双方已成功完成自贸区协议的主要谈判，自贸区将如期在 2010 年全面建成。中国—东盟自贸区合作的高速进展，对云南边境县市地区以及当地少数民族的稳定与发展提出了更高要求。

在这一背景下，对国情、区情作进一步了解，以制定相应的政策、措施，显得十分必要。

中国社会科学院中国边疆史地研究中心主持的国家社科基金特别项目"当代中国边疆·民族地区典型百村调查"（简称"百村调查"），是一项涉及广西、云南、西藏、新疆、内蒙古、宁夏、吉林、黑龙江等八省区100个村寨的大型调研项目。云南省作为中国边疆少数民族种类最多的省，在本次调查中共选点13个，主要集中在云南沿边一线的各民族边疆村寨，个别分布在非边境县市地区。

## 二

在中国近现代发展史上，对于边疆地区的关注，主要出现在19世纪末20世纪初。一批学者对中国边疆尤其是西南边疆地区进行了调查研究，取得了一定成果。新中国建立后，在相关政府部门、研究机构的推动下，开展了对国内各民族社会历史的调查活动。20世纪五六十年代，根据党中央和国务院的部署，国家有关部门在全国范围内进行了大规模的少数民族社会历史调查，其中也对云南各民族社会历史发展情况进行了全面的调查。该次调查对云南少数民族地区的社会、经济、文化发展起到了重要的推动作用，也为后来的学术研究积累了大量的历史学、民族学、人类学、社会学资料。2003年7月至8月，云南大学组织力量对全国32个少数民族村寨进行了调查，其中包括云南各民族村寨调查。这次调查，也是一次典型的少数民族村寨调查，获得了21世纪初中国各民族典型村寨的珍贵资料，具有重要学术价值。

与历次少数民族社会历史调查不同的是，本次由中国社会科学院中国边疆史地研究中心发起的边疆"百村调查"项目，主要是从边疆学的角度考虑，突出了边疆、村落和

现实发展状况三个要点，期望通过深入的田野调查，面向中国边疆农村地区，真实反映现实的中国边疆村寨客观发展状况，为国家宏观把握边疆发展现状，构建和谐、安全、富裕边疆提供参考资料。此次调查虽然并未把少数民族因素作为关键内容予以突出，但由于中国历史上形成的边疆社会人口结构，决定了调查的内容必定要涉及大量的少数民族村寨。因此，云南的调查点与全国其他边疆地区的情况一样，涵盖了大量的少数民族村寨。

云南在本次调查中所选择的12个调查点，是根据总体项目的设计，选择具有代表性的4个地州，在每个地州选1~2个县，每个县选择1~2个乡，每个乡选择1~2个村（农场），最后完成12份村寨调查报告，以及相关的若干份调研咨询报告。通过调研和提交的研究成果，较全面地反映云南省尤其是沿边地区社会与经济发展的状况，以及存在的主要问题，并提出解决问题的基本思路和切实可行的对策建议。

选择什么样的村寨作为调查对象？云南项目组遵循以下原则：第一，尽量顾及民族特点，选择自治州、县的自治民族，即壮族、苗族、彝族、瑶族等；第二，尽量选择不同类型的乡镇、村寨，距离不能太近，避免雷同；第三，所选村寨要尽量大一些，以便进行50户问卷抽样。根据上述原则，我们分别选取以下12个村寨作为调查对象。

红河哈尼族彝族自治州所属河口瑶族自治县桥头乡下湾子村和老汪山村、河口县老范寨乡小牛场村、河口南溪镇马多依下寨和红河县迤萨镇跑马路社区安邦村；文山壮族苗族自治州所属麻栗坡县猛硐瑶族乡坝子村和丫口寨、麻栗坡县董干镇八里坪村和马崩村；临沧市沧源佤族自治

县勐董镇永和社区、沧源佤族自治县勐角乡翁丁村以及玉溪市元江哈尼族彝族傣族自治县甘庄华侨农场等。

这些村寨各具特点，例如下湾子村和老汪山村分别是苗族和布依族的村寨，是多元文化融合的典型。在这里我们可以看到内地汉儒文化与边疆苗族、布依族等少数民族文化的融合，是中华民族文化"和谐"与"多元"的实例见证。红河县迤萨镇跑马路社区安邦村素有"侨乡"之称，该村侨眷占绝大多数，分别与老挝、美国、法国、加拿大、泰国、越南等国有侨眷关系，逐渐成为中国看世界和世界看中国的一个窗口。

除以上所说的 13 个少数民族聚居村寨以外，3 个子课题组还对所调研地州的其他一些地区，选择较突出的一些问题进行了调研，并撰写了相应的调研咨询报告。

## 三

本项目的调查和研究，拟在以下方面有所突破：一是云南边疆地区社会经济发展状况的总体评价；二是云南边疆地区社会经济发展趋势预测；三是云南边疆地区社会经济发展存在的突出问题；四是解决云南边疆地区社会经济发展中存在问题的基本思路；五是解决云南边疆地区社会经济发展中存在问题的对策建议；六是对包括云南在内的中国边疆地区，当前和今后一段时期存在的问题及解决办法的思考；七是对今后在边疆地区进行社会经济可持续发展调研的建议。

研究的方法，主要是采取社会学、人类学的基层调查方法，系统搜集和整理相关的资料和数据，尤其重视新资料和经过调查得来的第一手资料，同时结合历史学的分析、

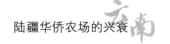

演绎和归纳的方法，在此基础上进行全面深入的分析和研究，形成具有较高水平的研究成果。

在调查和研究的过程中，以云南大学西南边疆少数民族研究中心（教育部人文社科重点研究基地）以及云南省的红河学院、文山学院、临沧高等师范专科学校等高校的教师和研究生为基本力量，同时吸收相关地州民族研究所的研究人员和各级政府的有关人员参加，共同协作，博采众长。在调研的过程中，注重依靠各级政府有关部门和乡村两级干部，深入村寨进行调研，实施问卷调查，细心倾听各民族干部和群众的意见，在此基础上形成真实客观、有一定的深度和广度、符合科研规范、有较高学术含量的研究成果。可以说，通过参加者的共同努力，基本上达到了项目所设计的预期目标。

"当代中国边疆·民族地区典型百村调查·云南部分"项目，由以下人员分别担任项目组及子课题组的负责人。

课题主持人：方铁（云南大学西南边疆少数民族研究中心教授，该中心原主任）

课题副主持人：翟国强（中国社会科学院中国边疆史地研究中心副研究员）

**红河哈尼族彝族自治州子课题组**

组长：金少萍（云南大学西南边疆少数民族研究中心教授）

副组长：何作庆（云南省红河学院教授）

**文山壮族苗族自治州子课题组**

组长：杨永福（云南省文山学院教授）

副组长：杨磊（云南省文山学院教授，副校长）

**临沧市子课题组**

组长：邹建达（云南师范大学教授）

副组长：杨宝康（云南省临沧高等师范专科学校教授，副校长）

在调查研究的过程中，得到了云南省政府有关部门、红河哈尼族彝族自治州、文山壮族苗族自治州、临沧市、玉溪市及所属县乡各级政府的大力支持和有效帮助，谨此表示衷心的感谢！

最后，本课题能以专著的形式出版发行，应该感谢中国边疆史地研究中心、社会科学文献出版社等单位提供的机会和付出的努力。在审阅本书稿的过程中，中国边疆史地研究中心李方研究员付出了辛勤劳动，一并表示感谢。

主持人（分卷主编）：方铁　翟国强

2009 年 8 月 20 日

# 第一章　概况

　　鉴于原甘庄华侨农场移交地方管理后，许多知情的干部职工已分流到新的岗位，大部分华侨华人早已移居异国它乡；不少原居住在红新村的华侨及其眷属已人去楼空，或者退休后移居他乡，或者移民出国，或者年轻的侨眷不太了解曾发生在祖父辈身上的事件，加之撤场并镇损害华侨侨眷的部分既得利益，人们有一定的抵触情绪，调研组四次深入甘庄华侨农场及红新村进行个案访谈困难较大。因此，笔者查阅了原甘庄华侨农场的档案，想从中梳理出一些有用的线索，结果还是令人失望。据说红新村（原红新分场）合并前分为红专、红旗、新建三个分场，保存档案的条件太差，许多资料因多次受雨淋或者水淹而发生霉变；甘庄华侨农场档案室中的档案随着办公场所多次搬迁，损毁不少，加之档案管理不规范、人员变动频繁、保管不善等，以及移交地方管理等原因，笔者想查阅红新村的基本材料的工作无法展开。在云南省元江县乡村网中，本应按照现行的行政村设置的红新村委会，直到2012年4月作者复查资料时，仍没有该村的设置和介绍，仅仅有原甘庄华侨农场的介绍，说明在一定程度上，人们的思维仍习惯把甘庄华侨农场当作一个大的整体农业单位来看待。因此，笔者无奈之余，只好借助元江县的地方史志和档案资料，

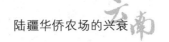

加之实地的采访，在本书中采取以原甘庄华侨农场为整体，红新村为重点，试图从原甘庄华侨农场的整体变迁中理出红新村变迁的大体轮廓或者部分线索，通过侨场变迁的轮廓兼顾红新村的变化轨迹，这一特殊的方式方法，尽可能使本书与丛书的整体风格保持一致。

# 第一节　自然环境

## 一　地理位置

元江哈尼族彝族傣族自治县（以下简称元江县）于1979年12月26日经国务院批准成立，位于云南省南部，地处元江中上游，介于北纬23°19′~23°55′，东经101°39′~102°22′。东与石屏接壤，南与红河县相连，西与墨江县毗邻，北紧靠新平县。元江县人民政府驻澧江镇，距玉溪行署所在地玉溪市162千米，距省会昆明262千米。元江县境南北长64.5千米，东西宽71.5千米。总面积2858平方千米，其中，山区面积2766.54平方千米，占总面积的96.8%，坝区面积91.46平方千米（元江坝、甘庄坝、因远坝），占总面积3.2%。

青龙厂镇位于元江县东北，2008年前原镇政府所在地为青龙厂村（2009年后镇政府所在地迁往甘庄），昆洛公路旁边，东西长60千米，南北宽50千米，总土地面积484平方千米。青龙山与铜人山的山口地处要塞，旧时有关楼，上书"青龙关"三个大金字（毁于1952年公路修建），北纬23°37′~54′，东经101°49′~102°10′，海拔1357米。青龙厂镇以驻青龙厂村得名，驻地距县城32千米。全镇共辖青龙厂、它克、果洛跌、铜厂冲、撮科、阿不都、假莫代、朋程、路通、西拉河、甘庄、红新、干坝等村民委员会，"青龙厂"中的"青"指青铜，"龙"指矿脉，因曾办厂开采冶炼青铜得名；2009年3月13日甘庄华侨农场（以下简称侨场）就近并入元江县青龙厂镇，侨场（改制后称华侨农场事务局）以原三个分场为主成立了青龙厂镇甘庄、红新、干坝三个村民委员会。全镇山脉连绵，形式环抱如带，最高海拔2117米，最低海拔452米；周围百余里均发现有矿脉，产铜历史悠久。东北以小河底河为界、与石屏县相望，东南与龙潭、大水平区接壤，南与原甘庄农场犬牙交错，西北与新平县扬武镇山水相连，西南隔江与东峨镇分界。该镇大部分地方海拔为1000～1600米，属季风气候，年平均气温17℃，年降水量1100毫米以下，5～10月份为降雨季节，霜期40天左右。西拉河中下游和撮科坝属于干热河谷型气候，年平均气温约22℃，蒸发量大于降水量，霜期少见。2008年年末，该镇总耕地面积53000亩（其中：水田6698亩，旱地46302亩）。人均耕地面积4.01亩；复种指数178%；出产烤烟、甘蔗、稻谷、包谷、小麦、林果等。

青龙厂镇华侨事务管理区（即原甘庄华侨农场，下同）是云南省蔗糖、芒果生产基地之一，因华侨农场事务局驻元江县青龙镇甘庄坝，紧靠昆洛公路右侧跑马山脚斜坡上，并安置印度尼西亚归侨、越南归难侨等。华侨农场事务局驻地位于元江县东北部，地理座标为东经101°53′～102°2′，北纬23°38′～44′，地处甘庄和甘庄坝两个山间的小盆地区，东北与原青龙厂镇原辖区接壤，西南与元江（江）为界，与东峨区隔江相望，南与大水平区为邻，距县城16千米，东西长16千米，南北宽12千米，总面积107平方千米，海拔750～1100米。

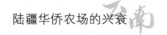
2009年3月13日原甘庄华侨农场红新分场元江县青龙厂镇后，成立了青龙厂镇红新村民委员会。红新村委会驻元江县青龙镇甘庄坝，昆洛公路、元墨高速穿境而过，因辖区内安置印度尼西亚归侨、越南归难侨等较多而得名。东北与假莫代、朋程接壤，与东峨区隔江相望，南与大水平区为邻，距县城16千米，海拔750~1100米。

## 二　地形地貌

元江县地势西北偏高，东南偏低，是一块破碎的切割高原，平均海拔1600米，山岭基本上属南北走向。地形平面略呈纸风车状，元江干流自西北向东南斜贯，小河底河自东北向东南沿边缘绕流，形成与石屏县的天然界限。地形以元江（或称红河）为界，西南支属哀牢山脉，东北支属横断山脉，两山脉逶迤向南延伸，使元江河谷形成了东峨坝、元江坝等河谷盆地。东面属滇南高原残余山地，山体受大河影响，起伏较大，多伏流溶洞悬岩峭壁、峰丛。位于中断的小哨山海拔2524.6米，为元江县第二高点；西部为云岭余脉哀牢山，地势向西南缓降，地貌复杂，既有耸拔孤峰，又有坡度平缓的山岗和一些山间小盆地，位于偏西南的阿波列山是元江县最高点，海拔2580米；中间一线为元江河谷区，地势低凹，平均海拔约380米，小河底河与元江汇合处海拔327米，是元江县最低点，最大的河谷地为元江坝，面积约450平方千米，河谷与周围山地相对高差1800米以上。

青龙镇地处滇东高原残余山地，因受河流切割，地形起伏较大，中部和北部偏高，西南和东面偏低，境内之山都是从新平县磨盘山发脉，诸如扎营峰（也称它克后山）、脊背山、鸡冠山、青龙山等。最高点为大黑山主峰，海拔2117米，最低西拉河末段河谷地，海拔452米，平均海拔约1400米。有4个山间小坝子，较大的有它克坝和小龙潭，面积为2～3平方千米，是本区山区主要稻谷产区。东面小河底河有一个河流冲积形成的撮科坝，面积约3.5平方千米，海拔754米。水稻一年两熟，还可加一茬冬季作物。西南西拉河两岸地形狭隘，两侧山坡陡峭，除沿河有零星的小块平地可种植亚热带作物外，只宜以营造山林为主。全镇山区山脉连绵，形式环抱如带，地形平面呈昂首疾驰长发少女头型，原镇治所驻青龙厂。青龙厂区因地形险要，素有"全州（旧时元江为直隶州）咽喉""滇南扼塞"之称。历史上曾是战略要地，元、明、清历代在此设关防守，名"青龙关"，周围要口布满汛、塘、哨、卡，诸如马鹿汛、相见塘、青龙驿（哨、塘）、甘庄哨（塘）……都为古代的军事设施，分别有土兵、汉兵驻守，归元江协（或营）统率。境内以它克村山水著称，依山傍水、群山环抱，气候温和；后山名九老峰，洞穴繁多，有狮子岩、寿星洞、挹云洞，洞内钟乳四垂，怪石嶙峋。

青龙厂镇华侨事务管理区属浅切割低山地形，地势东北高、西南低，由东北向西南倾斜。该场境内有两个山间小盆地，即甘庄坝和干坝，地图平面形似并列的一对拳头。按其成因及沉积物类型，此两盆地均属于断陷盆地，土质厚、肥力高，可耕地面积大。甘庄坝面积稍大，其东北缘海拔为900米，西南缘为750米，相对高差150米，有甘庄河贯穿其间。干坝其形状亦为东北西南倾斜，盆缘海拔为850米，盆心为750米，相对高差100米，该盆地内无长流水，仅有一条干河——褚鲁木河通过。

**图 1 – 1　雾霭中的甘庄坝（何作庆摄　2010 年 3 月 14 日）**

红新村委会位于青龙厂镇华侨事务管理区南 0.2 千米，甘庄坝西缘，鸡打白骨山东南麓平坝上，属浅切割低山地形，地势东北高、西南低，由东北向西南倾斜，甘庄河流贯穿境而过。

## 三　土壤气候

### （一）土壤

元江县地质属中生代三叠系沉积岩，分布最广的是石灰岩、沙页岩；土壤分红砖土、红壤、红褐土和水稻土等，土地资源大有开发前途。砖红壤发育于坝子，多为耕地，红褐土分布于干热河谷，呈中性微酸性反应，水分较缺，土壤贫瘠；水稻土分布于平坝水田，上部呈酸性或中性，一般肥力较高；海拔 1500 米以上，为山地土，有机质含量较高。

青龙镇有 4 个山间小坝子，较大的它克坝和小龙潭面积为 2～3 平方千米，是该镇山区主要稻谷产区。东面小河底河有一个流水冲积的撮科坝，面积约 3.5 平方千米，海拔 754 米。水稻一年两熟，还可栽种一茬冬季作物。西南西拉河两岸地形狭隘，山坡陡峭，只宜以营造山林为主。该镇有森林面积 124 平方千米，占面积的 26.6%，主要是云南松和少量阔叶林，每年为国家提供木材 4000～5000 立方米，产量居该县首位，但储蓄量在急速下降，采伐量也大大减少。

青龙厂镇华侨事务管理区土类分水田土壤、旱地土壤和自然土壤等 3 纲 13 种。水田土壤为淹育性、潴育性和潜育性土壤；旱地土壤多为红壤和粟色土壤；自然土壤为红壤和紫色土壤。大致在海拔 1000 米以下，形成了燥红土；在 1000 米以上，气温稍低，一般发育为红壤；坝区近河流冲积物上，辟为水田者，因长期水耕，经水化后，发育成为水稻土。旱地也因经长期人为耕种，改变了原来的自然土壤的性质，发育成为相应的各种旱作土。水田土壤分淹育性水稻土、潴育性水稻土和潜育性水稻土三类。淹育性水稻土在甘庄为黄泥田，面积不多，土壤分布区域相对高度较高，由燥红土发育而成，缺乏磷素，受水影响较浅。潴育性水稻土在甘庄分为紫胶泥田、河沙田、胶泥田等，分布面积广大，属于高产稳产农田，土壤分布区域相对高度较低，由于土壤剖面内水分时升时降，氧化还原交替进行，锈斑锈纹发育得比较典型，受水影响较淹育性水稻土深，较潜育性水稻田浅，介于两者之间；其中紫胶泥田面积不大，属低肥力田，土层浅薄（35 厘米以下即出现沙石层），钾肥稍缺，易漏水漏肥；河沙田分布面积不多，在甘庄河两岸，土层浅薄（35 厘米以下即出现石子层），属高产农田，氮、磷、钾肥缺乏；胶泥田分布面积广泛，属高产稳产农田，作物产量较高，吸收和消耗的养分较多，有时地力会缺乏氮、磷、钾肥。潜育性水稻田即青胶泥田，分布面积较大，土壤分布区域相对高度较低，属于中等肥力田，土壤渍水时间较长，土质较黏重，排水不畅，通透性较差，水、肥、气、热不协调，应注意补充氮肥、排水和晒田①。据 2004 年统计：在 16.2 万亩地中，一级地占 1.1 万亩，约占面积的 7%；二、三级地占 3.4 万亩，约占总面积的 20%；四、五级地 2.4 万亩，约占总面积的 15%；六、七、八级地 9.3 万亩，占总面积的 58%。

红新村委会土壤情况与所属的青龙厂镇华侨事务管理区土类分水田土壤、旱地土壤和自然土壤等 3 纲 13 种等大体相同，此处不再赘述。

## （二）气候

### 1. 日照

元江县全年日照时数为 2291.7 小时，日照最多的是 3 月，为 245.7 小时，最少的是 11 月，为 173.8 小时。峡谷地区全年日照不足 1900 小时。

青龙镇属北热带，山区半干旱，属日照充足区域；它克坝、小龙潭、西拉河中下游和撮科坝属于冲积形成的干热河谷地区，日照充足。

青龙厂镇华侨事务管理区属低纬高原、北热带燥热性季风气候。冬夏季半年各受两种不同性质的大气环流的影

---

① 甘庄华侨农场场庆委员会编《创业之路（958－1988）》（内部版），第 21~24 页。

响，冬半年（11 月至次年 4 月）受来自阿拉伯沙漠和印度大陆北部的上空干暖气流的影响，空气干暖、降雨少、蒸发量大（年蒸发量 2419 公厘）、晴天多、日照充足（属日照充足区域）；夏半年（5 月至 10 月）受来印度洋的西南暖湿气流的影响，空气湿度大、降雨多、云量多、日照减少。

红新村委会日照情况与所属的青龙厂镇华侨事务管理区的日照情况大同小异，此处不再赘述。

**2. 温度**

元江县属于低纬高原季风气候。由于地形复杂，立体气候特点突出，故山区与坝区气候差异较大。高山温凉，坝子炎热。元江县气候分为北热带、亚热带和温带，海拔 1000 米以下的坝区为北热带，年平均气温 23.8℃，无四季之分，只有干湿季的区别，极端最高气温 42.3℃（1966 年 5 月 1 日），最低气温 −0.1℃（1983 年 12 月 28 日降雪，地面积雪 7～10 厘米）。由于坝区长夏无冬，故有"天然温室"之称。海拔 1000 米至 1700 米的半山峡谷为亚热带，四季也不明显，最高气温 30℃，最低气温 12℃，年平均气温 17℃。海拔在 1700 米以上的山区为温带，最高气温 27.7℃，多出现在 6 月，最低气温 −2.4℃，多在 1 月，年平均气温 14.4℃。全年降雨量 749.5 毫米，年日照时数 2235 小时。

青龙镇镇政府驻地海拔 1357 米，气候属温带、亚热带季风气候；年平均气温 17℃，年平均降雨量 1100 毫米。该镇大部分地方海拔为 1000～1600 米；西拉河中下游和撮科坝属于干热河谷型气候，年平均气温约 22℃。总之，该镇气候属低纬高原季风气候，由于地形复杂，立体气候特点突出，山区温凉，坝区炎热。

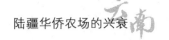

青龙厂镇华侨事务管理区年平均气温 21.3℃，最冷月（1 月）平均气温 14℃，绝对最低温出现在 1 月或 12 月份，最低达 - 0.9℃；最热月（6 月）平均气温 26.4℃，绝对最高温出现在 5 月份，最高达 39.5℃，大于或等于 10℃的年积温为 7774℃。从气温角度而言，形成了冬季温暖，并无严寒，夏少酷热，对作物生长有利。

红新村委会气温情况与所属的青龙厂镇华侨事务管理区的气温情况大同小异，此处不再赘述。

### 3. 雨量

元江县境内的年平均降水量为 774 ~ 2200 毫米，其降水量的多寡受地形的影响较大，形成了以元江低热河谷为中心的少雨区和以哀牢山一带山区为中心的多雨区。根据 1954 ~ 1985 年的水文气象资料计算，降雨最多年（1968 年）达 1211.3 毫米，最少年（1980 年）仅为 516.8 毫米。年际之间降雨差距较大，一般 11 月至次年 4 月为干季，降雨量一般平均仅 159.3 毫米，占全年降雨量的 20.2%，降雨日数平均为 33 天，占全年总降雨日数的 26.8%；5 ~ 10 月为雨季，降雨量达 627.7 毫米，占全年降雨量的 79.8%，降雨日数平均为 90 天，占全年总降雨日数的 73.2%；元江县多年平均相对湿度为 67%。这些可利用的雨量，除流入大小水库、坝塘及供发电用的溪、河使用和备用外，其余流入江河。

青龙镇年降水量 1000 厘米以下，5 ~ 10 月份为降雨季节，11 月 ~ 次年 4 月为干季，霜期 40 天左右。

青龙厂镇华侨事务管理区年平均雨量为 892.8 毫米，年降雨幅度为 560 ~ 1266 毫米。雨季平均开始期为 5 月 16 日（最早是 3 月 15 日，最晚是 7 月 31 日）；雨季平均结束期为

10 月 22 日（最早是 8 月 30 日，最晚是 12 月 17 日）；5～10 月为雨季，平均占全年降雨量的 81.1%；11～4 月为旱季，平均仅占全年的 18.9%；雨量过分集中，雨水利用率较低，冬春干旱无雨，夏秋多雨，干湿分明，雨热同季。

红新村委会雨量情况与所属的青龙厂镇华侨事务管理区的雨量情况大同小异，此处不再赘述。

**4. 霜（雪）期**

元江县热坝区多年年平均霜日为 0.6 天，最多有霜年份——1975 年为 11 天。无霜期长达 360 天以上，霜雪罕见。1983 年 12 月 28 日，热坝地区降雪，积雪 6 厘米深，是元江有史记载以来的第一次。半山区，如因远、青龙厂、洼垤等地，无霜期每年平均在 260～300 天。高山区，如羊岔街、磨房河、阿波列山等地，无霜期每年平均在 210～230 天。1975 年，它克、戈洛垤等地有雨凇形成，长 1 米，直径 3 厘米，斑鸠冻死，麂子跑到家中避寒。羊岔街也有雨凇、雾凇形成。

青龙镇大部分地方蒸发量大于降水量，霜期少见。

青龙厂镇华侨事务管理区霜期极短，每年 1 月仅出现 2～3 次轻霜，有些年份无霜，对作物影响不大。

红新村委会霜雪情况与所属的青龙厂镇华侨事务管理区的霜雪情况大同小异，此处不再赘述。

**5. 风**

元江县热带坝区与河谷地带，由于河谷地形的机械作用，全年风向多为与河谷走向相同的东南风。而海拔 1200 米以上的地区全年则多吹西南风。坝区多年年平均风速为 2.6 米/秒，月平均风速最大的是 2 月，其风速为 4.2 米/秒。元江河谷的"狭管效应"在冬春季节尤为明显，大风多出现在2~4月。多年年平均大风（≥8级）日数为14.3天，最多的是1980年，全年大风日66天。

青龙镇属季风气候，山区以西南风较多，坝区风向多为与河谷走向的东南风。

青龙厂镇华侨事务管理区风以西南风较多，年平均风速为1.5米/秒，一般风为2~3级，5~8月间或出现短暂的6~8级大风。

红新村委会风力风速等情况与所属的青龙厂镇华侨事务管理区的情况大同小异，此处不再赘述。

**6. 红新村四季气候特点**

红新村地处低纬高原，由于受两种不同气候环流的影响，形成了冬暖、夏热，冬春干旱风大，夏秋多雨湿润，干湿季明显、雨热同季的气候。

（1）干湿季节明显，雨热同季，分布不平衡

红新村冬季（1月）温暖，平均气温在7℃以上，小春作物能继续生长，而无休眠期。坝区月平均气温大于14℃，已达春季的温度水平而无冬季，对早稻、甘蔗、番茄、辣椒、西瓜等热带、亚热带作物的生长较为有利。冬季降雨量最少，12月~次年2月，平均仅51.9毫米，占全年总降水的6.6%；1~4月蒸发量为降水量的11.9倍，干旱严重。冬春日照充足，占全年的56.3%，平均每日照在6.9~7.9小时，弥补了冬春太阳位置偏南，带来日照时间短，太阳辐射弱的缺点，使坝区冬季的白天气温也在15℃~25℃，对越冬作物及冬早蔬菜的生长，水稻等作物的播种、育苗，都是十分有利的。这就是红新村得天独厚的"温室"气候。

夏季（7月），坝区月平均气温高达28.6℃，极端最高气温达41.6℃，对双季晚稻、甘蔗等热带、亚热带作物生

12

长较为有利。夏季（5～10月）降水占全年总雨量的79.8%，为红新村的雨季。但是，即使在雨季，降水也很不稳定，时有干旱现象发生。降水量受地形的影响较大，以哀牢山一带为多雨区，元江以东地区和低热河谷为少雨区。

（2）立体气候突出，季风影响大

红新村处于低纬度，海拔不高，来自孟加拉湾的季风受西南部哀牢山的阻挡，气候稍微干燥，干湿季节明显，岭谷垂直气候差异变化大，形成"隔里不同天，百里不同雷，一山分四季"的立体气候。

## 四　物产资源

### （一）动植物资源

元江县植被分为乔木、亚乔木、灌木、草木、竹类、藤类、菌类、花类等，列入国家植物保护的植物有番龙眼、树蕨、光叶天料木、野茶、翠柏、荔枝、红椿、七叶树、千里榄仁、钟萼木、顶果木11种；属于元江县特有植物的有星毛栗米草、元江茉莉、元江羊蹄甲、元江芙蓉、元江山楂、元江羽叶秋等。元江县土特产除有行销北京、上海等城市并受港澳市场欢迎的冬番茄等冬早蔬菜外，还有茶叶、木耳、蔗糖、芒果、荔枝、槟榔、酸角、香蕉、西瓜、菠萝，以及猪鬃、肠衣、杂皮、土锅等。元江县动物资源主要有：（1）爬行类的蛤蚧、穿山甲、青蛇、菜花蛇、称杆蛇、青竹标、麻蛇、蟒蛇等；（2）兽类的狼、豹、熊、野猪、麂子、刺猬、猴、竹鼠、兔子、松鼠等；（3）禽类的山鹰、孔雀、野鸡、竹鸡、黄莺、山雀、麻雀、八哥、鹦鹉、鹧鸪、红白鹇、斑鸠等。

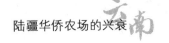

青龙厂镇经济以农业为主，主要生产烤烟、甘蔗、玉米、水稻、小麦、花生、紫胶和水果等作物；土特产有烟叶、烟丝、棕丝、苹果、柿子、紫胶和蔗糖等；多种经营潜力大，但耕地分散水田少，旱季用水不足。该镇森林土质肥沃，植物繁茂，主要品种是云南松和少量阔叶林等树种，每年为国家提供木材产量居元江县首位，但储蓄量急速下降，采伐量大大减少。青龙厂镇的动物资源大体上和元江县一致，这里就不再重复。

青龙厂镇华侨事务管理区的坝区由于历史上长期的过度砍伐和毁林开荒，在建场前仅有少量的酸角树和攀枝花树，周围山区有以栗木、豆腐渣果树、红木树、火泡绳树等为主的阔叶林和针叶林，以及灌木丛、茅草类，覆盖程度不均匀。动物资源主要有：（1）蛇类的金环蛇、银环蛇、大黑蛇、青竹标、乌沙蛇、蟒蛇等；（2）兽类的豹子、野猪、麂子、刺猬、猿猴、竹鼠、兔子、穿山甲等；（3）禽类的鹰、孔雀、野鸡、竹鸡、黄莺、山雀、麻雀、燕子等。

红新村委会动植物资源等情况与所属的青龙厂镇华侨事务管理区的历史上的情况大同小异，此处不再赘述，但是，现在大部分动物因环境的变化，品种和数量相对大幅度减少了。

（二）矿产资源

元江县矿藏资源丰富，早在元、明时期就有开采铜矿的记载，新中国成立后已经探明储量的金属矿藏有铜矿、镍矿、金矿，其他金属矿藏还有钨、铬、铅、钴、银等，非金属矿藏有石棉、石膏、褐煤、明矾等，都有开采价值。元江县境内有七处地热显示，较有名的是瓦那沸泉（水温

在 88℃）和瓦那喷气孔（又名蒸洞）。江东热水塘（水温
45℃以上），均设有男女浴池和旅馆、饭店等供旅游。

青龙镇山脉连绵，形式环抱如带，周围百余里均发现
有矿脉，产铜历史悠久。1958 年后多次派云南省地质勘探
304 队、309 队相继勘探，现已探明，矿藏丰富，质地优良，
有开采价值的主要矿产资源有铜、铁等。

青龙厂镇华侨事务管理区场区内有磁铁矿、赤铁矿、
无烟煤、黄铜矿、明矾、大理石等矿产资源。1958～1960
年云南省地质勘探 304 队勘探后查明，甘庄三队（西矿
山）的铁矿储量在 100 万吨以上，品位平均 38%。青龙厂
镇华侨事务管理区西部的煤矿分布在二塘桥至西拉河的下
游地区，属无烟煤、热卡高、灰分低，发热量为 6000～
7800 大卡，是比较理想的燃料，一度开采供应元江县水泥
厂、甘庄砖瓦厂石灰厂、饭店、食堂及居民生活用煤。黄
铜矿分布在该场的白龙厂、明矾分布在该场西南部的烂渣
河下游地区、大理石分布在该场中部的白沙科一带，迄今
为止，除与云南锡业集团公司合作一度开采过镍矿外，其
他矿产资源均未开发利用。

## 五　自然灾害

据历史文献记载：元江县的自然灾害主要有气象灾害
（包括旱灾、洪灾、雹雪霜灾等）、生物灾害（如黏虫病、
棉铃虫、食心虫、稻瘟病、叶夜蛾等）、地震（元江谷底部
是有名的深大断谷），据《元江志稿》记载：明万历十六年
（公元 1585 年），清乾隆五十八年（公元 1793 年），曾发生
过灾害性地震。据《元江县志》统计：20 世纪七八十年代
地震较为频繁，仅 1970 年 1 月～1982 年 11 月发生的二、

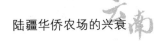

三级地震次数就达 24 次。

青龙厂镇境内的自然灾害（包括气象灾害、生物灾害、地震等）和元江县的记录差不多，只是因地理位置、海拔等因素的不同，田地、农作物、房屋等受到的损害程度不同。

青龙厂镇华侨事务管理区属坝区，气候燥热，新中国成立前由于医疗基础设施薄弱，卫生条件较差，被人们视为"瘴气"地区，当地居民中广泛流行恶性疟疾，外地人视之为畏途，因此出现"要下甘庄坝，先把老婆嫁"的悲惨民谚。20世纪五六十年代党和政府经过调查，结合实际情况，采取"防重于治"的方针建立医疗机构，开展卫生宣传和预防工作，基本上控制了疟疾的流行。同时，加强对家畜发生较多的主要疾病，如猪瘟、猪气喘病、牛副伤寒、蹄叉腐烂等的防治工作，发病率已大大下降。农作物受干旱、冰雹、雪灾、病虫害等影响较大，历年来危害较重的有稻瘟病、白叶枯病、稻蝗、稻飞虱、甘蔗螟、粉介壳虫、绵蚜等，尤以稻瘟病为害最为严重；1983年12月底出现的百年来罕见的雪灾，受害减产成为历史之最。

## 第二节　建制沿革与行政区划

### 一　建制沿革

据《元江县志》记载：元江古名"惠笼甸"即海城坝子，"又号因远部，总名和泥部历周秦不通中夏"。战国时期楚庄蹻率军到达滇池地区，同当地居民融合，控制了滇东地区，但元江各部落没有内附的记载。据《新纂云南通志》记载：两汉时期云南省元江县境属益州郡，汉蜀西晋时期元江县属兴古郡，东晋宋齐时期元江县属梁水郡。《中国西南古代民族》一书认为：元江即梁水郡西南的一个城镇，名"宣城"。《新唐书、地理志》记载：唐初元江县属黎州。唐南诏时期遥属银生节度（治所今景东县），蒙氏于今甘庄建城并随迁来滇中"白蛮"苏、段、周、张等十姓镇守。宋大理时期属威远睑治地，名和泥因远部。《元江府志》记载：北宋仁宗四年（公元 1026 年）"土酉那氏据此改城礼社江上"（即元江）。景泰《云南志》记载"元江，昔萝槃甸蛮筑城于此"。宋皇佑年间（公元 1049 ～ 1053 年），广源（今广西境）侬氏（侬志高）聚众反宋，被宋军击溃，其部分党羽窜入元江境落籍，元江志书称他们为侬族。11 世纪和泥部族开发萝槃甸，定居不久又被"些么徒蛮阿㮦诸部"所据有，自称"萝槃国"。1253 年蒙古兵灭大理国，1254 年因远、萝槃"各部内附"。1257 年因远部联合附近各部反抗，元朝出兵平定。《招补总录》记载：1277 年罗必甸长官（酋长）"和你阿禾必招降"，同年改初属宁州万户的马龙部并罗必甸，于"十二月丁卯遥立元江万户府""归南路总管属"。《元史布鲁合答传》记载：1284 年蒙固歹（都元帅）征萝槃必甸破城并屠杀城内居民，各蛮部未服；1288 年元帝又命云南平章政事赛典赤安抚，兵临萝槃城下，遣使以理说服，从此西南诸部才言行一致地遵守元朝的法令制度。1288 年把南诏大理时期属威远睑的萝槃、马龙、步日（普洱）、思么（思茅）、罗丑、步竭（墨江以南勐腊一带）、罗陀（思茅官房）、步腾（普文）、台威、台阳、设栖、你陀十二部划出设立元江路，以原土官为各部和总管府长官，隶属云南行省。《元史》记载：天历

17

二年元江路改隶临安广西元江宣慰司。1381年征南将军傅有德派兵平定元江，土官那直率众投诚，1282年改元江路为元江府，授那氏知府世职，设它克通判教授训导流官，置因远罗必甸长官司。1405年那荣赴京朝贡，明帝赐给元江军民府印信，1406年升元江府为军民府，隶属云南布政司，领因远萝必甸长官司，马龙他郎甸长官司。据《明史·土司传》《云南通志》《元江府志》记载：1533年改因远萝必甸长官司为奉化州，改马龙他郎甸长官司为恭顺州；1546年土舍那鉴谋乱杀知府与布政使，经明军多年讨伐，1553年平定后收元江军民府印信，调临安指挥使进驻元江。1659年12月以元江土知府那嵩为首举行的抗清运动失败后，1660年5月起实行改土归流，元江府设流官知府，设元江协副将。1661年元江府仍改军民府隶云南布政使，裁奉化（今因远）、恭顺（今墨江）二州，领车里宣慰司；10月以普洱地方半归车里半属元江，并编普洱、思茅、普腾、茶山、勐养、勐爱、勐捧、勐歇、上勐乌、下勐乌、整董、整歇等13处隶元江军民府属。1732年改临安府所属之新平县归元江军民府所辖，设通判驻他郎寨（今墨江）。1765年再改元江军民府为元江府，隶属迤南道（今普洱）。1770年元江府因无首邑，仅辖一县不能为府改为直隶州，直隶布政使司裁所属他郎通判归普洱府，元江直隶州辖县一（今新平县）、巡检司一（今因远），土职五：儒林里千总、辕门千总、复设辕门千总、永丰里把总、茄革里把总，仍隶属迤南道。1913年废元江直隶州设元江县辖因远分县佐、猛烈行政委员及7个行政乡；928年废因远县佐、猛烈行政委员，改为8区；1939年改所属区域为16乡（镇），属第三行政督察专署（驻建水），1947年后属第六行政督察专署

（驻新平）。1949 年 8 月成立元江县临时人民政府，属蒙自专区。1954 年，划元江县归玉溪专区辖。1958 年改区为 8 个人民公社和元江、红光、甘庄 3 个农场。1979 年 12 月 26 日国务院批准成立元江哈尼族彝族傣族自治县；1980 年 11 月 12 日正式挂牌成立元江哈尼族彝族傣族自治县。①

新中国成立前青龙厂镇设区，后设镇，新中国成立初设第一区，1958 年改为公社，划丫口、脊背、朋程、假莫代、甘庄乡等成立甘庄农场。1960 年又将假莫代、脊背、朋程归青龙公社，1962 年改公社为第六区，1970 年仍恢复青龙公社，1983 年恢复区乡，后改设青龙厂镇至今，境内驻有省属 309 地质队和林场。

青龙厂镇华侨事务管理区因场部位于甘庄坝，并安置印尼归侨得名。甘庄坝则得名于"甘庄城"，即今甘庄（村），"甘"指甜，因甘庄村内的泉（已改修成井）水甘甜得名。甘庄为唐朝时古地名，据《元江志稿》载："唐南诏蒙氏建城甘庄，徙白蛮苏张周段等十姓戍之。"早在元江建城之前，甘庄已成为南诏的边沿治地，从北宋中期至明末清初，均为元江傣族世袭土知府那氏辖地。清初实行"改土归流"政策后，曾设甘庄哨、甘庄塘，隶属元江营，有兵驻守。民国初期元江设县，甘庄为县属东北乡（驻青龙厂）第一段；民国后期，甘庄为县属青龙镇第四保、坝老为第五保。新中国成立初期，设甘庄、丫口（今干坝）两个农协会，属第一区朋程乡；1950 年设甘庄乡、丫口乡，直属第一区。1958 年 4 月为了安置下放干部，玉溪地委决

---

① 云南省元江哈尼族彝族傣族自治县编撰委员会：《元江县哈尼族彝族傣族自治县县志》，中华书籍出版社，1993，第 31～35 页。

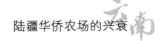
定在干坝建立国营甘庄坝农场，安置省、地、县下放干部500 余人；同年 8 月 15 日召开庆祝大会，宣布正式成立国营甘庄坝农场，元江县委先后将朋程、路通、假莫代、脊背、丫口（干坝）和甘庄六个乡划归农场统一领导；9 月，转由云南省农垦局主管。甘庄农场分农民和农场两本账核算，农民部分属农场代管性质的集体经营分配。1960 年 3 月，在农场安置印尼归侨，改称"国营甘庄华侨农场"；1961 年 12 月，新平县漠沙农场的印尼归侨并入甘庄华侨农场，由中侨委主管；1963 年 6 月划出朋程、丫口、脊背、假莫代归元江县青龙公社，甘庄华侨农场保留甘庄、东风、干坝、红专、新建和畜牧队六个分场，假莫代管理区因与农场水利关系密切，仍由农场代管。1969 年年底划出干坝大队，成立"五七公社"，安置玉溪、通海移民，归元江县管辖。1970 年 3 月，中国人民解放军云南生产建设兵团独立二团组建，甘庄华侨农场编为第一营及第二营，团部设在原甘庄华侨农场场部所在地。假莫代划归元江县青龙公社管辖。1974 年，独立二团奉令结束，恢复华侨农场体制，增设红旗分场（管工交及副业等）由云南省农垦总局领导。1978 年 7 月，在干坝安置越南归难侨，再次由元江县青龙公社划出干坝大队增设干坝分场，归甘庄华侨农场管辖，隶属云南省侨办主管的甘庄华侨农场，后转交元江县青龙厂镇华侨事务管理办公室至今。

## 二 行政区划

### （一）行政区划概况

2008 年年末，元江县共辖 6 乡 4 镇 3 农场（不含省属元江农场）；澧江镇、因远镇、青龙厂镇、东峨镇、洼垤乡、龙潭乡、羊街乡、那诺乡、咪哩乡、羊岔街乡、红光农场、红河华侨农场、甘庄华侨农场。共有 70 个村民委员会，5 个居民委员会，673 个村民小组，66 各居民小组，653 个自然村①。

2008 年年末，青龙厂镇下辖青龙厂、它克、果洛跌、铜厂冲、撮科、阿不都、假莫代、朋程、路通、西拉河 10 个村民委员会，72 个自然村，82 个村民小组。全镇总户数 4129 户，总人口 14263 人，其中：男 7123 人，女 7140 人；农业人口 13359 人，非农业人口 904 人；少数民族（彝族为主）人口 10697 人，占总人口的 75%；农村劳动力 9283 人，其中从事第二产业和第三产业的 798 人，占 8.60%。人口自然增长率 2.20‰；人口密度 29 人/平方千米②。

据 1983 年《云南省元江哈尼族彝族傣族自治县地名志》记载：全场下设 6 个分场，50 个生产队，分布在 44 个居民点内。1987 年甘庄华侨农场下设甘庄、东风、红专、新建、干坝 5 个分场。甘庄分场驻地甘庄村（甘庄 1 队），下辖生产队 8 个；东风分场驻地坝老（东风 4 队），下辖生产队 7 个；红专分场驻地跑马山脚（红专 1 队），下辖生产队 5 个；新建分场驻地歌舞班（新建 3 队），下辖生产队 11 个；干坝分场驻地在干坝 7 队（无地名），下辖生产队 9 个。

2009 年 3 月 13 日甘庄华侨农场就近撤场并镇后，2009

---

① 元江哈尼族彝族傣族自治县年鉴编辑部：《元江年鉴——2009》，云南民族出版社，2009，第 63 页。

② 元江哈尼族彝族傣族自治县年鉴编辑部：《元江年鉴——2009》，云南民族出版社，2009，第 82～83 页。

年 4 月 20 日原甘庄华侨农场下属甘庄、红新、干坝三个分场"两委"选举成功，红新村委会成为青龙厂镇华侨事务管理区内的三个新的村民委员会之一。2009 年 3 月 13 日青龙厂镇政府所在地由青龙厂村搬迁至原甘庄华侨农场场部所在地——甘庄。

## （二）青龙厂镇华侨事务管理区红新村的更名命名

按照《国务院关于推进华侨农场改革和发展的意见》（国发〔2007〕6 号）的精神，贯彻落实《云南省人民政府关于推进全省华侨农（林）场改革和发展的实施意见》（省政发〔2008〕13 号）和《玉溪市人民政府关于推进甘庄和红河华侨农场改革和发展实施方案的批复》（玉政复〔2008〕242 号）的规定，元江县党委政府作出《元江县人民政府关于甘庄华侨农场行政撤并的决定》（元政发〔2009〕18 号）和《中共元江县委关于撤销甘庄华侨农场党委的决定》（元发〔2008〕27 号），甘庄华侨农场就近撤场并镇后，根据《中华人民共和国村民委员会组织法》《云南省村民委员会选举办法》的需要，国务院《地名管理条理》的有关规定和原则，元江县青龙厂镇人民政府、元江县民政局、元江县人民政府、元江县地名委员会等做了相应的上报、审核、批复、下达通知等有关甘庄华侨农场地名更名命名的相应工作，以便《中共元江县委关于青龙厂镇甘庄村、红新村、干坝村"两委"选举实施意见》的具体实施。

根据《元江县民政局关于青龙厂镇甘庄、红新、干坝三个村民委员会及其三十五个村民小组地名命名更名的请示》（元民请〔2009〕5 号）、元江县哈尼族彝族傣族自治县人民政府对元江县民政局《关于青龙厂镇甘庄、红新、干坝三个村民委员会及其三十五个村民小组地名命名更名的批复》（元政发〔2009〕21号）、元江县哈尼族彝族傣族自治县地名委员会《关于青龙厂镇在甘庄华侨农场体制改革中地名命名更名的通知》（元地名志〔2009〕1号），现将2010年3月13日由付福海、刘建兴报批的青龙厂镇红新村村民委员会的地名命名更名情况介绍如下。

红新村民委员会即原甘庄华侨农场红新分场，位于青龙厂镇华侨事务管理区南0.2千米，甘庄坝西缘，鸡打白骨山东南麓平坝上，1983年底由红旗、红专、新建三个分场合并而成，以原三个分场各取一个字命名。高程815米，辖10个村民小组，耕地面积10420亩（其中：承包耕地面积1887亩），果园2911亩，其他为开荒旱地，出产稻谷、玉米、甘蔗、芒果等。2008年有哈尼、彝、傣、白、苗、壮、汉等民族及印尼、越南归侨、越南难民等784户、2329人，粮食总产量24.8万公斤，人均产粮107公斤，经济总收入840.29万元，人均纯收入1941元。现把红新村民委员会下辖的10个村民小组的情况简介如下。

茶山，位于红新村民委员会东北8.2千米，假莫代水库北面，昆洛公路323线公路东，距高程990米。80户、269人，哈尼、彝、傣、白、汉等民族。耕地面积1733亩（其中：承包耕地面积359亩），果园334亩，出产稻谷、玉米、甘蔗、芒果等。2008年粮食总产量8.7万公斤，人均产粮305公斤，经济总收入96万元，农民人均纯收入2080元。"茶山"原名小龙潭，曾经大面积种过茶叶树更名。

建侨，位于红新村民委员会南1.8千米，鸡打白骨山东麓，昆洛公路323线西侧公路边，高程769米。56户、136

人，印尼归侨。耕地面积 784 亩（其中：承包耕地面积 74 亩），果园 204 亩，出产稻谷、玉米、甘蔗、芒果等。2008 年粮食总产量 3.5 万公斤，人均产粮 257 公斤，经济总收入 50.1 万元，农民人均纯收入 1805 元。"建侨"以建设提高归侨生产生活水平更名。

新侨，位于红新村民委员会驻地南 1.8 千米，鸡打白骨山东麓，昆洛公路 323 线公路边，高程 769 米。71 户、189 人，印尼归侨。耕地面积 1365 亩（其中：承包耕地面积 190 亩），果园 350 亩，出产稻谷、玉米、甘蔗、少量水果等。2008 年粮食总产量 5.5 万公斤，人均产粮 291 公斤，经济总收入 72.7 万元，农民人均纯收入 1782 元。"新侨"：以归侨新建居住地更名。

联侨，位于红新村民委员会西南 1.3 千米，甘庄坝西南缘，昆洛公路（323 线）2380 千米东西两侧公路边，距高程 830 米。34 户、105 人，印尼归侨。耕地面积 240 亩（其中：承包耕地面积 78 亩），果木林 57 亩，出产稻谷、玉米、甘蔗、少量水果等。2008 年粮食总产量 1 万公斤，人均产粮 70 公斤，经济总收入 44 万元，农民人均纯收入 1811 元。"联侨"由印尼归侨、越南难民共同组建，以联系侨民，凝聚侨心共同致富更名。

新学，位于红新村民委员会驻地南 1.8 千米，鸡打白克山南麓，昆洛公路 323 线西侧公路边，高程 769 米。44 户、142 人，印尼归侨。耕地面积 260 亩（其中：承包耕地面积 110 亩），果木林 13 亩，出产稻谷、玉米、甘蔗、少量水果等。2008 年粮食总产量 0.8 万公斤，人均产粮 76 公斤，经济总收入 35.7 万元，农民人均纯收入 1790 元。"新学"位于小学校旁，以学习新的科学知识更名。

小铺子,位于红新村民委员会驻地西南 0.8 千米,甘庄坝南缘。85 户、297 人,印尼归侨。耕地面积 292 亩(其中:承包耕地面积 207 亩),果园 64 亩,出产稻谷、玉米、甘蔗、芒果等。2008 年粮食总产量 1.3 万公斤,人均产粮42 公斤,经济总收入 87.09 万元,农民人均纯收入 1750元。"小铺子"因解放前有三五户人家在此开马店、买茶水得名。

畜牧队,位于红新村民委员会驻地西南 3 千米,昆洛公路(323 线)公路边,高程 742 米。85 户、233 人,彝族、印尼归侨。耕地面积 627 亩(其中:承包耕地面积 125亩),果园 588 亩,出产稻谷、玉米、甘蔗、芒果等。2008年粮食总产量 1.4 万公斤,人均产粮 60 公斤,经济总收入99.9 万元,农民人均纯收入 2015 元。"畜牧队"因建场时以专业放牧牛羊、养猪等成立的一个队得名。

糖厂(甘庄糖厂),位于红新村民委员会驻地东北 1.4千米,甘庄坝北缘,白龙厂山南麓,高程 821 米。176 户、537 人,印尼归侨。耕地面积 658 亩(其中:承包耕地面积314 亩),果园 481 亩,出产稻谷、玉米、甘蔗、芒果等。2008 年粮食总产量 1.3 万公斤,人均产粮 25 公斤,经济总收入 157.9 万元,农民人均纯收入 1950 元。"糖厂"因位于甘庄糖厂周围更名。

振侨,位于红新村民委员会东南 0.3 千米,昆洛公路(323 线)2378 千米处,高程 807 米。97 户、283 人,印尼归侨。耕地面积 500 亩(其中:承包耕地面积 211 亩),果木林 173 亩,出产稻谷、玉米、甘蔗、少量水果等。2008年粮食总产量 1 万公斤,人均产粮 35 公斤,经济总收入100.9 万元,农民人均纯收入 2057 元。"振侨"以振兴归侨

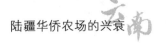

经济更名。

干塘子，位于红新村民委员会驻地西南 6 千米，罗黑山东南麓，昆洛公路 323 线原老公路西面，高程 857 米。56 户、138 人，越南难民。耕地面积 3246 亩（其中：承包耕地面积 219 亩），果园 647 亩，出产、玉米、甘蔗、芒果等。2008 年粮食总产量 0.8 万公斤，农民人均产粮 58 公斤，经济总收入 50.1 万元，农民人均纯收入 1805 元。"干塘子"因原村旁有一干塘子（雨季蓄水）得名。

（三）红新村的更名命名特点

从青龙厂镇华侨事务管理区红新村的社会历史发展来看，其更名命名的特点如下。

（1）尊重当地少数民族的历史风俗习惯。如上所述，红新村委少数民族杂居的村寨原则上按其传统称呼命名，如茶山、小铺子等。

（2）与特殊时期的国际政治斗争的需要和周边国家的关系的变化相适应。如因 20 世纪 50 年代末 60 年代初我国与印尼、马来西亚、印度等国家，70 年代末 80 年代初与越南等周边国家的关系的一度恶化，原甘庄华侨农场曾接受国家集中安置和教育的大量归（难）侨聚居点，各个不同的历史时期一度有不同的称呼，2010 年 3 月命名更名时，根据归难侨的意见，其村名都带有"侨"字，如建侨、新侨、联侨、振侨等村民小组。

（3）尊重当地的地理特征和最早居民的称呼。如干塘子、糖厂等村民小组。

（4）尊重当地居民的美好愿望的心理而更名命名。如新学等村民小组。

# 第二章　侨务

侨务问题是中国统一战线总问题中的一部分，在革命、建设、改革的各个不同发展阶段上，侨务问题具有和各个历史阶段革命性质相适应的各种不同的任务，因此，随着中国革命、建设、改革和发展的形势变化，党和政府在侨务问题上的总指导方针也应随之改变。

## 第一节　安置归难侨

### 一　国际形势变化与国内对策

国际政治经济发展的不平衡影响了中国革命、建设、改革和发展的不平衡，中国社会政治经济发展的不平衡决定了中国统一战线中侨务工作发展的不平衡，党和政府运用中国革命、建设、改革和发展的不平衡规律，对特殊时期回国的归难侨的安置、教育、改造和利用等政策进行了长期、艰辛的探索，依其历史演进特点，大体经历了初步认识与安置→积极探索建设与改造的新途径→曲折发展的计划经济→总结向市场经济过渡的农场改革→完善融入乡镇的新农村改革和发展等过程。认真总结原甘庄华侨农场兴衰的经验教训，对党和政府在新中国成立初期的民主改革和社会主义建设阶段（计划经济、向市场经济过渡的农场改革和完善融入乡镇的社会主义新农村改革和发展）的不平衡发展问题探讨，具有重要的理论意义和现实借鉴意义。

原甘庄华侨农场期间（1958～2008）党和政府制定和实施了适应新形势需要的侨务政策，这些侨务政策主要是通过不同时期发表的政策、文件和法规等方式来体现的。由于种种原因，侨务的中心始终以国内侨务工作为主；在国外侨务方面，中国政府对境外华侨的政策受制并服从于外交政策，根据外交方针的变化调整华侨政策，以便服务于外交政策。华侨农场的侨务政策正是各个不同时期的外交政策与国内侨务政策及其工作实践相结合的产物，其内容丰富，颇具特色。

从宏观的侨务理论与原则到具体实施华侨农场的侨务工作的条件、时间、步骤、内容等方面存在着一定的差异，这是党和政府在战略高度把侨务问题逐步与国内集中安置、华侨农场建设、华侨农场改革联系起来时，对国际国内形势、马列主义侨务理论与华侨农场建设中具体侨务工作实际、革命、建设和改革的战略策略不同而产生的。总的来看，党和政府从战略高度把侨务问题从与国际形象、国内建设与改革、融入地方改革与发展相联系来考虑，达到了新的理论高度，这既是对探索中正确经验的继承和发展，又是对探索中的失误和教训的纠正和借鉴。

由于历史上政治、经济和地理环境及侨务政策等原因，华侨农场中归难侨、本地汉族和少数民族社会发展很不平衡，党和政府在中国革命、建设、改革和发展中注意了中国各民族之间的差异，为争取和团结各民族的人民共同进行社会主义建设、改革和发展，主张依据各阶段形势的变化，充分照顾归难侨和本地少数民族的特点。

**1. 新中国成立初期东南亚各国对华侨的政策变化与中国政府外交**

新中国成立初期敌视新中国的西方国家（原殖民地的前宗主国）及其影响之下的原殖民地（今侨居国）对新中国的态度都不太友好。因此，争取华侨的支持是十分重要的，不仅可以动员华侨的政治、经济力量支持祖国革命、建设和反击美国对新中国的军事、外交的敌对行为，而且被视为是直接打击国民党政权赖以生存的基础之一。

从新中国成立到20世纪60年代中期，中国政府以国际形势的变化和东南亚各国对华侨的政策变化不断调整对境外的华侨华人的政策，使华侨华人的政策变化随着国际国内形势的变化而呈现出显著的阶段性变化。新中国成立初期，新生的中国政府为了对抗美国在经济、军事上对新中国的封锁和台湾当局对华侨的控制，强调对境外同胞的华民性质，动员境外华侨在政治上效忠新中国政府、在经济上协助祖国建设。20世纪50年代中后期，中国政府积极发展与中国近邻的东南亚各国的友好关系，而华侨问题成为中国与东南亚各民族主义国家的发展友好关系亟须解决的问题，中国政府对华侨的政策也随之改变为归化于当地的政策。20世纪60年代初期，中国政府着重对外宣传"三好"政策，工作重点是撤回全部不愿意归化当地的华侨华人，以便从根本上解决华侨华人问题，但是，这个时期华侨在政治上认同新中国，行动上配合中国政府的各种号召的行为，进一步激起当地国政权的恐慌，这些国家不能容忍华侨的双重效忠。面对敌视新中国的西方国家（前宗主

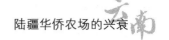

国）及其影响之下的不友好的侨居国（如菲律宾、印度、缅甸、马来西亚、印尼、南越、泰国、日本等）的排斥、迫害和驱赶华侨华人的行为，新中国政府为了激励当地华侨对祖国的向心力，实施对国外华侨的保护，其主要表现不在于能在多大程度上影响当地国对华侨的态度，更重要的表现为不断接纳和安置回国难侨。原甘庄华侨农场正是这种中国应对境外排斥和迫害华侨，不断接纳和集中安置回国归难侨的产物之一。

**2. 国内侨务政策演变**

（1）中国政府对境外华侨政策的变化

20世纪50年代中后期，中国政府出于开拓与睦邻的东南亚国家的友好外交关系的需要，对境外华侨政策进行了调整：①鼓励华侨加入当地国籍；②华文报刊和教育要转向，面向当地；③在华侨升学方面，鼓励华侨在当地办学，尽可能安排在侨居地就读，一般不鼓励回国。

1960年2月，国务院决定成立"中华人民共和国接待和安置归国华侨委员会"，负责统筹归国华侨的接待和安置工作。闽、粤、桂、滇等省区和华侨入境港口设立专门接待、安排难侨的组织和机构。原甘庄华侨农场正是中国政府应对境外排斥和迫害华侨，不断接纳和集中安置回国归难侨在云南省陆疆山区农场建立华侨农场的产物之一。"文化大革命"时期，极左路线主导了中国政治，"境外关系"成为"污点"，侨务工作部门解散，侨务工作基本停顿。20世纪70年代中期以来中国政府与越南等国的关系不断恶化，越南对华侨华人的态度和政策也随之不断变化，不少在越南等国的华侨华人因被排斥和迫害而被逼回国，中国政府按照"集中为主，分散为辅"的方针，在广东、福建、广西、云南等省区的国营华侨农场内全面给予妥善安置。

改革开放以来，中国政府放宽了出入境的限制，大批以家庭团聚、探亲访友等原因出国的华侨华人成为新移民的先驱，随后而至的是留学生。20 世纪 80 年代以前的侨务工作是对历史的纠偏，以落实侨务政策为主；20 世纪 80 年代以后的侨务工作是以配合国家的经济建设中心工作，中央和地方的各级侨务部门的共识和工作重心是吸引华侨华人参与中国经济建设，20 世纪末 21 世纪初是历史上中国政府与境外华人合作的最好时期，最为成功的合作是在经济领域。

（2）中国政府对国内归难侨、侨眷政策的演变

新中国成立初期，党和国家就十分重视华侨、归侨的参政作用，保障华侨、归侨在国内的政治地位，善待归侨和侨眷，国内侨务政策服务于党和政府的恢复国民经济、稳定社会生活、坚决完成一系列社会改革工作的总方针。为了动员华侨、归侨积极参加农村社会主义革命和建设，有关侨务部门积极配合农村合作化运动，动员他们参加互助组、合作社、人民公社，投入集体生产劳动。同时，根据国家对私营工商业改造的全面规划和有关政策，华侨在国内经营的私营工商业也纳入有计划有步骤地进行社会主义改造的行列。

20 世纪 50 年代末至 70 年代后期，归侨、难侨大多被原侨居国突然成批驱赶，很多华侨是数代生长于彼，已无原籍可循，造成国内安置的困难，因此，国家提出"集中为主，分散为辅"的方针，全面给予妥善安置。中国政府在云南先后新建和扩建了 13 个国营华侨农林场。这些农场都处在气候温和地带，有良好的自然条件，适宜种植热带和亚热带作物，便于归侨发挥特长。大多数归侨在农场安

家落户，他们的生活、住宿、子女入学等问题得到安排。20世纪80年代中期以后的侨务工作是以配合国家的经济建设中心工作，中央和地方的各级侨务部门的共识和工作重心是吸引华侨华人参与中国经济建设；1990年9月7日在第七届全国人民代表大会常务委员会第15次会议上通过《中华人民共和国归侨、侨眷权益保护法》，表明党和政府在有关涉侨部门的推动下，对归侨、侨眷的利益予以前所未有的重视，也是我国以人大立法形式通过的第一部侨务法律，标志着我国侨务工作从依靠政策、行政法规进行工作向立法性侨务工作过渡，使国内侨务工作逐步走上法律轨道。20世纪末21世纪初是历史上中国政府与境外华人合作的最好时期，海外华人的经济、技术力量被中国政府认为是可以利用的重要的外部资源。

## 二　安置归难侨

青龙厂镇华侨事务管理区归难侨人数最多的国家分别是印度尼西亚、越南、马来西亚和泰国这四个国家。据统计，20世纪60年代总共安置从印尼回来的华侨433户，共1986人，该场内称他们为老归侨；1978年以后从越南回来安置到甘庄的新归侨有415户，共2154人，该场内称他们为新归侨；部分新、老归侨重新调整安置和被批准出境，截至1989年年底，原甘庄华侨农场场尚有老归侨173户，共505人（包括他们的子女在内）；新归侨345户，共1714人，新老归侨总共518户，共2219人。元江县公安局2008年1～8月共有效受理公民出国（境）旅游、探亲、赴港定居、留学、商务、劳务等566人次，其中原甘庄华侨农场的华侨侨眷占很大的比例，当然，也包含该场红新村这个华侨侨眷最多的村委会。

回国的归难侨如何集中安置？原甘庄华侨农场建设将遇到什么困难和问题？向市场经济过渡的农场改革怎样进行？原甘庄华侨农场如何走融入乡镇的社会主义新农村改革和发展的道路？等等。这些问题是依据国际形势变化、国内中国革命、建设、改革和发展中不同的需要而不断进行调整的。

图 2 - 1　雾霭中的甘庄华侨农场场部（何作庆摄　2010 年 3 月 14 日）

（一）安置印尼归侨

原甘庄华侨农场的印尼归侨来源主要有两种。

**1. 国家接待和集中安置到原甘庄华侨农场**

1960 年 4 月 13 日，首批印尼归侨 231 户，1125 人（包括男 583 人，女 542 人）按照国家、云南省安置归难侨办公室的安排到达原甘庄华侨农场，分别集中安置在 3 个定居点，组成红专大队，下辖 5 个生产队。当时印尼归侨有劳动能力的人为 544 人，占归侨人数的 48.3%，直接安排在生产队一线的职工为 437 人，安排在工副业及学校、医院等单位的人为 45 人。截至 1962 年，红专大队共有耕地 1083.3 亩，劳动力 509 人（包括部分国内职工），平均每个劳动力

图 2 - 2　印尼舞蹈（1）（何作庆摄　2008 年 12 月 30 日）

担负耕地 2.13 亩，种植双季水稻、甘蔗、杂粮和蔬菜等主要农作物。由于首批印尼归侨到达原甘庄华侨农场时，安置归侨的住房尚在施工之中，他们暂时以户为单位，分散居住在刚刚并入原甘庄华侨农场的各傣族职工（或者农民）的家中。直到 1962 年，各居民点逐步建成并交付使用后，各印尼归侨户才从原居住的各傣族职工（或者农民）的家中搬出来，乔迁新居。

### 个案 2 - 1　印尼归难侨林福山一家

林福山，男，1930 年 1 月 24 日出生，汉族，初小文化，福建省人。1960 年回国前在印尼时帮别人做苦工过生活的。妻子王月荣，1968 年时有了四个小孩，本人就开小修理店，爱人缝衣，这样一家有六个人基本上可以维持家庭生活。1969 年后，爱人不缝衣服了，每月的费用，包括房子费、伙食费等靠向别人借钱维持生活，每月所付高利贷，加上各种苛捐杂税，经济越来越困难，生活到了过不下去了地步。1960 年 8 月伟大的社会主义祖国在毛主席的英明领导下，派船到印尼接归难侨，林福山一家六口就随之回到祖国的怀抱，回国后在党和毛主席的情切关怀和无微不至的照顾下全家过着幸福美满的新生活。那时一家只有两个劳动力，随后又增加了两个孩子，全家八口人完全需要国家的补助供养，20 世纪 70 年代初还需要国家每月补助 27 元，供养六个小孩读书。

**2. 漠沙华侨农场合并到原甘庄华侨农场**

1962 年 12 月，根据云南省侨务处的安排，玉溪市新平县漠沙农场的印尼归侨集体调整并入原甘庄华侨农场，计有 197 户，856 人（其中男 430 人，女 426 人）和 6 名行政管理人员，分别集中安置在 4 个定居点，组成新建大队，下辖 4 个生产队，当时印尼归侨有劳动能力的人为 335 人。截至 1962 年，新建大队有耕地 982 亩，劳动力 320 人，每个劳动力平均担负耕地 2.9 亩，主要种植双季水稻、甘蔗、杂粮和蔬菜等农作物。

图 2 - 3　印尼舞蹈（2）（何作庆摄　2008 年 12 月 30 日）

此外，还有不少印尼归侨是云南省侨务处（办）在不同的时期因照顾夫妻团聚、亲人聚居等原因而从云南省13个华侨农林场互相调整安置，分散的、个别的调整安置到原甘庄华侨农场。

### （二）安置马来西亚与泰国归侨

据有关资料统计，截至1966年，原甘庄华侨农场安置马来西亚归侨4名和泰国归侨1名。他们的居住安置情况大体与上述的红专大队印尼归侨相似，在此就不再重复。

### （三）安置越南难侨

据有关资料统计，1978年原甘庄华侨农场共接待和集中安置越南归难侨998人（其中职工339人）；截至1979年，接待和安置的越南归难侨人数增至1458人（其中职工487人）；1983年安置越南归难侨497人；1985年接待

图2-4　生火烧水的越南归侨祖孙（何作庆摄
2010年2月27日）

和安置越南归难侨 199 人。截至 1987 年年底，在场越南归侨总人口为 1683 人（其中职工 518 人）。越南归难侨分批到达原甘庄华侨农场后，集中安置在干坝分场的 4 个定居点（即干坝分场的第 6、7、8、9 生产队）和红新分场的 2 个定居点（即新建分场的第 8、9 生产队），部分分散安置在新建分场的第 2、3、6 等生产队和红专分场的小龙潭生产队。他们主要从事甘蔗、花生和杂粮等农作物的种植工作。

### 个案 2-2 越南归难侨罗光永一家

罗光永，男，1970 年 6 月 20 日生，苗族，越南归难侨，现住元江县青龙厂镇红新村委会联侨村小组（原元江县甘庄华侨农场红新三队 84 号门牌）。妻子杨小姗，女，30 岁，女儿罗秋，女，9 岁。越南归难侨罗光永安置到甘庄农场至今，一直住着土木结构的老房子，全家三口分得口粮地，但生活非常困难，每人每月生活费为 100 元［家庭月总收入 300 元÷家庭人口 3 人＝100 元/月·人］，2009 年已向民政局各领导申请低保。

此外，外国籍人士在甘庄华侨农场生活的有两类：印尼人 6 人，占 0.085%；越南人 1 人，占 0.014%。

总之，在边疆少数民族聚居地区建立的原甘庄华侨农场，这种华侨农场既是地方基层行政机关，同时又是事业单位，有时又是农业企业或者公司，成为在中国革命、建设、改革和发展中政权、事业单位与华侨农业企业或者公司统一的政治组织形式。

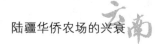
## 三 归难侨人口流动与分布

原甘庄华侨农场由主要由国外回来的印尼归侨、越南归难侨和国内本地的傣族、彝族等组成。20 世纪 80 年代以后，由于中国政府放宽了出入境的限制，大批以家庭团聚、探亲访友等原因出国者成为原甘庄华侨农场再次新移民的先驱，截至 1983 年，原甘庄华侨农场累计到港澳定居人数为 805 人，1987 年年底离开原甘庄华侨农场的归难侨累计人数达 1227 人；在场实有印尼归侨人数为 667 人（其中职工 244 人）。据了解，1988 年后，我国政府逐步减少了出国的指标；1989 年国内出现动乱，西方国家对我国进行封锁，出国基本上停止；1990 年我国基本上停止了对出国安置者的补助。该场归难侨及其眷属人口经过不断流动，引起分布随着变化，截至 2008 年，该场留场归侨来自 7 个国家和地区，大部分归侨是来自印度尼西亚、越南，少部分归侨来自泰国、马来西亚、缅甸、老挝等国；该场归侨、侨眷的亲属分布在世界 24 个国家和地区，即美国、英国、法国、加拿大、西德、西班牙、匈牙利、澳大利亚、新加坡、印尼、马来西亚、荷兰、毛里求斯、泰国、越南、老挝、缅甸、奥地利、中国香港、中国澳门等国家和地区。

表 2 - 1　原甘庄华侨农场归难侨统计汇总

统计单位：　　　　　　统计统计时间：2008 年 10 月 16 日

| 单位名称 | 人数 | 单位名称 | 人数 | 单位名称 | 人数 | 合计（人） |
|---|---|---|---|---|---|---|
| 甘庄分场 | 58 | 干坝分场 | 313 | 红新分场 | 766 | 1137 |

资料来源：甘庄华侨农场侨联于 2008 年 12 月底提供。

原甘庄华侨农场从 1960 年起安置印尼汉族归侨，1978
年后分批安置越南苗族归难侨。甘庄华侨农场形成了颇具
特色的多元民族结构，即世居的傣族和彝族、东南亚各国
的汉族归侨、越南苗族归侨，甘庄华侨农场的多族源、多
语言和多文化的人口格局，使得甘庄坝的民族文化和民风
民俗呈现出丰富复杂的特点，为当地带来了异域文化、多
元文化的相互交融，极大地丰富了甘庄坝的多姿多彩的民
族文化，不同文化的交相辉映，共同促进了甘庄坝社会的
进步。

## 四　安置归难侨存在的困难

中国政府是依据中国革命、建设、改革和发展中不断
变化的形势和不同地区的民族特点进行安置归难侨工作的。
原甘庄华侨农场在接待和集中安置归难侨过程中面临的一
系列的困难，主要有：①从事侨务工作的干部严重不足。
积极培养侨务干部是党和政府解决国内侨务问题的关键，
但是，党和政府领导和解决国内侨务工作的干部力量严重
滞后于实际工作的需要。②对侨务问题具体情况的调查研
究难以展开。开展对归难侨侨务历史和现状的调查研究，
使党和政府制定的侨务政策建立在可靠依据的基础上，有
利于减少侨务工作的盲目性，增强自觉性，提高可行性和
工作效率，但是，因归难侨来源于不同时期、不同国家和
地区、不同的族群，中国与这些国家的外交关系长期处于
互不信任，甚至僵持的状态，使对归难侨侨务历史和现状
的调查研究在国外难以开展，只能局限在国内的华侨农场。
③执行侨务政策的整体水平存在差异。各级党和政府接触
了存在着千差万别的社会习俗，以及不同的宗教信仰的华

侨华人，针对具体情况，制定了相应的侨务政策，但是，许多党和各级政府部门涉侨工作人员的思想观念转变缓慢，仍沿用传统工作中的一般做法和普遍经验，在一定历史时期甚至以阶级矛盾和阶级斗争的立场、观点、方法去看待和处理有关的侨务问题，严重地伤害了归难侨的爱国爱乡的感情，甚至少部分归难侨的身心受到了摧残。

## 五　归难侨生产与生活适应

印尼归侨在国外时大多从事的是小商小贩的行业，他们回国后被集中安置边疆、民族、山区、贫困为一体的农村地区——原甘庄华侨农场，尽管当地的生活条件十分艰苦，生产条件比较落后，但他们把境外的赤子之心很快化为报国之举，充分发挥老一辈华侨的爱国、爱乡，艰苦创业的优良传统，与当地的傣族、彝族职工一样不怕苦不怕累，较快地适应了从国外从事工商业向国内农业生产的转换，在原甘庄华侨农场发展的各个时期作出了自己应有的贡献，涌现出许多的为适应社会主义事业需要的动人事迹和先进模范人物。当然，也有不少适应过程较为艰难的华侨。

### 个案2-3　华侨张世雄文化调适

张世雄，男，2008年63岁，他在接受采访时说："我是1966年从印尼归国的华侨，回国时20岁，路线是印尼—泰国—缅甸，回国前当过马共组织的兵。我是一个人自己回来的，高小文化程度，1966年时为马来西亚共产党组织成员，在当地的华侨小中学读书，后来马来西亚政府接管这些侨校，回来原因是20世纪50年代的中国扩张政策失误影响了他们，当时一起回国的有4个人，大哥已经去香港，二哥死掉了，另一个探亲没回来。我20世纪70年代末还曾经偷渡去香港，后被遣送回农场，从一回来就是走到哪里都有人跟踪、追问，甚至去看一场电影回来也要盘问报告。"

"我的妻子叫罗王美英，是青龙厂镇王家村的彝族，场员，48岁。当年是一起劳动，我开推土机推路认识的，自由恋爱。1982年结婚。只有一个女儿，叫张谢辉，汉族，在做卖衣裳生意；女婿叫唐元华，是玉溪人，在开出租车；他们小夫妻有个小孩子叫唐银航，2岁。"

"20世纪八九十年代我在红糖厂工作，现在这间房子是1989年时一个印尼老归侨走了留给我住的，月租18元/月，实际是8~11元/月。当时我在马来西亚那边的妈妈还给我寄钱用，我当时的工资根本不够，想要申请回去，又不批准，不让走，我就在1978年、1980年时曾经偷渡去澳门，1978年在澳门偷渡，船坏未成功，被关起审问；当时参加偷渡的8人，7人随后申请批准回港，仅仅剩下我1人。我和妈妈只有在1992年时在广东见过一面，带身份证、户口回马来西亚申请回国，未获得批准。现住国外的母亲和妹妹在1998年以后因城市改造搬迁，地址变更了，从此就联系不上了，无法再回国外了。"

"在这边的生活又比不上那边，我的书又读得好好的，当时没办法是被迫回来的，让来中国找马共的组织。当时回来很不适应，从未在农村待过，回来时政治不适应，批斗多，吃不饱，有什么吃什么，回来前只见过水牛，没见过水稻，都是第一次见着水牛犁田，开过各种车辆（当时农场只有三辆车），人生很失望，只有这样了。来这里以后确实挺失望的，现在能走的都走了，我现在也老了，走不

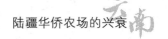

了，想回去也回不去了，只能这样过了。"张世雄心中走与
留的交织心态很矛盾。

### 个案 2-4  华侨张正乾文化调适

张正乾，男，2008 年 69 岁，1978 年从越南归国的华
侨，一家十口人，包括老岳母、妻子和八个子女一起回来
的。他在接受我们采访时说："以前小时候在越南读到小学
二年级，中文是自学的，半个学期就不读了。刚回来的时
候各个方面都不适应。老归侨说我们笨，干什么都学不会，
也没文化，嫌我们不讲卫生，这个那个的，表现在很多方
面，当地人对我们也有些看法的，只是当时有政策，不敢
乱说，但是我们能感受到那种歧视。"

这是一个个让人感到心酸的华侨适应困难的故事，属
于华侨底层沉淀下来的一部分。当然，也有相对而言华侨
适应成功的例子。20 世纪 80 年代，原甘庄华侨农场全面推
行经济承包责任制调动了广大归侨职工的生产经营积极性，
提高了经济效益，从而使归侨的平均收入大幅度上升。1986
年，归侨纯收入超过 5000 元的承包户有六户，超过万元的
有一户。下面列举的熊光元、侯兴贵、田石英等就是这些
归侨职工及其家庭中的典型代表：

### 个案 2-5  印尼华侨陈善福文化调适

陈善福，男，印尼归侨，开摩托车修理店 35 岁；妻子
刀银珍，螺蛳寨人；儿子叫陈善伟，今年 1 岁。父亲陈积
胜，广东南海，为印尼华侨，曾在红新分场任职，退职后 8
年来修理自行车。陈善福对侨场的要求：父亲能否从退职

改办为在职，以减轻家庭负担。陈善福接手父亲的店铺干了18年，主要修摩托。元江县工商行政管理局发证后，开有"元江梅林摩托车修理店"，地址：元江县甘庄振兴街，个体户，经营：摩托车、自行车的修理，日用百货，副食品、其他食品的零售等。云国税局：532429730503001号；收证时间：2006年11月11日。2002年买下租赁房子，2000元/年，2.6万元买下，收入1000～2000元/月，给父亲400元/月。自己带几个弟子，大弟子在元江飞达公司，其他徒弟混大一点就走了。当时包弟子的早点和中午饭，晚上回家，每个弟子每月发300元，这样的条件在甘庄仅有陈善福提供。城里带徒弟收3000元押金，便于管理，但在甘庄都是亲戚，陈善福不收押金。平时在店，陈善福自己看徒弟修，否则人家看到自己不在就不修了。

陈善福在接受采访时说："2002年的时候花了26000元在场部所在地买了这个门面。算是正式有了个着落，以前没买下来的时候，一年是要交2000元的租金，其实老早就想买，就是没钱，当时买的时候是借了家里的钱。"

"有个弟弟叫陈善伟，34岁，在云锡集团一个分公司的一个工程处当临时翻译，已去了3个月，现签合同一年，4000元/月，到过印尼。弟媳叫李华，也是螺蛳寨人，比弟弟大一岁，在糖厂工作，患有高血压。每年上班4个月，工资是每月800元，开荒种芒果、甘蔗，糖厂规定，上班工人必须开荒种甘蔗。侄女叫陈美莲，小学2年级，8岁多一点。"

"父亲叫陈子胜，是广东人，母亲叫王秀英，是福建人，平时有高血压，一样事都做不成，父亲平时在家，附近要去印尼的人都在他那里学习，已经有好多个了，都是免费，不收钱。也算是自己找些事情做，有个寄托吧。"

"至于饮食方面，关于印尼饭，只有妈妈王秀英会做了，母亲是福建人，善做印尼饭，包括①层层糕（拉贝丝蒙）；②蛋卷（胜不挠）；③鸡蛋糕（布鲁）；④马达哈维（油炸饼干——意太阳花）；⑤菜张布里，方块、象汤圆包花生、白糖、弯根（灶前熏黑后一年洗干净，晒干磨碎，像糯米混合，有清香味）。因成本大，无法市场摊卖，每逢过节时，都不愿在家，后来姑妈从印尼寄回打蛋器，较省力。但是平时也不太做，主要是成本太大，费工夫也费料。以前刚回来的时候，生活水平和条件都不是很好，所以也没怎么做，就这么个样子，基本上我们从小就没怎么吃，也习惯了当地的这些饭菜了。只有平时过年过节的时候稍微做一点，招呼客人，我们也就跟着尝尝，小时候没机会学着做，现在更没有时间去学着做了。"

"家里在广西华侨农场有个姑妈，平时也有联系，以前是通通信，现在主要就是通通电话。广西华侨农场有亲戚，母亲的妹妹嫁过去两个人，亲戚朋友介绍，之前他们生活好些的时候，也会寄点钱和东西过来，但是生活主要还是要靠自己。"

"刚来的时候，包括农场的党委书记对我们还是很不认可，甚至曾经公开的说过不准当地人和归侨结合，他们太洋气、太娇气不是一类人，即使当时的一些年轻人彼此都很相爱，都没有敢结婚的，但现在就不一样了，已经很自由的了。"

## 个案 2-6  华侨侯兴贵

侯兴贵，红专分场 5 队的越南归侨。全家只有两个劳动力，除种好承包的甘蔗地外，还利用农闲搞副业，割山草、开荒种花生、地瓜等，每年纯收入 5457 元。

### 个案 2-7 华侨田石英

田世英，红专分场 2 队的越南归侨。一家人在 1986 年承包芒果 22 亩，在农场科技人员的关心和帮助下，通过一年的辛勤劳动，1987 年产量达到 13500 公斤，总收入 13500 元，减去各种费用及上缴管理费后，纯收入 10845 元，成了万元户。全家生活改善了，买了电视机、单车、手表、衣物等，还清了 1000 多元的贷款，剩余的钱存入银行支援国家建设。[①]

### 个案 2-8 华侨田世英文化调适

田世英，越南归侨，一家 8 人，劳力只有 1 人。1988～1989 年承包芒果 18.3 亩，规定上交 710 公斤，实际收芒果 10 吨，总收入 2 万元；承包甘蔗 6 亩，以单产 1.82 吨计，规定上交 10.92 吨，实际单产 2.9 吨，总产 17.45 吨；1989 年上述两项承包，除去生产支出，农业承包收入有 2 万元，人均收入 2500 元。

### 个案 2-9 华侨许同源

许同源，印尼归侨，一家 4 人，1989 年承包芒果地 30 亩，规定上交 425 公斤，投产芒果有 14 亩，试产 16 亩，实际芒果总产为 5 吨，年纯收入 12000 元，人年均收入 3000 元。

---

① 《创业之路》，第 13～14 页。

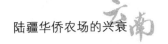
对部分归难侨及其眷属在适应原甘庄农场农场的生产生活中遇到困难的职工及其家属，云南省侨办通过适当提高生活标准和生活补助的办法给予解决。1987 年 1 月 1 日执行云南省侨办的文件《关于修订归侨生活标准和生活补助费使用办法的通知》（〔1986〕云侨办字第 322 号）规定：劳动力生活标准由 25 元调为 30 元，中学以上学生及家属由 18 元调为 24 元，小学生以下儿童调为 20 元，孤寡老人或孤儿由 20 调为 30 元；退休退职人员定为 30 元；离休干部定为 45 元，因公伤残的在职或退职人员定为 45 元。修订后的标准，对归侨基本生活费标准作了适当提高；使用办法中采取固定差额补助、有偿扶贫补助和临时因困难补助相结合的办法，将有利于革除"大锅饭"和单纯的为救济而救济的弊端。原甘庄华侨农场坚决贯彻执行云南省侨办的通知，得到了广大归难侨及其眷属的好评。

## 第二节　侨联组织

### 一　原甘庄华侨农场侨联组织的成立

在建场后很长的一段时间内，原甘庄华侨农场由于受"左倾"思想的影响，普遍把归难侨作为一般国民看待；改革开放后，纠正了过"左"的倾向，原甘庄华侨农场内部设立了侨务科，专门分管归难侨方面的相关工作。原甘庄华侨农场精简机构，取消侨务科后，侨务侨联工作归党办。由于资料的不齐全，下面仅仅把收集到情况，大致整理如下。

在云南省侨办省侨联和原甘庄华侨农场党委的关怀和

支持下，1984 年 1 月 19 日召开原甘庄华侨农场第一次归国华侨联合会代表大会，成立了首届甘庄华侨农场归国华侨联合会（以下简称甘庄侨联）。但是，第一届甘庄侨联的领导变动较大，前后两位主席去中国香港定居，四位副主席兼秘书长中，有一位去中国香港定居，两位不幸去世。

### 个案 2-10　侨场/侨联领导苏益富

苏益富，男，1943 年 3 月出生，广西人，汉族，归侨，中专，1978 年 4 月归国，1978 年 7 月参加工作，原侨居越南，精通越语，1986 年 9 月加入中国共产党。1978~1982 年安置干坝分场第九生产队任队长。1983~1986 年调干坝分场副场长。1987 年至今调任甘庄华侨农场副场长，担任国营甘庄华侨农场归国华侨联合会主席，1988 年担任政协云南省六届委员会委员。荣获云南省侨办表彰"归（难）侨先进工作者"；云南省元江县人民政府表彰"第四次人口普查先进工作者、计划生育先进工作者"。

国外亲属：苏亚李（姐姐），女，58 岁，美籍华人，侨居美国加州；国内亲属：潘氏义（母亲），女，75 岁，甘庄红新二队，归侨；黄氏心（妻子），女，45 岁，甘庄中心幼儿园，职工，归侨；苏日生（儿子），男，20 岁，甘庄糖厂，职工，归侨；苏水妹（女儿），女，17 岁，甘庄中学，学生，归侨；苏日忠（儿子），男，15 岁，甘庄中学，学生，归侨。

甘庄侨联第一、二两届侨联，不断加强侨联的自身建设，协助农场党委、行政领导进一步落实各项侨务政策，解决了归侨侨眷中长期以来的遗留问题，进行了侨务工作对象的普查，协助农场有关部门清理归侨侨眷的档案，协助农场解决部分归侨难侨的困难，协助农业银行发放贴息贷款，热情做好接待来信来访工作，反映归侨的思想状况和要求，发挥了"桥梁"和"纽带"的作用，团结广大归侨、侨眷，加强了同港澳同胞、境外侨胞的联系，增强他们爱国爱乡的热情。侨联还聘请了法律顾问，依法维护归侨、侨眷和港澳台同胞境内的有关合法权益，排除阻力，满腔热情地为群众服务，对于温暖侨心、争取侨心发挥了积极的作用。

根据《中华全国归国华侨联合会章程》，原甘庄华侨农场第三届侨联委员会任期已满，需进行换届选举工作。2002 年 7 月 12 日召开了农场侨联第四次代表大会经过共同努力，精心准备，该农场先后圆满完成各项议程，会上选举产生了主席苏益福，副主席许德贤。它标志着该场的侨联工作的规范化、程序化，开创了该场侨联工作的新的里程碑。

## 二 甘庄侨联的活动

### 1. 侨联商店的创办

1984 年 10 月，甘庄侨联创办的侨联商店开业，该侨联商店采取入股分红的分配办法，动员归侨参加入股，创办时参加入股者有 22 户，股金总额仅有 9000 元，按规定上缴 3% 的利润作侨联经费，因商店运营纯利润仅有 430 元，盈利微薄，不能为侨联提供活动经费，但是，这个经济实体因它的服务功能被归侨、侨眷亲切地称呼它为"侨联之家"。由于该店经营有方，销售额成倍上升，1985 年股东增加到 24 户，股本金额由 9000 元增加到 20000 元，年销售收入有 84488 元，为侨联积累资金 2534 元，股东利息分红和提留 50% 作为扩大营业，共有 2868 元。1986 年股金增至 40000 元，全年销售收入 166119 元，为侨联经费积累资金 4983 元，股东利息分红包括提留共有 6707 元。1987 年股金又新增加 10000 元，共达 50000 元。全年销售收入 239049 元，为侨联提供经费 7171 元，股东利息分红包括提留共有 8844 元。1988 年侨联商店股东增至 28 户，股金总额达 80000 元，销售额达 338653 元，为侨联提供经费达 10159 元。1989 年侨联商店增至 30 户，股金总额达 10 万元，年销售额达 414025 元，为侨联提供活动经费达 12420 元。侨联商店自创办至 1989 年年底，五年总共发出奖金 92930 元，为侨联提供的活动经费共有 37270 元，股东利息分红 5495 元，另外提留 2301 元，五年中侨联商店的纯利润总共有 106358 元。该店的开办，起到的作用包括：（1）提高了原甘庄华侨农场归国华侨联合会的知名度，在一定程度上促使侨联学会做经济工作；（2）为原甘庄华侨农场归国华侨联合会提供必要的活动经费，发挥自身优势，使侨联能顺利地开展工作；（3）解决了部分该场部分归侨的就业问题。

**2. 修建侨民陵园**

按照 1984 年国务院侨办、公安部、民政局、最高人民法院、最高人民检察院关于保护华侨祖墓的文件精神，以及 1989 年春节侨胞联欢会上，玉溪地区侨办领导同志关于修建归侨陵园的提示，原甘庄侨联经过讨论，认为修建侨民陵园，不仅有利于满足侨胞、港澳同胞们"寻根问祖"的愿望，而且有利于进一步增进和加深他们对甘庄的长远交往，赢得人心。于是，在 1989 年 3 月 1 日和 18 日，两次发出"致港澳同胞、侨胞书"倡议修建甘庄侨民陵园，希望境外同胞和各方善士的鼎立资助。该倡议得到了各方的响应和支持，有的中国香港同胞汇来的资助款，最多的折合当时人民币 1000 元，有的归侨送到侨联资助款达人民币 200 元，许多在甘庄虽无亲人坟墓的境外同胞和国内同胞，如中国香港同胞黄耀辉先生虽无亲人坟墓，也热心资助人民币 1000 元。这次募捐活动，共收到的资助款户有 219 户，人民币金额有 50941 元，港币 12700 元；单位资助的有原国营甘庄华侨农场 20000 元，云南省侨联 1000 元，玉溪行署侨办 1500 元等；此外，原甘庄侨联亦拿出可观数额的资助。原甘庄侨联协调各方，在甘庄糖厂和甘庄中学附近的山坡上，修建了两处侨民陵园，并在已建成的侨民陵园内修建了永久性的高大的大理石碑，上面撰刻各位资助人士的姓名和金额，以及建立碑用收支账目等。

图 2-5　甘庄侨民陵园一角（何作庆摄　2010 年 3 月 1 日）

### 3. 法律顾问的聘请

为积极维护归侨、侨眷和港澳同胞的合法权益，树立热情为他们服务的观念，甘庄华侨农场归国华侨联合会于1988年3月聘请了法律顾问，依法维护归侨、侨眷和港澳台同胞境内的有关合法权益。如该会法律顾问办理原该场去中国香港定居的钟××的法律事务，为其挽回人民币3000元。

### 4. 为侨生升学出具证明

为"三侨"学生开具身份证明书，使侨生能根据国家政策和相关规定，在升学和就学中得到适当照顾。截至1987年的近五年中，该场"三侨"要求升入中等专业学校的学生有90名，考进大专院校的学生有6名，每年该会要根据政策规定，为"三侨"生开具身份证明，使他们在升学录取时都能按国家的规定得到适当照顾。同时，原甘庄侨联积极按照党的"一视同仁""不得歧视"的侨务工作根本方针，对侨生及其归侨家庭在征兵、入党、入学、提干、住房等方面，以实事求是的精神，以侨务政策为着眼点，给予妥善安排解决。

### 5. 做好国外华人华侨和港澳同胞的涉侨工作，认真服务国外华人华侨和港澳同胞

来信来访工作是华侨农场密切联系归侨、侨眷、港澳同胞的重要渠道，也是贯彻执行各项侨务政策情况的信息窗口；是沟通侨心，了解侨情的纽带，也是侨联做好协调服务工作的重要环节。原甘庄侨联主要做好以下五项工作。（1）元旦、春节期间寄送贺年片活动。原甘庄侨联在每年的元旦、春节期间都要向原甘庄华侨农场职工退休后定居在国外的华人华侨和港澳同胞及其眷属寄送贺年片，

在 1990 年前的五年中寄送的数量合计 1758 份；这些国外华人华侨和港澳同胞收到后又向甘庄侨联寄来挂历和贺年片，如 1990 年元旦、春节，甘庄侨联收到从中国香港寄来的挂历 40 多本。这些工作虽然是"物轻"，但却是"义重"，起到了加强甘庄侨联与侨胞经常联系的作用，增进了彼此之间的感情，加深了相互之间的友谊。（2）举行迎春联欢系列活动。每年春节期间甘庄侨联都要组织港澳同胞、归侨、侨眷举办迎春联欢活动系列，召开迎春茶话会、迎春联欢晚会、迎春晚宴款待他们，对他们表示欢迎和致以节日的祝贺。（3）接待祭奠亲人的国外华人华侨和港澳同胞。每年来甘庄祭奠亲人，进行扫墓活动及探亲访友的国外华人华侨和港澳同胞，少则数十人，多则百余人。据统计 1990 年春节至 5 月回甘庄祭奠亲人的国外华人华侨和港澳同胞有 115 人，其中春节期间祭奠亲人的有 38 人，清明节期间祭奠亲人的有 28 人，其他时间祭奠亲人的有 49 人。（4）做好来访来信工作。在 20 世纪八九十年代的来信来访中，主要涉及的内容：首先，是申请去港澳事宜，其次，是要求协助办理病休、解决住房、困难补助、子女就业、寻找亲人，以及调整安置等问题。据统计，1988 年原甘庄侨联受理归侨和港澳同胞的来信 63 件，接待来访者近百人次。（5）接受委托，认真服务侨胞。国外华人华侨和港澳同胞每年都会有一些相关事项委托甘庄侨联，主要涉及协助办理病退休工资邮寄、照顾老人等，据甘庄侨联介绍，1986 年归侨杨×父女批准去中国香港定居，担心留下的两位 70 多岁的老人无人照顾，要求把两位老人委托给甘庄侨联。侨联本着为归侨、港澳同胞服务的职责，义不容辞地接受了他们的请求，由侨联物色照护人选。原甘庄侨联依据云南省侨办〔1988〕223 号文件，接受委托，协助落实了出国定居、港澳地区定居的 162 个退休老人按相关政策应增加退休费事宜，使他们同国内归侨退休职工享有同等的待遇。

**6. 协助落实年度调整安置的人员及其善后工作**

20 世纪八九十年代以来，由于国家政策的放宽，允许原甘庄华侨农场的归难侨职工及其眷属按照国家相关的政策，进行重新调整、异地安置、出港定居、出国与亲人团聚等，据统计，1990 年落实安置办理的共有 36 户，143 人，其中在广东定居的有 5 户 18 人、广西 4 户 5 人、昆明 4 户 7 人、玉溪 10 户 56 人、文山 2 户 11 人、元江城区 5 户 8 人、通海 5 户 26 人、麻栗坡 1 户 2 人等。

### 个案 2-11　印尼归侨李始芳要求恢复教师身份

印尼归侨宋庆文的爱人李始芳 1999 年以前是甘庄幼儿园的教师，但从 1999 年 9 月起一直停薪留职在深圳、中国香港照顾母亲及外孙，不在职不在岗，按照相关文件精神李始芳不属于考核接受范围，因此没有归口接收到元江县教育管理部门。她本人于 2006 年 5 月退休，退休金只按照场员正常退休工资发放，比教师工资低得多，宋庆文为此多次找到侨联侨办，要求帮助爱人李始芳恢复教师身份，享受退休教师工资待遇。侨联侨办积极与元江县人事劳动局、教育局联系，经过查阅原始资料，多方面认真仔细地查证，认为李始芳确实不属于教师考核范围，并联合以书面的形式给宋庆文一个明确的答复。这件事虽然没有达到宋庆文的意愿，但是侨联侨办的工作态度很受他本人的认可和好评。①

**7. 做好调查，协助发放生产生活困难补助和各种慰问活动**

20世纪八九十年代，甘庄侨联做好调查，还协助甘庄华侨农场解决部分归侨、难侨的困难，如印尼归侨饶初通，1989年一家月人均收入只有21元，劳动力每月人均收入只有31.52元。甘庄侨联尽力帮助这些生产生活困难补助的归难侨，扶贫致富，向原甘庄华侨农场反映归侨的思想状况和要求。这些工作对于温暖侨心，争取侨心发挥了积极的作用，从而使甘庄侨联在经济建设和社会政治生活中能更好地发挥作用。

1987年甘庄侨联经过调查，提供给甘庄华侨农场发放固定生产补助款的名单，发放固定生活补助款每月8063元，每年补助96756元，受惠的归难侨生产队有17个221户1081人；同时，建议甘庄华侨农场每年给予并拨到红专、新建、干坝三个分场部分归难侨临时困难补助款3600元，作为一般性的困难补助。

2003年春节来临之际，甘庄侨联陪同元江县侨联、云南省侨办（万兆灿副主任及国内处处长黄惠松）、玉溪市侨办（陈黎明主任及联络处处长谭风）等领导到甘庄华侨农场进行春节慰问活动，云南省侨办发放给甘庄农场慰问金2.8万元，云南省侨联尹副主席带领义务医疗队30多人到原甘庄华侨农场给广大归侨、侨眷看病、治病，医疗队共为1700多人（含红河华侨农场）看病，受到了广大群众的普遍欢迎。这些活动得到了广大归侨、侨眷的拥

---

① 《元江县侨联侨办2006年工作总结及2007年工作要点》（2006年12月21日）。

护，凝聚了侨心，争取了人心，广大归侨的权益得到了保障。①

2006 年春节来临之际，甘庄侨联陪同元江县侨联、玉溪市侨联侨办、云南省侨联侨办、中央"五侨"春节慰问组到甘庄走访慰问归侨侨眷重点困难户 42 户，共发放慰问金 16 万元（含红河华侨农场），其中：中央"五侨" 14 万元，市级 2 万元，通过做好这些送温暖活动，让困难的归难侨都可以过上一个平安吉祥的春节。

**8. 为困难归侨侨眷享受当地低保政策服务**

2005 年来，甘庄侨联积极向元江县侨联侨办反映归侨侨眷困难户的情况，促成元江县侨联侨办适时地与元江县民政局联系，宣传侨务政策，为使更多的归侨侨眷困难户享受到低保政策。2006 年度原甘庄华侨农场共有 38 户 69 人（含红河华侨农场）纳入当地最低生活保障；据统计 2005 年~2008 年 7 月，元江县累计共有 606 户 941 人次得到低保补助，四年累计共支出保障金 862423 元，达到了全省平均水平，为维护农村社会的稳定，促进全县农村经济社会的发展发挥了重要作用为侨场的稳定作出了应有的贡献。

## 三 甘庄侨联的弱化

2009 年 3 月 13 日，原甘庄华侨农场就近并入元江县青龙厂镇，改称华侨事务管理区，但是，在这个过程之中，甘庄侨联的地位不明，侨联组织明显被弱化，这样侨联就很难按照群众团体的特点独立自主地开展工作，在涉及归

---

① 《元江县侨联 2003 年工作总结》（2002 年 12 月 1 日）。

侨、侨眷利益的有关决策中没有发言权，使侨联在社会主义民主生活中起不到应有的作用。甘庄侨联主席黄成玉就是其中的一个例子。

图 2-6　华侨事务管理区（何作庆摄　2010 年 3 月 1 日）

## 个案 2-12　甘庄华侨农场撤场并镇后遗留
## 问题：侨联黄成玉主席

黄成玉，男，1969 年 4 月 9 日出生，土家族，中共党员，大专文化，云南马关县人，1980 年 12 月从越南回国，先在文山读小学三年级，安置到原甘庄华侨农场红新四队定居；先后在甘庄红新小学、甘庄中学学习；后随父亲迁到甘庄，读完小学、初中，参加场里工作，在元江参加脱产的中专，经济管理专业。爱人李兴芬，越侨，壮族，1993 年结婚，生二子，长女黄开莹，15 岁，初三刚毕业，考分为 601.5 分，想读玉溪一中，不想读元江一中；次子黄凯斌，10 岁，青龙厂镇甘庄华侨小学读书，他在家时和父母讲壮话，子女不会讲本民族话了，节假日一般按壮族习俗过。黄成玉曾任红新四队生产队队长、红新分场副场长、党总支副书记、场长、党总支书记等职；2007 年 12 月当选为原甘庄华侨农场侨联主席至今，2009 年撤场并镇后，在家务农。

　　黄成玉父亲祖籍为文山州人，在八九岁时去越南，后来上门做女婿。1980 年回国，先在文山州马关县暂住一段时间后，1983 年 10 月从文山州马关县安置到甘庄华侨农场红新的第 4、6、9 队，其母亲为越南壮族，1983 年时已 50 多岁，未安置工作，生活费除国家的补贴（6 元、12 元、60 元、100 元等）外，其他不足部分由子女分担或者提供，2008 年 6 月对贫困华侨补助方案经侨场批准，因病无力劳动的华侨增加到 100 元/人/月，总计 68 人，其母亲是受惠者之一。

# 第三章  侨场政治建设

## 第一节  党的组织

### 一  党组织建设

1960 年 4 月，国营甘庄坝农场接收和安置印尼归侨，改称国营甘庄华侨农场，党的组织改称中共国营甘庄华侨农场委员会，隶属云南省侨务处党组织领导。1963 年 6 月，国营甘庄坝农场划出脊背、朋程、路通三个管理区归属元江县青龙公社领导，农场党委下辖机关、甘庄、干坝、红专、假莫代五个党支部，一共有 58 名党员，其中假莫代管理区党支部有 12 名党员，新建大队条件不够，不成立党支部。1964 年，甘庄分为甘庄和东风两个大队，党组织也相应建立两个党支部；1965 年增加直属队（小龙潭）党支部。截至 1965 年，中共国营甘庄华侨农场委员会下辖机关、甘庄、东风、干坝、红专、假莫代、小龙潭七个党支部，一共有 61 名党员。在中共国营甘庄华侨农场委员会的领导下，在原国营甘庄坝农场干部队伍的基础上，吸收了部分印尼归侨的优秀、积极分子加入干部队伍，完成了云南省侨务处党组织交给的接收和安置印尼归侨的任务，使印尼归侨较快地适应了新中国的社会主义制度和农场的生活环境。

1970 年 3 月，甘庄华侨农场改名为"中国人民解放军云南生产建设兵团独立二团"，党的组织改称"中国共产党中国人民解放军云南生产建设兵团独立二团委员会"，按照部队编制，团党委书记（政委）由中共玉溪军分区委员会书记（政委）杨明兼任，由副书记（副政委）周用能协助政委工作，甘桂林（副政委）主持党委的日常工作，有党委委员 9 人。

独立二团为半军事组织，下辖三个营，甘庄华侨农场编为第一营和第二营，元江县城附近的红河华侨农场编为第三营，团部设在甘庄华侨农场场部所在地。中国共产党中国人民解放军云南生产建设兵团独立二团委员会下辖一营党委、二营党委、三营党委；另设有团直属的政治部、司令部、后勤部等三大机关以及六个直属连队（其中一个在第三营）、五所学校（其中一所学校在第三营）、一个卫生队，均设有党的组织。全团共有 23 个党支部，228 名党员。在中共玉溪军分区委员会领导下，云南生产建设兵团独立二团委员会在四年多的时间里，贯彻党中央的指示精神，在政治上纠正了原甘庄华侨农场执行的极左政策，制止了打砸抢行为，逐步消除了乱批乱斗的现象，挽救了一大批好的、比较好的干部和职工，初步形成了相对安定团结的良好局面。

1974 年 10 月，中国人民解放军云南生产建设兵团独立二团奉命撤销，现役军人调回部队，恢复国营甘庄华侨农场体制，成立中共国营甘庄华侨农场第三届委员会（1974 年 10 月～1981 年 9 月），隶属云南省农垦总局领导。由玉溪地委任命吴之惠为农场党委书记，梁茂源为副书记，有党委委员7人。农场党委下辖4个总支，33个支部，共234名党员。中共国营甘庄华侨农场第三届委员会在任期（1974年10月～1981年9月）的7年时间中，在政治方面主要抓好下列工作：（1）认真学习和讨论"实践是检验真理的唯一标准"和《关于党内政治生活的若干准则》；（2）认真搞好"揭、批、查"，纠正冤假错案；（3）加强党的组织建设，大力培养归难侨干部和少数民族干部。农场党委根据新的形势需要，认真贯彻发展党员的积极、慎重的方针，发展了一批新的党员，并从中培养和选拔了一批归难侨和少数民族的干部，充实了各级领导班子队伍。中共国营甘庄华侨农场第四届委员会（1981年10月～1984年4月）于1981年10月成立，隶属省侨办党组领导，梁茂源为（印尼归侨）任党委书记，李茂贵任副书记，有党委委员7人。农场党委下辖4个总支，43个支部，共244名党员。1984年3月，成立了中共甘庄华侨农场纪律检查委员会，李茂贵任书记，有委员5人，下设办公室，有专职工作人员一人。中共国营甘庄华侨农场第四届委员会在任期（1981年10月～1984年4月）的近三年时间中，在政治方面主要抓好下列的工作：（1）认真抓好干部党员的学习，不断提高他们的理论水平和思想觉悟。（2）依靠各级组织中的干部和积极分子，抓好农场精神文明建设。（3）结合农场改革实际，解决农场职工思想中出现的新问题。该场党委针对1983～1984年农场在全面实行职工家庭联产承包责任制中，部分职工思想顾虑多，通过一系列思想教育，具体算账，给承包户服下"定心丸"，取得了较好的社会效益，安定了人心，切实推进了职工家庭联产承包责任制工作。（4）落实党的知识分子政策，平反冤假错案，发展知识分子党员，提拔知识分子干部。1983 年以来，甘庄华侨农场第四届委员会对历史上遗留问题——知识分子的冤假错案进行了复查、平反和处理；1983 年积极做好知识分子入党积极分子的工作，先后发展了 7 名知识分子入党，1984 年在积极做好中小学知识分子入党积极分子的工作，先后发展了 3 名教师入党，改变了建场 25 年来教师中没有党员的状况。同时，加大力度选拔知识分子干部，甘庄华侨农场第四届委员共选拔了 10 名知识分子干部充实到该场的各级领导岗位，调动了知识分子的工作积极性和主动性。

中共国营甘庄华侨农场第五届委员会（1984 年 4 月 ~ 1987 年 9 月）于 1984 年 4 月成立，梁茂源（印尼归侨）任党委书记，李永和任副书记，有党委委员 8 人。农场党委下辖 4 个总支，33 个支部，共 253 名党员。中共国营甘庄华侨农场第五届委员会（1984 年 4 月 ~ 1987 年 9 月）的三年多时间里，在政治方面主要抓好下列工作：（1）拨乱反正，加大力度落实党的干部、知识分子、归侨、民族等方面的政策。（2）抓好整党工作，加强党的建设。（3）服从大局，实行党的工作重心的转移，不断促进安定团结大好局面发展。该场各族、新老归侨、新老职工之间，共同团结，平等互助，和睦相处，安定团结的政治局面继续发展巩固，得到上级领导和职工的一致好评。

在改革开放时期先后担任甘庄华侨农场党委书记的还有：梁茂源（1988 年 6 月 ~ 1991 年 3 月）、李永和、李祖生、车德才、李万明等人（详见表 3 - 1）。

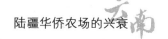

表 3 - 1　原甘庄华侨农场党委正职简表

| 次　序 | 时　间 | 主要负责人 | |
| --- | --- | --- | --- |
| | | 正职 | 备注 |
| 第一届 | 1958.9 ~ 1970.2 | 田云、吴之惠 | |
| 第二届 | 1970.3 ~ 1974.10 | 杨明（兼） | |
| 第三届 | 1974.10 ~ 1981.10 | 吴之惠 | |
| 第四届 | 1981.10 ~ 1984.4 | 梁茂源 | |
| 第五届 | 1984.4 ~ 1987.9 | 梁茂源 | |
| 第六届 | 1987.9 ~ 1991.3 | 梁茂源 | |
| 第七届 | 1991.4 ~ 1994.1 | 李永和 | |
| 第八届 | 1996.6 ~ 1999.1 | 李祖生 | |
| 第九届 | 2000.3 ~ 2003.2 | 车德才 | |
| 第十届 | 2003.10 ~ 2009. | 李万明 | |

资料来源：作者收集资料整理而得。

### 2. 党组织变迁的特点

综上所述，中共国营原甘庄华侨农场的党组织变迁的特点：（1）党组织是因安置云南省、玉溪地区、通海县等下放干部的需要而设立的；（2）党组织建设是随着农场规模的变动而变化的；（3）党组织建设是随着中国与周边邻国的国家关系的变化，接收和安置印尼和越南等国家的归难侨的需要而不断加强的；（4）党组织建设是随着国家军事建设的需要而变动或者变化的；（5）适应20世纪不断深化华侨农场改革和发展需要的新时期，元江县委作出了撤销原甘庄华侨农场党委的决定，就近并入中共青龙厂镇党委后，通过选举工作完成红新村等三个村委会党支部的党组织的转变和建设工作。

## 二　共青团组织

共青团原甘庄华侨农场委员会在计划经济时期比较健全。建场初期，建立了中国共产主义青年团甘庄华侨农场委员会，农场机关设有团委书记一人，现已退休的白永祥是任职时间较长的一任团委书记，20世纪八九十年代以来，团委书记一职一般由场部办公室人员兼职。因农场的撤并，资料大部分丧失，仅仅找到了1987年的资料。1987年，团委会下设5个总支，31个支部，有团员388人；各个分场设有团总支，有团总支书记一人；各个生产队（或连）设有团支部，有团支部书记1人的简单记录。共青团甘庄华侨农场委员会有较为完善的团组织活动制度，如《团组织活动制度》《团组织学习制度》等基本上是照抄或者套用全国通用的模式，它在建立健全各种制度的基础上，争取华侨农场党党委和元江县团委的支持和帮助，积极开展各种有意义的活动，做好团的自身建设工作，特别是在开展了建设新农村青年行动等活动中，团组织都发挥了积极的作用。

作为执政党的青年组织，共青团的组织功能、组织活力的根本标志，在于与广大普通青年的关系和在青年中真正的影响力，但是，改革开放以后，特别是实行市场经济，原甘庄华侨农场划归元江县地方管理以后，作为农业企业，因地理环境和社会生产活动等原因的限制，原甘庄华侨农场共青团组织的一直处于不断弱化的过程之中，专职的团干部职位已取消，大部分为兼职岗位，共青团员外出打工的较多。面对日益复杂的青年工作处于被动的应付状态，2009年3月13日甘庄华侨农场就近并入青龙厂镇，成立华侨事务管理区，同年4月对红新村委会"两委"选举工作结束，各村委会的共青团总支书记一职一般由村干部兼任，为加强红新村委会的共青团工作，建议：（1）应积极探索新的团组织设置方式，可以考虑发挥元江县机关或者学校等团组织健全、工作规范的优势，带动农场团的工作开展，从而实现以机关或者学校团组织为龙头，带动、整合农场的团建资源，实现以机关带红新村、学校与红新村联建、共建共赢。（2）统筹整合，建立城镇与红新村一体的团员动态管理服务体系。应考虑元江县、青龙厂镇与红新村委会之间建立团员青年基本情况动态数据库，将每位流动青年团员情况录入数据库，实行动态管理。元江县与红新村委会的团组织要按照属地为主、原籍为辅、双向互动、共同负责的原则，加强对流动团员的管理，以扩大团组织对团员青年的覆盖面、影响面为目标，继续将共青团的团内各类资源向基层向侨区倾斜，逐步消除城乡团组织差距，实现一体化发展。从而达到三个目标：第一个目标，侨区基层团的组织覆盖有效扩大；第二个目标，侨区基层团的吸引凝聚力显著增强；第三个目标，侨区基层团的作用发挥广泛认同。

## 三 其他组织

### （一）老年协会

原甘庄华侨农场老年协会是该农场老年人自我管理、自我服务、自我保护、自我教育的老年群众自愿组合的组织，协会在农场党政组织领导下开展工作，业务工作接受上级——元江县老龄工作部门的指导，该协会设有甘庄老年活动中心和甘庄老年活动中心办公室。其任务主要是围绕侨场党政的中心工作，做好老年人工作，组织老年人开展有利于"三个文明"建设、开展各种对身心有益的活动，适合老年人特点的活动，切实维护老年人的合法权益，发挥老年人的作用，反映老年人的呼声，团结本农场的老年人，努力实现"老有所养，老有所医，老有所学，老有所教，老有所为，老有所乐"的奋斗目标，使该侨场老年人与全社会成员共享全面建设小康社会的发展成果。

**图 3－1　甘庄老年活动中心（何作庆摄　2010 年 3 月 2 日）**

2008 年年底，调研组在甘庄华侨农场调研期间，采访了甘庄华侨农场老年协会白明祥会长，白明祥曾任原甘庄华侨农场的团委书记、办公室主任等职。他退休后，侨场党政组织根据他个人的特长，在民主推荐的基础上，担任原甘庄华侨农场老年协会会长。他认为原甘庄华侨农场老年协会是该场老年人自愿组成的非营利性社会组织，该老年协会认真遵守宪法、法律、法规和国家政策、遵守社会道德风尚，在法律、法规允许的范围内按照自己的章程开

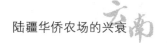

展活动。他表示要不断研究和探索新形势下农场老年人遇到的新情况、新问题，协助农场党政做好老年群体的各项工作，充分发挥老龄主管部门的助手、桥梁和纽带作用。

**图 3-2　白明祥会长（白明祥提供，何作庆翻拍**
**2010 年 3 月 2 日）**

2008 年 12 月 30 日，白明祥会长组织原甘庄华侨农场老年协会的离退休的老年干部和职工在原甘庄华侨农场办公楼召开了迎新年座谈会，没有离开农场的老年干部和职工二十余人参加了会议，大家回忆农场过去的艰苦创业的岁月，畅谈现在农场的改革开放带来的大好局面，议论农场面临新的困难和机遇；反映老年人的意见和要求，协助社区（村）解决老年人的实际困难，开展为老年人服务活动；有的个别老年人反映自己的意见和要求，希望解决老年人的实际困难，开展为老年人服务活动。

2008 年 12 月 31 日，白明祥会长组织了以原甘庄华侨农场老年协会的离退休而没有离开侨场的老年干部和职工组成的老年艺术团，参加了甘庄华侨农场的迎新年——元旦晚会，离退休归侨老人的印度尼西亚舞蹈、老年保健舞蹈等得到了晚会观众的欢迎和喝彩。

原甘庄华侨农场老年协会接收该场场属的老龄党支部的领导，该老龄党支部 2008 年按月开展的相关活动主要列举如下：（1）2008 年 7 月 1 日老龄支部开展纪念建党 87 周年活动；（2）2008 年 8 月 1 日老龄党支部组织生活；（3）2008 年 9 月 26 日老龄党支部组织生活；（4）2008 年 11 月 12 日参加老龄党支部政治活动 22 人，主要学习十七届三中全会，过党员干部民主生活会。

### （二）个体工商业劳动者协会

原甘庄华侨农场个体劳动者协会是在中国共产党和人民政府领导下，由该场基层城乡个体工商业户（以下称个体劳动者）组成的群众团体。其宗旨是：坚持四项基本原则，坚持改革开放方针，团结、教育、引导全国个体劳动者，守法经营，优质服务，促进个体经济健康发展，为建设社会主义物质文明和精神文明服务；接受工商行政管理局的指导，履行"自我教育，自我管理、自我服务"的职责，独立自主地开展工作，发挥党和政府联系广大个体劳动者的桥梁、纽带作用。

该组织教育并组织个体劳动者学习国家法律、法规和政策，进行职业道德教育，开展文明经营、优质服务活动；维护个体劳动者的合法权利和利益，反映个体劳动者的合理意见和要求，提供法律咨询与服务；进行生产经营指导，提供信息服务，组织经验交流，帮助解决个体劳动者生产经营中的问题；向政府和有关部门反映个体经济发展的情况，提出政策和立法建议；协助政府和有关部门做好对个体工商产的管理工作，组织个体劳动者进行自我管理。

（三）其他组织

原甘庄华侨农场还有工会、妇代会、人民调解委员会、民兵组织等组织。工会主要是做好职工的福利工作，开展各种职工的文体交流活动，维护职工的合法权益。妇代会主要是做好妇女工作，切实维护妇女儿童的合法权益。人民调解委员会主要对整个原甘庄华侨农场各单位民间的社会问题与矛盾等进行调解，管理和调处民间的各种矛盾和纠纷，以维护该场社会生活的安全和稳定。民兵组织是在该场成立后不久按照上级要求组建的，不同的历史时期有不同的建制，主要负责该场的民兵训练、治安巡逻、突击抢险、征兵等工作。这些组织在各自的工作岗位上都起了积极的作用。

# 第二节　农场行政组织

纵观原甘庄华侨农林场发展的历史，我们可以从"政企分开"的角度，以中共中央、国务院于1984年发布"关于经济体制改革的决定"，云南省侨办为贯彻中共中央、国务院的精神，本着"简政、放权、扩大企业自主权"的要求及"试行农场场长责任制"的有关规定，推行"政企分开"，实行农场场长责任制。我们以此为标志，可以把甘庄华侨农场体制的变迁大致分为党政企合一时期（1958年3月～1987年，其中包括军政企合一阶段（1970年3月～1974年10月），以及政企分开的农场场长责任制时期（1984～2008年）。

## 一 体制变迁

### (一) 党政企合一时期 (1958～1987 年)

纵观甘庄华侨农林场的上级领导单位的变迁历史，我们可以从"隶属关系"的角度，把其大致分为玉溪地委领导阶段、云南省农垦总局领导阶段、云南省侨办领导阶段等。

1958 年 8 月 15 日，在群众大会上正式宣布建立国营甘庄坝农场，同年 9 月 12 日，中共国营甘庄坝农场第一届委员会成立，隶属玉溪地委领导。杨金喜任场长 (详见表 3－5)，李恺任副场长 (详见表 3－6) 主要对 1958 年 4 月以来云南省、玉溪地区、通海县下放到甘庄坝的 500 余名干部进行安置、管理和教育改造。

1958 年 5 月，成立了由云南省农垦总局领导之下的"国营干坝机耕农场"，安置云南省、玉溪地区、通海县等的下放干部；1958 年 8 月，国营干坝机耕农场并入甘庄乡 (相当于村委会) 的傣族农民和丫口乡 (相当于村委会) 的彝族农民，改称"国营甘庄坝农场"，并把农场场部从干坝迁到甘庄村，同时，代管甘庄周围的脊背、朋程、路通、假莫代四个乡 (相当于村委会) 的农民。国营甘庄坝农场下辖由傣族农民组成的甘庄大队、彝族农民组成的干坝大队，另设四个直属队，即由下放干部组成的"赵子龙队""花木兰队""红专队"，由干坝大队干塘子村的彝族农民组成的"畜牧队"；由国营甘庄坝农场代管半山区的脊背、朋程、路通、假莫代四个乡 (相当于村委会) 的农民组成四个大队，仍为集体经营性质，由农场下派干部去担任大队

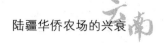

长、支书、统计、会计等职务。1974年10月~1978年7月,云南省生产建设兵团撤销后,恢复甘庄华侨农场体制,隶属云南省农垦总局,农场下辖的大队改称分场,并增设专管工交和副业的"红旗分场"。1974年10月,干坝的"五七公社"撤销,改为隶属元江县青龙公社,该公社的大部分移民回迁玉溪、通海等地。

1960年4月,国营甘庄坝农场接收安置印尼归侨,改称国营甘庄华侨农场,隶属省侨务处党组织领导。1961年12月,原安置在新平县漠沙农场的印尼归侨并入甘庄华侨农场,组成"红专大队"和"新建大队",以原来的甘庄大队的傣族农民和干坝大队的彝族农民均改称农场场员,按农业工人的待遇按月发给工资,并享受公费医疗。1963年6月,国营甘庄坝农场划出脊背、朋程、路通三个管理区归属元江县青龙公社领导,农场下辖甘庄、东风、干坝、红专、新建五个大队及直属队——畜牧队。每个大队下属若干生产队,大队干部及生产队主要干部均由场部直接委派,实行干部薪酬制。场部设行政办公室、生产科、财务科、供销科、保卫科等。1969年,甘庄华侨农场划出干坝大队,成立"五七公社",隶属元江县管辖,主要安置玉溪、通海的移民。1974年,干坝的"五七公社"撤销,移民中的大部分迁回玉溪、通海的,干坝又划归元江县青龙公社。1978年7月云南省难民安置办公室为接待和安置越南归难侨,在甘庄华侨农场增设干坝分场,把元江县青龙公社干坝大队再次划归甘庄华侨农场管辖至今。直到1988年6月,云南省侨办根据云南省人民政府相关文件精神,把甘庄华侨农场划归元江县人民政府领导为止。

原甘庄华侨农场第一、二届行政班子与第一、二届党委班子是党政合一的领导体制,故在此就不详述了。原甘庄华侨农场第三届行政班子在任期(1974年10月~1981年9月)的7年时间中,主要抓好下列的工作:第一,经济方面。(1)适应农场实际需要,调整农场经营方针。根据农场的实际情况,认真审视过去以单一粮食种植为主的传统的生产方针,明确多种经营策略,调整农场经营方针为:"粮食自给,大力发展甘蔗,积极发展亚热带水果和畜牧业"。(2)加大投入,搞好农田基本水利建设。为满足农场对水利灌溉的需要,加大投入,在干塘子建成240匹马力的二级抽水站,续修大坝塘依据、新田冲坝塘和假莫代水库。(3)继续办好传统的场办工业,发展新的甘蔗机制糖厂。农场在继续办好修配、运输、砖瓦、烤酒、粮油加工和房屋建筑等项目工程时,投入巨资,兴建了一个日榨500吨甘蔗的中型制糖厂(详见第三章"经济"中的甘庄糖厂)。(4)办好中心商店,服务农场内外群众。农场除抓好满足群众生活中的日用百货销售,供应农场生产所需要的物资供应外,积极适应群众生活水平的提高的需要,还积极想办法,供应了大量的、当时人民消费中认为属于中高档的商品,其中有自行车631辆、手表590块、缝纫机745台、各种收录机电视机724台。(5)大搞科学引种试验,大力推广新品种。农场曾引进5个品种的生猪进行试养,引进42个甘蔗品种、26个芒果品种、61个水稻品种进行试种,各种品种的试养、试种为农场选育优良品种及大力推广,奠定了坚实的基础。其中农场冬早蔬菜的试种和推广,"芒果上山定植"等的成功是众多成功引入品种的佼佼者,得到了云南省人民政府的奖励,取得了长期较好的经济效益,人民群众得到了实惠。(6)积极改革,健全和完善生产责任制。农场在借鉴地方农业改革成功经验的基础上，结合农场实际情况，经过研究，对各生产队推行"三定一奖"，财务大包干的生产责任制。部分生产队的甘蔗地等山区作物，实行责任到组、责任到人，联产计酬，联产计奖，基本克服了计划经济体制下分配上的平均主义，取得了良好的经济效益和社会效益。第二，接待和安置越南归难侨方面。在云南省难民办公室、省侨办的领导下，克服时间紧、任务重、住房少、情况复杂等种种困难，很快解决了住房问题，先后接待和安置多批次的越南归难侨共计1511人。原甘庄华侨农场接待和安置工作，得到了联合国难民署前来该场视察的官员的肯定。第三，文教卫生等方面。（1）教育方面：一方面不断增加对教育固定资产的投入，建设新的教学用房，购置新的教学设备；另一方面，抓好师资建设，不断提高教学质量，对农场职工子女（1980年度达1864人，入学率为99%）抓好入学率，促使教育质量逐年提高。（2）卫生方面：原甘庄华侨农场接待和安置越南归难侨以来，得到联合国难民署30万美元购置医疗设备费，新建了一幢三层楼房的门诊大楼，购买了甘庄华侨农场医院所需要的各种医疗设备，使甘庄华侨农场医院达到了建场以来的最高水准。同时，在甘庄华侨农场医院的指导下，该场的卫生防疫工作也取得了一定的成绩。（3）计划生育方面：1980年该场的人口自然增长率下降到5.25‰，先后被元江县、玉溪地区、云南省评为计划生育先进单位。

原甘庄华侨农场第四届行政班子在任期（1981年10月～1984年4月）的近三年时间中，主要抓好下列工作：第一，经济方面。全面推行经济责任制。1984年甘庄华侨农场第四届行政班子在云南省侨办企业整顿工作组的具体帮助下，根据国务院有关在农林场试办家庭农场的指示精神，结合该场的具体实际情况，在农业、林业、畜牧、基建、运输、商业、服务业等行业中，全面推行生产责任制，并在实施过程中，根据具体的运作进度、对象、内容，不断调整方案，健全制度，以便调动各方面的积极性，提高生产效率。生产责任制的普遍实施，打破了该场职工吃企业的"大锅饭"的传统格局，调动了该场职工及其家庭的劳动生产积极性，极大地提高了经济效益，职工大幅度提高了收入，改善了生活，得到全场职工的拥护和支持。第二，人事制度方面。精简机构，实行岗位责任制，提高工作效率。1983～1984年甘庄华侨农场第四届行政班子在云南省侨办企业整顿工作组的具体帮助下，对该场场部各科室，先后进行了两次机构改革，1984年年底进行的第二次机构改革将该场机关的六科、二室、一委、二公司再改为二科（教育科、保卫科）、二室（党委办公室、场长办公室）、一委（纪委）、四公司（供销公司、商业服务公司、工交公司、基建公司），将原来55个生产单位（队）改为44个生产单位（队），将全场187名干部，精简为128名。机构改革完成后，各级干部根据各自的工作范畴，制定岗位责任制，明确分工和职责，各司其职，充分调动了各级干部的工作积极性和创造性，大大提高了工作效率。第三，依靠科学技术，提高生产效率。甘庄华侨农场第四届行政班子充分认识到科学技术在提高农林生产效益中的作用，主要采取下列措施促进科技在生产中的运用：首先，选育良种，配套推广。一方面在粮食生产上，经过多年的引种试验，早稻选育了"科情三号"为主要推广种植品种，采取了籼、粳结合，其他稻类品种搭配；晚稻推广杂交稻"威优6号"。另一方面，在经济作物甘蔗生产上，经过多年的引种试验，在选准了早、中、晚配套品种的基础上，逐步推广种植新品种。其次，制订和实施新的科研（科技运用）计划，不断推广新技术新工艺。在该场第四届行政班子期间，先后实施的科技运用项目主要有：引进滇杂25号进行第三次水稻栽培试验；承担云南省甘蔗科研协作项目——甘蔗高产再试验；猪的杂交优势利用和推广研究；新农药"呋喃丹"施入果树和甘蔗的试验；引进试种和推广11个甘蔗新品种；甘蔗糖厂的甘蔗渣干态流程，取得了每日节约上千元的经济效益。再次，农业技术人员深入生产一线，实行技术指导，落实增产技术和措施，促进农牧业不断进步。甘庄华侨农场的农业技术人员深入到生产一线的田间地头，查看农作物的长势和有无病虫害，实行技术指导，落实增产技术和措施；走进猪厩、牛厩、鸡舍等，治病防病，确保禽畜无大的瘟疫病传染。同时，对农业生产及各种作物，农业技术人员落实增产技术和措施，供承包户参考使用，促进农业不断进步，如水稻的扣种稀播、培养壮秧、合理密植、浅插、适时施肥、及时灌溉、科学管理和用水、综合防治病虫害等为中心的增产节约措施；甘蔗种植上制定了早清园、早松兜、早施肥、适时灌溉、争取茎粗与茎重、高产、高糖等增产措施。第四，落实知识分子政策，充分调动他们工作的积极性。主要体现在两个方面：（1）实行职称评聘，颁发证书，兑现津贴。甘庄华侨农场根据国发〔80〕11号文件精神和有关规定给24名科技人员评定和落实了技术职称；为从事教育工作20年以上的中小学教师颁发了光荣证；为多年从事边疆地区自然科学工作的科技人员颁发了国务院相关部门统一制作的荣誉证书；在 1983 年按国家政策规定的调资工作中，为 25 名科技人员（含中小学教师）晋升了两级工资。（2）为知识分子优先调资调级，充分调动他们的工作积极性。甘庄华侨农场根据云南省委（84）54 号文件的规定，对凡具有大中专文凭或者已取得各种技术职称的科技人员（包括中小学教师）依据岗位进行聘用，落实了浮动工资；为从事农林第一线的科技人员落实了农林第一线浮动工资；为从事畜牧与兽医工作、或者接触有毒、有害、病原的科技人员及其他人员落实享受医疗卫生津贴。

### （二）军政企时期（1966 年 5 月～1974 年 10 月）

军政企时期即准军事阶段和中共人民解放军云南省生产建设兵团领导阶段。

1966 年 5 月，"文化大革命"开始后，农场行政陷于瘫痪；1967 年 6 月成立甘庄华侨农场临时领导小组——"生产领导小组"，由元江县武装部领导；1968 年 10 月，成立甘庄华侨农场革委会，下设政工组、生产组、保卫组，同时，中国人民解放军 0281 部队派来驻场的军代表。

1970 年 3 月～1974 年 3 月，甘庄华侨农场撤销甘庄华侨农场革委会，隶属中国人民解放军云南生产建设兵团独立二团，按照部队编制隶属中共玉溪军分区委员会。在中共玉溪军分区领导下，云南生产建设兵团独立二团在四年多的时间里，贯彻党中央的指示精神，在经济方面主要抓好下列几方面的工作：（1）冬春季节改河造田工程。经过三个冬天全团指战员的努力奋斗，完成了对甘庄河的截湾改直工程，在甘庄河两岸支砌河堤 5000 多米，在河滩上挑土造田 256 亩。（2）基本完成了农场内的公路网建设。修筑了场部到甘庄村、甘庄村到坝老、傣族各村寨的交通道路；修建了甘庄大桥、石矿山（甘庄三队）的水泥桥。（3）扩建和新修建了场内的一批建筑。搬迁和扩建了卫生队（原甘庄华侨农场职工医院），创办了中学，建盖了全团一小（甘庄华侨农场第一小学）校舍。（4）建设变电站，架通输电线，解决了全团（场）干部战士的照明问题。1971～1974 年，全团（场）总投入 273292.62 元，其中 1971 年投资 194248.52 元，架通了元江县至甘庄华侨农场的 35kvA 的高压线路；1971～1974 年，先后投入 66112.48 元，建盖了变电站住房，架通了甘庄华侨农场场部至各连队（生产队）的水泥电杆输电线路。（5）实现了能基本满足全团（场）对肉、油的需要。全团（场）经过调研，根据当地实际情况，提出在甘庄栽种两节水稻的间隔，栽种油菜，即利用晚稻收获后，早稻尚未栽插之际的空隙时间的水稻田，组织干部战士大面积种植油菜，精心培育，加强管理，油菜连续几年获得大丰收，基本解决了全团（场）的吃油问题；同时，又在全团（场）各连队（生产队）创办养猪场，饲养的生猪基本上能满足干部战士在年节和平时的生活需要。

## 个案 3-1 印尼侨商家庭林国材

林国材，男，1948 年 10 月 9 日出生，学生成分，汉族，初中文化，福建省海澄县人。1955 年 7 月在印尼东爪哇省美丽达县威冷仪乡侨立中华小学读书，1958 年 7 月，在威冷仪乡原中华小学读（原学校被印尼排华集团封闭）；1960 年 8 月，回到祖国的怀抱；1960 年 9 月，在新平县国营漠沙华侨农场读小学；1961 年 11 月，在甘庄华侨农场华侨小学校读书；1964 年 9 月，在元江中学读书，1965 年 11 月入团，1969 年 1 月，回到新建大队第三生产队参加劳动；1970 年 3 月任独立团二营十五连某排长。

1960 年回国前，家里在印尼开了一个木薯粉饼干小作坊和小杂货店（回国前一年多由于印尼排华被封闭），主要卖些木薯粉饼干、大米、咖啡粉、红糖等食品和日杂用品。1956 年以前，所获得的利润基本上可以维持家庭生活，并可供几个兄弟姐妹读书和交房租等。1956 年以后，由于资本主义的黑暗统治，物价越来越高，加上印尼排华集团的疯狂排华，施加各种苛捐杂税，经济越来越困难，家里还欠下了不少债务。1960 年回国后，在党和毛主席的亲切关怀和无微不至的照顾下，全家都过着幸福美好的生活。过去只有父母俩劳动力，需要国家的补助来供全家的生活费用。

全家共 11 口人，（包括在海外的大姐和小妹）父亲叫林春生，母亲叫陈捷娘，回国后就在队里参加农业生产劳动，曾几次被评为五好职工；大哥林国潘，现在昆明冶金机械厂当工人，经常有通信往来，大姐，林妙仙，1960 年年初就出嫁了；其他人还在中小学读书。

家庭的社会关系如下：表姐叫王美珠，团员，1960 年初回国，现在住在广西来滨华侨农场，1964 年高中毕业后，下乡参加劳动，经常和家里有通信往来；叔叔林春英，姑母林碧兰，回国前在印尼她们主要帮助父亲经营饼干；回国后叔叔来信说他在一家商店里当店员了，姑母在丈夫家里当家庭妇女。回国还有通信往来，现已三四年没来信了。

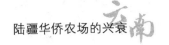
## 二 农场场长责任制时期（1984 至今）

1984 年年底，随着甘庄华侨农场家庭联产承包责任制的不断完善和提高，以及各种形式的承包专业户的发展，该场根据中央"关于经济体制改革的决定"要求，以及云南省侨办关于"简政、放权、扩大企业自主权"和"试行农场场长责任制"的有关规定，在甘庄华侨农场推行"农场场长责任制"。

1984 年以后推行的农场场长责任制依据甘庄华侨农场的上级主管部门不同，大致可以分为省管阶段、县管阶段、镇管阶段三个阶段。在"场长责任制"下先后担任甘庄华侨农场场长职务的有刘忠庆、郝顺国、马银昌、冯忠平等人（详见表 3 - 2）；担任副场长职务的有黄南生、苏益富、邱初云、杨副光、白文深、白兴福、钱忠定、许德贤、罗顺福等人。

表 3 - 2　原国营元江甘庄华侨农场场长沿革

| 姓　名 | 任职时间 | 备　注 |
|---|---|---|
| 杨金喜 | 1958.3 ~ 1961.4 | 调太和农场工作。 |
| 马永清 | 1961.4 | 玉溪分区付司令员兼独立 |
| 李玉珍 | 1970.3 ~ 1974.9 | 二团团长后回分区。 |
| 刘忠庆 | 1984.3 ~ 1994.5 | |
| 郝顺国 | 1992.6 ~ 1994.3 | |
| 马银昌 | 1994.10 ~ 2003.10 | |
| 冯忠平 | 2003.10 ~ 2005.12 | |
| 冯忠平 | 2006.1 ~ 2009.3 | |

资料来源：作者根据收集资料整理而得。

### 1. 省管农场——场长责任制阶段（1984 年 4 月 ~ 1987 年 9 月）

甘庄华侨农场第五届行政班子在任期（1984 年 4 月 ~

1987年9月）的四年多时间里，主要抓好下列工作。

第一，体制改革方面。试行农场场长责任制，精简农场场部机关，扩大公司经济实体。具体表现在：首先，实行农场场长责任制。1984年云南省侨办根据中共中央、国务院"关于经济体制改革的决定"的精神，本着"简政、放权、扩大企业自主权"的要求及"试行农场场长责任制"的有关规定，推行"政企分开"，实行农场场长责任制。其次，精简农场场部机关。1984年甘庄华侨农场场部机关设置为两办、两科、一委，即党委办公室、场长办公室、保卫科、教育科、纪委，精简或者取消了原来设置的财务科、经营科、农林科、侨务科四科，场长办公室职能扩大，包括了生产指挥、经营管理、行政、财务、生产技术指导等职能，它能有效地行使生产、经营的指挥权和决策权。取消侨务科后，侨联工作归党办。再次，扩大公司经济实体，进一步搞活经济和发展华侨，即商业服务公司、供销公司、工交公司、基建公司。

第二，经济方面。调整产业结构取得了初步成效。甘庄华侨农场第五届行政班子率领农场的干部职工，经过三年多的努力，使甘庄华侨农场的经济初步出现了生机与活力，产值、利润、职工收入年年增长。以1986年为例，原甘庄华侨农场党委认真贯彻了中共中央86号文件，深入实际，稳步地推进改革，大胆调整产业结构，从单一经营转变为农、工、商、林、副等综合经营，同时，鼓励和执行全民、集体、个人共同发展的方针，搞活了甘庄华侨农场经济。1986年该农场农、工、商、林、副等综合经营总收入达16124672元，比1983年的6339500元增长9785172元，增长145.43%，首次突破总产收入千万元大关，实现纯利润77016元，实现了该场纯利润的最高历史水平；职工平均纯收入1120元，比1983年的712.35元，增加497.65元，增长80.83%；出现增收致富典型户15户，其中5000元以上13户，万元以上的2户。[①] 总体上，甘庄华侨农场经济出现了三年来持续、稳定、增长的大好局面。

第三，基本建设方面。加强水利、地面卫星接收站、教学楼房等基础设施建设，不断改善农场职工的生产生活条件。在该场经济逐步发展，效益逐年提高和好转的情况下，为改善和满足广大职工群众的文化、生活、福利条件，三年多来，甘庄华侨农场第五届行政班子率领农场的干部职工，想群众之所想，急群众之所急，经过艰苦的努力，投资70多万元，引来了大龙潭水，解决了该场职工多年来的吃水困难、用水紧张的状况；同时，投资60万元建盖了甘庄华侨饭店，大大改善了对社会服务的能力；投资20万元，建盖了小学教学楼、教室及中学教师楼房，从而有力地缓解中小学教学和住房紧张的局面；为了提高该场电视覆盖面和收视效果，投资了10万元，建了两座卫星地面接收站，使该场广大干部职工能收看到效果较好的电视节目。

**2. 县管农场——场长责任制阶段（1988年6月~2008年）**

1988年6月，根据中发〔1985〕26号和云南省人民政府〔1988〕8号文件《省人民政府批转省侨办"关于我省华侨农（林）场领导体制改革的意见"的通知》精神，进行了第一次经济体制改革，甘庄华侨农场划归元江县人民政府领导。此次改革，管理权限由云南省侨办直属管理移

---

① 甘庄华侨农场场庆等委会：《创业之路1958~1988》，甘庄华侨农场，1988，第114页。

交元江县人民政府管理，原事业单位、企业化管理的性质
不变；甘庄华侨华侨农场的土地、资产、设备、人员全部
移交元江县人民政府领导。甘庄华侨农场下辖3个农业分
场，2个公司；3个分场下设29个生产队。甘庄华侨农场各
部门由元江县对口部门领导管理，农场仍然承担着开办学
校、医院、公安派出所等社会负担，承担着支付离退休人
员工资、医药费等社会负担。

　　1998年，甘庄华侨农场抓住玉元公路途经甘庄中心地
段的时机，在该场部的中心地段即立交桥附近规划建成农
工商贸为一体的经济开发区，经过一年的建设，建盖经济
商品房2万平方米，增设改造路灯200多盏，建成一座迎宾
城门，修建2000米环城路，架设两座甘庄桥，侨场的城镇
划初具规模，住房商品化、道路、街道规范化也初见成效。
2000年，玉元高速公路开通，侨场建成集镇中心道路水泥
路面6条，总长2600米，宽20米，建盖综合经济实用住房
11幢250多套28670平方米。

　　2001年，根据云南省华侨农（林）场经济体制改革宾
川现场会议精神和云政发〔2000〕211号文件精神，农场开
始进行领导体制和管理体制、场员制度、基本养老保险统
筹、场办社会剥离四项改革，彻底理顺了县属县管、管人、
管事相结合的领导管理体制，真正使农场融入县域经济和
社会发展。这次经济体制改革，一是改革了管理体制，按
照属地管理的原则，推行了企业干部管理制度，侨场主要
领导由元江县委任命。二是实施了场员制，按照《云南省
华侨农（林）场场员制度实施办法》的规定，侨场男未满
五十周岁，女未满四十五周岁的大部分职工改制为场员，
少部分人保留职工身份。该场1880名职工改制为场员，共

支付一次性离职补偿金1560万元，其中云南省财政承担48%，为748.8万元，玉溪市财政承担20%，为312万元，元江县财政承担2%，为31.2万元，侨场承担30%，为468万元。市、县承担部分于2002年前拨付到位，侨场承担部分于2003年底拨付到位。三是实施了职工基本养老保险社会统筹制度。已改制的大部分场员和保留的少部分职工参加基本养老保险统筹，按规定缴纳养老保险金；离休、退休、退职人员由元江县社保部门发放离退休金。四是剥离了场办社会。学校在职人员及学校资产整体移交给元江县教育部门；职工医院在职人员及医院资产整体移交元江县卫生部门；撤销侨场派出所，成立保卫科。2001年3月1日按照属地管理的原则，该场场办学校（一所中学、三所完小、一所幼儿园）和医院成建制整体正式移交元江县政府职能部门归口管理。甘庄糖厂于2002年10月改制为民有民营企业。

2005年年末，甘庄华侨农场总户数2515户，总人口6952人，其中归侨人数1980人，侨眷人数255人。该场辖区内共居住着傣、彝、汉、苗、哈尼、壮、白族、瑶族等16个民族，共有改制场员1748人，离退休人1426人。

**3. 镇管侨区（华侨事务管理区）兼职场长管理阶段（2009年3月至今）**

2008年2月，元江县人民政府为进一步加快甘庄华侨农场融入地方的步伐，由县委书记任组长，县委副书记、县长、分管副县长任副组长，相关单位主要领导任成员的"元江县推进华侨农场改革和发展领导小组"，从该县所属的土地、民政、工商、公安、税务、农业、林业、人事、劳动、社保等部门抽调人员，组成原甘庄华侨农场改革工作指导组，进驻原甘庄华侨农场开展调研工作，工作组下设土地清查核实、清产核资、审计、基层组织、人事劳动、基础设施建设、维护稳定七个工作组，有针对性地开展相关的调研工作，以便拿出适合甘庄华侨农场融入地方——青龙镇的经济体制改革试点的新方案，通过调研，在充分掌握相关情况后，编写了元江县推进甘庄华侨农场改革和发展实施方案。新方案中的设想是仅仅把甘庄华侨农场作为青龙镇下属的一个村委会，但是在其过渡期间，原甘庄华侨农场场部的领导依然相对"高挂"——享受科级待遇。

但是，在最后确定的甘庄华侨农场改革和发展实施方案中，决定以分场为主成立三个村委会。青龙厂镇人民政府认真贯彻落实《元江县人民政府关于甘庄华侨农场行政撤并的决定》（元政发〔2009〕18 号）、《关于成立青龙厂镇甘庄村、红新村、干坝村"两委"选举领导小组的通知》（元发〔2009〕6 号）、《中共元江县委关于青龙厂镇甘庄村、红新村、干坝村"两委"选举实施意见》等文件精神，完成了甘庄村、红新村、干坝村"两委"选举工作（详见第七章）。

# 第四章　经济变迁

## 第一节　计划经济概述

本节所指的计划经济时期为该场建场的 1958～1988 年，因为云南省华侨农林场的经济改革与地方的经济改革相比较来说，相对滞后一些，1984 年才开始实行场内职工承包责任制，1988 年的改革才是实行真正意义上的家庭联产承包责任制。

## 一　经营方针下的经营品种与成绩概况

### （一）经营方针的变化与原因

原甘庄华侨农场建场以来，为解决该场干部职工的生活基本需要，达到自给自足为目的，实行高度的计划经济体制，但是，由于国内外形势的不断变化，该场的功能也不断调整，导致该场的经营方针也随之不断变化。1964 年以前该场以贯彻"以粮为纲"的方针，在生产中以单纯的粮食作物种植为主；1965～1979 年，该场的经营方针调整为"以粮为主，农林牧结合，重点发展麻类、香蕉；相应发展工副业、多种经营"，在生产中除保证该场粮食供应的基本农田外，安排了一定林果用地，引进了一些新品种进行试种，推广麻类、香蕉等的种植，创建了一批小型的工副业企业；20 世纪 70 年代中后期至 80 年代中期，第三届农场党政把该场的经营方针重新定位为"粮食自给，大力发展甘蔗，积极发展畜牧业和亚热带水果"，因此，除基本粮田外，适当引进畜牧新品种，大力发展甘蔗种植，鼓励芒果上山。

侨场经营方针变化的原因主要有以下三个。

**1. 人们对农业生产的生命性、地区性、资源再利用及复杂性的认识不足**

由于农业生产具有生命性、地区性、资源再利用及复杂性。因此，农业生产是一个自然再生产与经济再生产交织的过程，生产活动与自然诸因素之间有着很强的相关性，它不仅要直接受土地、雨量、光照、气温等多种因素的影响；农业生产的对象本身是有生命的，受其自身生长、发育、成熟等过程及其规律的制约；它的能源是太阳、水分、养分，车间是叶子，机器是叶绿素；它要经历一个较长的物理、化学、生物等变化的生长周期，农业生产期间所耗费的各种劳动量才能最终凝结为物化劳动，转化为社会产品。由于人们对上述因素认识不足，导致该场的农业生产走过了曲折的道路。

**2. 复杂的国内外形势，使该场的定位不断改变，功能也随之变迁**

新中国建立后，侨务问题作为中国统一战线总问题中的一部分，在革命、建设、改革的各个不同发展阶段上，作为处理侨务问题的华侨农场也具有和各个历史阶段革命性质相适应的各种不同的任务，因此，随着中国革命、建设、改革和发展的形势变化，党和政府在华侨农场问题上的总指导方针也应随之改变。因此，原甘庄华侨农场的定位和功能，受各个时期党和政府的路线、方针、政策影响较大。

**3. 受科学技术进步、投资多少等因素的制约**

在新中国建立后的各个历史时期，我国取得的科学进步不同，科学技术的推广和普及时间及程度也各不相同；受国家经济实力的限制，对各个华侨农场何时投资，投资多少，效益如何也不尽相同，因此，人们对科学技术、生态农业、社会经济效益等的认识也会受其制约而有所不同。

**（二）主要生产经营品种**

原甘庄华侨农场建场后的计划经济时期，先后种植的作物种类和品种相当多，主要有：（1）粮食作物有双季稻、玉米、高粱、粟、苦荞、黄豆、蚕豆、黑豆、扣豆、红薯和小麦等；（2）经济作物有甘蔗、麻类（黄麻、剑麻、苎麻）、玫瑰茄、棉花、咖啡等；（3）油料作物有花生、芝麻、油菜、油桐、油茶、黄瓜、向日葵和小葵子等；（4）蔬菜类的作物有青菜、白菜、萝卜、韭菜、莴苣、姜、葱、蒜、辣椒、丝瓜、苦瓜、冬瓜、南瓜、黄瓜、葫芦瓜、蛇瓜、地瓜、苤兰、京白菜、菜心、空心菜、小米菜、南京豆、美国京菜、四季豆、长角豆、茄子、茼蒿菜、芋头、菠菜等；（5）水果类有芒果、荔枝、龙眼、柚子、菠萝、柑桔、密罗多、枇杷、香橼、黄皮果、桃、梨、板栗、柿、樱桃、西瓜、香瓜、木瓜、香蕉、芭蕉、石榴、棉芭蕉等；（6）用材林类有松树、竹子、桉树、桑树、椿树等。

图 4 - 1 龙舌兰（何作庆摄 2010 年 3 月 2 日）

### （三）计划经济时期取得的成绩概况

甘庄华侨农场建场后的计划经济时期，在农业生产取得的主要成绩，大致可以归纳为三个方面。

#### 1. 耕地面积不断扩大

甘庄华侨农场组织广大干部、职工、群众坚持开荒，不断扩大耕地民间，变河滩为良田。截至 1987 年共计投资 355273.99 元，开发耕地 14288 亩（扣除了修路、建房、修水沟占地面积），平均每年开垦造地约 476 亩。

#### 2. 主要作物的单产普遍大幅度提高

例如，双季稻单产，从建场时（1958 年）的 313.8 市斤，发展到 1983 年的 1853 市斤（1984 年以后，由于承包责任制改为职工自收、自晒、自保管入仓，因此报产不准确了），增长了 490.5%，平均每年提高 19.6%；甘蔗单产从 1958 年的 1.432 吨发展到 1986 年的 6.881 吨, 28 年中增长 380.5%, 平均每年提高 13.6%。

**3. 提高农业机器化水平, 注重商品性生产**

该场建场以来, 先后购置大型拖拉机 (含已报废) 计 16 台 1170 马力, 1987 年可使用的大型拖拉机有 22 台 1450 马力; 共计农业机械总动力为 5541 马力, 可用于耕地的机械为 2350 马力; 耕地面积达每年 2087 亩。

该场长期以来深受计划经济的影响, 因此, 在农业生产的计划安排上, 以解决生活需要自给为目的, 不利用优势, 发展商品生产, 提高经济效益。为摆脱这种自发性生产, 逐步走向商品性生产, 不断进行产业结构的调整, 大力发展商品性生产。如从 1979~1986 年该场双季稻种植面积从 3873.3 亩调整为 696.89 亩; 甘蔗种植面积从 2526 亩扩大为 9510.02 亩, 每年为国家提供商品糖 7000 多吨。1958 年, 农业产值仅仅为 0.5819 万元, 二十多年来农业产值迅速增长, 1986 年, 按不变价农业生产产值达 320.46 万元, 翻了 9 倍多, 在一定的年份基本实现农业生产扭亏为盈。

据《创业之路》第 34~55 页的《甘庄华侨农场经济效益情况表 (1958~1987)》来看, 该场 1958~1987 年的经济效益总体呈现增值的趋势, 个别年份虽有反复现象, 但是, 从农业、工副业、商业、运输业等具体行业来看, 商业历年来基本没有亏损; 运输业从 1971~1987 年的 17 年中有 14 年盈利, 3 年亏损; 工副业从 1959~1987 年年中除 1 年未统计外, 28 年中有 15 年盈利, 13 年亏损; 农业从 1958~1987 年的 30 年中有 7 年略有盈利, 23 年亏损。因该场主要产业是农业，从总体的该场的经营内利润、利润总额等方面来看，总体呈现亏损的趋势，个别年份虽有盈利现象；从 1958～1987 年的 30 年中经营内利润来看，有 11 年略有盈利或者微利，19 年亏损；从 1958～1987 年的 30 年中利润总额来看，有 6 年略有盈利或者微利，24 年亏损。

## 二　林牧渔副业

### （一）林业

林业不仅对改造自然、调节气候、涵养水源、保持生态平衡、保障农牧业稳产与高产有重要作用，而且对美化环境、防止污染等方面也具有重要作用。根据 20 世纪 60 年代中期的有关资料记载，红新村所在的甘庄坝的自然植被多为阔叶乔木、灌木及茅草类，覆盖度不均匀，东面山上覆盖度最好。

**1. 试验引种适应性林木，植树绿化**

20 世纪 60 年代以技术员陆茂光为首，由七八人组成的苗圃队，为该场各种林木苗圃的引进和推广作出了杰出的贡献。原甘庄华侨农场先后引进和育植了芒果、荔枝、龙眼、密罗多等经济林果作物；用材林方面有松树、竹子、桉树、椿树等。其中芒果既绿化了坝区周围的荒山外，又取得巨大的经济效益，甘庄华侨中学是绿化种植芒果的先进单位；油茶已在小龙潭等地安家落户，繁茂成林；此外，培育出来的凤凰木、铁刀木等各种树苗对该场植树造林起到了重要的作用。20 世纪 60 年代以林玉明为首，由四五人组成的绿化队，为该场小团山和场部附近的桉树林作出了

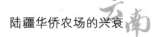

显著的贡献。

**2. 林改**

为认真贯彻落实《元江县深化集体林权制度改革实施方案》（元政发〔2007〕8 号）、《甘庄华侨农场改革和发展实施方案》（元政发〔2008〕41 号）精神，结合该场实际，制定甘庄华侨农场林改方案。但是，原甘庄华侨农场林改方案的设想最终因为甘庄华侨农场融入地方改革深化的需要和该场林权的复杂性，暂缓实施。截至2010 年 3 月调研组成员到元江县调研时，该方案还处于冻结状态。

（二）牧业

原甘庄华侨农场周围的灌木林间草场——自然草山，面积较大，是放牧大牲畜的天然山区牧场，同时，该场大面积的稻田晚稻收割后的残根和埂草，亦可作为短期放牧的好饲料。

从建场至 1984 年，该场的干部、教师、医院职工等，每月按定量由农场供给平价猪肉；在生猪饲养方面，"文革"以前是该场职工自养自吃，多余部分交给国家；"文革"期间，为了贯彻"左"倾的"割资本主义尾巴"的精神，一度取缔私养，全部改为公养；粉碎"四人帮"以后，以公养为主，限制私养，规定每户可以私养一头猪、五只鸡。1982 年，该场认真贯彻国务院侨办召开的畜牧业座谈会议精神后，在养猪业上，实行"公私并举，多种经营全面发展畜牧业的方针"积极进行了改革，私养限制才被打破，将原来农场办猪厂，统一饲养管理、包供应、包分配的方式，变为折价给职工家庭饲养的办法。该场原有六个养猪厂，除一个长包给商业服务公司外，其余都已折价承包给职工家庭。该场对职工、干部的肉食供应办法，也随着承包管理方式改变作了相应的改革，取消了定量供应制度和肉食差价补贴，鼓励职工、干部私养、自养生猪，增加收入，解决了自己所需的肉食。

原甘庄华侨农场兽医站建立以来，在兽医工作中积极贯彻"预防为主、治疗为辅"的方针：（1）积极预防生猪三大传染病，及时有效治疗猪的疾病。为了防止猪的猪瘟、猪丹毒、猪肺疫等三大传染病的传染扩大，兽医站定于每年元月、七月两次按时完成春、秋两季三种猪瘟病的预防工作。如1986年11月，该场红专分场养猪厂发生猪丹毒传染病，经兽医站及时治疗和紧急预防措施，传染病得到及时、有效的控制，没有发生大的损失。（2）积极预防牛的传染病，及时有效治疗牛的锥虫病。如1984年该场发生了水牛、黄牛的烈性传染病——锥虫病，该兽医站采取了先进的治疗方法，使牛没有出现死亡和大面积传染，保证了大牲畜的健康，使农业生产没有受到影响。（3）积极预防家禽传染病，及时有效治疗鸡瘟及禽霍乱的疾病。随着向市场经济的转变，该场干部、职工家庭饲养家禽的发展，兽医站根据场情，决定每月五日开展预防鸡瘟及禽霍乱的工作，使家禽的两大传染病得到有效控制，受到群众的好评。

（三）渔业

原甘庄华侨农场有假莫代水库和干坝水库两座水库，大小坝塘40个。1986年时，该场水面总面积为515亩，养鱼面积为300亩，尚有一部分小坝塘未养鱼。

在向市场经济准变的20世纪80年代，该场对渔业管理进行了一定程度的改革，除假莫代水库由该库水库管理所公养，干坝水库由干坝分场公养外，其他大小坝塘均承包给附近生产队的职工放养。该场与承包方或者承包职工订立"承包合同"，规定一个标准劳动力承包4亩，每亩单产400～500斤，按1.20元计算。承包职工的工资（按农工3级计算），工龄津贴、粮价补贴、劳保费、卫生费、降温费等，都按承包任务比例计算。鱼苗费按产值的10%计算。除规定上交的承包定额外，其他一切费用自负；坝塘大一些，承包定额多一些；坝塘小一点，承包定额少一点。如甘庄坝塘（俗称大坝塘）每年按4人的承包定额为上交3500斤的鲜鱼，其他一切费用自负；新田冲坝塘（俗称甘庄坝塘）每年承包定额为500斤的鲜鱼，其他一切费用自负。

这种承包方式在一定时期内有利于发挥坝塘水质肥厚，水生植物多，有利于鱼类生长的优势；它能在一定程度上缓和与满足该场干部、职工对鲜鱼的消费需求，供应市场所需；同时，也能使承包职工通过这种方式增收致富。但是，由于承包存在一定程度上的领导个人决定现象，公开性、公平性、民主性不足，在市场经济日益发展的情况下，难免会存在一些不应有的纠纷、矛盾，甚至冲突，影响社会的安定。

此外，由于甘庄华侨农场靠近利用红河，历史上各族群众在红河枯水季节或者涨水季节有到红河里捕鱼，丰富和补充了民间的食物。

图 4 - 2　元江捕鱼晚歌（何作庆摄　2010 年 3 月 1 日）

图 4 - 3　红河捕鱼一瞥（何作庆摄　2010 年 3 月 1 日）

## （四）副业

### 1. 基本情况

1988 年原甘庄华侨农场移交元江县管理之前，该场的工商企业有糖厂、红砖厂、机修厂、综合加工厂、基建队、拖拉机站、商业公司、供销服务公司、华侨商店等。但是，甘庄糖厂虽成为该场的骨干企业，2003年却改制为民营，在市场经济中不断发展。该场对场直工商企业的管理，实行"单独核算，自主经营，照章纳税，承包上交，自负盈亏"的管理办法。场部与场直企业在每年年初签订承包合同，并向场部上交管理费、福利费、折旧费及超利润部分的30%。20世纪90年代以后，场直工商企业的生产经营日益艰难，该场使行关停、合并等办法，力争盘活经营资产，但因管理、体制等原因，难以扭转亏损的局面。2003年，按照地方国企改革政策，甘庄糖厂改制为民营企业，华侨商店也停止营业，整体出租或者部分转让、租赁。截至2008年，该场完全没有任何经营，单纯从事农业生产。

**2. 场办副业及评价**

纵观原甘庄华侨农场场办企业的历史过程，可以看出其具有以下特点：（1）计划经济时期办厂目的明确。建场以来，在实行高度的计划经济体制的条件下，场办企业的目的是以能解决该场干部职工的生活基本需要，达到自给自足为目的。（2）场办企业深受该场的功能定位和经营方针的影响。1965～1979年，该场的经营方针为"以粮为主……相应发展工副业、多种经营"，因此，创建了一批小型的工副业企业；（3）场办企业的创设和撤销深受国内外接待和安置归难侨的形势变化的制约。20世纪60年代，为不断改善已安置的印尼归难侨的生产生活的需要，该场相继创设了红砖厂、机修厂、综合加工厂、基建队、拖拉机站、商业公司、供销服务公司、华侨商店等企业；1978年因需要甘庄造纸厂厂址因需要腾出房间接待越南难侨，而被撤销停办。（4）该场对场办工商企业的管理缺乏商品经济的市场观念，在一定程度上存在着"一平二调"现象。该场对场办企业虽实行"单独核算，自主经营，照章纳税，承包上交，自负盈亏"的管理办法。场部与场办企业在每年年初签订承包合同，并向场部上交管理费、福利费、折旧费及超利润部分的30%，难以调动企业的积极性。进入20世纪90年代以后，因管理、体制等原因，场办企业的生产经营日益艰难，部分企业不得不关停、合并（如该场的小型发电站），力争盘活经营资产，但是，终究难以扭转亏损的局面。（5）地方国企改革政策促进了该场场办企业的进一步衰败。2003年以后，该场按照地方国企改革政策和总体部署，甘庄华侨农场所属的甘庄糖厂改制为民营企业，华侨商店也停止营业，其他企业整体出租或者部分转让、租赁。截至2008年，该场除农业以外，基本没有任何经营工商业，重新回到从事单纯农业生产的状态。

## 三 交通邮电商业

### （一）交通运输变迁概况

原甘庄华侨农场地处原昆洛公路一侧，公路沿东山脚穿甘庄坝而过，距元江县城24千米，北上可至玉溪、昆明等地，南下可达滇南腹地思茅、西双版纳等地区，均为一日内路程。干坝有一条简易公路与昆洛公路相接，在对外交通运输上可谓方便。该场内各个自然村之间，都有简易公路，可通汽车。这些交通道路和运输工具主要是为运载该场在各个不同历史时期所需要的生产资料和生活资料，如农业生产中所需要的硝铵、普钙、尿素等化肥、农药、商店需要的五金百货等服务；基本建设所需的钢筋、水泥、河沙、原木材、砖瓦等各种建筑材料；在甘蔗成熟开榨季节，1982 年前用汽车将该场种植的甘蔗运往元江漫林糖厂，又将煤球从元江城里运回甘庄。

20 世纪末 21 世纪初兴建和开通的昆明至西双版纳高速公路中的一段——玉（溪）元（江）高速公路斜穿甘庄坝而过，距元江县城 16 千米，北上可至玉溪、昆明等地，南下可达滇南腹地思茅、西双版纳等地区，缩短为半日内路程，极大地改变了交通条件。

在 20 世纪 80 年代中后期，随着中国经济体制改革的深化，国家对私人拥有车辆的放宽，部分私人开始购买车辆，涉足运输领域。20 世纪 80 年代末 90 年代初，随着国家对运输业的改制，该场的车辆通过承包、拍卖、转让、租赁等方式，使私人拥有车辆从事运输的人员不断增加。据统计，1983 年该场个体运输户为 63 户；1986 年该场私人购买了解放牌汽车 3 辆、南京 130 牌汽车 1 辆、翻斗车 3 辆、胶轮拖拉机 3 辆、手扶拖拉机 81 辆。从表 4 - 1 中可以看出，在向市场经济转变的甘庄个体运输业，截至 2002 年该场持有驾驶证的驾驶人员为 701 人、各种大货车 54 辆、农用车 20 辆、手扶拖拉机 165 辆、摩托车 713 辆、微型车 52 辆，说明该场车辆以农用车和手扶拖拉机为主，主要为短途运输甘蔗、芒果等农产品服务，各种大货车为长途远距离运输服务为辅；各种摩托车也是以满足个人短途出行方便为主，微型车以该场和附近农村短途客源运输服务为主。

表 4 – 1　原甘庄华侨农场红新分场驾驶员与车辆统计

时间：2002 年　　　　　　　　　　　　　　单位：人，辆

| 类别单位 | 驾驶员人数 | 大货车 | 农用车 | 手扶拖拉机 | 摩托车 | 微型车 | 备注 |
|---|---|---|---|---|---|---|---|
| 红新分场 | 206 | 18 | 12 | 32 | 131 | 14 | |

资料来源：作者根据 2002 年原甘庄华侨农场提供材料整理。

## （二）邮电通讯

### 1. 甘庄邮电所

1960 年甘庄华侨农场为了方便印尼归侨和外部的联系，设置了农场总机室，与县邮电局联系后，可接通美国、加拿大等国家和地区。20 世纪 80 年代原甘庄华侨农场经过与元江县邮电局的商谈，双方达成协议，成立元江县邮电局委托甘庄华侨农场代办邮政业务的甘庄邮电所，该所负责甘庄的收寄信件、包裹、汇款、订报纸、杂志等业务，以及收发电报、电话等事宜，针对该场华侨华人较多的特点，该所还开通了与国外直接通话的国际长途电话等业务，极大地方便了该场干部职工与国外亲友的联系。从信件的收发上也可见一斑，据甘庄场部邮局的工作人员介绍，当地华侨侨眷时常有国外的信件往来。

### 2. 程控电话与手机

20 世纪 80 年代末 90 年代初，随着中国邮电事业的发展，程控电话和手机也不再是高档消费品，它走进了寻常百姓家，甘庄华侨农场的干部职工也享受了这一改革开放的成果，人们纷纷安装了程控电话，极大地方便了彼此之间生产的联系、生活的交流，尤其是广大的归难侨与国内外的亲戚朋友也更加便捷。据红新村主任介

绍，21 世纪的第一个十年，该场的手机用户也基本
普及。

**3. 多媒体与网络**

20 世纪 90 年代末电脑开始在甘庄出现，21 世纪初该场
的机关、学校、医院等单位使用电脑办公的越来越多，不
少个体工商户还开办了复印打印、上网等服务，多媒体与
网络逐步走进了人们的日常生活之中。红新村委会也装备
了电脑，能够处理日常的无纸化办公的需要，但在工作任
务较多时，有的业务也会让甘庄街上的复印打印店来完成，
并付给相应的报酬。

（三）商业

随着改革开放的不断深入，1983 年中央一号文件下达
后，该场积极鼓励个体工商户发展。据统计，1985 年该场
个体工商户为 154 户，其中饮食业 9 户、服务业（理发、缝
纫）11 户、小百货 37 户、农产品加工业 5 户、机修业 16
户、冷饮业 5 户、种植业 1 户、养殖业 7 户、运输业 63 户，
总营业额达到 180000 元。1986 年该场个体工商户增加到
261 户，其中有养殖业（养鱼）种植业（种菜种甘蔗）和
烧砖业 9 户、农兼商（既承包农业生产又兼营商业贸易）
42 户、商品代销 21 户、饮食业 25 户、服务业（理发、缝
纫）11 户、机修业 9 户、电器维修 3 户、饲养业（养牛养
猪）6 户、农产品加工业 2 户、运输业 81 户、行商 28 户从
业人员（商店）24 人，总营业额达到 397000 元。[①] 但是甘

---

① 甘庄华侨农场场庆筹委会：《创业之路（1958～1988）》，甘庄华侨农
物，1988，第 69 页。

庄华侨农场个体工商户以传统的小铺面、小作坊为主，规模较小，档次较低，生产力水平低下；从业人员文化素质较低，基础差；经营范围不广，品种结构单一，专项资金投入不够；该场对适合发展的个私经济进行因地制宜、分类指导不足，对其行业布局、规划不够全面且几乎没有进行。因此，应进行经济体制改革，出台一些优惠政策，突出经济发展的重点，积极引导个私经济加快发展，使其成为经济的激活点、新的经济增长点和带动经济发展的生力军。为此，应注意：（1）积极引导场员利用本地资源，发挥劳动力资源价格低的优势，发展投资少、见效快的劳动密集型产业，提供更多的就业机会；（2）鼓励个私工商户租赁荒山、荒坡等，开展农、林、牧、副、渔等各种经营及加工工业，并注意培植和做强芒果产业和糖料——甘蔗产业，使这些产业不断上规模、上水平；（3）建立支持个体私营经济发展的银行贷款激励机制，鼓励创办科技型的个体户和企业；（4）举办培训班，提高个私从业人员的素质，优化知识结构；（5）鼓励和采取"放水养鱼、筑巢引凤"的方式，创造条件，鼓励本地个私工商户与外地企业联合，共同发展经济，互利共赢。

改革开放后，计划经济体制逐步松弛，国家鼓励发展商品经济；1983 年中央一号文件积极鼓励个体工商户发展。随着 1984 年国家经济体制向市场经济的转变，原甘庄华侨农场先后在 1988 年和 2001 年进行过两次大的改革，但是因受各种条件局限，改革仍然遗留了许多问题，侨场领导体制不顺、经营机制不灵活，基础设施薄弱、债务沉重及社会保障不完善等问题还很突出，很大一部分归难侨生产生活还有很大困难。2007 年年底，实现营业收入 549.8 万元，亏损 252.6 万元；人均纯收入 2589 元，比元江县农民人均纯收入低 599 元[①]。长期以来，原甘庄华侨农场滞后于周边乡镇经济社会发展水平，改革和发展任务复杂而艰巨。本章内容为了叙述的方便，概述了侨场计划经济的简况，以向市场经济转变的变革期间的关键年份（1988 年、2001年、2008 年）为主概述基本情况，以蔗糖产业、芒果产业、新办的企业等为主进行叙述，其他内容因为搜集不到相应的统计资料，这里暂不涉及。

## 第二节　向市场经济转型

### 一　转型的原因

从总体上看，甘庄华侨农场广大群众在计划经济时期，由于国家政策的倾斜和各种照顾性质的优惠措施，他们的经济收入和社会生活水平总体上高于附近周边各族群众的生活水平；然而，随着向市场经济体制的逐步转型，计划经济带来的弊端不断涌现，与周边各族群众的收入和生活水平相比，差距进一步加大，主要体现在以下三个方面。（1）该场经济发展水平不高，落后于周边乡镇群众的生产生活水平。特别是近二十年来，经济发展步伐较为缓慢，难以主动适应市场经济发展的需要，导致了该场负债不断增加，群众渴望发展、渴望富裕的愿望得不到满足。（2）归难侨社会生活相对封闭。因为民族、区域、文化和生活习惯等因素的影响，归难侨与当地群众之间存在一定

① 元江县人民政府：《元江县华侨农场领导体制改革工作情况汇报》，2009 年 7 月 9 日。

的差异性，他们在长期社会生产活动中，彼此交往较少，思想观念陈旧，文化知识滞后，市场经济意识跟不上时代发展要求，与先进地区相比差距较大。（3）政治民主生活环境较为有限。该场广大群众的民主政治生活方式主要是在国家宪法和相关法律规定内，以侨法侨规和相关政策为主，通过华侨农场相应行政管理的模式进行，以分场、生产队为依托，通过侨联及其各级侨联代表会议等途径行使自己的民主权利，另外有部分华侨的公民通过选举参与元江县人民代表大会行使民主权利，长期游离于不断完善的村民自治管理制度之外。因此，深入贯彻国发6号文件，努力推进华侨农场改革和发展，真正实现该场"体制融入地方、管理融入社会、经济融入市场"，成为改革中较为彻底的一次变革。

## 二 转型的过程

### （一）1980 年以来的改革

原甘庄华侨农场从建场至1979年的21年间的计划经济时期，一般是由上级主管部门——云南省侨办等下达每年生产建设计划，按年终财务决算实际亏损数额弥补亏损。该场对其下属的各生产队再下达年度和阶段生产任务，最后由各生产队自行安排农活，各生产队的产品由该场统收统销。该场职工实行级别工资，每月按出勤计发。1980年起该场逐步向市场经济过渡，云南省侨办对该场下达生产建设计划时，逐步缩小该场的年度指令性指标，扩大其指导性指标。1980～1984年，云南省侨办分年给该场核定亏损补贴数，减亏留场，超亏不补。1984年该场依据中央1

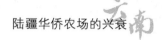
号文件，云南省委〔84〕第 10、12 号文件及云南省委新平会议精神，提出"国营农场走农村改革的道路是治穷致富的必由之路，是经营管理上的一次重大改革"。1985 年起云南省侨办对该场实行亏损包干补贴，已定五年不变，分年决算，超亏不补，减亏留场；与此相适应，该场对经营方针进行了调整，在保证粮食够吃的前提下，调整作物面积，大力推行种植芒果、甘蔗等经济作物；在经营管理方面，该场由实行职工承包向实行家庭承包、自主经营、自负盈亏、工资脱钩等方面转变。该场对各生产队，1980 ~ 1981 年，实行"三定一奖"，1982 ~ 1983 年，推行土地到组、到户，实行职工联产计奖赔。1984 年推行家庭联产承包责任制。从 1985 年实行农林牧承包制、工商专业户与原工资脱钩，自主经营，向农场上缴管理费和公共积累。1986 年在进一步完善家庭承包制的基础上，兴办家庭农场。与此同时，进行住房制度的改革，一部分职工购买了住房。

## （二）2001 年改革

2001 年，根据云南省华侨农（林）场经济体制改革宾川现场会议精神和云政发〔2000〕211 号文件精神，农场开始进行领导体制和管理体制、场员制度、基本养老保险统筹、场办社会剥离四项改革，彻底理顺了县属县管、管人、管事相结合的领导管理体制，真正使农场融入元江县域经济和社会发展。在 2001 年 3 月 1 日将学校、医院、公安派出所正式移交县政府职能部门管理；1880 名职工改制为场员，共支付一次性离职补偿金 1560 万元，其中云南省财政承担 48%，为 748.8 万元，玉溪市财政承担 20%，为 312 万元，元江县财政承担 2%，为 31.2 万元，原甘庄华侨农场承担 30%，为 468 万元。玉溪市、元江县承担部分于 2002 年前拨付到位，该场承担部分于 2003 年底拨付到位。

### （三）侨场个体工商户的发展

在 20 世纪 80 年代中期，原甘庄华侨农场不断深化改革开放，坚持以公有制经济为主体，多种经济成份共同发展，推行职工联产承包责任制，实行"自我积累、自费经营、自主经营、欠收自负、超收归己、上交包干"的管理办法；20 世纪 90 年代末管理上进一步深化，实行"自主经营、自费经营、定额上交、超收归己、自负盈亏"的管理办法，将职工联产承包改为家庭联产承包，为该场职工从事和发展个体工商经济提供了时间、人力、机会等条件。该场职工和场员积极响应，由于反季蔬菜种植效益较好，种植面积不断扩大，建盖大棚的农户不断增多；同时，积极发展个体私营经济，对新开业的个私工商户采取各种积极的扶持措施，使其得以顺利发展。据统计，截至 2000 年年末，甘庄华侨农场个体工商户已发展到 224 户，从业人员 392 人；注册资金 8.7 万元；私营企业 5 户；侨场个体私营经济营业收入为 619.2 万元。在三个产业中比例为，第一产业（农业）有 3 户，占总户数的 1%；第二产业（建筑）有 5 户，占 1.4%；第三产业（服务）348 户，占 98%。原甘庄华侨农场对下岗职工、残疾人从事个体经济给予了许多优惠政策，对管理费给予减免。[①]

但是，侨场个体私营经济发展存在的缺陷是小铺面、

---

① 《甘庄华侨农场个体私营经济情况汇报》，2001 年 7 月 10 日。

小作坊规模较小，档次较低，生产力不高；从业人员文化素质较低，基础差，结构单一，经营范围不广，专项资金投入不够；侨场对适合发展的个私经济行业布局、规划不够全面。

### 个案4-1　如意食品店

张正初、熊金敏、张添露等人开设的如意食品店，位于甘庄场部与玉元高速和213国道的交叉路口，经营主食为主，经营期限为2008年7月14日～2009年7月17日。主人家有六个孩子，张添露是二儿子；长子张添文，50多岁，留在越南；三儿子张添韩，昆明理工大学毕业20年，曾在十四冶建筑做桥梁设计，现自谋职业；女儿张添贝，在家待业；四儿子张添胜，在家种甘蔗，8.4分/人；六儿子张添庆，在玉溪高密度打工。

如意店地皮原为难民房，他们以1300元买下，从油毛毡变为瓦房，再修建成二层的钢筋水泥房，当时贷款2万多元，建房花费4万多元。原来因昆明—思茅—版纳公路经过店门口，生意较好。一天毛收入大约3000元，现该线改为了高速路，收入减少，少时300元，半夜有时会有长途货车驾驶员叫杀鸡给他们吃。

## 三　其他行业的兴衰

元江县福特铜业有限公司由原甘庄华侨农场、元江县乡开发公司、李彦华、张正勇四家共同出资于1995年5月成立的有限责任公司，属甘庄华侨农场国有控股，注册资金1000万元。1995年破土动工兴建电解铜湿法冶炼厂，开发白龙厂铜矿，该厂设计规模年产1000吨电解铜，总投资

1000 万元，1996 年 9 月试生产运行，当年生产电解铜 90 多吨，产值近 200 万元，解决该场 100 多名待业人员就业，1997 年元月正式生产。[①] 但是，由于市场的急剧变化，产品价格大幅下跌；以及该厂资金紧缺，管理跟不上，不得不于 1998 年 6 月中旬停产，长期处于瘫痪状态。后经该公司董事会研究决定，将铜矿以 600 万元整体转让给元江沃力矿业有限公司。

木糖醇厂于 1988 年动工兴建，1990 年年初建成，后因多种原因未能投产，造成建筑物、机器设备等闲置、破损、贬值和建筑用地的闲置，有必要处置不良资产，以免造成更大损失。该场将闲置多年的木糖醇厂以 170 万元一次性整体转让给云南坤能矿冶研究有限公司，该公司按照玉溪市、元江县有关招商引资鼓励政策，投资开发元江镍矿，利用闲置的木糖醇厂投资改造为精细化工厂，以加快元江镍矿开发速度。

在甘庄落户的还有台湾花卉公司、芊卉公司、正勇公司、云南坤能公司、云南矿业公司等多家企业，建立了电解镍厂、铜冶炼厂等企业，拉动了甘庄内需，带动了甘庄的经济发展。

## 四 多种经营格局的形成

21 世纪初该场新的领导班子依据国家政策的调整，结合该场实际情况，在实地调研的基础上，不断提出新的鼓励多种经济发展的措施，取得了较好的社会经济效益。

---

① 云南元江星原会计师事务所文件（元星会审字〔2002〕第 13 号）。

**表 4 - 2　原甘庄华侨农场企业统计**

时间：2009 年度

| 企业名称 | 法定代表人 | 经营范围 | 企业类型 |
|---|---|---|---|
| 甘庄华侨农场水电有限公司 | 白　红 | 供水、水暖管件、五金、交电、百货、农副产品（粮食除外）销售；供水管安装 | 国有独资有限责任公司 |
| 元江甘庄华侨双扶有限公司 | 刀云光 | 百货、白砂糖、食用酒精、五金、交电、日用杂货、建筑材料、金属材料销售；化肥零售 | 国有独资有限责任公司 |
| 国营甘庄华侨粮油贸易公司 | 杨福顺 | 粮食、食油及制品零售，百货、五金、交电、日用化学品、建筑材料、农副产品、副食品、其他食品 | 国有经济 |
| 元江县国营甘庄华达工程公司 | 白少金 | 土木工程建筑（非等级）。兼营范围：建筑材料、钢材、水暖管件、五金制品、机动车零配件 | 国有经济 |
| 青龙供销合作社甘庄农资农家店 | 杨继荣 | 化肥、农药、农膜、铁竹木农具销售 | 集体分支机构（非法人） |
| 元江县甘庄集贸市场 | 白　云 | 市场服务 | 普通合伙企业 |
| 中国石油化工股份公司甘庄加油站 | 苏天荣 | 汽油、柴油、润滑油脂、预包装食品批发、零售；日用百货便利店经营；洗车、加水、汽车美容服务；卷烟零售 | 上市股份有限公司分公司 |
| 红云化工有限公司甘庄经营部 | 李俊呈 | 农药（乙种）、化肥、农膜、农具零售 | 有限责任公司分公司 |
| 澧江供销公司甘庄化肥农药门市 | 杨志刚 | 化肥、农药、农膜、农具销售 | 有限责任公司分公司 |

续表

| 企业名称 | 法定代表人 | 经营范围 | 企业类型 |
|---|---|---|---|
| 元江县华丰经贸有限公司 | 林家梁 | 石油制品、五金、建筑材料批发、零售；白酒生产、批发、零售 | 自然人出资有限责任公司 |
| 云南玉溪市晴园农科发展有限公司 | 胡溢宏 | 花卉种植、批发、零售；园艺农具、种苗批发、零售；化肥零售 | 自然人出资有限责任公司 |

资料来源：作者根据 2010 年 3 月元江县甘庄工商所提供的《甘庄分局企业年检名录》整理。

据元江县甘庄工商所提供的《甘庄分局个体工商户年检名录》统计可知，截至 2009 年年底，甘庄农场个体工商户已发展到 359 户，从业人员 617 人，注册资金 7858980 万元。从产业结构来看，在三个产业中比例中：第一产业（农业）有 9 户，其中花卉、水果种植 8 户，水产养殖 1 户，占总户数的 2.5%；第二产业（工矿业）有 6 户，其中建筑 3 户，开矿 3 户，占 1.7%；第三产业（服务）344 户，涉及饮食、服装、百货、医药、化肥农药、废品收购、各种社会服务等行业，占 95.8%。从注册资金来看，最高注册资金为 50 万元，最低为 200 元；其中 10 万元以上为 21 户，5 万 ~ 10 万元以内为 20 户，1 万 ~ 5 万元以内为 136 户，1 万元以下为 182 户。从从业人数来看，最多为 1 户为 16 人，2 户有 6 人，2 户有 5 人，354 户为 4 人以下，一般每户个体工商户从业人员为 1 ~ 2 人居多。①

---

①　作者根据 2010 年 3 月元江县甘庄工商所提供的《甘庄分局个体工商户年检名录》整理。

## 五　消费变迁分析

新中国成立前甘庄坝的本地居民是傣族农民，他们中的绝大部分没有土地，住的是土房或草棚。1958 年建场后，省、地、县五百多名下放干部到达农场，与各族人民一起除粪、铲草、填塘，改变了过去脏、乱、差的现象，甘庄坝面貌一新。1960 年，印尼归侨被安置在甘庄坝，新房一时间盖不起来，印尼归侨就和傣族农民挤住在比较狭窄的土房中。1962 年，新建盖的职工宿舍逐渐修起后，他们始陆续迁入新居。20 世纪 60 年代后期，已新建的职工宿舍（瓦房）达到 25545 平方米。1978 年时，为接待大批越南难侨来场定居，各级政府拨了大量资金建房，当年新建职工宿舍 1300 平方米。1980 年时，又新建职工宿舍 4959 平方米。到 1986 年年底，全场新建住房总面积已达 10266.95 平方米，人均占有 14.17 平方米。20 世纪 90 年代中后期到 21 世纪初，甘庄华侨农场通过十余幢商品房的开发和建设，大部分职工的生活住房水平得到了较大的改善。

### （一）计划经济时期的收入变化

近 30 年来，职工的收入随着工农业生产效益的提高而不断增加，生活福利也不断得到改善。1960 年印尼归侨来场时，每月仅有八元的津贴，后增加至十五元、二十元，以后又按国家农业工人待遇级别，按月发给工资。归侨子女由国家每人每月补给生活费七元，后增加十元。全场职工都享受公费医疗。1978 年开始，实行了农业工人退休制度（男满六十岁、女满五十岁），即可申请办理退休，按月领取养老金。[1]

根据云南省侨办（86）云侨办字第 322 号《关于修订归侨生活标准和生活补助费使用办法的通知》规定，农场坚决贯彻执行。修订后的标准，对归侨基本生活费标准作了适当提高。从 1987 年 1 月 1 日起开始执行。具体规定如下：劳动力生活标准由 25 元调为 30 元，中学以上学生及家属由 18 元调为 24 元，小学生以下儿童调为 20 元，孤寡老人或孤儿由 20 元调为 30 元；退休退职人员定为 30 元；离休干部定为 45 元，因公伤残的在职或退职人员定为 45 元。[2] 修订后的使用办法，采取固定差额补助、有偿扶贫补助和临时因困难补助相结合的办法，将有利于革除"大锅饭"和单纯的为救济而救济的弊端。

（二）向市场经济转型后的职业及收入变化

1985 年，该场继续贯彻上级精神，实行解放思想，进一步放宽政策，开展增收致富活动，职工从事农兼商、工、运输、服务和从事养殖等经营，收入显著增加，出现了一批善于经营、勤劳致富的个体工商户，他们中的大多数以种植甘蔗为主，或者根据农场的自然条件，广开生产门路，有的兼种芒果，有的兼搞运输，更多的是利用荒山、荒地种植甘蔗、花生、玉米等作物，每个职工会全年实际收入（包括工资、超产奖金、补贴及其他）可达千元以上。截至 1987 年，该场归难侨个体户为 96 人，其中有手扶拖拉机驾驶员 35 人，

---

① 甘庄华侨农场场庆筹委会：《创业之路（1958～1988）》，甘庆华侨农场，1988，第 78～79 页。

② 甘庄华侨农场场庆筹委会：《创业之路（1958～1988）》，甘庆华侨农场，1988，第 16 页。

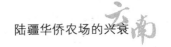

缝纫业 12 人，机修业 3 人，饮食业 12 人，木工 2 人，理、烫发业 3 人，食品加工业 5 人，土杂代销业 1 人，屠宰业 3 人，行商 5 人，百货业 11 人，修钟表业 3 人，烧石灰 1 人。

该场职工收入和人均收入均在 20 世纪 80 年代有较大增长，人民生活总体上仍高于周边农村。20 世纪末 21 世纪初由于农场经营连年严重亏损，甘蔗价格低，收入单一，农业职工家庭人均收入增长缓慢，甚至职工收入和人均收入徘徊不前，而且逐步被周边农村反超，场员家庭人均收入和周边农村的人均收入差距拉大，全场经济社会处于建场以来最困难的时期。

### 个案 4 - 2  越南归侨职工田石英勤劳致富

20 世纪 80 年代该场全面推行经济承包责任制调动了广大归侨职工的生产经营积极性，提高了经济效益，从而使他们的平均收入大幅度上升。红专分场 2 队的越南归侨田石英一家，1986 年承包芒果 22 亩，在农场科技人员的关心和帮助下，通过一年的辛勤劳动，1987 年产量达到 13500 公斤，总收入 13500 元，减去各种费用及上缴管理费后，纯收入 10845 元，成了万元户。全家生活改善了，买了电视机、单车、手表、衣物等，还清了 1000 多元的贷款，剩余的钱存入银行支援国家建设。

### 个案 4 - 3  侨场职工方秀英家属承包土地勤劳致富

据方秀英介绍，她爱人 1997 ~ 1998 年开始在家承包栽种甘蔗 100 亩，自种 40 亩左右，在甘庄有较好灌溉条件的地块种冬早蔬菜。2008 年因家庭劳动力减少，劳动量大，爱人忙不过来，外租 60 亩给外地人。2008 年家庭芒果园中"三年芒

110

果"400 棵挂果，预计出果 5 吨左右，价格为 1.5 元/公斤，比 1985～1986 年的价格 3 元/公斤大为下降，近几年芒果的价格一直在下跌，具体收入要在出售之后才知道。

# 第三节　蔗糖产业

20 世纪末 21 世纪初该场新的领导班子在实地调研的基础上，提出大力发展甘蔗种植，不断壮大蔗糖支柱产业，坚持生态农业，积极培育芒果产业的指导思想，为此，该场建立了一系列个人奖励与甘蔗产量挂钩的激励机制，取得了较好的社会经济效益。

## 一　糖料种植

该场地处亚热带气候，除粮食作物外，适宜种植甘蔗等经济作物。在发展科技推广工作中，先后引种甘蔗品种 64 个，其中高产高糖早、中、晚熟甘蔗品种 5 个，甘蔗推广：70/611 号、71/95、73/159、云南 71/388、云选 3 号等已在生产上推广使用。

### （一）糖料基地建设

甘蔗是中国制糖工业的主要原料，云南省是中国主要的甘蔗种植区域之一。元江县作为云南省发展蔗糖业自然条件最优越的地区之一，蔗糖业发展很快，已形成了元江县经济的支柱产业。蔗糖业也是元江县原甘庄华侨农场场员最重要的经济收入来源之一，也是元江县财政收入的重要来源之一。蔗糖业的发展直接影响到该场场员的生计和社会的稳定。

原甘庄华侨农场以甘蔗为主产业，按照"糖厂是建设的主体，场员是种植的主体"进行分工。为了保证糖厂的原料供应，1994年10月，该场新班子上任后，结合农场实际，深入调查研究，把大力发展甘蔗，振兴农场经济，全力以赴把开发甘蔗放在首位，充分发挥该场甘蔗生产主导产业的优势，利用可开发的山地资源，加大甘蔗开发面积，调整产业结构，明确发展思路，实施甘蔗高产工程，对发展主导产业甘蔗制定出新的举措和优惠政策，一是用三年时间每年发展甘蔗5000亩；二是将口粮田改种甘蔗；三是水沟以下水利条件较好、芒果树已老化，有改种甘蔗价值的芒果地改种甘蔗，这一举措得到了元江县委县政府的重视和支持。20世纪90年中后期至21世纪初，该场除大部分坡地种植芒果及部分坡地零星种植玉米和少部分坝区田地种植水稻和蔬菜外，大部分的耕地用来种植甘蔗，发展工贸一体化的糖厂，对蔗糖产业进行了优化结构和合理布局，重点支持宜蔗地区的发展壮大，2008年已开发种植甘蔗2.68万亩，成为当地热带经济作物的重要产地之一。该场在甘蔗生产方面注重"五抓"，即抓良种（高产、高糖、高抗，早、中、晚熟品种搭配）、抓全苗、抓增施肥料、抓有效茎、抓单株增重。具体主要做法有三方面。

**1. 引种试种甘蔗优良品种**

原甘庄华侨农场引进的新品种属禾本科甘蔗属，原产于热带、亚热带，对光热要求高，适宜种植在700米以下的海拔区域。在甘蔗生产上，1958年建场初期种植了"罗汉蔗"200亩，平均亩产才1.432吨；经过引种试种上百个甘蔗品种，推广过台糖134、台糖108、印度419、东爪哇3016、选蔗3号、59/16、71/388等品种，1986年，该场甘蔗 9510 亩的平均亩产达 6.881 吨。由于广泛采用良种良法，实施科学耕作管理技术等，从省内外引进甘蔗品种 62 个，从中筛选出适应栽培的高产高糖早、中、晚熟甘蔗品种 5 个，已在生产上推广使用。[①] 21 世纪初红新村种植的甘蔗品种中 60% 仍为台糖 134，30% 是选蔗 3 号，其他品种约 10%；21 世纪初红新村拟为推广的新品种是选 3 号、71/388、71/59。但是，该村糖料甘蔗生产技术仍然落后。因此，提高甘蔗生产技术水平是亟待解决的问题。

**2. 注重提高蔗农的耕作技术水平**

红新村按照上级部门推广甘蔗良种和采用先进的耕作管理技术的总体要求为"深耕、浅种、宽行、密植"，同时施足基肥等使甘蔗亩产量大大提高。现把该场推广甘蔗种植新方法，作一基本介绍。

主要技术要点有以下七点。

（1）整地与施肥。精细整地；施肥以基肥为主，追肥为辅。基肥每亩施农家肥 5 ~ 6 立方米，或者施优质粪肥、饼肥 750 ~ 1000 千克、尿素 50 千克、过磷酸钙 50 千克、硫酸钾 50 千克。

（2）种蔗消毒和催芽。种蔗先用清水浸泡 12 小时，再用 50% 多菌灵或 50% 甲基托布津 600 ~ 800 倍液浸泡 4 小时，捞出稍凉后用塑料布盖严，放置在朝阳处升迁温。催芽 3 ~ 5 天，芽长 1 ~ 3 厘米时播种。

（3）播种与覆膜地膜覆盖栽培适播期在 3 月中下旬。将甘蔗种去梢、去皮、切段，每段 3 ~ 5 个芽眼。开沟播种，

---

① 甘庄华侨农场场庆筹委会：《创业之路（1958 ~ 1988）》，甘庄华侨农场，1988，第 91 页。

沟深 8~10 厘米，按大小行播种，大行距 150 厘米，小行距 50 厘米，株距 40~50 厘米。播种时，种芽向上或朝向两侧平放，盖土 4~6 厘米厚。采用地膜加中小拱棚覆盖保护栽培，一膜盖两行。前期要加盖草苫防寒增温，出苗后及时破膜，每墩留健壮苗 4~5 个即可。

（4）适时浇水与追肥。在水肥充足的条件下，8~9 月植株基本长成。第一次追肥在 7 月上旬甘蔗长出 5~6 片叶时进行，第二次追肥在 8 月上旬植株有 8~10 张叶片时进行，每亩每次追施尿素 20 千克，结合追肥浇水。苗期管理以提高地温促进早发为主；中期水肥齐攻，保持土壤湿润；后期以稳长为前提，以促进糖分转化和积累。

（5）中耕除草。秋季前期进行数次中耕除草，结合追肥培土。覆膜前喷施除草剂都尔防治草害，中后期严重时用克无踪或草甘膦等喷雾，但切忌将药液喷洒在叶片上

（6）病虫害防治结合耕地用甲拌磷或 3% 呋喃丹、5% 涕灭威颗粒剂对土壤进行处理。覆盖前，用麦麸拌辛硫磷制成毒饵诱杀害虫。在 7 月上中旬和 8 月上中旬，用菊酯类农药喷雾防治钻心虫。

（7）收获在 10 月底以前进行。

**3. 厂企联合，政策鼓励，各方联动，共同发展**

20 世纪 90 年代，为加大发展甘蔗的力度，该场采取的措施主要有：（1）为鼓励蔗农发展甘蔗的积极性，对开荒种植甘蔗每亩给予 50 元的开荒种植费，蔗区道路费由总场承担。（2）为鼓励蔗农多交甘蔗，对种蔗大户 50 吨以上者，分为几个档次，分别奖励舒暖被、大彩电、摩托车、奖金等。该场从 1995 年开始实施奖励制度，2000 年对三个分场每个分场甘蔗产量达到 4 万吨以上的将场部的 3 辆轿

车、三菱车分别奖给三个分场使用。（3）为调动各级管理人员的工作积极性，提高管理水平，各分场管理人员、各生产队队长的工资奖金实行与吨蔗挂钩的办法，从而调动了大家的积极性，其中有红新分场9队的甘蔗产量由原来的1000多吨，2000年达到1.4万吨，可拿到工资3.5万元。

重视甘蔗主导产业的发展，始终把蔗糖业摆到突出的位置，作为重中之重的产业优势加以发展，明确定向目标，紧紧依靠科技、促进农场蔗糖业的发展，在甘蔗生产上实施"两推广两提高一完善"，即推广优良品种，推广科技措施，提高单产，提高含糖量，完善基础设施。以"加强领导、统一意识、明确责任、优化政策、加大投入、建立基地、开发新区、完善设施、依靠科技、增加产量、强化管理、适应市场、提高效益"为方针。从1995年起，该场就采取了多项确实有效的措施：（1）总场与各分场签订"推广甘蔗良种、提高糖分发展甘蔗责任书"，从甘蔗管理、甘蔗产量、良种推广面积、提高单产、甘蔗含糖分等具体指标入手，考核任务的完成情况。（2）明确该场的两个投入主体，一是企业投入，二是蔗农户投入，坚持谁投入、谁受益的原则，对调动蔗农利用荒山坡地开发种植甘蔗，起到了积极的作用。（3）该场在2002年与各分场（生产队）签订了"2002年甘蔗生产目标责任书"，将20万吨甘蔗产量分解到三个分场，实行分场领导和各队领导的工资与甘蔗产量挂钩，每完成1吨甘蔗给分场管理人员3.00元，给队长3.00元，如是优良品种给3.5元。同时，该场将青龙厂镇10个村委会主任纳入甘蔗生产领导小组，并签订了2002～2003年种植2万亩甘蔗的协议书，由三个分场分别挂钩、帮助、指导有甘蔗种植任务的村委会。

## 二 甘庄糖厂

### （一）甘庄糖厂的兴建

甘庄糖厂，即中型甘庄机制糖厂，因隶属原甘庄华侨农场得名。该糖厂位于元江县城北面甘庄坝北侧，紧靠青龙山南麓，北纬 23°42′，东经 102°0′，距元江县城 16 千米。1978 年 11 月由云南省投资建设，1981 年年底建成，1982 年 1 月一次试车投产成功。原属国营甘庄华侨农场管理的企业，有固定职工 200 人左右，榨季职工 400 人左右，归侨职工在固定职工中占有一定的比例，该厂厂房占地 7000 平方米，职工住宅占地 3000 平方米。

**图 4-4 甘庄糖厂远眺（何作庆摄 2010 年 3 月 1 日）**

甘庄糖厂按原设计为日榨甘蔗 500 吨的中型机制糖厂，年耗电量约 200 万度，耗煤 450 吨，耗刚材 60 吨；按设计投产后正常年景年产白糖 5000 吨，酒精 400 吨，可实现利润 100 万元，上缴税金 120 万元。该糖厂拥有 1000 瓦汽轮发电机组一座，1982 年投产建成后供本厂生产用电。1982

**图4-5 甘庄华侨糖厂大门（何作庆摄 2010年3月1日）**

年第一次试车投产只压榨了甘蔗1.9万吨，但经济核算基本收支平衡，并向国家缴纳税金67万元。[①]

## （二）注重技术更新改造升级，不断提高日加工能力

原甘庄华侨农场领导班子作出了对糖厂设备设施条件进行技改的果断决策，确定了扩大日处理能力技改项目。从1995年开始至2000年共投入1125万元的技改资金，使该厂的日处理甘蔗由500吨扩大到1500吨。甘庄糖厂紧紧跟随甘庄华侨农场领导的决策和部署，不断深化管理手段，提高制糖技术水平和技术改造，开展甘蔗产品的综合利用，取得了较好的成绩：（1）1993年该场投资100万元对糖厂的压榨车间和锅炉车间等进行了技术改造，日榨量由原来的500吨提高到700吨。（2）1996年侨场投入糖厂技改项目资金250万元，将该场原化工厂闲置多年的厂房改建生产蔗渣碎粒板车间，生产能力年产1000立方米（可供生产8

---

① 《元江县地名志》，第217页。

万张碎粒板),并在 2 月试车投产。(3) 1997 年,该场投资 1315 万元,建成年产 1000 立方米蔗渣碎粒板厂,实现销售收入 40 万元。(4) 1998 年,对甘庄糖厂压榨车间、清净车间、煮炼车间进行技改,投资 200 多万元,日榨处理能力由原来 750 吨/日提高到日榨 1300~1500 吨。

图 4-6  甘庄糖厂压榨车间——喂甘蔗台一角
(何作庆摄  2010 年 3 月 1 日)

图 4-7  甘庄糖厂——切蔗机车间一角
(何作庆摄  2010 年 3 月 1 日)

### （三）完善糖厂工作管理规范，以制度来促进劳动效率的提高

为加强糖厂企业自身的改革和管理强化营销，增加市场竞争力和抗风险能力，该厂领导以严格的管理手段，以降低产品成本费用为核心，把指标量化到各车间班组和人，从干部员工实行"先定指标后定人，不接指标就换人""不爱岗就下岗，不敬业就失业"的运行机制。强化规章制度、劳动纪律，用制度管理人，用制度规范工作行为。该厂决定在1986~1987年榨季试行经济责任制，把工资、节日加班、夜餐补贴、书报费、降温费及奖金通统捆在一起，紧密同经济效益挂钩。把全厂8个车间、49个岗位实行定员，并实行264个指标分解，各人的报酬多少，皆依照自己完成指标任务的好坏决定。指标任务的完成情况，由考核组核定，榨季内工资每月发一次，每次发60%，保留工资40%，待停榨后再计发。该糖厂机关股室人员则实行行政级别工资加奖金的办法。每个人员的工资报酬与全厂的经济效益好坏决定，若糖厂完成了万吨利润指标，则将所定奖金计算到股室，股室再根据各人的工作效率、贡献大小、勤劳程度、纪律好坏进行评定。若万吨甘蔗利润超过指标任务，奖金额则按增长比例追加；若完不成万吨利润指标，则按比例扣减。同时，原甘庄华侨农场对该厂实行竞聘上岗、减员增效的措施，实行两级管理一级核算的管理办法，糖厂只管生产白糖、酒精等产品，产品由总场组织销售。建立健全激励和约束的奖惩制度，对各级领导管理人员实行"能者上、平者让、庸者下"的竞争上岗机制，对中层以上管理人员实施年度民主测评聘

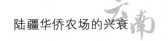

任制度，德才兼备者给予提拔、任用，庸者进行清岗腾位，严格纪律管理制度，对出现迟到早退者就请回家休息，对机关科室人中按照"精简、统一、效能"的原则，精简管理机构和人员，减少管理层次，建立现代企业制度，要求一个人顶三个人的工作量。上述措施取得了较好的效果，从1995年该场的经济形势才逐步得到改观，步入正常的运行轨道；甘庄糖厂从1995年以来，从未出现亏损，每年为农场创利税1000多万元。

### （四）甘庄糖厂的改制

#### 1. 审计报告

2002年5月经过律师事务所的审计可以得到以下审计报告内容：（1）甘庄糖厂应收账款面额20017.57元，预付账款账面余额121386.21元；其他应收款账面余额65.017.69元。以上三笔债权共计206421.47元，而这些债权均属三年以上的呆坏账，也无法清收。（2）甘庄糖厂欠款：农业银行借款本金401万元，其中利息41万元；元江电力公司电费355859.76元；国税增值说233514.58元，欠地方税费23231.84元，欠代扣税金57499.57元；甘庄供电所电费25466.34元；元江县糖业集团有限公司制作安装费35000元；元江岔河铜矿矿款45856元；原大水平乡企业办膨润士加工损失费70000元；张清工程质量保证金11472.93元。上述8项负债共计4867901.02元。

#### 2. 清理核销不良资产

经元江县有关部门同意，按经过清理核实出不良资产共计3444779.71元，给予核销处理。具体有：（1）报废、拆除的固定资产挂账原值7839808.71元，净值2999047.46

元。其中：①报废拆除房屋建筑物原值 915517.81 元，净值 304190.37 元，主要原因：有的是按当时设计日榨量 500 吨规模建造，随着蔗糖业的发展，原厂房主体因技改扩建而被拆除未销账；有的属简易建筑，因使用时间长形成危房已拆除未销账，另一些建筑物已损坏并已拆除更新仍长期挂账，应作销账处理。②拆除报废机器设备原值 6924290.90 元，净值 3480839.10 元，其主要原因是：此设备因与技改后的生产工艺、生产规模不相匹配而被拆卸搁置不能再用。③盘亏固定资产原值 1428537.71 元，由于漏计累计折旧致使固定资产净值增加 785982.01 元。（2）不良存货 398053.01 元（主要为库存原材料），盘盈存货 19989.77 元，净损失 378063.24 元，主要原因是：有的是购进时间长，存在质量问题、过期变质不能使用；有的属原生产设备的备品备件，因设备技改后造成存货中的备品备件与设备不匹配而长期闲置不用；有的是从建厂初期就存放下来的不用存货。以上不良资产共计 3377110.70 元，同时将报废材料作进项税额转出 67669.01 元，共计 3444779.71 元，报请总场给予审核核销处理。[①]

**3. 改制的实施**

2002 年 9 月 23 日，元江县政府下发了《关于甘庄华侨农场糖厂整体剥离一次性出售改制的批复》，原则同意甘庄糖厂的改制实施方案，按照县政府的批复，于 2002 年 10 月 23 日举行了交接仪式。改制后的甘庄糖厂更名为"元江甘庄金珂糖业经贸有限公司"。

---

① 元江县原甘庄华侨农场《关于同意甘庄糖厂核销不良资产的批复》（甘场复〔2002〕01 号），2002 年 5 月 31 日。

表 4－3  原甘庄糖厂基本情况统计（1987～2003）

| 项目\年度 | 国定资产原值（万元） | 甘蔗收购量（吨） | 甘蔗入榨量（吨） | 出糖率（%） | 白糖产量（吨） | 酒精产量（吨） | 工业总产值（万元） | 利润（万元） | 税金（万元） | 总回收率（%） |
|---|---|---|---|---|---|---|---|---|---|---|
| 1987/1988 | 714 | 55647 | 54809 | 9.6 | 5259 | 452 | 708 | 119 | 116 | 76.8 |
| 1988/1989 | 736 | 52260 | 51476 | 11.3 | 5823 | 413 | 1151 | 297 | 175 | 86.6 |
| 1989/1990 | 787 | 41275 | 40656 | 10.6 | 4304 | 320 | 842 | 150 | 124 | 81.5 |
| 1990/1991 | 791 | 55600 | 54769 | 10.8 | 5903 | 254 | 1105 | 346 | 224 | 82.8 |
| 1991/1992 | 791 | 79542 | 78588 | 10.4 | 8166 | 565 | 1451 | -27 | 172 | 79.7 |
| 1992/1993 | 924 | 62285 | 61351 | 10.4 | 6388 | 501 | 1355 | 79 | 194 | 74.4 |
| 1993/1994 | 1092 | 72600 | 70858 | 10.02 | 7100 | 611 | 2146 | 382 | 204 | 77.6 |
| 1994/1995 | 2129 | 73500 | 73325 | 10.6 | 7772 | 691 | 2539 | 140 | 242 | 86.1 |
| 1995/1996 | 2410 | 69913 | 69084 | 11.43 | 7829 | 648 | 2543 | -4 | 183 | 83.4 |
| 1996/1997 | 2407 | 73259 | 72261 | 11.53 | 8332 | 632 | 2537 | 42 | 226 | 85.3 |
| 1997/1998 | 2978 | 85150 | 84173 | 11.21 | 9437 | 850 | 2403 |  | 227 | 84.3 |
| 1998/1999 | 3195 | 101446 | 10229 | 13.37 | 12400 | 967 | 2403 |  | 421 | 85.9 |
| 1999/2000 | 3148 | 194400 | 192102 | 11.22 | 21559 | 1893 | 5932 | 1001 | 1032 | 81.6 |
| 2000/2001 | 3495 | 127984 | 126491 | 11.97 | 15141 | 1323 | 4201 | 1000 | 812 | 82.6 |
| 2001/2002 |  | 100929 | 99718 | 12.68 | 12645 | 803 | 3308 |  |  | 87.92 |
| 2002/2003 |  | 146146 | 144392 | 13.25 | 19369 | 1122 |  |  |  |  |

资料来源：作者根据元江县糖办提供的资料和对邵明远高级农艺师的采访资料整理。

## （四）效益分析

在甘庄糖厂投厂运行至改制前的 16 年中，据统计有 10 年为盈利年份，最低盈利年份为 42 万元（1996/1997 年），最高盈利年份为 1001 万元（1999/2000），小额亏损两年（1991/1992 年度、1995/1996 年度），缺乏资料无法判断的有四个年度。因此，我们可以认为甘庄糖厂总体运行良好，长期处于盈利状态，个别年份因多种原因，出现小额亏损，属于企业经营中的正常现象。据了解，该糖厂的改制主要是因为国家政策中县级以下原则原国有企业私营化导致的，与企业运作的亏盈没有多大关系，更没有考虑侨场及全体职工、场员的利益，因而在一定程度上留下了社会隐患。

# 第四节　芒果产业

原甘庄华侨农场因气候、土壤适宜栽种芒果，该场领导从山区多平坝耕地少的实际出发，制订芒果定植上山计划，利用周围荒山坡地面积种植芒果，逐年扩大芒果种植面积，收到良好的经济效益，而且绿化了荒山，减少水土流失，合理利用土地，展示了较好的生态效益。2010 年该场已开发种植芒果 1.2 万亩，进入芒果等亚热带果品盛产期，成为元江县热带水果的重要产地之一。

# 一　芒果上山

原甘庄华侨农场芒果种植面积从 1963 年的试种 9 亩开始，1979 年发展到 705 亩。20 世纪七八十年代该场领导经过调研，从该场土地总面积为 185197 亩，平坝占 10%，山地占 90%，山多耕地少的实际出发，同时，经过科研部门多年在荒山种植芒果的试验研究工作，芒果在山区栽种已经初见成效，于是，决定转变该场的经营方针，把利用荒山栽种芒果列为农场的经营来抓，开发利用荒山种植芒果，充分发挥当地具有芒果种植的独特优势，尽快发展林果业，让职工在生产中不断致富。20 世纪 70 年代该场领导号召芒果上山以后，职工积极响应，逐年扩大芒果种植面积。1983 年该场已栽种芒果 3304 亩，其中投产面积为 447.26 亩，共收鲜果 150715 市斤；1984 年因先受旱灾后受雪灾的影响，比 1983 年减产 42.06%，但计划种植面积仍达到 5000 亩；1985 年种植面积为 6896.17 亩，产量达到 179192 市斤；1986 年种植面积为 6300 亩，产量达到 220000 市斤。① 该场利用坝区周围荒山坡地，大面积种植芒果，既不与蔗粮争地，又收到良好的经济效益，而且绿化了荒山，为进一步搞好生态平衡，减少水土流失，合理利用土地，开展多种经营，发展热带水果，展示了广阔的前景。

## 二　品种与种植技术

### 1. 芒果品种的引进和推广

因甘庄华侨农场的农科站早已撤销，人去楼空，变成了基督教的祈祷场所；相关资料在保存、移交、归档中损失严重，调查者翻遍侨场的档案室仍一无所获，无法进一

---

① 甘庄华侨农场场庆筹委会：《创业之路（1958～1988）》，甘庄华侨农场，1988，第 40 页。

步查证、核实相关情况，故向侨场的原上级技术指导部门求教。据元江县农业局农经站高级农艺师李文亮介绍：元江县长期以来，引种、试种、推广栽种的芒果种植品种繁多，其具体名录如下：（1）三年芒，（2）仁面芒，（3）留香芒，（4）椰香芒，（5）元林红芒，（6）鹦嘴芒，（7）金钱芒，（8）印度3号，（9）青皮芒，（10）水英芒，（11）湛江吕宋，（12）四川吕宋，（13）高州吕宋，（14）柳州吕宋，（15）珊瑚芒，（16）文昌白玉，（17）大青皮，（18）红光6号，（19）虎豹牙，（20）小复沟，（21）大头芒变种，（22）太太芒变种，（23）虎豹牙变种，（24）杨芒，（25）桃芒，（26）香蕉芒，（27）三蜜芒，（28）大青蜜，（29）四季芒，（30）圆果矮芒，（31）巴414，（32）巴413，（33）巴44，（34）巴235，（35）巴235-1，（36）红云芒，（37）几内亚，（38）墨西哥，（39）兰多美，（40）大娃芒，（41）象牙芒，（42）元江象牙芒，（43）红象牙，（44）白玉象牙，（45）青皮象牙，（46）绿皮象牙，（47）紫花芒，（48）桂香芒，（49）串芒，（50）龙芒，（51）龙井，（52）马切苏，（53）秋芒变种，（54）秋芒，（55）索马里，（56）902，（57）实选8号，（58）缅甸球芒，（59）桂热10号，（60）缅甸22号，（61）长果矮芒1号，（62）小关刀，（63）大复芒，（64）灰绿串芒，（65）实选13，（66）R号，（67）小红香，（68）小菲芒，（69）巴4号，（70）太太芒，（71）杨1号，（72）川413，（73）YU-4，（74）选育1号，（75）奶油香芒，（76）大头芒，（77）暹逻芒，（78）菲律宾12，（79）印度7号，（80）南克来文，（81）印度701，（82）长果矮芒，（83）南秀芒，（84）缅甸3号，（85）缅甸球芒，（86）缅甸4

号，（87）缅甸红芒，（88）荔枝芒，（89）小鹦咀芒，（90）印度 2 号，（91）印度 905，（92）印度桃芒，（93）906，（94）红霞芒，（95）泰国 14 号，（96）翠绿，（97）长果矮芒，（98）海豹牙，（99）白花芒，（100）甘庄 7 号，（101）本地大核芒，（102）猫头芒，（103）黄牙芒，（104）红光 1 号，（105）红光 2 号，（106）红光 3 号，（107）红光 4 号，（108）红光 5 号，（109）苹果芒，（110）企鹅芒，（111）小大头芒，（112）鸡蛋芒，（113）红大头象牙芒，（114）爱文，（115）金皇，（116）红系，（117）台农 1 号，（118）非芒，（119）瓦城芒，（120）德芒，（121）实选 2 号，（122）小鹦咀芒 2 号，（123）帕拉英达，（124）新得隆，（125）缅甸马切苏，（126）阿某，（127）金凤凰，（128）昨安南，（129）西贡芒，（130）凯特，（131）马帅，（132）霞云芒，（133）翠云芒，（134）泰国四季芒，（135）R1 号，（136）长果矮芒 2 号，（137）小鹦嘴芒 1 号，（138）长果矮芒 3 号。

　　原甘庄华侨农场经过农科站多年的引种、试种，已成功地栽种了 30 多个品种，为了去劣选优，曾对其中 27 个品种进行果实品质鉴评。主要品种有三年芒、象牙芒、大头芒，其他品种如：马切苏、大青蜜、吕宋、香蕉芒、缅甸一、二、三号、印度 905、906、古巴大洼芒等多种品种（详见表 4－4）。这些芒果品种具有高产、优质、早熟等特点，果肉为橙色，质地细腻少纤，品种香甜，属于色、香、味俱佳的上乘热带水果，成熟后远销昆明、广西、广东、福建等地，受到广大消费者的欢迎，已成为该场前途广阔的主要经营项目之一。

表 4－4　原甘庄华侨农场主要品种芒果特征一览

时间：2010 年 3 月　　　　　　　　　　　　　　　　单位：克

| 编号 | 品种名称 | 果　形 | 单果重 | 风　味 | 成熟期 |
|---|---|---|---|---|---|
| 1 | 三 年 芒 | 卵肾形 | 180 | 酸甜适口 | 5 月下旬 |
| 2 | 象 牙 芒 | 长椭圆象牙形 | 400 | 甜酸蜜香味 | 6 月中下旬 |
| 3 | 大 头 芒 | 肾形 | 185 | 香　甜 | 6 月中下旬 |
| 4 | 马 切 苏 | 椭形 | 324 | 甜有松香味 | 7 月中下旬 |
| 5 | 大 青 蜜 | 长椭圆形 | 345 | 甜有香气 | 6 月中下旬 |
| 6 | 吕　　宋 | 长椭圆形 | 200～300 | 甜有香味 | 6 月中下旬 |
| 7 | 香 蕉 芒 | 长圆形 | 177 | 甜有香气 | 6 月中下旬 |
| 8 | 印度 905 | 卵圆形 | 130 | 香甜微香 | 7 月中下旬 |
| 9 | 印度 906 | 椭圆 | 320 | 肉 质 细 | 8 月上旬 |
| 10 | 甘 庄 7 号 | | 550 | 酸　甜 | 7 月上旬 |
| 11 | 三 蜜 芒 | 长椭圆形 | 265 | 甜酸有香味 | 6 月上旬 |
| 12 | 翠　　绿 | 长椭圆 | 361 | 肉 质 细 | 7 月上旬 |
| 13 | 爱　　文 | 长椭圆形 | 474 | 甜微酸 | 7 月上旬 |
| 14 | 金　　皇 | 象牙形 | 950 | 甜 | 6 月下旬 |
| 15 | 台 农 一 号 | 长椭形 | 281 | 香甜适口 | 6 月上中旬 |
| 16 | 帕拉英达 | 长椭圆形 | 319 | 香甜微酸 | 7 月中下旬 |

　　资料来源：作者根据元江县农业局农经站提供的资料和对李文亮高级农艺师的采访资料整理。

## 2. 芒果的种植技术

（1）芒果对环境条件的要求

　　芒果是世界五大名果之一，享有热带果王之美誉。一般芒果种植大致环境条件如下：第一，温度。最适宜生长温度为 25℃～30℃，低于 20℃生长缓慢，低于 10℃叶片、花序会停止生长，即将成熟的果实会受寒害。低于 3℃幼苗受害，至 0℃严重受害。第二，水分与湿度。芒果枝梢生长、开花结果和果实发育都需要有充足的水分，但花期和新梢生长期连续降雨、大雾或空气湿度大易发生病害，影响授粉，并引起枯叶、枯花、枯果；果实发育期多雨易诱发煤烟病和炭疽病，影响果实外观，降低品质，延缓成熟，果实采后也不耐贮运。第三，光照。芒果为阳性树种，光照充足则开花结果多，果实外观美，含糖量高，品质好耐贮运。特别是红芒类，在光照不足时红色淡或不显露。第四，风。叶大、枝叶浓密的品种，6 级风会导致落果和扭伤枝条，8 级以上会导致大量落叶和折枝。第五，土壤和海拔。芒果对土壤要求不苛，在该场 600 米以下的地区均可栽培芒果。但以土层深厚，地下水位低于 3 米以下、排水良好、微酸性的壤土或沙壤土为好。

人们普遍认为：年平均温度 21℃～27℃，最冷月均温 12℃以上，无霜；年雨量不低于 1300 毫米或虽干旱而有灌水条件，冬春无低温阴雨，天气，阳光充足；土层深厚、肥沃、排水良好、微酸性或中性，是发展芒果商品生产最理想的环境。多数芒果由于采收期适逢高温季节，一般采后 5～8 天自然黄熟，运销期不长；同时，又因炭疽病和蒂腐病的潜伏感染，尽管低温可延长贮运时间，但黄熟过程也会出现病害，从而限制了芒果商品化生产的发展，芒果的储运是世界芒果产业的一大难题。

原甘庄华侨农场属于海拔相对较低的红河流域的干热河谷区，春季气候干燥，光照充足，有利于昆虫传粉，夏秋季节，高温多雨，热量、水分充足，这样的范围和气候环境适宜发展优质芒果生产。因此，该场的芒果品种多达几十种，个大，着色好，含糖高，纤维少，口感好，产量高，市场前景好，开发潜力大，能较好地发展芒果种植，形成芒果产业。

（2）芒果的基本种植技术

现将元江县原甘庄华侨农场的芒果基本栽培技术介绍如下。

第一，生物特征。芒果属漆树科芒果属常绿乔木，实生树高和冠幅可达 15～20 米，一般嫁接树比实生树矮小，寿命可达数百年，主根特别发达，侧根较少，稀疏细长；花序为顶生或腋生圆锥花序，花为纯花芽或混合花芽，没有纯雌花；果为浆果状核果，果重一般为 200～500 克。

第二，生物学特性。芒果为起源于热带的热带果树，在高温条件下生长良好，不耐霜寒。芒果对环境条件的要求：最适宜生长温度是 25℃～28℃，枝梢生长的最适温度是 20℃～25℃，开花授粉以 20℃以上为宜，低于 3℃，花芽、嫩芽受冻，原甘庄华侨农场范围最适宜芒果生长。

第三，芒果种植技术。原甘庄华侨农场发展芒果基地主要以实生苗推广种植，大树嫁接改造，大力推广大塘、大肥、大苗带土移栽；延迟花期、矮化栽培；合理整形修剪，降低定干高度，重视夏季修剪，对树体进行短截、疏剪、除荫、环剥、弯枝、刻伤、断根、去叶等方法修剪。推广应用果实套袋技术；实施配方施肥，加强钙、镁肥的施用。芒果主要种植技术如下：①选地；②嫁接换种；③小苗种植；④花期管理；⑤结果管理；⑥及早套袋；⑦采后修剪；⑧肥水管理；⑨病虫害防治；⑩采收与芒果经济效益分析。

# 第五章　民族与宗教

## 第一节　概述

2008 年年末，元江县总人口 200328 人，少数民族人口160428 人，占总人口的 80.08%，其中：哈尼族 82961 人，占总人口的 41.41%；彝族 44191 人，占 22.06%；傣族24555 人，占 12.26%；白族 12802 人，占 6.39%；苗族1524 人，占 0.76%；拉祜族 2014 人，占 1.01%；其他少数民族 8721 人，占 4.35%。人口自然增长率为 2.72‰。人口密度为每平方千米 70 人。

2008 年年末，青龙厂镇总人口 14263 人，少数民族（彝族为主）人口 10697 人，占总人口的 75%；农村劳动力9283 人，其中从事第二、三产业的 798 人，占 8.60%。人口自然增长率 2.20‰；人口密度为每平方千米 29 人。

2008 年年末，原甘庄华侨农场总人口 7181 人，傣、彝、苗、哈尼、壮、瑶、白、回等少数民族人口 5543 人，占总人口的 77.19%；归难侨人数 1980 人，侨眷人数 256人，占总人口的 27.5%；农村劳动力 4162 人，其中从事第二、三产业的 802 人，占 19.27%。人口自然增长率为－0.12‰；人口密度为每平方千米 67 人。该场有改制场员

1473 人，职工 1 人，退休 1536 人。[①]

## 一　甘庄的世居民族

### （一）傣族

元江县傣族所居住的地方，均在海拔 1000 米以下的旱热河谷地区，分傣泐（也称水傣）、傣雅、傣卡（也称汉傣）、傣涨、傣仲、傣得、傣郎（也称黑傣）7 个支系。2008 年年末，傣族总人口 24555 人，占全县总人口的 12.26%。元江傣族历史上无文字，语言属汉藏语系壮侗语族壮傣语支。整个甘庄坝的傣族为傣涨支系（也称甘庄花腰傣），据统计，截至 1986 年 12 月底，甘庄华侨农场傣族 2595 人，占该场总人口 7078 人的 36.66%；截至 2008 年，因汉族归侨及其眷属等不断外迁较多，傣族占该场总人口的比例接近 40%。

**图 5-1　傣族戏水（白明祥提供，何作庆翻拍　2010 年 3 月 2 日）**

---

① 中共元江县委员会、元江县人民政府、元江年鉴编辑部《元江年鉴——2009》，云南民族出版社，2009，第 63、83、113 页。

### （二）彝族

2008 年年末，元江县彝族共有 44191 人，占全县总人口的 22.06%，分聂苏、山苏、卜拉、腊鲁 4 个支系。彝族是西南地区的氐羌部族和别的一些部落经过长期融合而形成的，其语言属汉藏语系藏缅语族彝语支的西南部方言群语系。甘庄华侨农场的彝族属彝族山苏支系，多集中分布于干坝分场的山区，并与邻近元江县的洼垤、龙潭、青龙厂的彝族聚居连片。据统计，1986 年 12 月底止，原甘庄华侨农场彝族 1544 人，占该场总人口 7078 人的 21.81%；截至 2008 年，因汉族归侨及其眷属等不断外迁较多，彝族占该场总人口的比例提高了 1~2 个百分点。

图 5-2　彝族斗牛（白明祥提供，何作庆翻拍 2010 年 3 月 2 日）

## 二　甘庄的移民

甘庄坝的外来移居的族群主要为中国政府集中安置的印度尼西亚和越南等国为主、马来西亚和泰国等国为辅的归难侨；其次是中国国内其他地区不同时期因各种原因移居的汉族和其他少数民族。据统计，该场辖区内共居住着除傣、彝世居民族之外的汉、苗、哈尼、壮、白、瑶、土、壮、回、蒙古族等少数民族。

## （一）汉族归难侨

新中国成立前，整个甘庄坝的居民为傣族的傣泐支系，其他民族很少在甘庄坝居住。甘庄坝的大规模外来移居的汉族主要为中国政府集中安置的印度尼西亚、越南、马来西亚、泰国等国的归难侨；其次是中国国内其他地区不同时期因各种原因分散移居的汉族。截至1986年12月底，汉族2239人（包括印尼归侨及越南难侨中的汉族），占该场总人口7078人的31.633%；截至1987年底，在场归侨人数共2350人，其中印尼归侨662人，占归侨总数的28.1%；越南归侨1683人，占归侨总数的71.6%；马来西亚归侨4人；泰国归侨1人；印尼籍1人。

图 5 – 3　花街节中出售越南小吃的越南归侨妇女
（何作庆摄　2010 年 3 月 16 日）

## （二）苗族归难侨

聚居在原甘庄华侨农场的苗族基本上为从越南边境一带回国的归难侨，他们源于中国贵州，因兵祸或者天灾等原因，不断向南游耕，在越南边境一带客居或者定居，自称为蒙、蒙瓜、蒙陪、蒙细、蒙定等，它称为青苗、白苗、黑苗、花苗等，无文字，语言属汉藏语系苗瑶语族苗语支。截至1986年12月底，原甘庄华侨农场有苗族516人，占该场总人口7078人的7.29%。2008年年末，元江县苗族有1524人，占全县总人口的0.76%，除原甘庄华侨农场的苗族为国家集中迁徙和安置的归难侨外，其他的苗族为改革开放以后，自由迁徙、散居的苗族。

图5－4　喜迁侨居工程新房的越南归难侨马福全一家祖孙三代
（何作庆摄　2010年2月27日）

## （三）其他

截至1986年12月底，还有印尼国人6人，占该场总人口7078人的0.085%；越南国人1人，占该场总人口7078

人的 0.014%。

（四）移出概况

在 20 世纪八九十年代以来，由于国家政策的放宽，允许原甘庄华侨农场的归难侨职工及其眷属按照国家相关的政策，可以出港定居、出国与亲人团聚等。据统计，截至 1983 年年底，甘庄华侨农场累计到港澳定居人数为 805 人，1987 年年底，累计数达 1227 人；同年底，在场实有印尼归侨人数为 667 人（其中职工 244 人）。这些移居港澳或者出国的人群，基本上以印尼归难侨为主，越南归难侨为辅，少部分为与他们通婚联姻的本地少数民族眷属。

## 三　民族文化的交融

与汉族通婚联姻的一部分本地少数民族及其眷属受汉族风俗习惯的影响较大，汉化程度较深；本地少数民族在平时的生产生活中与汉族接触，接受汉族主流文化的程度各有所不同，一般来说，男性高于女性，年轻人高于老人，文化知识程度高的人高于文化知识程度低的人。作为婚丧礼俗来说，少数民族在一定程度上受到周围汉族的影响。在婚姻上，实行一夫一妻制，丧葬一般用土葬。使用本民族语言，但无文字，长期借用汉文记事。在汉族的一般节日中，如春节、端午节、中秋节、冬至节等，傣族与汉族大同小异，彝族、苗族保留本民族的传统节日较多一些，但是，都会通过不同方式与汉族交流。汉族对少数民族的传统节日文化的日子也会参与，如甘庄傣族的"花街节"、彝族的"火把节"、苗族的"花山节"，汉族也会应邀参加活动或者做客，平日里的文化交流也比较频繁。

图 5 – 5　花街节中巡游的舞狮表演队（何作庆摄
2010 年 3 月 16 日）

图 5 – 6　篝火晚会（白明祥提供，何作庆翻拍
2010 年 3 月 2 日）

**图 5 – 7　苗族爬花杆（白明祥提供，何作庆翻拍 2010 年 3 月 2 日）**

# 第二节　民族经济

## 一　傣族经济

新中国成立前，甘庄坝的傣族经济为封建地主制经济，以传统稻作农业为主，手工业还没有独立，技术较为粗放，只能生产日常生活用品，如打制妇女佩戴的银饰、木织机编织的土布、手工编制的竹器等。商品生产不发达，集市之日仅出卖槟榔、鸡蛋等零星农副产品，换回日常的盐油等物品，无大宗产品的交换活动。

新中国成立后，傣族地区进行了土地改革，傣族农民在自己分到的土地上积极生产，先后采取了一些列的农业生产技术改革措施：（1）施肥。以往傣族没有施肥的习惯，20 世纪 50 年代后，开始施用猪粪、牛粪等农家肥、绿肥和化肥，并取得良好效果，粮食产量逐渐提高。（2）推广良

图5-8 花街节中的小吃——汤锅一角（何作庆摄
2010年3月16日）

种。三十多年来，农场傣族群众从"珍珠矮""四上裕"到普及"广二矮二号""籼型杂交水稻"，已经进行了十多种不同品种的更新。（3）改革耕作制度。20世纪60年代后，甘庄坝区进行了"变一季为二季""变二茬为三茬"的改革，尤其推广"稻—稻—菜"或"稻—稻—果"三熟，发挥了自然优势。（4）推广先进技术。傣族在科学试验中掌握了一些先进技术，如使用化学除草剂，改良了施肥结构，推广塑料薄膜育秧，合理密植，坚持线栽、条栽等。（5）推广农业机械。20世纪60年代后，不少傣族农民在原甘庄华侨农场学会各种农业加工机械和运输工具的使用。20世纪80年代后，随着生产和商品经济的发展，甘庄坝傣族人家拥有不同型号的农用拖拉机、脱粒机、碾米机、磨面机等，一批掌握各种农业机械的技术人才不断成长起来。上述措施使甘庄傣族的粮食生产得到了稳定增长，此外，甘蔗是红新村傣族经济收入的重要支柱,他们还开展多种经营,如养猪、养鱼,广泛种植芒果、荔枝、菠萝、香蕉等经济林木,以及番茄、辣子、黄瓜、京豆、豌豆、洋葱等品种的反季蔬菜。

## 二 彝族经济

居住在红新村的彝族,在新中国成立前仍保留着中国传统的自给自足的自然经济形态,社会经济结构是单一的农业,尚未形成明显的社会分工,没有本民族的专业商人和手工业者,商品生产的商品交换极少,只有以物易物或简单的产品交换。由于彝族对土地占有的不平衡,农田的经营方式由雇工自营一变而为租佃关系,彝族农民靠租田来维持生活,一般来说,农民大体上只有产量的一半为自己所有。同时,农民还要承受各种超经济的剥削,诸如年关送礼、收租时管吃租饭、大斗进小斗出等的盘剥。农民

图 5-9 花街节中出售草席子的彝族妇女
(何作庆摄 2010 年 3 月 16 日)

租不起地主的田，只好出卖劳力，帮工度日，有的到个旧背矿石当砂丁，有的到地主家当短工或长工，有的四处流浪，有的投入富商家当"马哥头"。传统的手工业主要有纺织、竹器编织、打铁、酿酒等，这些手工业产品基本上以自用为主，仅有一部分用于交换。到街场上交换的副业产品，主要是小猪、鸡、蛋、水果、烟叶、山货等，其他百货商品的摊贩多为汉族。

新中国成立后，红新村的彝族人民在中国共产党的领导下，实现了"耕者有其田"。侨场在历史上长期实行农民和农场两本账核算，彝族农民大部分为集体经营分配（属农场代管性质）。20世纪80年代实行了农业生产责任制，按产量把农田承包到组，粮食生产获得丰收。90年代后，土地全部承包到户，农民生产积极性高涨，农田得到了精耕细作，粮食持续增产；甘蔗、果树种植面积不断扩大，经济收入增加。彝族男女劳动分工较明显，如犁田、耙田、

图 5－10　花街节中出售传统土布和其他衣料的彝族妇女摊位
（何作庆摄　2010 年 3 月 16 日）

伐木、盖房、赶马等重活均由男子承担。拔秧、播种、割稻、家禽畜喂养、种棉、纺织、农产品加工等由妇女承担。

由于红新村的苗族是由外迁入的族群，属于国家集中安置型，他们因安置地点的农业生产的地理条件和资源状况不同，在一定时期内进行不同规模和方式的生产活动。20世纪70年代末80年代初苗族职工按照所在生产队的劳动分工不同，参加集体劳动，生产劳动的内容依性别和年龄分工不同而不同，完成任务，每月拿工资，养家活口。20世纪80年代中期实行了农业职工生产责任制改革，按产量把田地承包到组，粮食生产获得丰收。20世纪90年代后，土地全部承包到户，农民生产积极性高涨，农田得到了精耕细作，粮食持续增产；同时随着农场经济体制改革的深入，居住在山区的苗族人们不断开荒，使甘蔗、果树种植面积不断扩大，经济收入增加。

# 第三节 民族习俗

## 一 婚恋

居住在红新村的傣族男女青年进入妙龄时期，通常以传统的串寨的方式求情。男女青年相爱以后，按以下理传统方式进行婚恋。（1）提亲与送礼。男方要请两男两女做媒人到女方家提亲，傣家将此举称"喝喜酒"，去时，带上一只鸡、一只鸭、一盒饭、一对手镯。到了女方家，若女儿和父母均同意，便收下男方家送来的礼品，并亲手作一餐便饭，热情款待来说亲的人，女方村寨中德高望重的长者，要入席陪客，参与评议婚事。从男女双方的经济生活、生辰八字、父母情况诸方面进行比较，通过几小时的边吃边议后，让女方父母最后定夺，若同意这门亲事，便提出要求、条件及娶亲的日子。男方家必须按女方家的要求准备好礼品，即：银手镯两对半（一只是送母亲作奶水费）、大银泡四两、小银泡一斤二两、菜两挑、猪二头、狗二只、鸡鸭各一对。（2）婚礼。婚宴一般要分作两天进行，第一天，男方家挑着杀好并洗干净的猪、鸡、鸭各一对，蔬菜两挑，米酒两挑；拿着新娘所需的银饰和服装，请伴郎4～6人，伴娘两人，原说亲的两男两女媒人及厨师等前往女方家送礼及参加婚宴。宴毕，女方家才搬出嫁妆，为新娘送行。新娘到了男方家门口，长者们要用刺把在新娘身边挥几下，以示将跟在身边的"鬼"赶跑。接着用红、绿做成的线圈让新娘、新郎套三次，以示让夫妻从此后团圆恩爱。随后，媒人将两个蛋饭团交叉着递给新郎、新娘，摸一下后示意吃下连心饭了，最后由长者拿来一截着火的木柴，放在门坎上，让新郎、新娘一起踩下后用水浇灭，以示一切不吉利的事已毁于门外。新娘进入新房，伴娘陪伴过夜。虽是新婚之夜，但新郎新娘不得同房。第二天，由新郎及伴郎将岳父母及亲戚请到男方家来认亲。新娘在夫家住3～5天后就回娘家居住，直到有了孩子，夫家才去将新娘接回来长住。此外，傣族还有"上门"的习俗。"上门"男子，要跟女方同姓，妻之弟妹称其为哥，同享女方村中男性的一切权利，不受歧视。但生下男孩却要恢复原父姓。在女方家生活几年后，女方弟妹均已成人，是否延续下去或带着妻子回自家可以听便，女方父母不会有任何非难。

红新村的彝族实行一夫一妻的血缘外婚制，同姓同宗一般不通婚。婚前有社交和恋爱的自由，通过"跳乐作"

"对山歌""欢度节日""赶草坪街"等活动，结识情伴，互表衷情。男女真心相爱以后，方告知家长，男方便请媒人去说亲。第一次去，带上一公斤酒、两盒沙塘（即红糖）去讨口婚。讨得姑娘的生辰八字回来后，还得请人去"合婚"，若能"合婚"，媒人就带着男方到女方家吃"定婚酒"，定下婚期。到娶亲日，按彝族的规矩，均要骑马坐轿。男女双方都要办酒席，宴请亲戚来喝喜酒。

由于红新村的苗族在生产、生活、居住等方面相对集中，对本民族的传统文化比较重视，所以苗族在婚恋方式保持传统较多，一般不与其他民族通婚，保持着苗族姓氏相同不婚的特色。苗族婚姻自主，实行一夫一妻制。青年男女通过"花山节"或者其他的"对山歌"等重要社交活动，自主地寻找自己心中的偶像，一旦确立关系，通常都请媒人提婚。男方先请两个本族的媒人去女方家提亲，若女方家同意，男方家就要用若干套裙服或者其他物品作为彩礼送给对方。苗族婚宴一般以吃喝为主，亲戚朋友有送酒、送粮的习俗。婚姻缔结经过"说媒、过礼、结婚、回门"过程后，夫妻互敬互爱，生产劳动中通常行影不离，生活同甘共苦，和睦相亲。

20世纪到21世纪之交，红新村的婚恋起了巨大的变化，主要表现在：（1）从族际范围来看，在建场初期汉族、苗族、彝族、傣族通常是在自己本民族圈里娶嫁，各民族之间几乎没有相互通婚的。在改革开放之初，各民族婚姻范围都有了明显变化，先是汉族男子娶各民族的女子，各民族的男子也有娶汉族女子的，相互通婚的现象逐渐多了起来，本族内通婚的界限已经被打破。20世纪90年代以来，随着经济的发展，各民族之间的通婚有了较大的松动，呈现出越来越频繁联姻的趋势，为各民族之间和睦相处，加深民族团结感情、强化民族文化交流奠定了坚实的基础。（2）从地域界限来看，各民族在婚姻关系户上都不再受地域的限制，只要有感情基础，都可以结成婚姻。20世纪80年代以前，婚姻的范围只限制在各族各分场及其生产队之间，方圆只不过一二十平方千米。但是，从20世纪90年代后，婚姻范围已经大扩展了，除了更多地扩大到元江县城、玉溪、昆明等地，还有一部分嫁到省外，甚至远嫁港澳，已有相当一部分女子嫁到了更远的国外去了。

## 二　取名

居住在红新村的傣族妇女在生育之后，一般按照传统方式，分性别按排列取名。男性和女性的名字有严格区别。男性排列是：岩（老大）、季（老二）、昌（老三）、赛（老四）、约（老五）等；女性排列是：月（老大）、依（老二）、安（老三）、艾（老四）、廖（老五）等。男女名后边的字，一般则是根据其父母对儿女所要表示的意思而取。如：男性"岩"后边字"罕"（傣语为"金子"），其父母的意思是对自己的老大要像金子般爱惜。女性"月"后面字"香"（傣语为"珍珠"），其意为父母的掌上明珠。男性"季"后面字"温"（傣语为"甜"），希望生活过得如糖似蜜、幸福美满。女性"依"后面字"广丽"（傣语为"好"），希望康泰无灾。傣家人认为，按傣家取的名字称呼，才显得更亲切、庄重，所以，傣家人只要提到其名，便知是男是女，排行第几。

彝族称怀孕为"有喜"，称生育为"喜事降临"，其主要礼仪有：（1）报喜。彝族妇女生育后，女婿要到岳父母家去报喜，去时携带一瓶酒、一只鸡（生男孩抱母鸡去，生女孩抱公鸡去）。岳父母看到女婿抱来的是母鸡，就知道自己的女儿生了男孩，收下母鸡，换只公鸡给女婿；女婿抱来的是公鸡，知道女儿生了女孩，换只母鸡给女婿。换回的鸡只准饲养，不准杀吃。报喜后，岳母要到女婿家给女儿送礼，礼品是：白酒一碗，背单一块，尿布一整套，衣服一套，鸡蛋数十个。在"坐月子"期间，亲戚、朋友都要来送鸡蛋。（2）满月酒。孩子满月时，要请送蛋的亲朋来"喝喜酒"。（3）求名认亲家。孩子一岁之前，若经常哭啼不止，要抱去路上撞名：孩子的父母准备一瓶酒，一只煮熟的鸡，一锅饭，做一个小木桥，搭在有小沟的路上，孩子的父母抱着孩子躲在附近观察。看见有男人从他们做的小桥上过（但必须是20岁以上的人），就跑出来拉住，抱孩子叩拜，要求赐个名字。过桥人起孩子名时，把孩子抱过去，向东南西北四方各拜三拜后便给孩子取名，成为孩子的干阿爸。以后便常来常往，相互亲热地称呼亲家。

苗族的姓名，有苗名和汉名之分。苗名中又有乳名和老名之分。苗名是苗族自己用苗语取的名字。乳名是出生后爷、奶等长辈给取的名字，一般用愿望、顺序、贵金属、用具名等来表示，此外，还有以植物、族称、动物等的名称来命名的；老名是成年结婚生第一子后长辈给取的，一般是在小名之前加一个具有一定意义的名称而形成的名字。苗族的汉名，是在入学时或入学之前父母亲给取的。一般由汉姓、字配、名三者结合而成；近年来，有的苗族已经不再用字配，只取姓和名。

红新村各个少数民族姓氏文化受汉族文化影响较大，本地傣族中的"姓"，除"刀"姓外，均用汉姓；彝族中的

"姓",除"鸭"姓外,均用汉姓;移居的苗族姓名,有苗名和汉名之分,一般读书和工作后,大都采用汉姓,"名"和汉族一样,仅用二字或一字命名。

## 三 丧葬

傣族传统丧葬礼仪十分隆重,特别是老者死去,亲戚和村里的乡亲们都要拉着牛、抱着鸡鸭来祭献,至亲好友还要到灵柩前哭丧,傣家称作"卡星",即向死者讨回"福气",求死者的灵魂保佑。傣族实行传统的木棺土葬。老年妇女的出丧需经舅父择定吉日良辰。出丧时,亲友披戴白色孝布,拜于门外。死者的长子还需手持一把大刀垂首跪拜。灵柩从跪拜的众亲友头上缓缓抬过,亲友们一字成行地相送至选定的坟山上。安葬地是用丢鸡蛋来选定的,鸡蛋破裂在哪里,就在哪里安葬。凡凶死、暴病死、孕妇死、难产死、水肿死的,则通行火葬。出丧前一天,将死者焚烧于大火中,第二天捧骨灰入棺,举行同上的葬礼。现在,这些传统丧葬礼仪在现代化进程中,民族文化不断交融的情况下,已经大大松弛,借鉴和吸纳了汉族的很多丧葬风俗礼仪。

传统彝族家里人死了,鸣枪为号,向左邻右舍报丧。人们听到枪响,纷纷奔到死者家里,帮助料理一些后事。若死者为老母亲,得派人向外家舅舅报丧,报丧的人必须是宗族中较亲近的小辈人,他拿着死者生前结婚时娘家陪嫁的物品,如耳环、手镯、银链等,亲手交给舅舅家的人,叙谈死者的病情、死因及葬礼的打算和准备情况。噩耗传来,舅舅家的人也悲伤地痛哭,男子虽然伤心,但得马上杀鸡款待报丧的人,认为他到家里,等于自家的姑老太最后一次回娘家。开饭时要给死者留个座位，摆上酒杯碗筷，不时敬酒加菜，以示死者的灵魂来吃喝。到送葬的头一天，舅舅家拉牛赶猪，牵羊抱鸡，带着报丧人拿回来的死者的遗物来参加丧礼。一到村外，便有许多人哭着迎接舅舅进家，连忙摆起酒席盛情招待。死者的女儿边向舅舅敬酒边哭诉母亲的恩德，并恳求舅舅把母亲遗物赐给他们。服丧期间，要请毕摩来主持丧事。首先由毕摩根据死者的八字属相来卜算安葬日期。在出殡的头天晚上，毕摩要念诵"指路经"并"理家谱"，有的能背几十代以上的祖宗名字。他们认为通过"理家谱"并指路，可以引导死者的灵魂沿着祖先曾走过的迁徙道路寻找到祖先们所在的地方。毕摩还要颂扬死者一生的功德。明清以来，彝族火葬逐渐改为棺木土葬，垒石建坟。各宗族有自己固定的坟山，他人不得介入。

苗族老人寿终正寝或者不成年的人不幸夭亡，一律实行土木棺葬，垒石建坟。通常的程序有：（1）报丧。在老人断气、长子接气后，儿孙们就在门前用火药枪朝天鸣放三枪报丧，亲戚朋友不用自请就会前来自动帮忙，生火烧水来为死者净身，穿好寿衣寿裤后入棺。（2）祭奠。全家同姓必须戴孝，由叔伯率领跪拜，给死人作伴，告慰亡灵；亲友接到报丧后，就要前来吊丧；吊丧最重要的是舅家和姑娘家的祭奠，其他的宗族亲戚等的吊丧祭奠次之。（3）出殡埋葬。出殡前要选择好的坟址，挖好墓穴，其目的是希望死者灵魂进入祖先居住地后，福佑后人，六畜平安，五谷丰登；出殡时，要请村里有威望、有地位的人给死者开路发丧；经过祭祀之后，灵柩被抬到墓地，祭司祭祀打扫后，再将灵柩放入墓穴内，用土块垒成墓堆，垒坟时男砌九块石头，女砌七块石头，以区别于其他民族。（4）招魂。安葬后的三天内，第一、二天要将水饭送到半路祭奠亡者，第三天由亲戚朋友陪伴家人将水饭送到坟上祭奠亡者；第十二天要用竹子举行请亡者回家的仪式，家人要杀猪宰鸡祭祀。

## 四　生活习俗

### （一）服饰

红新村傣涨上衣有两种，即贴身短褂和无纽扣外衣，短褂多用蓝色土布或粉红色、草绿色绸子做成，长及腹胸交接处，短褂前下摆处钉着一排晶莹闪光的细银泡，外罩一件只可遮胸部的蓝色或粉红色无纽扣短衣。外衣襟边和摆边以红、黄、绿、白为饰，袖细长及腕，并以数道彩色布料饰于下截。下穿宽大的青土布筒裙三条，分为内筒裙、二筒裙和外筒裙，其中，二筒裙边用红、黄、绿、蓝、白各色丝线精心刺绣，色彩斑斓，鲜艳夺目。手艺灵巧的妇女在一种色中还要点缀上其他色的精细图案，如古方格、花、草等。以一条自织的美艳多色的彩带绕腰数周，既可系裙，又可束腰，"花腰"即由此而得名。穿时呈横斜状，左方略高，右方略低，下腿着青布绑腿。傣涨发式比较复杂，先将秀美的头发梳滑扭圆，用头绳扎起来，接着在头顶放上假发盘，将扭圆的头发从假发盘孔内穿出，再用穿针从侧面插进去，把假发固定稳，在假发上罩一块青色或蓝色的发巾带，然后将一条约3指宽、1米长的包头围在假发下，围到最后一圈时，要饰上像飘带似的、刺绣着花纹图案的6厘米、宽15厘米长的护耳，直垂两耳。把五颜六色的彩带塞入脑后包头缝隙处，围上包头箍，最后围上缀有流苏的发巾（流苏须偏在左面）。两耳戴上比铜钱大的银耳环，与手镯、戒指相匹配，显得十分潇洒、俊俏。傣涨女子逢喜日、节日离家出门，打伞不戴帽，腰间系着一个色彩浓艳、精巧别致的腰箩，称"秧杆"，属女子的特殊装饰物，女子常用它来比美。总之，傣族成年妇女的服饰绚丽多彩，无论包帕、胸挂、统裙，均使用黑色土布做原料，裁剪成服，然后在上面镶以各色丝线刺绣成的多种几何图案，下身小腿部位常絷上黑色土布绑腿，赤足（近年来已穿塑料凉鞋）。穿着起来，婀娜多姿，民族风味极浓。新中国成立后，从有益于身心健康和适应生产劳动的需要出发，傣族服饰和头饰已有了较大的改变，一般老年人保持传统的服饰，青壮年男子已改穿汉装，特别是男女青年，身着时髦的服饰，喜擦胭脂抹粉，仅仅在传统的节日里才能看到较多的傣族群众穿着传统服饰。

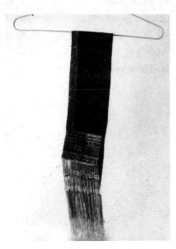

**图 5–11 傣族妇女服饰：头帕（何作庆摄 2010 年 3 月 2 日）**

图 5 – 12　傣族妇女服饰：胸褂（何作庆摄　2010 年 3 月 2 日）

图 5 – 13　傣族妇女服饰：上衣
（何作庆摄
2010 年 3 月 2 日）

图 5 – 14　傣族妇女服饰：统裙
（何作庆摄
2010 年 3 月 2 日）

图 5 – 15　傣族妇女服饰：裙腰带（何作庆摄　2010 年 3 月 2 日）

图5－16　傣族妇女服饰：后腰带（何作庆摄　2010年3月2日）

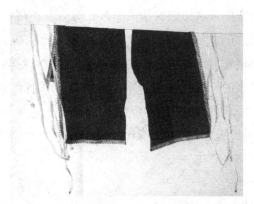

图5－17　傣族妇女服饰：绑腿（何作庆摄　2010年3月2日）

　　居住在红新村的彝族传统的男子服饰多穿青黑色右开襟短上衣，青布或蓝布缠头，长衣短裤；中华民国晚期，大部分男子已改穿当地的汉族服饰，现在仍着汉装。彝族妇女传统的衣裳均是长尾衣，上下两部分，上装用自织的青蓝色土线布织成，袖长及腕，以银币或大银珠将大襟扣于右腋下，银光闪闪，其式样十分美丽；下装用白布或其他布料缝合而成，在上衣后摆下面有尾巴，两股飘带；飘带上绣满花鸟鱼草等吉祥图案。现在，除老年中年妇女还保持传统服装外，年轻的姑娘多改为时髦服饰。彝族妇女的头饰喜欢把长发编成一条独辫，辫梢结着两长串银珠，随同发辫缠绕于头顶，用一条宽约20厘米的青布做"包头"沿着发辫外围向后包去，并将包头两端交叉别于脑后，未婚或未生育的女子在大辫两侧再扎两股小辫。

苗族通常用自己纺织的布做衣服。男子服饰通常与附近的居住区域主体民族男子服饰相近似；女子服饰保持着本民族的服饰传统，一般上着右襟无领绣花衣，下系用白蜡描底、蓝靛染色、带有美丽挑花图案的百褶裙，脚上好缠绑腿；头饰喜欢把头发结成一鬏，婚后女子用梳子别住，裹红蓝花方巾，打结于脑后；双耳上坠有金、银打制的半圈耳环。调查过程中，通过甘庄华侨农场的原侨场冯场长、侨联黄主席的介绍，从越南来的归侨熊大爷打电话让其儿媳回家，取出了她婆婆的传统手工做的、棉质的"百皱裙"，同时，她拿出了宗教购买的化纤为主、机器缝制的整套衣服让笔者照相。

图5-18　越南苗族归侨服饰：上衣（何作庆摄　2010年2月27日）

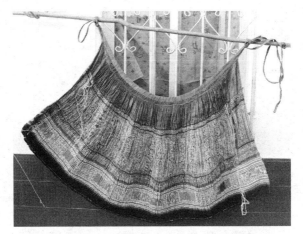

图 5 – 19　越南苗族归侨服饰：传统"百皱裙"
（何作庆摄　2010 年 2 月 27 日）

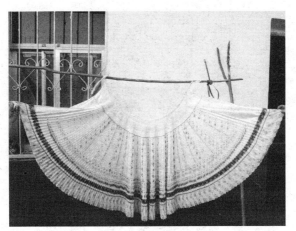

图 5 – 20　越南苗族归侨服饰：现代"百皱裙"
（何作庆摄　2010 年 2 月 27 日）

 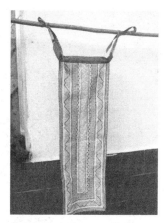

图 5－21　越南苗族归侨服饰：
　　　　　腰带（何作庆摄
　　　　　2010 年 2 月 27 日）

图 5－22　越南苗族归侨服饰：
　　　　　前围腰（何作庆摄
　　　　　2010 年 2 月 27 日）

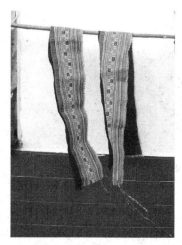

图 5－23　越南苗族归侨服饰：绑腿（何作庆摄
　　　　　2010 年 2 月 27 日）

（二）饮食

红新村的傣族终年以米饭和糯制品为主食。甘庄坝的傣涨支系用餐为一日三餐或四餐；不管几餐，饭一次煮好，除菜是热菜外，饭均是冷饭，特别是中午餐，传统习惯吃的都是冷饭、腌肉及酸菜。2010年笔者调查时，部分家庭晚餐改为吃热菜。糯制品主要有糌粑、粽粑、大白饼粑粑等。傣族菜的种类多以韭菜、番茄、瓜、棕芋等为常年食用蔬菜；喜好将鲜肉用罐腌成酸肉，常年备用，用生鹅、鸭肉腌制佳品，爱吃狗肉、干黄鳝。特别是干黄鳝，是傣家下酒、下冷饭的可口食品，每年旱季2、3月和盛夏6、7月的大栽大插季节，傣家妇女腰系秧箩，到田中抠黄鳝和支黄鳝，有经验的妇女每天能提到一箩或半箩黄鳝，拿回家后，用炭火烧得半熟，掏去肚杂，然后用水洗净，放上盐巴、花椒、辣子等佐料腌好，用竹棍穿好晒干，便成为备用食品了。

彝族常年以大米、玉米、高粱为主食；蔬菜以青菜、白菜、山芋和瓜类为主，多产于雨季，食鲜后剩余部分制成咸菜或干菜，以备枯季食用，肉食以猪、牛、羊、鸡、鸭最普遍，食鲜后剩余则制成腊肉、干巴或酸肉。农忙时一日三餐，平时一日两餐，喜欢红薯及玉米磨成面粉后做成窝窝头或煎成粑粑当食，也喜欢用清火、解暑、消食的香芒麻棵叶当饮料，中年男子尤其爱好烟、酒。农闲季节，青壮年男子常上山狩猎、捕鸟，现在这种狩猎已很少见到。猎物肉多用来制成干巴，作待客及下酒的美食。在蔬菜枯季，妇女们常上山采树甜菜、蕨菜、白花、鱼腥草等，经过加工后，用来炒吃、煮吃或做凉菜。

苗族通常以大米、玉米为主食；蔬菜以青菜、白菜、山芋和瓜类为主，鲜菜喜欢煮食；肉食主要是猪、牛、羊、鸡、鸭，食鲜后剩余则制成腊肉、干巴。农忙时一日吃早、中、晚三餐，平时一日只吃早、晚两餐，中年男子尤其爱好烟、酒。捕获的活鸟一般经过饲养、训练后出售，打猎获得的动物一般用来招待宾客。现在上山狩猎这种现象已很少见到，但是捕鸟经过饲养、训练后出售的传统习惯仍然传承下来了。

（三）居住

红新村的当地居民是傣族农民。傣族一般临水而居，景色清幽，林木葱茂，秀色多姿。住宅建筑以土木结构的土掌房为主，每户一幢两三层的土屋，间架略成梯状，以泥土夯压或土基围砌成墙。屋内布局各支系稍有区别，一般来说，每户多在房屋正中开一道数平方米的"天窗"以通光透亮。正对"天窗"的地面自成小天井。房前正中设一道门。有的在门外靠墙处搭一道独木梯或竹梯上楼，人们多住上层，下层关牲畜，二楼一般存放谷米杂物，楼梯口右方是煮饭处，左方是卧室，靠西一排为正房；正堂一般用来设宴招待宾客，逢节日自家人也在正堂用餐。现在，随着经济条件的好转，很多傣族人家建盖了钢筋水泥房，但是，房屋结构和功能仍然保持了传统风格。

红新村的彝族，绝大部分是从干坝村搬迁来的，新中国成立前大都没有土地，住的是土房或草棚。彝族传统建房大多选择在开阔明朗的山坡或山梁上，住宅俗称"土掌房"，大多为土木结构的楼房。房顶用土筑成平面，既可防火，又可做阳台晒场。妇女们喜在阳台上做针线活，老年人乐于在阳台上养神、吸烟。房屋结构一般是正三间两耳房，为上下两层，中间有长方形的天井，下有下厅，构成一幢四合院。住房建筑的规纪较严，父亲住的正间——

"父房"通常比儿孙们住的两耳房——"儿房"的高度要高一些。彝族和傣族居民的住房却别具一格，建盖成冬暖夏凉的土敞房。这种住房的屋顶宽阔平坦，可用作晒场。现在，随着经济条件的好转，很多彝族人家建盖了钢筋水泥房，但是，房屋结构和功能仍然保持了传统风格；也有少部分彝族购置了新的楼房居住在镇里。

归难侨住房近五十年发生了巨大的变迁，其变迁阶段大致可分为：（1）简易侨房阶段。1960年，印尼归侨被安置在甘庄坝，新的住房一时间建盖不起来，归侨所有人就和傣族农民挤住在比较狭窄的土房中。1962年，新建盖的职工宿舍逐渐修起后，他们始陆续迁入新居。20世纪60年代后期，已新建的职工宿舍（瓦房）达到25545平方米。1978年时，为接待大批越南难侨来甘庄华侨农场定居，中国政府拨了大量资金建房，当年新建职工宿舍1300平方米。1980年时，又新建职工宿舍4959平方米。到1986年年底，全场新建住房总面积已达10266.95平方米，人均占有14.17平方米[①]。（2）钢筋水泥房阶段。20世纪60年代末80年代初，从东南亚各国回国的归难侨经过接待和集中安置在原甘庄华侨农场，他们被集中安置在中国政府拨了大量资金建盖的一层连片瓦房之中，该类房屋经济、实惠、俭朴大方；20世纪90年代后，在党和政府的关怀下，苗族归难侨又陆续迁居新建的一层连片钢筋水泥房，室内宽大、美观；21世纪初，甘庄华侨农场招商引资等多种办法，建盖了一批商品楼房，少部分苗族归难侨通过自由集资购买

---

① 甘庄华侨农场场庆筹委员：《创业之路（1958～1988）》，甘庄华侨农场，1988，第79页。

的方式入住，该类房屋功能齐全，透风采光较好、室内宽大、美观大方。（3）侨居工程阶段。甘庄华侨农场于2008年开始集中实施"侨居造福"工程，根据云南省、玉溪市文件要求，实行"统一规划、自主选择、个人自愿、国家补助、自建自用、一次审批、分年实施"的原则，原甘庄华侨农场已上报和批准的危房改造户为1547户。为稳步推进危房改造工作，按照新建、危房改造、危房维修加固维修等类型征求各危房改造住户的意见，确定2008~2009年分阶段拟新建、改造、维修的户数，最后在2009年完成了侨居工程，红新村的归难侨的住房条件也随之大为改善。

# 第四节　民族节日

## 一　汉族节日

原甘庄华侨农场汉族的传统节日主要有春节、清明节、端午节、七月半、中秋节、冬至节、除夕等。这些节日与内地大同小异，故不赘述，但其意蕴有所不同，现简介如下：（1）春节分大年和小年，大年为农历正月初一至初七，一般贴门联年画，燃放爆竹，儿童给父母和长辈拜年，父母和长辈拜年给儿童压岁钱；小年为农历正月十五，预示过年结束。（2）清明节为每年4月5日，主要是生者祭献已去世亲人的节日，人们一般做好熟食，到山上进行扫墓、献食、烧纸钱、插香等活动，祭祀完毕，在坟地进行野餐。（3）端午节为农历五月初五，以煮食糯米粽子为主。（4）七月半为农历七月十五日，人们一般在家里好熟食，祭祀先祖。（5）中秋节为农历八月十五日，人们一般在家里摆设各种月饼、瓜果等祀月，全家团坐，赏月畅饮。（6）冬至为每年冬至日，人们一般以糯米面做汤圆裹黄豆面祭先祖。（7）除夕为每年农历的最后一天晚上，人们一般做好熟食，以三牲祭祀天地先祖，全家欢宴，半夜送岁。

## 二　傣族节日

傣族的传统节日主要有春节、清明节、端午节、七月半、中秋节、冬至节、除夕等，大体与汉族相近，在此就不赘述了。傣族的过年和花街节保留传统特色较多，简介如下。

**图 5－24　傣族竹竿舞（何作庆摄　2010 年 3 月 16 日）**

（一）过年：即春节。节日内容：（1）初一家庭团圆。傣族传统的过年时间一般是六天，它是傣族最欢乐最热闹的节日，很多活动都是为迎接安康、吉祥而举行的。大年初一凌晨，寨子里哪家的公鸡先叫，那家人就得先去挑水。凡挑水者都要放鞭炮，表示欢欢喜喜地迎接新的一年。挑水的人都是男性，要在黎明前将一天用的水挑够，表示对妇女的关怀，现在，随着自来水进家门，此项活动也大大淡化。大年初一这天，不兴串门请客，不能吵嘴，不能说污言秽语和不吉利的话，不能有越轨的行为。据说，只有这样，在新的一年里生产、生活才会顺利。（2）初二或初四女儿女婿拜年。这两天出嫁到异乡的傣家青年妇女，要邀约丈夫、耍着狮子、挑着麻脆粑粑及美味佳肴去给父母拜年，现在，女儿全家带着礼品回家并给父母压岁钱的现象比较常见，以此表示感谢父母的养育之恩。（3）初六举行"温嫩"。这天各村寨都要举行隆重的辞旧迎新活动，傣语称"温嫩"。它要在早上举行庄严的仪式，由村中德高望重的老者主持。主持者用火药枪对空鸣一枪，宣布"温嫩"仪式开始。听到枪响，早在村东等候的土炮手便开始鸣土炮，用来驱邪迎吉祥。随即，参加仪式的人们将各人手中事先预备的一把谷子撒向四方，表示新的一年里要用勤劳的双手辛勤耕耘，迎来五谷丰登。接着，鞭炮声、铓鼓声相应而响，一派喜气洋洋的欢乐情景。仪式毕，主持者当众宣布午饭摆"团圆宴"，全村寨合欢会餐。中午，人们自觉按照传统分工，去捕、采"山珍海味"。妇女和小孩到河里、田里、溪里去摸鱼摸虾，青壮年男子上山去打猎或去采山菜。现在，此项活动也很少举行了。各家各户把自己家里最好的酒、最佳的食物做好端到宴席上，相互祝福，增强全村寨人的团结和睦。（4）传统节日与现代文体活动相结合。傣族的过年活动在改革开放后节日内容变得更加丰富多彩，过年期间，各村寨会举行文艺演唱、山歌对唱、耍狮子、放电影、打篮球、荡秋千等文体活动，使节日过得欢欢乐乐。

（二）花街节是傣族的独特节日，也是傣族男女青年爱情生活中的一种独特风俗。传统的花街节是傣族男女青年利用聚会、对歌等重要活动择偶的吉日，为择得心爱的情侣，男女对歌有时会持续数小时，"文化大革命"时期被禁止，现在还未恢复。21世纪的甘庄的"花街节"已演变成为以傣族为主的各族人民的综合性节日。

## 三　彝族节日

彝族的传统节日主要有过年、清明节、端午节、火把节、七月半等，大体与汉族相近，在此就不赘述了。彝族的火把节等保留传统特色较多，简介如下。

（一）清明节。每年三月清明，彝族都要隆重祭奠九泉之下的亲人。主要礼仪有：（1）清除墓前杂物。清明节上午，人们到各自宗族的坟山上坟（每个宗族都有自己的一座坟山），清除自家祖先坟前的杂物。（2）祭献。摆上一甑蒸糕和饮食、酒、菜等祭品，祈祷亡者来食。（3）表达哀思。有的妇女，由于死者生前对自己情深意重，趁此机会，坐在坟前哭诉一番，倾吐自己的怀念。（4）插花栽树。人们还把采来的野花插在坟头上，挖来的树栽在坟前面得空地上，以示为死者培植美的家园。（5）吃团圆饭。下午，各宗族汇集在家庙（里）吃团圆饭，老者在席间边吃边讲述祖宗的历史，启迪后人要继承祖先的传统。

（二）端午节。彝族习俗基本和汉族相同，但也有其不同之处。（1）传承传统的"踏跳打歌"。彝族青年的山野游乐活动，它具有彝族的民族特点。吃过早饭，男女青年欢聚山上。一阵嬉闹后，小伙子们的笛声一响，其他器乐也跟着响起来了。青年男女们围成一个圆圈，手舞踏

足，一人领唱，众人合声。待唱、跳到夕阳西下，有情者便悄悄地离开娱乐场，躲到大树下、花木草丛中谈情说爱。（2）现在娱乐方式的融入。新中国成立后，五月端午节在彝家融入了现代文体活动的内容，如进行篮球赛、文艺晚会演出等。

（三）火把节。每年6月24日，彝族都要欢度"除灾迎吉祥"的火把节。早饭后，男女青年成群结队，聚集到附近山上，弹起四弦琴，担响烟盒，吹起笛子，围成大圆圈，欢跳彝族传统的"乐作"舞。吃饭时，各家各户的菜肴要有6~8碗。晚上，小伙子们又用松柴或栗柴扎成火把，到村口集中后，齐向村外、田边游转，不断向火把上撒松香，示意烧死害庄稼的害虫。有的玩得高兴了，还用火把为"武器"，相互"开战"。直娱乐到筋疲力尽，才高高兴兴地走回村寨。直到现在，火把节在彝家山寨越过越热闹。

（四）过年。正月过年期间，彝族传统节日有祭献天地、祖先、灶神、厕神和门神的习俗。各家各户过年历时三天，人们不再做活，尽情吃喝、欢乐。过年时，家家户户杀猪宰鸡，烹制美味佳品。男女老少身着节日盛装，相互探亲访友，宴请附近的其他民族亲友。青年男女们到附近的空旷场上尽情欢唱、欢跳。

## 四　苗族的节日

苗族的节日，按照时间顺序，依次有：春节、花山节、过大年、清明节、端阳节、七月半等。除花山节外，其他节日与汉族的相关节日大同小异，在此就不赘述了，仅就花山节作一介绍。花山节是苗族最传统隆重的节日。苗族人民按照传说每年过春节时都要来立杆对歌跳舞，让各队各寨的人都来踩花山，渐渐地就形成了花山节。花杆有的地方用竹子，有的地方用杉树、松树，把枝叶修理干净，留顶端竹尖或树尖的少部分枝叶，在其下约一米处系上红、黄、蓝、白等色的布带和一把芦笙。立好后的彩带直垂花杆脚。花杆举办人就在花杆脚举行祭祀活动，祈求祖先保佑、花杆赐子、来年风调雨顺、五谷丰登、家庭幸福美满等内容。每年正月初二的祭祀活动目的是让周围村寨的人都知道节日的地点。过节的时间为正月初三到初六，传统的花山场中主要的活动就是爬花杆、跳芦笙舞和对歌。一般情况下，青少年为主的爬花杆高手一展自己高超的竞技，赢得人们的阵阵称赞；各村寨的芦笙手都云集花山场，在花杆脚下表演芦笙舞，一展自己的舞技；对歌一般是老年人对老年人、少年对少年、青年人对青年人，尤以青年居多；高潮时，整个花山场变成了舞的世界、歌的海洋。花山场的人数少则几千，多则上万。近几年来，随着改革开放和人民生活水平的提高，花山节的活动内容和形式也走向多样化，除爬花杆、对歌、跳芦笙舞外，还有斗鸡、斗鸟、打秋千、打鸡毛键；也有政府组织的各种晚会表演节目等，其他民族也踊跃地参加，形成了丰富多采的、和谐的各民族节日。花山节结束时，举办人要举行倒花杆仪式，其仪式与立花杆时的仪式、祈求内容基本相同。

随着时代的变迁，各个少数民族自己的节日愈来愈成为该区域内各民族共同的节日了（详见该书第六章第一节的"各民族节日的交融"一目）。

# 第五节　宗教信仰

元江有佛教和基督教两大宗教及各少数民族信仰的原始宗教。元江县的大乘佛教自元代从内地传入，距今已有七百多年的历史，可谓源远流长，大乘佛教对元江县各民族尤其对汉族文化的影响是持久而深远的。新中国成立后，由于各种原因，佛教活动渐趋式微，经济相对落后的边远地区佛音寥寥的特点。据介绍，甘庄坝仅仅有个别信仰佛教的外来人员临时租住或者短时期暂住甘庄，他们之间缺乏联系，关系比较松散，各念各的经，各请各的佛，需要进一步加强自身管理和建设；在节假日，也会有其他地方的个别信仰佛教的外来人员来甘庄坝，为各自的生意奔忙。元江县原甘庄华侨农场基督教和各民族信仰的原始宗教介绍如下。

## 一　原始宗教

### 1. 傣族

傣族为原始的宗教信仰，相信万物有灵，拜祭的主要对象有天神、地神、龙树神和祖先神灵等，尤其相信鬼神，认为人世间有各种鬼神存在，天地人间都由各种神灵主宰着，给人类降下吉凶祸福。于是，为了取悦于有超自然力量的各种神灵，祈求福护和赐给人们幸福安康，一年四季要举行多种多样的祭鬼驱鬼仪式：（1）杀鸡宰鸭献祭，求鬼宽恕，不要再缠人害人；（2）在门头上悬挂杨柳枝、带刺的扁金刚等植物吓鬼，让鬼不敢进家；（3）用五指蘸石灰水按在门上驱吓鬼等。其他主要的祭祀活动还有：天旱无雨，举行献祭天神仪式，求天神降雨；庄稼多灾，举行献祭龙树神的活动，求龙树神消灾免难，让村寨康泰吉祥；逢年过节献祭祖先，求祖先福佑家人，多福多禄。这些宗教活动主要由村民公认的民间宗教人士来主持。

**2. 彝族**

彝族盛行多神崇拜，祭祀内容多样：（1）祭龙树。祭龙树时，除毕摩外，不许任何人到毕摩台的范围内，谁触犯就是对龙树的不尊敬，会有灾难降临；凡参加祭龙树者均需叩头，谁不叩头，将会招来厄运。（2）祭祀天地与祖先。春节期间，不管是早饭或晚饭，不祭献过天地、祖宗，不能开餐，否则将会被斥责为对神和祖宗不尊敬。（3）祭祀山神。彝族山苏支系的祭山节期间，任何人不准动锄挖地，认为动锄就会触怒山神，带来凶灾。

新中国成立前，彝族通常在其住房的正间堂屋设供桌，桌上置着一个用木料雕成的"神桩"，成小木人状，捆上一种特用的稻草，再给小木人穿上衣裳，作为祖先神位，上面写有祖先的姓名、年龄、生卒时间及成婚年月等。三五代后集中火化。在"神桩"下面还摆着一个香炉，有的长年累月地烧香，有的逢年过节才烧香，这是彝家崇拜祖先的一种祭祀方式。现在，"神桩"及其下面的香炉已很少见到，据说有的中老年人会在逢年过节才烧香，表示彝家主人对祖先的祭祀。

**3. 苗族**

苗族的原始宗教信仰是在灵魂不灭观念的基础上产生的，相信万物有灵，崇拜自然、鬼神和祖先，其信仰主要有：（1）崇拜自然。认为天地、世间万物，特别是与生产生活相关的东西都有灵魂存在，为了祈求鬼神的护佑，村

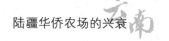

民们常常用一些方法来祭祀它们；苗族在过年时，还要把所有的生产生活工具的灵魂叫回来过年，烧纸祭献它们。（2）祖先崇拜。认为祖先灵魂能护佑家人、六畜平安、五谷丰登。（3）祈求善鬼的福佑，避免恶鬼的侵扰。苗族认为在人的"阳间"和鬼的"阴间"的两个世界里，人与灵魂、鬼与神可以相互关照和护佑，善鬼与善神可以护佑人们平安、五谷丰登、六畜兴旺、幸福美满；恶鬼与恶神可以给人们带来疾病、灾难和痛苦，因此，人们要祈求善鬼的福佑，避免恶鬼的侵扰。（4）巫师是沟通"阳间"与"阴间"两个世界的人。巫师的职责主要是驱恶鬼恶神、占卜、治病；平时不脱离生产劳动。由于巫师掌握着苗族民间的一些占卜术、医术等其他的知识和技能，因而，巫师的一些宗教活动与一些医术等其他的知识和技能，往往会取得一些意想不到的效果。现在，专门的巫师已淡化，每一个家庭的主人都可以从事祭祀活动。

## 二 基督教

### （一） 基本情况

红新村基督教徒每周礼拜六或者礼拜日集中在原甘庄华侨农场原农科站一楼改成的教堂欢度"礼拜"，有几张桌子和讲桌，几十张长凳，人偶一、二十做弥撒。其内容是传经讲道，唱赞美诗等，参加的人群大部分为老年人、妇女等。据笔者在 2008 年 12 月最后的一个礼拜六和礼拜日与他们的两次交谈可知，大约有两伙以上，周六、日各一伙，每伙人数不等，估计总人数为五六十人。原元江天主教会下的甘庄分会，有国内自家教会印刷的圣经。参加者多为中老年妇女，民族为汉、哈尼、彝、苗、傣等，有一越侨（汉）妇女参加，但他们中的人有戒备心理，不愿意透露自己的姓名，要上面的教会通知才接待外人。他们信仰宗教的原因归结起来有以下几个方面：一是因为自己或亲属生病久治不愈，缺乏社会的救助，而到宗教里寻求上帝佑护他们恢复健康的，宗教徒中这样的人占绝大多数；二是受家庭成员或亲友宗教信仰的影响，这是许多青年信教的原因之一；三是因无法摆脱家庭纠纷的烦恼、贫穷落后的状况，想祈求神灵保佑来改变而信教。在教徒中，老年多于青年，女性多于男性，文盲多于非文盲，文化水平低的多于文化水平高的；就职业而言，信教者多数是农民，也有少数是工人，还有个别属于社会其他阶层的人士。他们主要为当地的彝族、傣族和汉族，生活上有困难则互相帮助。此外，每年还要欢度各种宗教节日，如农历 4 月 3 日的复活节，9 月 23 日的三自爱国纪念日及 9 月的感恩节等。

## （二）问题与建议

### 1. 问题

（1）宗教活动点布局不能完全满足信徒活动的需要

元江县目前共有批准开放的、登记的基督教 1 堂 10 点。红新村所在的甘庄坝属于民间、自发的聚会点之一。由于基督教徒分布比较分散，部分信徒离聚会点路程较远，往往是起早摸黑赶去教堂或聚会点，难免耽误农时，不方便到指定的聚会点做礼拜，从而形成了点外有点的家庭聚会现象，难以完全杜绝点外活动的现象，仍有少数地方的信徒图方便进行家庭聚会过宗教生活。为此，有关部门需要经常督促基督教管理委员会对家庭聚会加强管理和指导。

同时，对需要增设活动点的问题，随着元江县青龙厂镇镇政府从青龙厂搬迁到甘庄，要通过调查论证，向元江县人民政府提出可行性报告，由元江县政府审核批准，使基督教的活动场所布局合理，逐步减少家庭聚会现象，以便加强对宗教活动的管理力度。

（2）民间宗教管理人员素质不高，管理水平低

一方面，甘庄坝基督教聚会点的民间宗教活动场的管理负责人和大部分信徒的文化素质偏低，年龄偏大；大部分信教群众受文化偏低的制约，缺乏学习和掌握科技知识的条件，不能迅速改变生产和生活条件，生活大多处于刚刚解决温饱的状态。需要在每年举行的教牧人员培训和年检工作中对他们的负责人纳入培训名单之列，以便使民间活动点各项管理工作逐步走上正轨，以活动点为单位，集中信教群众邀请农科人员传授种养殖实用技术，让他们掌握一定的致富本领，增加经济收入，提高生活水平。

另一方面，民间宗教教职人员的宗教学识、法律意识、政策水平以及教务管理能力有待提高。基督教通过从信徒中遴选骨干送到神学院深造方式培养了一批教牧人员，具备了一定的自传能力，储备了一批内部管理人才。另外，民间宗教组织建设严重滞后，与上级宗教工作部门的要求脱节，作为政府联系广大信教群众的桥梁和贯彻落实"三自"方针的宗教组织缺失，宗教活动点和内部教务管理机制有待建设，规范教务管理体制。

（3）民间活动点自养能力低下不能适应宗教活动的需要

甘庄坝宗教活动点的自养能力都比较差，教会全年的

收入完全依赖于信徒做礼拜时的点滴奉献，根本不能满足活动点宗教活动的需要；并且普遍存在着自养起动资金严重不足的问题。坚持独立自主、自办教会的原则和宗教团体走"三自"发展道路，如果没有自养经济作为坚实的后盾，或者自养活动搞得不好，那么贯彻和执行"三自"方针就不可能落到实处，势必影响正常的宗教活动的开展。在宗教管理工作中必须强调开展自养活动的重要性，积极引导甘庄坝活动点的民间负责人和信教群众因地制宜发展种养殖业或科技含量较高的产业经营活动，多种经济项目的形式，使自养经济收入迅速增长，以适应宗教活动的需要。

（4）基层干部对宗教政策掌握不透，导致不能对民间宗教进行有效的管理工作

个别基层领导和干部仍然存在着对党的宗教政策和法规了解不多、掌握不透，对当地的宗教活动场所陌生，甚至对信教群众的正常宗教活动不理解，以致出现对宗教事务不敢管、不愿管、不会管的现象，这些均对宗教管理工作产生了负面影响。

**2. 建议**

（1）提高认识，统一思想

要充分认识宗教问题的复杂性、长期性和国际性。民族宗教问题无小事，关乎国家的统一、社会的稳定。在深入学习党的有关民族宗教工作会议精神的基础上，要进一步提高对宗教管理工作重要性的认识。认真贯彻落实党的宗教政策，与时俱进，拓宽视野，更新观念，加强学习，依法加强对宗教事务的管理，维护宗教活动稳定；密切党和政府同信教群众的联系，团结广大信教群众共同投身于

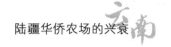

全面建设小康社会，促进经济和社会各项事业的发展。

2. 抵御和防范境内外敌对宗教势力的干扰渗透

21世纪初，境内外的宗教势力利用宗教进行渗透活动的情况在元江时有发生，严重干扰合法宗教团体的正常宗教活动，破坏了社会稳定。这些事件虽然得到了及时处理，最大限度消除了不良影响，但给我们敲响了抵御防范境外宗教势力渗透的警钟。对境内外宗教势力的政治和思想渗透活动，首先要树立预防为主的思想，才能有效防御渗透活动的深入和扩展，使其损害程度降到最低点；其次是做好宣传教育工作，对广大信教群众讲清合法与非法宗教的界线，提高他们的识别力，自觉防范外来宗教的各种渗透活动；三是经常深入基层或者偏远地方的宗教活动场所进行督促检查工作，让信徒提高警惕，使防御外来渗透和地域异端邪说变成广大信教群众的自觉行动。

3. 尽快批准甘庄为基督教聚会点，成立基督教合法组织

尽快批准甘庄为基督教聚会点，成立基督教协会有利于协助政府贯彻宗教信仰自由政策，随时向政府反映基督教信徒的意见和情况，使教徒的正当利益和要求得到保障，有利于矛盾的化解或者缓和及解决。

# 第六章 文教卫生

## 第一节 文化

### 一 文艺

1958年建立甘庄坝农场后，元江县歌舞团（后改名宣传队）演员三十余人经常自带乐器和各种道具前来元江县甘庄坝作慰问演出，得到了云南省、玉溪地区、通海县下放干部五百余人的好评。1960年，印尼归侨被安置到农场后，中央东方歌舞团的二十多人演员也下放到甘庄坝农场进行劳动锻炼，被安置在新建3队，其住地被甘庄人民亲切地称呼为"歌舞班"。他们边劳动边排练节目，曾以歌、舞为主要内容，向甘庄各族人民和下放干部表演"孔雀舞"、合唱"黄河大合唱""社会主义好"等节目，他们的节目内容新颖，表演精湛，深受人们的喜爱。1964年云南省杂技团为了慰问印尼归难侨，来到甘庄华侨农场演出数场，节目精彩，演技精湛，深受群众的欢迎，博得一致的好评。此外，云南省歌舞团、玉溪地区花灯团都曾到甘庄华侨农场作过慰问演出，节目富有地方、民族特色，丰富了干部、职工和群众的文化娱乐生活。上述各种外来文艺团体短期驻场或者慰问演出，给甘庄各族群众带来了高水平文艺的熏陶，有力地促进了甘庄侨场各族群众各种文艺活动的开展。

1964年红专、新建（原红新村的前身）等大队的青年人在共青团支部的组织领导下，先后建立了业余歌咏队（后改名宣传队），其主要活动为：（1）演唱革命歌曲。青年人以大合唱、小合唱、独唱等方式，大唱革命歌曲，如"黄河大合唱""祖国颂"等，宣传党的方针、政策，歌唱伟大的社会主义祖国。（2）称赞新生事物与表扬好人好事。这些歌咏队（后改名宣传队）对甘庄华侨农场出现的新生事物持称赞的态度，对好人好事给予表扬，他们按照时代的要求，把这些内容编成剧本，在舞台加以演出，由于节目具有新颖性、群众性、时效性，深入浅出，深受群众的赞赏。1970年云南省生产建设兵团独立二团政治部从这四支业余的宣传队中，抽调一部分优秀的队员组成了专业的宣传队，除为该场演出外，还走出农场到玉溪、通海、墨江等地进行慰问演出，由于节目富有时代气息和浓郁的民族气氛，演技精彩，深受各县区人民的欢迎。20世纪八九十年代在每年的春节、"三八"妇女节、"五四"青年节、国庆节、元旦等都会由共青团农场团委牵头，协调组织各有关部门和生产队，白天组织各类球赛，晚上一般都在广场举行文艺晚会。演员来自各生产队的业余歌手和业余演员，他们表演的节目短小精悍、富有时代性、民族性，生产生活气息浓郁，演出结束时都会得到农场党政颁发的奖状和奖品。文艺晚会之后，通常还会放映电影助兴，进一步丰富人民的文化娱乐生活。红新分场（原红新村的前身）也积极组织青年人参加各种文艺活动。此外，在每年的"六一"儿童节，通常由原甘庄华侨农场的四所华侨小学联合组织开展少儿文体活动。一般活动进行一天，上午举行少先队员入队宣誓典礼，下午进行各种体育活动或者游园活动，晚上组织文艺晚会，业余儿童演员的表演，活泼可爱，往往会得到观众和家长们的阵阵掌声。红新分场（原红新村的前身）所属的红新小学也积极组织少年儿童参加各种文艺活动，直到红新小学校舍成为危房，2008 年全体师生被迫分流安置在场内所属的其他甘庄、干坝等三所小学为止。直到2010 年调研时，侨场原场长冯忠平陪同笔者看到的红新小学危房因资金、改制等原因仍未进行任何修缮或者重建，仍是空校一座，只有一个建筑老板把一些建筑材料临时堆放在这里。

## 二　民族节日文化的交融

青龙厂镇华侨事务管理区的各个民族都有各自的民族节日，在各族生产生活长期的和谐相处和交流过程中，各族都以开放、和谐、文明、团结的心态，借鉴和吸纳其他民族中的优秀文化因子，其中，尤其以傣族中的花街节、彝族的火把节、苗族的花山节和汉族的元旦新年联欢晚会等最为典型，这些节日既是的各自本民族的盛大节日，也是当地各族人民交融的盛会。

### 1. 傣族"花街节"中民族文化的交融

原甘庄华侨分场傣族的特殊节日"花街节"时间是每年的农历二月初一，地点就在青龙厂镇华侨事务管理区原场部附近广场。其节日的来历是这样的：坝区的傣族和山区的彝族因生产劳动中的长期互助，结成了友谊，彼此在节日里邀请对方参加，傣族在过小年时邀请彝族亲友来和自己一起共度农历二月初一的节日，彝族也应邀而至，晚饭后，彝族客人奏乐群舞，共庆祈求丰年。2008 年 3 月 8 日原甘庄华侨农场举办了第七届傣族花街节，开展了一系列民族文化活动。这天清晨直至中午，附近的元江县属青龙厂镇、龙潭等和干坝分场的彝族同胞们，都穿着节日的民族盛装成群结队从方圆十几里外的村村寨寨，来到甘庄坝聚会，观看傣族、彝族、苗族等各个村寨组成的 15 个方队的游行表演、精彩的耍狮子表演、各族群众自编自演的文艺节目。近万名各族群众，带来自己生产的土特产品进行交易，同时，也购买自己所需要的生活生产用品带回去，大街上人们熙熙攘攘，热闹异常，其中尤其以骑摩托车的男女青年最多。傍晚，彝族同胞在休息够以后，开始在广场跳"龙作舞"（俗称"跳乐"），青年男女们自动围成若干个圆圈进行集体环舞。在环舞进行当中，引起当地傣族、汉族和归侨同胞们的极大兴趣，纷纷聚拢围观，赞赏不已。有的也自行加入行列学跳乐，大家沉浸在一片民族团结的欢乐海洋里，一直持续到深夜始散。

调查组成员在 2010 年 3 月 16 日亲自参加了青龙厂镇主办（甘庄村委会承办）的 2010 年度的傣族花街节，体验了该节日中的民族文化的交融过程。虽然 2010 年为建场以来未见的 50 年一遇的特大干旱，成年人忙于抗旱保丰收，仅仅组织了由非抗旱壮劳力的学生、老年人和部分苗族青年为主的四个游行方队，以及耍狮子表演，规模比以前要小得多，但是，因人们生活水平的提高，前来赶街购物的气氛较浓，市场仍是一派繁荣景象。据甘庄村委会主任李钢介绍：甘庄分场的傣族老乡在春节过后就忙于早稻栽插，在正月底以前栽完后，为了庆祝当年五谷丰登、六畜兴旺，为答谢和招待来自四面八方帮忙早稻栽插的彝族亲友，傣族每家每户杀鸡宰鸭煮肉，舂糯米粑粑，恭候彝家亲朋的来临。今年的傣族花街节，由青龙厂镇首次主办、甘庄村委会承办，邀请了有关娱乐公司参加，他们带来了可移动的儿童旋转飞机、旋转木马、水上碰碰船、儿童蹦极等，丰富了活动内容。从青龙厂镇（甘庄）2010年3月16日傣族花街节文艺演出节目单来看，其内容分为四个部分。第一部分：序篇——祈雨祭祀；第二部分：梦回傣乡，内容包括：（1）舞蹈：花腰梦；傣族织布舞；丢香包；（2）歌曲：傣族酒歌《欢迎您到傣乡来》（演唱：杜晗、李庆华），伴舞及演员与观众之间的互动活动：傣族泼水、殃箩饭、竹筒酒等；第三部分：和谐青龙，内容包括：（1）舞蹈：彝族烟盒舞；彝族对山歌；苗族舞蹈——敬酒歌；印尼舞；（2）歌曲：彝族酒歌：《开缸酒》（演唱：李庆华）；（3）音乐伴奏朗诵：《新甘庄，新面貌》；第四部分：放歌花街节：内容包括：（1）舞蹈：灯笼舞；烟叶舞；甘蔗舞；花舞；芒果、蔬菜、花卉舞蹈等；（2）大合唱：《青龙人民欢迎您》（全体演员合唱）。这场晚会的特点：（1）首次由青龙厂镇党委政府主导，甘庄村委会承办，演艺公司作艺术指导，由演艺公司专业人员和传统傣族村民民间艺人相结合，演艺公司专业人员和傣族民间表演队交叉演出，改变了原甘庄华侨农场时期由各分场和各生产队的傣族民间表演队轮流登台演出的传统；（2）有突出与生产生活相关的节目，如2009年年底至2010年春青龙厂镇华侨事务管理区恰逢建场50年来未见的特大

干旱，晚会第一个节目就是"序篇——祈雨祭祀"；（3）民
族和谐相处，各民族节目中显了地方民族特色、和谐相融
的主题。

**图 6 - 1　2010 年青龙厂镇花街节晚会**
**（何作庆摄　2010 年 3 月 15 日）**

**图 6 - 2　舞蹈——祈雨（1）（何作庆摄**
**2010 年 3 月 15 日）**

图 6-3　花街节巡游出发地——青龙厂镇人民政府大楼
（原甘庄华侨农场场部大楼）
（何作庆摄　2010 年 3 月 16 日）

图 6-4　花街节中坐上"旋转飞机"的彝家小姐妹
（何作庆摄　2010 年 3 月 16 日）

图6-5　舞蹈——祈雨（2）（何作庆摄　2010年3月15日）

### 2. 彝族火把节中民族文化的交融

居住在红新村委会的彝族在每年农历的6月24日都要欢度"除灾迎吉祥"的火把节。2008年7月26日由原甘庄华侨农场干坝分场举办的第十九届彝族火把节在干坝隆重举行，原干坝分场的彝族职工热情邀请原甘庄华侨农场的各族人民前来和自己共度节日，各族人民纷纷应邀，从四面八方前来，相聚在一起，欢度一年一度彝族人民的盛大节日。早饭后，男女青年成群结队，聚集到附近山上，弹起四弦琴、烟盒，吹起笛子，围成大圆圈，欢跳彝族传统的"乐作"舞。舞伴中的伙子们，有的边跳边弹四弦琴，有的边跳边弹三弦琴，有的边跳边拉二胡。舞伴中的姑娘们，都用双手各持特制烟盒，一边跳边以手指弹盒子，听起来非常清脆悦耳，富有节奏感，这就是彝族著名的"烟盒舞"。小伙子中未带乐器的人，边跳边用拍掌来配合节拍，踏足击掌，前仰后合。在"跳乐"进行当中，舞伴里有的小伙子突然叫喊："悠咱啦！悠咱啦！悠！悠！悠！"（意即"加油"！"加油"！），其他所有舞伴也一齐跟着叫喊，吆喝声雷动，顿时声震四方。每跳一次环舞约需5～10分钟，结束后另换一个调门再跳，直娱乐到筋疲力尽，才高高兴兴地走回村寨。相传"禾作舞"共有72个不同的调门，但能全部掌握的人甚少。吃晚饭时，各家各户的菜肴要有6～8碗，男人们喝酒要一醉方休，才显示出客人对主人热情招待的满意和高兴，主人也会因客人的坦诚饮酒而高兴。直到现在，火把节在彝家山寨越过越热闹。彝族跳"乐作舞"那浓郁的民族气氛，风格别致的舞姿，给人们留下强烈的印象。跳"禾作舞"有欢庆丰年及加强友谊和团结等含意。有些未婚青年男女在跳舞当中互相认识了，以后就建立了友谊，加深了感情，进一步发展为"有情人皆成眷属"的韵事。

图6-6　彝族烟盒舞（何作庆摄　2008年12月30日）

### 3. 苗族花山节中民族文化的交融

花山节是苗族最传统隆重的节日。一般在农历正月初二立花杆，为正月初三到初六过节，传统的花山场中主要的活动就是爬花杆、跳芦笙舞和对歌。节日期间，以青少年为主的爬花杆高手一展自己高超的竞技，技艺高超者，赢得人们的普遍好评，往往引得异性的侧目，甚至结为终身伴侣；各村寨的芦笙手都云集花山场，在花杆脚下表演芦笙舞，一展自己的舞技；对歌一般是老年人对老年人、少年对少年、青年人对青年人，尤以青年居多；高潮时，整个花山场变成了舞的世界、歌的海洋。花山场的人数少则几千，多则上万。2010 年春节期间，由青龙厂镇红新村委会承办举办的第五届苗族花山节在甘庄隆重举行，红新村委会的苗族热情邀请青龙厂镇的各族人民前来和自己共度节日，各族人民纷纷应邀，从四面八方前来，相聚在一起，欢度一年一度苗族人民的盛大节日。随着经济的发展和苗族人民生活水平的提高，花山节的活动内容和形式也走向多样化，除爬花杆、对歌、跳芦笙舞、斗鸡、斗鸟、打秋千、打鸡毛键等外；也有政府支持和组织下的各种文艺表演节目等。其他民族也踊跃地参加，形成了丰富多采的、和谐的各民族节日，因此，这个节日既是的苗族的盛大节日，也是当地各族人民交融的盛会。

### 4. 汉族归难侨的元旦迎新晚会中的民族文化的交融

甘庄华侨农场的汉族归难侨在每年阳历的 12 月 30 日都要举行"除旧迎新"的元旦迎新晚会。各族人民从四面八方前来，相聚在甘庄，欢度一年一度各族人民的这个盛大节日；近万名各族群众，带来自己生产的土特产品进行交易，同时，也购买自己所需要的生活生产用品带回去，大街上人们熙来攘往，热闹异常。2008 年 12 月 30 日晚 7：30，调研组成员应邀参加了由甘庄华侨农场举办的 2009 年元旦迎新晚会，该晚会在甘庄农贸市场后的广场隆重举行，甘庄华侨农场的各族职工热情参加，各族人民前来共度这个喜庆的节日。元旦迎新晚会演出的节目主要有：（1）大合唱《走进新时代》《没有共产党就没有新中国》，（2）《欢乐中国少年》，（3）《托起明天的太阳》，（4）《竹林深处》，（5）《想你的挏乐》，（6）《快乐天使》，（7）《国旗下的少年》，（8）《春的旋律》，（9）《蝴蝶蜜蜂飞》，（10）《祝福祖国》，（11）《春天的故事》，（12）《阿细阿热》，（13）《印尼舞蹈》，（14）《彝山情歌》，（15）《天路》，（16）《祖国之恋》等；演出单位有甘庄华侨农场场部机关及其甘庄、红新、干坝三个分场、甘庄老年协会、甘庄中学、甘庄小学、甘庄幼儿园等八家单位；其文艺内容涉及：（1）傣族舞蹈，（2）彝族"乐作舞"、烟盒舞等，（3）苗族芦笙器乐表演，（4）印尼舞蹈，（5）汉族舞蹈和歌曲等。汉族归难侨在生产生活长期的和谐相处和交流过程中，以开放、和谐、文明、团结的心态，借鉴和吸纳其他少数民族文化中的优秀文化因子，因此，这个节日既是汉族人民的盛大节日，也是当地各族人民交融的盛会。

## 三 广播电视多媒体

文化图书设施的完善。原甘庄华侨农场在 20 世纪七八十年代在场内还设有文化室（也称阅览室），该室购置了国内出版的各种图书、报纸、杂志，供干部、群众阅读，也可以外借阅读。1987 年该文化室订阅的各种报纸有 26 种、杂志 126 种、画报 11 种、各种书籍 5155 本，此外，还有连环画小图书等 2225 本。① 元江县新华书店甘庄代销点，也代销各种新书和杂志，赶街日还在外摆摊销售，方便群众的精神文化生活需求。

有线广播网络的建立与提升。1960 年，甘庄华侨农场的有线广播室建立起来了，并由 20 瓦小功率的输出线安装了几个小喇叭，逐步发展到 150 瓦、250 瓦的扩音设备，直至发展到 1987 年建立完善的有线广播网：拥有收音、录音、增音功能的 170 多瓦的扩音放大器、46 只大功率的高音喇叭、杆线总长达 55 千米，分 5 条支线联通各个生产队。有线广播网的建立和完善，有利于宣传党和政府的方针、政策、法令等；及时传达原甘庄华侨农场党政的决定和生产部署；丰富了人们的精神文化生活，促进了精神文明建设的发展。

电影设备和录像放映设施的配置。1960 年印尼归侨安置来场时，该场购买了长江牌 35 毫米电影放映机 1 部，安排放映员 2 人；1978 年，越南难侨安置在干坝分场，该场购置红旗牌 16 毫米单机 1 部，设有放映员 1 人；1983 年为更新机型，购买了井冈山 103 型 35 毫米电影放映机 1 部，同时，配备了宽银幕、遮幅幕等镜头，使群众可以看到宽银幕电影了。此外，该场的商业服务公司还设有录像馆，对外售票放映录像。在一定时期，电影和录像丰富了群众的文化娱乐生活，尤其是在每天晚上和赶街日，看电影和录像的人非常多。

电视和电话的逐步普及。1979 年，该场首先在坝老

---

① 甘庄华侨农场场庆筹委会：《创业之路（1958～1988）》，甘庄华侨农场，1988，第 98 页。

（今东风四队）设置一个 3 瓦的电视差转台，从此甘庄坝区的群众可以观看黑白屏幕的电视节目，极大地丰富了当地群众的业余生活；1984 年年底，在黄茅岭山顶建立了一台 10 瓦的全自动太阳能电视差转台，从而使电视信号覆盖全场，极大地鼓励了群众购买电视机的积极性，当然，这些设备也存在仅能转播云南省电视台的节目，有时因各种原因，图像不清，音响效果不好等缺陷；1987 年上半年安装了两台（套）电视地面接收站，一台设在甘庄坝，发射天线为 30 米，发射频道是 4 个频道和 6 个频道；另一台设在干坝，发射天线为 21 米，发射频道是 6 个频道。这些收看电视的辅助设备与设施的建成并投入使用后，使该场各族群众、归难侨同胞可同时收看中央电视台一、二套节目及云南省电视台节目，收视效果进一步提高。2000 年该场文化站积极配合元江县广播电视局，对干坝、甘庄片区的有线电视联网进行改造，收视电视节目达到 22 套，职工群众的文化生活、娱乐活动水平得到普遍提高。2000 年在甘庄广场举办彝族篝火晚会，进行甩龙舞狮比赛，农场拨出 50 万元的节日活动资金，开展文体活动，上万各族群众欢聚在广场观看文艺节目和篝火及礼花，热闹非凡，欢歌笑语，各色节目精彩纷呈。这些收看电视的辅助设备与设施建成并投入使用后，大大方便了干部群众的文化娱乐生活，充分调动了干部群众购买电视机的积极性。据统计，1986 年年底，甘庄华侨农场职工已购买各种彩色与黑白型电视机 403 台；2000 年该场拥有各种电视机 1860 台，家庭电视普及率达 87%，2010 年时该场已基本普及家庭电视机，部分家庭电器化不断向中高档型方向发展。此外，该场共安装电话 1100 门，基本实现普及电话，2010 年时手机的普及率进一步提高，电话座机和手机大大方便了普通家庭、用户信息联络与交流。该场安装空调有 300 多台，人民的生活质量进一步提高。

多媒体与网络的接受。20 世纪末 21 世纪初，随着社会经济文化的发展，原甘庄华侨农场首先从机关、学校等单位开设使用电脑，逐步实现办公自动化，随后普及到民间；多媒体、网络成为这个阶段人们的热门话题。一部分有识之士，率先在甘庄的街市上开设了打印、复印的店铺，为人们提供优质的服务。调研组成员先后三次在甘庄华侨农场调研，复印了大量的相关材料，都得到了该场机关和民间复印店提供的各种服务。

# 第二节　教育

红新村（原红新分场）所属的红新华侨小学因校舍成为危房，2008 年全体师生被迫分流安置在场内所属的其他甘庄、干坝等三所小学。直到 2010 年笔者调研时，笔者看到的红新小学危房因资金、改制等原因仍未进行任何修缮或者重建，元江县教育局关闭该校后，让该校一、二、三年级的学生转移到相对较远一些的干坝华侨第三小学借读，四、五、六年级的学生转移到甘庄中心完全小学就读，该校仍是空校一座。鉴于红新华侨小学人去楼空，加之移交地方管理后，原任教的师资退休移居他乡，或者移民出国，或者现任基本更新为年轻的新招聘教师，不太了解情况，加之分流到其他小学，进行个案访谈困难较大。因此，笔者查阅了原甘庄华侨农场的档案，想从中梳理出一些有用的线索，结果还是令人失望。据说红新村（原红

新分场）合并前为红专、红旗、新建三个分场，保存档案
条件太差，许多资料因多次受雨淋或者水淹而发生霉变；
甘庄华侨农场档案室随着办公场所多次搬迁，档案损毁不
少，加之档案管理不规范，人员变动频繁，保管不善等及
移交地方管理等原因，笔者想查阅红新村教育的材料基本
无法展开，只能从甘庄华侨农场的教育变迁中理出红新村
的教育变迁的大体轮廓或者一些线索而已，通过侨场的教
育变迁的轮廓，大致可以看出红新村教育的变化轨迹。

## 一　农场时期教育变迁

### 1. 小学教育

1958 年成立甘庄农场，原甘庄小学发展成为中心完全
小学，该中心完全小学（简称甘庄小学）代管划入甘庄农
场的朋程、路通、假莫代、脊背、丫口（即干坝）5 个乡
（即今天村委会）的 5 分校和 3 教学点，7 名教师。据统
计，截至 1986 年年底，原甘庄华侨农场共有完全小学 4
所及 5 个教学班点，共有 43 个教学班（其中复式班 3
个），教师 85 人，在校生 1465 人。从甘庄华侨农场小学
教育事业发展历史来看，它主要经历了：（1）甘庄中心完
全小学。1960 年因接待和安置印尼归难侨，甘庄农场改名
为国营甘庄华侨农场，保留元江县所属的甘庄中心完全小
学。1963 年该场甘庄中心完全小学代管的朋程、路通、假
莫代、脊背四个分校或者教学点划出，新成立坝老村教学
点，有教师 1 人，学生 20 余人。1966 年，甘庄小学由原
元江县属小学改为甘庄华侨农场场办小学，教师 6 人。由
元江县编制转为农场编制，改名为"甘庄华侨农场第一小
学"。（2）甘庄华侨小学。1960 年国营甘庄华侨农场成立

后，农场投资农场场部所在地，由该场投资，利用印尼归难侨中的师资，增设了甘庄华侨小学，设有6个班，教师6人，学生254人。该校的学生绝大部分为归侨子女，这样极大地方便了印尼归难侨的子女就近入学，便于集中管理教育；教师大部分为归侨中文化水平较高的人担任，有利于充分发挥归难侨中师资的力量。1966年因学校整合，原甘庄华侨小学改名为"甘庄华侨农场第二小学"。1969年甘庄华侨农场抽调原甘庄华侨小学第一、二小学3名教师前往坝老村筹备办小学1所，创设时有2个教学班，学生120人。①

"文革"期间的小学布局因军事化管理的需要，学校名称和管理体系发生了相应的变化，学校布局也作了微调。1970年云南生产建设兵团独立二团将在坝老新建的小学改名为独立二团第一小学，归第一营领导；将原甘庄华侨农场第一小学改名为独立二团第二小学，归第二营领导；将甘庄华侨农场第二小学改名为独立二团第三小学，归第三营领导。小龙潭生产队改名为"独立二团直属第一连"后，设置一个教学点，创办时设有一个教学班，有教师1人，学生7人。1974年中国人民解放军云南生产建设兵团独立二团奉命撤销，恢复农场体制，隶属云南省农垦总局。原独立二团第一小学、第二小学、第三小学，相应改名为甘庄华侨农场第一小学、第二小学、第三小学，原小龙潭生产队的独立二团直属第一连教学点，由第一小学管辖。

---

① 甘庄华侨农场场庆筹委会：《创业之路（1958～1988）》，甘庄华侨农场，1988，第87页。

甘庄少年体育学校的筹建和取得的成绩。在玉溪地区体委和原甘庄华侨农场党委的重视和关怀下，甘庄少年体育学校的羽毛球队于 1973 年成立了。该校的羽毛球队队员大部分为印尼归侨子女，主要来自该农场附设的四所小学和华侨中学的部分初中生的体育爱好者。他（她）们采取的是课外余业时间训练的办法，一般在每天下午放学后，在体育辅导员的带领下，自觉地坚持锻炼身体，参加各种羽毛球运动的基本技能训练，在各种对练中不断提高实战水平和技能。1978 年以来，甘庄少体校羽毛球队在几届云南省全运会和青少年羽毛球运动会上，共夺得男子、女子团体冠军四项，亚军一项，男子、女子双打冠军四项，第四名一项，男女混合双打冠军一项，亚军一项，男子、女子单打冠军两项，亚军两项，第三名两项。[1]

## 个案 6－1　华侨魏德贤二次归侨场

魏德贤，男，籍贯福建，汉族，1934 年 9 月 3 日出生，文化程度大专，1964 年参加工作。印度尼西亚归侨。1960 年归国，日语、印尼语水平较熟练，英语一般水平。在云南省元江县甘庄华侨农场教育科工作，中级一级教师职称，曾担任农场教育科科员。

本人简历：1964 年毕业于云南大学，1965 年以反动学生被处理送昆明市第三农场劳动；1967 年被数学系的归侨学生拉回学校，搞平反工作；1969 年到甘庄工作，先下田一年，后到碾米厂劳动，一年后调甘庄华侨中学任教，因

---

[1]　甘庄华侨农场场庆筹备委会：《创业之路（1958～1988）》，甘庄华侨农场，1988，第 89 页。

长期没有教书的机会，因此改抓体育。羽毛球在省业余体育方面有成绩，率队参加为云南省青少年羽毛球队比赛，获得较好的名次，为省里输送多名队员。1971年开始在甘庄中学任教到1980年，20世纪80年代初因各种原因申请到香港定居，1984年重新回国，返回原单位工作。

国外主要亲属：魏茶女（姐姐），女，60岁，印尼国籍，居住地为印度尼西亚，做土产生意。魏茶叶（姐姐），女，59岁，印尼国籍，居住地为印度尼西亚，家庭主妇。魏茶爱（妹妹），女，44岁，印尼国籍，居住地为印度尼西亚，经商。

港澳台主要亲属：魏茶欧（妹妹），女，55岁，所在地香港，工人；魏茶春（妹妹），女，54岁，所在地香港，工人；魏贤山（弟弟），男，55岁，所在地香港，工人；魏贤海（弟弟），男，54岁，所在地香港，工程师。

### 2. 中学教育

从原甘庄华侨农场中学教育事业发展历史来看，主要分为普通教育和职业教育两类，经历了农业中学、初级中学、创设高级中学班和职业会计班等过程。据统计，1976年甘庄华侨中学设有初中6个班，学生356人，初中教师11人；截至1986年年底，原甘庄华侨农场共有中学1所，8个教学班，教师29人，学生412人。据该校张校长介绍：2010年青龙厂镇甘庄华侨中学新的教学大楼投入使用，有教师37人，学生10个班463人，教育水准恢复到元江县初级中学一流的水平，该校学生升入元江县一中和民族中学的高中生总数位居全县初级中学之首。

甘庄华侨农场农业中学的昙花一现。1960年，甘庄华侨农场为培养初级农业技术人才，借用甘庄小学的教室，建立了"甘庄华侨农场农业中学",聘有教师 3 人,面向大部分印尼归侨子女招生,首期招生 1 个班共 54 人。1964年,该场农业中学增设 1 个班,有教师 4 人,有学生 78 人。

短命的独立二团中学。1970 年,原甘庄华侨农场改名为中国人民解放军云南生产建设兵团独立二团,将原甘庄华侨农场农业中学相应改名为"独立二团中学",校址设在小团山脚下,属普通中学性质,由独立二团团部政治处委派指导员及校长到校领导,设有教学班 3 个(其中 1 个为农业技术班),有教师 9 人,学生 175 人。1974 年中国人民解放军云南生产建设兵团独立二团奉命撤销,恢复农场体制,隶属云南省农垦总局,原独立二团中学恢复原名——甘庄华侨农场中学,仍属普中性质。

创设附设高中班。1976 年甘庄华侨中学开始创设一个高中班,开办到 20 世纪 80 年代,有高中教师 8 人,学生 50人;1986 年招收高中学生归元江县教育局统一管理后,该校停止高中。

创办职业会计班。1984 年随着甘庄华侨农场该场设置了教育科,专门管理全场的教育事业;同年,为满足经济体制改革对财会人才的需要,原甘庄华侨中学创设 1 个职业会计班,有专职教师 4 人,兼职教师 3 人,学生 31 人。

此外,甘庄华侨农场还按照元江县有关职能部门的要求,不定期开展扫盲教育,以提高成年人知识文化水平,但是,成效不好,反复较大。

## 三 教育移交地方管理

### 1. 取得的成绩

从原甘庄华侨农场经过普通教育和职业教育培养出来

的学生，除一部分升入高一级的学校进行深造外，大部分成为该场各条战线上的骨干力量，不少品学兼优的学生在实际的工作过程中，因突出的业绩被选拔到各级领导岗位上，有的在部队建功立业。1977～1987年，在原甘庄华侨农场毕业参加各级升学考试中，有26人被各级大专院校录取，有61人被各级中专学校录取。1988年场办教育移交元江县教育后，因学校按照普通全日制学生统计，没有专门以华侨华人侨眷等门类统计学生，因此，无法计算原甘庄华侨农场的学生升入高一级学校的情况，实在使令人遗憾，只能从原甘庄华侨农场侨场的教育变迁的轮廓，大致可以看出红新村教育变化的一些轨迹。

从教育设施的建设和改善方面来看，原甘庄华侨农场党政坚持党的领导，认真贯彻党的结业方针，把教育置于优先保障的地位，保证了在师资建设、设备购置、教育运作经费等所需经费的正常投入。在20世纪80年代初中期，先后拨款兴建了红新村（原红新分场）第三小学职工宿舍等。1990年以后，由于计划生育政策有效地发生效益，生源逐年减少。为了集中办学，节约人力物力和财力，于1995年适当收缩了校点，将第一小学合并到第二小学，并把第二小学改为甘庄小学，第三小学改为红新小学，第四小学改为干坝小学。

从加强思想政治工作，认真落实知识分子政策等方面来看，20世纪80年代初中期甘庄华侨农场党政在教师中发展了一批党员，提高了教师的地位，不断改善教师工作和生活的条件，加强了对师资建设力度。1980～1987年先后有13位教师由该场出资外出到省内外进修学习，教师参加各种教研会、观摩会不断，有时还集体外出旅游、参观学习。1985 年在云南省华侨农林场先进教育工作者表彰大会中，该场有 8 人荣获先进教师称号，其中 1 人还荣获国务院的表彰和奖励。1987 年该场有归侨侨眷知识分子 22 人，有 9 人已评定技术职称，其中 6 人担任中小学教师，按照相关政策提高了工资待遇；归侨侨眷知识分子中有干部 22 人，包括甘庄华侨农场党委书记 1 人、副场长 1 正副职 3 人，职工医院院长 1 人，生产队正副队长 9 人；对有专业知识或技能的归难侨职工 44 户 50 人，进行了专业对口安置。①

**2. 移交地方管理**

中国的华侨农林场在长期的历史发展过程中，一直存在企业办社会的问题，这给企业带来沉重的负担，原甘庄华侨农场也不例外，因此，在不断进行的侨场改革过程中，剥离农场办社会职能，将学校、医院、公安派出所等方面的社会事务交给当地政府职能部门管理，能有效地减轻对侨场的经济压力。

元江哈尼族彝族傣族自治县人民政府于 2001 年 2 月 20 日批复元江县教委上报关于原甘庄华侨农场学校归口元江县业务主管部门管理而下发了批准文件（元政发〔2001〕19 号），其内容有：（1）学校教职工：接收（原）甘庄华侨农场学校教职工 78 人（含病休 1 人），退休教职工 41 人。（2）学校隶属：根据各级政府分级管理、分工负责的原则，把（原）甘庄华侨农场中学、小学、幼儿园划归青龙厂镇人民政府管理。（3）学校名称：该农场学校归口元江县管理后，按其学校隶属关系，对原学校校名作以下更

---

① 甘庄华侨农场场庆筹委会：《创业之路（1958～1988）》，甘庄华侨农场，1988，第 15 页。

改，原甘庄中学更名为青龙厂镇甘庄华侨中学；原甘庄小学更名为青龙厂镇甘庄华侨小学；原甘庄红新小学更名为青龙厂镇红新华侨小学；原甘庄干坝小学更名为青龙厂镇干坝华侨小学；原甘庄幼儿园更名为青龙厂镇甘庄华侨幼儿园。（4）学校内部管理体制：该农场学校归口元江县管理后，原有学校建制、领导机构和领导职务自然消除，仍然实行就地办学，按青龙厂镇镇政府、县教委对学校的现行管理办法进行管理；对学校领导的任免及教职工的聘任按《关于在教育系统中实行定编定员和教职工聘任制》（元教联发〔1999〕1号文件）的有关规定执行；学校布局的调整，由青龙厂镇镇政府和县教委根据今后教育发展的需要而确定。对于甘庄中、小学的建制问题，经充分讨论，经多方权衡利弊后，最终确定甘庄中、小学实行独立建制。自此，青龙厂镇就有了两所中心小学和两所中学的办学规模。（5）学校资产：该农场学校归口元江县管理后，学校财产所有权不变，学校校舍、场地、器材、教学仪器、图书、办公用品及勤工俭学基地等国有资产均由学校管理使用。其具体资产为：（原）甘庄华侨农场学校校园占地59.57亩，勤工俭学基地48亩，有价值约1713355元的校舍、教具、图书等教学设备。

根据《关于接受甘庄华侨农场学校的通知》（元人劳发〔2001〕3号）：（1）接受中学在职人员25人（甘庄教委副主任和在小学岗位中有中学职称的划归中学择优接受），接受人员名单如下：刀文忠、范永新、李秀珍、方有光、白才贤、罗金辉、白秀芬、杨婕、李尚新、方萍英、李秀华、白金明、赵剑波、邹聪、白绍新、李学珍、李世祥、黄瑛、白万林、刀升明、张凤兰、李友英、郭怀祥、张夭惠、李爱昌；（2）接收中学病休人员1人：李勤华（不占编制数）；（3）接收小学、幼儿园在职人员52人，名单如下：李春荣、白玉琼、范定贤、李绍明、白万军、李绍新、李乔忠、白万芬、罗玉芬、李玉珍、白桂仙、刀兰芬、陶秀珍、白玉珍、李瑞芬、白连珍、杨秀英、廖文珍、刀绍华、范淑珍、白美玉、方金来、白东、杨丽萍、李建芬、李明忠、曹政洪、普桂英、范美英、白玉英、白家义、施勤章、何东福、张文忠、龙云程、白才明、普桂芬、李琴、方正林、杨春梅、杨彩丽、白惠敏、荣昌芬、李兰英、刀萍珍、白秀珍、方玉珍、陶秀英、白文昌、何丽、方琼丽、白绍文；（4）接受学校离（退）休人员41人，名单如下：王秀章、罗梅香、柯昆明、吴枝顺、罗思珍、方莲英、陆玉萍、李秀英、王洪才、李新有、薛祖赞、李如祥、温源增、曹品昆、任通娘、杨婉珠、洪蓉娘、巫增新、陈龙州、黄氏心、白荣、张光秀、张团王、万周程、何桂珍、李永贞、刀美英、李秀珍、腾云梅、李文勤、魏贤德、王之信、龙玉珍、黄玉文、洪秋华、韩燕秋、刘翼燕、杨启良、李元飞、张秀兰、白会芬[①]。

2001年2月20日根据元江哈尼族彝族傣族自治县人民政府的相关批复，移交单位——国营甘庄华侨农场（代表苏益富）、接收单位——元江县教育委员会（代表李福海）、监交单位——元江县国有资产管理局（代表张慧民），三家单位按照《元江县甘庄华侨农场中小学校归口管理资产移交总表》进行了移交，其内容详见表6－1。

---

[①] 《关于接受甘庄、红河华侨农场学校、医院人员的通知》，元人劳联发（2001）3号。

表6－1　原甘庄华侨农场中小学校资产核实汇总

单位：亩，元

2002年2月20日

| 学校类别 | 合计 | 甘庄华侨中学 | 甘庄小学 | 红新小学 | 干坝小学 | 中心幼儿园 | 甘庄教委 |
|---|---|---|---|---|---|---|---|
| 一、校园占地面积 | 59.57 | 20 | 11 | 19 | 7 | 2.57 | |
| 二、勤工俭学基地 | 48 | 42 | / | 6 | / | / | |
| 合　计 | 107.57 | 62 | 11 | 25 | 7 | 2.57 | |
| 三、资产类合计 | 1715208.35 | 718870 | 681024 | 77374 | 98007 | 138080 | 1853.35 |
| 1. 货币资金 | 1853.35 | | | | | | 1853.35 |
| 其中：银行存款 | 1853.35 | | | | | | 1853.35 |
| 2. 固定资产 | 1707798 | 718200 | 678576 | 76964 | 96778 | 137280 | |
| 其中：房屋和建设置 | 1361800 | 526000 | 601000 | 41800 | 73000 | 120000 | |
| 专用设备 | 132000 | 100000 | 20000 | 6000 | 6000 | | |
| 一般设备 | 46370 | 21160 | 15800 | 2780 | 20700 | 3560 | |
| 图书 | 87430 | 42910 | 20980 | 15300 | 8240 | | |
| 其它固定资产 | 80198 | 28130 | 20769 | 11084 | 5468 | 13720 | |
| 3. 低值易耗品 | 5557 | 670 | 2448 | 410 | 1229 | 800 | |

资料来源：元江县档案馆（复核单位：元江县财政局　元江县国资局；复核人员：张宏明　赵林春　苏新忠提供。

194

## 四 教育存在的问题

调研组成员在甘庄调研期间，经过与元江县、青龙厂镇、甘庄华侨农场等三级的领导和教师交谈，教育事业仍存在一定的问题，主要有四个。

### （一）教育归并地方后遗留人事问题的处理

原甘庄华侨农场剥离农场办教育的社会职能以后，将学校教育的社会事务交给元江县教育局管理，但因种种原因，仍存在个别教师的遗留问题，相关管理职能部门根据具体情况，按照政策给予解决或者说服教育。

#### 个案6-2 邱石华恢复教师身份

唐彪，他的爱人邱石华退休前为幼儿园教师，在甘庄农场学校归口元江县教育局管理时，整理接收对象时将其遗漏。就这件事，唐彪找到县侨联，要求恢复其妻教师身份。根据其提供的有关资料，邱石华原为教师。元江县侨联积极与元江县人事局协调，及时为其做好了这件事。事后，唐先生衷心感叹道："元江侨联就是我的家。"①

### （二）学校危房改造面积大，投入少，短时间改变局面，困难较大

2001年甘庄华侨农场中学并入元江县后，由于各方对原甘庄华侨农场中学是否并入青龙厂镇中学，还是青龙厂镇中学是否并入原甘庄华侨中学存在较大的分歧，因此，

---

① 《元江县侨联2002年工作总结》（2002年12月20日）。

元江县教育局在 2001～2005 年迟迟未对甘庄华侨中学的
1134 平方米的危房进行立项、投资、改造，导致教师人心
涣散，申请调往他校者较多，2004 年该校的教育水平滑到
了历史的最低点；2006 年元江县有关领导经过调研、讨论
决定保留原甘庄华侨中学后，该校危房的立项、投资、改
造才得以进行，2010 年该校新的教学大楼投入使用，教育
水准恢复到元江县初级中学一流的水平，有教师 37 人，学
生 10 个班 463 人。

**图 6-7　青龙厂镇甘庄华侨中学一角（何作庆摄
2008 年 12 月 27 日）**

红新华侨小学（原甘庄华侨第三小学）因建筑时间仓
促，质量标准低，墙体建筑采用质量差的空心砖支砌，现
在墙体已大量出现裂缝，成为危房，全校师生面临着巨大
的生命安全隐患。为此，元江县教育局不得不关闭该校，
让该校一、二、三年级的学生转移到相对较远一些的干坝
华侨第三小学借读，四、五、六年级的学生转移到甘庄中

心完全小学就读，这些小学生平时由家长接送，增加了家长的负担；这条道路上拉甘蔗的货车、载客的微型车和私人摩托车较多，也带来了不同程度的安全隐患。

**图6-8　红新华侨小学（何作庆摄　2010年3月16日）**

（三）部分学科专业教师缺乏，师资年龄、学历、学科结构不够合理

**个案6-3　青龙厂镇甘庄华侨中学张校长教育访谈个案**

2008年12月27日笔者通过侨场办公室与甘庄华侨中学联系后，前往该校访谈，接待我们的是张校长及其他几位领导。据甘庄华侨中学张校长介绍：甘庄华侨中学主教学楼是联合国难民署捐建，现在已不够现有规模的学生上课学习使用。教师住宿楼一栋，约住20户人家，办公室占用一套，从原校门口工地简易房（石棉瓦）中刚搬过来，现在在校教师都是本地人，没有华侨教师，华侨学生也没有统计过，2005年侨办来过人搞调查，上报过材料，最后无下文。

2001 年甘庄华侨中学划归地方前，教师工资 300 元/月，教学质量一直下滑，教育融入地方后，因种种原因，教育质量下滑到元江县同类初级中学的末流，有的年份甚至沦为倒数第一。张校长 2004 年调到甘庄华侨中学任校长，首先争取了侨场教师的待遇与元江县地方中学教师一样，无歧视，从而极大地调动了教师的工作积极性；同时，积极协调各方，补充空缺的学科教师，严格各项教学规章制度，做好教师的各项福利争取工作；因此，自 2005 年以来，已连续四年取得了元江县中考平均分为乡镇中学第一的好成绩，教学质量受到人们的普遍好评，人们纷纷把自己的孩子转入甘庄华侨中学就读；2008 年初中中考中有 12 人中考成绩超过 600 分，教学质量高，升入玉溪市（地级市，以教学质量好、升学率高闻名云南省）一中 4 人，占元江总人数中的一半。2009 年青龙镇中学搬到甘庄，预计 300 多学生迁入，目前通过与农民置换果树、土地，补偿等形式征地建教学楼，投资 600 万，已到位 400 万，另一建筑工程预计投资 200 万，资金目前只到位 1/3。

该校本地教师相对较多，年龄在四五十岁的教师不少，年龄、学历结构不合理；缺乏突出的学科带头人，2010 年该校没有音乐、美术、化学、计算机等方面的专业毕业的专任教师，这些学科的老师是由其他专业的教师兼任，这就为教育质量的提高带来了不利的影响。甘庄各个华侨小学也不同程度存在着音乐、美术、体育、计算机等方面的专业毕业的专任教师缺乏的现象。

（四）学校在一定程度上存在着负债运行的状况

因教育投入跟不上社会经济和教育的发展步法，有的学校在一定程度上存在着负债运行的状况。如甘庄华侨中学为达到相关部门规定的师生活动的场地标准，用学校的芒果地与场员土地置换或者购买土地等办法，筹备了体育运动场地建设的用地，动员师生开挖，或者由私人老板租用挖掘机垫资开挖，2010 年初土运动场地已经基本平整完毕，但是学校已经负债三四十万元，无力继续推进此项工作；该校的新建的会议室、实验室也因没有桌椅和其他的相关设备无法正常使用而空置。

## 五　对策

（一）加大教育投入，切实解决红新华侨小学校舍危房问题

通过政府、社会、企业和个人等多渠道集资，相关建设单位认真把握好选址、勘探、设计、施工、监理、验收等环节，注重教室装修、教学设备配备，早日使因危房问题搬迁和借读他校的学生回归母校，减轻红新村学生家庭额外的开支负担，减少红新村学生家长的长途接送的压力，真正造福于人民，使新农村建设以实事取信于民。

（二）多方筹措教育经费，解决青龙镇甘庄华侨中学负债问题

多方筹措教育经费，帮助解决青龙厂镇甘庄华侨中学运动场负债问题，使该校运动场、会议室、实验室等能有效运作起来。教育投入是全社会的事情，仅仅依靠学校一方非公益事业单位的努力是不够的，该校场地、设备等跟不上教育部门的要求和社会经济发展的步伐，因此，需要

通过政府、社会、企业和个人等多渠道筹资，逐步缓解该校负债运行的困难，使该校场地、设备等满足教学的需要，为提高教学效率打下坚实的基础。

（三）多渠道招聘学科专业教师，解决师资年龄、学历、学科结构不合理问题

通过多渠道招聘学科专业教师，使师资在年龄、学历、学科结构等趋向合理。通过多渠道、多层次的招聘，让人们知道，特别是师范院校的毕业生知道，该校需要音乐、美术、体育、化学、计算机等方面的专业毕业的专任教师，并创造条件，以感情留人，以事业留人，以待遇留人，使青年教师能够通过教师实践和师资培训等方式逐步成长起来，成为突出的学科带头人，使甘庄华侨中学的教育水准再迈上新的台阶。

# 第三节　卫生防疫

## 一　卫生

新中国成立前后的甘庄地区历史上被称为"瘴疠之区"，该区域流行恶性疟疾、天花、伤寒、痢疾、流脑等地方传染病，不断危害着当地的傣族、彝族人民；这些地方传染病猖狂肆虐，生病死亡率高的结果，也导致外地人民不敢、不愿意到该地区同当地的傣族、彝族人民交流，"要到甘庄坝，先把老婆嫁"的悲惨民谣就是对这种现象的描述。1958年甘庄农场建立后，云南省、玉溪市、通海县等三级下放的干部、群众与当地的傣族、彝族人民一起，开

展了一系列的爱国卫生运动，除粪填塘，清扫各种苍蝇、蚊子等传染源生存的死角，各村寨的卫生面貌大为改善；同时，上级卫生防疫部门也派出各种医务人员来，为各村寨群众种牛痘、打各种地方流行的预防针，使本地流行的地方病逐步减弱，最终驱走了"瘟神"。由于该场专职、固定的医务人员相当缺乏，只有两个中级医务人员，水平不够高；门诊地点也是简单的茅草棚，医疗设备也极为简单，药品也只有几种简单的常见的药品，但是，医务人员为人民服务的热情却很高，常常身背保健药箱，到田头地角巡回治病，得到了人们的好评。

## （一）卫生机构设置变化

医务人员在为甘庄华侨农场广大职工和周边山区的少数民族农民的诊疗过程中，充分发扬救死扶伤的人道主义精神，热情为各族广大的伤病员服务，受到了人们的称道。

20世纪60年代因按照印尼归难侨，甘庄华侨农场医疗卫生条件得到改善，已经从只有中级医务人员在草棚看病开药或者巡回诊疗，改变为暂借该场华侨小学的两间房屋作为诊疗所，一间作为医务室，另一间是药房；充分利用印尼归侨中的医务人员或者文化知识水平较高的人员，编制为9名（其中5名为护士），设有简易病床7张。医务室只有简单的医疗器械，如听诊器、注射器和产包等，药房中也只有为数甚少的日常药品。1970年云南生产建设兵团独立二团成立后，积极支持卫生医疗事业发展，建立了独立二团卫生队，配置了化验室及小型X光室及专职人员；创设了中医诊室，设有中药房；有各级医务工作人员30多人，病床20张。

甘庄华侨农场职工医院除肩负该场全体干部、职工及

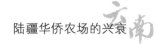

其家属的就医任务外，还积极为周边半山区的少数民族农民进行医疗就诊服务。调研组成员在 2008 年 12 月和 2010 年 3 月曾两次参观和访问过该职工医院。该职工医院分为门诊部和住院部两部分，门诊部是用联合国捐赠的资金建设的。一进职工医院大门，一个用水泥雕砌的大花坛矗立在门诊大楼前，坛内的人工假山玲珑剔透，沟壑、道路密布，流水潺潺，生机盎然；假山洞中放置有陶瓷的观音、罗汉等装饰物品，别具一番风格；假山周围种植有各种花卉，争奇斗艳，沁人心脾；这是人们留影的上佳之处。门诊部建有三层的楼房，是病人前来就诊的第一分流处，囊括了众多的医疗诊治科室等。住院部是呈 T 字形的楼房，设有病床 65 张，楼房前种植有竹木花草，环境雅致幽静。

图 6-9　甘庄华侨医院（何作庆摄　2010 年 3 月 14 日）

1979～1980 年，原甘庄华侨农场利用联合国难民署拨款，修建了职工医院三层楼的门诊部，面积共 1500 平方米，在该楼的中西医门诊部、中西药房、注射室、化验室、X 光室、手术室、会计室等部门中，购买和配置了一批现代化的医疗器械如罗马尼亚制的显微镜、彩色抽描仪、微波治疗机、300毫米的X光机、心电图机、脑电图机、电动手术床、眼科激光治疗器、日产彩色电射器、烘干机、甩干机、救护车等，从而大大地提高了职工医院的治疗水平，做到了一般疾病不转院，产检分娩不出场。1984年职工医院全年门诊病员31515人，场外病员3921人，住院病员616人，场外住院病员262人；1986年全年门诊病员37797人，场外病员4636人，住院病员1626人，场外住院病员235人。[①]这些患者都恢复了健康，愉快地生活在各条战线上。1987年该职工医院有医务人员31人，其中医生10人，同时，该院在干坝分场设有卫生所，有医务人员4人，病床8张；在甘庄、东风、新建等分场设有医务室和临产室，配备有专职医务人员。直至2009年移交地方政府前，该院的规模、设备、人员、功能、任务等基本保持原来的状况，医务水平等与元江县医院不相上下，医疗水平得到人们的称赞。

## （二）医疗机构移交地方管理

据元江哈尼族彝族傣族自治县人民政府于2001年2月20日批复元江卫生局上报关于原甘庄华侨农场医院归口元江县业务主管部门管理下发的文件（元政发〔2001〕18号）批准：（1）医院人员：接受甘庄华侨农场医院在职职工29名，离退休职工21名。（2）医院隶属和规模：根据该医院归口后的职能作用、服务半径和业务性质，甘庄华

---

① 甘庄华侨农场场庆筹委会：《创业之路（1958～1988）》，甘庄华侨农场，1988，第103页。

侨农场医院统一由元江县卫生局直接管理，其建设规模按照一级医院（即乡镇卫生院）进行建设。（3）医院名称：该农场医院归口元江县管理后，根据其隶属关系和地理区位，对原医院名称作以下更改：原国营甘庄华侨农场职工医院更名为元江哈尼族彝族傣族自治县甘庄华侨医院。（4）医院内部管理体制：该农场医院归口先管理后，原有医院建制、领导机构和领导职务自然撤销，仍实行就地办医，将按现行的有关卫生管理政策对医院进行管理。对医院领导的任免，按现行管理权限由元江县卫生局直接任免，对单位和职工的管理实行院长负责制和院科两级综合目标管理责任制；医院内部机构调整和发展规模，由元江县卫生局根据今后医院的功能、任务和发展需要而确定。（5）医院资产：该农场医院归口县管理后，医院财产所有权不变，仍属国有资产；医院所有的院舍、场地，设备，办公用品及生产基地等国有资产由医院统一管理使用；集体资产经元江县国资局核实，甘庄农场医院院舍占地 13.03 亩，饲料地 0.54 亩，甘蔗基地 40 亩，有价值房屋约 729203 元的房屋、建筑物和设备等。①

根据《关于接受甘庄华侨农场医院人员的通知》（元人劳发〔2001〕3 号）：（1）接受甘庄职工医院在职人员 29 人，名单如下：袁代芳、白万明、赵剑东、欧爱梅、何芳、李秀芳、金永林、罗金强、李仕华、龙正辉、代宏、赵会英、方开和、李娟、方云、黎子英、白万转、普春英、庞三妹、刀红英、李宝来、范乔仙、谭秀英、白彩霞、王凤

---

① 《关于对甘庄、红河华侨农场医院实施归口管理意见的批复》元政发〔2001〕18 号（2001 年 2 月 20 日）。

英、白万和、代云、白绍英、白文仙；（2）接受医院离（退）休人员 20 人，名单如下：杨增寿、王锦友、陈瑞福、唐成昌、张宜英、项江勇、黄本香、罗桂英、何玉仙、杨福生、李跃忠、杨绍堂、丁桂芬、张云仙、林珍妹、诸金山、何玉光、严美霞、李萍英、方琼英[①]。

2008 年青龙厂镇华侨事务管理区内的场员新农合参加人数达 98% 以上。

## 二　防疫

红新村是地方流行病的高发地区，原甘庄华侨农场职工医院成立以后，在元江县防疫站的指导和帮助下，积极开展对疟疾、痢疾、伤寒、流感、麻疹、百日咳、乙脑、流脑等病的预防工作。据统计，1984 年该场在对儿童接种中，麻疹为 3082 人次、百日咳为 2328 人次、卡介苗为 524 人次、流脑为 632 人次、小儿麻痹糖丸为 1500 人次；同时，发动群众服用大锅药 3 天，服药人数达 4851 人次。[②] 除为该场职工和家属服务外，也派出各种医务人员来，为附近傣族、彝族各村寨群众种牛痘、打各种地方流行病的预防针，使本地流行的地方病逐步减弱，最终驱走了"瘟神"。

红新村最严重的地方流行病是疟疾，属于"高疟区"。面对高发疟疾病，原甘庄华侨农场职工医院医务人员根据"预防为主，积极治疗"的方针，重点防治疟疾，主要采取的措施有四方面。

---

① 《关于接受甘庄、红河华侨农场学校、医院人员的通知》元人劳发〔2001〕3 号。

② 甘庄华侨农场场庆筹委会：《创业之路（1958～1988）》，甘庄华侨农场，1988，第 102～103 页。

**1. 设置专兼职医务人员，定点负责，开展爱国卫生运动**

原甘庄华侨农场除专职的医务人员外，在各生产队设有不脱产的兼职卫生员，他们配合专职医务人员，组织各生产队职工，不断开展爱国卫生运动，除粪填塘，清扫各种苍蝇、蚊子等传染源生存的死角，各村寨的卫生面貌大为改善，如1985年在建国35周年时该场开展全场爱国卫生运动；同时，上级卫生防疫部门也派出各种医务人员来，为各村寨群众种牛痘、打各种地方流行的预防针，使本地流行的地方病逐步减弱，最终驱走了"瘟神"。

**2. 定点承包到户或者个人，认真落实"看服法"**

由于甘庄华侨农场专职、固定的医务人员相对相当缺乏，其与该场职工群众的比例较小，因此，一般采取由医务人员配给各种预防药，各生产队不脱产的兼职卫生员按时把疟疾预防药发到各家各户，采取"看服法"（由卫生员按册点名、端水送药给对方，并看着他把疟疾预防药服下去），取得了较好的预防疟疾的效果。对已发作疟疾的地区，包括该场管辖附近的彝族区域，及时派出医务人员进行诊治，使病人在打针服药之后迅速恢复了身体健康，得到人们的赞扬。

**3. 强化领导，提高药液灭杀效果**

为进一步加强防疟领导，落实灭杀目标管理，结合甘庄华侨场实际，成立了原甘庄华侨场防疟工作领导小组，与红新分场等签订了工作责任书，以队为单位下设28个点，依靠群众和基层卫生人员，每年定期开展药液灭杀疟疾活动。这些管理机制的完善，便于各方联络和开展工作；完善农场的防疟管理制度，便于及时掌握各点（队）的疟情动态，提高了工作效率。如2002年5月进行了一次灭蚊喷洒，使用农药辛硫磷 240 公斤，共受益 43 个村寨 10 个场直单位，2166 户，7460 人（含暂住人口），猪、牛圈、厕所 108 间，灭蚊喷洒覆盖率达 98%，参加喷洒人员 67 人，其中防保人员 4 人，生产队长 28 人，卫生队 2 人，组织场员 33 人①。

**4. 预防疟疾效果分析**

表 6 – 2　原甘庄华侨农侨疟疾发病情况统计（1969 ～ 1985）

| 年度（年） 总发病人数 发病率 | 历年来发病情况 | | | 备注 |
|---|---|---|---|---|
| | 总人数（人） | 发病人数（人） | 发病率（%） | |
| 1969 | 6100 | 266 | 4.36 | |
| 1970 | 4500 | 191 | 4.24 | |
| 1971 | 5066 | 68 | 1.34 | |
| 1972 | 5118 | 115 | 2.283 | |
| 1973 | 5105 | 639 | 12.52 | |
| 1974 | 4803 | 358 | 7.454 | |
| 1975 | 4877 | 179 | 3.67 | |
| 1976 | 4921 | 75 | 1.524 | |
| 1977 | 5051 | 32 | 0.633 | |
| 1978 | 7059 | 38 | 0.538 | |
| 1979 | 7060 | 46 | 0.652 | |
| 1980 | 6976 | 37 | 0.53 | |
| 1980 | 7045 | 138 | 1.959 | |
| 1982 | 7025 | 45 | 0.64 | |
| 1983 | 7192 | 73 | 1.015 | |
| 1984 | 7308 | 26 | 0.356 | |
| 1985 | 7371 | 19 | 0.258 | |
| 1986 | 7048 | 9 | 0.128 | |

资料来源：转引《创业之路》第 105 页。

---

① 《甘庄华侨农场 2002 年度疟防工作总结》。

从表 6－2 可以看出，原甘庄华侨农侨疟疾发病情况从 20 世纪 60 年代末以来，一直呈下降趋势，70 年代初有短期反弹的小高潮后，发病总体趋势不断下降，基本保持较低的发病率。如 1984 年发病人数 26 人，发病率为 3.56%，比 1983 年降低了 7.1%；1986 年发病人数仅 9 人，占总人口的 1.4‰。

## 三 计划生育

在 1984 年，该场有 615 人采取了各种节育措施，使全场出生率下降到 11.8‰；在 1985 年，有 250 人采取了各种节育措施，使全场出生率下降到 11.9‰。截至 1986 年年底，在全场 1941 对育龄夫妇中，进行绝育手续人数达 403 人，有 154 对夫妇办理了独生子女证①。

2002 年该场有已婚育龄妇女 1530 人，当年内女性初婚人数 30 人，已领取独生子女证人数为 22 人，已落实各种节育措施 1448 人，节育率 94.64%，其中三术（含皮埋）1347 例，三术率 88.04%；2001 年发给生育证，2002 年人口出生为 46 人，其中生育有 9 人，迁生育证有 4 人，出生率为 6.85‰，死亡人数为 42 人，死亡率为 6.25‰，自然增长数为 4 人，自然增长率为 0.5‰，年增长数为 91 人，年增长率为 13.55‰，在出生人口计划内出生 46 人，计划生育率为 100‰；做妇检和皮埋放环及女扎手术：妇检人数为 25 人，皮埋为 32 人，放环为 71 人，妇女结扎 2 人，三术合计为 105 例；任务完成了元江县上下达数的 105%，当年

① 甘庄华侨农场场庆筹委会：《创业之路（1958～1988）》，甘庄华侨农场，1988，第 104 页。

发出生育证 35 本，发流动人口婚育证 17 本；引产与超怀情况：红新 4 队 1 名、红新 2 队 1 名在计生专干的陪同下去元江县医院做了引产；有 1 名干坝 1 队的女职工超怀；有 2 名 2 胎计划内生育的妇女，已在计生专干的关心和帮助下，到元江县医院做了结扎手术。

## 四　民间医药

改革开放以后，随着医疗卫生事业的改革和发展，国家为方便人民的就医，允许个体医疗服务点在一定的区域内设立，截至 2010 年 3 月甘庄个体医疗服务点已注册六家，主要分为专科医疗点和药店两类，从业人员都具备系统的、专业的医疗知识，如刀桂英曾是甘庄华侨农场职工医院的院长（详见表 6 - 3）。

表 6 - 3　原甘庄华侨农场个体医疗服务点统计

单位：元，人

| 企业名称 | 法　人 | 经营范围 | 注册资本 | 从业人员 |
|---|---|---|---|---|
| 元江县甘庄为民诊所 | 刀桂英 | 西医内科诊疗 | 40000 | 1 |
| 元江县李文良牙科诊所 | 李文良 | 牙科诊疗 | 20000 | 1 |
| 元江县康华药店 | 娄　聪 | 中药材、中成药、化学药制剂、抗生素 | 25000 | 2 |
| 甘庄利民药店 | 周有英 | 中成药、化学药制剂、抗生素药零售 | 15000 | 2 |
| 元江县施正科诊所 | 施正科 | 西医内科诊疗 | 20000 | 2 |
| 甘庄光明医院 | 汪绍光 | 西医内科、五官科诊疗 | 150000 | 1 |

资料来源：根据元江县甘庄工商所提高资料整理，2010 年 3 月。

图 6 - 10  刀桂英诊所（何作庆摄  2010 年 3 月 2 日）

在甘庄赶街的日子里，也会有一些民间草药医生前来摆摊，售卖各种中草药，供人们煎服或者泡酒之后饮服。

此外，在甘庄赶街的日子里，还会有一些当地的少数民族前来售卖自己制造的民间竹木医疗器具。调研组成员曾在 2010 年 3 月 16 日的甘庄花街节上碰到一位售卖自制的刮痧器的彝族老人。

图 6 - 11  甘庄花街节上售卖自制的刮痧器的彝族老人

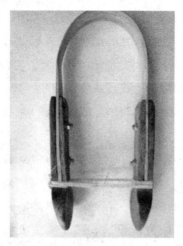

图 6-12 刮痧器（何作庆摄 2010 年 6 月 16 日）

红新村的村民一般的小病采取本民族传统的治疗方法，如中暑、感冒等小病，一般请别人来给自己刮痧或者用购买的刮痧器刮痧，或者服用传统的中药熬制出来的汤药，或者到药店里自己购买药品服用，直到病好为止；常见的疾病就到个体诊所里就诊，上述的六家个体医疗服务点就是他们生病时经常光顾的地方，这样医疗费会便宜一些；碰到大病时，一般送到甘庄华侨农场职工医院就医，听从医生的安排住院治疗。

## 五 社会救助

由于红新村属于边疆、民族、贫困、山区、归难侨为一体的区域，社会经济文化水平发展相对滞后，人们在风调雨顺的年景也许能维持正常的生产生活，但是，因种种原因，红新村贫困面较大，元江县民政局给予了较大幅度的救助。2010 年 3 月元江县民政局提供原华侨甘庄低保补助名单统计：享受低保人数为 184 户 241 人，应发额为 27941 元，低保标准（210 元/月·人）总计 38640 元，临时补助（30 元/月·人）总计 7230 元，实发金额为 35171 元，其中，红新村享受低保人数为 87 户 104 人，应发额为 11829 元，低保标准（210 元/月·人）总计 18060 元，临时补助（30 元/月·人）总计 3120 元，实发金额为 14949 元。但是，一个家庭如果碰上主要的家庭劳动力生病或者致残，这个家庭往往会陷入贫困或者赤贫的生活状态，需要社会各阶层给予关怀、帮助，甚至救助，下列就是红新村的部分归难侨家庭因病、伤残、天灾人祸、子女上大学等陷入贫困或者赤贫的生活状态，不得不向元江县民政局求援，并得到一定资金救助的部分个案代表。

### 个案 6-4　侯兴荣因家庭有精神病人申请低保案

侯兴荣全家人口为 4 人，青龙厂镇红新村委会茶山小组，2009 年 3 月建的 60 平方米的土木房。

家庭成员基本情况：侯兴荣，男，49 岁，苗族，身体健康；妻子马朝仙，女，47 岁，苗族，身体健康；长女侯小桥，女，26 岁，苗族，身体健康；长子侯成明，男，21 岁，苗族，患有精神病。家庭月总收入 480 元÷家庭人口 4 人 =120 元/月·人。

### 附录　侯兴荣低保申请书

尊敬的元江县民政局领导：

我是红新村委会茶山小组（原红新分场九队）归难侨侯兴荣，男，苗族，1960 年 12 月 4 日生，儿子侯成明，男，苗族，1988 年 7 月 13 日生，现年 21 岁，精神残疾人，残疾等级壹级，残疾证号为：53042819880713251361。因儿子侯成明患病常发作，需经常住院治疗、服药，导致本就不宽裕的家庭雪上加霜。最对不起的是家中的父母亲，因我也患有疾病，也让年迈的父母过早衰老了许多，这一切，我看在眼里，疼在心中，万般无奈。为减轻负担，我特向元江县民政局申请最低生活保障费，望贵局领导批准为谢。此敬

申请人：侯兴荣
2009 年 10 月 26 日

## 个案 6-5　李莲英因火灾申请困难补助案

李莲英，青龙厂镇红新村第二村民小组，社困，傣族，2 口人，2 个劳力。

该户生活困难原因主要是，2009 年 6 月 20 日早上 6 点左右住房被火烧毁，所有房屋、家具全部被烧毁，总共损失计 20000 元左右，现无房居住，属住房困难。

县镇、农场、单位意见：经调查，情况属实，恳请县民政局给予该户建房救助为盼。经办人：刘建兴。2009 年 7 月 20 日。

民政局意见：同意中央政策救补助壹仟陆佰元（￥1600 元）。经办人：段玉秀。2009 年 7 月 22 日。

## 附录　李莲英火灾社困申请书

尊敬的县民政局领导：

我叫李莲英，1961 年 10 月出生，现年 48 岁，1977 年 8 月参加工作，1977 年 8 月～1982 年 10 月在甘庄分场一队工作，1982 年 11 月至今在甘庄红新九队工作。现住青龙厂镇

红新村委会小铺子村（原红新分场二队），在甘庄华丰有限公司（私营企业）做工，月收入500元。

1982年7月和红新九队职工张永贵结婚，2008年10月，因感情不合，办理了离婚，分到一间35平方米的石棉瓦房（原红新分场围墙旁），有一个女儿张静（27岁、待业）。2009年6月20日刚好我在公司值班，零晨6点左右，我的邻居刀丽华到公司叫我，说我的房子被火烧了，我急忙跑回家，房子已经全部烧毁垮塌。房内所有的生活用品已经被烧毁，还有些被石棉瓦压碎、变形，已经不能使用。这次火灾，对我这个本身就很困难的家庭来讲是雪上加霜，给我造成了重大的损失，房屋损失10000元左右，衣物、家具、生活用品等损失8000元左右，总共损失20000元左右。现我已没有吃、住的地方，只能暂住在公司，为此我特向镇领导提出申请，申请10000元的补助，以便把房子修好，能够有一个安身的地方，望镇政府领导根据我的实际情况，给予考虑为盼！

申请人：李莲英

2009年6月30日

### 个案6-6 华侨陆周爱家属"病补"社困申请案

陆周爱，退伍，壮族，四口人，两个劳力，青龙厂干坝分场，侨新村民小组。

困难原因：经调查，陆周爱1978年从越南归国安置到元江县甘庄农场干坝分场干坝8队（侨新组），1979年曾参加自卫还击作战。1981年回来甘庄农场，曾任干坝8队队长职务，现已退休。由于其妻经常生病，并做了两次手术，所有积蓄已用完，陆周爱本人患有高血压病，经常住院治

214

疗，现由于居住的房子已成为危房，重新建盖，实为困难。

乡镇、农场、单位意见：该户困难情况属实，恳请县民政局给予该户医病救助为盼。经办人：刘建兴。2009年10月9日。

民政局意见：同意优抚对策医病补助经费补助贰仟元（￥2000元）。经办人：段玉秀。2009年10月10日。

### 附录 华侨陆周爱家属"病补"社困申请书

尊敬的县民政局领导：

申请人陆周爱，壮族，现年72岁。1978年被越南政府驱赶，走难回到祖国元江甘庄华侨农场干坝8队。1979年参加自卫还击战在作战时任过支前民兵的排长、连长，参加过多次作战。1981年回甘庄华侨农场干坝分场任过队长，工作多年直到退休在家。因我们是退休人员，没有得到参军作战的补助，2008年因老伴生病做了两次手术，花光了家中存款，2009年因高血压等病住院多次，在家中盖房子退休金做了贷款抵押，家中十分困难，房子盖了一层共计8万多元，在这先申请盖房的钱，特向县民政提出申请2万元来帮助盖房，请县民政局领导给予解决。

申请人：甘庄华侨农场干坝8队 陆周爱

2009年9月7号

# 第七章　融入村镇

根据中央（国发〔2007〕6号文件）精神、云南省（云政发〔2008〕13号文件）规定、玉溪市推进华侨农场改革和发展的方针政策（玉政复〔2008〕242号）、（元政发〔2008〕158号）文件精神，2008年以来元江县华侨农场改革和发展工作以体制创新为动力、和谐稳定为保障、促进发展为目的，着重推进管理体制、经营机制等改革，着力解决历史遗留问题、民生问题，加强基础设施建设，确保侨场实现体制融入地方、管理融入社会、经济融入市场"三融入"的目标，不断增强自身发展活力，使广大场员职工共享中国改革发展的成果。

## 第一节　改革模式选择

2009年3月13日，元江县甘庄华侨农场（简称侨场，下同）撤并青龙厂镇移交仪式在甘庄隆重举行，侨场就近并入元江县青龙厂镇，侨场成立青龙厂镇甘庄、红新、干坝三个村民委员会，这意味着创建了半个世纪的甘庄华侨农场完成了国家赋予它的历史使命，为实现侨场体制融入地方、管理融入社会、经济融入市场的目标迈出了历史性关键的一步。这是云南省十三个华侨农林场"三融入（七个并入周边乡镇，五个设立华侨管理区，一个整体改制为公益性事业单位）"改制过程中的首家。云南省侨办领导、玉溪市侨办侨联领导、元江县四套班子领导及青龙厂镇、原侨场领导及甘庄华侨农场改革和发展（简称侨改，下同）工作组共 100 余人参加了交接仪式。

## 一 体制变迁的准备

1999 年以来，元江县认真贯彻落实中央、省、市相关方针政策，大力推进原甘庄华侨农场体制改革，对侨场的领导体制、用工制度、社会养老保险统筹、剥离企业办社会职能等进行改革，革除了传统管理体制和经营体制中的弊端，加大了资金投入，帮助企业卸掉了沉重的负担，侨场进入良性发展阶段，侨场面貌发生了较大变化，侨场群众生活得到了较大改善。但是，由于历史、体制、政策等多方面原因，侨场仍然处于相对封闭的状态，经济社会发展和广大场员生活水平总体低于元江县平均水平。管理体制不顺、经营机制不活等体制性矛盾还比较突出；社会保障制度不完善、基础设施薄弱、债务沉重等问题还严重制约侨场的发展；特别是很大一部分归难侨及侨眷生产生活还有较大困难，为此，继续深化甘庄华侨农场改革和发展，促进侨场经济社会与元江县同步发展显得非常迫切。

### （一）改制前的基本情况

原甘庄华侨农场性质属于国有农业企业，在向市场经济转变过程中，1988 年和 2001 年进行过两次大的改革，因受各种条件局限，改革仍然遗留了许多问题，截至 2007 年年末，总人口为 7069 人，改制场员 1534 人，归难侨及侨眷

2205 人，退休人员 1527 人，管理人员 38 人，保留职工身份人员 1 人。人均纯收入 2589 元，比元江县农民人均纯收入低 599 元①。长期以来，侨场滞后于周边乡镇经济社会发展水平，改革和发展任务复杂而艰巨。

## （二）调研与制定方案

### 1. 领会精神，贯彻规定，提出要求

元江县委政府认真贯彻落实中央、省、市相关方针政策的规定，明确提出推进华侨农场改革与发展，政策决定走向，思路决定出路，责任决定力度。广泛动员元江县属各相关部门认真学习和落实各级政府关于推进华侨农场改革和发展的总体部署和相关政策，确定了元江县华侨农场改革和发展的总体要求：深入贯彻落实国发〔2007〕文件精神，按照云南省政府云政发 13 号文件规定，以"三融入"为改革发展的主线，以解决华侨农场历史遗留问题为切入点，力争彻底地解决华侨农场的历史遗留问题和融入属地问题，全面地实现华侨农场加快发展，发挥优势，以适度工业化、科学规划指导下的城镇化为未来发展方向，以大力推进农业产业化为改革发展的重点，逐步健全完善改革发展的长效机制，使华侨农场归难侨和职工共享元江县改革发展的成果，使改革和发展成果更好地转化为元江加快发展的强劲推动力。

### 2. 组建机构，制定措施，落实责任

元江县委政府结合原甘庄华侨农场的实际，为推进元

---

① 元江县人民政府：《元江县华侨农场领导体制改革工作情况汇报》，2009 年 7 月 9 日。

江县的改革和发展工作，采取了四项重要举措。

一是召开元江县推进华侨农场改革和发展工作会议。动员全体侨改干部群众积极投身到侨场改革和发展的热潮中来，从根本上解决侨场存在的有关难题，促进侨场经济社会长足发展，以便更好地保护归难侨、侨眷的合法权益。

二是签订侨改工作责任状。2008年2月成立了由县委书记任组长，县委副书记、县长、分管副县长任副组长，相关单位主要领导任成员的"元江县推进华侨农场改革和发展领导小组"。其组成人员如下。组长：陈家福；副组长：周明亮、杨顺福、周斌、冯忠平；成员：杨胜林、白坡德、曾睿辉、白永军、杨永清、陈立发、王波、杨陆政、段玉才、李和华、普金学、李忠祥、李万明、杨创新。元江县推进华侨农场改革和发展领导小组与甘庄华侨农场侨改工作组下设的七个工作组签订七份责任状，明确了各组的工作职责和时间要求，确保了元江县侨改工作按实施方案要求推进，全程进驻侨场开展工作。工作组下设办公室，负责处理日常事务和组织协调等工作，办公室主任由杨顺福兼任，办公室下设土地清查核实、清产核资、审计、基层组织、人事劳动、基础设施建设、维护稳定7个工作小组。（1）基层组织工作小组由李胜林任组长，白永军、李万明、龙保山、倪立亚、胡兴荣、刘建兴为成员，主要负责青龙厂镇新增加副镇长等领导干部的推荐测评和考察，以及指导新设置村委会和社区"两委"班子的选举产生等工作；（2）土地清查核实工作小组由刘永林任组长，付福海、吕和义等为成员。主要负责甘庄华侨农场土地的确权、规划、承包经营管理等改革工作；（3）清产核资工作小组由赵林春任组长，杨陆政、李建文、房跃辉等为成员，主要负责清产核资、监督移交等工作；（4）审计小组由张友良任组长，杨生强等为成员，主要负责财务审计、主要领导经济责任审计等工作；（5）人事劳动小组由张荣任组长，温衍能、马建保、许子奇等为成员，主要负责养老和医疗保险相关费用测算、接收及行政管理人员招考等工作；（6）基础设施建设小组由吴建林任组长，杨再林为成员，主要负责甘庄华侨农场危房改造项目的设计、申报和组织实施等工作；（7）维护稳定工作小组由陈立发任组长，冯忠平、刀宗政、陈超等为成员，主要负责维护甘庄华侨农场改革期间的社会稳定工作。各组于 2008 年年底完成了甘庄华侨农场开展改革的具体工作，2009 年年初除人事劳动和维护稳定两组外，其他工作组均已完成任务而撤离。

三是发放公开信。元江县侨改领导小组发放了《致华侨农场广大归侨侨眷和农场职工群众的公开信》2000 余份。

四是召开甘庄华侨农场党政班子、各分场片区和生产队三级干部与群众关于华侨农场改革和发展工作会议，广泛进行华侨农场改革和发展系列政策的宣传工作。[①]

同时，各级政府和省市侨办十分关心和重视元江县侨改工作，多次莅临元江检查指导。玉溪市政府专项拨付 50 万元工作经费支持元江华侨农场改革工作。国务院侨办国内司副司长赵昆、云南省侨办党组书记盛云富和玉溪市委市政府相关领导多次到元江专题调研指导侨改工作，并对元江侨改工作给予了充分肯定，云南省侨改督导组驻场全程督导侨改工作，形成了推进华侨农场改革发展的强大合力。

---

① 元江县委统战部：《元江县四项措施推进侨改工作》，2008 年 12 月 10 日。

**3. 认真调研，结合实际初拟方案，广泛征求社会意见**

元江县侨改领导小组成立之初，就以元江县政府分管领导为主，重点开展了以调查研究和意见征求为主的大量工作，分别采取召开场员代表座谈会、干部职工座谈会、华侨农场领导班子会议等形式，广泛听取群众、职工和干部对于改革发展的想法、意见和建议，并且责成甘庄华侨农场、县侨联、县侨办等单位提出华侨农场改革和发展的书面意见，主动向元江县人大、县政协征求意见和看法。对于在侨改工作中出现的各种问题和矛盾纠纷，严格按照规定及时化解在基层，教育在身边，消灭在萌芽状态，不给上级添麻烦，表现出了高度责任感。

2008年2月，元江县委常委专题研究了关于甘庄华侨农场改革和发展工作，并及时安排土地、社保、城建、人事等相关人员到华侨农场进行调研。通过调研，在充分掌握相关情况后，编写了《元江县推进甘庄华侨农场改革和发展实施方案》，让各个工作小组制订工作计划，并严格按照工作计划开展既定工作，明确了各小组领导的工作量，做到目标明确、心中有数，各项工作按计划推进，并把改革方案及时报送玉溪市人民政府。

甘庄华侨农场改革和发展工作组深入部分归侨侨眷侨属和原场级老领导家中寻计问策，集中广大群众和社会各界的智慧。广泛的意见征求取得了丰富的成果，广大归难侨侨眷的建议和职工群众对改革发展的期盼体现出了"盼改革，求发展"的迫切愿望，反映出了极高的改革热情。

**4. 合理选择改革模式，不断完善实施方案**

在充分调查研究的基础上，元江县委政府认真听取了元江县侨改领导小组的意见和建议，提出了华侨农场改革采取"就近并入乡镇，办成合作经济组织"，一步到位，相对彻底的改革模式。这主要基于四个方面的因素：（1）原甘庄华侨农场与青龙厂镇相毗邻，经过长期的建设和发展，如果办成华侨管理区，将不利于融入地方和华侨农场的长远发展，不利于实现侨区经济社会与周边乡镇实现同步发展和率先发展；（2）原甘庄华侨农场相对而言，人口较少，甘庄华侨农场总人口7069人，不存在单独设立乡镇的基本条件，也不符合当前行政领导体制改革的要求；（3）基于甘庄华侨农场的发展现状、产业结构及经济发展总量、人口素质等因素，不适合转办为规范的现代企业；（4）原甘庄华侨农场从设立至今已有五十年的历史，广大侨区群众在生产生活方式等方面均已经融入了元江地方社会，许多归难侨已经是三代同堂，与当地群众通婚、贸易交换十分频繁，融入地方的条件基本具备，群众形象地称这种模式为"并拢成为一家人"。元江县侨改领导小组围绕新的改革模式，着手制定新的实施方案，从基本情况、推进改革发展的必要性、目标任务、基本原则、改革任务、政策措施、实施步骤和主要保障措施等方面进行了精心准备，不断修改完善，并报经云南省、玉溪市两级人民政府审核批准，成为指导元江县华侨农场改革和发展的指导性文件。

**5. 宣传发动，做到家喻户晓**

元江县委政府十分重视对群众的教育宣传和引导，本着"深入基层、深入干部、深入群众"的要求，多渠道、多形式、多层次开展宣传工作。通过张贴标语、发放公开信、召开群众会议或入户进行宣讲等方式，进家入户，使中央和省市关于华侨农场改革和发展的政策精神深入人心，家喻户晓。

元江县华侨农场改革和发展工作组主要做法有：一是召开群众大会，进行集中宣传。组织甘庄华侨农场的全体场员职工多次召开了群众会议。向广大场员职工详细宣传了云南省、玉溪市关于华侨农场改革和发展的相关文件，使广大场员职工充分掌握政策界线，了解农场改革的重要性和必要性。二是对广大场员职工进行现场问答，做到将政策讲清、讲透，让每个场员职工心中有底。三是发放和张贴《致华侨农场广大归侨侨眷和职工的一封信》2000余份，使广大场员职工了解改革的任务、目的、意义，进一步增强其参与改革的主动性、积极性。四是深入田间地头，进行入户宣传。召开群众会议后，工作组组成若干小组深入田间地头，进村入户开展点对点的入户宣传工作，共走访群众1320余人次。通过与场员职工的深切交谈，使广大场员职工参与改革、拥护改革，为维护农场稳定、深入开展下一步工作起到了积极有效的推动。[①] 五是充分发挥媒体的导向和宣传面广的作用。元江县电视台坚持每天播报一条侨场改革新闻报导，积极在《玉溪日报》宣传报到元江侨改工作，并通过《元江侨改简报》及时向元江省、玉溪市侨办通报侨改工作进展情况，充分发挥宣传工作中党的喉舌作用。

（三）解决历史遗留问题

**1. 兑现拖欠工资**

由于经营不善造成严重亏损，致使甘庄华侨农场在

---

① 元江县委统战部：《关于元江县华侨农场改革和发展情况的调研报告》，2009年4月25日。

1994 年 4 月至 10 月期间，停发了除教师以外全场职工和离退休人员工资，共计 7 个月，涉及退休人员 1165 人（其中：红新分场 198 人），金额 291.4 万元；在职职工 118 人（其中：红新分场 19 人），金额 40.3 万元；总计拖欠工资 337.1 万元。2008 年元江县华侨农场侨改工作启动以来，元江县委政府高度重视华侨农场各种遗留问题的解决，特别是把解决拖欠职工工资问题作为侨改工作的首要问题，多次召开专题会议，研究解决办法，积极争取上级支持，多渠道筹措资金，在云南省、玉溪市相关部门的支持和帮助下，于 2008 年 12 月开始兑付拖欠工资，截至 2009 年 1 月 25 日，原甘庄华侨农场兑现拖欠工资 337.1 万元，兑付率 100%，兑付职工人数（含离休人员）1283 人，涵盖面达 100%。①

**2. 关心农场弱势群体**

元江县政府分管领导、县委统战部、县侨联侨办深入甘庄华侨农场调研，侨场领导进行了不定期上门联系，定期组织召开座谈会，力所能及地为他们分忧解难，将侨场及其贫困职工、场员的扶贫帮困纳入元江县扶贫规划，把贫困归侨侨眷家庭纳入元江县扶贫规划，把贫困户纳入最低生活保障范围，2008 年已有 226 人享受此政策；积极推行农村新型合作医疗制度，参合率达 96%；2008 年甘庄华侨农场人均纯收入 2600 元，比元江县农民人均纯收入 4006 元低 1406 元，为此，每年春节前夕，省、市、县三级党委、政府、侨联侨办组织慰问组，走访慰问归侨侨眷特困户，

---

① 元江县委统战部：《元江重视解决拖欠华侨农场职工工资问题》，2009 年 2 月 12 日。

把党和政府的温暖送到他们家中。[①]

**3. 完善社会保障制度，实现养老医疗保险覆盖侨场**

严格执行政策，制定宣传材料《元江县华侨农场各类企业和个人社会保险参保政策问答》3500 份发放到群众手中。基本养老保险方面，从 1999 年 10 月 1 日纳入社会统筹，组织人事、财政、侨办等相关部门人员，对侨场归难侨截至 2007 年 12 月 31 日所欠费用和符合"40、50"条件的归难侨 2008 年所需缴纳的基本养老保险费进行了认真审核，测算好了甘庄华侨农场全场职工的社保、医保人员费用，并将相关资料录入计算机，待上级配套资金落实后即可兑付（2008 年财政需补助养老保险 29491 元，补助基本医疗保险 77.86 万元），于 2008 年 10 月 15 日联合上报玉溪市财政等三家主管部门审定确认。2009 年初云南省级应补助养老保险资金已经全部到位，个人应承担的欠费部分已足额缴纳完毕，个人账户记账等工作已经基本完成。

基本医疗保险所需财政补助经费 4025.39 万元由市财政承担。2008 年玉溪市级补助资金 466.66 万元全部到位，2009 年医疗保险玉溪市级补助资金 395.41 万元也已经到位。截至 2009 年 4 月完成 1797 名退休人员个人信息计算机录入建档等参保工作，基本医疗保险统筹工作和个人报账等业务工作已经开展。

**4. 土地确权**

根据云政发〔2000〕211 号文件精神，元江县于 2000 年开始启动华侨农场土地调整分配工作，甘庄华侨农场于

---

① 元江县侨联侨办：《元江县积极推进华侨农场改革和发展工作》，2008 年 11 月 15 日。

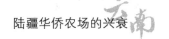

2008年5月全部完成土地调整分配，共分配土地7619.5亩。这次主体改革中对原侨场土地调整分配原始档案进行整理，并完成了对土地分配面积逐户逐块清查核实工作。

### （四）化解历史遗留的心结

为顺利推进甘庄华侨农场改革和发展，按照元江县委的工作要求，甘庄华侨农场群众工作队对近期群众反映强烈的问题进行了调查核实，通过走访部分归难侨、侨眷和农场干部群众，详细查对资料，群众反映的问题已基本调查核实，2008年11月3日公布了处理意见，群众满意，化解了历史遗留的心结。主要有：

**1. 关于甘庄华侨农场超生户反映的政策待遇问题**

（1）基本情况：通过调取相关档案资料、走访入户调查，按照相关政策出台的先后，原甘庄华侨农场超生问题共分为三个阶段，具体情况如下。第一阶段：（1980年1月～1984年3月7日）职工超生39户64人。根据甘庄华侨农场《关于进一步做好计划生育工作，严格控制生育第二胎，禁止生育第三胎的通知》（甘场发〔83〕字第01号）的规定，此阶段的39户64人全部都按《通知》要求恢复工职条件或进入社保。第二阶段：（1984～1987年4月9日）职工超生32户55人。根据国营甘庄华侨农场《关于开展三月计划生育宣传月的通知》（甘场发〔1984〕1号）和《关于对超怀、超生子女父母和非婚同居的惩罚规定的通知》（甘场发〔1984〕4号）规定，对已经按政策规定做了永久绝育手术且缴清罚款的6户12人纳入社保或退休；对其余43名没有按规定做永久绝育手术和缴清罚款的超生职工，给予开除公职的处分（不得享受退休等待遇）。第三

阶段：（1987 年 4 月 10 日～1999 年 9 月 30 日）职工超生
18 户 33 人。根据甘庄华侨农场《关于完善有关超怀、超
生、非婚同居处理的补充意见》（甘场发〔1987〕02 号）
的规定，对已经按政策规定做了永久绝育手术且缴清罚款
的 5 户 7 人纳入社保或退休。对其余 26 名没有按规定做永
久绝育手术和缴清罚款的超生职工，给予开除公职的处分
（不得享受退休等待遇）。其中纳入社保的 1 户 2 人在超怀
时虽采取了引流手术，但在打下引产针并私自离开医院后，
产下一活孩。同时，甘庄华侨农场并没有对该 1 户 2 人进行
相关超生处罚的通知，导致该 1 户 2 人档案中无超生记录，
从而在农场改革后纳入社保。

（2）处理意见。建议：第一，原甘庄华侨农场自 1980
年 1 月～1999 年 9 月 30 日，职工超生的有 89 户 152 人，都
已严格按照相关计生政策进行处理，没有违规操作，现已
经进入社保或退休的有 83 人，开除公职的有 69 人；第二，
鉴于由于超生而开除公职的原侨场职工部分生活困难，建
议争取将符合我县低保政策的超生户纳入城镇最低生活保
障，切实解决其生活困难的问题；第三，因超生而开除公
职的原侨场职工中，女性不满 40 岁、男性不满 45 岁的，由
元江县社保局协调，按照相关社保政策建议由个人缴纳养
老保险金，纳入社会保险。

**2. 关于甘庄华侨农场部分负责人占用坝塘的问题**

（1）基本情况：甘庄华侨农场共有大小坝（渔）塘 13
个，当前仍在承包期内的有 12 个，均属侨场国有资产性质，
分属各分场及生产队管理。2000 年以后，按照《关于印发
〈元江县小型水利产权制度改革实施办法〉的通知》（元政
发〔2000〕117 号）文件精神，侨场对所辖区域内的大小坝

（渔）塘进行改制，并以承包的形式直接由农场或分场进行了处理。但是，自承包以后因灌溉用水争执、经济利益关系等问题未较好地解决，农场职工群众意见较大，反映强烈，多次进行上访，要求收回集体统一经营管理或者重新进行公开竞标拍卖。经调查核实，存在的问题：一是甘庄华侨农场对大小坝（渔）塘的承包采取草率处理、一包了事的简单办法，没有征求群众意见，未经各分场及生产队民主讨论，未经公开竞标，直接由农场或分场进行处置，不符合元政发〔2000〕117号文件第三十五条的相关规定；二是有五个坝塘的承包期为40～50年，不符合元政发〔2000〕117号文件第十二条规定的小型水利产权制度改制形式中拍卖、转让、承包的使用权年限在30年以下的规定。

（2）处理意见。建议：第一，收回承包期内12个坝（渔）塘，并重新进行公开竞标，按照元政发〔2000〕117号文件规定形式进行处理；第二，公开竞标期间，如无人竞拍，则视为该坝（渔）塘合法，修改完善原承包合同后（承包年限），交由原经营者继续承包经营。

**3. 关于归难侨安置费的问题**

1978年以前的归、难侨安置补助费情况，因年代久远，无法查证。经查证：1978～1986年上级拨入的归难侨安置补助费，主要用于难民房屋、购置生产生活用品、门诊楼、仓库、水库、校舍、厕所、道路、水路等建设，该款项不兑现给个人。1987年根据中共中央、国务院《关于国营华侨农场经济体制改革的决定》，国家财政部、国务院侨办《关于国营华侨农场重新调整安置归、难侨事业费管理使用问题通知》（〔86〕财农字088号）规定，云南省财政厅

（〔86〕云财农字第 84 号）、云南省侨务办公室（〔86〕云侨办字第 159 号）等文件精神，重新调整制定了安置归难侨事业费管理使用办法，规定在 1986～1988 年期间已经落实地点和单位的，经地、县以上政府和华侨农（林）场批准，办理离场手续后，方可按规定采取不同地区不同标准的方式发给安置费。1990 年后取消了该项补助。具体情况如下：（1）1978～1986 年期间归、难侨安置经费共拨入归难侨安置经费为 3364058.71 元，支出为 3352603.06 元，余额 11455.65 元已转入农场华侨事业费。（2）1987～1990 年重新调整归、难侨安置事业费共拨入归难侨安置经费为 347500 元，支出为 343750.34 元，余额 8749.66 元已转入农场华侨事业费。

**4. 关于归难侨困难补助费的问题**

各级政府相关部门在 2005 年、2007 年、2008 年下达给甘庄华侨农场归难侨困难补助资金三项共计金额 36.5 万元，其中，没有享受退休工资和部分老弱病残的归难侨每月每人固定补助 60 元，三年共计补助 7380 人（次），金额 123307 元；临时困难补助 137 人，金额 29950 元，补助金额从 100 元到 200 元不等；支付了危房修理费 11316.55 元，补助范围覆盖场属的甘庄、红新、干坝三个分场的归难侨；此外，自 2001 年以来，农场从各方面筹集资金 587908 元，累计投入困难固定补助和临时补助 266932 元。

经查，甘庄华侨农场在进行困难补助资金安排方面，基本程序为：根据上级下达资金情况，每年视具体情况要求各分场上报困难户名册，困难户写出困难补助申请书，经农场党政班子会议研究决定补助对象和补助金额后，按照有关财务制度要求进行兑付。部分人员反映农场在困难补助资金使用中存在着不透明、不公开、不公正、倾斜、特殊照顾等现象。经入户调查和走访群众，普遍认为"农场想办法解决困难户的问题是件好事""确实有些家庭存在很多困难，特别需要帮助！""能帮助困难户解决生病、孩子读书、化肥等生产资金问题，钱不多但是作用很大的"。对于部分人员反映困难补助"都是那些人""有关系，是亲戚"等问题，经过了解，虽个别地存在，但并不是普遍现象，类似问题在乡镇农村也会偶尔出现，建议农场党政班子在研究类似问题时要本着实事求是的原则，公开透明地进行，要经过从下至上的"队—分场—农场党政班子"三级审核把关，并对补助对象进行公示，对于存在的问题要进行整改，实现补之所急，补之所需。

**5. 关于粮食直补资金兑付情况的问题**

2006年以来，中央为稳定全国粮食生产，提高农民种粮积极性，开始执行粮食直补政策，至2008年县级财政共计下达甘庄华侨农场粮食直补资金计3批次，资金总额为487849元。分别是：（1）2006年度元江县财政按照种粮面积1414亩下拨甘庄华侨农场种粮农民柴油、化肥等农资增支补贴资金6470元，由分场直接兑付到生产队，其中：甘庄分场2156.66元；红新分场2156.66元；干坝分场2156.68元；（2）2007年度元江县财政下拨甘庄华侨农场种粮农民农资综合直补资金104，745元，按农场计税面积8008亩分配，平均每人补贴面积1.58亩，亩均补贴标准13.08元，人均补贴20.66元，受益2029户5068人；（3）2008年度共计下拨四次，分别是：①元江县财政下拨甘庄华侨农场种粮农民农资综合直补资金两笔合计264506元，平均每人补贴面积1.58亩，亩均补贴标准33.03元，人均补贴

52.19 元，受益 2034 户 5068 人；②元江县财政下拨甘庄华侨农场种粮（玉米）补贴资金 9922 元，平均每人补贴面积 1.58 亩，亩均补贴标准 1.24 元，人均补贴 1.95 元，受益 2034 户 5068 人；③元江县财政下拨甘庄华侨农场中央种粮农民补贴资金 57118 元，平均每人补贴面积 1.46 亩（因农场进行耕地调整后，人均计税面积与前相比有变化），亩均补贴标准 7.14 元，人均补贴 10.42 元，受益 2071 户 5485 人；④元江县财政下拨甘庄华侨农场种粮农民综合直补资金 45088 元，按照计税面积 8008 亩平均分配，平均每人补贴面积 1.46 亩，亩均补贴 5.63 元，人均补贴 8.22 元，受益 2071 户 5485 人。

原甘庄华侨农场对粮食直补资金的使用办法是根据政策要求，以审定通过的计税面积为标准，以队为单位进行登记公示五天后，将分户补助名单上报财政局审核，由元江县财政局按照甘庄华侨农场、元江县农业局、审核同意后的名单及资金统一将划拨至元江县农村信用社，再由农村信用社将资金全额打入"一折通"卡，由受益人自行使用。甘庄华侨农场并不直接经手资金及使用。本项资金使用符合政策规定，兑现手续符合上级要求，不存在违规行为。但在实际工作中，一定程度上存在以下情况：部分承包户新开垦的耕地没有纳入计税面积，因而耕地不属于粮食直补范围；属于承包面积，但因种种原因部分面积长期未缴纳农业税，因此在农村税费改革时没有被纳入税费改革计税面积的粮食直补政策范围，未享受粮食直补资金。这些导致极少数承包户有意见，提出其不符合政策规定的要求。按政策规定，客观上不可能将全部耕地纳入直补范围，但要强调的是甘庄华侨农场在进行政策宣传方面没有做到将政策深入宣传到广大承包户中，出现承包户对粮食直补政策一知半解，认为侨场未将国家政策全部贯彻落实到户的误解。

**6. 关于1994年甘庄农场拖欠职工工资的问题**

（1）基本情况：1993~1994年期间，由于白糖价格大幅度下滑，农场经营管理不善，造成了农场经营亏损，同时，由于启动了工资改革，增加了农场行政运行成本，从而自1994年4月~10月份总计拖欠工资总额337.1万元，职工总数1283人。

（2）处理意见：由甘庄华侨农场于2008年内筹集100万元用于解决部分拖欠工资，其余部分逐年解决。在实际实施过程中，拖欠工资从2008年12月开始兑付，截至2009年1月25日全部兑现完毕。

**7. 关于甘庄农贸市场收取摊位费的问题**

（1）农贸市场收取摊位费的问题。据查，自1995年甘庄农贸市场建成至今，工商部门从未向农贸市场内任何商户收取农贸市场范围内的"两费"。原侨场和现市场开办方收取的摊位费中，并未含个体工商户管理费和集贸市场管理费。市场由现开办方经营后，国家未出台相关价格限制的政策，摊位费的收取为市场的个体行为，与政策不相违背。

（2）甘庄农贸市场外的广场由农贸市场开办方收取摊位费的问题。第一，侨场属农业企业，有权调整、处理企业内相关生产资料，用于侨场规划和建设；第二，在侨场建设农贸市场后的广场时，已经将涉及农户的猪圈等也进行了相应的置换和调整，不存在相应补偿问题；第三，农贸市场后广场的使用权和收取费用的相关权利，已经在市场拍卖时，明确在拍卖合同之中，所以市场开办方收取广场摊位费合法。

### 8. 关于"两参人员"60 元生活补助政策及落实问题

元江县民政局根据国家民政部财政部《关于调整部分优抚对象抚恤补助标准的通知》（民发〔2007〕99 号）和云南省民政厅《关于开展对部分军队退役人员调查摸底和身分认定工作的通知》（云民优〔2007〕4 号）、《云南省民政厅　云南省财政厅转发民政部财政部关于调整部分优抚对象抚恤补助标准的通知》（云民优〔2007〕11 号）等文件关于"两参人员"生活补助问题的精神，对元江县范围内的"两参人员"进行了全面的身份认定工作并及时进行了上报。2008 年上半年，原甘庄华侨农场部分人员场员了解到相关情况后，到元江县政府和民政局进行反映咨询和上访。为此，民政局进行了调查核实，基本情况是：原甘庄华侨农场现有已经退休的"两参人员"和参战民兵民工共计 40 人，含退休职工 31 人（"两参人员" 12 人，民兵民工 19 人）和场员退休 9 人（"两参人员" 1 人，民兵民工 8 人），现享受国家职工养老保险，每月领取的退休金最低 500 元，最高 800 元。

这是由于 1999 年农场改制后出现两种人员身份的反差较大引发的。一种是改制前已经办理退休手续的退休职工。退休前养老保险缴费由农场代缴，医疗保障、住院费等侨场按照工龄给予一定比例的补助，并参加了农村新型农村合作医疗；另一种是改制后原职工改称为场员，退休后为退休场员。改制时农场对场员买断了工龄，场员从参加工作到 1999 年 10 月 1 日止，按照每人每年 480 元的标准对场员进行了一次性补助；1999 年 10 月 1 日以后，他们的养老保险由个人交纳，医疗保险由侨场住院费报销改为参加农村新型农村合作医疗。

在即将实施的华侨农场改革和发展实施方案中的相关政策规定是：改制场员可以根据个人身分和缴费能力，按照有关规定参加城镇职工医疗保险、城镇居民基本医疗保险或新型农村合作医疗；离休人员按照属地原则和规定参加离休干部医疗统筹保障。这件事情经元江县民政局书面报玉溪市民政局请示，玉溪市民政局再请示云南省民政厅后的答复为：该部分人员因享受职工养老保险、月领取退休金，不属于国家关于"两参人员"政策补助范围。

处理意见：继续做好群众的政策宣传和说服解释工作。①

总之，上述工作使侨场多年遗留下来的计划生育、拖欠场员工资等八个方面的热点问题得到基本解决，化解了历史遗留在群众心中的心结，有力地维护了侨场的社会稳定，取得了自侨改启动以来无越级上访和群体性事件发生的的显著成效。

## 二 领导体制改革的组织实施

元江县甘庄华侨农场领导体制改革的主要内容包括三个部分：第一部分是甘庄华侨农场行政领导体制改革，完成侨场领导调任转，按政策核定 30 名公务员考试录用，做好其余人员安置分流工作；第二部分是甘庄华侨农场行政

---

① 元江县甘庄华侨农场群众工作组：《甘庄华侨农场关于对甘庄华侨农场群众上访问题的工作报告》，2008 年 11 月 3 日。

撤并乡镇，即甘庄华侨农场撤场并入青龙厂镇；第三部分是新设立的村民委员会"两委"选举。

## （一）原侨场场级领导调任

2009年元江县已基本完成了甘庄华侨农场领导体制改革的三项主要工作：（1）实现了侨场场级领导干部调任。甘庄华侨农场原任场级领导书记、场长、副场长等人已经元江县委研究，分别调任元江县委机关党委、县人大、政协、县侨联、县安全监督管理局等部门工作，解除了他们的后顾之忧，同时，明确要求调任后的侨场场级领导干部继续保持华侨农场改革工作组成员的身份，充分发挥其情况熟、思路清、办法多的工作优势，协力推进侨场改革工作。（2）按照云南省人民政府13号文件、云人通〔2008〕49号文件的规定，认真抓好符合条件的原甘庄华侨农场在岗在职人员的公务员录用考试组织工作。经过认真核实，甘庄华侨农场符合考试人员经过核实、公示、上报等程序，于2009年4月25日由专人带队，在玉溪市完成了笔试考试，随后对他们进行考察和体检，公务员录用工作于2009年6月底全部结束，他们各自走上了新的工作岗位。此举确保了在岗在职人员的思想稳定和人员安置分流工作的正常有序进行，保持了侨场管理人员的稳定，对稳步推进侨改和发展树立了榜样。（3）元江县委政府充分用足用活政策，制定相关方案，继续做好原甘庄华侨农场未录用人员的安置分流工作和工勤等未参加考试报名人员的思想工作和政策解释工作，杜绝遗留问题产生，确保侨区社会稳定和谐。

## （二）撤场并镇

侨场行政撤并乡镇工作是华侨农场体制融入地方的主要标志，为早日实现赶甘庄华侨农场并入青龙厂镇的目标，使青龙厂镇肩负起甘庄华侨农场改革和发展的工作，元江县委确定以 2009 年 1 月 1 日为甘庄华侨农场撤并基准日，制发了甘庄华侨农场撤销党组织文件，元江县政府制发了华侨农场行政撤并乡镇的文件。各项准备工作就绪后，在甘庄华侨农场举办了有云南省、玉溪市领导、元江县级四套班子、县侨改领导小组成员单位、并入镇党政领导班子、华侨农场全体干部和原侨场场级老领导参加的仪式。2009 年 3 月 13 日，顺利实现了甘庄华侨农场整体并入乡镇的目标，撤场并镇工作平稳有序进行并得到了广大群众的支持和拥护。

## （三）撤分场改设村委会

青龙厂镇人民政府为认真贯彻落实《关于成立青龙厂镇甘庄村、红新村、干坝村"两委"选举领导小组的通知》（元发〔2009〕6 号）、《元江县人民政府关于甘庄华侨农场行政撤并的决定》（元政发〔2009〕18 号）、《中共元江县委关于撤销甘庄华侨农场党委的决定》（元发〔2008〕27 号）、《中共元江县委关于青龙厂镇甘庄村、红新村、干坝村"两委"选举实施意见》等文件精神，切实做好红新村等"两委"选举工作，结合改革和发展的实际，制定了《青龙厂镇甘庄村、红新村、干坝村"两委"选举实施方案》

选举工作严格按照《中华人民共和国村民委员会组织

法》进行，认真履行各法定工作要求，在充分尊重和征求甘庄华侨农场群众关于村委会及村民小组设置意见建议的基础上，确定设立 3 个村委会，35 个村民小组，依法于 2009 年 3 月 25 日正式启动红新村村民委员会"两委"选举，顺利完成村民委员会"两委"选举工作，全部工作于 4 月 20 日全部结束，率先在全省 13 个华侨农（林）场中实现了领导体制彻底融入地方的目标。为推进华侨农场撤并后侨区经济加速发展，创新管理方式，元江县决定将青龙厂镇政府行政驻地搬迁至原甘庄华侨农场场部所在地，玉溪市政府积极支持并给予 100 万元资金补助，实施了青龙厂镇行政驻地搬迁甘庄，2009 年 3 月搬迁工作已基本完成。

**1. 红新村地名区划的重新设置**

按照《中华人民共和国村民委员会组织法》和《云南省村民委员会选举办法》的相关规定，村民委员会的设立、命名等具体上报、落实和"两委"选举应由青龙厂镇人民政府为主体，具体实施"两委"选举工作；同时，元江县民政局给予积极的指导、协助和支持。红新村民委员会具体情况如下：即原甘庄华侨农场红新分场（1983 年底由红旗、红专、新建三个分场合并而成，以原三个分场各取一个字命名），辖 10 个村民小组，784 户、2329 人，有哈尼、彝、傣、白、苗、壮汉等民族及印尼、越南归侨、越南难民，出产稻谷、玉米、甘蔗、芒果等（相见第一章相关的节与目）。

**2. 制定红新村"两委"实施方案**

（1）指导思想。以邓小平理论和"三个代表"重要思想为指导，深入贯彻落实科学发展观，按照党的十七大要求，以《中国共产党章程》《中国共产党基层组织选举工作暂行条例》《中国共产党农村基层组织工作条例》《中华人民共和国村民委员会组织法》《云南省村民委员会选举办法》为依据，鼓励符合条件的现任场级管理人员参与村"两委"成员竞选。

（2）选举工作原则。必须坚持以下原则：第一，坚持党领导的原则；第二，坚持发扬民主的原则；第三，坚持依法办事原则；第四，坚持精简高效的原则；第五，确定四种人不宜提名为村委会成员候选人。有四种人不宜提名为村委会成员候选人；在候选人资格审查时，镇党委要认真把好关，要正面引导党员、群众，坚持"四不选"，即对不积极贯彻执行党的方针政策，与上级党委、政府消极、对抗的人不选；作风霸道、拉帮结派，闹不团结的人不选；违反村规民约、有明显劣迹或严重违法行为的人不选；个人虽富但思想品质不好的人不选。

（3）时间安排和方法步骤。这次村"两委"选举工作从 2009 年 2 月 25 日开始，至 4 月 10 日结束，共 45 天。4 月 11 日 ~15 日进行选举检查验收及总结工作。

### 3. 红新村"两委"选举

根据元江县委政府的统一安排部署和元发〔2009〕9 号文件的要求，从 2009 年 2 月 25 日开始，村级"两委"选举工作组和青龙厂镇利用 45 天的时间，对红新村委会的"两委"进行了选举，实现了红新村委会"两委"选举工作的顺利完成，顺利选举产生了结构合理、年富力强的青龙厂镇红新村"两委"班子，达到了预期的目标。

红新村村民委员会选举工作分组织准备和宣传发动、选民登记、提名产生候选人、选举村民委员会、建章立制五个阶段进行。

第一阶段：正在准备，宣传发动（2月25日~3月6日，共10天）。主要有：①调查摸底，制定方案；②做好选举宣传、培训工作；③召开选举工作动员会议；④推选生产村（居）民选举委员会并公告；⑤召开村（居）民选举委员会会议。

第二阶段：依法进行选民登记（3月7日~3月9日，共3天）。主要有：①确定选民资格，依法选民登记；②发放选民证。

第三阶段：依法提名产生村民委员会成员候选人（3月10日~3月22日，共13天）。村民委员会成员一般由5~9人组成。设主任1人，副主任兼文书1人，委员3~7人，村民委员会成员中至少有一名妇女，归侨或侨眷集中的地方，应考虑归侨侨眷在村民委员会成员中的人选。主要有：①由村民选举委员会讨论提出并公布村民委员会主任、副主任兼文书和委员任职资格公告；②初步候选人的产生。在提名候选人前，村民选举委员会要反复向选民宣传候选人应具备的基本条件；③确定正式候选人；

第四阶段：选举村民委员会（3月23日~3月29日，共7天）。主要有：①切实做好选举前的各项工作；②由村民选举委员会主持召开选举大会，民主选举产生村民委员会成员；③做好工作交接。做好原华侨农场与选举产生的村委会工作交接。在选举产生寸委会组成后的七天内，镇人民政府要组织召开村委会新班子与华侨农场原分场班子的工作交接会议，完成公章、办公场所、办公用具、集体财务账目、固定资产、工作档案及其他遗留问题等的交接手续，宣布新成立的村委会组成人员的分工，介绍选举产生的村委会三年工作目标和规划等。

第五阶段：建立村民委员会下设工作机构和制定完善规章制度（3月30日~4月6日，共8天）。主要有：①推选村民小组组长；②推选村民代表；③积极做好村民委员会主任、副主任和委员的合理分工，健全和完善村民委员会下设的各工作委员会，委员会主任可由村民委员会成员兼任；④制定和完善各项规章制度，主要有村民委员会工作制度、村民委员会个工作委员会职责、村民会议或村民代表会议制度、村民委员会议事规则、村务公开制度和村规民约等；⑤召开村民委员会第一次代表会议，审议通过村民委员会任期工作目标及年度工作计划。

（1）基本情况

青龙厂镇红新村"两委"选举工作按计划从2009年2月25日开始，至4月10日结束，共45天；4月11日~15日进行选举检查验收及总结工作；村支部选举：青龙厂镇红新村村共选出1名村党总支书记，4名委员；村民委员会选举：青龙厂镇红新村共选举出1名村委会主任，1名村委会副主任，5名委员。

（2）主要做法

概括起来就是采取"四抓"、严把"两关"、做到"两个加强"。

采取"四抓"。第一，抓机构，切实加强领导；第二，抓宣传，营造良好的选举氛围。本次共粘贴标语283条、召开村民会议35场、走访71次，进行广泛宣传，营造了良好的选举氛围；第三，抓组织，及时解决问题。由于甘庄村、红新村、干坝村是第一次开展村"两委"选举，青龙厂镇成立了临时党支部，全镇共抽调包村干部 37 人，为选举工作提供了有力的组织保证。第四，抓培训，增强依法办事能力。青龙厂镇先后在镇、村、组三级举办了村"两委"选举工作培训动员大会，培训共有 4872 人次参加，做到了力度大、有规模、方法活。

严把"两关"，关键环节不放松。第一，严把依法办事关。为了严格按照程序办事，青龙厂镇统一印发《村"两委"选举大会主持词》《云南省村民委员会选举办法》等材料 175 份。第二，严把民主权利关。在选举工作中注意把握六个关键环节，保证村民五项民主权利落到实处。第三，是由村民采取 1 人提名 10 人以上联名签字推荐、自荐的方式，保证村民的直接提名权，村党总支采取"公推直选"的方式进行；第四，组织好选举日的投票工作，保证村民的投票权，各村寨在选举日都设立了中心会场，设立秘密写票处、代写选票处和投票处，保证选民的自主权利；第五，认真处理村民对选举程序或选举结果提出的异议，保证村民的申诉权。

紧扣红新村"两委"领导班子建设，做到"两个加强"。第一，加强对村"两委"干部的教育和培训。选举结束后，从党性党风、法律法规、财务管理、文书档案等方面对当选干部进行集中培训，以提高他们的领导能力及业务素质。第二，加强村"两委"的建章立制工作。在规定的时间内村"两委"班子按要求建立健全村"两委"组织体系及规章制度。

（3）基本经验

选举工作平稳顺利，选民参选积极性高，村"两委"及村民小组干部全部配齐，全部工作于 2009 年 4 月 20 日全部结束，率先在全省 13 个华侨农（林）场中实现了彻底融入地方的目标。其基本经验主要有：第一，加强党的领导是搞好村"两委"工作的保证；第二，充分发扬民主是搞好村"两委"选举工作的前提；第三，严格依法办事是搞好村"两委"选举工作的关键；第四，做好选举前调查摸底工作是确保村"两委"选举工作顺利开展的基础；第五，重视宣传发动工作，营造良好的舆论氛围，是促进换届选举工作的重要手段[①]。

（4）主要成效

主要体现在：第一，实现改革阶段目标——体制全面融入地方。通过选举，选举出了村民满意的当家人，为实现甘庄华侨农场"体制融入地方、管理融入社会、经济融入市场"奠定了坚实的基础；也彻底打破了以往华侨农场自我封闭，自成一体，跟不上地方经济社会发展步伐的局面，迎来了侨区经济快速发展的新局面。元江县发展的各项政策均可以直接传达到侨区各基层组织，为华侨农场今后加快发展提供了强有力的体制机制保障。第二，促进了干部作风的转变，密切了党群干群关系。选举产生的"两委"班子由普通党员和广大人民群众直接选举产生，他们从群众中来，是作风务实的实干者，是与群众关系密切的贴心人，是做事公道、能带领群众致富的引路人。新选任的村干部和广大群众，将和元江县其他村级组织一道放手谋划侨区经济社会的新发展。第三，推进和深化了侨区社会主义民主法制建设。选举中，村民的民主意识、法律意

---

① 青龙厂镇党政办公室：《青龙厂镇甘庄村、红新村、干坝村"两委"选举工作总结》。

识和自治意识明显增强，广大群众直接参与选举，在投好自己的一票中学习了选举的相关法律法规精神，通过选举的大规模的宣传、教育和培训，表现出了争做改革发展主人翁的精神面貌，广大侨区群众的民主法制意识得到进一步提高，侨区民主法制建设进一步巩固。第四，发现储备了一批后备干部队伍。选举中，通过广大群众联名推荐和自荐，涌出了许多优秀的人才，这些人虽然落选了，但他们仍是村寨中的佼佼者，是村寨后备干部的主体人选。第五，增强了青龙厂镇的发展实力，拓展了其加快发展的空间。为青龙厂镇发展丰富的热区资源、热带林果业、工业强镇，开发镍业经济、现代烟草仓储、整合铜铁等矿产资源，推动元江工业经济发展提供了有利条件，为推动侨区经济社会又好又快发展奠定了坚实的基础。

## 三　规章制度建设

### （一）红新村委会党总支制度

#### 1. 红新村委会党的组织体系的产生

红新村党组织的选举采取"公推直选"的方式进行，选举工作分组织准备、公开推荐、确定正式候选人、组织选举、建章立制五个阶段。

第一阶段：组织准备（2 月 25 日 ~ 3 月 6 日，共 10天），主要有：①制定工作方案。在红新村成立临时党支部，围绕选举工作，开展深入细致的调查研究，全面掌握党员和群众的思想动态，分析选举可能出现的问题，提出解决预案，制定切实可行的工作方法，并报上级党委审核通过；②召开动员大会，使广大党员、群众正确认识开展公推直选工作的意义、目的、程序和原则，以及党组织领导班子成员任职的基本条件，动员党员、群众积极参与公推直选工作；③临时党支部根据《中国共产党章程》和《中国共产党基层组织选举工作暂行条例》的规定，制定《选举办法》和完成相关材料；④公布党员名单，即在全村范围内公布党员名单和基本情况；⑤发布公告。通过印发资料、张贴告示等形式公布公推直选职位职数、资格条件及注意事项等。村党总支班子由5人组成，设书记1人、委员4人（其中女委员至少1名）。

第二阶段：公开推荐（3月7日~3月9日，共3天），主要有：①进行公推；②资格审查；③产生初步候选人。

第三阶段：确定人选（3月10日~3月29日，共20天），主要有：①组织考察；②确定人选；③公示和报批。

第四阶段：组织选举（3月30日~3月31日，共2天）。由临时党支部主持召开党员大会进行选举。选举时，有选举权的到会党员人数必须超过应到会党员人数的五分之四。

第五阶段：建章立制（4月1日~4月10日，共10天），主要有：①新一届村党总支委员会要及时组织召开会议，安排部署、选举产生分支部书记；②村党总支书记及时召开委员会议，理清思路，明确委员分工，研究制定任期目标和工作措施，并建立各项规章制度。

（1）红新村委会党总支基本情况

红新村"两委"班子产生后，要求产生的村领导班子在规定的时间内建章立制，建立健全村"两委"组织体系及规章制度。

表 7 - 1　元江县青龙厂镇红新村党总支成员花名册

填报单位：青龙厂镇党委　　　　　　　　2009 年 3 月 30 日

| 村寨党总支 | 姓　名 | 性别 | 民族 | 出生年月 | 文化程度 | 政治面貌 | 党内职务 | 五大组织兼职 | 备注 |
|---|---|---|---|---|---|---|---|---|---|
| 红新村党总支 | 白勇强 | 男 | 彝 | 1965.6 | 初中 | 党员 | 书记 | | |
| | 罗　勇 | 男 | 彝 | 1976.8 | 中专 | 党员 | 委员 | 治保主任 | |
| | 罗惠玲 | 女 | 傣 | 1963.7 | 高中 | 党员 | 委员 | | |
| | 黄成玉 | 男 | 土 | 1969.4 | 大专 | 党员 | 委员 | | |
| | 陶进和 | 男 | 苗 | 1976.7 | 初中 | 党员 | 委员 | 共青团书记 | 民兵连长 |

资料来源：元江县青龙厂镇党委办公室提供。

（2）红新村委会党总支书记简介

白勇强，红新村委会党总支书记。1965 年 5 月 4 日生，男，彝族，云南元江县人，初中文化，中共党员，1993 年 12 月加入中国共产党。先后在甘庄农场第三小学、甘庄中学读书；中学毕业后在家务农；曾任新建五队记分员、会计、红新六队队长、红新分场党总支副书记兼红新一队队长。

图 7 - 1　红新村委会党总支书记白勇强（何作庆摄　2010 年 2 月 27 日）

（3）红新村委会党总支制度

红新村委会党总支领导班子在规定的时间内完成了党内建章立制的基本工作，他们主要参照党中央有关基层党组织建设的相关规定，建立健村委会党总支基本的规章制度，这些制度主要有：《村委会党总支主要职责》《村委会党总支书记工作职责》《村委会党总支委员职责》《妇女工作委员会职责》《共青团总支（支部）书记工作职责》等。

（二）红新村委会制度

红新村委会领导班子经过选举产生后，在元江县民政局基层政权科和青龙厂镇人民政府选举工作领导小组的指导下，新产生的村领导班子在规定的时间内完成了建章立制的工作，建立健全村委会组织体系及规章制度。

**1. 红新村委会组织体系**

（1）红新村委会组织基本情况

表7-2　元江县青龙厂镇红新村村民委员会委员花名册

填报单位：青龙厂镇人民政府　　　　2009年3月29日

| 村寨名称 | 姓名 | 性别 | 民族 | 出生年月 | 文化程度 | 政治面貌 | 党内职务 | 五大员兼职 | 备注 |
|---|---|---|---|---|---|---|---|---|---|
| 红新村委会 | 易亚平 | 男 | 汉 | 1977.5 | 初中 | | 委员 | 兽医员 | |
| | 马宜兴 | 男 | 汉 | 1973.9 | 初中 | | 委员 | 林业员 | |
| | 董映波 | 男 | 汉 | 1963.1 | 高中 | | 委员 | | |
| | 杨国成 | 男 | 壮 | 1967.6 | 初中 | | 委员 | | |
| | 罗兴情 | 女 | 苗 | 1980.11 | 高中 | | 委员 | | |

资料来源：元江县青龙厂镇人民政府办公室提供材料整理。

**表 7－3　元江县青龙厂镇红新村村民委员会正副主任花名册**

填报单位：青龙厂镇人民政府　　　　2009 年 3 月 29 日

| 村寨名称 | 姓　名 | 性别 | 民族 | 出生年月 | 文化程度 | 政治面貌 | 职务 | 兼职 | 备注 |
|---|---|---|---|---|---|---|---|---|---|
| 红新村委会 | 罗小佐 | 男 | 苗 | 1962.6 | 初中 | | 主　任 | | 难侨 |
| | 陶有明 | 男 | 苗 | 1977.7 | 高中 | | 副主任 | 农经员 | 难侨 |

资料来源：元江县青龙厂镇人民政府办公室提供材料整理。

**表 7－4　元江县青龙厂镇红新村村民小组长花名册**

填报单位：青龙厂镇红新村民委员会　　2009 年 4 月 17 日

| 村民小组 | 姓　名 | 性别 | 民族 | 出生年月 | 文化程度 | 政治面貌 | 职务 | 备注 |
|---|---|---|---|---|---|---|---|---|
| 干塘子 | 陶进和 | 男 | 苗 | 1976.6 | 初中 | 党员 | 组长 | |
| 畜牧队 | 马宜兴 | 男 | 汉 | 1973.9 | 初中 | | 组长 | |
| 新侨 | 李发荣 | 男 | 汉 | 1968.3 | 初中 | | 组长 | |
| 建侨 | 邹国荣 | 男 | 苗 | 1979.1 | 初中 | | 组长 | |
| 联侨 | 杨绍云 | 男 | 苗 | 1980.5 | 初中 | | 组长 | |
| 新学 | 刀素兰 | 男 | 傣 | 1963.10 | 初中 | | 组长 | |
| 小铺子 | 王代军 | 男 | 汉 | 1979.4 | 中专 | | 组长 | |
| 糖厂 | 陶有才 | 男 | 苗 | 1974.4 | 初中 | | 组长 | |
| 茶山 | 陶小光 | 男 | 苗 | 1975.7 | 初中 | | 组长 | |
| 振侨 | 易亚平 | 男 | 汉 | 1977.5 | 初中 | | 组长 | |

资料来源：元江县青龙厂镇人民政府办公室提供材料整理。

（2）村委会干部简介

罗小佐，红新村委会主任。1962 年 6 月 6 日生，男，苗族，越南归难侨，越南初中毕肄业，曾在某部边防连服役，曾任班长；曾从事场员、驾驶员等职业；1997 年 1 月至今在甘庄糖厂农务科工作。

图 7-2　红新村委会主任岁小佐（何作庆摄　2010 年 2 月 27 日）

　　陶有明，红新村委会副主任。1977 年 7 月 15 日生，男，苗族，越南归难侨，技工学校毕业，曾在甘庄小学、甘庄中学、易门矿务局技工学校读书；曾与易门矿务局经警中队、大红山铜矿经警分队等单位签订合同，从事保卫和押运工作；2000 年至今在家务农。

图 7-3　红新村委会副主任陶有明（何作庆摄　2010 年 2 月 27 日）

248

（3）村委会的规章制度

红新村委会新产生的村领导班子在规定的时间内完成了建章立制的工作，他们主要参照国家有关部门的规定，建立健全村委会的基本的规章制度，因为这些规章制度大同小异，这里就不再原文重复了，仅仅列举其名称。这些制度主要有：《村委会主任职责》《村委会副主任职责》《村委会委员职责》《村民代表会议制度》《村民委员会会议制度》《村民委员会干部廉政制度》《村民委员会村务公开制度》《村委会民主评议制度》《治保委员会职责》《调解委员会职责》《计划生育委员会职责》《民兵连长职责》等。其他的兼职人员，如计生员、农经员、兽医员、林业员、农科员、治保主任、民兵连长等参照各自的主管部门的相关管理规定，也制定了相应的管理规范。

## （三）存在问题与对策

### 1. 存在的问题

存在的问题主要体现在：第一，青龙厂镇红新村民委员会村民第一次参与"两委"选举工作，不熟悉相关法律法规和程序，少数人法制意识和主人翁意识不足，对参加村"两委"选举不够重视，参与热情不高。第二，"两委"选举工作涉及面广，归侨、侨眷多，各民族语言和风俗的不同，加大了村"两委"选举工作的难度，表现为村民家族势力、民族势力、派系势力仍对本次选举产生了一定的不良影响，在一定程度候选人得票以片区划分过分集中，不太正常。第三，公推直选党组织班子在与村民委员会选举的综合联系、整合上不够密切。

**2. 对策与建议**

（1）红新村"两委"的干部素质亟待提高。红新村"两委"的干部除个别成员为高中、中技水平外，绝大部分为初中水平，他们所具备的知识水准与现代社会主义新农村的建设对当代人才的要求要较大的差距，需要玉溪市、元江县、青龙厂镇等各级党校为他们提供各种学习和培训，以便提高他们从事政务所需的知识面、对各种政策的掌握程度和服务人民的技巧等。

（2）红新村"两委"建立的各种规章制度的理解和履行能力亟待提高。虽然红新村委会新产生的村领导班子在规定的时间参照国家有关部门的规定，内完成了村委会的基本的规章制度的建立健全工作，但是，从华侨农场企业到社会主义新农村的管理不会一蹴而就，而是需要不断随着形势的不断变化，有一个长期的学习和适应过程。

（3）各级党委政府和社会各界对红新村的帮扶需要不断强化。红新村"两委"的建立和其职能的履行，仅仅靠村"两委"的干部是远远不够的，特别是带领广大的职工和村民走向富裕文明和谐的小康农村的道路不会一路凯歌，他们需要各级党委政府和社会各界不断的帮扶。好在青龙厂镇党委政府已经意识到了这个问题，并初步采取了措施。如为促进青龙厂镇各项工作顺利开展，经 2010 年 2 月 28 日青龙厂镇党委会议研究，作出《关于调整挂钩村务群众工作队员的通知》决定调整挂钩村委会工作成员。调整后联系红新村的工作成员名单如下：彭志钢（组长），董映波（副组长），成员为唐光色、胡兴荣、方秀英、白勇强、黄成玉等。

## 第二节　侨居造福工程

### 一　基本情况

《推进甘庄农场危房改造下一阶段实施意见》（2008 年 12 月 25 日）认为：（1）现状：根据云发改投资〔2007〕1493 号文件，原甘庄华侨农场危房改造下达任务为 1547 户，但由于上级补助资金迟迟未能到位、场员等靠上级补助的观望思想严重等因素，故 2008 年仅完成 128 户，正在做 111 户（6 队 40 户、8 队 46 户、11 队 25 户）；（2）排查情况：通过前一阶段深入每家每户调查摸底，已落实甘庄华侨管理区现有总归难侨人数为 1137 人（户），但由于各家各户实际经济情况不一样，经归难侨填写危房改造意见表及维修加固意见表情况统计数字反映，在 2009～2010 年报名愿意参加危房改造的户数为 647 户，参加维修加固的户数为 190 户，两种报名户数合计为 837 户，这离归难侨 1137 户还差 300 户，离上级下达的 1547 户任务还差 710 户，即使扣减已完成的 128 户及正在做的 111 户，也尚有 471 户，情况很严峻；（3）下一步实施意见包括：第一，加快正在做的三个点 111 户危房改造进度，尽可能争取今冬明春完成；第二，积极宣传动员归难侨参与危房改造工作，让他们从思想上真正认识到危房改造是归难侨的事情，并对达到改造效果的先给予兑现补助，以起到立竿见影的效果；第三，为完成 1547 户归难侨危房改造任务，建议政府在归难侨享受危房改造补助政策的同时，也允许其他场员享受同样的补助政策，这将有利于加快推进危房改造进度；第四，为加快危房改造进度，建议政府加强与上级相关部门对接，尽快落实上级补助资金到位。[1]

### 个案7-1　"好日子"女店主访谈

"好日子"店主为越侨，女，中年，嫁给夫家，公婆为越南汉族，公婆有子女三人，自己是兄妹三人。据她向笔者介绍："公婆是从越南河江省过来的边民，从河口入境后，分配到甘庄，自己买地，盖了房子，平时做早点生意，维持生活，主要是街天做生意赚一点。家里栽有一点果树——芒果，也栽甘蔗，分田地时8亩/人，人多不够的也有6.5亩/人。丈夫在糖厂做工人，每年有三个月的榨糖时间，最多四个月，800元/月以上，今年改制，传统只给工资500元/月，而且当糖厂工人必须种甘蔗，否则糖厂开除，不让当工人。"

关心问题1：住房补贴15000元是否发放？甘庄还未行动，金坝已兑现。

关心问题2：兄妹二人合一户口，兄已成家，女随父母过，30岁未结婚，是否单独计为一户？

2009年红新村侨居造福工程推进情况。通过2009年甘庄华侨管理区危房改造住户意见征求、发放危房改造住户意见表，并经住户一一填写后，收集汇总具体情况如下：（1）报名参加危房改造的户数及家庭人口为647户1726人，其中，红新分场为435户1074人；（2）报名参加危房改造户的现有住房面积为35116平方米，其中，红新分场

---

① 甘庄华侨农场：《推进甘庄华侨农场危房改造下一阶段实施意见》，2008年12月25日。

20343 平方米；（3）报名参加危房改造户的申请宅基地面积为 70793 平方米，其中，红新分场 52093 平方米；（4）报名参加危房改造户的新宅基地为 18786 平方米，其中，红新分场 15228 平方米；拆除重建为 7219 平方米，其中，红新分场 7119 平方米；（5）分阶段拟建户数：2009 年 365 户，其中，红新分场 238 户；2010 年 269 户，其中，红新分场 197 户；（6）报名参加危房维修加固的户数及人口为 190 户 540 人，其中，红新分场为 99 户 299 人；（7）报名参加危房维修加固户申请维修面积为 10726 平方米，其中，红新分场 5528 平方米；（8）分阶段拟维修户数：2009 年 162 户，其中，红新分场 71 户；2010 年红新分场 28 户。[①] 但是，2009 年云南省人民政府要求尽快完成侨房的改造工作，决定在 2009 年内完成甘庄华侨管理区全部的侨房改造工作，玉溪市、元江县各级政府为此进一步修正了原来的计划，以便保证在 2009 年内完成该项工作。

## 二　取得的成就

根据云南省、玉溪市文件要求的精神，元江县人民政府将归难侨危房改造作为华侨农场管理区改革和发展的重点来抓，严格实行"统一规划、自主选择、个人自愿、国家补助、自建自用、一次审批、分年实施"的原则，稳步推进危房改造工作。甘庄华侨管理区截至 2009 年 4 月 27 日，青龙厂镇甘庄华侨管理区完成危房改造 663 户，占总任务数 1547 户的 42.86%，未完成数 884 户占 57.14%。其

---

① 甘庄华侨农场：《甘庄华侨农场归侨危房改造住户意见反馈情况》，2008 年 12 月 25 日。

中：归侨完成 128 户，国内职工完成 483 户。中央、省、市应配套资金 2320.5 万元，到位 464.1 万元，到位率 20%。其中：国家配套资金 1392.3 万元尚未到位，到位率 0；云南省级年度配套资金 464.1 万元到达县财政；玉溪市级配套资金 464.1 万元正在办理。①

### 1. 完成情况

按照云南省华侨农场改革和发展领导小组要求，必须于 2009 年内完成全部归难侨危房改造任务，元江县人民政府积极调整甘庄华侨管理区归难侨危房改造工作思路，因地制宜，以原址拆除重建、修缮改造为主，连片集中新建为辅，加快危改工作进度，积极争取危房改造配套资金，多措并举，强势推进危改工作，确保年内完成危房改造任务。甘庄华侨管理区危房改造截至 2009 年 11 月 20 日，已完成和新建 1541 户，完成率为 85%，其中新建 1247 户，维修加固 274 户；未完成 279 户。

### 2. 资金情况

根据省、市发改委的安排部署，截至 2009 年 10 月 25 日，中央及省、市政府的补助资金已全部下达到位（详见表 7-5）。

## 三　存在的问题与建议

### 1. 青龙厂镇华侨事务管理区的华侨场员侨居工程与原居住民族场员的差距问题

归难侨人员在一定程度上享受了国家、云南省人民政府给予的侨居工程建设补助费，但是，同在甘庄华侨农场工作和生活的原居住民族场员却没有享受到任何的政策优

---

① 《元江县华侨农场改革和发展工作情况汇报》，2009 年 5 月。

## 表7-5　青龙厂镇华侨事务管理区危房改造统计情况

填报单位：青龙厂镇人民政府　　填报时间：2009年10月25日

| 农林场名称 | 任务（户） | 完成情况（户、平方米） | | | | | | | | 在建情况（户、平方米） | | | | | | | | 资金落实情况（万元） | | | | |
|---|---|---|---|---|---|---|---|---|---|---|---|---|---|---|---|---|---|---|---|---|---|---|
| | | 合计 | | 新建 | | 维修加固 | | 其他 | | 合计 | | 新建 | | 维修加固 | | 其他 | | 合计 | 中央 | 地方 | 个人 | 其他 |
| | | 户 | 面积 | 户 | 面积 | 户 | 面积 | 户 | 面积 | 户 | 面积 | 户 | 面积 | 户 | 面积 | 户 | 面积 | | | | | |
| 甘庄华侨农场 | 1547 | 1458 | 68314.07 | 1199 | 152782.89 | 239 | 13650 | 20 | 1881.18 | 83 | 8276 | 48 | 4870 | 35 | 3506 | | | 11521.9 | 1392.3 | 928.2 | 9201.35 | |

填报说明：

1. "完成情况"指危房改造工程（新建或维修加固）已经完成全部工程量，并经验收合格，可以搬迁入住。

2. "在建情况"指危房改造工程（新建或维修加固）经当地规划、设计等有关部门审核通过，并正式动工兴建（新建的已完成正负零以下基础工程），同时明确了完工日期。

3. "完成情况"和"在建情况"栏中的"其他"指新建、维修加固以外，用其他方式解决危房户问题的情况。

4. "资金落实情况"指中央、地方、个人和其他资金到位情况。其中"地方资金"包括省（自治区）、市（州）、县（区）、乡镇、农林场自筹的资金，个人自筹其他资金。华侨农场改革发展领导小组办公室。如社会捐助资金等。

5. 各华侨管理区及相关乡镇于每月30日前填报县（市）华侨农场改革发展领导小组办公室，由县（市）华侨农场改革发展领导小组办公室统一上报云南省华侨办公国内处。

惠和资金补助的好处，虽然近期内没有出现不满而上访的事件，但是，随着时间的推移，归难侨享受侨居工程补助与原居住民族场员未能享受补助资金的差距问题将会重新凸显，并将会在一定程度上影响维护稳定形势的局面。据原甘庄华侨农场原场部办公室的方秀英介绍，许多世居的傣族彝族场员认为，归侨回国到元江甘庄时，他们当年来到的时候住的房子已经给盖好了，当地世居的傣族彝从自己手中把土地转给了农场的归难侨，现在国家又给归难侨场员每人 15000 元的危房补贴，当地人当年拿出粮食，让出土地给他们，现在反而一样都没有，很想不通。方主任最后说道：我自己是傣族干部都想不通，下面的人更想不通了，但是，国家政策还得执行。因此，建议对原甘庄华侨农场工作和生活的原居住民族场员给予华侨侨眷同样享受到侨居工程的政策优惠和资金补助，并通过分期分批给予补助的方式逐年解决。

**2. 新村委会危房改造因种种原因**

主要是国家、云南省、玉溪市政府的对甘庄华侨管理区的侨居工程的补助资金未能及时、足额全部到位，在一定程度上影响了正常的侨居建设补助资金按需、按时兑付给归难侨，容易引起人心的动荡不安，产生种种不利的传言，从而迟滞了甘庄华侨管理区的侨居工程的正常展开，曾出现停工或者施工与原设计有差距问题，给群众生产生活造成极大不便。据了解，国家、云南省、玉溪市政府的对甘庄华侨管理区的侨居工程的补助资金已足额全部到位，但是，施工与原设计有差距问题仍在一定程度上存在，应统筹全盘考虑，采取个案解决的方式，逐步缓解群众的情绪，树立解决问题的决心，尽快解决相关问题，从而避免引发不必要的群体事件。

**3. 青龙厂镇华侨事务管理区的华侨场员养老保险问题与原居住民族的场员差距问题**

华侨场员有国家补助的养老保险，原居住民族的场员却没有国家补助的养老保险，这种中国原世居民族场员和印尼、越南华侨在平衡问题养老保险问题上的差距，引发了世居民族场员的强烈不公平感。世居民族场员普遍认为：他们为华侨农场的创办，让出了土地、住房及其他，现在有利益，利益分配却是比 N：0，这是极大的因人而异的不公平。建议国家从边疆扶贫的角度给予一定的补助，具体补助标准可以低于越侨的补助标准。

附录：云南省劳动和社会保障厅　云南省财政厅　云南省人民政府侨务办公室《贯彻省政府〈关于推进全省华侨农（林）场改革和发展的实施意见〉做好劳动保障工作的通知》：

对归难侨 2007 年 12 月 31 日前欠缴的基本养老保险费，省财政区别不同情况和比例给予一次性补助；对 2007 年 12 月 31 日前女年满 40 周岁、男年满 50 周岁（一下简称"4050"）的归难侨，由省财政一次性补助 60%，个人补缴 40%；对非"4050"的归难侨，由省财政一次性补助 40%，个人补缴 60%；2008 年起至退休前每年所需缴纳的基本养老保险费，按 20% 的缴费费率，由财政补助 12%，个人缴纳 8%。省财政补助经费分年度逐年拨付到位；华侨农（林）场职工及退休人员应按照属地原则和规定参加当地城镇职工基本医疗保险和大病补充保险；离休人员按照属地原则和规定参加当地离休干部医疗统筹保障；改制场员可以根据个人身份和自身的缴费能力，按照

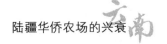

当地的有关规定，参加城镇职工基本医疗保险、城镇居民基本医疗保险或新型农村合作医疗；华侨农（林）场体制改革后录用公务员的，其医疗保险关系按当地公务员身份的相关参保、缴费规定办理；劳动保障部门要将华侨农（林）场职工和场员列为培训对象，按照《云南省人民政府关于印发加强就业工作实施办法的通知》（云政发〔2006〕47号）的要求，对符合条件的华侨农（林）场职工和场员给予培训补贴。

## 第三节　成绩与问题及建议

青龙厂镇华侨事务管理区应围绕云南建设绿色经济强省和民族文化大省的方针，抓住西部大开发的机遇，加速侨区经济结构、产业结构的调整，筛选出一批亟待拓展的优势项目，采用各种有效的合作方式寻求信息、技术、市场、资金等方面的帮助和合作开发，以谋共同发展。

### 一　取得的成绩

**（一）政企不分、管理制度混乱的局面将逐步得到化解**

华侨农场是特定历史阶段的特定产物，具有企业和政府管理部门的双重职能。长期以来，华侨农场虽然先后实行过"统分结合、班组作业、按件计酬""家庭农场承包"和"两费自理，定额上缴"等不同的经营形式，但始终未能摆脱国营农场大包揽的体制性束缚，机构设置与侨场农村人口比重大，农民组织化程度不强，文化素质低下的现状不相适应，产生了管理错位、越位和不到位的问题。同时，甘庄华侨农场实行企业管理方法，机构设置按农场运作模式而定，使并入华侨农场的当地农村同地方部门完全脱节，在教育农民、办学、农田水利基础设施建设、组织农村生产和基层组织建设等诸方面的管理都处于被动的状况，和农村工作根本不相适应，特别是农村的基层党组织建设方面受到了严重削弱。基层组织党的核心作用得不到发挥，战斗力不强，感召力减弱，并引发了不少问题。根据中央、云南省、玉溪市的要求，结合元江县实际，通过体制改革，甘庄华侨农场并入青龙厂镇，甘庄华侨农场成立青龙厂镇甘庄、红新、干坝三个村民委员会，并成立了相应的村民自治组织，真正实现了体制融入地方、管理融入社会的预期要求，真正实现政企分开，摆脱华侨农场长期以来处于"农场不像农场、农村不像农村、乡镇不像乡镇"的尴尬处境，为华侨农场与元江县其他地方同步甚至率先发展奠定了组织保障。

（二）产业结构单一的局面将逐步得到合理的调整，经济收益来源渠道狭窄的问题将会大大拓展

原甘庄华侨农场自创建以来，因种种原因，其产业布局长期局限于农业第一产业。截至 2009 年只有甘蔗及热带特色水果形成一定的规模，农民的经济收益主要来源于甘蔗及热带水果，农产品加工、旅游商贸等二、三产业属于空白，经济缺乏活力，收不抵支。体制融入地方后，元江县高度重视华侨农场可持续发展的问题，制订了一系列规划和措施，将逐步落实招商引资的各项优惠政策，鼓励农场依法利用土地资源进行招商引资，引进龙头企业、合

作组织开办工商企业,发展和壮大二、三产业。建立健全侨场社会化服务体系,培育各类专业协会、中介组织和经纪人队伍,支持侨场专业合作组织开展市场营销、信息咨询、技术培训、农产品加工等配套服务,提高社会化服务水平。同时,元江县党委政府着眼侨区长远发展,将加大对侨场的扶持力度,甘庄华侨管理区将围绕甘庄工业园区建设规划,加快工业、城镇、农业产业发展步伐。我们相信,用不了几年,一个集商业流通型、特色农业型等多个亮点为一体,功能齐备的崭新旅游小镇将展现在人们的面前。

**(三) 土地管理混乱的局面、土地纠纷矛盾层穷不出的状况将得到有效缓解**

长期以来华侨农场低价位、长期限、大面积发包、转让、出租土地、坝塘等;改制队(分场)擅自与外界单位、公司或个人签订土地转让、承包合同。部分土地仍然存在着权属不清、地界不明的问题。由于土地管理无序,多头转租出让土地,且地界不清、权属不明,引发了一系列矛盾,农民同侨场争地,农户强行自开荒地、生产队与周边农村争地、外来公司企业圈地、占地问题屡屡发生。华侨农场撤并乡镇成立社区和村委会后,通过对原华侨农场的土地进行清查和开展制度改革,做到了底数清、家底明,理顺了与周边农村的土地、林地界线;继续坚持土地承包经营制度并不断完善,在完成土地承包到户的基础上,全面完成发证工作。根据《中华人民共和国农村土地承包法》中具体规定,明确相关义务、权利、责任、程序等关系,规范土地承包和用地,整合了土地资源,从而有效缓解了土地纠纷，促进了侨区稳定和谐发展。[①]

（四）历史遗留问题得到有效化解，社会趋向稳定

主要体现在：一是拖欠职工工资问题得到妥善解决。拖欠职工工资问题是元江甘庄华侨农场改革和发展的主要遗留问题之一，是元江县侨改工作中职工群众反映强烈和希望得到及时解决的问题。2008年元江县侨改工作启动以来，元江县委县政府把解决职工工资拖欠问题作为侨改工作首要问题提上议事日程，召开专题会议，研究解决的办法、资金筹措渠道、兑付方式等问题。并于2008年12月开始渐次兑付，截至2009年1月25日，完成拖欠职工工资兑现337.1万元，兑付职工1283人。二是计划生育等八个热点问题得到有效解决。元江县侨改工作组针对改革期间暴露出来的历史遗留问题，组织工作小队深入农户家中开展调查摸底、收集材料和政策讲解、思想教育等工作。通过侨改工作组的的努力，华侨农场改革过程中没有出现群体性越级上访事件，整个侨区呈现平稳发展局面，为深入推进侨改工作奠定了坚实的基础。

## 二 存在问题

认真学习实践科学发展观，围绕"保增长、保民生、保稳定、保生态、保中央省市委各项政策落实"要求，确保华侨农场改革和发展各项改革目标任务的圆满完成。华侨农场改革和发展是一项长期的系统工程，面对当前华侨农场主体

---

① 元江县委统战部：《关于元江县华侨农场改革和发展情况的调研报告》，2009年4月25日。

改革任务和今后侨场长期发展问题，元江县在推进侨场改革和发展中，主要面临以下几个方面的困难和问题。

## （一）青龙厂镇华侨事务管理区发展项目的推进问题

按照青龙厂镇的发展方向的定位，积极规划和打造甘庄工业集镇、生态旅游小镇的目标，当前迫切需要推进的主要项目：一是西拉河水库二期配套工程项目建设立项的问题。西拉河水库二期配套工程的建设，项目总投资 4924.4 万元，可以解决 3.53 万亩的农业灌溉用水及工业发展综合用水，可充分发挥西拉河水库工程建设应有的经济和社会效益，彻底解决青龙厂镇华侨事务管理区长期以来严重缺水的问题，合理利用水资源，有效开发热区土地资源，推进元江经济社会又好又快发展；二是甘庄热带水果交易批发市场建设项目立项问题。2008 年芒果年产量达 560 万公斤，产值 1968.37 万元。困扰元江县芒果产业发展的最大问题是缺乏水果市场交易平台，果农无固定的对外销售市场，果农丰产不增收，广大群众反映强烈。元江县委、县政府多次与省高速公路管理公司协商，拟在甘庄和县城热区交接的玉元高速公路元江出口收费站附近启动建设元江县热带水果批发交易市场，但项目迟迟未能启动，严重阻碍了元江县热带水果资源向市场化、商品化和规模化方向发展的步伐。

## （二）华侨农场归难侨危房改造中归难侨群体与世居民族的矛盾加大

2009 年青龙厂镇华侨事务管理区危房改造正紧张有序推进，现已基本完成。但是，华侨事务管理区的侨居工程与原居住民族的住房没有资金补助问题。归难侨人员在一定程度上享受了国家、云南省人民政府给予的侨居工程建设补助，但是，在同在甘庄华侨农场工作和生活的世居民族场员却没有享受到任何的政策优惠和资金补助的好处。虽然近期内没有出现不满而上访的事件，但是，随着时间的推移，归难侨享受侨居工程补助费与原居住民族未能享受补助资金的问题将会重新凸显，并将会在一定程度上影响维护稳定形势的局面。

（三）人员分流安置难度大，存在社会稳定隐患

原甘庄华侨农场在职在岗、在职不在岗等各种管理人员共计38人，除已调任5人和经公务员考试录用20人后，尚有在职不在岗的管理人员9人及其他人员按照云政发〔2008〕13号文件规定的办法等待安置分流，安置分流工作难度很大。

（四）体制改革的创新，新的管理制度仍需探索

原甘庄华侨农场就近并入乡镇在云南省尚为首例，保留华侨农场牌子，办成合作经济组织及其原有华侨农场侨联机构等工作机制在新的管理模式和经济模式下尚待进一步探索提高和不断完善。

（五）基础设施建设滞后，农民生产生活条件亟待提高

在侨居工程的危房改造项目中，除中央、云南省、玉溪市各级政府给予每户归难侨的住房补助15000元外，没有专项安排水、电、路等"三通一平"基础设施建设资金，

元江县政府和侨场均无力筹措归难侨危房改造配套建设所需资金，侨居工程的危房改造中亟须央配套资金及时到位，同时，如何将未参加危房改造的国内职工纳入云南省棚户区改造项目，彻底解决华侨农场危房改造工作，今后将会有更长的路要走。

华侨农场基础设施建设的滞后，尤其是农田水利设施建设严重滞后，灌溉渠至今仍为土沟，与周边农村相比，差距不断加大，限制了华侨农场生产生活条件和投资环境的优化。[①] 2009年甘庄华侨农场已经纳入元江县扶贫办整村推进、水利局人畜饮水安全等项目计划中，但是，项目的申报、立项、施工、产生效益需要一个过程，我们希望这个过程不要太长。

（六）归难侨与本地少数民族享受的优惠政策差距较大，矛盾和纠纷日益加剧；国内职工要求与归难侨享受同等待遇的问题

原甘庄华侨农场少数民族人口众多，在侨场总人口中，占甘庄侨场的76%。侨场建成三十多年来，对划归侨场的傣、彝、苗、哈尼、壮等少数民族，基本没有倾斜政策和投资照顾。归侨难侨与少数民族之间的各种矛盾纷争日趋显露。如侨场搞土地承包，实质只是职工承包，而并非家庭联产承包责任制。不少少数民族群众反映，他们在贴尽家底的老本参与建设的侨场中，生活却越来越贫穷，强烈要求"政府先把毛主席分给农民的土地（土改）归还后再

---

① 元江县委统战部：《关于元江县华侨农场改革和发展情况的调研报告》。2009年4月25日。

搞家庭承包"。

有的老归侨说：我们当年毅然回归祖国，并不是完全在国外断绝了生计，而是出于爱国，为了维护新中国的尊严。过去国家给予归国华侨的优惠政策较多，这几年越来越少，侨场移交地方后几乎感受不到了。如出境定居补贴一定不变，最盼望的出境定居指标还在减少。退休后出国无望，在国内举目无亲，有的婚姻已成"老大难"，整体思想极不安定。

此外，归难侨与本地少数民族因各种水土、山林地界纠纷而引发各种矛盾，有的问题还在不断恶化之中。

### （七）青龙厂镇政府行政驻地搬迁问题

原甘庄华侨农场完成融入地方后，侨区经济发展和社会事业发展面临着新的课题，元江县委县政府经过深入调查研究，广泛征求意见，认真听取群众意见，从青龙厂镇长远发展考虑，确定将青龙厂镇政府所在地由青龙厂村搬迁至甘庄农场场部所在地。结合侨区民族风情、旅游、工业园区规划、热区资源开发等优势，促进侨区经济加速发展，努力构建和谐侨区。但是，整个搬迁费用需要 1000 万元，搬迁资金无法筹集，完成整体搬迁工作困难较大。因此，需要国家、省、市等三级政府为主，多措并举，筹措所需搬迁资金。

## 三　建议

### （一）理清工作思路，加强基层党组织建设

原甘庄华侨农场已并入就近乡镇——青龙厂镇，管理

体制发生了新的变化，根据实际情况确定新的工作方针才能适应新形势、新情况。为此，在工作思路、管理体制、工作方式和方法及今后发展方向定位等诸方面，应进行认真的思考和探索。要转变思维方式，改变思想观念，建立健全适应新侨区实际的管理体制，转移工作重点，转变职能，依法行政，增强管理社会，服务经济发展功能。要理顺关系，考虑侨区具有特殊的社会工作职能。要更加关注红新村委会的"三农"问题；大力抓好红新村委会的基层组织建设特别是农村党总支的建设，开展"三级联创"活动，做到有人管理、有章理事、有钱办事；要发挥红新村委会党总支的战斗堡垒和农村党员先锋模范带头作用，大力抓好对红新村委会群众的教育培训工作，开展创建文明村等各种活动，提高红新村委会群众的法制观念和科技文化水平；要认真贯彻执行党和国家的归难侨政策，切实维护归侨侨眷的合法权益。

## （二）建立新的工作机制，成立基层侨联组织

原甘庄华侨农场并入青龙厂镇，原华侨分场撤并后成立相应的村委会。撤并工作结束后，虽有华侨事务管理办公室对并入村镇的归侨侨眷进行管理，但办公室属行政管理，无法正常组织和充分发挥元江县丰富的侨力资源。改革开放以来出国的新一代侨胞在国内眷属众多，海外华侨华人带资金、带技术回国创业的越来越多，因此，侨联的主体力量将越来越大，服务对象也越来越多，活动范围越来越宽，工作任务越来越重。所以继元江县华侨农场深化改革后，在青龙厂镇设立侨联组织很有必要且势在必行：一是在青龙厂镇设立侨联组织，并使之成为侨务基层工作

上的得力支持力量，充分发挥侨联在组织、团结本镇归侨、侨眷、侨属、港澳眷属及海外侨胞，本着发扬爱国主义精神和弘扬中华传统文化，为振兴中华，实现祖国和平统一，促进国内外的合作与交流，为促进元江县经济社会又好又快发展服务；二是切实强侨联管理体制，切实承担起维护归侨、侨眷合法权益的职能，为元江县维护和平稳定作出应有的贡献。

### （三）调整经济结构，加快发展特色经济

要紧紧围绕元江县委政府对侨区的规划部署，青龙厂镇华侨事务管理区以青龙厂镇为依托在甘庄工业园区县级规划评审的基础上，积极推进事关侨区长远发展的基础性工作。主要有：一是以元江县工业发展调整重点和基本着力点，努力推进甘庄工业园区规划重大项目；二是积极争取西拉河水库二期配套工程立项建设；三是依托甘庄热区资源和元江第二大芒果产区的优势，争取热带水果交易市场立项建设，促进水果产品营销；四是建立健全市场流通体系。围绕芒果产业的生产和销售，加快市场信息硬件设施建设，加强市场信息网络，逐步建立健全各级农产品信息网络，依托各级农业信息服务中心，加大对加工企业和种植大户的终端信息服务。

### （四）不断扩大就业门路，促进侨区群众增收

侨区所在地域拥有得天独厚的气候、区位优势且土地资源丰富。随着元江县委县政府着眼长远对侨区的规划部署，各项重大项目和基础设施的建设实施，为侨区群众提供了千载难逢的就业和增加收入的契机。要实现侨区群众

增收的目标，一要加强就业培训，要完善侨区群众的就业培训制度，制订培训计划，加强与企业的长期联系制度，使个人与企业获得双赢。二要积极保障侨区群众，特别是归侨侨眷的合法权益，落实侨务各项政策，解除广大侨区群众的后顾之忧，努力促进元江的社会经济又好又快和谐发展。[①]

### （五）保持各种涉侨政策相对的连续性

原甘庄华侨农场领导体制改革完成后，各级涉侨部门应继续加大对华侨农场的扶持力度，防止出现一改了之、甩包袱现象的产生，保持对华侨农场的各项政策性补助如华侨事业费、税费改革转移支付等政策的连续性。

### （六）积极发展专业合作经济组织，加大对侨区可持续发展的提供人力资源保障

各级党委、政府和侨务部门应继续加大对华侨农场长远发展和可持续发展项目的扶持，努力实现侨区经济同步发展和率先发展。华侨事务管理区应以青龙厂镇为依托，积极发展专业合作经济组织。按照"民办、民管、民受益"的原则，积极发展专业合作经济组织，使其在产前、产中、产后服务中发挥重要作用。

---

① 元江县委统战部：《关于元江县华侨农场改革和发展情况的调研报告》，2009 年 4 月 25 日。

# 参考文献

## 一 书籍

1. 云南省元江哈尼族彝族傣族自治县编撰委员会:《元江哈尼族彝族傣族自治县志》,中华书籍出版社,1993。

2. 元江哈尼族彝族傣族自治县人民政府:《云南省元江哈尼族彝族傣族自治县地名志》(内部版,1983 年 12 月 31 日)。

3. 元江哈尼族彝族傣族自治县年鉴编辑部《元江年鉴——2001》,德宏民族出版社,2001。

4. 中共元江县委员会、元江县人民政府主办,元江鉴编辑部《元江年鉴——2008》,德宏民族出版社,2008。

5. 中共元江县委员会、元江县人民政府主办,元江鉴编辑部《元江年鉴——2009》,云南民族出版社,2009。

6. 中国人民政治协商会议元江哈尼族彝族傣族自治县文史资料委员会:《元江县文史资料》(第 1~11 辑,内部版)。

7. 甘庄华侨农场场庆筹委会:《创业之路(1958~1988)》(内部版,1988 年)。

8. 庄国土:《华侨华人与中国的关系》,广东高等教育出版社,2001。

## 二　文件与报告

1. 元江县民政局关于青龙厂镇甘庄、红新、干坝三个村民委员会及其三十五个村民小组地名命名更名的请示（元民请〔2009〕5号）。

2. 元江县哈尼族彝族傣族自治县人民政府对元江县民政局：《关于青龙厂镇甘庄、红新、干坝三个村民委员会及其三十五个村民小组地名命名更名的批复》（元政发〔2009〕21号）。

3. 元江县哈尼族彝族傣族自治县地名委员会：《关于青龙厂镇在甘庄华侨农场体制改革中地名命名更名的通知》（元地名志〔2009〕1号）。

4. 元江县侨联侨办2006年工作总结及2007年工作要点（2006年12月21日）。

5. 元江县侨联2002年工作总结（2002年12月20日）。

6. 元江县侨联2003年工作总结（2002年12月1日）。

7. 元江县深化集体林权制度改革实施方案（元政发〔2007〕8号）。

8. 甘庄华侨农场改革和发展实施方案（元政发〔2008〕41号）。

9. 元江县人民政府.元江县华侨农场领导体制改革工作情况汇报（2009年7月9日）。

10. 关于接受甘庄、红河华侨农场学校、医院人员的通知（元人劳联发〔2001〕3号）。

11. 关于对甘庄、红河华侨农场医院实施归口管理意见的批复（元政发〔2001〕18号）。

12. 元江县委统战部：《关于元江县华侨农场改革和发展情

况的调研报告》2009 年 4 月 25 日。

13. 元江县侨联侨办：《元江县积极推进华侨农场改革和发展工作》2008 年 11 月 15 日。

14. 关于成立青龙厂镇甘庄村、红新村、干坝村"两委"选举领导小组的通知（元发〔2009〕6 号）。

15. 元江县人民政府关于甘庄华侨农场行政撤并的决定（元政发〔2009〕18 号）。

16. 中共元江县委关于撤销甘庄华侨农场党委的决定（元发〔2008〕27 号）。

17. 中共元江县委关于青龙厂镇甘庄村、红新村、干坝村"两委"选举实施意见。

18. 中共青龙厂镇委员会：《青龙厂镇甘庄村、红新村、干坝村"两委"选举实施方案》（青发〔2009〕13 号），2009 年 2 月 24 日。

19. 青龙厂镇党政办公室：《青龙厂镇甘庄村、红新村、干坝村"两委"选举工作总结》。

20. 甘庄华侨农场：《推进甘庄华侨农场危房改造下一阶段实施意见》2008 年 12 月 25 日。

# 后　记

　　本书是红河学院何作庆教授主持的四个村寨调查点的成果之一，张虹、李思华、逄振宁、何柱等人参与部分实地调研和搜集资料的工作，钱武、董新超等人参与录入了部分资料，何作庆教授撰写了本书初稿（张虹、何柱撰写第四章第三、四节初稿），全书由何作庆教授统稿和定稿。

　　元江县甘庄华侨农场不仅是新中国成立以来云南省大规模接待和安置归难侨的十三个华侨农（林）场之一，而且是云南省陆疆迁入型侨乡多元文化的典型代表，它体现在：（1）归难侨文化与内地汉儒文化的交汇；（2）归难侨与边疆彝族、傣族等多民族经济的交流、沉积和沉淀；（3）归难侨对中国主流社会、民族地区亚社会、元江县甘庄地区自然环境的适应、碰撞、调适过程。它既是区域性的人与自然和谐相处，生态与社会和谐，也是充分体现中华民族多样性交融的实例见证。

　　红河学院有志于陆疆华侨农场兴衰——元江县青龙厂镇华侨事务管理区红新村研究的调研小组，在接受中国社科院中国边疆史地研究中心的调研任务以后，在云南省片区负责人——云南大学方铁教授的指导下认真完成了调研，撰写了《陆疆华侨农场兴衰——云南省玉溪市元江县青龙厂镇华侨事务管理区红新村调查报告》书稿，本书作者力图从科学发展观出发，总结半个世纪（1958～2008）以来，尤其是改革开放以来的元江县甘庄华侨农场的政治、社会、经济、民族、宗教、文体卫生等方面的变迁，突出其陆疆华侨农场多元和谐发展，最后融入地方的特点，起到存史、资政、育人、团结、和谐的作用；同时，它对与时俱进地探索和处理好当前中国新时期西部边疆建设中的基层侨务问题、陆疆（华侨）农林场深化改革，增强中华民族的凝聚力，有着重要借鉴的理论意义和现实意义，它也能进一步增进国内外各民族的平等、团结、互助、友爱、和谐的新型关系；坚定在党的领导下，遵循党在 21 世纪新时期制定的总的理论、纲领、路线、方针、政策，遵循党制定的关于侨务问题的相关理论、纲领、路线、方针、政策，维护祖国的统一和团结；在西部边疆新农村建设中，为促进和逐步达到国内外各民族共同进步，共同繁荣，共同富裕而努力奋斗。

谨以本书献给那些长期关注、支持和从事华侨华人研究的人们，他们使这门学科不断发展和完善。我们要感谢中国社科院中国边疆史地研究中心、云南大学西南边疆少数民族研究中心、云南省侨联等单位的领导和同志们，在他们的关心、支持和帮助下，使得该项目的调研、撰写和出版得以顺利进行；我们也要感谢元江县县委、人大、人民政府和政协等单位及其所属各部门的领导和同志们。调研小组尤其是得到了元江县委统战部、侨联、侨办、甘庄华侨农场、青龙厂镇政府及红新村委会的积极配合与支持，冯德华安排和协调了调研组的活动并帮助搜集相关资料，冯忠平、黄成玉等全程陪同调研，张庆华、杨志光、付福海、邹平南、杨卫才、董映波、方秀英、胡兴荣、刘建兴、白明祥、李钢、罗小佐、白勇强、白华元、邵明远、李文亮、白云忠、王正义、余正寿、陶立斌、杨品贤等对我们的调研给予了诸多的关心和支持；借此机会向一切帮助和支持过我们调研的领导、教师、朋友、学生、场员和同志们，一并表示谢忱。

我们还要感谢红河学院及其下属的人文学院、科技处等单位的领导和教师及其他人所给予我们的鼓励和支持。

我们还要感谢元江县原甘庄华侨农场场员给予了积极的理解与支持，他们对调研组成员给予了热情的接待、介绍、讲解、参观等各种方便；部分归难侨老人或眷属向调研小组成员讲述了自己家庭的基本情况。

我们也要感谢云南大学的方铁教授、中国社会科学院中国边疆史地研究中心的李方、翟国强研究员，他们多次仔细审阅了书稿，提出了许多有益的修改建议，使我们能够不断修改完善本书。

最后，尤其要感谢的是课题组的家属们，他们为我们调研小组的调研和撰写完成本书稿作出了许多牺牲，我相信他们的支持和爱是我和课题组成员终身难以忘怀的。

由于资料缺乏等限制，作者才疏学浅，水平参差不齐，本书文中不足和错误之处所在难免，恳请学界各位同人及读者不吝赐教。

何作庆

2010 年 4 月 28 日

图书在版编目（CIP）数据

陆疆华侨农场的兴衰：云南省玉溪市元江县青龙厂
镇华侨事务管理区红新村调查报告／何作庆著.-- 北京：
社会科学文献出版社，2018.7
（当代中国边疆·民族地区典型百村调查.云南卷.
第3辑）
ISBN 978 - 7 - 5097 - 5054 - 4

Ⅰ.①陆…　Ⅱ.①何…　Ⅲ.①农村调查 - 调查报告 -
元江县　Ⅳ.①D668

中国版本图书馆 CIP 数据核字（2013）第 214523 号

当代中国边疆·民族地区典型百村调查：云南卷（第三辑）

# 陆疆华侨农场的兴衰

—— 云南省玉溪市元江县青龙厂镇华侨事务
管理区红新村调查报告

著　　者／何作庆

出 版 人／谢寿光
项目统筹／宋月华　范　迎
责任编辑／范　迎

出　　版／社会科学文献出版社·人文分社（010）59367215
　　　　　地址：北京市北三环中路甲 29 号院华龙大厦　邮编：100029
　　　　　网址：www. ssap. com. cn
发　　行／市场营销中心（010）59367081　59367018
印　　装／三河市龙林印务有限公司

规　　格／开 本：889mm × 1194mm　1/32
　　　　　印 张：9.375　字 数：208 千字
版　　次／2018 年 7 月第 1 版　2018 年 7 月第 1 次印刷
书　　号／ISBN 978 - 7 - 5097 - 5054 - 4
定　　价／249.00 元（共 4 册）

本书如有印装质量问题，请与读者服务中心（010 - 59367028）联系

中国社会科学院中国边疆研究所　**厉声　主编**

当代中国边疆·民族地区典型百村调查：**云南卷（第三辑）**

分卷主编：**方　铁　翟国强**

中国社会科学院中国边疆研究所 厉 声 主编

当代中国边疆·民族地区典型百村调查·云南卷（第三辑）

# 边境壮寨新风

## ——云南省河口县南溪镇马多依下寨经济社会发展调查报告

黄禾雨 吴 喜◎著

社会科学文献出版社

SOCIAL SCIENCES ACADEMIC PRESS (CHINA)

# 总 序

　　深入实际、开展国情调研，是中国社会科学院肩负的重要科研任务，也是中国社会科学院履行好党中央、国务院赋予的"思想库""智囊团"职能的重要方式。中国边疆省区占国土面积的60%以上，边疆区情及当地的民族社会调研（边疆调研）是中国国情调研的重要组成部分。正如一位边疆工作者所说：不了解少数民族，就不了解中华民族；不了解边疆，就不了解中国。1983年中国社会科学院中国边疆史地研究中心建立后，特别是1990年以来，一直将边疆调研作为学科研究的重点之一。

　　2004年，中国边疆史地研究中心承担国家社会科学基金特别项目"新疆历史与现状综合研究"（以下简称"新疆项目"）。2006年，中国边疆史地研究中心牵头，立项开展"当代中国边疆·民族地区典型百村调查"（以下简称"百村调查"），作为此特别项目的子课题。"百村调查"以新疆为重点，在全国新疆、西藏、内蒙古、宁夏、广西五个民族自治区和云南、吉林、黑龙江三省基层地区同时开展，共调查100个边疆基层村落。调查工作在"新疆项目"领导小组和专家委员会的指导下，

1

由"百村调查"专家委员会暨编委会组织实施。在中国边疆史地研究中心主持拟定的调查大纲框架下，发挥每个省区的优势，体现各自的特色。

本项目的实施得到了边疆地区各级地方党政部门的支持。首先，调查工作注意与地方党政部门的相关工作衔接、听取意见，在实施调查之前，主动向各级党政部门汇报情况，听取指示和意见。其次，调查组主动让各级党政部门了解调研的全过程，在调研过程中出现问题时及时向相关党政部门请示。最后，调研阶段成果和最终成果的副本同时提供地方党政部门参考。

"百村调查"的调研主题是：改革开放30年来中国边疆基层村落的民族社会和经济发展的历史与现状。具体内容包括：乡村概况、基层组织、经济发展、社会生活、民族、宗教、文教卫生、民俗风情等。项目调研的时间是：2007～2008年（资料下限至2007年年底或适当延长）。

"百村调查"的调研对象为：100个具有典型意义与特色的中国边疆基层村落。课题以基层乡、村两级为调查基点，大致每个省区选择2个地州，每个地州选择1～2个县，每个县选择2个乡，每个乡选择2个村。新疆共调查22个村，其他地区均为13个村（辽宁、吉林、黑龙江以东北边疆为单元，共调查13个村）。调查点的选择要求：

（1）本地区社会稳定与经济发展中具有典型意义的基层乡和村。

（2）存在边疆现实政治、社会或经济发展的热点、难点问题。

（3）与 20 世纪 50 年代全国边疆民族调查能有一定的衔接。

"百村调查"采取学术调查与现实政治相结合的方法，以社会人类学入村入户调研方法为主，同时关注现实政治、社会与经济发展中的热点、难点问题：一般共性调查与专题专访调查相结合，在一般综合性调查的基础上，选择好专访或专题调研的"切入点"——总结经验与完善不足相结合，在总结各项工作经验的同时，善于发现问题和提出解决问题的对策与建议。调研注重入户访谈和小范围座谈的专访调查。在一般性问卷和统计资料收集的基础上，注重对基层干部、群众典型、教师、宗教人士等特定人员的专题访谈，倾听和收集他们对基层社会稳定与经济发展的看法、意见和建议，形成能说明问题的专访或专题调研报告。

"百村调查"的成果形式分为调查综合报告与专题报告两大类。

（1）调查综合报告：依据大纲规定，撰写有关乡村经济社会等发展状况的综合报告，课题结项后分期公开出版。专题报告及调查资料可以公开发表的，在篇幅允许的情况下，作为附录附在综合报告末尾。

（2）专题报告：内容较敏感、不适宜公开出版的专题报告，集成《专题报告集》，内部刊印。

"百村调查"总主编　厉声　谨识

2009 年 8 月 25 日

# 目  录
## CONTENTS

# 图目录
## FIGURE CONTENTS

3

# 表目录
## TABLE CONTENTS

# 序　言
## FOREWORD

## 一

云南地处祖国西南边陲，全省东西横贯 864.9 公里，南北纵跨 990 公里，总面积 38.3 万多平方公里，居全国第八位。境内绝大部分是山地，矿藏丰富，有 25 种矿产资源保有储量居全国前三位。不仅动植物资源呈多样性，而且少数民族文化也是复杂多样的。云南是个多民族的省份，有 52 个少数民族，其中 5000 人以上的世居少数民族有 25 个，是全国边疆少数民族种类最多的省区。云南历史悠久，公元前五六世纪，滇池地区已出现创造了灿烂青铜文化的滇国，两汉时云南正式进入中央王朝的版图。

19 世纪后期，英法殖民者以缅甸、越南为基地，把侵略矛头指向云南。传教士进入云南传教，随后开埠通商和修筑滇越铁路，蒙自、河口、思茅与腾越是最早设立的商埠。英法殖民者大量掠取锡等矿藏资源，云南封闭的状况也逐渐改变。

1950 年云南和平解放。1952～1956 年，中央政府在少数民族地区进行民主改革。在白族、回族、纳西族和壮族聚居的地区，采取政策略宽于汉族地区的土改方式；在处于封建领主制和奴隶制阶段的傣族、藏族、哈尼族、普米

1

族以及一部分纳西族、彝族的地区，采取和平协商土改的方式；在保留原始公社制度残余的傈僳族、景颇族、佤族、布朗族、基诺族、怒族、独龙族以及一部分拉祜族的地区，不进行土改，通过发展生产直接过渡到社会主义社会。土地改革与民主改革完成后，各族农民分到耕地和生产资料，农业生产获得较大发展。

新中国成立 60 年来，特别是十一届三中全会后，云南在农业、工业、贸易、文教卫生等诸领域都发生了巨大的变化。但目前与内地其他地区相比仍存在一些困难和问题。

据调查，云南边境县市地区有以下特点：一是社会经济发展速度普遍缓慢，总体上与先进地区的差距仍在扩大。二是基础设施与基本建设滞后，严重制约当地社会经济的发展。三是影响社会稳定的问题突出，治理难度很大。四是跨境民族境内外不同部分往来密切，本民族自我统一意识增强，并呈现继续发展的趋势。五是与邻国相比，云南边境县市一些地区获得国家支持的力度不够，与越南等国的优惠政策形成反差。六是地方财政较困难，难以落实国家规定的脱贫项目的配套经费。七是地方教育、卫生保健、文化事业等发展水平偏低。

因此，云南边境县市地区目前的状况，与建设和谐边疆的目标很不适应。最近中国与东盟 10 国共同签署中国—东盟自贸区《投资协议》。双方已成功完成自贸区协议的主要谈判，自贸区将如期在 2010 年全面建成。中国—东盟自贸区合作的高速进展，对云南边境县市地区以及当地少数民族的稳定与发展提出了更高要求。

在这一背景下，对国情、区情作进一步了解，以制定相应的政策、措施，显得十分必要。

中国社会科学院中国边疆史地研究中心主持的国家社科基金特别项目"当代中国边疆·民族地区典型百村调查"（以下简称"百村调查"），是一项涉及广西、云南、西藏、新疆、内蒙古、宁夏、吉林、黑龙江等八省区 100 个村寨的大型调研项目。云南省作为中国边疆少数民族种类最多的省，在本次调查中共选点 13 个，主要集中在云南沿边一线的各民族边疆村寨，个别分布在非边境县市地区。

## 二

在中国近现代发展史上，对于边疆地区的关注，主要出现在 19 世纪末 20 世纪初。一批学者对中国边疆尤其是西南边疆地区进行了调查研究，取得了一定成果。新中国成立后，在相关政府部门、研究机构的推动下，开展了对国内各民族社会历史的调查活动。20 世纪五六十年代，根据党中央和国务院的部署，国家有关部门在全国范围内进行了大规模的少数民族社会历史调查，其中也对云南各民族社会历史发展情况进行了全面的调查。该次调查对云南少数民族地区的社会、经济、文化发展起到了重要的推动作用，也为后来的学术研究积累了大量的历史学、民族学、人类学、社会学资料。2003 年 7 月至 8 月，云南大学组织力量对全国 32 个少数民族村寨进行了调查，其中包括云南各民族村寨调查。这次调查，也是一次典型的少数民族村寨调查，获得了 21 世纪初中国各民族典型村寨的珍贵资料，具有重要的学术价值。

与历次少数民族社会历史调查不同的是，本次由中国社会科学院中国边疆史地研究中心发起的边疆"百村调查"项目，主要是从边疆学的角度考虑，突出了边疆、村落和

现实发展状况三个要点，期望通过深入的田野调查，面向中国边疆农村地区，真实反映现实的中国边疆村寨客观发展状况，为国家宏观把握边疆发展现状，构建和谐、安全、富裕边疆提供参考资料。此次调查虽然并未把少数民族因素作为关键内容予以突出，但由于中国历史上形成的边疆社会人口结构，决定了调查的内容必定要涉及大量的少数民族村寨。因此，云南的调查点与全国其他边疆地区的情况一样，涵盖了大量的少数民族村寨。

云南在本次调查中所选择的12个调查点，是根据总体项目的设计，选择具有代表性的4个地州，在每个地州选1~2个县，每个县选择1~2个乡，每个乡选择1~2个村（农场），最后完成12份村寨调查报告，以及相关的若干份调研咨询报告。通过调研和提交的研究成果，较全面地反映云南省尤其是沿边地区社会与经济发展的状况，以及存在的主要问题，并提出解决问题的基本思路和切实可行的对策建议。

选择什么样的村寨作为调查对象？云南项目组遵循以下原则：第一，尽量顾及民族特点，选择自治州、县的自治民族，即壮族、苗族、彝族、瑶族等；第二，尽量选择不同类型的乡镇、村寨，距离不能太近，避免雷同；第三，所选村寨要尽量大一些，以便进行50户问卷抽样。根据上述原则，我们分别选取以下12个村寨作为调查对象。

红河哈尼族彝族自治州所属河口瑶族自治县桥头乡下湾子村和老汪山村、河口县老范寨乡小牛场村、河口南溪镇马多依下寨和红河县迤萨镇跑马路社区安邦村；文山壮族苗族自治州所属麻栗坡县猛硐瑶族乡坝子村和丫口寨、麻栗坡县董干镇八里坪村和马崩村；临沧市沧源佤族自治

县勐董镇永和社区、沧源佤族自治县勐角乡翁丁村以及玉溪市元江哈尼族彝族傣族自治县甘庄华侨农场等。

这些村寨各具特点，例如下湾子村和老汪山村分别是苗族和布依族的村寨，是多元文化融合的典型。在这里我们可以看到内地汉儒文化与边疆苗族、布依族等少数民族文化的融合，是中华民族文化"和谐"与"多元"的实例见证。红河县迤萨镇跑马路社区安邦村素有"侨乡"之称，该村侨眷占绝大多数，分别与老挝、美国、法国、加拿大、泰国、越南等国有侨眷关系，逐渐成为中国看世界和世界看中国的一个窗口。

除以上所说的 13 个少数民族聚居村寨以外，3 个子课题组还对所调研地州的其他一些地区，选择较突出的一些问题进行了调研，并撰写相应的调研咨询报告。

## 三

本项目的调查和研究，拟在以下方面有所突破：一是云南边疆地区社会经济发展状况的总体评价；二是云南边疆地区社会经济发展趋势预测；三是云南边疆地区社会经济发展存在的突出问题；四是解决云南边疆地区社会经济发展中存在问题的基本思路；五是解决云南边疆地区社会经济发展中存在问题的对策建议；六是对包括云南在内的中国边疆地区，当前和今后一段时期存在的问题及解决办法的思考；七是对今后在边疆地区进行社会经济可持续发展调研的建议。

研究的方法，主要是采取社会学、人类学的基层调查方法，系统收集和整理相关的资料和数据，尤其重视新资料和经过调查得来的第一手资料，同时结合历史学的分析、

演绎和归纳的方法，在此基础上进行全面深入的分析和研究，形成具有较高水平的研究成果。

在调查和研究的过程中，以云南大学西南边疆少数民族研究中心（教育部人文社科重点研究基地）以及云南省红河学院、文山学院、临沧高等师范专科学校等高校的教师和研究生为基本力量，同时吸收相关地州民族研究所的研究人员和各级政府的有关人员参加，共同协作，博采众长。在调研的过程中，注重依靠各级政府有关部门和乡村两级干部，深入村寨进行调研，实施问卷调查，细心倾听各民族干部和群众的意见，在此基础上形成真实客观、有一定的深度和广度、符合科研规范、有较高学术含量的研究成果。可以说，通过参加者的共同努力，基本上达到了项目所设计的预期目标。

"当代中国边疆·民族地区典型百村调查·云南部分"项目，由以下人员分别担任项目组及子课题组的负责人。

课题主持人：方铁（云南大学西南边疆少数民族研究中心教授，该中心原主任）

课题副主持人：翟国强（中国社会科学院中国边疆史地研究中心副研究员）

**红河哈尼族彝族自治州子课题组**

组长：金少萍（云南大学西南边疆少数民族研究中心教授）

副组长：何作庆（云南省红河学院教授）

**文山壮族苗族自治州子课题组**

组长：杨永福（云南省文山学院教授）

副组长：杨磊（云南省文山学院教授，副校长）

**临沧市子课题组**

组长：邹建达（云南师范大学教授）

副组长：杨宝康（云南省临沧高等师范专科学校教授，副校长）

在调查研究的过程中，得到了云南省政府有关部门、红河哈尼族彝族自治州、文山壮族苗族自治州、临沧市、玉溪市及所属县乡各级政府的大力支持和有效帮助，谨此表示衷心的感谢！

最后，本课题能以专著的形式出版发行，应该感谢中国边疆史地研究中心、社会科学文献出版社等单位提供的机会和付出的努力。在审阅本书稿的过程中，中国边疆史地研究中心李方研究员付出了辛勤劳动，一并表示感谢。

主持人（分卷主编）方铁　瞿国强
2009 年 8 月 20 日

# 第一章 概述

本书调查的对象——马多依下寨是云南省红河州河口瑶族自治县南溪镇南溪村委会下辖的一个村民小组。以下首先介绍该村寨所在县、乡的情况，然后介绍该村寨的情况。

## 第一节 概况

### 一 河口县概况[①]

河口瑶族自治县位于云南省南部，红河哈尼族彝族自治州东南端，东经 103°24′~104°17′，北纬 22°30′~23°02′。东北部与文山州的马关县接壤，西隔红河与金平县相望，北部与屏边县毗邻，南沿红河龙博河口至南溪河、红河交汇处。东沿南溪河至老卡戈索河止与越南社会主义共和国分界。中越国境线是清光绪二十二年（公元 1896 年）中法两国官员勘界划定的。县境内国境线长 193 公里，其中陆界 120 公里，河界 73 公

---

① 数据来源：河口县人民政府。

里。①

河口是因为处于红河与南溪河的交汇处所以得名。河口是座边境城市，与越南的老街、谷柳两市形成三角，南溪河一侧是老街市，红河一侧是谷柳市，三座城市隔河相望。汉时置进桑关，旧名烂泥塘，清末才称河口。云南近代史上三件重要事件发生在河口，即开关设领、滇越铁路通车及辛亥革命河口起义。这三件历史事件的发生，使河口成为闻名全国的边境城市。②

河口瑶族自治县地势呈阶梯状，北高南低，渐向东南倾斜，以县城河口镇为中心，沿红河、南溪河向东北、西北方向作扇形扩散。河口是云南省海拔最低的城镇，全县最低海拔仅为76.4米，最高海拔2354.1米。河口县地处北回归线以南，属热带、亚热带季风雨林气候。"年平均气温为22.6℃，极端最高气温40.9℃，极端最低气温1.9℃，年平均日照1700.9小时，相对湿度85%，年平均降雨量1771.6毫米。气候炎热，终年无霜、冬草不枯，雨量充沛。古老的地质构造和立体气候孕育了丰富的动植物资源和矿产资源。"③ 县域土地肥沃，气候条件优越，适宜热带、亚热带经济作物生长，是云南省热区自然资源开发县之一，也是全省香蕉、菠萝最大的生产基地。河口具有丰富的自然景观和人文景观，还有毗邻越南的独特地理环境，边境贸易、跨国旅游蓬勃发展，已经成为该县经济

① 河口瑶族自治县概况编写组：《河口瑶族自治县概况》（修订本），民族出版社，2008，第1页。

② 李增耀：《红河地名溯源》，德宏民族出版社，2007，第350、356页。

③ 河口瑶族自治县概况编写组：《河口瑶族自治县概况》（修订本），民族出版社，2008，第2页。

的支柱产业。

河口瑶族自治县是云南省唯一的瑶族自治县，全县国土面积1332平方公里，县辖河口、南溪2个镇，桥头、瑶山、老范寨、莲花滩4个乡。辖区内还驻有河口、蚂蝗堡、南溪、坝洒4个国营橡胶农场，不及沙坝热带作物研究所、农垦第三医院等机构。县内居住着瑶、苗、壮、傣、彝、布依等24个民族，其中瑶、苗、壮、傣、彝、布依、汉族为世居民族。"2008年年末，河口县总户数28030户，总人口87260人。其中农业人口49829人，非农业人口37431人（包括4个国营农场，以下同）。在少数民族人口中，瑶族23766人，苗族13878人，壮族11725人，彝族3459人，傣族2459人。人口自然增长率1.18‰。"[①]

河口县自古就是我国西南地区通往东南亚的重要通道，是滇越铁路、昆河公路、红河航道与越南乃至东南亚地区铁路、公路、航道连接的交通枢纽。河口县城距昆明市469公里，距越南首都河内296公里，距出海口越南北方最大海港海防市416公里，具有进入越南及东南亚各国便捷的水陆交通优势，是我国西南进入东南亚、南太平洋的最近出海口。1991年11月中越关系恢复正常化后，1992年国务院批准河口为沿边开放县，河口口岸为国家一类开放口岸，享受沿海开放城市的政策；同年，国务院特区办批准河口设立4.02平方公里的边境经济合作区，享受特区优惠政策。河口在我国与东盟建设"十加一"自由贸易区和云南省与越南建设滇越"昆—河—海"经济走廊的规划中，处于

---

① 红河哈尼族彝族自治州人民政府网站：http：//www.hh.gov.cn/Readinfo. aspx？KindID = 93504022 – ffce – 47c8 – 8bee – bce1b4c4443d&InfoID = a17ed62d – eebf – 4b9f – af69 – 5c327fb5bbba。

"咽喉"的重要地位，区位优势极其明显。1992年以来，河口县正努力建设成为以边贸为龙头、农业为基础、加工业为重点，保护生态，发展旅游业，依靠科技和教育进步，不断提高对外开放水平，贸工农全面发展的边境商贸旅游城市。随着基础设施的不断改善，特别是高速公路及泛亚铁路东线的建设，河口不论在城市建设还是对外贸易方面都会上一个新的台阶。

图 1 – 1　河口口岸边贸（毛登科摄　2011 年 2 月 20 日）

## 二　南溪镇概况[①]

南溪镇清朝时隶属于开化府安平厅河口卡，民国年间属河口特别行政区对讯督办公署南溪乡，1950 年属河口市

---

① 数据来源：南溪镇党政办。

河溪区，1951 年改为第一区，1958 年归红河人民公社，之后归河口县城关镇城关公社管辖，1988 年设立南溪镇。[①] 南溪镇于 1988 年 8 月建镇，是河口县最年轻的一个乡镇。"南溪"是壮语词汇。壮语中"南"为水，"溪"为纵横交错的小溪，寓美丽富饶之意。[②]

南溪镇位于河口县境东北部，东经 103°24′～104°17′，北纬 22°36′～23°02′。西北部与老范寨乡毗邻，北面与马关县古林箐相交，东北与桥头乡相连，东南面与越南老街省隔河相望，距河口县城 18 公里，镇域面积 258 平方公里，山地面积占总面积的 98%，耕地面积 8898 亩，边境线全长 60 公里。

南溪镇属河谷半山区地带，亚热带雨林气候。县境内最高海拔 1200 米，最低海拔 105 米。立体气候显著，年平均气温 22.6℃，极端最高气温 42℃，极端最低气温 4.2℃，年平均日照 1700 小时，年平均降雨量 2200 毫米，气候炎热，雨量充沛，土地肥沃，四季无霜。境内铅、锌、铁等储量十分丰富。热带雨林茂盛，植被良好。境内水资源丰富，有南溪河、坝吉河、小南溪河、马多依河等河流。喀斯特地貌分布广泛，有著名的国家级花鱼洞瀑布森林公园和龙戈洞、白沙河溶洞、天生桥等自然景观。

南溪镇辖南溪、龙堡、安家河、大南溪 4 个村民委员会，有 39 个村民小组。辖区内还驻有蚂蝗堡、南溪 2 个国家橡胶农场，农垦 131、132 电站、南溪火车站、河口磷酸

---

[①] 河口瑶族自治县县志编纂办公室：《河口风物志》（内部发行），个旧市印刷厂印刷，红文新内资字〔2000〕71 号，2000，第 6 页。

[②] 朱惠荣主编《中华人民共和国地名词典（云南省）》，商务印书馆，1994，第 252 页。

盐厂、南溪水果场等 30 多个省、州、县属企事业单位。辖区内居住着瑶、苗、壮、彝、傣、汉等 15 种民族，是一个多民族的乡镇，千人以上的世居民族有苗族、瑶族。"2009 年全镇总户数 1837 户，总人口 5428 人，其中农业人口 1220 户 4295 人，非农业人口 617 户 1133 人。2009 年出生 56 人，出生率为 10.51‰，计划生育率为 100‰；死亡 31 人，死亡率为 3‰，人口自然增长率为 4.69‰，人口密度每平方公里 21.44 人。"[①]

南溪镇交通便利，是河口县窗口门户和交通枢纽。河口—砚山、河口—屏边公路在此交会，昆河铁路经此并设站。南溪镇作为河口县的一个新兴乡镇，城镇化水平比较高，集镇建设规划有序，街道宽敞，集市贸易兴旺，文教卫生、邮政通信等设施齐全，是一个重要的商贸交易城镇。截至 2007 年，全镇主干道均已硬化，硬化率达 100%。镇区下辖各行政村已实现通路、通水、通电、通电视、通电话五通，自然村也基本实现五通。

南溪镇下辖各村寨聚落沿南溪河两岸散列。农民主要种植香蕉、菠萝、肉桂、橡胶等经济作物。"农场产橡胶及香蕉、菠萝等热带水果。林区有铁刀木、红椿等珍稀树种。"[②] 近年来，南溪镇党委、政府紧紧围绕"以经济建设为中心，以集镇开发为依托，以农业为基础，加工业为重点，大力实施山区综合开发，发展非公有制经济，促进旅

---

① 河口瑶族自治县南溪镇数字乡村新农村建设信息网：http://www. ynszxc. gov. cn/szxc/model/ShowDocument. aspx？DepartmentId = 826&id = 2136070。

② 朱惠荣主编《中华人民共和国地名词典（云南省）》，商务印书馆，1994，第 252 页。

游服务业发展，走繁荣集镇，保护生态，以镇带村，协调发展的路子，把南溪建设成为三个文明成果显著的中心城镇"的发展思路，在农村经济发展上，根据该镇山区和热区并存的实际，制定"稳香蕉、保肉桂、扩竹类、上橡胶、抓蔬菜、强养殖"的农业产业发展思路，即在高寒山区以发展养殖业为主，半山区以肉桂、甜龙竹经济林种植为主，河谷地区在稳定香蕉的基础上，逐步发展橡胶、花卉及蔬菜产业。在具体工作中南溪镇党委、政府突出紧紧围绕经济建设这一重点，推进农村扶贫开发和集镇建设开发，抓好集镇基础建设、农村五小工程建设和村村通建设、培养种植业、农产品加工业和养殖业三大支柱产业，实现农业增产、农民增收、城乡经济发展和社会稳定的目标。

## 三　马多依下寨概况[①]

　　马多依下寨是河口县南溪镇南溪村委会下辖的一个村民小组，属于山区。地处南溪镇东南面的一条夹谷之中，四面高山环绕，平地方圆不足 3000 米，距离南溪村委会 2 公里，距离南溪镇 2 公里，距离南溪镇有名的旅游景点——戈浩避暑山庄 5.5 公里，南芹公路从寨中穿过。全村国土面积 1.18 平方公里，海拔 110 米，年平均气温 24℃，年降水量 1790 毫米，适宜种植香蕉、肉桂、菠箩等农作物。有耕地 1365.08 亩，人均耕地 7.3 亩，主要种植香蕉、蔬菜等作物；有林地 1280 亩，其中经济林果地 680 亩，人均经济林果地 7.1 亩，主要种植香蕉、橡胶等经济作物。马多依下寨

---

　　① 数据来源：南溪镇党政办和南溪村委员会。

原来主产稻谷、苞谷，后因水源枯竭，调整产业结构，种植香蕉、橡胶、蔬菜、果树、竹类。香蕉种植占整个种植面积的90%以上。目前，村民的主要经济收入以香蕉种植和大棚果蔬种植为主，以橡胶、肉桂等为辅。该村正在大力发展香蕉特色产业和大棚果蔬种植，计划形成产业化模式经营。

马多依下寨是一个壮族聚居村组，2010年有农户49户，有农业人口185人，其中劳动力132人，全部从事第一产业。2009年全村经济总收入60.89万元，种植业收入42.86万元，占总收入的79%；畜牧业收入15.56万元（年内出栏肉猪180头），占总收入的12%；林业收入1.7万元，占总收入的11%；第二、第三产业收入0.7万元；农民人均纯收入3212元。该村设党支部1个，党员总数11人，党员中男党员11人。该村党支部多次被评为南溪镇先进基层党组织。该村设有团支部1个，团员总数12人。

过去由于交通不便，产业单一，马多依下寨农民收入偏低，生活质量较差。近几年，在上级党委、政府的正确领导和有关部门的关心支持下，该村民小组以"三个代表"重要思想为指导，按照新农村建设"生产发展、生活宽裕、乡风文明、村容整洁、管理民主"的要求，努力发展新产业、改造新村庄、培育新农民、塑造新风貌，村民小组各项事业得到了全面发展，农村文化活动开展得有声有色。在资金筹措方面，采取上级有关部门拨一点、镇里筹一点、村民投工投劳等方式开展项目建设。先后完成沼气三配套27户，卫生路1930平方米；2007年投资15万元修建了宽5.5米、长246米的文明路；为了丰富村民业余文化生活，投资 40 余万元建盖了村民活动室、球场、卫生公厕等公共设施，活动室内音响设备及各种报纸杂志和书籍配备齐全，为村民学习、休闲提供了便利。截至 2009 年年底，该村已实现通水、电、路、电视、电话五通。该村到乡镇道路为土路，进村道路为水泥路，村内主干道均为水泥路。该村距离最近的车站 2 公里，距离最近的集贸市场 2 公里。全村有摩托车 56 辆，农户住房以砖木结构住房为主。目前，该村已经建设成为"马多依下寨小康示范村"，在南溪镇起到了较好的示范和带动作用，初步探索了一条"村两委班子引导、农民积极主动、社会大力支持，加快推进社会主义新农村建设"的新路子。

# 第二节 历史沿革

## 一 村落历史

壮族是中国人口最多的少数民族，主要分布在广西、云南、广东和贵州等省区。壮族在云南的部分，史家称呼他们为侬人、沙人、土僚。壮族是开垦河口地区最早的民族，自称"布依""布蕊""布傣"，他称为"侬人""沙人""土佬"，中华人民共和国成立后统称为壮族。目前，河口县的壮族主要聚居在南溪镇、桥头乡和河口镇郊区。①

"马多依"系壮语，从语言学的角度释义，"马"（谐音）是"酸"的意思，"多依"是一类酸果子的统称，故"马多

---

① 河口瑶族自治县地方志编纂委员会：《河口县志》，三联书店，1994，第 104、80 页。

依"为酸果子多的地方之意。① 马多依下寨村民对"马多依"一词存有另一个解释，认为是马帮躲雨的意思。据说从前村里有一条路是马帮的商道，马帮运烟土经过躲雨故得此地名。

马多依下寨的壮族自称"布雅衣"，他称"沙人""沙族"，40多户人家中，多姓王、李、陶，姓尹的只有一支，是上门来到寨子里的。据村民回忆，他们的祖先是广西人，后于清末民国年间迁徙到此地。

村里流传着一个讲述祖先迁徙历史的传说："我们沙族是壮人的一个支系，从广西过来的。我们马多依的人是掉队的沙族。前方带路的人砍了香蕉作为引路的标识。后来到达的人看到香蕉长出的芯子太长了，以为前面的队伍走得太久、太远了，是怎么追也追不上的，就在马多依停下来，留在这里生活了。其实他们太傻了，香蕉只要砍了两分钟就可以长出很长的。我们来以前，马多依是没有人生活的。过去只有上寨，没有下寨。因为壮族占水头，水源头在上寨，所以我们就住在那里。现在可以引水，就不用住在水源头了。我们原来全部都是上寨的人，下寨这个地方，过去只有老地棚。下寨的人是1958年后陆续从上寨搬迁过来的，刚搬来的时候，只有六户人家。现在上寨只有两户是本地人，上门的姑爷太多了。整个南溪镇历史上是没有人居住的，就只有马多依有人。其他地方的人是后来才迁过来的。现在的人太多了。"②

中华人民共和国成立后，马多依下寨属于河口县城关公社管辖。1955年河口县办起初级合作社，随后又办起高级合

---

① "马多依"一词的释义由云南大学方铁教授做出，在此深表感谢。
② 根据2011年2月11日对马多依下寨村民王泽民的访谈记录整理。

作社。1958 年河口成立红河人民公社，实行政社合一，所有的沙族村寨，除马多依上、下寨、三十七，全部并入红河人民公社。马多依上、下寨、三十七仍然办高级社。在生产大队时期，由于马多依农业社的稻田是河口县的示范田，县里派工作组长期驻村指导工作。1966 年越南农业部门领导还曾到村中参观学习。[①] 20 世纪 80 年代，政府曾经要将马多依下寨划归入国营南溪农场管辖，但由于村民不同意，没有划归成功。1988 年南溪镇成立，马多依下寨归入南溪镇管辖。

## 二　村落布局

马多依下寨属于山区，整个村寨处在一条山间的夹谷之中。村口有两个工厂，分别是 1984 年建盖的河口磷酸盐厂和 2006 年建盖的红河牌水泥厂。目前，村民在山上种植香蕉、橡胶和肉桂，在山间狭长而平坦的坝子里建起果蔬大棚。过去，马多依下寨村民居住比较分散，多住在马多依河旁的大块平地上。后来因为马多依河经常发洪水淹到房屋，村民就陆续搬迁到山坡脚下的位置并形成了聚居。对于马多依下寨的地理位置，村民们满怀自豪，认为老祖宗为后代选择的地盘风水很好。

"老人说，马多依上下寨的风水好，所以大盗贼和抢劫的土匪不敢进来。民国时，河口的土匪很多，村民配枪一方面是防范土匪，另外一方面是打猎，武器都是很先进的。我们这里的山形像个口袋，进得来，出不去。山间的路也很窄，而且只有一条路。所以土匪根本不敢来。其他的地

---

① 河口瑶族自治县地方志编纂委员会：《河口县志》，三联书店，1994，第 593 页。

方在过去都是被抢过的，什么地方宽一点的，东西全部被抢光，连媳妇好看一点的都要被抢走去做压寨夫人。但是马多依没有抢劫的事，因为我们的地盘好啊。"①

2008 年开始，马多依下寨村民在河口县农业局的指导下试种大棚果蔬，并于 2009 年 4 月获得第一批大棚西瓜的丰收，实现亩产值 15000 余元。2010 年，河口边境现代农业示范园区落户马多依下寨并获得省、州、县级立项，详细的规划方案和有力的配套支持让马多依下寨村民抱着"金娃娃"，笑得乐呵呵。他们大声感叹道："我们马多依下寨的这个大坝子，又平又宽，我们这里确实是一块宝地啊！"

---

① 根据 2011 年 2 月 4 日对马多依下寨村民黄保山的访谈记录整理。

# 第二章　政权组织

## 第一节　基层党组织

### 一　基层党组织设置

#### （一）南溪村党总支委员会

2010 年，南溪镇有村党总支 4 个，分别为南溪村党总支、龙堡村党总支、大南溪村党总支和安家河村党总支，党支部 12 个，正式党员 119 名，预备党员 6 名。南溪村党总支有党支部 5 个，分别是马多依下寨党支部、马多依上寨党支部、非公经济党支部、街道党支部和戈哈党支部，正式党员 45 名，预备党员 2 名，入党积极分子 10 名。

按照河口县委的统一部署，南溪镇于 2010 年 1～4 月开展了第四届村级党总支换届选举工作。具体安排如表 2－1 所示。

2010 年南溪镇第四届村级党总支换届选举应参选党员 109 人，实参选党员 102 人。按照"两推一选"，4 个村党总支共推选出党总支委员 20 人，其中党总支书记 4 人。选

表 2 – 1　2010 年南溪镇第四届村级党总支换届选举工作日程

| 时间安排 | 工作内容 |
|---|---|
| 第一阶段：选举准备阶段 | |
| 1 月 1 日 ~ 3 月 5 日<br>（64 天） | 1. 做好村"两委"的财务清理审计工作。<br>2. 成立村"两委"换届选举工作领导小组及办公室。<br>3. 成立村"两委"换届选举工作指导组。<br>4. 制定并通过《南溪镇党总支和第四届村委会换届选举工作的实施意见》 |
| 3 月 6 ~ 8 日<br>（3 天） | 1. 工作指导组和工作队就位，做好宣传发动工作。<br>2. 建立机构，结合实际制订实施方案和工作流程 |
| 3 月 9 ~ 10 日<br>（2 天） | 1. 召开动员会，安排部署村"两委"换届选举工作。<br>2. 召开村党总支班子成员会议，研究换届选举有关事宜，向镇党委呈报换届选举的请示。<br>3. 镇党委批复后，召开村党总支班子成员会议，部署换届选举有关事项 |
| 第二阶段：选举实施阶段 | |
| 3 月 11 ~ 15 日<br>（5 天） | 1. 党员推荐。召开党员大会，以无记名投票方式推荐新一届村党总支委员会成员候选人预备人选。<br>2. 群众推荐。结合推选村民选举委员会工作，在村民会议或户代表会议或村民小组会议上，群众以无记名投票方式推荐新一届村党总支委员会成员候选人预备人选。<br>3. 推荐结束后，村党委总支汇总公布"两推"情况，并在酝酿后，按多于应选名额 20% 的比例，向镇党委报告候选人预备人选名单 |
| 3 月 16 ~ 18 日<br>（3 天） | 1. 召开党委会审核村党总支成员候选人预备人选，确定考核对象。<br>2. 镇党委派出考察组对考察对象进行考察，考察结果进行公示（在村级公示），并对新一届村党总支委员会成员候选人预备人选给予批复 |

续表

| 时间安排 | 工作内容 |
|---|---|
| 第二阶段：选举实施阶段 | |
| 3月19~29日 (11天) | 召开村党总支班子成员会议，讨论镇党委批复的候选人预备人选，确定正式候选人并进行公示（在村和小组公示，公示7天，法定节假日除外） |
| 3月30~31日 (2天) | 1. 村党总支召开党员大会，选举产生新一届村党总支委员会。 2. 召开新一届村党总支委员会选举产生书记，并进行委员分工。选举结果报镇党委审批 |
| 第三阶段：培训和总结阶段 | |
| 4月1~26日 (26天) | 1. 镇组织检查验收。 2. 开展任前培训、工作交接、立卷归档工作和上报工作总结、汇总表等 |

资料来源：南溪镇党政办。

举的具体结果如下：南溪村党总支书记何强，委员何强、黎明、尹国春、陆金美、陶金寿；龙堡村党总支书记陶发昌，委员陶发昌、陶金和、黄开慧、陶永明、杨武；大南溪村党总支书记廖洪云，委员廖洪云、夏朝秀、盘兴荣、韩治文、李有专；安家河村党总支书记盘文安，委员盘文安、冯保义、李兵妹、李林波、李绍安。其中男委员16人，占委员总数的80%；女委员4人，占20%；少数民族14人，占70%；大专学历2人，占10%；中专学历4人，占20%；初中及以下文化程度14名，占70%；35岁及以下11人，占55%；36~45岁6人，占30%；46~54岁3人，占15%；最大年龄50岁，最小年龄21岁；连选连任的党总支书记2名，连选连任的党总支委员6名。新一届总支委员会班子的文化程度、年龄结构、女性委员指数均有较大改善，基层党员干部队伍的领导能力和综合素质进一步提高。

通过选举，南溪村党总支书记何强获得了连任。何强的个人履历如下。①

何强，男，壮族，1980年3月13日出生，南溪村马多依下寨小组村民，中专文化，中国共产党党员。

1987年9月~1993年7月，在南溪镇民族小学读书。

1993年9月~1996年7月，在河口县第一中学读书。

1996年9月~1999年7月，在红河州财经学校读书。

1999年7月~2000年12月，在南溪村马多依下寨小组务农。

2000年12月~2002年12月，在空军航空兵第二师五十九分队服兵役。

2002年12月~2004年4月，在南溪村马多依下寨务农。

2004年4月~2005年12月，在开远铁路公安处山腰派出所当保安。

2005年12月~2011年，先后任南溪村党总支任副书记、书记。

在党总支书记何强的主持下，南溪村第四届党总支委员的具体分工情况如表2-2所示。

## （二）南溪村马多依下寨党支部委员会

南溪镇南溪村委会马多依下寨党支部隶属于南溪村党

---

① 资料来源：南溪村党总支。

表2-2 南溪村第四届党总支委员分工

| 职 务 | 姓 名 | 分 工 |
|---|---|---|
| 党总支书记 | 何 强 | 主持南溪村全盘工作，主管党风廉政建设、党建、林业等工作 |
| 党总支委员 | 黎 明 | 协助党总支书记工作，分管经济、农业、水利、救济、村集体经济、土地等管理工作 |
| 党总支委员 | 陆金美 | 协助党总支书记工作，分管妇女、卫生工作 |
| 党总支委员 | 尹国春 | 协助党总支书记工作，分管治保、调解工作 |
| 党总支委员 | 陶金寿 | 协助党总支书记工作，分管计生协会 |

图2-1 南溪村党总支书记何强

（南溪村党总支摄 2010年3月11日）

总支。该党支部在上级党委和政府的支持下，在支部书记王加坤的带领下，积极发挥基层党员干部的带头作用，各项工作取得突出成效。2011年马多依下寨党支部被中共红河州委表彰为全州先进基层党组织。

2010年马多依下寨党支部有正式党员11人，入党积极

分子 1 人。党员的基本情况分析如下：党员平均年龄 55 岁，最大年龄 76 岁，最小年龄 28 岁；党员文化结构，大专 1 人，占党员总数的 9.1%，中专 3 人，占党员总数的 27.3%，初中 4 人，占党员总数的 36.4%，小学 3 人，占党员总数的 27.3%；党员民族结构，壮族 10 人，占党员总数的 90.9%，汉族 1 人，占党员总数的 9.1%；党员中有村组干部 3 人，占党员总数的 27.3%。

## 二 基层党组织建设

### （一）组织建设

南溪村党总支十分重视党的组织建设，在加强党员干部队伍建设、党的基层组织建设和民主集中制建设的基础上，积极发挥基层党组织"五好五带头"的作用。南溪村党总支组织建设的具体举措有以下六项。

一是重视党员干部的队伍建设。成立党建工作领导小组，形成以支部书记为第一责任人，支部抓支委，党员责任层层落实的机制。做好发展党员工作，不断改善党员队伍的结构。鼓励和引导在生产、生活、工作中能起模范带头作用，积极为村民谋利益的村组干部、优秀青年团员、妇女、退伍军人及群众中的致富能手入党。

二是加强党员干部的政治培训和业务培训。通过学习党的方针政策和法律法规，提高党员干部的政治素质、文化水平和依法治村的能力，树立为群众服务的意识。坚持每月月底的学习制度，组织党员干部议时事、谈发展。

表 2 - 3　南溪村党总支马多依下寨党支部党员花名册

| 序号 | 姓名 | 性别 | 出生年月 | 籍贯 | 民族 | 学历 | 职务名称 | 入党时间 | 转正时间 |
|---|---|---|---|---|---|---|---|---|---|
| 1 | 何　强 | 男 | 1980 年 3 月 | 河口 | 壮族 | 中专 | 南溪村总支书记 | 2002 年 9 月 | 2003 年 9 月 |
| 2 | 黎金国 | 男 | 1980 年 3 月 | 河口 | 壮族 | 中专 | 宣传委员 | 2004 年 4 月 | 2005 年 4 月 |
| 3 | 黎　明 | 男 | 1978 年 11 月 | 河口 | 壮族 | 初中 | 无 | 2004 年 4 月 | 2005 年 4 月 |
| 4 | 罗和生 | 男 | 1932 年 12 月 | 河口 | 壮族 | 小学 | 无 | 1955 年 9 月 | 1956 年 9 月 |
| 5 | 汪正祥 | 男 | 1940 年 5 月 | 河口 | 壮族 | 小学 | 无 | 1973 年 3 月 | 1974 年 3 月 |
| 6 | 王加坤 | 男 | 1963 年 7 月 | 河口 | 壮族 | 初中 | 马多依下寨支部书记 | 1994 年 7 月 | 1995 年 7 月 |
| 7 | 王玉华 | 男 | 1947 年 6 月 | 河口 | 壮族 | 初中 | 组织委员 | 2002 年 4 月 | 2003 年 4 月 |
| 8 | 王泽明 | 男 | 1963 年 11 月 | 河口 | 壮族 | 初中 | 无 | 1992 年 2 月 | 1993 年 2 月 |
| 9 | 杨正文 | 男 | 1963 年 11 月 | 河口 | 壮族 | 中专 | 无 | 1983 年 4 月 | 1984 年 4 月 |
| 10 | 尹国春 | 男 | 1978 年 2 月 | 河口 | 壮族 | 大专 | 纪检委员 | 2006 年 6 月 | 2007 年 7 月 |
| 11 | 尹国兴 | 男 | 1972 年 5 月 | 河口 | 壮族 | 初中 | 无 | 2002 年 4 月 | 2003 年 4 月 |

　　三是建立"五个名册",实行党员挂牌亮身份制度。"五个名册"即党员花名册、党员设岗定责名册、党员挂钩扶贫名册、致富党员和困难党员名册、入党积极分子名册。将能模范贯彻党的路线方针政策、遵纪守法、带头致富、

带领致富、经济收入年年有增加、"三个文明"建设年年有进步、积极参加党的组织活动、按时交纳党费的党员定为"党员先锋户"，贯彻党的方针政策、遵纪守法的党员定为"党员户"。通过亮身份的方式使党员主动接受群众监督，鞭策后进党员，鼓励青年团员。

四是发挥党员干部的先锋模范作用。引导党员干部谋事创业，深入开展"农村致富先锋"行动计划和"把致富能手中的优秀分子培养成党员干部，把党员干部培养成致富能手"的双向培养活动。进一步增强党员干部的领导观念、民主法制观念及带领群众脱贫致富的本领，建立结对帮扶后进党员的制度，先进党员上门对后进党员谈思想、谈心得、谈创业，"一对一"进行帮扶，保证后进党员不拖后腿。

五是加强党的基层组织建设。定期、有组织地召开党员大会和村组干部座谈会，通报村党总支党建工作的情况，听取下辖党支部的情况汇报，及时解决实际工作中遇到的问题。坚持党组织"总揽全局，协调各方"的原则，按照上级要求配齐配强村级领导班子，建立健全共青团、妇代会、计生协会、治安调解等村组辅助组织。

六是完善民主集中制，切实发挥党总支的核心作用。把党建工作纳入重要议事日程，抓好党建目标责任书的落实。在工作中，明确党总支书记亲自抓，分管领导具体抓，党总支、党支部任务明确、目标具体、措施有力、责任到人。从党总支到各党支部，形成一级抓一级、层层抓落实的良好格局，工作中做到有布置、有检查、有总结。村两委班子团结协作、相互通气，重大问题集体讨论决定，形成分工不分家，班子整体功能良性运转的局面。

## （二）思想建设

南溪村党总支努力探索党员干部教育管理的途径，坚持以执政能力和先进性建设为主线，巩固和发展先进性教育活动成果，健全"党员经常受教育、永葆先进性"的长效机制，认真落实副科级以上领导干部讲党课制度，签订共产党员承诺书，开好党员组织生活会，扎实搞好党员民主评议，充分利用"三会一课"、党员现代远程教育等多种形式，加强党员政治、法纪、道德教育，提高党员综合素质。

### 1. 基层党组织活动场所标准化建设

南溪村党总支硬件设备齐全，在河口县村级党总支中处于领先地位。2004 年即拥有党员活动室、档案室、文印室、大小会议室及电教室、农民学校和图书室，配备桌椅板凳、电视机、DVD 机、VCD 机、音响和电脑。电教室门口挂有党员现代远程教育播放点牌子，"四项制度"上墙，"一册三簿"健全。马多依下寨党支部已实现有活动室、有电教设备、有书报学习材料、有宣传栏、有广播、有国旗、有党旗的"七有"目标。现拥有党员活动室、文化活动室、科技活动室、村图书室、村篮球场、基层工作宣传栏、法制宣传栏等基础设施，配备桌椅板凳、电视机、DVD 机、VCD 机、音响和电脑。

### 2. 基层党员教育管理

南溪村党总支和下辖党支部以党员活动室为阵地，以村党总支班子下各支部讲党课、邀请科技人员传授科技知识、播放党员干部现代远程教育片等形式，抓好党员干部培训工作。

首先，制定党员教育管理制度，具体内容如下。

# 南溪村党员教育管理制度

一、加强教育培训，保持党员的先进性。

二、严格党的组织生活，每月一次党员活动，每年一次民主生活会。

三、尊重和保障党员的各项权利。

四、坚持民主评议党员制度，接受群众监督。

五、加强流动党员的教育管理。

六、严格执行党的纪律，经常向党员进行遵纪守法教育。

七、认真做好发展党员工作。

其次，定期召开党支部基层党组织会议，并邀请村党总支下各支部讲党课、科技人员传授科技知识。根据马多依下寨党员活动室中存放的 2008 年党支部基层党组织会议记录统计，当年该支部共召开会议 21 次，其中支委会 10 次，支部全体党员大会 8 次，党群联席会议 2 次，科技培训会 1 次。邀请上级领导讲党课 5 次，科技人员传授科技知识 1 次。会议内容包括学习《中国共产党章程》、政府工作报告和会议文件精神，商讨村寨各项工作的安排部署，增强党支部建设、民主评议村干部等。

选取三次会议记录誊录如下：

**一、会议名称：科技培训会**

时间：2008 年 3 月 27 日上午 9 时

地点：马多依下寨党员活动室

主持人：王加坤　记录人：黎金国

参会人员：支部全体党员及部分群众，应到人数 30 人，实到人数 30 人。

会议内容：

1. 南溪镇组织干部黎桂霞讲党课，以实际行动争做一名合格的共产党员。

2. 县律师事务所讲解相关的法律法规知识。

3. 镇卫生院沈医生讲解肝炎、肺结核、艾滋病、非典、禽流感的基本常识。

4. 镇司法所田占根讲解人民调解若干规定。

5. 林业站龙林志解决沼气的使用与管理常识。

6. 县水果站黄梅讲解橡胶的栽培与管理技术。

7. 县水果站何昆讲解香蕉的标准化栽培与管理技术。

**二、会议名称：支部全体党员大会**

时间：2008 年 6 月 13 日上午 9 时

地点：马多依下寨党员活动室

主持人：王加坤　记录人：黎金国

参会人员：支部全体党员，应到党员 11 人，实到党员 11 人。

参会领导：南溪镇党委书记杨兴成、南溪镇组织干部黎桂霞、村总支书记刘晓龙。

会议内容：

1. 支部书记王加坤组织学习中共河口县关于河口县边疆党建长廊建设的实施意见。

2. 黎金国组织学习南溪镇关于加强党支部学习活动通知及南溪镇关于评选先进基层党组织、优秀共产党员、优秀党务工作者的通知。

3. 镇党委书记杨兴成作重要指示。

4. 南溪镇组织干部黎桂霞同志讲党课："新形势下

如何发挥基本党组织的战斗堡垒作用"。

三、会议名称：支委会

时间：2008 年 7 月 4 日晚 20 时

地点：马多依下寨党员活动室

主持人：王加坤　记录人：黎金国

参会人员：王加坤、黎金国、王玉华

会议内容：

1. 支部书记王加坤同志组织学习《中国共产党章程》第七章"党的纪律"。

2. 关于如何建好本组食堂、文化活动室的问题进行讨论。讨论一致决定食堂、文化活动室的建盖位置在篮球场下方空地上，具体事务由小组长黄保明负责处理和协调。

图 2-2　马多依下寨党支部全体党员大会

（南溪镇党政办摄　2009 年 7 月 1 日）

### 3. 农村党员干部现代远程教育

为加强农村党员干部现代远程教育工作，河口县在各乡镇、村建立党员干部现代远程教育终端接收站点和党员电化教育播放点。自 2007 年起，马多依下寨支部每月组织一次远程教育培训，党员、群众通过观看通俗易懂、寓教于乐、紧贴农村实际的电教光碟，学习党的基本理论和经营管理知识。在马多依下寨党员活动室中，2007～2010 年远程教育的"一册三簿"，即点名册、放像登记簿、讨论记录簿和信息反馈簿齐全，每年播放党员电教片的次数大于 12 次，全体党员均能按时参与电教片观看活动。由于马多依下寨党支部在农村党员干部现代远程教育工作中表现突出，连年被评为河口县现代远程教育示范基地。

### （三）制度建设

南溪村党总支不断建立和完善各项规章制度。截至 2010 年年底，南溪村党总支制定并实施的制度有党总支工作目标责任制度、总支议事制度、支委表决制度、党员领导干部联系群众制度、党总支成员实行领导挂钩帮扶联系制度、民主生活会议制度、党风廉政建设工作制度、党员廉政承诺制度、领导干部述职述廉制度、村民代表议事制度、重大事项民主决策制度、党支部研究决定重大村务制度、党员联系群众制度、支部戒免谈话制度、"三会一课"制度、一事一议制度、无职党员设岗定责制度等。同时，南溪村党总支坚持两委会联席会议制度，与南溪村委会共同制定并实施了《南溪村村规民约》、南溪村村民代表会议制度、南溪村民主评议制度、南溪村村务公开制度、南溪村村级财务管理制度、南溪村财务公开制度、南溪村村干

部廉洁自律规定等一系列制度。南溪村村两委各项工作制度的建立和完善，为规范村两委的工作程序、明确村两委的工作责任提供了制度保障。

## （四）党务公开

2007 年发布的《河口县农村基层党务公开办法》规定：乡（镇）、村党组织的工作事项除国家机密外，都要向党员和农民群众公开。重点公开农村基层党组织的工作目标、决策内容和程序、干部选拔任用、发展党员、党费收缴管理和使用、民主评议党员、党员干部违纪违法问题的处理、落实党风廉政建设责任制情况等内容。常规性工作实行定时定期公开，每半年至少公开一次，阶段性工作一般应在工作完成后及时公开，临时性工作适时公开。固定公开的内容长期公开，定期公开和适时公开、及时公开的内容，每次公开的时间不得少于七天，以便广大党员干部及时了解党情党务，对基层党务工作进行有效监督，切实提高基层党组织工作的透明度。

南溪村党总支严格按照《河口县农村基层党务公开办法》规定的基层党务公开的时间和公开的内容开展党务公开工作。南溪村党总支 2010 年四个季度党务公开的具体内容如下。

**2010 年第一季度党务公开（1～3 月）**

1. 召开总支会议 1 次，应到党员 43 人，实到党员 40 人，请假 3 人。会议内容：年终工作会议。

2. 召开支委会 1 次，应到人数 4 人，实到人数 4 人。会议内容：研究部署 2010 年总支党建工作。

3. 召开总支会议 1 次，应到党员 43 人，实到党员 39

人，请假 4 人。会议内容：南溪镇村级"两委"换届选举动员大会。

4. 召开总支会议 1 次，应到党员 43 人，实到党员 41 人，请假 2 人。会议内容：学习南溪镇 2010 年党风廉政建设工作会议精神，部署 2010 年党风廉政建设工作。

5. 召开总支会议 1 次，应到党员 43 人，实到党员 40 人，请假 3 人。会议内容：南溪村"八讲八比"机关作风活动动员大会。

6. 召开总支会议 1 次，应到党员 39 人，实到党员 37 人，请假 2 人。会议内容：南溪村党总支换届选举大会。

**2010 年第二季度党务公开（4~6 月）**

1. 召开总支会议 1 次，应到党员 43 人，实到党员 39 人，请假 4 人。会议内容：南溪村学习贯彻南溪镇 2010 年农村工作会议精神。

2. 召开支委会 1 次，应到人数 5 人，实到人数 5 人。会议内容：总支成员分工会议。

3. 召开总支会议 1 次，应到党员 43 人，实到党员 41 人，请假 2 人。会议内容：讲党课——以实际行动争做一名合格的共产党员。

4. 召开总支会议 1 次，应到党员 43 人，实到党员 39 人，请假 4 人。会议内容：农村劳动力技能培训。

5. 召开总支会议 1 次，应到党员 43 人，实到党员 38 人，请假 5 人。会议内容：南溪村党总支开展创先争优活动动员部署。

**2010 年第三季度党务公开（7~9 月）**

1. 召开总支会议 1 次，应到党员 45 人，实到党员 43 人，请假 2 人。会议内容：南溪村党总支庆祝中国共产党成

立 89 周年大会。

2. 召开支委会 1 次，应到人数 8 人，实到人数 8 人。会议内容：党风廉政监督员培训。

3. 召开总支会议 1 次，应到党员 45 人，实到党员 41 人，请假 4 人。会议内容：法制培训会。

4. 召开总支会议 1 次，应到党员 45 人，实到党员 42 人，请假 3 人。会议内容：民族政策培训会。

5. 召开支委会 1 次，应到人数 5 人，实到人数 5 人。会议内容：研究部署新农合筹资工作。

**2010 年第四季度党务公开（10～12 月）**

1. 召开支委会 1 次，应到人数 3 人，实到人数 3 人。会议内容：研究街道小组宅基地的分配问题。

2. 召开总支会议 1 次，应到党员 38 人，实到党员 36 人，请假 2 人。会议内容：南溪镇县乡两级人大换届选举工作动员培训会。

3. 召开总支会议 1 次，应到党员 38 人，实到党员 37 人，请假 1 人。会议内容：农村党员培训会。

4. 召开总支会议 1 次，应到党员 38 人，实到党员 38 人。会议内容：学习《政府工作报告》。

从南溪村党总支 2010 年四个季度党务公开的具体内容可见，该党总支全年共召开总支会议 15 次，其中第一季度召开总支会议五次，会议内容为：年终工作总结、南溪镇村级"两委"换届选举动员、党风廉政建设学习、南溪村"八讲八比"机关作风活动动员、南溪村党总支换届选举。第二季度召开总支会议四次，会议内容为：南溪镇 2010 年农村工作会议精神学习贯彻、讲党课、农村劳动力技能培训、开展创先争优活动动员部署。第三季度召开总支会议三次，会议内容为：庆祝中国共产党成立 89 周年、法制培训、民族政策培训。第四季度召开总支会议三次，会议内容为：南溪镇县乡两级人大换届选举工作动员培训、农村党员培训、学习《政府工作报告》。该党总支全年共召开支委会五次，其中第一季度召开支委会一次，会议研究部署2010 年总支党建工作。第二季度召开支委会一次，会议讨论总支成员分工。第三季度召开支委会两次，会议进行党风廉政监督员培训和研究部署新农合筹资工作。第四季度召开支委会一次，会议研究街道小组宅基地的分配问题。可见，南溪村党总支按照《河口县农村基层党务公开办法》的规定，对村党组织的工作事项做到定时定期公开，方便党员、群众及时了解党情党务，对基层党务工作进行有效监督。

## （五）党风廉政建设

南溪村党总支认真贯彻落实上级关于加强农村基层党风廉政建设的工作部署，紧紧围绕"清廉、为民、务实"的工作目标，坚持从制度建设、工作落实、宣传教育等方面入手，把廉政建设与党的建设、与农村经济发展有机结合。在 2010 年开展的村领导干部执行党风廉政建设责任制民主测评中，班子成员均取得较好成绩，满意度达 99% 以上。该村党总支在党风廉政建设方面的举措有三项。

第一，建立完善党风廉政建设的相关制度。制定党风廉政建设工作制度、民主生活会议制度、党员廉政承诺制度、村民代表议事制度、重大项目民主决策等制度。公布党员干部行为规范，坚持两委会联席会议制度和村委会定期向村党总支汇报工作。明确党风廉政建设长远规划和近期目标。

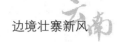
第二，把党风廉政建设与本职工作相结合。成立南溪村党风廉政建设责任制领导小组，实行民主评议制度、村领导班子成员述职述廉制度、重大事项民主决策制度。规范和完善南溪村党务、村务、财务公开工作，"三务公开"面达98%以上。每年召开2~3次专题会议研究南溪村党风廉政建设工作，经常性地开展民主生活会，通过批评与自我批评，剖析存在的不足。利用远程教育设备组织班子成员和党员干部群众观看警示教育片，从中吸取教训，做到防微杜渐。

第三，强化宣传教育，增强廉政意识。在农村基层党员干部中广泛开展党课学习、党风教育、法规教育、思想道德教育、宗旨意识教育、社会主义荣辱观教育。开展"创清廉村风"主题活动，使廉政教育进村组、进家庭。马多依下寨党支部通过广播、黑板报、横幅、宣传资料、文体活动等多种途径宣传廉政文化。村中一幅幅运用漫画、格言、警句等群众喜闻乐见的形式绘制出的内容丰富、主题鲜明、浅显易懂的党风廉政文化建设墙画不仅漂亮好看，而且切实起到了宣传教育的作用。马多依下寨文艺演出队利用文艺演出活动，宣传党的政策，表演廉政节目，提高群众对廉政文化的认识。

## 三　基层党组织工作

南溪村党总支在镇党委、政府的领导下，以争创"五个好"党支部为目标，围绕"抓好党建促经济"的指导思想，带领广大村民大力调整产业结构，围绕党建目标责任书开展工作，圆满完成目标责任书的各项工作任务。南溪村连续多年保持班子稳、人心齐、经济和社会事业健康发

图 2-3 马多依下寨中宣传社会主义荣辱观的墙报

（毛登科摄 2011年2月3日）

图 2-4 马多依下寨文艺队在"河口县廉政文化进农村暨庆祝建国
六十周年文艺演出"活动中表演节目（南溪村党总支提供）

展、村民安居乐业的良好局面，实现了"三个文明"建设的快速发展，村党支部多次被评为省、州、县先进基层党组织。

## （一）深化农村改革，繁荣农村经济

南溪村人口较多、人均耕地较少。过去大部分农户以种粮为主，收入偏低。南溪村党总支紧紧围绕经济发展这一目标，全面深化农村改革，加快产业结构调整，努力寻找经济发展的增长点。经过细致调研和认真分析，确定了以种植热区经济林果和现代科技大棚果蔬为全村产业结构调整的方向。

在农村产业结构调整的过程中，南溪村党总支针对群众思想不解放的实际，组织党员和种植大户到广西农业科学院、蒙自、屏边等地参观学习，使农户打消顾虑、转变观念。进而，村党总支确定了党员、干部带头的发展方针。2001年，马多依下寨党支部党员杨正文、王加坤、何强率先购买香蕉试管苗及菠萝优质苗，建起优质果园。为解决群众在发展优质林果中缺乏技术的问题，村党总支多次举办科技培训班，调动群众的生产积极性。同时，村党总支还积极为村民协调农用物资，解决村民周转资金困难和资金短缺的后顾之忧。2006年，南溪村共发展香蕉6200亩、菠萝2000亩、肉桂1200亩，培育出罗保华、邓林等种植大户16户，全村日产香蕉达到150吨。同时还新发展优新林果1820亩、滴灌蔬菜38亩、大棚花卉258亩、番石榴50亩。

南溪村党总支通过基地示范作用引导村民调整产业结构，采用新技术实现农业增产增收。2008年，村党总支在南溪村马多依下寨开展现代农业科技示范园建设。结合"农村致富先锋"活动计划的实施，选定该村党员何强和入党积极分子黄保明为培养对象试验大棚果蔬种植。示范园区占地面积约 14 亩，大棚面积 8900 平方米，棚内试种"黑美人"西瓜、西红柿、辣椒等农作物。大棚试验的成功，充分发挥了党员的先锋模范带头作用，激发了全体村民致富奔小康的热情。2010 年 4 月，经河口县委、县人民政府批准，中国河口边境现代农业园区正式落户南溪镇马多依下寨。园区总体规划面积 1100 亩，预计总投资 2539 万元，建设年限为 3 年，园区建成后，每年可生产各种果蔬 8100 吨、商品鱼 180 吨、鱼苗 150 吨、观赏园林植物 10 万盆，实现年销售收入 3160 万元。

随着南溪村农村产业结构调整的不断深入，农民经济收入获得显著增长。截至 2010 年年底，全村经济总收入 404.9332 万元，人均收入 3077 元，人均纯收入 2751 元，粮食总产量 47.5 万公斤，人均有粮 361 公斤。

（二）发展二、三产业，落实农村就业

南溪村党总支坚持"工贸带动、强村富民"的思路，利用地理位置优势，发展经贸。先后引进 1 家磷酸盐厂、1 家水泥厂、4 家纸箱厂、3 家塑料加工厂、1 家玻璃加工厂、20 余家木材加工厂，村集体创办了 1 个机制木炭厂。企业的引进和创办，为南溪村经济创造了经济效益和社会效益，使剩余劳动力得到了就业安置。

南溪村党总支"兴三产，活个体"利用本村集镇优势，大力发展第三产业，繁荣集镇商贸，在村主要街道建起了南北长 800 米的商贸一条街。两侧餐饮业个体门店、摊位 180 多个，年营业收入 800 多万元。同时，村党总支还制定优惠政策，扶持私营经济发展。2010 年，全村发展个体运

输、商饮业等私营企业 83 家，形成了工业、商业、运输业、种养业、劳务业齐发展的格局。

为优化农村就业结构、促进农村劳动力流动就业和充分就业，南溪村党总支鼓励农民自主择业、分工分业。为提高农村劳动力的职业技能，村党总支联合人事劳动部门和社会保障部门对农村劳动力进行宾馆服务、餐饮服务、家电维修、驾驶、烹饪等方面的业务培训。与多家用人单位联系，输送出劳动力外出打工。有的村民用自己所学的一技之长，在南溪镇周边开起小店，实现了农村劳动力转移。同时，村党总支还及时了解工人工资、社会保障、投资创业等方面的有关政策规定，帮助外出就业的农村劳动力享受政策，增强其预防和处理不测事件的能力。

## （三）加强基础设施，建设社会主义新农村

南溪村党总支按照"繁荣集镇，保护生态，以镇带村，协调发展"的总体目标，抓好集镇的总体规划和设计，加强集镇基础设施建设。认真实行"一事一议"制度，动员村民集资、投工、投劳。对全村所有村民小组实施了"五小工程"建设（即沼气、厕所、猪厩、卫生路、小菜园）；实施了安居工程建设，解决全村所有村民小组的人畜饮水困难问题（水管老化、失修，经常断水、漏水）；进行了农网改造，对原有灌溉水渠进行维修，并新修多段三面光灌溉水渠和三面光防洪渠；为全村所有村民小组建盖了综合活动室，在马多依上、下寨两个村民小组修建了篮球场。

南溪村党总支以社会主义新农村建设为突破口，积极争取中央和省、州、县的资金支持，加快基础设施建设步伐。实施马多依上组科技示范村，提高村民的科技意识，

先后修建组内公路边沟 260 米，兴建龙泉池 1 个，为全组农户建设"五小"工程，安装有线电视，兴修总长 4.5 公里的马多依三面光农田引水渠，建盖集会议、电教、科技、娱乐于一体的综合活动室。实施马多依下组小康示范村，全组实现了硬化、美化和绿化，先后修建组内公路边沟 140 米，改造自来水管 1800 米，兴建 2 个蓄水池，建造 1 个收购香蕉场地，为全组农户建设"五小"工程，安装有线电视，建盖集会议、电教、科技、娱乐于一体的综合活动室。

现在，南溪村是南溪镇基础设施较为完善的一个村，通水、通电、通路、通电话、通有线电视。全村已全部"消灭"了茅草房、杈杈房，家家户户建起了砖瓦房，部分村民建盖了高楼洋房及私人别墅。摩托车、电视、电话及手机已基本普及，部分村民购买了小轿车、电脑、空调。该村先后被授予沼气示范村、科技示范村、小康示范村、信用村、州级卫生村、省级爱民固边模范村等荣誉称号。

（四）抓好科技推广，提高农民素质

南溪村党总支重视"兴科技，强教育"，努力提高村民的科技素质。村党总支创办了南溪村农民专业技能培训学校，定期或不定期从县农业局、县科协、县科技局邀请专业人员向村民传授种植、养殖、农产品加工、电工、焊工等专业技术。采取集中培训、现场示范、以会代训等多种形式，重点培训了农村党员、小组干部及青年，使他们掌握了实用的农业新技术。村里还聘请驻村农技员，并组织村民外出学习种植养殖技术。同时，村党总支还通过党员电教向党员、干部及群众传播新的科技知识，提高村民的科技意识、市场意识、经济意识和竞争意识，多数村民观看电教片后能结合生产、生活大胆去实践去实验。通过宣传教育和学习培训，村民逐步转变了靠天吃饭、靠拼资源、拼劳力的旧思想、旧观念，树立起科技意识、竞争意识和创新意识。

## （五）开展多种形式的精神文明创建活动

南溪村党总支制定切实可行的实施办法，积极开展多种形式的精神文明创建活动。首先，在贯彻《公民道德建设实施纲要》的基础上，开展爱国主义、集体主义和社会主义教育，普及社会公德、职业道德和家庭美德。把精神文明建设同党的自身建设和发展壮大集体经济结合起来，建立文化活动室、广播室、图书室、党员活动室等基础设施，常年对党员和村民开展有益身心健康的教育活动和生产致富的文化科技活动。每年组织群众创建文明户、争做五好家庭、模范个人的活动，开展"十星级文明户"评比。通过黑板报、阅报栏、群众性娱乐活动等形式丰富群众的文化生活，组织村民参加振南杯篮球运动会，群团组织在节日期间举办形式多样的文艺活动。其次，根据《南溪镇社会主义精神文明建设发展规划》和《南溪镇开展"群星文明"工程试点实施方案》，在巩固和抓好"文明村"和"十星级文明户"的同时，积极开展"群星文明"工程活动的创建。广泛开展"讲文明、讲卫生、讲科学、树新风"的三讲一树活动和爱国卫生运动，不断提高村民的文明素质和村组的文明程度。精神文明的发展为南溪村经济的稳步、健康发展营造了良好的社会氛围，有力地推动了全村经济和社会各项事业的全面进步。该村精神文明创建工作多次得到省、州、县、镇各级党委、政府和有关部门的肯定和好评。

### （六）加强教育卫生，重视工青妇残工作

南溪村党总支推进教育、卫生、计生、民政、社会保障、社会福利、扶贫帮困、电力、交通、国防等各项社会事业的发展，不断满足群众日益增长的物质文化需要。在教育工作方面，村党总支重视教育工作，在全村广泛开展普及九年义务教育宣传活动，扫除青壮年文盲，协助学校兴办扫盲班，协调配合学校搞好青壮年的扫盲工作，全村有86人领取了脱盲证，其中男45人，女41人，全村适龄儿童入学率达99%，无一人辍学。在医疗卫生工作方面，村党总支与各级卫生行政部门密切配合，切实改善农村医疗条件，提高医疗水平。完善新型农村合作医疗管理制度、做好弱势群体救助工作。推进"乡村卫生一体化管理"工作，基本做到小病不出村，大病得到及时治疗。宣传计划生育政策，配合镇卫生院做好计划生育服务。在工青妇残工作方面，村党总支完善工会组织，活跃机关精神文化生活、维护员工合法权益。切实做好关心下一代工作和青年创业工作。组织农村妇女参与农村实用技术培训，为全村劳务经济注入新鲜活力。加强残联的组织领导工作，建立残联工作联席会议制度，充实办事人员，引导残疾人参加各类职业培训，促进残联工作的发展。

### （七）加强社会治安综合治理工作

南溪村党总支加强对社会治安综合治理工作的领导，切实开展具体工作。一是成立南溪村社会治安综合治理领导小组、南溪村调解委员会和南溪村治保委员会，并在各

个村民小组成立治安护村队，由村委会主任亲自抓、亲自管。二是落实社会治安综合治理各项措施，深入开展"严打整治"专项工作，依法严厉打击刑事犯罪活动，坚决整治社会治安突出问题。三是加强综治基础建设，因地制宜大力推进群防群治工作，逐步完善社会治安防控体系网络，不断增强群众的安全感。四是开展"大接访，大下访"和矛盾纠纷大调解工作，做好不稳定因素排查调处，及时处理上访事件和化解各类矛盾纠纷。五是认真做好流动人口服务和管理、安置帮教、社区矫正等各项社会管理工作，促进社会和谐发展。六是深化实施"爱民固边"战略和民警联系群众制度，全面构筑维护边境地区安全稳定的战略屏障。七是加大安全生产专项整治力度，强化监督，有效遏制重、特大安全责任事故的发生。八是深入开展"五五"普法宣传教育，巩固依法行政成果，提高干部群众的法律意识，推进依法治村进程。九是积极开展"安全文明村社"创建活动，紧紧依靠广大群众，认真排查各种不安定因素，把问题解决在基层，为社会创造一个良好的治安环境，确保群众安居乐业。

南溪村党总支在社会治安综合治理工作中各项措施的有效落实，为全村经济建设和社会各项事业的发展提供了稳定的社会环境。由于工作成效突出，南溪村先后被红河州授予"综治工作示范村"和"社会治安综合治理先进集体"称号。

## 四 基层党建工作存在的问题和对策

### (一) 主要存在的问题

一是存在生活困难党员的问题。

目前，南溪村有生活困难党员 7 人，其中年收入在 700 元以下的 3 人，年收入在 900 元以下的 4 人。产生生活困难党员的原因：一是因为党员年老体弱，失去劳动能力，无子女，无收入来源而致贫。二是因为党员本人或家庭成员患病或有残疾，医疗费用、子女学费、老人赡养费等支出大，依靠土地获得的经济收益有限，缺少致富项目的投入资金，没有合适的就业机会而致贫。三是因为党员思想保守、安于现状、缺乏闯劲和创收脱困的手段而致贫。生活困难党员的特点：一是由于经济条件差，多数不能按时交纳党费，无心参加党组织活动，未能发挥党员的先锋模范作用。二是年龄普遍偏高，思想比较守旧，尽管政治观念比一般群众坚定，但缺乏对市场经济和新生事物的接受能力，与当前经济发展的新形势不相适应。三是缺乏致富脱困信心，存在严重的等、靠、要思想，容易将自己从群众中孤立出来。

二是存在党员干部素质不高的问题。

基层党员干部素质的状况，直接关系到新时期党在农村历史任务的实现情况。随着我国农村经济体制改革的不断深入和新农村建设的全面开展，农村基层党组织工作面临新情况，对基层党员干部政治思想业务素质提出新要求。

南溪村党员干部素质不高的表现有：一是村组党员干部结构不合理，平均年龄偏大，妇女党员人数偏少。二是党员干部政治素质不高，仍习惯于行政命令式的工作方法，思想僵化、工作被动、疲于应付。三是党员干部对党的政策吃不透，在执行中存在误解、误导。四是党员干部缺乏创新意识，面对新问题无法及时有效应对，办法少、点子差。五是党员干部缺乏有利保障，无法全心全意为人民

服务。

南溪村党员干部素质不高的原因有：一是党员干部收入低、待遇差，难以激发他们工作的积极性、主动性和创造性。在工资收入方面，2010 年，南溪村党总支书记何强每月的固定工资收入为 700 元，下辖各党支部书记的报酬为每人每年 360 元，其他没有任何补助。微薄的收入难以应对飞涨的物价，党员干部必须一面应对繁重的工作，一面从事农业生产。在工资待遇方面，村级党员干部无法享有医疗保险、养老保险等社会保障。有的党员干部辛辛苦苦为组织干了十多年，突然一下落选，只好一无所有，背起被包回家，落得一个"黑头发跟着共产党，白头发交给儿子养"的境地。二是党员干部思想认识不到位，开展工作时思前想后，放不开手脚。自实行村民自治后，村两委实行三年一届。第一年熟悉工作，第二年适应工作，第三年开展工作，并要着手准备下一届的竞选。有些党员干部想大刀阔斧地干，可又担心得罪领导和群众而失去选票面临落选，所以采取消极应付的工作态度，缺乏创新和热情。三是南溪村级集体经济相对薄弱，导致党员干部作用难以正常发挥作用。由于对农村双层经营认识不清，多年来南溪村各级党组织忽视抓集体经济，村级经济实力薄弱，上级拨付的办公经费有限，给党组织办公带来一定的难度。有的村至今连基本水电费、电话费都无法支付，更勿论会议费、接待费、房屋维修费、书报费、下乡出差补贴费等。办公经费的缺乏，造成党组织工作被动、吃力，领导班子失去了应有的凝聚力、战斗力和向心力。

## （二）几点对策和建议

第一，针对生活困难党员的问题，应从以下几个方面入手：（1）对有条件的生活困难党员及其家庭成员优先培训、免费培训，增加农业科技含量，提高土地经营效益，有效解决以农业种植收入为主的生活困难党员的贫困问题。也可通过职业技能培训，转变收入方式，对生活困难党员及其家庭成员实行劳务输出。（2）对生活困难党员加强资金和项目扶持。上级党组织每年安排一定比例的资金和项目，定点扶持一部分生活困难党员，做到扶持一批，脱贫一批。（3）建立三级帮扶机制，即上级党组织、相关部门、本村致富党员共同帮扶一个生活困难党员，从项目、技术、信息上给生活困难党员提供帮扶，切实解决他们的实际问题。

第二，针对党员干部素质不高的问题，应采取以下几点措施：（1）要把关心爱护党员干部的要求落到实处。千方百计解除党员干部的后顾之忧，改善他们的工作条件和生活条件。帮助他们解决住房、就医、子女入学、家属就业等关系他们切身利益问题，确保工资足额按时发放。（2）要帮助党员干部提高思想政治素质和做好新形势下基层工作的能力。加大培训力度，要有计划地对党员干部进行党的基本知识、社会主义市场经济知识、科技文化知识、法律知识的培训。通过学习和培训，使农村基层干部增强政治观念，坚定走建设有中国特色社会主义道路的信念，增强政策观念，提高执行党在农村各项政策的自觉性，增强市场经济观念，提高带领群众依托市场，发展农村经济，调整农村经济结构，增加农民收入的本领，增强群众观念，提高为群众办实事，善于做新时期农民思想工作的水平，增强法制观念，提高依法办事的能力。（3）进一步创新工作机制，配强基层党组织领导班子，积极培养后备人才。要进一步抓好农村基层党建工作，探索新路子、新方法，树立党员干部先进典型，切实增强农村基层党组织的凝聚力、战斗力和影响力。（4）要大力发展农村经济和村集体经济。南溪村党总支和下辖各党支部应依托当地资源优势，不断提高党组织带领农民群众致富的能力，创新农户种植技术，增加栽培品种，逐步形成规模，拓宽销售渠道，带领群众早日走上科技致富之路。

## 第二节 基层行政组织

### 一 基层行政组织设置①

#### （一）南溪村民委员会

南溪村民委员会位于南溪镇中心，距河口县 18 公里，昆河铁路、公路从中心通过，交通便利，通信发达，地理位置优越，是河口县热区经济作物种植区。全村总面积 95 平方公里，下辖马多依上寨、马多依下寨、戈哈村、李麻山村、龙冬村、曼爬村、街道村 7 个村民小组。居住着壮、汉、瑶、苗、彝等 11 个民族，其中以壮族为主，是壮族、苗族混居地，壮族 371 人，苗族 220 人。2010 年总户数 487

---

① 注：目前，我国乡村社会的组织结构及其治理层次和行政距离实行"村民小组—村民委员会—乡镇人民政府"三级管理。本章重点论述南溪村民委员会及其下辖的马多依下寨村民小组的工作开展情况。

户，总人口 1316 人。全村耕地面积 6656 亩，其中水田 554
亩，旱地 6102 亩。年均气温为 23.5 度，年均降雨量为
1200～1400 毫米，相对湿度为 80%，全年无霜期，湿润多
雨，平均年降雨 185 天，年平均日照 1776.9 小时，属典型
的热带季风气候，主要经济作物以香蕉、菠萝、橡胶为主。

经过 2010 年的换届选举，南溪村委会产生了第四届领
导班子，村委会主任为黎明，村委会副主任为何云，村委
会委员为陆金美、王加坤、陶金寿。村委会主任黎明的个
人履历如下。①

黎明，男，壮族，1978 年 11 月 9 日出生，南溪村马多
依下寨小组村民，初中文化，中国共产党党员。

1985 年 9 月～1990 年 7 月，在南溪镇马多依小学
读书。

1990 年 9 月～1992 年 7 月，在南溪民族小学读书。

1992 年 9 月～1995 年 7 月，在南溪民族中学读书。

**图 2－5　南溪村委会主任黎明**

**（南溪村委会摄　2010 年 3 月 10 日）**

---

① 资料来源：南溪村委会。

1995 年 7 月～2007 年 4 月，在南溪村委会马多依下寨小组务农。

2007 年 4 月～2011 年，先后任南溪村委会任副主任、主任。

南溪村委会第四届班子成员的具体分工是：主任黎明主持全村经济工作，主管经济、农业、水利、救济、土地、村集体经济等工作。副主任何云协助主任工作，分管统计、财务、计划生育、安全生产等管理工作。委员陆金美协助主任工作，分管妇女、卫生工作。委员王加坤协助主任工作，分管治保、调解工作。委员陶金寿协助主任工作，分管计生协会。

## （二）南溪村马多依下寨村民小组

马多依下寨村民小组是南溪村委会下辖的一个村民小组，二者的行政隶属关系如图 2－6 所示。

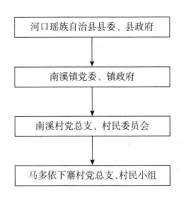

河口瑶族自治县县委、县政府

南溪镇党委、镇政府

南溪村党总支、村民委员会

马多依下寨村党总支、村民小组

**图 2－6　马多依下寨村民小组行政建制**

经过 2010 年的换届选举，马多依下寨村民小组产生了第四届村小组领导班子，具体情况如表 2－4 所示。

表 2 - 4　南溪村第四届村民小组领导基本情况

| 小　组 | 职　务 | 姓　名 | 性别 | 出生年月 | 文化程度 | 政治面貌 | 民族 | 是否连任 |
|---|---|---|---|---|---|---|---|---|
| 马多依下寨 | 小组组长 | 黄保明 | 男 | 1970 年9 月 | 初中 | 群众 | 壮 | 是 |
| 马多依下寨 | 小组副组长，兼任小组会计、保管员 | 黎金国 | 男 | 1980 年3 月 | 初中 | 团员 | 壮 | 是 |
| 马多依下寨 | 妇女小组长 | 王慧 | 女 | 1972 年10 月 | 初中 | 群众 | 壮 | 是 |

资料来源：马多依下寨村民小组。

## 二　基层行政组织工作

南溪村在 2000 年"村改委"前，是一个起点低、基础差的落后村。村民在农业生产上普遍缺乏发展意识、竞争意识，缺乏新思路、新技术，抱着"种田为吃饭，养牛为耕田，养猪为过年，养鸡为换盐"的老观念、老传统。农民收入低，人均年收入仅 200～300 元，人均有粮仅 150～200 公斤。村容村貌落后，大部分村民还住着茅草房、杈杈房。南溪村党员干部的素质较低，工作方法守旧，发展思路模糊，抱着当一天和尚撞一天钟、得过且过的思想。

南溪村自 2000 年"村改委"后，在上级党委、政府及县属有关部门的大力关心支持下，"两委"班子解放思想，更新观念，拓宽思路，大胆加快南溪村的发展，形成了农村经济跨越式发展，各项社会事业蒸蒸日上，农民生活水平日益改善，村容村貌今非昔比的良好局面。截至 2010 年年底，南溪村经济总收入404.9332万元，人均年收入3077元，粮食总产量47.5万公斤，人均有粮361公斤。全村已全部"消灭"茅草房、杈杈房，家家户户建起了砖瓦房。

目前，南溪村已成为河口县最富裕的行政村，多次获得省、州、市级殊荣，在河口县连续创造了八个第一。第一个连续多年（1999～2008年）被省委、省政府授予"省级文明村"称号；第一个村党总支委员会连续三年（2001年、2002年、2003年）被州委评为州级"先进党组织"；第一个村级妇女委员会被省妇联评为"省级妇女之家"；第一个实施沼气精品示范村工程（马多依上寨小组）；第一个在村民小组（马多依下寨小组）中建盖集电教、会议、娱乐于一体的综合活动室；第一个在村委会中建盖办公大楼（2004年）；第一个在村委会中配置电脑，村委会干部全部掌握电脑操作，实现办公自动化；第一个在村委会中实现办公规范化、制度化，各项规章制度健全，文件、档案归类保存完好。南溪村委会所获部分荣誉列举如下：①

1999～2008年，连年获"省级文明村"称号。

2003年，获"红河州社会治安综合治理先进集体"称号。

2004年，获"省级民主法治示范村"称号。

2004年，获"省级妇女之家"称号。

2004年，获"红河州社会治安综合治理工作先进单位"称号。

2007年，获"省级新农村建设巾帼示范村"称号。

2007年，获"省级爱民固边示范村"称号。

---

① 资料来源：根据南溪村委会提供的文件材料整理汇编。

2008 年，获县、镇两级"新农村建设示范点村"称号。

2009 年，获"红河州敬老先进村"称号。

南溪村委会和马多依下寨村民小组在加强领导班子建设的同时，为实现南溪村经济社会又好又快发展，认真落实各项目标责任书的要求，切实开展了多方面的工作。

## （一）农村经济工作

南溪村委会根据南溪镇党委、政府提出的"以集镇开发为依托，农业为基础，加工业为重点，大力实施山区综合开发，发展非公有制经济促进旅游业发展，走繁荣集镇，保护生态，以镇带村，协调发展"的路子，开展农村经济各项工作。在农业工作上，按照"稳香蕉、扩竹类、上橡胶、攻花卉、促蔬菜、强养殖"的工作思路，把工作重点放在农村经济结构优化上。根据该村地理环境的特点，划分区域、分类发展，狠抓工作落实。帮助农民搞好农业生产和经济建设，结合村委会各小组的情况，将上级下达的粮食指标和经济指标分配到各小组，落实到各农户。加强农村社会化服务体系建设，完善农村市场经济综合信息网络建设，向农民提供市场预测、价格信息、营销物流、产品加工等多种服务，为农民协调农用物资、争取农业贷款，解决农民资金周转困难和资金短缺的后顾之忧，形成产前、产中、产后系列化服务网络。积极调整产业结构，发展现代科技农业。2010 年 4 月，经河口县委、县人民政府批准，中国河口边境现代农业园区落户南溪村马多依下寨，为农业增产、农民增收提供了有利的条件。认真抓好农业科技培训工作，通过举办科普培训班和党员电教等方式向党员干部群众推广优良品种和实用技术，传播最新科技知识。

大力发展畜牧业，突出养殖大户和示范点建设的带动作用，提高生猪存出栏率，抓好疫病防治工作，促进传统畜牧业向现代畜牧业的转变。大力发展二、三产业，积极引进企业、创办企业、发展商贸业、运输业，创造了经济效益和社会效益，解决了部分农村剩余劳动力的安置问题，目前，南溪村已经成为南溪镇，乃至河口县的材料基地、加工业基地及农产品集散地。2007年年初，南溪村总收入256.176万元，人均年收入2432元，人均纯收入1961元，到2009年年底，南溪村总收入达到364.23万元，人均年收入上升至2810元，人均纯收入达到2524元，三年的经济总量增加了108.054万元，总增长率为42.18‰。2009年年底，南溪村粮食总产量为46.8万公斤，2010年年底，南溪村粮食总产量为47.5万公斤，粮食总量增加了0.7万公斤。

### （二）基础设施建设

南溪村委会根据南溪镇党委、政府提出的"建水利、抓三通、上五小、稳高产、促发展"的思路，加大对农田水利、交通、能源、人畜饮水、集镇公共设施等的投资力度，加快农村基础设施建设的步伐。通过狠抓基础设施建设，南溪村面貌得到较大改观，农民生活水平得到进一步提高，全村呈现出经济发展、政治稳定、集镇繁荣、民族团结、社会安定、边防巩固的大好局面。

近年来，在县委、县政府的关心支持下，在广大村民的共同努力下，马多依下寨村民小组基础设施建设取得了翻天覆地的变化。小组水、电、路等基础设施日趋完善，道路平整畅通，环境卫生整洁，过去"脏、乱、差"的景象一去不复返。以前的茅草房、土坯房、权权房变成了瓦房和楼房，以前的泥土路变成了水泥路、卫生路、文明路。村民家家户户都有厕所、猪厩和沼气池。村中建起了会议室、电教室、卫生室、警务室、收蕉场、篮球场等活动场地。马多依下寨小组村容村貌焕然一新，曾多次受到省、州、县乃至中央领导的赞誉。该小组现已成为红河州的"文明村"和新农村示范点、云南省的"爱民固边"示范村，是河口县乃至红河州新农村建设的亮点。马多依下寨村民小组基础设施建设目前存在的最大问题是无集中堆放垃圾的场地。

根据政府材料和村民介绍，现将马多依下寨村民小组在基础设施建设方面的基本情况编年如下。

**马多依下寨村民小组基础设施建设大事记**[1]

1996年，总投资22万元，修筑马多依下寨牛场路，长7.5公里，宽4米。

2000年，总投资6800元，其中上级投入2400元，村民自筹4400元（包括集资及投工），修建马多依下寨公厕。

2001年，总投资47000元，其中上级投入27000元，村民自筹20000元（包括集资及投工），实施马多依下寨人畜引水改造工程。

2001年，总投资25000元，其中上级投入7000元，村民自筹18000元（包括集资及投工），修筑马多依下寨小学人行道，总长115米，全部改造成水泥路面。

2002年，总投资22000元，其中上级投入9000元，村民自筹13000元（包括集资及投工），建立马多依下寨红香

---

[1]　资料来源：根据南溪村委会、马多依下寨村民小组提供的材料和访谈材料整理汇编。

蕉示范基地。

2002 年，总投资 47000 元，其中上级投入 35000 元，村民自筹 12000 元（包括集资及投工），建盖马多依下寨综合活动室。

2004 年，总投资 32 万元，其中省级项目资金 20 万元，村民自筹 12 万元（包括集资及投工），实施马多依下寨省级安居温饱村建设，完成"三配套"建设 27 户，铺设小街道 1858 平方米，支砌挡墙 87 平方米，扶持养猪 350 头。

2007 年，南溪镇投资 18 万元，用时 30 天，修筑马多依下寨文明路，总长 246 米，宽 5.5 米，村里连接每家每户的道路全部铺设成水泥路面。

2008 年，红河州对马多依下寨整村推进项目投入专项资金 15 万元，完成村文化活动室、场地、排水沟、挡墙的建设。

2008 年，河口县新农村建设办公室、河口县人民政府扶贫办公室、南溪镇人民政府在马多依下寨实施了新农村建设、整村推进示范村项目，竣工验收内容包括：（1）村间道路硬化主线 2353 平方米，支线 1027 平方米。（2）沼气—厕所—猪厩"三配套"建设。（3）挡墙 134 立方米。（4）综合活动室 1 间 95 平方米。（5）图书阅览室 1 间 60 平方米。（6）警务室 1 间 40 平方米。（7）文化活动场地 500 平方米。（8）村容村貌整治。（9）产业扶持：竹产业 3500 棚，香蕉示范地 600 亩，橡胶 500 亩，大棚蔬菜 10 亩。

2008 年，南溪镇投资 45 万元，完成马多依下寨、下牛场、戈哈整村推进项目工程。主要做好卫生路、猪圈、厕所、沼气、人畜饮水、农网改造等项目。

2008 年，南溪镇投资 18 万元，完成马多依下寨 14 亩蔬菜大棚建设。

2008 年，南溪镇投资 50 万元，建盖了马多依下寨党员活动室、小组食堂、篮球场，对村寨主要道路两旁进行了绿化。

2008 年，红河边防支队为马多依下寨建立了马多依爱民图书室，赠送图书 3000 余册，活动式桌椅 40 余套及音响设备，为篮球场换了两副新篮球架，把篮球场改造成灯光球场。

2008 年，马多依下寨遭受了特大水灾，部分公路损毁。南溪边防派出所驻村民警协调了 10 车（共计 80 吨）沙石，并出动警力 18 人次，和村民抢修了遭损毁的公路 3.5 公里。

2008 年，在河口县党委政府的关心支持下，马多依下寨到南溪镇的 3 公里水泥路通车。

2009 年，南溪镇投资 9 万元，完成马多依下寨科技园大棚三面光水沟 900 米、路面硬化 60 米。

2009 年，南溪镇投资 50 万元，实施马多依下寨至上寨 500 米道路硬化工程。

2010 年，南溪镇投资 97.4 万元，在马多依下寨实施中国河口边境现代农业示范园区建设，完成 48.7 亩大棚建设，种植了精品西瓜"黑美人"、西红柿、辣椒等作物，每亩大棚每年平均可实现纯收入 3 万元，确保了南溪镇农村经济平衡发展，开创了农业产业结构调整的新局面。因为此项目具有发展优势，所以被列为全县 12 个农业样榜示范项目之一。

2010 年，南溪镇"十二五"规划目标（规划期限：2011～2015 年）计划投资 2539 万元，建设现代农业示范园区 1100 亩（示范园区位于马多依上下寨），其中，热带园艺植物区 100 亩，热带果蔬区 600 亩，热带水产区 200 亩，热带种质资源保护区 200 亩。以南溪现代农业示范园区为依托，开发马多依上下寨壮族民俗文化。以现代农业示范园区特色种植养殖打造现代观光农业，带动马多依农家乐发展。

### （三）基层民主法治建设

村民自治是农村基层民主法治建设的核心内容。中共十七大将基层群众自治制度首次写入党代会报告，正式与人民代表大会制度、中国共产党领导的多党合作和政治协商制度、民族区域自治制度一起，纳入了中国特色政治制度范畴。

基层群众自治制度，是指城乡居民群众以相关法律法规政策为依据，在城乡基层党组织的领导下，在居住地范围内，依托基层群众自治组织，直接行使民主选举、民主决策、民主管理和民主监督等权利，实行自我管理、自我服务、自我教育、自我监督的制度与实践。基层群众自治是人民当家作主最有效、最广泛的途径。坚持和完善基层群众自治有利于扩大、巩固地方政府、基层组织的权力来源与群众基础，改善地方政府、人大机关和群众自治体系之间的关系，在基层社会形成有效的利益协调机制、诉求表达机制、矛盾调处机制和权益保障机制，从而有利于建立良好的基层社会政治生态。

### 1. 民主选举

村民委员会是农村群众实行"自我管理、自我教育、自我服务"的基层群众性自治组织。按照《村民委员会组织法》《云南省村民委员会选举办法》等相关法律法规，南溪村委会自成立以来已进行了四次村民委员会换届选举，程序合法合规。以下介绍 2010 年南溪镇第四届村委会换届选举工作的基本情况。

表 2 - 5　南溪村第四届村民委员会换届选举工作日程安排

| 阶　段 | 主　要　工　作 |
| --- | --- |
| （一）组织准备和宣传发动阶段（1 月 1 日～3 月 10 日） | 1. 组建村"两委"换届选举工作机构。<br>2. 根据有关法律法规、政策和上级部署，结合实际，制订工作方案。<br>3. 落实换届选举工作经费。<br>4. 开展村级财务审计，接受群众监督。<br>5. 对抽调镇村"两委"换届选举工作指导组、镇工作队员进行分工。<br>6. 召开动员会，安排部署换届选举工作，培训换届选举工作人员。<br>7. 采取各种行之有效的办法，做好宣传发动工作，开好村组干部会、党员大会和村民小组会，利用广播、标语、黑板报、走访等形式宣传民主选举村委会的重要意义，宣传《组织法》《选举办法》和省、州、县、镇的工作部署 |
| （二）依法选举阶段（3 月 11 日～4 月 16 日） | 1. 推选产生村民选举委员会（3 月 11～15 日）<br>（1）召开第三届村民委员会成员、村民代表、村民小组长会议，听取第三届村民委员会工作报告。<br>（2）选举产生村民选举委员会。召开村民会议或户代表会议或村民小组会议，选举第四届村民选举委员会（村民选举委员会成员名单由村委会公布）。<br>（3）培训村民选举委员会成员。<br>（4）村民选举委员会确定村民委员会成员职数和村民代表名额，制定本村第四届村民选举委员会选举办法，报镇村"两委"换届选举领导小组备案。<br>（5）村民选举委员会确定选举日（按县上安排统一为 4 月 16 日） |

续表

| 阶　　段 | 主要工作 |
|---|---|
| （二）依法选举阶段（3月11日~4月16日） | 2. 做好选民登记工作（3月16~26日）<br>（1）村民选举委员会公布本届村民选举委员会的选举日和选民登记日（公告第一号）。<br>（2）确定和培训选民登记员。<br>（3）按照"四登""四不登""四增""四减"的原则，全面、准确地做好选民登记工作。<br>（4）公布选民名单。村民选举委员会于选举日前20日张榜选民名单（公告第二号）。<br>（5）村民选举委员会成员公布村民委员会成员职数和候选人资格（公告第三、第四号）。<br>（6）填写"选民证"，以村民小组为单位发放。<br>（7）做好村"两委"换届选举及有关法律、政策的宣传工作<br>3. 推选村民代表（3月27~30日）<br>（1）召开村民小组会，推选第四届村民代表。村民代表的具体名额，由村民选举委员会按每5~15户推选一名确定。<br>（2）公布村民代表名单（公告第五号），明确村民代表的联系户<br>4. 提名村委会成员初步候选人和正式候选人（3月31日~4月9日）<br>（1）提名初步候选人。村民委员会成员初步候选人提名，由有选举权的村民直接提名推荐，每一选民推荐初步候选人不得超过应选人数。<br>（2）公布初步候选人名单。村民委员会初步候选人，于选举前7日按姓氏笔画为序公布（公告第六号）。<br>（3）召开村民代表大会确定正式候选人。村民选举委员会对村民委员会初步候选人的资格进行审查后，由第四届村民代表大会采取无记名投票的方式确定正式候选人，村民委员会主任、副主任候选人应当分别比应选名额多1人，委员候选人应比应选名额多1~3人。<br>（4）公布正式候选人名单。村民委员会正式候选人名单，于选举前3天按得票多少为序公布（公告第七号）。<br>（5）村民选举委员会组织正式候选人开展村情民意调查。<br>（6）继续做好村"两委"换届选举及有关法律、政策的宣传工作 |

| 阶　　段 | 主　要　工　作 |
| --- | --- |
| （二）依法选举阶段（3月11日~4月16日） | 5. 做好选举大会工作（4月10~16日）<br>（1）正式候选人竞职演说。村民选举委员会组织村民委员会成员正式候选人进行竞职演说。<br>（2）村民选举委员会正式公布选举投票时间、投票方式、投票地点（公告第×号）。<br>（3）做好投票选举前的各项准备工作。如填写选票、制作票箱设立秘密划票处等工作。<br>（4）召开选举大会，投票选举。当场开票、唱票、计票工作，经村民选举委员会确定计票结果符合法定程序后，当场公布选举结果。宣布当选名单，报镇人民政府和县民政局备案。颁发当选证书。<br>（5）公布新一届村委会成员当选人名单。村民选举委员会公布第四届村民委员会主任、副主任和委员当选人名单（公告第×号） |
| （三）培训和总结阶段（4月17~26日） | 1. 做好新老村民委员会班子的交接工作。完善交接手续，合理分工，健全村委会下设的各工作委员会，委员会主任可由村委会成员兼任。<br>2. 由新一届村民委员会成员召集并主持村民小组会议，推选村民小组组长、副组长，并报村民委员会备案。公布村民小组长当选人员名单（公告第×号）。<br>3. 健全完善各项规章制度，召开村民代表大会第一次会议，审议通过村民委员会三年任期工作目标及年度工作计划。<br>4. 做好换届选举工作总结，收集整理有关材料，并立卷归档。按要求向县、镇村"两委"换届选举工作领导小组办公室上报相关资料备案。<br>5. 组织新一届村委会成员进行集中培训。<br>6. 做好上级检查验收准备工作 |

资料来源：南溪村委会。

按照河口县委的统一部署，南溪镇周密部署，广泛宣传，精心组织，积极稳妥做好第四届村委会换届选举工作。换届选举工作自 2010 年 1 月开始，至 2010 年 4 月 16 日结束。南溪镇 4 个村委会 39 个村民小组，有村民代表 87 人，选民 2866 人。全镇应参加投票 2866 人，实际参加 2799 人，参选率 98%。通过换届选举，依法产生新一届村民委员会成员 20 人（交叉任职的 7 人），其中：主任 4 人（交叉任职的 2 人，少数民族 4 人），副主任 4 人（交叉任职的 2 人，少数民族 4 人），委员 12 人（交叉任职的 12 人，少数民族 9 人）。少数民族 16 人（交叉任职的 6 人），占总人数的 80%。妇女 5 人（交叉任职的 4 人），占总人数的 25%。文化程度小学 5 人，初中 11 人，高中 1 人，中专 2 人，大专以上 1 人。20 ~ 39 岁 5 人，30 ~ 39 岁 9 人，40 ~ 49 岁 6 人。一大批农村经济能手进入村级班子，干部队伍的综合素质明显提高。

2010 年南溪镇第四届村委会换届选举工作中存在的困难和问题有：一是村寨分布分散，交通、通信不便，集中村民召开会议和投票工作难度大，工作组分别到各村组组织相关人员进行培训和投票，耗费大量的人力、财力、物力。二是选举经费紧缺，投入不足。三是一些村组出现非组织行为或宗派家族势力干扰选举的情况。四是部分村组素质高、有能力的青壮年合法选民外出务工，造成后备干部匮乏，人员结构不合理。五是办理委托投票的方法方式有待进一步研究和创新。六是由于准备工作不充分，工作组进村后部分表册不能按时传送和收集上报。

**2. 制度建设**

南溪村委会依据《村民委员会组织法》、村级民主选

举制度、村民委员会工作制度、村委会干部守则、村委会
向村党支部汇报工作制度、"两委"联席会议制度、民主
评议制度、村民会议制度、村民代表会议制度、村务公
开、民主监督制度、村级财务管理制度、村级财务审计制
度、村委会廉政制度开展工作，认真落实村民委员会主任
职责、村民委员会副主任（兼）文书的主要职责、村民委
员会各工作委员会的工作职责、村集体经济组织的主要职
责任务。

　　"党有党纪，国有国法，家有家规"。村规民约是农
民群众在村民自治的起始阶段，依据党的方针政策和国
家法律法规，结合本村实际，为维护本村的社会秩序、
社会公德、村风民俗、精神文明建设等制定的约束规范
村民行为的一种规章制度。虽然村规民约不具有国家强
制力，主要靠社会舆论的力量和先进分子的带动来维持，
但它在以思想教育为主的同时，仍可辅之以群众认可的
经济处罚和纪律制裁。2005 年，南溪村委会依据《村委
会组织法》《公民道德建设实施纲要》修订完善了村规
民约，经南溪村村民会议通过生效。《南溪村村规民约》
的具体条款如下。

## 南溪村村规民约①

　　为了推进民主法制建设，维护社会稳定，树立良好的
文明卫生新农村，经全体村民讨论通过，制定以下村规
民约。

---

　　①　资料来源：南溪村委会。

## 一、社会治安

1. 每个村民都要学法、知法、守法、自觉维护法律尊严，积极同一切违法犯罪行为作斗争。

2. 村民之间应团结友爱，和睦相处，不打架斗殴，不酗酒滋事，严禁侮辱、诽谤他人，严禁造谣惑众、拨弄是非。

3. 自觉维护社会秩序和公共安全，不扰乱公共秩序，不阻碍公务人员执行公务。

4. 严禁偷盗、敲诈、哄抢国家、集体、个人财物，严禁赌博、严禁替罪犯藏匿赃物。

5. 严禁非法生产、运输、储存和买卖爆炸物品。经销烟火、爆竹等易燃易爆物品须经公安机关等有关部门批准。不得私藏枪支弹药，拾得枪支弹药、爆炸物品，要及时上缴公安机关。

6. 爱护公共财产，不得损坏水利、道路交通、供电、通信、生产等公共设施。

7. 严禁非法限制他人人身自由或非法侵犯他人住宅，不准隐匿、毁弃、私拆他人邮件。

8. 严禁私自砍伐国家、集体或他人的林木，严禁损害他人庄稼、瓜果及其他农作物，加强牲畜看管，严禁放浪猪、牛、羊。

对违反上述社会治安条款者，触犯法律法规的，报送司法机关处理。尚未触犯刑律和治安处罚条例的，由村委会批评教育，责令改正。

## 二、消防安全

1. 加强野外用火管理，严防山火发生。

2. 家庭用火做到人离火灭，严禁在将易燃易爆物品堆放户内、寨内，定期检查、排除各种火灾隐患。

3. 加强村寨防火设施建设，定期检查消防池、消防水管和消防栓，保证消防用水正常。

4. 对村内、户内电线要定期检查，损坏的要请电工及时修理、更新，严禁乱拉乱接电线。

5. 加强村民尤其是少年儿童安全用火用电知识宣传教育，提高全体村消防安全知识水平和意识。

### 三、村风民俗

1. 提倡社会主义精神文明，移风易俗，反对封建迷信及其他不文明行为，树立良好的民风、村风。

2. 红白喜事由红白喜事理事会管理，喜事新办，丧事从俭，破除陈规旧俗，反对铺张浪费、大操大办。

3. 不请神弄鬼或装神弄鬼，不搞封建迷信活动，不听、看、传淫秽书刊、音像，不参加邪教组织。

4. 建立正常的人际关系，不搞宗派活动，反对家族主义。

5. 积极开展文明卫生村建设，搞好公共卫生，加强村容村貌整治，严禁随地乱倒乱堆垃圾、秽物，修房盖屋余下的垃圾碎片应及时清理，柴草、粪土应定点堆放。

6. 建房应服从村庄建设规划，经村委会和上级有关部门批准，统一安排，不得擅自动工，不得违反规划或损害四邻利益。

违犯上述规定的给予批评教育，出具检讨书，情节严重的交上级有关部门处理。

### 四、邻里关系

1. 村民之间要互尊、互爱、互助，和睦相处，建立良

好的邻里关系。

2. 在生产、生活、社会交往过程中，应遵循平等、自愿、互惠互利的原则，发扬社会主义主义新风尚。

3. 邻里纠纷，应本着团结友爱的原则平等协商解决，协商不成的可申请村调解委调解，也可通依法向人民法院起诉，树立依法维权意识，不得以牙还牙，以暴制暴。

### 五、婚姻家庭

1. 遵循婚姻自由、男女平等、一夫一妻、尊老爱幼的原则，建立团结和睦的家庭关系。

2. 婚姻大事由本人做主，反对包办干涉，男女青年结婚必须符合法定结婚年龄要求，提倡晚婚晚育。

3. 自觉遵守计划生育法律、法规、政策，实行计划生育，提倡优生优育，严禁无计划生育或超生。

4. 夫妻地位平等，共同承担家务劳动，共同管理家庭财产，反对家庭暴力。

5. 父母应尽抚养、教育未成年子女的义务，禁止歧视、虐待、遗弃女婴，破除生男才能传宗接代的陋习。子女应尽赡养老人的义务，不得歧视、虐待老人。

### 3. 民主决策

为实现民主决策，南溪村委会定期或不定期召开村民大会和村民代表大会，讨论决定涉及全村利益的重大问题。马多依下寨村民小组每月召开一次村民大会，收集村民意见和建议，讨论决定涉及全村村民利益的问题，并及时向南溪村党支部和村委会及上级党委、政府反映小组的新情况、新问题。表 2-6 为 2010 年 1~7 月马多依下寨村民小组召开的七次村民大会的会议记录。

### 表 2 – 6 2010 年 1 ~ 7 月马多依下寨
### 村民大会七次会议记录

| 会议名称 | 会议时间 | 会议地点 | 参会人员 | 参会内容 |
|---|---|---|---|---|
| 马多依下寨村民大会 | 2010 年 1 月 6 日 | 马多依下寨会议室 | 马多依下寨全体村民 | 1. 讨论人畜饮水问题。<br>2. 黄保明组长强调卫生公路的清扫，各小组长要带领各小组成员完成每期的清扫工作。<br>3. 各村民应注意防水、防盗 |
| 马多依下寨村民大会 | 2010 年 2 月 10 日 | 马多依下寨会议室 | 马多依下寨全体村民 | 1. 一事一议，饮水管换新的路线。讨论每户农户集资筹费（20 元每人）。<br>2. 黄保明作年终总结 |
| 马多依下寨村民代表大会 | 2010 年 3 月 23 日 | 马多依下寨会议室 | 户代表 34 户（应到 45 户） | 1. 推选村民代表，下寨共有村民 45 户，应推代表 3 人，推选出的村民代表为王加坤、王泽明、沈明珍。<br>2. 统计需要的造林面积，登记作物和树种的种类 |
| 马多依下寨村民大会 | 2010 年 4 月 20 日 | 马多依下寨会议室 | 马多依下寨全体村民、南溪镇干部李华翠 | 1. 传达村委会主任、副主任选举结果情况，主任黎明，副主任何云。<br>2. 推选马多依下寨村民小组长、村民小组副组长、小组妇女小组长 |
| 马多依下寨村民大会 | 2010 年 5 月 9 日 | 马多依下寨会议室 | 马多依下寨全体村民 | 1. 讨论餐桌的采购情况。<br>2. 黎金国公布财务情况 |

| 会议<br>名称 | 会议<br>时间 | 会议<br>地点 | 参会<br>人员 | 参会内容 |
|---|---|---|---|---|
| 马多依<br>下寨村<br>民大会 | 2010年<br>6月21日 | 马多依<br>下寨会<br>议室 | 马多依下寨<br>全体村民 | 1. 安排22号打扫卫生迎接<br>上级领导检查指导工作。<br>2. 通报受灾物资发放情况 |
| 马多依<br>下寨村<br>民大会 | 2010年<br>7月2日 | 马多依<br>下寨会<br>议室 | 马多依下寨<br>全体村民、<br>南溪镇镇长<br>刘旭勇 | 讨论基础设施建设<br>1. 农田便道建设。<br>2. 清理河道。<br>3. 农田果蔬大棚的建设<br>情况 |

资料来源：马多依下寨村民小组。

### 4. 民主管理和监督

财务管理与监督是农村基层工作的基础，只有扎实搞好农村财务工作，理顺管理关系，健全财务管理制度，才能得到老百姓的信任和拥护，才能促进农村集体经济的发展和壮大，才能保持农村社会的稳定与持续发展。南溪村委会建立了保障民主监督的村民理财小组、村务公开监督小组等组织，财务公开、村务公开、民主评议等活动普遍开展。

南溪村村级财务管理的基本情况：一是抓好民主理财组织建设。每个村成立了以书记为组长，会计、村民理财小组为成员的村务公开监督组织和民主理财组织，对村上所有开支进行监督、审查。二是抓好财会人员素质，促进财务规范化管理。推行村账制定和完善村财务管理制度，做到定期上墙公布村财务收支账目，全村除一年四次村务公开外，还要求用出纳的明细账进行公开，让全体社员参与审查与监督，从而为按章理事创造条件，促进了村级财务管理制度的落实，提高了村级财务的规范化程度。三是组建南溪村反腐倡廉宣传教育工作领导小组，领导小组下设办公室在南溪村委会。

南溪村村级财务管理存在的问题：一是财务公开质量不高。有的村财务公开内容不全面，避重就轻。有的村财务公开栏位置偏僻，群众不易看到。有的村虽然建立了村民理财小组，但没有定期开展理财活动。二是财会人员业务素质不高。主要表现为记账不及时、不准确，没有认真按规定做到日清月结；科目运用不正确或不齐全；开支审批程序不规范，没有做到定期限额审批；部分票据以白条入账，白条无经手人签名按手印；部分经费未存入银行，只有现金。

南溪村村级财务管理的几点对策：一是提高思想认识。加强村级财务管理涉及农民的切身利益，是实践"三个代表"重要思想，维护农村社会稳定，构建和谐社会的客观要求，也是新时期加强农村民主管理，推进基层民主法制建设，加强农村党风廉政建设的重要环节，必须切实抓好此项工作。二是加强财会人员和村民理财小组人员的培训。切实提高财会人员和村民理财小组人员的政治素质和业务素质，使他们能够了解党在农村的各项经济政策，严格执行财务法律和法规，逐步实行会计电算化，财务管理信息化、科学化、现代化。三是全面规范村级财务公开。采用便于群众理解和接受的形式，定期如实地向群众公布有关账目，自觉接受群众监督。四是发挥村民理财小组的作用。既要对广大村民负责，又要实事求是，正直公道，依法监督，严守财政纪律。四是贯彻落实县里规定的村级公务零招待制度。

## 马多依下寨小组 2009 年第一季度收支明细①

2008 年余额：3879 元

**2009 年第一季度收入**

外出工作人员返乡捐款：5300 元

租碗费：100 元

南溪边防派出所三八妇女节赠：200 元

本季度收入 5600 元

**2009 年第一季度支出**

购扫帚：25 元（2009 年 2 月 6 日）

外出工作人员座谈会：2113 元（2009 年 2 月 22 日）

修建牛场公路：3400 元（2009 年 2 月 24 日）

购锅、拖把等：326 元（2009 年 2 月 26 日）

三八妇女节花费：677 元（2009 年 3 月 8 日）

本季度支出：6541 元

本季度余额：3878 + 5600 − 6541 = 2937 元

图 2－7 马多依下寨村民小组"四议两公开"宣传栏

（毛登科摄 2011 年 2 月 15 日）

---

① 资料来源：马多依下寨村民小组。

（四）精神文明建设

党的十七大明确指出，当今时代，文化越来越成为民族凝聚力和创造力的重要源泉，越来越成为综合国力竞争的重要因素，丰富精神文化生活越来越成为我国人民的热切愿望。南溪村委会高举邓小平理论伟大旗帜，以"三个代表"重要思想为指导，认真领悟十七大精神，坚持"精神文明重在建设"的方针。力争做到"学有所教、劳有所得、病有所医、老有所养、住有所居"，立足本村、与时俱进地开展精神文明建设活动。为全村经济和社会各项事业快速、健康的发展提供了强有力的精神动力、思想保证和智力支持，推动了政治文明、物质文明、精神文明的协调发展。

南溪村委会开展精神文明建设的举措有：

第一，经常性组织开展健康有益的群众文体活动，丰富村民的文化生活。成立以村主任为文化活动组长，文教委员为副组长，其他村干部、村民、文艺骨干为主要成员的村级文化活动领导小组。加强农村文化、企业文化、校园文化等区域性或行业性文化建设，形成多重文化的新格局。拓宽群众文化社会办的路子，大力扶持民间艺术团体的发展，发挥文化能人、民间艺人的潜能和积极性。为马多依上下寨小组多方筹资，组建了民族文化演出队。文艺队运用群众喜闻乐见的形式，自编自演，在重大节庆日义务为全镇人民群众、师生、驻军驻警表演节目，如"五四"青年文艺活动、"六一"儿童节活动、"军民鱼水情""八一"双拥联欢晚会、国庆大型文化晚会等，满足了全镇广大人民群众、师生和武警官兵的精神文化需求，受到大家

的热烈欢迎。

**2007～2010年马多依下寨村民小组开展群众文体活动及获奖情况①**

2007年，成立马多依下寨文艺队，队员为寨上爱好文艺活动的妇女。文艺队在领导莅临参观时组织表演迎宾舞、敲大鼓，八一建军节和三八妇女节一般都有演出活动。编舞的指导老师是本村村民王建萍，她从昆明幼师学校中专毕业后先在瑶山乡工作，后又到南溪镇幼儿园当老师。王建萍教队员排演舞蹈没有工资，全凭一份热心。

2008年3月7日，马多依下寨村民小组参加南溪镇"迎奥运、庆三八"活动，荣获五人同步接力赛三等奖。

2008年3月8日，马多依下寨村民小组在南溪镇开展纪念三八国家劳动妇女节100周年活动中，表现突出，荣获"乒乓球接力赛"二等奖。

2008年3月8日，马多依下寨村民小组在南溪镇开展纪念三八国家劳动妇女节100周年活动中，表现突出，荣获"2×100米双人被球接力赛"二等奖。

2008年7月23日，马多依下寨文艺队参加"为奥运喝彩河口县第二届群众艺术大赛"，表演10人集体舞蹈《壮家妹》，荣获优秀奖。

2008年10月，马多依下寨村民小组代表队参加南溪镇第十二届"振南杯"篮球运动会，荣获女子组第三名。

2009年8月14日，马多依下寨文艺队参加"庆祝建国60周年河口县第三届群众艺术大赛"，表演15人集体舞蹈

---

① 资料来源：根据对马多依下寨村民的采访和马多依下寨党员活动室中存放的奖状材料整理汇编。

《歌飘山水间》，荣获鼓励奖。

第二，在精神文化基础设施上着力抓好"四个"建设：一是电视数字化建设。实现"数字电视村村通"，为全村各户安装了电视机顶盒，提高了200多农户的有线电视收视质量。二是体育活动场所建设。为马多依上、下寨建设了篮球场，添置了乒乓球桌和篮球。三是文化活动室建设。新建了图书阅览室、远程教育站，经常利用这些活动场所组织农民进行教育培训，做到了设施"添置"而不"闲置"。四是阅报栏建设。添置了高标准的宣传阅报栏，方便了群众直接阅读时事政治、政策法规、科普文化、致富信息，信息化建设渠道得以延伸。

第三，广泛开展群众性精神文明创建活动。开展"讲文明、树新风"活动，着力解决文明言行、环境卫生、交通秩序、服务质量四个方面存在的突出问题。实施环境创新工程和交通畅通工程，力争在全村环境卫生和交通秩序两个方面有明显改观。开展"讲文明、送温暖、献爱心"活动及青年志愿者、婚育新风进万家、帮困助学、"小手拉大手、文明一起走""崇尚科学文明、反对愚昧迷信""倡导文明新风，共建美好家园"等群众参与面广、效果好的主题活动。

第四，深入开展创建文明乡镇活动，努力提高居民素质、集镇文明程度和群众生活质量。以加强思想道德教育、创造优美环境、维护优良秩序、提供优质服务、丰富文化生活、加强基础建设、强化常规管理为主要内容，从创建文明乡镇、科普乡镇、文明家庭抓起，使创建活动进楼入户到人，促进全村整体文明程度的提高。在集镇建设一批高标准的文化长廊、宣传橱窗、书报亭和户外公益广告。

第五，切实抓好创建文明单位活动，不断推进行风建设。从群众关心的问题入手，以群众满意为标准，重点抓好与群众工作、生活密切相关的窗口单位评比活动，制订有效措施，深入开展军（警）民共建活动。

南溪村委会精神文明建设存在的问题有：

第一，文化基础设施比较落后，文化活动方式单一。公共文化设施建设投入明显不足，现有资源尚未得到有效利用。目前南溪村仅有几个小组建设了图书室、活动室、篮球场。农民缺少休闲场所，文化生活贫乏，闲暇时间除了看电视外，多以打牌、搓麻将消磨时间。同时，小打小赌带来的好吃懒做等不良习气也严重影响文明乡风的形成。

第二，社会不良风气仍在一定范围内存在。一是部分农民的思想意识、价值取向、道德观念产生错位，有"恨人富，愿人穷"现象。特别是部分青年农民的艰苦奋斗精神、勤劳致富思想、守法经营的美德有所弱化。崇尚科技文化知识的氛围不浓，少数地方"读书无用"的观念仍然存在。二是大操大办现象比较普遍。丧葬、结婚、满月、过生日、进新房等都要请客送礼。三是封建传统思想还有一定市场，算命、求神等迷信活动和重男轻女、不孝敬老人等落后思想在一定范围内存在。四是辖区内难民的存在常常引发违法违规案件，影响了农村社会的稳定。

## （五）环境保护工作

南溪村实施五项农村环境保护措施，加强农村环境保护力度，改善农村环境状况，推进建设村容整洁、生态良好的社会主义新农村。

一是实施农村治污保洁工程。以生态示范创建活动为载体，积极开展全国环境优美乡镇、省级生态示范村镇和市级生态示范村的创建活动，实施农村治污保洁工程。在创建过程中，推进农村改水、改厕、改路工程，加快农村环境基础设施建设，加强农村环境综合整治。

二是加强农村饮用水源保护。加强对农村饮用水源地的保护，加大保护农村取水点水源保护力度，严禁污染取水点水质的行为。因地制宜建设污染物处理设施，妥善处置畜禽养殖废弃物、生活污水和生活垃圾，削减污染物排放量，减少各类污染物对饮用水源水质安全的威胁，确保农村饮用水安全。

三是加强农村工业污染防治。坚持科学规划、合理布局的原则，制定和实施环境保护规划、产业转移园区规划，按照重污染行业统一规划、统一定点要求，引导工业进园、产业入区，做到建设服从规划，规划体现环保。对电镀重污染工业制定集中建设统一处理规划，严格执行建设项目环境影响评价和"三同时"制度，加大环境监督执法力度，严防污染向农村转移。

四是加强农村污染源防治。加强对畜禽养殖业的环境监管，在乡村居民区、风景区及河流和环境生态敏感区依法划定禁养区和限养区，严格控制新建规模化畜禽养殖场。及时制定相应的政策法规和地方标准，加强对畜禽养殖业污染治理的监督管理，鼓励畜禽养殖废弃物的综合利用，积极推广以沼气利用为重点的生态农业模式，发展农业循环经济。指导农民科学使用农药、化肥，回收农用薄膜，推广无公害农产品、绿色食品和有机食品生产，建立示范基地，加强无公害农产品、绿色食品和有机食品生产基地的环境监督管理。

五是加强农村环境监管和监测能力建设。充实各级环境管理人员队伍，加强环境监测软硬件建设，提高环境监管能力和水平，切实改善农村环境。

（六）环境卫生工作

在环境卫生工作方面，南溪村委会狠抓制度建设。根据上级有关规定，结合本村实际，先后制定了南溪村卫生公约、南溪村环境卫生管理制度、南溪村村庄环境卫生管理办法、南溪村义务清扫环境卫生劳动制度、南溪村民小组卫生管理制度、南溪村村民小组环境卫生整治长效管理机制等制度。同时，南溪村委会和马多依下寨小组通过开展环境卫生整治工作、爱国卫生工作、健康教育工作和卫生村创建，加强村和小组环境卫生工作的落实。

南溪村委会认真贯彻落实南溪镇党委、政府《关于开展城乡环境卫生整治考评工作的通知》及进一步落实《南溪镇关于开展城乡环境卫生工作的实施方案》提出的各项任务，积极开展城乡环境卫生整治工作，主要做法有：一是加强领导，明确责任。南溪村委会把卫生整治工作列为议事日程，作为一项重要工作来抓。建立健全和完善卫生整治工作领导责任制，村领导统一管理，各小组织具体负责。与各村小组长及农户签订环境卫生整治工作责任书，把责任目标进行了分解量化，细化工作要求，层层落实责任。二是广泛宣传，人人参与。为营造浓厚的环境卫生整治氛围，提高大村民的环卫意识，南溪村把宣传横幅挂起来、广播喊起来、黑板报写出来，大力宣传农村环境整治的目的、意义，号召村民自觉参与到农村环境卫生整治工作中，做到人人既是卫生"清洁员"也是"卫生监督员"，充分地体现人人为我，我为人人的良好社会风气。三是加强监管，明确奖惩。南溪村以监督、检查、管理为手段，做好环境卫生整治工作。定期开展卫生整治会议，制订工作计划，做到工作有部署、有安排。定期开展大检查，对排查出的问题及时整治。成立以村总支书记为组长的环境卫生考评领导小组和环境卫生整治工作巡视监察组，各小组选定卫生监督员，严格按照村民小组卫生管理制度，实行每星期集中大扫除，对清扫不干净或不清扫的严格按照相关规定给予处罚，逐步改变农民的不良生活习惯。通过开展环境卫生整治工作，南溪村治理的村容村貌、卫生环境有了较大改善，猪鸡牛马各自归圈，粪便柴草安放有序，硬化道路整洁干净，村寨绿化清新可人，家庭卫生明显改观。

马多依下寨村民小组自 2007 年开展爱国卫生工作以来，本着为村民办实事、办好事的精神，动员小组各方面力量，以改水、改厕工作为突破口，不断加强村容村貌、环境卫生治理工作和群众健康教育工作，使小组的环境卫生得到彻底改善，广大农民群众的健康水平大幅度提高。经过三年的努力，到 2010 年年底，马多依下寨村民小组爱国卫生工作取得了多方面的成绩：（1）优质饮水供应率达 100%，预防了地方病的发生，确保了农民身体健康。（2）村间道路硬化率达 100%，方便了群众通行，减少了环境污染。（3）村寨绿化率达 80% 以上，形成了道路两旁、农户庭院绿树成荫的良好环境。（4）小组危旧房全部改造完毕，改善了村容村貌和村民的居住环境。（5）小组成员按照分组，定期清扫村寨房前屋后、路边及主要公共场所。（6）村民定期开展除"四害"活动，消除了污染源，预防了疾病传

播。（7）通过全民健康教育和卫生防病知识宣传，村民逐渐养成良好的卫生习惯和健康文明的生活方式。

表2－7　2009年马多依下寨公共卫生区值日分组名单

| 组　长 | 副组长 | 组　员 |
|---|---|---|
| 杨正文 | 侬晓利 | 郎保林、杨国华、郎保祥、郎忠 |
| 王泽民 | 黄保忠 | 孙泽良、王玉国、汪浩、杨国强 |
| 王加坤 | 何　强 | 王泽林、郎文发、雷和华、陈玉华、黄保明 |
| 尹国春 | 罗保忠 | 汪金荣、黄保林、依玉成、依玉发 |
| 尹国兴 | 王寅生 | 王玉华、张玉华、白文定、白忠 |
| 黎金国 | 黎阳金 | 黎金富、陶卫、陶灵娜、黄保山 |

资料来源：马多依下寨村民小组。

## 2009年马多依下寨公共卫生区值日任务要求

1. 公共卫生区范围：球场、公厕、村内主干道、村内公路、公路边沟。

2. 值日时间：各卫生组每次值日两天（实行滚动轮流值日）。

3. 值日要求：每次值日必须打扫公共卫生区一次；交接值日上组必须保持公共卫生区清洁，垃圾桶清空；由组长、副组长带领组员认真完成每次值日。

马多依下寨村民小组根据村党总支、村委会的部署和要求，常年对全体村民进行健康知识教育，普及卫生知识，提高健康意识，增强保健能力。具体做法有：一、健全机构。成立了马多依下寨村民小组健康教育领导小组，由小组党支部书记王加坤任组长，村民小组长黄保明任副组长，黎金国、王慧、尹国春、罗保忠等为成员，由黄保明负责日常工作。二、进行健康、保健知识教育。小组以村委会

下发的《居民健康教育知识读本》为教材，开办健康教育
课堂，组织村民认真学习健康、保健知识。培养村民养成
良好的生活卫生习惯，提高他们对健康、保健、防病的认
知能力。三、除"四害"防疾病。小组一方面大力宣传
"四害"生存的途径、"四害"传播疾病的途径，以及"四
害"对人们身体健康的危害。另一方面，组织村民人人参
与、个个动手，彻底搞好家庭卫生、公共区域卫生，特别
是卫生死角，铲除了"四害"滋生的土壤。

　　马多依下寨村民小组在南溪镇爱国卫生办公室的指导
下，认真贯彻执行云南省爱国卫生委员会关于《云南省卫
生村标准及考评办法》的通知精神，于 2008 年开展了省级
卫生村创建工作。具体举措有：一是落实组织。成立了以
小组党支部书记为组长、村民小组长为副组长、有关负责
人为组员的"创建领导小组"。成立了村健康教育领导小组
及除"四害"、防病卫生保洁等专业化管理队伍。具体制订
了小组创建工作计划和实施方案，使全组的创建工作达到
了制度化、规范化。二是宣传发动。小组利用支部党员大
会、小组干部会议及村民代表会议，反复宣传创建云南省
卫生村的重要意义和目标任务，在全组党员、团员、学生、
村民中树立了创建意识，使创建工作家喻户晓，人人皆知，
极大调动了村民参与创建的积极性和自觉性，形成了良好
的创建氛围。三是加大环境卫生工作的经费投入。小组在
上级党政机关的关心帮助下加大基础设施建设的投入。投
入 15 万元新建了文明路，投入 7 万元新建了篮球场，投入
10 万元建盖了活动室，投入 12633 元为活动室配备了桌椅
板凳、书柜、音响、电视、广播等设备，投入 192700 元建
成了集沼气、猪厩、厕所、小菜园、村寨卫生路于一体的

"五小"工程建设，投入 7 万元新建了主、次排水沟 650 米，投入 6700 元为小组文艺队购买了舞蹈服装，投入 15000 元修缮了卫生公厕，投入 1500 元建盖了垃圾处理池。有线电视入户率达 100%，农户 100% 完成了改水，95% 以上完成了改厕。四是搞好健康教育。小组专人负责全组的健康教育工作，村投入 8 万多元，使户户看上了有线电视。小组卫生宣传黑板报做到了每月更换一次。经常印发健康知识资料发放到户，资料入户率达 100%，大大提高了全组村民的健康卫生知识水平和自我保健意识。五是抓好除害防病工作。小组按照镇爱卫会的要求，认真搞好每年春、秋两季灭"四害"活动，做到了统一药物，统一时间，户户发动，人人动手。乡村医生积极开展疫病预防工作，全组疫苗接种率和"四苗覆盖率"达到 100%。多年来，无脊髓灰质炎病例发生，无流行性出血热发生，无食物中毒事件发生，各类传染病控制在最低限度。六是开展绿化工作。小组道路两旁均进行了绿化，在全组范围内还开展了庭院式绿化、美化活动。

目前，马多依下寨村民小组环境卫生工作存在的最大问题是没有垃圾集中堆放点和缺乏垃圾处理的科学方法。据村民介绍，垃圾池的选址本来定下了几种方案，但是因为征地时土地持有者不同意，所以垃圾池一直没能建成。现在村民处理垃圾的方式主要有两种：一是多数村民选择将垃圾背到空地上集中焚烧或挖坑填埋。二是部分村民选择将垃圾倾倒至马多依河边或者村中坝塘旁，待每年七八月马多依河涨起大水，垃圾自动被冲到河的下游，即南溪镇的位置。建议马多依下寨村民小组要积极筹划，做好小组垃圾集中收集处理和清运工作。应当加紧设立小组垃圾堆放点，逐步实行垃圾代运收集和无害化处理。

图 2 - 8　马多依下寨村民焚烧垃圾的景象

（毛登科摄　2011 年 1 月 29 日）

图 2 - 9　马多依下寨村民倾倒在马多依河旁的垃圾

（毛登科摄　2011 年 2 月 12 日）

（七）其他专项工作

教育工作。南溪村委会以提高基础教育为中心，努力提升办学水平和效益，巩固提高"两基"工作，稳步推进素质的发展。同时，在全村广泛开展普及九年义务教育宣传活动，扫除青壮年文盲，协助学校兴办扫盲班，协调配合学校搞好青壮年的扫盲工作，现有86人领取了脱盲证，其中男45人，女41人，全村适龄儿童入学率达99%，无一人辍学。

医疗卫生工作。南溪村委会坚持坚持"预防为主，防治结合"的方针，认真贯彻实施"人人享有初级卫生保健"的目标。抓好农村三级医疗卫生防治网建设，与上级卫生行政部门密切配合，切实改善农村医疗条件，提高医疗水平。加强乡村卫生建设，推进"乡村卫生一体化管理"工作，督促乡村医生深入村寨中，深入农户家中，为村民看病、治病，认真做好免疫工作，加强传染病预防工作，力求做到早发现、早治疗、早报告、早处理。基本做到了小病不出村，大病得了及时治疗，不断提高农民群众的健康水平。完善新型农村合作医疗管理制度，做好弱势群体救助工作。

人口与计划生育工作。南溪村委会认真贯彻落实《人口与计划生育法》，按照南溪镇计生办的工作部署，加大计划生育政策宣传力度，积极开展婚育新风进万家活动，进一步宣传科学、文明、进步的婚育观念，建设社会主义生育文化，使计划生育深入人心，增强了广大群众实行计划生育的自觉性，为提高人口素质和人口与社会协调发展作出了积极的贡献。近年来，全村的人口自然增长率都控制在8.9‰以内，农户申报独生子女人数不断增多，完成了各项控制指标和任务，无超生、早婚、早育、非婚生育和计划外生育的现象发生。

民政工作。南溪村委会努力维护妇女、儿童、老年人、残疾人合法权益，关注社会弱势群体，积极抓好民政工作。一是做好农村最低生活保障工作，解决病残孤寡农民生活困难的问题。二是做好老龄工作。宣传尊老爱幼，落实"六个老有"，即老有所养、老有所医、老有所教、老有所学、老有所乐、老有所为，村中无虐待、不赡养老人现象。三是做好残疾人工作。对全村12名残疾人均发放了农村最低生活保障，办理了"残疾证"。成立残疾人协会，对残疾人基本情况进行记录并建立花名档案。做好残疾人来信来访接待工作。发动社会力量对残疾人进行捐助，对困难残疾人家庭采取"一帮一"措施，村委会干部定期或不定期到困难残疾人家中进行走访慰问，帮助他们发展生产，寻找致富的途径。

## （八）干部待遇问题

调查中发现，由于河口县的财政收入低，直接导致当地干部工资低和福利待遇低。河口的干部待遇与同为边疆县的蒙自、个旧、屏边、绿春、金平等地区干部待遇相比，存在较大差距。但是河口县的物价高，生活成本高，低收入造成部分干部工作消极，人心不稳，甚至辞职的局面。2010年南溪村委会村"两委"干部每人每年的报酬是600元，各村党支部书记和村小组干部每人每年的报酬是360元，南溪村党总支书记和村委会主任每人每月的工资是700元。多数干部认为目前的工资收入与工作强度完全不匹配，仅靠工资收入根本无法支持家中生计，必须在工作的同时发展农业生产才可满足基本生活需要。

## 个案 2 - 1：王泽明因收入低辞去大南溪村委会主任职务事件①

1988 年南溪镇建镇时，我就是筹建小组成员中的一个。1987～2001 年，我在南溪镇干了十三年的工作。1995～2001 年，我在南溪镇龙堡村委会当了五年的村委会主任。我和当地的苗族相处得很好，学会了一口流利的苗族话。之后我被派到大南溪村委会当主任，干了几个月我就辞职了。

当时在大南溪村委会当主任，每月的工资是 580 元，这就是收入最高的了。其他的村委会干部的工资更少，只有 320 元。但是这些工资比起我家里的开销还是太少，我这个单职工根本养不活家里人。我每天八小时的班是少不了的，工作时间比政府正式职工还长，干的事情比政府的人多，但是政府的人一个月拿两三千，我一个月只拿五百，家里的活也帮不上。我们这边（指南溪镇）不像内地，内地企业多，又有村里的集体土地、集体经济，村委会的经济好，有发展。这边就不行了，只有死工资，工资太低了。内地是争着要当选，我们这边是选上了不愿意干。但是别人选上你了，你不干又不行。后来村里（指马多依下寨）抓经济，大家的生活都越来越好了。我想着自己干主任工资低，退休之后又没有保障，就决定辞去工作，回到家里务农了。我家里现在有田 13 亩、山地 50 亩，家里的主要经济来源是种植香蕉。我有大棚，但是都让我的兄弟去干，让他先走、先富起来。

---

① 根据 2011 年 2 月 11 日对马多依下寨村民王泽民的访谈记录整理。

　　同王泽明的选择一样，原南溪村党总支书记杨正文由于家庭困难等原因，于 2004 年 12 月 30 日辞去党总支书的职务回家务农。2011 年，当我们在马多依下寨访问杨正文时，他对自己当初的决定毫不后悔，他说："我 1983 年就入党了，一辈子都是跟着党走。那时为了'小家'，舍了'大家'，也是没有办法。"杨正文辞职回家后，种了 60 亩香蕉、60 亩肉桂，还种了 600 棵肉桂树，现在每年的收入不低于 5 万元，肉桂挂果后收入会更可观。他又说："虽然我不再担任南溪村工作，但是作为一名共产党员，会努力带领群众致富奔小康。"

# 第三章　新农村建设

## 第一节　新农村建设

### 一　马多依下寨村民小组新农村建设的做法和经验

马多依下寨村民小组按照"生产发展、生活宽裕、乡风文明、村容整洁、管理民主"的总体要求，以创业致富工程为载体，以培育致富能手为基础，全力推进农业产业化进程。初步探索了一条"村两委班子引导、农民积极主动、社会大力支持，加快推进社会主义新农村建设"的新路子。

第一，抓宣传，齐动员，营造良好发展氛围。为了加强群众对党和国家的方针、政策的了解，使得群众对社会主义新农村建设的认识更加深入，小组狠抓宣传教育，在全村营造全民参与新农村建设的氛围。一是通过办村干部培训班，召开村民代表会、村民骨干动员会，深入农户家中、地头，向他们讲解新时期党的方针、政策和有关法律、法规，讲解有关社会主义新农村建设的任务、目标和重大意义，使他们深刻认识到建设社会主义新农村是党的一项"德政工程"，最终受益的是广大农民，这在很大程度上激发了村民为新农村建设献言献策的热情。二是充分利用广播、黑板报、宣传标语、文体活动等各种宣传阵地组织开展新农村建设的宣传活动，通过深入细致的宣传动员，广大群众认清了党和国家对农业、农村、农民的高度重视，激发了村民抢抓机遇，建设新农村的信心和勇气。三是组织村里的党员、干部、群众到个旧、开远等地的州县级小康建设示范村参观学习，让大家真切地感受这些示范村的新变化，增强村民建设美好家园的责任感和紧迫感。

　　第二，抓班子，强核心，打造过硬的干部队伍。新农村建设能否顺利推进，与农村基层班子的素质和能力密切相关。小组把加强基层组织建设当作头等大事来抓，从自身建设和党员队伍建设入手，打造一个团结务实的村班子。一是积极争取资金建设了党员活动室、会议室。小组活动室内电视机、电脑、音响等电教设备及各种报纸杂志和书籍配备齐全。村中的活动场所已成为党员和群众学习教育的主要阵地、村民议事办事的重要场所、农村先进文化的传播中心、群众文化娱乐的重要平台。通过开展保持共产党员先进性教育活动、学习实践科学发展观活动及创先争优活动，党员干部带头加强学习，提高了自身政治素质、文化水平和依法治村能力，树立了为群众服务的意识。二是从关系农民切身利益的事做起，做到取信于民。村干部在日常工作中，做到小事有沟通，大事会上定，村内各项基础设施建设、产业结构调整、低保、小额信贷指标等涉及群众切身利益的热点、焦点问题均由党员会、村民代表会讨论决定，并在公开栏中公开，接受群众监督。村干部围着群众转，事事有人管、有人问，村中的大事小情公开透明了，群众思想理顺后，参与新农村建设的干劲更足了。三是成立了由挂职领导、新农村建设指导员、村干部组成的新农村建设工作领导小组,建立健全目标责任制和考核奖惩制度。形成了班子有了凝聚力,群众有了向心力,干部、党员、群众拧成了一股绳进行社会主义新农村建设的良好局面。四是实施"致富先锋"。该小组从本村党员户中挑选出一批致富能手作为培养对象,给予资金、项目、技术等方面的扶持,已先后培养了八名种植科技大棚的致富能手。

表 3-1 2010 年南溪村委会新农村建设工作指导员
在马多依下寨工作的情况

| 序号 | 日　　期 | 具体工作开展情况 |
|---|---|---|
| 1 | 2010 年 3 月 9 日 | 马多依下寨观看大棚 |
| 2 | 2010 年 4 月 23 日 | 马多依贫困人员调查 |
| 3 | 2010 年 5 月 26 日 | 查看马多依下寨两农户土地纠纷情况 |
| 4 | 2010 年 6 月 19 日 | 马多依下寨产业结构调查 |
| 5 | 2010 年 7 月 7 日 | 马多依下寨了解农户登记情况 |
| 6 | 2010 年 7 月 11 日 | 马多依下寨了解文艺队建设情况 |
| 7 | 2010 年 7 月 18 日 | 走访马多依下寨贫困户 |
| 8 | 2010 年 8 月 30 日 | 马多依下寨香蕉种植情况调查 |
| 9 | 2010 年 9 月 8 日 | 马多依下寨橡胶种植情况调查 |
| 10 | 2010 年 10 月 10 日 | 走访马多依下寨贫困户 |

第三,抓特色,引项目,经济发展创新高。长期以来,小组的经济收入主要是依靠种植香蕉,但冻害、涝灾、旱灾等自然灾害时常对香蕉产业带来严重打击。对此,小组提出了优化产业结构的思路,紧紧围绕打造边境现代农业园区这条主线,积极实施创业致富工程,主动探索以"参与主体多元化,生产经营市场化,农民受益最大化"为主要特征的新型农村合作化城乡经济发展之路。在积极组织村民进行科技培训的同时,向各级政府、各职能部门提出

申请，利用小组得天独厚的自然条件建设一个现代农业示范园区。2010 年 4 月，经河口县委、县人民政府批准，中国河口边境现代农业示范园区正式落户南溪镇马多依下寨。园区总体规划面积 1100 亩，预计总投资 2539 万元，建设年限为三年，园区建成后，每年可生产各种果蔬 8100 吨、商品鱼 180 吨、鱼苗 150 吨、观赏园林植物 10 万盆，实现年销售收入 3160 万元。截至 2010 年年底，该园区已投资 100 余万元完成 50 亩果蔬大棚的建设，项目惠及农户 17 户。同年 8 月，小组成立了"马多依果蔬专业合作社"，提高了示范园的组织化程度，并通过合作社对大棚种植户的技术、种苗、销售渠道进行统一管理，进一步实现资金、技术、土地、运输等生产要素的优化配置，实现了效益最大化。在销售方面，合作社与玉溪沃尔玛超市、河口百货大楼达成了供货协议，产品供不应求。以"黑美人"西瓜为例，每年可种植 3 季，每亩每季定植 3000 株，平均单果重 1.5 公斤，年亩产量达 13500 公斤，按每公斤售价 3 元计，年亩产值可达 40500 元。扣除种子、农药、化肥、人工费等管理成本，每亩利润可达 30000 元左右，经济效益十分明显，深受农户的欢迎。园区二期工程建设，计划建设面积 200 亩，总投资 455.35 万元。二期工程完工后，小组的大棚果蔬面积将达到 250 亩，每年可为小组创造近 800 万元的产值。马多依下寨农业园区的建设，既实现了农业增效、农民增收，又带动了南溪设施农业的发展，为南溪走向绿色发展之路奠定了坚实基础。

第四，抓投入，增设施，强管理，有序推进新农村建设。按照新农村建设工作思路，小组把加强基础设施建设，不断改善农民生产生活条件作为重要任务来抓。通过想办法、出点子，近几年小组积极向各级部门争取到"整村推进""兴边富民""新农村建设"等项目资金共140余万元，先后完成村内主干道建设工程、户户通水泥路面工程、沼气三配套工程、村容村貌整治工程、"五小"水利工程、活动室、球场、食堂、卫生公厕等公共设施建设，现村内道路硬化率达100%，自来水入户率达100%，实现了通路、通水、通电、通广播电视。为维护好村内公共设施和环境卫生，小组还落实了各项公共设施专人负责制，同时制定了环境卫生分片负责制，将全村环境卫生分为四块进行管理，每一块由一名班子成员负责，并制定了绿化方案和片区环境卫生日清扫制度，确保了公共设施的完好率和做到环境卫生整洁。

第五，抓精神文明建设，实现和谐发展。小组以创建"群星文明"为载体，广泛引导村民学习《村民道德公约》，开展"星级文明户""优秀道德家庭"创评和"三讲一树"活动。目前，小组90%以上农户被评为"五好家庭""文明家庭"和"十星级文明户"。随着农民收入的增加和生活水平的提高，小组十分注意提高农民的生活质量，村民还自筹资金组建了壮家文艺队。文艺队自组建以来，积极参加了县上和镇上组织的文化比赛和重要演出活动，使小组良好的精神面貌得以展现。

## 二 马多依下寨村民小组新农村建设取得的成效

通过"两委"班子引导、农民积极主动、社会大力支持，马多依下寨村民小组成为河口县社会主义新农村建设的示范村，农村经济得到长足发展，农民群众得到真正实惠，当年的"穷山窝""打架村"成为了远近闻名的"小康村""和谐村"。

一是产业结构合理调整，农民收入大幅增长。通过积极调整优化产业结构，全面推进农业产业化经营，全村农业生产呈现出又好又快的发展态势。截至 2010 年年底，小组实现经济总收入 120 万元，比 2006 年增加 74.82 万元，增长 165.6%，农民人均纯收入 4600 元，比 2006 年增加 2431 元，增长 112%，居南溪镇 39 个自然村首位。

二是基层党组织的凝聚力、战斗力和号召力不断增强。过去，小组党员队伍涣散，村干部整体素质不高，农村基层党组织的作用得不到充分发挥。通过新农村建设的带动和开展学习实践科学发展观及"创先争优"活动，小组党员干部队伍的整体素质提高了，村里好吃懒做的人少了，打架斗殴事件不见了，讲文明树新风的人多了，全村的精神面貌有了较大变化。小组先后被授予沼气示范村、科技示范村、小康示范村、信用村、州级卫生村、省爱民固边模范村等荣誉称号。

图 3-1　马多依下寨新农村建设整村推进示范村项目竣工碑

（南溪村委会摄　2008 年 12 月 2 日）

三是基础设施不断加强，村容村貌明显改善。近年来，小组水、电、路等基础设施日趋完善，道路平整畅通，环境卫生整洁，过去"脏、乱、差"的景象一去不复返。以前的茅草房、土坯房、杈杈房变成了瓦房和楼房，以前的泥土路变成了水泥路、卫生路、文明路。大部分村民拥有移动电话、家家户户有摩托车，有的村民还购买了轿车、面包车、农用车等。

**图 3-2　马多依下寨整洁的村容村貌**

**（毛登科摄　2011 年 1 月 25 日）**

## 三　今后工作的打算

2011 年红河州根据中共红河州委、红河州人民政府《关于进一步加大统筹城乡发展力度着力加快推进社会主义新农村建设的意见》（红发〔2010〕31 号）和中共红河州委办公室、红河州人民政府办公室《关于印发〈红河州社会主义新农村"乡村示范工程"行动计划〉的通知》（红办发〔2010〕113 号）的要求，开展了整乡推进新农村示范乡镇建设。全州每个县市确定一个乡镇作为州级整乡推进新农村示范乡镇，对每个州级整乡推进新农村示范乡镇建设每年补助 100 万元，连续补助三年。整乡推进新农村示范乡镇建设工作在州委农村工作领导小组的领导下进行，各级农村工作领导小组和旅游部门负责项目的组织实施。各有关部门以整乡推进新农村示范乡镇为载体，切实增加各级对整乡推进新农村示范乡镇建设的投入。进一步整合各类项目、资金、人才等资源，特别是要一事一议财政奖补、乡村旅游、中低产田地改造、村村通、人畜饮水、乡村流通、农业综合开发、农家书屋、"五小水利"等工程结合起来，加强资源整合，共同推进整乡推进新农村示范乡镇建设。河口县南溪镇马多依被列入红河州第一批州级整乡推进新农村示范乡镇建设名单。马多依村抓住红河州第一批州级整乡推进新农村示范乡镇建设工作这一契机，积极支持和配合技术人员做好农业园区的建设工作，严格按照建设计划，高标准建设、高质量施工、高水平管护，把园区建设成为一流的新农村样板工程；积极对村寨进行全面绿化，加大村容村貌整治力度，把马多依下寨建设成为生态一流的新农村；继续抓好精神文明建设，实现全村经济和社会各项事业的和谐发展。

## 四　文明村创建

为探索新农村建设的有效途径和方法，推广成功的做法和经验，充分发挥先进典型的示范、辐射作用，红河州各级宣传部门和文明办坚持以科学发展观为指导，结合县情、乡情、村情，扎实推进特色文明村建设。

马多依下寨村民小组在特色文明村建设中始终坚持以

"三个代表"重要思想和科学发展观为指导，以全面建设农村小康社会为总体目标，从每个家庭、每个村民入手，抓好经济建设，弘扬生态理念，倡导文明新风，不断提高农民综合素质，改善农村环境，推动农村"三个文明"健康协调发展，努力建设生产发展、生活富裕、生态良好的现代化新农村。2009～2011年，马多依下寨村民小组连年获得红河州级、河口县级文明村称号。

### （一）马多依下寨村民小组创建文明村的举措

第一，加强组织领导，确保工作实效。为切实加强对创建文明村的组织领导，马多依下寨村民小组成立了创建文明村领导小组，将创建工作列入重要议事日程。创建工作由领导小组组织、指导、监督、考核，并派专人负责创建工作。"村看村，户看户，群众看干部"。在创建工作中，注意发挥小组干部的核心作用，把小组班子成员及党员队伍的建设作为一项重要工作来抓，毫不松懈。要求小组干部坚持勤政为民，不搞特殊化，时刻把群众利益放在第一位，多为群众谋利益。工作中走在前、干在前，不接受吃请，不以权谋私，以自己的模范行为去影响、带动全体党员和村民。并围绕经济建设，积极为村民出谋划策，真正当好村民的"领头雁"，真正为群众当好家、理好财。

第二，统一规划、办好实事，改善村容村貌。近年来，马多依下寨村民小组在抓好经济的同时，结合小康示范村建设的契机，做到统一认识、统一规划，完成村内道路的全面规划建设，出现了组内道路成网、户户相通。并进行了全面的厩改、厕改，优化了生活条件，彻底改变了组内脏、乱、差的现状，村容村貌整洁美观。与此同时，为丰富农村文化生活，修建了科技文艺活动室和图书阅览室，成立了文艺队，编排了健康向上的节目，定期聘请文化站辅导员进行文艺活动辅导。家家户户装上了卫星电视，改变了村民的文化生活环境，提高了村民的整体素质，为创建文明村打下了坚实的基础。

第三，强化思想教育、提高文明素质。抓好思想教育，是推进农村精神文明建设的关键。由于农村经济利益分散化、多元化、地方化和个人化，一些村民特别是青年农民集体主义观念和道德责任感淡化，拜金主义和利己主义滋长，艰苦创业精神和传统美德沦丧。据此，马多依下寨村民小组坚持"治贫先治愚、扶贫先扶志"的指导思想，着力从解决本组村民的精神动力入手，坚持用"三个代表"重要思想和邓小平理论武装党员，教育群众，提出了"讲文明话、办文明事、做文明人、创文明新村"的目标。在工作实践中，坚持开展爱国主义、集体主义、社会主义教育；加强社会公德、村民道德、家庭美德教育，引导村民树立正确的世界观、人生观、价值观；积极开导本组村民正确处理国家、集体和个人三者的关系，激励村民爱家乡、护环境，为发展集体经济、改变村容村貌作贡献。通过上述有针对性的教育，如今马多依下寨村民小组的村风正、民风好，群众的整体素质提高了，为推进"三个文明"建设奠定了坚实的思想基础。

第四，狠抓村民道德建设，树立高尚文明村风。马多依下寨村民小组一直把村民道德建设当作一项大事来抓，订阅相关报刊、书籍，组织学习并写出心得，不断推进和深化文明村创建工作。在具体的工作中，主要抓好四个方面的工作：一是抓制度，强化外在约束。制定了符合村情、

民情的村规民约和《评选文明农户、"五好家庭"》标准发放到各家各户，要求各家各户认真学习，遵照执行，以此不断规范村民的言行举止，引导广大村民争做"四有"新人。二是抓载体，提高活动质量。积极探索文明村创建的有效载体，精心开展"十星级文明户""五好家庭""好婆婆""好邻里"等一些村民们喜闻乐见、各具特色的活动，使村民在自我教育、自我评价中享受到精神文明建设的成果，从而大大调动广大村民参与文明村创建的积极性。三是抓风气，推进移风易俗。出台了婚丧嫁娶不得大操大办、不得赌博酗酒、不得参与迷信活动及法轮功等邪教组织、不得违法犯罪和发现有违规现象要向村委会报告的规定，村组长及党员以签名的形式向全村人民承诺，带头遵守有关规定，争做村中移风易俗的带头人。如今的马多依下寨村民小组已形成崇尚科学、文明、健康、向上的良好社会风气，组内无吸毒、贩毒及赌博现象。四是抓依法治村，保持社会稳定。为提高干部群众的法律素质，一方面，在全组深入开展普法教育活动，引导村民自觉做到学法、用法、守法；另一方面，坚持依法进行民主选举、突出民主决策、实行民主监督、搞好民主测评，认真落实"依法建制、以制治村、民主管理"等制度，大大提高了村民的参政议政能力，使广大群众充分享受到了政治上的权利。

（二）马多依下寨村民小组创建文明村的实效

第一，小组班子组织健全，达到"五好"（好班子、好队伍、好路子、好机制、好制度）。

第二，小组实现"五通"（通车、通电、通水、通邮、通电话）、"五化"（道路硬化、村容净化、庭院美化、四旁绿化、居室亮化）、"三有"（有广播、文化图书室、活动室）、"五改"（农户改房、改厨、改水、改厕、改圈）。

第二，小组治安稳定，盗窃等可防性案件得到有效遏制，邪教活动、宗教势力、群体性械斗已杜绝，群防群治网络健全，刑释解教人员安置帮教工作有序开展，各类矛盾纠纷及时化解，治安秩序良好。

第三，村民的文明程度明显提高，赌博、封建迷信活动明显减少，村风、民风明显好转，全组环境整洁，服务网络健全，文化生活丰富，人民安居乐业。

第四，"十星级"文明户工作有序开展，做到农户有牌子，小组有评选实施细则、有评选记录、有表册，实行动态管理。

# 第二节　活动建设

河口县在实施社会主义新农村建设的同时，先后实施了"云岭先锋"工程、"兴边富民"工程、边疆解"五难"惠民工程、"边疆党建长廊"建设、"农村致富先锋"行动计划、"党旗更红，边疆更固"主题实践活动、学习实践科学发展观活动、创先争优活动，为该县经济社会又好又快发展提供了坚强有力的党组织保证。

## 一　"云岭先锋"工程

自 2004 年起，南溪镇根据《中共云南省委关于实施"云岭先锋"工程，大力推进党的基层组织建设的决定》《中共红河州委关于实施"云岭先锋"工程，大力推进党的

基层组织建设的实施意见》《关于在全州广大基层党组织中全面推进"云岭先锋"工程的通知》和《中共河口县关于实施"云岭先锋"工程，全面加强农村党的基层组织建设五年总体规划》文件精神，积极开展"云岭先锋"工程。各党支部实施"云岭先锋"工程，在镇党委实施"云岭先锋"工程领导小组的统一领导下开展工作，由领导小组办公室具体负责协调、指导、督促、考核、检查。

南溪村党总支开展"云岭先锋"工程的基本思路：（1）紧扣农村经济发展，加强农村党建工作，把重点转移到组织、引导和带领人民群众发展农村经济，增加农民收入，加快脱贫致富上来。（2）增强农村基层党组织的战斗力、凝聚力和感召力，把能带头致富和带领群众脱贫致富的先进分子吸纳到党组织中来。（3）全面推行农村党员干部培训制度，重点抓好农村实用技术培训，把致富能手培养成党员，把党员培养成致富能手，把党员中的优秀致富能手培养成村干部。

南溪村党总支开展"云岭先锋"工程的主要措施：（1）宣传开展"云岭先锋"的意义、目的、要求。根据各小组的实际情况，制订实施意见和计划。（2）探索和创建农村党建工作新机制，努力把农村党组织建设成为学习型组织、实干型集体、服务型队伍。按照"三个培养"的要求进一步抓好党员发展工作，加强村级班子建设工作，组织开展社会评议村干部作风活动。（3）强化培训，提高素质。制定培训规划，突出农业科技知识和实用技术培训。通过专业人员授课、典型示范、参观考察、送科技下乡，依托党校、成人文化技术学校，加强党员、干部、致富能手的教育培训，提高其带头致富、带领群众共同致富的本领。（4）调查研究，分类指导。完善党员花名册，建立健全富裕党员和贫困党员花名册，确定联系帮扶对象、方法、步骤、目标。（5）在马多依上、下寨小组建立"云岭先锋"示范点，建立健全相关制度，对农村党员实行挂牌上岗，亮出党员身份，接受群众监督。

表3-2　南溪村党总支实施"云岭先锋"工程党员"先锋户""党员户"挂牌名单

| 先锋户 13 户 | 党员户 15 户 |
| --- | --- |
| 杨正文、骆和生 | 余永正 |
| 王加坤 | 梁保山 |
| 刘晓龙 | 李永方 |
| 罗光福 | 汪兰英 |
| 张发普 | 黎　明 |
| 陶金寿 | 黎金国 |
| 李书勇、马秀英 | 尹国兴 |
| 黄海青、陆金美 | 王玉华 |
| 黎志宁 | 王泽明 |
| 罗有明、罗燕 | 李　凯 |
| 张有生 | 李光利 |
| 尹国春 | 熊联华 |
| 何　强 | 李光利 |
| | 岑秀兰 |
| | 汪正祥 |

资料来源：南溪村党总支。两项共计28户32人。

## 二　"边疆党建长廊"建设

河口县属直过区，曾是战区，与越南一市三县接壤，国境线长 193 公里，有 52% 的村委会在边境线上。但该县

经济、社会、文化发展相对落后，民族、贫困、宗教问题相互交织，境外渗透破坏活动形式严峻，"禁毒防艾"工作任务繁重，党建基础设施落后，基层党组织在群众中的影响力、号召力和凝聚力还不强。

为加强和改进边疆地区党的基层组织建设，2007年4月5日，云南省委在昆明召开了建设"边疆党建长廊"启动会。2007年5月22日，红河州"边疆党建长廊"建设启动会在河口县召开，拉开了河口全县上下积极开展"边疆党建长廊"建设的序幕。中共河口县委于2007年和2010年先后颁发《中共河口县委关于河口县边疆党建长廊建设的实施意见》和《中共河口县委关于深化边疆党建长廊建设进一步加强基层党的建设的实施意见》，作为河口县"边疆党建长廊"建设开展的政策依据。

马多依下寨开展"边疆党建长廊"建设的成效显著。自开展"边疆党建长廊"建设以来，马多依下寨党支部充分利用上级的各种优惠政策和扶持措施，实施了"兴边富民工程"和"整村推进"项目，带领村民齐心协力一起干，村寨面貌发生了翻天覆地的变化。"先后完成沼气三配套27户，完成户户通水泥路面工程，村内道路硬化率100%，建设了村民活动室、阅览室、球场、食堂、卫生公厕等公共设施。全村种植橡胶612亩、甜龙竹56亩、香蕉1200亩。2008年，村民人均纯收入3056元，在全镇39个自然村中居首位。"村民感叹道，这些都是上级领导关心，党员干部带头做实事，开展"边疆党建长廊"建设的结果。

## 三 "农村致富先锋"行动计划

2007年9月南溪镇党政办公室印发《南溪镇转发〈关

于实施"农村致富先锋"行动计划的意见〉等七个基层党建工作实施意见和办法的通知》，规定各乡（镇）党委每年从辖区各村委会农村党员农户中选择有一定致富基础条件的农村党员户（每个村委会 2~4 户）作为"农村致富先锋"行动计划的培养对象，进行重点扶持和培养，力争通过一年的扶持和培养，使培养对象的带头致富能力和带领群众致富能力明显增强，家庭经济收入明显增加，基本达到本村农户上等水平。

南溪镇党委以马多依下寨作为试点，选择村中想致富、能致富、能带富的八名农村党员户作为"农村致富先锋"行动计划的培养对象，进行重点扶持和培养，并采取措施进行扶持。培养措施包括：一是采取政策扶持。把各类优惠政策向致富先锋培养对象及其所在村组倾斜，在政策允许的情况下，重点为他们参与项目实施、享受扶持资金提供优惠政策扶持。二是采取项目扶持。在扶贫开发、水土保持、科技培训、良种繁育、优质水稻工程、农田水利建设、农村能源建设、示范基地建设等项目实施中，优先把培养对象列入项目实施范围。三是采取结对扶持。南溪镇镇机关 34 名共产党员，每四人负责结对扶持一名"农村致富先锋"，要求每个月必须联系一次以上，为扶持对象提供信息、技术的指导、帮助。四是采取技术扶持。在开展农村科技和实用培训时，重点培训培养对象，优先提供技术咨询和辅导，优先赠送科技书刊或实用技术资料。五是采取"规模＋资金投入＋社会效益＋经济效益＋带动群众"的综合考评方式，对培养对象一年一考核，建立优胜劣汰的竞争激励机制。

**表 3 - 3　南溪镇马多依下寨"农村致富先锋"简要情况**

| 姓名 | 何强 | 性别 | 男 | 民族 | 壮 | 文化程度 | 中专 | 是否党员 | 是 | 发展项目 | 大棚栽培 |
|---|---|---|---|---|---|---|---|---|---|---|---|
| 基本情况 | 家中共有人口 4 人，主要经济来源是香蕉，家庭年收入 3 万元，基本满足生活所需 | | | | | | | | | | |
| 姓名 | 黄保明 | 性别 | 男 | 民族 | 壮 | 文化程度 | 初中 | 是否党员 | 是 | 发展项目 | 大棚栽培 |
| 基本情况 | 家中共有人口 4 人，主要经济来源是香蕉，家庭年收入 4 万元，基本满足生活所需 | | | | | | | | | | |
| 姓名 | 尹国春 | 性别 | 男 | 民族 | 壮 | 文化程度 | 大专 | 是否党员 | 是 | 发展项目 | 香蕉种植 |
| 基本情况 | 家中共有人口 5 人，主要经济来源是香蕉，家庭年收入 2 万元，基本满足生活所需 | | | | | | | | | | |
| 姓名 | 杨正文 | 性别 | 男 | 民族 | 壮 | 文化程度 | 中专 | 是否党员 | 是 | 发展项目 | 香蕉种植 |
| 基本情况 | 家中共有人口 4 人，主要经济来源是香蕉，家庭年收入 1.5 万元，基本满足生活所需 | | | | | | | | | | |
| 姓名 | 黎金国 | 性别 | 男 | 民族 | 壮 | 文化程度 | 中专 | 是否党员 | 是 | 发展项目 | 香蕉种植 |
| 基本情况 | 家中共有人口 2 人，主要经济来源是香蕉，家庭年收入 2 万元，基本满足生活所需 | | | | | | | | | | |
| 姓名 | 尹国兴 | 性别 | 男 | 民族 | 壮 | 文化程度 | 初中 | 是否党员 | 是 | 发展项目 | 香蕉种植 |
| 基本情况 | 家中共有人口 4 人，主要经济来源是香蕉，家庭年收入 2.5 万元，基本满足生活所需 | | | | | | | | | | |
| 姓名 | 王玉华 | 性别 | 男 | 民族 | 壮 | 文化程度 | 初中 | 是否党员 | 是 | 发展项目 | 香蕉种植 |
| 基本情况 | 家中共有人口 4 人，主要经济来源是香蕉，家庭年收入 2 万元，基本满足生活所需 | | | | | | | | | | |
| 姓名 | 王加坤 | 性别 | 男 | 民族 | 壮 | 文化程度 | 初中 | 是否党员 | 是 | 发展项目 | 香蕉种植 |
| 基本情况 | 家中共有人口 4 人，主要经济来源是香蕉，家庭年收入 2 万元，基本满足生活所需 | | | | | | | | | | |

通过实施"农村致富先锋"行动计划,马多依下寨党支部致富先锋何强、黄保明在县农业局、林业局、科技局等部门的扶持下,结合当地自然条件,以科技为指引,充分利用土地资源优势,建设果蔬大棚。2009 年,"黑美人"西瓜种植取得了良好的经济效益,亩均产值 3 万元,是其他农作物产值的 10 倍。在八名致富先锋的带动下,马多依下寨农户从以前"只会到山上盘田种地"转变为学习先进农业技术,发展果蔬大棚种植,"有文化、懂技术、会经营"的党员群众越来越多,科学种植的热情空前高涨。

图 3-3 马多依下寨"农村致富先锋"黄保明种植的大棚西瓜
喜获丰收(南溪村党总支摄 2009 年 4 月 19 日)

## 四 "党旗更红,边疆更固"主题实践活动

2008 年 5 月,中共红河州委办公室印发《中共红河州

委办公室关于开展"党旗更红，边疆更固"主题实践活动进一步推进"边疆党建长廊"建设的意见》，2008 年 8 月，中共河口县委办公室印发《中共河口县委办公室关于开展"党旗更红，边疆更固"主题实践活动进一步推进"边疆党建长廊"建设的意见》。河口县开展"党旗更红，边疆更固"主题实践活动，目标是力争用三年时间，使基层党组织的设置不断规范化和科学化，基层党组织的创造力、凝聚力和战斗力进一步增强；党员综合素质进一步提高，岗位服务意识进一步增强；培养出一批有文化、懂技术、会经营的"农村致富先锋"示范户；集中打造一批硬件完善、软件规范、特色鲜明、业绩显著的企业党组织，实现"党建工作强、经济实力强"的双强目标。

南溪镇党委及各党支部落实上级目标任务，以"党旗更红，边疆更固"主题实践活动为载体，围绕"强组织、建阵地、聚人心、固边疆"的目标，实施"政策支边、产业富边、组织固边、民主兴边"四项措施，积极探索，不断创新，扎实推进基层党建，筑牢边疆执政基础，党建工作获得新进展。实现了抓党建、促发展、构和谐的目的，基层党组织的凝聚力和战斗力得到进一步增强，党员的先锋模范作用得到进一步发挥，党的路线方针政策得到全面贯彻，党群干群关系更加密切，党建工作推动了边境地区经济社会的新发展，形成了边防巩固、经济繁荣、民族团结、社会进步的良好局面。

## 五　学习实践科学发展观活动

科学发展观，是时任中共中央总书记胡锦涛在 2003

年 7 月 28 日的讲话中提出的"坚持以人为本,树立全面、协调、可持续的发展观,促进经济社会和人的全面发展",按照"统筹城乡发展、统筹区域发展、统筹经济社会发展、统筹人与自然和谐发展、统筹国内发展和对外开放"的要求推进各项事业改革和发展的一种方法论,也是中国共产党的重大战略思想。在中国共产党第十七次全国代表大会上写入党章,成为中国共产党的指导思想之一。

按照中央和省、州、县委的部署要求,根据《中共河口县委关于开展深入学习实践科学发展观活动的实施意见》和《河口县开展第三批深入学习实践科学发展观活动的指导意见》以及南溪镇党委对南溪镇农村开展深入学习实践科学发展观活动的指导安排,2009 年南溪镇成立中共南溪镇委员会深入学习实践科学发展观活动办公室,南溪村党总支成立深入学习实践科学发展观活动领导小组,负责镇、村学习实践科学发展观的日常事务。

在学习实践科学发展观活动中,马多依下寨党支部把经济发展和文化建设融入学习实践活动中。在经济发展方面,马多依下寨党支部认识到,种植香蕉的防灾抗灾能力不强,会造成生态破坏、水土流失。为此,党支部制定了科技大棚种植的新路子,发展特色、高产、高效的生态农业。通过传播现代农业科技知识,推动农村产业结构调整,改变农民靠天吃饭、靠拼资源、拼劳动力的旧观念、旧思想,开创了以科技带动发展,做新型农民的思路,促进农业增效、农民增收,让群众真正享受到科学发展的成果。在文化建设方面,马多依下寨党支部组织村文艺队开展丰富活动,结合壮族传统文化和科学发展观的内容自编自创文艺节目，以丰富多彩的形式向广大党员、群众宣传科学发展观的内涵及党的方针、政策，使学习实践活动与弘扬民族文化相得益彰。2010年马多依下寨由于在贯彻落实科学发展观和精神文明创建工作中成绩突出，被中共红河州委、红河州人民政府关于命名表彰为红河州第四批州级文明村。

## 六  创先争优活动

2010年5月11日红河州启动创先争优活动，南溪镇党委积极响应上级号召开展工作。为充分发挥典型的示范带动作用，推动全镇创先争优活动深入开展，南溪镇确定马多依下寨为县级创先争优活动示范点，以点带面、紧扣主题、创新载体、突出重点，在全镇党员群众中形成了"创先争优当先锋，推动小组新发展"的良好局面。马多依下寨

图3-4  马多依下寨中宣传创先争优的墙报

（毛登科摄  2011年2月3日）

创先争优活动示范点的成功经验有：（1）实施"农村致富先锋"行动计划，在政策、项目、资金和技术上对致富先锋重点扶持和培养，带动群众共同致富，发展经济富边。（2）开展以"创建先进支部，争当优秀党员；创建和谐村，争当文明户"为主要内容的"双创双争"活动，筑牢基础强边。（3）围绕"边疆党建长廊建设"的目标要求，深入实施"爱民固边"战略，强化民警驻村工作，巧借外力固边。（4）把党建工作和民族文化有机整合，促进党建工作为民族文化发展服务，民族文化繁荣为党建工作提供载体，激发活力兴边。

## 第三节 社会治安综合治理

建设社会主义新农村，是一项长期而艰巨的任务。稳定的社会治安环境，是建设新农村的基本保障。南溪村委会和马多依下寨重视加大社会治安综合治理力度，从成立社会治安综合治理机构、创建平安村、创建爱民固边模范村等方面着手，为建设社会主义新农村构建平安和谐的社会环境。

### 一 成立组织机构

#### （一）成立人民调解委员会

第一，南溪村委会成立人民调解委员会，并规定人民调解委员会的工作职责。2010年南溪村人民调解委员由村党总支书记何强担任调解委员会主任，村委会主任黎明、马多依下寨警务室民警张胜军担任调解委员会副主任，村委会副主任兼村团总支书记兼民兵连长何云、村妇女主任陆金美、马多依下寨组长黄保明、马多依上寨组长董少林、戈哈组长陶金寿、曼爬组长邓开宏、街道组长张发普、龙冬组长杨金民、李麻山组长黄贵洪担任小组成员。南溪村人民调解委员会的主要职责为：（1）及时了解掌握影响社会稳定的矛盾纠纷及闹事苗头，定期向上级政法综治维稳部门报告。（2）及时开展矛盾纠纷排查工作，努力把矛盾化解在基层，化解在萌芽状态。（3）通过调解工作宣传法律、法规、规章和政策，教育公民遵纪守法，尊重社会公德，预防民间纠纷的发生。（4）配合党委、政府及有关部门做好矛盾纠纷的控制、输导、化解和教育工作，防止矛盾激化。（5）向村委会、司法所和上级综治维稳部门反映民间纠纷及调解工作情况。

第二，南溪村社会治安综合治理领导小组、南溪村治保委员会每月定期召开一次防范例会。防范例会的参会人员为领导小组成员、治保委员会成员、群防群治队伍骨干、辖区民警和部分村民代表。会议内容为贯彻传达南溪镇社会治安综合治理有关会议、文件精神，部署全村相关工作任务；讨论、分析、调解本村影响较大的矛盾纠纷；对本村发生的案件进行分析和总结，提出预防方案。防范例会注意做好每次的会议记录，从2010年1～6月的会议记录上可以看出，会议涉及了村委会治保工作情况、各小组治安状况、巡逻队工作情况、南溪镇发案、破案情况及辖区治安动态等议题。

表 3 – 4　2010 年 1 ~ 6 月南溪村防范例会会议记录

| 时　间 | 地点 | 主持单位 | 主持人 | 参会人员 | 会 议 内 容 |
|---|---|---|---|---|---|
| 2010 年 1 月 28 日 | 南溪村委会办公室 | 南溪村社会治安综合治理工作组 | 何强 | 南溪村治保委员会成员、边防民警张胜军 | 1. 何强汇报近期治保工作情况。<br>2. 民警张胜军汇报当月治安情况。<br>3. 布置下一阶段工作：春节来临之际，加强巡查工作，确保群众的生命财产安全、道路交通安全、消防安全 |
| 2010 年 2 月 27 日 | 南溪村委会办公室 | 南溪村社会治安综合治理工作组 | 何强 | 南溪村治保委员会成员、边防民警张胜军 | 1. 何强汇报春节期间治保工作情况。<br>2. 加强对流动人员的管理登记。<br>3. 加强对重点部位的治安巡逻。<br>4. 民警张胜军宣传有关人身安全的法律知识 |
| 2010 年 3 月 26 日 | 南溪村委会办公室 | 南溪村社会治安综合治理工作组 | 何强 | 南溪村治保委员会成员、调解委员会成员 | 1. 何强汇报近一个月来社会治安综合治理工作情况。<br>2. 讨论如何进一步加强重点部位、辖区流动人员的管理。<br>3. 治保委员会成员要对本辖区加强治安巡查工作 |

续表

| 时 间 | 地点 | 主持单位 | 主持人 | 参会人员 | 会 议 内 容 |
|---|---|---|---|---|---|
| 2010 年 4 月 27 日 | 南溪村委会办公室 | 村社会治安综合治理工作组 | 南溪镇镇政法委副书记陈飞 | 南溪村治保委员会成员、调解委员会成员 | 1. 传达县政法委会议精神。<br>2. 落实 2010 年社会治安工作重点。<br>3. 认真落实社会治安、平安南溪建设责任制。<br>4. 加强法制知识宣传，重点加强干部、青少年法制意识 |
| 2010 年 5 月 24 日 | 南溪村委会会议室 | 南溪村委会 | 何强 | 南溪村党总支全体党员 | 何强组织学习党的十七大精神，深入贯彻落实科学发展观，积极开展创先争优活动 |
| 2010 年 6 月 22 日 | 南溪村委会社会治安综合治理办公室 | 南溪村委会 | 何强 | 南溪村"两委"班子成员 | 1. 组织学习禁毒法、森林法、交通安全法。<br>2. 加强法制知识宣传，重点加强干部、青少年法制知识宣传。<br>3. 加强对重点地区的治安巡逻 |

资料来源：南溪村委会。

第三，南溪村委会为了充分发挥人民调解第一道防线作用，坚持"调防结合，以防为主"的方针，深入扎实地开展"排查防激化，调解创四无"活动，搞好矛盾纠纷排查，制订了矛盾纠纷排查方案。具体规定如下。

## 南溪村委会矛盾纠纷排查方案①

1. 村调解委员会每月要对本辖区的民间纠纷苗头、隐患逐户、逐人进行调查、分类，登记汇总，及时掌握各类纠纷情况。

2. 按照镇综治办的统一安排，调解委员会要定期排查，完成排查任务，每季度上报一次排查信息，特殊情况随时及时上报。

3. 根据本辖区形势发展需要，不定期、随时开展排查工作。各小组每年春耕前进行一次翔实的土地经营权承包、流转纠纷的排查。

4. 排查要掌握好重点户、重点人、重点纠纷，分类填好排查工作统计表。

5. 各小组对排查出来的纠纷隐患要及时梳理，及时落实调解，及时化解，对不属于调解范围或调解不了的要及时上报。对排查出来的上访苗头要妥善处理，及时上报。

6. 调解委员会要按照以上要求全面搞好调解网络的排查联动，及时保质保量的完成排查任务，全力维护社会稳定。

第四，南溪村委会和南溪村人民调解委员会为实现"小事不出村、大事不出镇、矛盾不上交"的目标，深入各个村民小组，积极开展矛盾纠纷排查工作。

---

① 资料来源：南溪村委会。

## 个案 3 - 1：2010 年 2 月南溪村人民调解委员会处理马多依下寨村民王正美与杨正文争议路边土地①

马多依下寨村民王正美、杨正文两家的土地原相邻，自石场老板扩大采石规模，不但完全占用了杨正文家的土地，同时也占用了王正美家的一部分土地，当时双方没有注意明确地界，导致两家地界不清。现石场已停产，双方为地界问题引发纠纷。经调解，现已明确两家地界。

### （二）成立护村治安巡逻队

2008 年，南溪村委会和马多依下寨村民小组组建了村护村治安巡逻队。2010 年南溪村护村治安巡逻队成员名单如表 3 - 5 所示。

表 3 - 5　2010 年南溪村护村治安巡逻队成员名单

| 姓　名 | 职　务 | 性别 | 年龄 | 民族 | 文化程度 | 是否党员 | 住　　址 |
|---|---|---|---|---|---|---|---|
| 何　强 | 队　长 | 男 | 30 | 壮 | 大专 | 是 | 南溪镇南溪村马多依下寨 |
| 张胜军 | 副队长 | 男 | 37 | 汉 | 本科 | 是 | 南溪镇 |
| 黎　明 | 副队长 | 男 | 32 | 壮 | 初中 | 是 | 南溪镇南溪村马多依下寨 |
| 盘　敏 | 队　员 | 男 | 26 | 瑶 | 中专 | 是 | 南溪镇 |
| 刘　明 | 队　员 | 男 | 44 | 汉 | 初中 | 否 | 南溪镇南溪村马多依下寨 |

①　资料来源：南溪村委会。

续表

| 姓 名 | 职 务 | 性别 | 年龄 | 民族 | 文化程度 | 是否党员 | 住 址 |
|---|---|---|---|---|---|---|---|
| 黎金国 | 队员 | 男 | 30 | 壮 | 中专 | 是 | 南溪镇南溪村马多依下寨 |
| 尹国春 | 队员 | 男 | 32 | 壮 | 大专 | 是 | 南溪镇南溪村马多依下寨 |
| 黄保明 | 队员 | 男 | 36 | 壮 | 初中 | 否 | 南溪镇南溪村马多依下寨 |
| 汪世华 | 队员 | 男 | 35 | 壮 | 初中 | 否 | 南溪镇南溪村马多依上寨 |
| 黄玉勇 | 队员 | 男 | 27 | 壮 | 中专 | 否 | 南溪镇南溪村马多依上寨 |
| 张发普 | 队员 | 男 | 43 | 壮 | 初中 | 是 | 南溪镇南溪村街道小组 |
| 熊联华 | 队员 | 男 | 32 | 苗 | 初中 | 是 | 南溪镇南溪村龙冬小组 |
| 黄贵洪 | 队员 | 男 | 47 | 汉 | 初中 | 否 | 南溪镇南溪村李麻山小组 |
| 李光利 | 队员 | 男 | 43 | 瑶 | 初中 | 是 | 南溪镇南溪村曼爬小组 |
| 邓永保 | 队员 | 男 | 48 | 瑶 | 初中 | 否 | 南溪镇南溪村曼爬小组 |
| 陶金寿 | 队员 | 男 | 44 | 傣 | 初中 | 是 | 南溪镇南溪村戈哈小组 |

资料来源：南溪村委会。

2010 年，南溪村委会为规范南溪村护村治安巡逻队的工作，加强对南溪村护村治安巡逻队的管理，制定了南溪村护村治安巡逻队工作职责，具体规定如下：

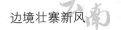

# 南溪村护村治安巡逻队工作职责

## 一、南溪村护村治安巡逻队队长的工作职责

1. 负责对南溪村护村治安巡逻队的管理、监督，确保南溪村护村治安巡逻队队员遵纪守法。

2. 负责组织实施对南溪村护村治安巡逻队队员的考核，对工作成绩突出的给予肯定，对不称职的南溪村护村治安巡逻队队员予以清理出南溪村护村治安巡逻队。

3. 每周至少带领南溪村护村治安巡逻队定时不定时对各村小组进行两次巡逻，确保各村小组的治安防范得到落实。

## 二、南溪村护村治安巡逻队队员的职责

南溪村护村治安巡逻队成员兼任南溪村突发事件应急分队成员、刑释解教人员帮教组织成员、预防青少年违法犯罪成员。

1. 南溪村护村治安巡逻队队员的编制为自治组织，为确保村辖区安全稳定而成立，无任何报酬及各种待遇，由辖区自愿者及群防群治人员组成。

2. 及时收集治安信息、了解掌握社会治安动态，及时发现和消除可能引发治安问题的苗头，及时处理正在发生的治安问题，确保巡逻段的治安秩序，保证突发事件的应急处置。

3. 预防和制止违反治安管理的行为，对正在发生的违法治安管理的行为要及时制止，防止事态进一步扩大，造成严重的后果和不良影响。

4. 预防和制止犯罪行为，使广大群众感觉到南溪村护村治安巡逻队队员无时不在，无处不在，对违法分子起到震慑作用。

5. 对辖区内的刑释解教人员进行帮教，对群众、居民、特别是青少年进行安全防范宣传，减少违法犯罪行为的发生。

6. 对发生违法犯罪案件的现场要进行保护，不能擅自出入现场、破坏现场。

7. 在工作中发现可疑人员进行盘查时，注意工作方法方式、文明执勤、严格依法办事。

8. 要严格保管警械，防止被盗、丢失和人为损坏，一般情况下不得使用警械，滥用警械者依法处理，警械被盗、丢失和人为损坏由保管队员负责赔偿。

9. 服从服务于南溪村及居民，为遇到困难的人员主动热情提供帮助，为群众排忧解难，树立南溪村护村治安巡逻队的良好形象。

南溪村委会

二○一○年一月十日

2010 年 1～6 月，南溪村护村治安巡逻队开展工作的具体情况如表 3－6 所示。

表 3－6　2010 年 1～6 月南溪村护村治安巡逻队开展工作记录

| 时　　间 | 2010 年 1 月 21 日 | | |
|---|---|---|---|
| 地　　点 | 南溪村辖区 | | |
| 参加人员 | 何强、黎明、黄保明、黎金国、尹国春 | | |
| 工作内容 | 巡防、巡查 | | |
| 简要情况 | 为加强辖区内春节期间的治安、安全防范，南溪村巡逻队积极组织人员对辖区进行巡防、巡查。1 月 21 日晚上 23 时对黄磷厂、花厂、马多依下寨周边地区进行巡查，未发现异常情况 | | |
| 填表人 | 黎明 | 填表日期 | 2010 年 1 月 22 日 |

| 时　间 | 2010 年 2 月 20 日 | | |
|---|---|---|---|
| 地　点 | 南溪村街道小组辖区 | | |
| 参加人员 | 南溪街道巡逻队 | | |
| 工作内容 | 巡防、巡查 | | |
| 简要情况 | 治保组长何强于 2 月 20 日晚 21 时带领街道小组巡逻队，在街道辖区范围内进行巡防、巡查，于 23 时 30 分归队，未发现异常情况 | | |
| 填表人 | 黎明 | 填表日期 | 2010 年 2 月 20 日 |
| 时　间 | 2010 年 3 月 17 日 | | |
| 地　点 | 南溪村马多依上寨 | | |
| 参加人员 | 黎明、汪世华、苏永顺等护村队人员 | | |
| 工作内容 | 巡防、巡查 | | |
| 简要情况 | 治保成员于 3 月 17 日晚 22 时带领护村队人员汪世华、苏永顺等在马多依上寨周围进行巡防、巡查，于凌晨 1 时归队，未发现异常情况 | | |
| 填表人 | 黎明 | 填表日期 | 2010 年 3 月 17 日 |
| 时　间 | 2010 年 4 月 18 日 | | |
| 地　点 | 南溪村马多依下寨 | | |
| 参加人员 | 治保成员、黎明、黄保明、黎金国 | | |
| 工作内容 | 巡防、巡查 | | |
| 简要情况 | 在马多依下寨，治保成员带领护村队于 4 月 18 日晚上 22 时对辖区进行巡防、巡查，凌晨 24 时归队，未发现异常情况 | | |
| 填表人 | 黎明 | 填表日期 | 2010 年 4 月 19 日 |
| 时　间 | 2010 年 5 月 19 日 | | |
| 地　点 | 南溪村戈哈小组 | | |
| 参加人员 | 何强、陶金寿、余顺鸿 | | |
| 工作内容 | 巡防、巡查 | | |
| 简要情况 | 南溪村综治工作人员带领治保成员，于 2010 年 5 月 19 日晚上 7 时在戈哈小组辖区进行巡防巡查，于 11 时归队，未发现异常现象 | | |
| 填表人 | 王保龙 | 填表日期 | 2010 年 5 月 20 日 |

续表

| 时 间 | 2010 年 6 月 18 日 | | |
|---|---|---|---|
| 地 点 | 南溪村街道小组 | | |
| 参加人员 | 何强、张发普、李凯 | | |
| 工作内容 | 巡防、巡查 | | |
| 简要情况 | 南溪村综治成员带领街道巡逻队在 6 月 18 日晚上 23 时对街道小组辖区内进行巡防、巡查，未发现异常现象，于凌晨 2 时归队 | | |
| 填表人 | 王保龙 | 填表日期 | 2010 年 5 月 20 日 |

资料来源：根据南溪村委会提供的材料汇编整理。

## 二 创建平安村

南溪村委会根据创建"平安河口"的要求，积极开展平安村创建工作，具体措施如下。

第一，加强组织领导。南溪村委会成立了平安村创建领导小组，由村党总支书记任组长，村委会主任、武装助理任副组长，村治保会人员、调委会人员、民兵连长、小学校长和村民小组长为成员的领导小组。组建了一支以党团员为主的应急民兵队，坚持定期和不定期巡逻，协助公安机关破获各类刑事案件，维护辖区治安稳定。组建了一支村、组治安信息员队伍，治安信息员与公安机关密切配合，随时汇报村、组的治安信息。

第二，明确工作职责。南溪村委会规定南溪村社会治安综合治理办公室是平安村创建的组织机构，负责平安村创建的组织实施工作。村综治室要与镇司法所紧密联系，全面推进平安村创建工作的开展。各村小组是平安村创建的直接责任单位，必须围绕以创建平安村为目标，切实抓好社会治安工作。实行目标责任制的管理，村委会与村民小组、村民小组与农户签订综治创建目标责任书，将平安村创建各项目标分解到村、到组、到户。带动广大村民由"要我参与"转为"我要参与"。

第三，实行汇报制度。南溪村委会积极参与南溪镇统一组织的社会治安综合治理活动，定期或不定期地向镇综治办及镇分管领导汇报工作。实行月报制度，对辖区内发生的治安案件、刑事案件情况应当在当月的 30 日前报镇综治办及镇分管领导。每半年对辖区内的社会治安状况进行分析并书面报镇综治办。按时报送年度工作计划、半年工作总结和年终工作总结。发生在辖区内的重、特大、恶性案件在上报上级公安机关的同时，还应及时报镇综治办及镇分管领导，并积极采取措施，防止出现势态扩大难以控制的不良局面。

第四，实行"三四五"工作法。首先，南溪村委会采取村、组、户"三级联动"责任制，组建应急民兵队、治安信息员队，建立新型群防群治治安防范新体系；开展联户联防、院坝联防、村寨联防活动，提高治安防范实效；带动每户村民实现"发案少、秩序好、辖区稳定、群众满意"的创建工作目标。其次，南溪村委会将创建平安村与"四为民"相结合，即治安防范进村寨，实现"安民"；社会性服务进村寨，实现"便民"；科教文体进村寨，实现"乐民"；文明卫生进村寨，实现"康民"。村、组、户根据规划，确保农村社会治安综合治理各项措施落到实处。最后，南溪村委会创建平安村切实做到"五个到位"，即警务工作到位，调理工作到位，治安工作到位，管理教育到位，法制宣传和依法治理到位。带动广大村民积极参与创建平安村，提高群众自我防范、管理、保护的意识和能力，遏制"两抢一盗"等刑事案件的发生。

第五，加强法制宣传教育。南溪村委会开展法制宣传进村寨活动，组织村民进行普法教育，通过开办法制讲座、提供法律学习资料，带动、增强村民知法、懂法、守法的意识，形成村民自我管理、自我教育、自我完善的群防群治治安防范网络新体系。

第六，实行矛盾纠纷排查调处机制。南溪村委会按照"一个矛盾纠纷、一个调处班子、一个调处责任人、一个调处时限、一个调处方案"的"五个一"要求，充分发挥基层调解组织的作用，及时化解各类民间纠纷，避免因民间纠纷调解不及时而引发的重大刑事案件，带动村民增强"经济要发展，稳定是关键"的责任意识。

上述措施的实施使南溪村平安村创建工作逐步走向正轨，村民满意率和参与率不断提高。由于平安村创建工作突出，南溪村委会曾多次受到省、州、县检查组的好评。南溪村社会治安综合治理办公室各种台账齐全，涉及内容包括群防群治、矛盾纠纷排查调处、禁毒防艾、安置帮教等。南溪村呈现出经济发展好、家庭美德好、邻里关系好以及发案少、秩序好、村寨和谐稳定的局面，实现了村委会打架斗殴事件逐渐减少、无吸毒人员、无邪教活动、无群体性事件、无重大刑事案件、无重大灾害性事故、无涉毒案件、无命案发生的目标。

## 三　创建爱民固边模范村

### （一）马多依爱民固边模范村创建的主要做法

首先，以警务室为依托，全面开展模范村建设。

南溪边防派出所马多依警务室位于河口县南溪镇南溪村委会马多依下寨小组，于2006年8月成立。2010年有驻区民警两人（张胜军、李杰），巡防队员十人。在"爱民固边"中，马多依警务室的主要工作是以引导和协调为主线，全面解决居民的生活、素质、科学文化等方面的一系列问题，具体举措有：一是严厉打击农村多发性犯罪。二是加大农村治安乱点整治力度。三是严厉打击社会丑恶现象。四是在警务室建立矛盾纠纷调解小组，树立"提前介入，主动化解"的理念，努力践行，将大量的不安定因素及时消除在萌芽状态。五是切实加强农村违法犯罪高危人群管控工作。六是树立"三心、四力"的理念，进一步打牢辖区群众基础。"三心"即对待群众要"真心"，对待工作要"用心"，在工作中要有"耐心"；"四力"即做群众工作始终要有"亲和力"、在具体工作中要有"说服力"和"感染力"，从而在群众中树立起"公信力"。七是以新农村建设为突破，维护南溪社会治安，为南溪经济发展服务。

其次，积极探索新型农村警务工作机制。

一是规范勤务运作。按照民警每周驻村20小时以上的标准，马多依警务室驻村民警张胜军、李杰长期驻扎在警务室（每周最少驻扎五天），认真在警务室值班，接待群众，履行职责，同时在晚上积极开展走访工作，通过走访，了解群众的心声，做到辖区群众认识驻村民警，民警了解辖区群众。

二是建立联勤机制。驻村民警在组建了南溪村委会治保会、联防队的基础上，为更好地加强马多依下寨和谐稳定的局面，积极组建老兵护村治安巡逻队，将十名品德良

图 3 - 5 立于马多依下寨村口的爱民固边模范村标识

（毛登科摄 2011 年 1 月 25 日）

好、热心公共事务的退伍老兵及民兵积极分子吸收为队员，并制定了相应的工作职责和巡逻防控制度，组织队员开展村寨巡逻，维护马多依下寨的社会治安。

三是建立汇报制度。马多依警务室民警坚持实行向辖区村民汇报工作制度，每半月向辖区村民通报一次治安状况，并进行警务室温馨提示，虚心听取村民对警务室工作的建议和意见，聘请了社会监督员，加强了执法监督。

图 3 - 6  公安部领导与马多依巡逻队合影

（南溪村委会摄  2008 年 11 月 5 日）

## 马多依警务室 2010 年第一季度工作汇报①

时间：2010 年 3 月 29 日

地点：马多依下寨马多依警务室

参会人员：镇政法委副书记陈飞、南溪村委会书记何强、副主任黎明、村民小组长黄保明等 11 人

汇报人：张胜军

内容：

1. 汇报南溪所第一季度工作情况。接处警情况我所第一季度共接处警 40 起。其中刑事案件 9 起，治安案件 4 起，其他民事纠纷 14 起，救助服务 6 起，其他 5 起。

---

① 资料来源：马多依下寨马多依警务室。

2. 下季度工作打算：

（1）组织民警及巡防队加强巡逻，确保"五一"及"六四"期间的社会稳定。

（2）提高对暂住人口，流动人口的管控能力并继续录入辖区机关单位、重点人口及暂住人口等信息。

（3）积极查处未办结的治安案件、刑事案件。

（4）加大对辖区边境地区的走访和情报信息的收集，加大对山林、土地纠纷及社会矛盾纠纷的排查调解工作，确保社会面的稳定。

（5）继续开展安全整顿教育活动，确保派出所内部的安全稳定。

四是热心服务村民。驻村民警服务村民做到"四心"：待人有热心、对弱势群体有爱心、调解村民之间纠纷有耐心、查出侵害村民利益的行为有决心。同时民警积极向村民宣传社会治安防范知识，经常在辖区范围内粘贴"民警温馨提示""警情提示"等宣传报，通报辖区近期治安状况及防范措施，强化村民的自我防范意识，增强和提高村民对公安工作的满意度。

五是法制宣传送到家。民警在驻村走访中，不失时机开展法律法规和政策宣传，向村民灌输法律知识，不断提高村民的法律意识和文化素养，激发村民参与维护农村社会治安的积极性，大大提高村民的法制意识。

最后，积极协助马多依下寨村民小组开展新农村建设。

一是基础设施上了一个新台阶。马多依下寨在2006年前基础设施较差，村民路经村里的道路时"雨天一身泥，晴天一身灰"，严重制约村寨的发展，影响村民的生活。为彻底改变村里的道路设施，南溪边防派出所把此情况向南溪镇党委、政府作了专题汇报，引起南溪镇党委、政府的高度重视。2007年通过南溪镇党委、政府拨款18余万元，并且组织村民投工投劳，修筑马多依下寨文明路，总长246米，宽5.5米，村里连接每家每户的道路全部铺设成水泥路面，村容村貌得到了改观。2008年7月，马多依下寨遭受了特大水灾，部分公路损毁。南溪边防派出所驻村民警协调了10车（共计80吨）沙石，并出动警力18人次，和村民抢修了遭损毁的公路3.5公里，把灾害损失降到最低，使村民的生产生活尽快得到了恢复。马多依下寨村民"兴边富民"建设的积极性引起河口县党委政府的重视后，河口县原县委书记叶翠平亲自挂钩马多依下寨的经济社会建设。在河口县党委政府的关心支持下，2008年9月马多依下寨到南溪镇的3公里水泥路通车，马多依下寨村民走上了兴边富民的快车道。为进一步加强模范村的建设，南溪边防派出所通过和各级部门积极协调，筹集到50余万元资金修建了村民活动室、篮球场，为村民提供了一个文化体育活动场所。2008年红河边防支队还为马多依下寨建立了马多依爱民图书室，赠送图书3000余册、活动式桌椅40余套及音响设备，还为篮球场换了两副新篮球架，把篮球场改造成灯光球场，大大方便了村民的文化生活及各类活动。

二是绿化美化村容村貌。马多依下寨原来卫生状况较差，牲畜放养、垃圾乱倒，严重影响村容村貌。为彻底改变群众的卫生习惯，社区民警经过和南溪镇政府、南溪村委会协调，2008年6月以来，在居民门前修建排水沟，民警带领村民在村里栽种绿化树及花草，美化了村容村貌。

此外，民警召集村民大会，决定购置 8 个垃圾桶，教育村民不要乱丢垃圾，村民分组每天打扫村里卫生。2010 年 9 月 24 日，马多依爱民固边模范村的绿化花台搭建工作已经结束，总面积 202.1 平方米的花台在南溪边防派出所干警和马多依下寨村民的共同努力下已全部竣工。在建设实施中，南溪边防派出所共自筹水泥 2 吨、砖 8000 匹。马多依下寨的村民自发组织起来，与南溪边防派出所的民警一起，自己动手，按照规划的绿化图纸将一座座花台砌起，共建花台 22 个。马多依下寨卫生状况大大得到了改观，村民自己打扫公共卫生，村容村貌良好。

三是组建群众文艺队，促进农村和谐。马多依下寨青年较多，平时没有娱乐活动，许多年轻人喜欢到南溪游玩，容易引发事端。驻村民警经过和南溪政府、南溪村委会协调组建了群众文艺队，并从社会各界协调到资金为文艺队购置了演出服饰及一批乐器，动员青少年积极参加，促进了和谐新农村的建设，村寨精神风貌进一步变好。

四是切实帮助群众搞好生产，促进群众创收增收。自马多依爱民固边模范村创建以来，在南溪镇政府的帮助下，南溪边防派出所积极贯彻落实科学发展观，高度重视"三农"建设。自 2009 年村民黄保明、何强率先种植大棚果蔬成功后，取得了明显的经济效益，许多村民主动要求开展大棚果蔬种植，模范村掀起了科技兴农的建设热潮。2009 年因受经济危机影响，马多依下寨传统种植的香蕉、橡胶等价格下跌，使群众的收入锐减。为切实改变农业产业种植结构，提高农民收入水平，在上海市青浦区科委和县级农科部门的大力关心支持下，马多依下寨建成了河口境内

最大的一个占地面积约 14 亩、投资 20 余万元、大棚面积达 8900 平方米的科技示范园。园内种植有"黑美人"西瓜、西红柿、辣椒等作物。2010 年 3 月 27 日，在南溪镇政府和南溪边防派出所的积极协调下，专程从昆明来了 3 名省级农林业科技专家，实地考察了马多依上、下寨准备开发的大棚蔬菜种植地块，并与村民交流了大棚蔬菜种植的众多疑难问题。通过南溪边防派出所的积极协调，新推广的大棚蔬菜基础设施投资由政府扶助一部分，村民自己出一部分，减轻了村民的负担。马多依下寨现代农业科技示范园，实现了大棚农作物种植增产增收，为经济转型发展起到了模范带头作用。

### （二）马多依爱民固边模范村创建的取得的成效

自 2006 年马多依下寨开展爱民固边模范村创建工作以来，四年内小组社会治安稳定，无刑事、治安案件发生，经济、文化建设得到了大力发展。省委副书记李纪恒、省公安厅副厅长罗石文、原州委书记罗崇敏、云南省公安边防总队总队长那顺巴雅尔、云南边防总队政委周苏奎等上级领导多次莅临马多依爱民固边模范村检查指导工作，对模范村建设给予充分肯定。2007 年 10 月红河边防支队爱民固边示范村现场观摩会在马多依下寨召开，马多依爱民固边模范村建设经验得到推广。2008 年 10 月，由中共云南省委政法委主持召开的云南省边境地区爱民固边及平安创建现场推进会在河口召开，云南省公安边防总队总队长那顺巴雅尔、公安部边防局爱民固边办公室主任邬舜文、省综治办专职副主任胡吉安、省公安厅治安总队总队长刘黎波，以及参加会议的全省八个边境州（市）政法委书记、副州

（市）长、公安局长、全省八个边境州（市）公安边防支队支队长、参谋长、全省边防检查站站长等130余人，在红河州委常委、政法委书记和建的陪同下，现场观摩考察了南溪边防派出所马多依爱民固边模范村。观摩团对模范村"靠组织建设强根基、靠法律法规正风气、靠群防群治保民安、靠科学技术巧致富、靠精神文明促和谐"的特色之路给予了高度评价。

# 第四章　社会经济

## 第一节　主要经济门类

### 一　经济发展概况

马多依下寨地理形态为前后面山，山中间是一块狭长而平坦的坝子，马多依河从坝子旁潺潺流过。全村属于山区，国土面积1.18平方公里，海拔110米，年平均气温24℃，年降水量1790毫米。马多依下寨原来主产稻谷、苞谷，后因水源枯竭，调整产业结构，种植香蕉、橡胶、蔬菜、果树、竹类。

### （一）马多依下寨农作物种植种类改变的历程

马多依下寨农作物种植种类的改变是自然条件变化、市场经济推动、政府合理引导和农民自主选择四重合力共同作用的结果。在1985年之前，马多依下寨的田地均用于种植水稻，一年两季，有粳稻也有糯稻。水稻种植的收益是村民的主要经济来源。在生产大队时期，马多依下寨的稻田是河口地区的示范田，县里派工作组长期驻村指导工作，1966 年越南农业部门领导还曾到村中参观学习。[1] 当时的稻田用水是引入马多依河的河水进行灌溉。但因为水量不大，各家要轮流使用，村民经常半夜里起床抢水灌田。马多依河的河道宽五六米，夏天涨水的季节每隔两三年就要发生洪涝灾害。在马多依河改道工程中，村民将原有河道填平改成田地种植水稻。但河道改变后，村中的农田用水就成了大问题，同时也导致马多依下寨农业生产的历史性转变，即农作物的主要种类由原来的粮食作物水稻向经济作物香蕉转变。自分田到户后，一些缺水灌田的农户就尝试种植香蕉。至 1996 年，由于马多依河水已经无法满足水稻生长的需要，且水稻价格持续低迷，村民的田地就普遍种植香蕉了。

## （二）马多依下寨经济发展的历史

过去，由于交通不便，产业单一，马多依下寨农民收入偏低，生活质量较差。据村民回忆，1953 年，河口县委在中共蒙自地委的指导和帮助下，对全县的土地占有和封建剥削情况统一调查，并做出和平协商土地改革的决定。1954 年 12 月，河口县委先在槟榔寨进行试点，摸索出成功经验后，继而在全县开展土地改革。经过半年的时间，至1955 年 6 月，河口全县结束和平协商土地改革，实现了土地资源的重新分配，地主和农民都分得了土地。1956 年根

---

[1] 该材料据自河口瑶族自治县地方志编纂委员会《河口县志》，三联书店，1994，第 593 页："1966 年 11 月 9 日，越南老街省农业参观团，由老街省省委常委、农村工作部部长越进率领到河口，在河口县委常委、组织部部长李望，外事科副科长苏家才的陪同下参观马多依农业社的水稻耕作。"

据"自愿互利"的原则，河口县各族农民逐步走上互助合作的道路。1958年河口县开始搞人民公社化运动，马多依的编制为河口县城关公社马多依大队（当时马多依上、下寨为一个大队）。生产大队时期实行配给制，按公分发给粮票、肉票、布票，家家户户都吃大锅饭。村民在田里种植水稻，在山上种植苞谷、黄豆、花生、木薯和少量的芋头。水稻是村民的主要经济来源，一年种植两季，产量很高。但是村民自己却吃不饱饭，因为粮食在工作队收公粮时都收走了。生产队时期，马多依大队有队部、俱乐部、乒乓球室、图书馆、供销社的直销店，直销店里面卖的货品有猪肉罐头、蛋卷罐头、五香鱼罐头、香槟酒、白兰地、菠萝汽水、金沙江牌香烟等。

1958年8月，由于河口"跃进步伐缓慢"，《云南日报》头版点名批评"河口县稳坐钓鱼船"。县委书记高文华由州里扛回白旗一面，河口成了名噪一时的"白旗县"。全县进入"大跃进"时期。在"左"倾思想的影响下，不少干部违背客观规律，大搞高指标、放"卫星"。① "大跃进"期间，弄虚作假、浮夸风很严重，大米吃不到，马多依的一些村民受不了就搬到越南投奔亲戚去了。当时马多依大队的罗队长和何队长将收公粮剩下的200多斤糙米分给村民吃，被定为"瞒产私分"，还被工作组抓去批斗，村民心中同情但也没有法子。在那困难的年代，村民每天忍饥挨饿，吃的是分到的一点点大米混合着山上找来的木薯和马蹄（或称观音包），但终于熬过来了。大米之外，菜就更少了，

---

① 中共河口县党史征集研究室：《中共河口瑶族自治县县党史资料》（第一辑），红文新内资字〔2001〕29号，云南省个旧市印刷厂印制，2000，第18页。

因为各户没有自留地，不允许种植辣子、苞谷等，否则就被视为是资本主义的尾巴，要被扣工分。农户自家养猪的，杀猪时若是两头猪则要向生产队上交一头，若是一头猪则要上交半头，那剩下的半头猪一家人要节约着吃上一年。村里各户都配有猎枪，一是用于防范土匪，一是用于打猎，武器比较先进。村里的猎物很多，狼、老虎、金钱豹、野猪、穿山甲、果子狸、猴子、马鹿、麂子、山猫、野鸡、鸟、蜥蜴、蛇都有。因为野猪太多，经常搞破坏，导致村民种植的玉米和木薯绝收。人民公社、大锅饭时期，村民都不去打猎了，没有人愿意冒生命危险，用自己的子弹，打了野物还要分给全村人吃。但是后来由于大炼钢铁，树砍得太多了，野生动物也就少了。

1984 年马多依取消生产队实行包产到户，生产经营方式转变后，村民的生活开始有了起色。村里分田的时候是靠抽签决定的，按每户的人口分配，每人 1.6 亩田。全村的田分为上坝、中坝、下坝三个区块，田基分为一、二、三等。虽然各人得到田的亩数是一样的，但是位置和田的品级不一样，想要抽到好田全靠运气。地则是谁先种就归谁，后来签订土地承包书，田和地都有证了。村民说："现在的生活比以前好多了，还是邓小平改革开放好啊！"

### （三）马多依下寨经济发展的现状

近年来，在上级党委、政府的正确领导和有关部门的关心支持下，马多依下寨村民对农作物种植种类进行调整。目前，该村正在大力发展香蕉特色产业和大棚果蔬种植，计划形成产业化模式经营。村民的主要经济收入以香蕉种植和大棚果蔬种植为主，橡胶、肉桂等为辅。

2009年马多依下寨有耕地1365.08亩，人均耕地7.3亩，主要种植香蕉、蔬菜等作物；有林地1280亩，其中经济林果地680亩，人均经济林果地7.1亩，主要种植香蕉、橡胶等经济作物，香蕉种植占整个种植面积的90%以上。2009年全村经济总收入60.89万元，种植业收入42.86万元，占总收入的79%；畜牧业收入15.56万元（年内出栏肉猪180头），占总收入的12%；林业收入1.7万元，占总收入的11%；第二、第三产业收入0.7万元；农民人均纯收入3212元。2010年全村有农户49户，有农业人口185人，其中劳动力132人，全部从事第一产业。2010年全村经济总收入120万元，比2006年增加74.82万元，增长165.6%；农民人均纯收入4600元，比2006年增加2431元，增长112%，居南溪镇39个自然村首位。

如今的马多依下寨已经成为红河州、河口县社会主义新农村建设的示范村，农村经济得到长足发展，农民群众得到真正实惠，当年的"穷山窝""打架村"成为了远近闻名的"小康村""和谐村"。谈起马多依下寨近年来经济发展的变化，下寨党支部书记王加坤充满感慨："党的政策好，我们经济上也干起来了。之前，经济没有搞上来，人很懒，大家都爱贪图小便宜，男女闲来无事就好说别人的长短，是非多，积累的矛盾也多。那时候村民常为鸡毛蒜皮的事情吵架。现在，大家都忙着发展经济，卫生、生活、商贸都搞上去了一些，寨子里也是卫生、干净、清爽。吵架、家庭纠纷就少了，也没有家常里短、搬弄是非的了。"①

---

① 根据2011年1月25日对马多依下寨党支部书记王加坤的访谈记录整理。

## 二　种植业

过去，马多依下寨大部分农户以种粮为主，一年到头收入很低。南溪村委会根据南溪镇党委、政府提出的"稳香蕉、扩竹类、上橡胶、攻花卉、促蔬菜、强养殖"的工作思路，把工作重点放在农村经济结构优化上。马多依下寨积极调整产业结构，发展现代科技农业，努力寻找适合本村实际的经济发展增长点。经过细致调研和认真分析，确定了以种植热区经济林果和现代科技大棚果蔬为全村产业结构调整的方向。马多依下寨属于热区，适合香蕉、橡胶、菠萝、咖啡等热带作物的种植。目前，全村的作物品种较为单一，主要集中在香蕉、橡胶和大棚果蔬种植三方面。

### （一）香蕉种植

河口县香蕉种植已经有上百年的历史，种植面积目前已超过 18 万亩，面积覆盖四乡两镇和四个橡胶农场，是全国县域香蕉种植面积最大的县市之一。"河口香蕉是 20 世纪 60 年代以来的云南省香蕉栽培主要品种之一，喜高温多湿，适宜在海拔 800~1000 米的地区栽培，分布在河口、元阳、金平、红河、新平、景洪等县（市）。"[①] "河口香蕉是云南省香蕉的优良品种。植株生长健壮，假茎高度为 1.5~2.5 米，茎周为 0.80~0.90 米；叶柄短而粗，叶基部和叶鞘披白粉，叶缘和翼叶带紫红色。花苞暗紫色，有蜡粉。果柄短，果肉柔滑

---

① 云南省地方志编纂委员会：《云南小康年鉴 2005》，云南人民出版社，2006，第 121 页。

而香甜，品质佳。一般株产量为 20.25 公斤，高者可达 50 公斤。本品种如果肥水不足，产量不如其他品种高。河口香蕉尚有高秆品系，假茎高度为 2.8～3.0 米。叶柄较长，叶鞘距离较疏。"[①] 河口香蕉果实肉质柔滑，味香甜可口，可鲜食，也可炸食或用作馅饼的布丁等。果皮进入成熟阶段有褐色小斑点，故当地俗称"芝麻蕉"。

### 1. 日常管理

马多依下寨 1984 年包产到户后就开始有村民种植香蕉。在此之前，各户仅种植少量芭蕉，成熟后运到南溪街上去售卖或自己吃掉。当时的交通不方便，河口本地市场的需求很小，种植香蕉的数量很少。后来市场打开了，商人主动上门来收购，销售有了保障，种植香蕉的人越来越多。1996 年开始，全村各户都统一种植香蕉了，当时种植的香蕉品种是河口本地香蕉，即俗称的"芝麻蕉"。1999 年，马多依下寨村民小组党支部书记王加坤第一个带头从广西引进香蕉试管苗进行示范种植，取得成功。随后他又深入田间地头，给群众讲技术、做示范，指导群众按照技术要求种植。在他的带动下，群众生产积极性得到提高，村民开始种植新型香蕉品种，农业产业结构得到了有效调整。如今，由于所种植的香蕉质量优，适应市场的需求，马多依下寨的香蕉经常供不应求。自从普遍种植香蕉后，村民的粮食都是从市场上购买。

马多依下寨一年四季都可以栽种香蕉。同一时间栽种的香蕉，由于管理的优劣，成熟的时间不一样。栽种香蕉

---

① 陈清西、纪旺盛编著《香蕉无公害高效栽培》，金盾出版社，2004，第 34 页。

树的株距是 2.2 米或 2.3 米，一亩地能种 110 棵或 120 棵香蕉树。一般来说，栽种 120 棵香蕉树，病死的会有 20 棵，能成活的有 100 棵。一棵香蕉树每年只能长出一坨香蕉，一坨为 16～25 公斤。栽种香蕉的投入主要包括购买香蕉苗、有机肥、化肥、农药、防寒袋（防止香蕉在运输过程中压伤变黑，影响售价）、垫板、马工的费用等。种植香蕉的日常管理比较轻松，平时不怎么忙。香蕉不需要浇水，仅靠天落雨水即可。下雨后要抓紧时机去施肥。如果长期不下雨，就需要背上一桶水去施肥、打药、除草。待到香蕉挂果，套上防寒袋就基本无事了。

香蕉管理得好价格就高，要管理好香蕉，施肥是第一位。据村民介绍，现在化肥用得比较少，多用有机质的农家肥。不用化肥一是因为价格太贵；二是因为化肥使用太多对土质有伤害，不利于农作物生长。过去的农家肥是各户收集马、猪、鸡、鸭的粪便制作而成的。村民和工人都认为传统农家肥太臭，施肥半月有余到地里还能闻到臭味，加上制作费时费力，于是普遍到市场上购买加工好的有机质农家肥，一吨价格为 400 元。

**2. 用工与租地**

马多依下寨一些村民由于家中地多、田多，在种植香蕉时需要请工人或将自家剩余的土地出租。

在 20 世纪 90 年代村民种植香蕉请工人每日所付工钱是 10～15 元，2000 年每日所付工钱是 20～30 元，现在每日所付工钱是 40～50 元。虽然工钱高了，但是工人却比以前更难找到。现在的工人大多愿意去给收购香蕉的老板打工，做装香蕉的活儿，地里的农活很少人愿意做。招工需要托熟人联系，有些也是外地人自己上门来找工作。多数是找文山州马关的人来做工，也有找越南人的，因为付给他们的工钱比本地人相对要低些。

马多依下寨村民小组长黄保明家 2010 年种植了一万棵香蕉，本来计划请四家工人。但是工人不好找，只找到了一家工人，缺少三家。香蕉苗、肥料和工具免费提供给工人，由工人全权负责管理香蕉。平常每个月给每家工人（夫妻两人）生活费 500 元。收获的时候，工人可以获得提成，每公斤香蕉提成 2~3 角，计算好提成后需要将平时发给的生活费扣除。由于人手不够，香蕉管理工作不到位，很多香蕉没能及时套上防寒袋，一年下来一万棵香蕉的收益并不高。

现在是增人不增地，减人不减地。一些地多人少的家庭因为缺少劳动力就会把土地出租给他人种植香蕉。租金是每年一付，先交钱，后用地。以下是一份村民租用土地种植香蕉的合同。

## 土地承包合同书①

甲方：王玉国（南溪村马多依下寨小组）

乙方：李荣开（文山县新街乡老寨村田棚村）

经甲乙双方共同协商，本着公平、公正、互惠、互利的原则，达成以下协议：

一、甲方愿将自己在马多依下寨小组承包地约 25 亩承包给乙方种植香蕉，时间为 2010 年 1 月 30 日~2013 年 12 月 30 日。

二、土地承包费双方商定总价为壹万伍仟元，合同签订之日乙方将一次性向甲方付清。

---

① 资料来源：马多依下寨村民小组。

三、如土地有争议和纠纷，全权由甲方负责处理。

四、甲乙双方应严格遵守协议，如任何一方违反协议，则罚处违约金伍仟元。

五、本协议一式两份，甲乙双方各持一份。

六、本协议自签订之日起生效。

甲方：　　　　　乙方：

2010 年 1 月 30 日

### 3. 马帮

马多依下寨村民不养马，种植香蕉时运送化肥、农药，收获香蕉时驮香蕉下山售卖都需要雇用马帮。村中的马帮是从文山来此打工的苗族，他们中少的来此七八年，多的来此十余年了。马帮与村民的关系颇为融洽，尤其是和村中姓黄的人家交往密切，有些还打了亲家。这是因为苗族的马帮认为马和黄是一家人（蚂蝗的谐音）。

马帮将自己的简易房屋搭建在马多依下寨的村口，每年需要向村民小组缴纳一定的水电费和卫生费。马帮盖房子时租用村民的土地是不给地租的，而是将一定的马粪提供给租地于他们盖房的主人家使用，同时在主人家需要用马的时候可以提供加急服务。马帮居住的房子都是用木板拼凑的权权房，他们将挣得的钱带回老家，在那里盖好房子。马帮最忙的时候是在村中香蕉收获的季节，平时他们租种村民的土地种植香蕉，还为村民驮化肥、农药等。

在村中没有马帮的时候，村民需要背着肥料上山施肥，一次背不了一袋，就只能半袋半袋地背，中间还要休息好几次。自从有了马帮，上山干活儿就不那么累了。村民请马帮驮香蕉的步骤：第一，是先和马帮预约好驮香蕉的时间，并告诉他们自家香蕉地的位置；第二，是在马帮到来之前把香蕉割好放在地里；第三，是等候马帮按照约定时间到地里将香蕉驮到收蕉点。马帮驮香蕉的收费，以前是按马计费，一匹马一次收费10元。现在是按香蕉的坨数计费，每坨香蕉根据大小收费3元到4元不等，一匹马每次最少可以运送4坨香蕉（最多6坨香蕉），单次总计收费为12～16元，平均到每公斤香蕉运输费为2.5角。在香蕉收购价三四角的时候，马帮的收费也不减少，于是很多村民为了避免更大的损失，就让香蕉熟透在树上，烂在地里。一户马帮至少养3匹马，购买一匹马需要3000～4000元，有些好马甚至需要7000～8000元。3匹马运送一趟香蕉可收入约50元，一天运送6趟可收入300元。如果马多的，每天可收入600～700元。村民认为马帮的运输费偏高，但是马帮却说为饲养马匹购买苞谷的价格越来越贵，接下来运输费还需要再提高。

图4-1 马多依下寨村民肩挑香蕉

（毛登科摄 2011年1月25日）

**图 4 - 2 马多依下寨马帮驮运香蕉**

（毛登科摄 2011 年 2 月 9 日）

#### 4. 销售

马多依下寨以香蕉为主产业，出产的香蕉销往全国各省市。村民种植香蕉，销路不成问题。香蕉的销售主要依托香蕉信息部来联系买家。2011 年，南溪镇的香蕉信息部有四五十家，竞争非常激烈。香蕉信息部均不在政府工商部门登记，存在不正规、不合法的问题。政府对香蕉信息部的存在持默许态度，因为香蕉信息部的专营业务是提供香蕉收购的信息服务，联络了卖家和买家，畅通了销售渠道，有其存在的必要性。香蕉销售的流程是：第一，买家（大老板）将自己所要购买的香蕉品质和价格告诉香蕉信息部的二级代理人（俗称"二管"）；第二，"二管"将香蕉的收购信息告诉各村寨中的三级代理人（俗称"三管"）；第三，"三管"负责通知各农户去砍香蕉，待到农户将香蕉送到收蕉场，"三管"即通知"二管"到村里收购（有时候大老板也会同来）。香蕉收购价格的涨跌是紧跟市场行情的。马多依下寨的农户会关注广西、福建、海南香蕉的行情和信息。因为这些地方的香蕉情况会直接影响到云南香蕉的销路和价格。

香蕉的收购价格是由大老板、"二管"和"三管"根据全国各地香蕉的市场行情来决定的。收购时，各串香蕉的价格又根据品质分为数个等次，一分价钱一分货。果梳紧密、饱满个大的香蕉就能卖出好价钱，果梳稀疏、个小有伤疤的香蕉就要被贱卖，甚至不予收购。香蕉称重要求去除25%的毛重，村民普遍认为这种算法太苛刻，去掉的部分太多了。带杆称重，净重为100公斤的香蕉要被去皮、除杆，减掉25公斤。但村民认为实际上减掉10公斤才是合理的算法。按照去除25公斤的算法，收购方实际上只付给了整串香蕉瓢的钱。除了称重上的不合理，最让村民烦心的还是香蕉销售价格的浮动太大。2010年年初每公斤香蕉的收购价是3~4角，2011年年初则涨到了每公斤3~4元。[①]价格的不稳定直接导致了村民收入的不稳定。村民无奈地将种植香蕉比喻为一场赌博，有赚有赔，前景难料。

"二管"每收购一车香蕉（约为250吨）的收入为500~600元。他们有时候会虚报价格或故意压低价格，在对农户的香蕉定等级、称重时进行价格上的剥削。这种情况下即使农户不愿意也没有办法，因为香蕉收割下来后，如果不及时卖出去，待到香蕉成熟时就一分钱也赚不到了。"二管"在业务繁忙、脱不开身时还会委托带车的人为其打工。带车的人收购一车香蕉的收入为300~400元。"三管"联

---

① 2011年2月8日（大年初六）马多依下寨香蕉的收购价格为每公斤3.6~3.7元。

络农户割蕉，每售出一公斤香蕉赚取 5 分钱。各级代理人在收香蕉时对蕉农要保证基本的信誉，如果经常随意地评判香蕉等级、压低价格，几次之后农户就不会再将香蕉卖给这类没有信誉的代理人了。

## （二）橡胶种植

河口气候温热、阳光雨量充足，海拔 350 米以下的山地均适宜橡胶树的发育、生长。1995 年，马多依下寨村民自发地尝试种植橡胶树并获得成功。最早种植的橡胶树品种是村民请教了南溪农场种植橡胶树的亲戚选定的抗冻高产品种。实施天然林保护，宜林荒山荒地造林和陡坡地有计划、分步骤地退耕还林为主的生态环境保护和建设，是党中央针对我国西部地区生态环境改善，站在国家和民族发展的高度，着眼于经济与社会可持续发展作出的重大决策。2000 年后，为更好地响应国家决策，保护生态，增加经济收入，南溪村委会积极地组织村民发展民营橡胶产业。自此马多依下寨更多的村民种植了橡胶树，并办理了林权证。橡胶树的种植，使部分村民获得了良好的收益（每棵橡胶树开割后每天可收入 30~60 元），真正走上了致富的道路。

橡胶树种植的时间周期长、总体投入大，为使橡胶树达到速生、高产、高效、优质必须采取科学、规范的管理方法。橡胶树的种苗费是 7 元每棵，种植的行距为 6 米，种下后一般 7~10 年才能割胶。在橡胶树未成熟期间可以套种香蕉、菠萝。橡胶树的日常投入包括除草费、基肥费、病虫害防治费等。每年春秋两季需要对橡胶树进行深耕、扩穴、松土、除草。施放的基肥包括有机肥及 N、K、P 速效肥等。橡胶树的常见病有叶锈病、黄叶病、白粉病、红蜘蛛病等。

橡胶树对气候灾害的防御能力差，但凡遇到风灾或寒灾，都会受伤减产甚至死亡。河口县自 2008 年起，连年冬季气温异常偏低，寒灾导致马多依下寨大量橡胶树冻死，村民损失惨重，只有重新开始新一轮的橡胶树种植。受到寒灾的村民能够获得政府的相关补助，由村中的护林员尹国兴负责登记。2008 年，每棵受灾橡胶树的补贴为 3 角。

**图 4 - 3　马多依下寨村民检查因受到寒灾而枯死的橡胶苗**
**（毛登科摄　2011 年 2 月 8 日）**

割胶是在每年的 4～12 月，一年可以收割 8 个月。一般是隔一天割一次，这样对橡胶树的损伤较小。割胶是一门技术活儿，必须经过技术培训才能合格上岗。割胶的时候，村民需要在凌晨三四点钟即起床工作。下雨天是不能割胶的。割胶中途下起雨来就会很麻烦，胶水被稀释后品质下降，卖不出好价钱。橡胶林里的蚊子很多，飞着嗡嗡作响，割一次胶常常全身上下到处都被叮咬个遍。一些村民忙不过来就请工人割胶，工钱按照橡胶售价的 25% 支付。2010
年，马多依下寨种植橡胶树较早的家庭，橡胶部分的年收
入少则 3000～4000 元，多则 7000～8000 元，甚至几万元
了。橡胶树不仅给村民带来了经济效益，还带来了生态效
益，成为了村民名副其实的"绿色银行"。

## （三）其他作物种植

村民种植菠萝的经验是每年 6 月播种，第二年的 6 月
菠萝开始灌芯，前后经过约 18 个月即可取得收获。菠萝
种植的本钱没有香蕉种植大，还可以用除草剂给菠萝除杂
草，管理比较轻松。但是因为山上的石头太多不便于种
植，且菠萝的生长周期太长，经济上不划算，故而村民已
经多年不再种植菠萝。村民认为甘蔗太毛，容易刮伤人，
护理甘蔗很不舒服，销售价格也一直不好，仅仅种植少部
分用于自家食用。玉米、黄豆、木薯等作物的适应性好、
产量高，但是由于销路不畅通，卖不出好价格，现在仅有
少数农户种植用作猪饲料。前几年有几户村民在山上试验
种植咖啡取得成功，产量很高，但是因为担心没有人来收
购没能形成批量种植。大棚果蔬种植方面的内容将在下文
详述。

## 三　畜牧业与养殖业

马多依下寨村民目前饲养的动物主要包括猪、鸡、鸭
（旱鸭、水鸭）、鱼四大类。在过去种植水稻时，家家户户
都养殖耕牛用于犁田。后来普遍种植香蕉就不再养牛，原
因有三：一是牛会吃香蕉的叶子和香蕉，力气大的牛还会
拔倒整棵香蕉树吃掉；二是牛比较贵，经常有人到村中偷

牛，管理上很费事；三是山上、田里都种满了香蕉，村里已经没有地方可以放牛了。村民历来都不养马，只有外来的马帮饲养马匹用于驮运重物。

村民几乎每户都养猪，只有两三户不养猪。少则养 1 头，多则养 5~6 头。猪圈是 2008 年河口县新农村建设办公室、河口县人民政府扶贫办公室、南溪镇人民政府在马多依下寨实施新农村建设、整村推进示范村项目，完成沼气—厕所—猪厩"三配套"建设时按照统一标准建盖的。过去，马多依下寨村民养猪虽然是圈养，但是猪圈修造得比较简陋，多是用竹篱笆围成一个圈。有时候猪一使劲就钻出猪圈走到村里溜达了。现在的新型猪圈则是用方砖砌成，上有遮雨顶棚，下有水泥地面，还注意到了牢固、排气、通风、清洁等功能的设计。最重要的是，猪圈与沼气池是连通的，村民沼气的主要原料就是猪的排泄物。

村民在每年的 3 月，猪仔价格便宜之时买入小猪。本地猪是黑色的，长得慢，瘦肉少。外地猪则是白色的，长得快，瘦肉多。两个品种的猪都很受村民的欢迎。饲料供给方面，最初的两个月村民给小猪喂猪饲料，待到小猪的骨架长成之后就喂青饲料。青饲料即煮熟的苞谷粉、木薯粉、香蕉和香蕉杆的混合物。这些原料都是村民种植的。苞谷的市场价是 2 元一公斤，如果购买用做饲料在经济上很不划算。虽然自己养猪的时间花费大、劳动成本高，村民还是愿意养猪。他们认为自家养殖的猪品质好，比市场上购买的猪味道香、肉质嫩、油水多，屠宰时，猪板油多到流淌不止，炼油时，出油率也远胜于全程喂饲料的猪。生猪的养殖周期为 10 个月，到了每年农历十二月间，村里各家各户就开始轮流杀猪办杀猪饭，宴请亲朋好友到家中聚餐分享美食。

在禽畜养殖过程中，村民重视动物疫病的防治并定期进行免疫注射，有效预防了重大动物疫病的发生。2009年全年马多依下寨动物免疫的情况如下：[①]

**表 4 – 1　2009 年 3 月 29 日：散养户动物免疫记录**

村民小组：马多依下寨　　　　　　　　　　单位：头，只

| 免疫日期 | 动物种类 | 存栏数 | 实免数量 | 生产厂家 | 疫苗种类 | 批号 | 畜主签字 |
|---|---|---|---|---|---|---|---|
| 2009 年 3 月 29 日 | 鸡 | 10 | 10 | 哈尔滨维科生物技术开发公司 | 重组禽流感病灭活疫苗，CH5NI 亚型，Re – 5 株 | 2008055 | 黎金富 |
| 2009 年 3 月 29 日 | 鸡 | 6 | 6 | 哈尔滨维科生物技术开发公司 | 重组禽流感病灭活疫苗，CH5NI 亚型，Re – 5 株 | 2008055 | 尹国春 |
| 2009 年 3 月 29 日 | 鸡 | 7 | 7 | 哈尔滨维科生物技术开发公司 | 重组禽流感病灭活疫苗，CH5NI 亚型，Re – 5 株 | 2008055 | 赵开勤 |
| 2009 年 3 月 29 日 | 鸡 | 8 | 8 | 哈尔滨维科生物技术开发公司 | 重组禽流感病灭活疫苗，CH5NI 亚型，Re – 5 株 | 2008055 | 黄保忠 |
| 2009 年 3 月 29 日 | 鸡 | 6 | 6 | 哈尔滨维科生物技术开发公司 | 重组禽流感病灭活疫苗，CH5NI 亚型，Re – 5 株 | 2008055 | 杨正文 |

---

① 资料来源：马多依下寨村民小组。

### 表4-2  2009年3月30日：散养户动物免疫记录

村民小组：马多依下寨　　　　　　　　　　单位：头，只

| 免疫日期 | 动物种类 | 存栏数 | 实免数量 | 生产厂家 | 疫苗种类 | 批号 | 畜主签字 |
|---|---|---|---|---|---|---|---|
| 2009年3月30日 | 鸡 | 4 | 4 | 哈尔滨维科生物技术开发公司 | 重组禽流感病灭活疫苗，CH5NI亚型，Re-5株 | 2008055 | 黄保山 |
| 2009年3月30日 | 鸡 | 5 | 5 | 哈尔滨维科生物技术开发公司 | 重组禽流感病灭活疫苗，CH5NI亚型，Re-5株 | 2008055 | 黎阳金 |
| 2009年3月30日 | 鸡 | 2 | 2 | 哈尔滨维科生物技术开发公司 | 重组禽流感病灭活疫苗，CH5NI亚型，Re-5株 | 2008055 | 陈玉华 |
| 2009年3月30日 | 鸡 | 2 | 2 | 哈尔滨维科生物技术开发公司 | 重组禽流感病灭活疫苗，CH5NI亚型，Re-5株 | 2008055 | 何　强 |
| 2009年3月30日 | 鸡 | 6 | 6 | 哈尔滨维科生物技术开发公司 | 重组禽流感病灭活疫苗，CH5NI亚型，Re-5株 | 2008055 | 雷和华 |
| 2009年3月30日 | 鸡 | 5 | 5 | 哈尔滨维科生物技术开发公司 | 重组禽流感病灭活疫苗，CH5NI亚型，Re-5株 | 2008055 | 王加坤 |
| 2009年3月30日 | 鸡 | 2 | 2 | 哈尔滨维科生物技术开发公司 | 重组禽流感病灭活疫苗，CH5NI亚型，Re-5株 | 2008055 | 尹国春 |

| 免疫日期 | 动物种类 | 存栏数 | 实免数量 | 生产厂家 | 疫苗种类 | 批号 | 畜主签字 |
|---|---|---|---|---|---|---|---|
| 2009年3月30日 | 鸡 | 4 | 4 | 哈尔滨维科生物技术开发公司 | 重组禽流感病灭活疫苗，CH5NI亚型，Re-5株 | 2008055 | 杨国强 |
| 2009年3月30日 | 鸡 | 2 | 2 | 哈尔滨维科生物技术开发公司 | 重组禽流感病灭活疫苗，CH5NI亚型，Re-5株 | 2008055 | 尹国兴 |
| 2009年3月30日 | 鸡 | 3 | 3 | 哈尔滨维科生物技术开发公司 | 重组禽流感病灭活疫苗，CH5NI亚型，Re-5株 | 2008055 | 赵开勤 |
| 2009年3月30日 | 鸡 | 3 | 3 | 哈尔滨维科生物技术开发公司 | 重组禽流感病灭活疫苗，CH5NI亚型，Re-5株 | 2008055 | 罗保忠 |
| 2009年3月30日 | 鸡 | 2 | 2 | 哈尔滨维科生物技术开发公司 | 重组禽流感病灭活疫苗，CH5NI亚型，Re-5株 | 2008055 | 汪浩 |
| 2009年3月30日 | 鸡 | 5 | 5 | 哈尔滨维科生物技术开发公司 | 重组禽流感病灭活疫苗，CH5NI亚型，Re-5株 | 2008055 | 黄保忠 |
| 2009年3月30日 | 鸡 | 5 | 5 | 哈尔滨维科生物技术开发公司 | 重组禽流感病灭活疫苗，CH5NI亚型，Re-5株 | 2008055 | 郎保祥 |
| 2009年3月30日 | 鸡 | 1 | 1 | 哈尔滨维科生物技术开发公司 | 重组禽流感病灭活疫苗，CH5NI亚型，Re-5株 | 2008055 | 郎忠 |

续表

| 免疫日期 | 动物种类 | 存栏数 | 实免数量 | 生产厂家 | 疫苗种类 | 批号 | 畜主签字 |
|---|---|---|---|---|---|---|---|
| 2009年3月30日 | 鸡 | 2 | 2 | 哈尔滨维科生物技术开发公司 | 重组禽流感病灭活疫苗，CH5NI亚型，Re－5株 | 2008055 | 黄保林 |
| 2009年3月30日 | 鸡 | 2 | 2 | 哈尔滨维科生物技术开发公司 | 重组禽流感病灭活疫苗，CH5NI亚型，Re－5株 | 2008055 | 侬晓利 |
| 2009年3月30日 | 鸡 | 2 | 2 | 哈尔滨维科生物技术开发公司 | 重组禽流感病灭活疫苗，CH5NI亚型，Re－5株 | 2008055 | 郎保林 |
| 2009年3月30日 | 鸡 | 2 | 2 | 哈尔滨维科生物技术开发公司 | 重组禽流感病灭活疫苗，CH5NI亚型，Re－5株 | 2008055 | 侬玉发 |
| 2009年3月30日 | 鸡 | 2 | 2 | 哈尔滨维科生物技术开发公司 | 重组禽流感病灭活疫苗，CH5NI亚型，Re－5株 | 2008055 | 汪金荣 |

表4－3  2009年4月2日：散养户动物免疫记录

村民小组：马多依下寨　　　　　　　　　　单位：头，只

| 免疫日期 | 动物种类 | 存栏数 | 实免数量 | 生产厂家 | 疫苗种类 | 批号 | 畜主签字 |
|---|---|---|---|---|---|---|---|
| 2009年4月2日 | 猪 | 5 | 5 | 云南生物 | 猪瘟 | 20081106 | 黄保忠 |
| 2009年4月2日 | 猪 | 5 | 5 | 云南生物 | 猪瘟 | 20081106 | 郎保祥 |

续表

| 免疫日期 | 动物种类 | 存栏数 | 实免数量 | 生产厂家 | 疫苗种类 | 批号 | 畜主签字 |
|---|---|---|---|---|---|---|---|
| 2009 年4 月 2 日 | 猪 | 1 | 1 | 云南生物 | 猪瘟 | 20081106 | 郎　忠 |
| 2009 年4 月 2 日 | 猪 | 2 | 2 | 云南生物 | 猪瘟 | 20081106 | 黄保林 |
| 2009 年4 月 2 日 | 猪 | 2 | 2 | 云南生物 | 猪瘟 | 20081106 | 杨正文 |
| 2009 年4 月 2 日 | 猪 | 2 | 2 | 云南生物 | 猪瘟 | 20081106 | 侬晓利 |
| 2009 年4 月 2 日 | 猪 | 2 | 2 | 云南生物 | 猪瘟 | 20081106 | 郎保林 |
| 2009 年4 月 2 日 | 猪 | 2 | 2 | 云南生物 | 猪瘟 | 20081106 | 侬玉发 |
| 2009 年4 月 2 日 | 猪 | 2 | 2 | 云南生物 | 猪瘟 | 20081106 | 汪金荣 |
| 2009 年4 月 2 日 | 猪 | 2 | 2 | 云南生物 | 猪瘟 | 20081106 | 黎金富 |
| 2009 年4 月 2 日 | 猪 | 4 | 4 | 云南生物 | 猪瘟 | 20081106 | 黄保山 |
| 2009 年4 月 2 日 | 猪 | 5 | 5 | 云南生物 | 猪瘟 | 20081106 | 黎阳金 |
| 2009 年4 月 2 日 | 猪 | 2 | 2 | 云南生物 | 猪瘟 | 20081106 | 陈玉华 |
| 2009 年4 月 2 日 | 猪 | 2 | 2 | 云南生物 | 猪瘟 | 20081106 | 何　强 |
| 2009 年4 月 2 日 | 猪 | 6 | 6 | 云南生物 | 猪瘟 | 20081106 | 雷和华 |
| 2009 年4 月 2 日 | 猪 | 5 | 5 | 云南生物 | 猪瘟 | 20081106 | 王加坤 |
| 2009 年4 月 2 日 | 猪 | 2 | 2 | 云南生物 | 猪瘟 | 20081106 | 尹国春 |

| 免疫日期 | 动物种类 | 存栏数 | 实免数量 | 生产厂家 | 疫苗种类 | 批号 | 畜主签字 |
|---|---|---|---|---|---|---|---|
| 2009 年4 月 2 日 | 猪 | 4 | 4 | 云南生物 | 猪瘟 | 20081106 | 杨国强 |
| 2009 年4 月 2 日 | 猪 | 2 | 2 | 云南生物 | 猪瘟 | 20081106 | 尹国兴 |
| 2009 年4 月 2 日 | 猪 | 3 | 3 | 云南生物 | 猪瘟 | 20081106 | 赵开勤 |
| 2009 年4 月 2 日 | 猪 | 3 | 3 | 云南生物 | 猪瘟 | 20081106 | 罗保忠 |
| 2009 年4 月 2 日 | 猪 | 2 | 2 | 云南生物 | 猪瘟 | 20081106 | 汪 浩 |

### 表 4 - 4 2009 年 4 月 6 日：散养户动物免疫记录

村民小组：马多依下寨 单位：头，只

| 免疫日期 | 动物种类 | 存栏数 | 实免数量 | 生产厂家 | 疫苗种类 | 批号 | 畜主签字 |
|---|---|---|---|---|---|---|---|
| 2009 年4 月 6 日 | 猪 | 2 | 2 | 武汉中博生化有限公司 | NVDC - JXA1 株 | 080802 | 黎金富 |
| 2009 年4 月 6 日 | 猪 | 4 | 4 | 武汉中博生化有限公司 | NVDC - JXA1 株 | 080802 | 黄保山 |
| 2009 年4 月 6 日 | 猪 | 5 | 5 | 武汉中博生化有限公司 | NVDC - JXA1 株 | 080802 | 黎阳金 |

| 免疫日期 | 动物种类 | 存栏数 | 实免数量 | 生产厂家 | 疫苗种类 | 批号 | 畜主签字 |
|---|---|---|---|---|---|---|---|
| 2009 年 4 月 6 日 | 猪 | 2 | 2 | 武汉中博生化有限公司 | NVDC - JXA1 株 | 080802 | 陈玉华 |
| 2009 年 4 月 6 日 | 猪 | 2 | 2 | 武汉中博生化有限公司 | NVDC - JXA1 株 | 080802 | 何　强 |
| 2009 年 4 月 6 日 | 猪 | 6 | 6 | 武汉中博生化有限公司 | NVDC - JXA1 株 | 080802 | 雷和华 |
| 2009 年 4 月 6 日 | 猪 | 5 | 5 | 武汉中博生化有限公司 | NVDC - JXA1 株 | 080802 | 王加坤 |
| 2009 年 4 月 6 日 | 猪 | 2 | 2 | 武汉中博生化有限公司 | NVDC - JXA1 株 | 080802 | 尹国春 |
| 2009 年 4 月 6 日 | 猪 | 4 | 4 | 武汉中博生化有限公司 | NVDC - JXA1 株 | 080802 | 杨国强 |
| 2009 年 4 月 6 日 | 猪 | 2 | 2 | 武汉中博生化有限公司 | NVDC - JXA1 株 | 080802 | 尹国兴 |

续表

| 免疫日期 | 动物种类 | 存栏数 | 实免数量 | 生产厂家 | 疫苗种类 | 批号 | 畜主签字 |
|---|---|---|---|---|---|---|---|
| 2009 年4 月 6 日 | 猪 | 3 | 3 | 武汉中博生化有限公司 | NVDC－JXA1 株 | 080802 | 赵开勤 |
| 2009 年4 月 6 日 | 猪 | 3 | 3 | 武汉中博生化有限公司 | NVDC－JXA1 株 | 080802 | 罗保忠 |
| 2009 年4 月 6 日 | 猪 | 2 | 2 | 武汉中博生化有限公司 | NVDC－JXA1 株 | 080802 | 汪　浩 |
| 2009 年4 月 6 日 | 猪 | 5 | 5 | 武汉中博生化有限公司 | NVDC－JXA1 株 | 080802 | 黄保忠 |
| 2009 年4 月 6 日 | 猪 | 5 | 5 | 武汉中博生化有限公司 | NVDC－JXA1 株 | 080802 | 郎保祥 |
| 2009 年4 月 6 日 | 猪 | 1 | 1 | 武汉中博生化有限公司 | NVDC－JXA1 株 | 080802 | 郎　忠 |
| 2009 年4 月 6 日 | 猪 | 2 | 2 | 武汉中博生化有限公司 | NVDC－JXA1 株 | 080802 | 黄保林 |

| 免疫日期 | 动物种类 | 存栏数 | 实免数量 | 生产厂家 | 疫苗种类 | 批号 | 畜主签字 |
|---|---|---|---|---|---|---|---|
| 2009 年4 月 6 日 | 猪 | 2 | 2 | 武汉中博生化有限公司 | NVDC - JXA1 株 | 080802 | 杨正文 |
| 2009 年4 月 6 日 | 猪 | 2 | 2 | 武汉中博生化有限公司 | NVDC - JXA1 株 | 080802 | 侬晓利 |
| 2009 年4 月 6 日 | 猪 | 2 | 2 | 武汉中博生化有限公司 | NVDC - JXA1 株 | 080802 | 郎保林 |
| 2009 年4 月 6 日 | 猪 | 2 | 2 | 武汉中博生化有限公司 | NVDC - JXA1 株 | 080802 | 汪金荣 |

**表 4 - 5　2009 年 8 月、9 月：散养户动物免疫记录**

村民小组：马多依下寨　　　　　　　　　单位：头，只

| 免疫日期 | 动物种类 | 存栏数 | 实免数量 | 生产厂家 | 疫苗种类 | 批号 | 畜主签字 |
|---|---|---|---|---|---|---|---|
| 2009 年8 月 18 日 | 猪 | 4 | 4 | 云南生物制药有限公司 | 猪瘟 | 081029 | 郎保林 |
| 2009 年8 月 28 日 | 猪 | 4 | 4 | 武汉中博生化有限公司 | 蓝耳病 | 20090106 | 郎保林 |

| 免疫日期 | 动物种类 | 存栏数 | 实免数量 | 生产厂家 | 疫苗种类 | 批号 | 畜主签字 |
|---|---|---|---|---|---|---|---|
| 2009 年 9 月 10 日 | 猪 | 4 | 4 | — | 口蹄疫 | — | 郎保林 |
| 2009 年 8 月 18 日 | 猪 | 2 | 2 | 云南生物制药有限公司 | 猪瘟 | 081029 | 杨正文 |
| 2009 年 8 月 28 日 | 猪 | 2 | 2 | 武汉中博生化有限公司 | 蓝耳病 | 20090106 | 杨正文 |
| 2009 年 9 月 10 日 | 猪 | 2 | 2 | — | 口蹄疫 | — | 杨正文 |
| 2009 年 8 月 18 日 | 猪 | 1 | 1 | 云南生物制药有限公司 | 猪瘟 | 081029 | 尹国兴 |
| 2009 年 8 月 28 日 | 猪 | 1 | 1 | 武汉中博生化有限公司 | 蓝耳病 | 20090106 | 尹国兴 |
| 2009 年 9 月 10 日 | 猪 | 1 | 1 | — | 口蹄疫 | — | 尹国兴 |
| 2009 年 8 月 18 日 | 猪 | 4 | 4 | 云南生物制药有限公司 | 猪瘟 | 081029 | 王加坤 |
| 2009 年 8 月 28 日 | 猪 | 4 | 4 | 武汉中博生化有限公司 | 蓝耳病 | 20090106 | 王加坤 |

续表

| 免疫日期 | 动物种类 | 存栏数 | 实免数量 | 生产厂家 | 疫苗种类 | 批号 | 畜主签字 |
|---|---|---|---|---|---|---|---|
| 2009 年9 月 10 日 | 猪 | 4 | 4 | — | 口蹄疫 | — | 王加坤 |
| 2009 年8 月 18 日 | 猪 | 1 | 1 | 云南生物制药有限公司 | 猪瘟 | 081029 | 雷和华 |
| 2009 年8 月 28 日 | 猪 | 1 | 1 | 武汉中博生化有限公司 | 蓝耳病 | 20090106 | 雷和华 |
| 2009 年9 月 10 日 | 猪 | 1 | 1 | — | 口蹄疫 | — | 雷和华 |
| 2009 年8 月 18 日 | 猪 | 3 | 2 | 云南生物制药有限公司 | 猪瘟 | 081029 | 黎金富 |
| 2009 年8 月 28 日 | 猪 | 3 | 2 | 武汉中博生化有限公司 | 蓝耳病 | 20090106 | 黎金富 |
| 2009 年9 月 10 日 | 猪 | 3 | 2 | — | 口蹄疫 | — | 黎金富 |
| 2009 年8 月 18 日 | 猪 | 2 | 2 | 云南生物制药有限公司 | 猪瘟 | 081029 | 黄保林 |
| 2009 年8 月 28 日 | 猪 | 2 | 2 | 武汉中博生化有限公司 | 蓝耳病 | 20090106 | 黄保林 |

续表

| 免疫日期 | 动物种类 | 存栏数 | 实免数量 | 生产厂家 | 疫苗种类 | 批号 | 畜主签字 |
|---|---|---|---|---|---|---|---|
| 2009 年 9 月 10 日 | 猪 | 2 | 2 | — | 口蹄疫 | — | 黄保林 |
| 2009 年 8 月 18 日 | 猪 | 3 | 3 | 云南生物制药有限公司 | 猪瘟 | 081029 | 赵开勤 |
| 2009 年 8 月 28 日 | 猪 | 3 | 3 | 武汉中博生化有限公司 | 蓝耳病 | 20090106 | 赵开勤 |
| 2009 年 9 月 10 日 | 猪 | 3 | 3 | — | 口蹄疫 | — | 赵开勤 |
| 2009 年 8 月 18 日 | 猪 | 3 | 3 | 云南生物制药有限公司 | 猪瘟 | 081029 | 侬玉发 |
| 2009 年 8 月 28 日 | 猪 | 3 | 3 | 武汉中博生化有限公司 | 蓝耳病 | 20090106 | 侬玉发 |
| 2009 年 9 月 10 日 | 猪 | 3 | 3 | — | 口蹄疫 | — | 侬玉发 |
| 2009 年 8 月 18 日 | 猪 | 2 | 2 | 云南生物制药有限公司 | 猪瘟 | 081029 | 郎保祥 |
| 2009 年 8 月 28 日 | 猪 | 2 | 2 | 武汉中博生化有限公司 | 蓝耳病 | 20090106 | 郎保祥 |

| 免疫日期 | 动物种类 | 存栏数 | 实免数量 | 生产厂家 | 疫苗种类 | 批号 | 畜主签字 |
|---|---|---|---|---|---|---|---|
| 2009年9月10日 | 猪 | 2 | 2 | — | 口蹄疫 | — | 郎保祥 |
| 2009年8月18日 | 猪 | 2 | 2 | 云南生物制药有限公司 | 猪瘟 | 081029 | 何 强 |
| 2009年8月28日 | 猪 | 2 | 2 | 武汉中博生化有限公司 | 蓝耳病 | 20090106 | 何 强 |
| 2009年9月10日 | 猪 | 2 | 2 | — | 口蹄疫 | — | 何 强 |
| 2009年8月18日 | 猪 | 5 | 5 | 云南生物制药有限公司 | 猪瘟 | 081029 | 黎阳金 |
| 2009年8月28日 | 猪 | 5 | 5 | 武汉中博生化有限公司 | 蓝耳病 | 20090106 | 黎阳金 |
| 2009年9月10日 | 猪 | 5 | 5 | — | 口蹄疫 | — | 黎阳金 |
| 2009年8月18日 | 猪 | 5 | 5 | 云南生物制药有限公司 | 猪瘟 | 081029 | 黄保山 |
| 2009年8月28日 | 猪 | 5 | 5 | 武汉中博生化有限公司 | 蓝耳病 | 20090106 | 黄保山 |

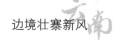
续表

| 免疫日期 | 动物种类 | 存栏数 | 实免数量 | 生产厂家 | 疫苗种类 | 批号 | 畜主签字 |
|---|---|---|---|---|---|---|---|
| 2009 年 9 月 10 日 | 猪 | 5 | 5 | — | 口蹄疫 | — | 黄保山 |
| 2009 年 8 月 18 日 | 猪 | 3 | 3 | 云南生物制药有限公司 | 猪瘟 | 081029 | 汪金荣 |
| 2009 年 8 月 28 日 | 猪 | 3 | 3 | 武汉中博生化有限公司 | 蓝耳病 | 20090106 | 汪金荣 |
| 2009 年 9 月 10 日 | 猪 | 3 | 3 | — | 口蹄疫 | — | 汪金荣 |
| 2009 年 8 月 18 日 | 猪 | 4 | 4 | 云南生物制药有限公司 | 猪瘟 | 081029 | 罗有和 |
| 2009 年 8 月 28 日 | 猪 | 4 | 4 | 武汉中博生化有限公司 | 蓝耳病 | 20090106 | 罗有和 |
| 2009 年 9 月 10 日 | 猪 | 4 | 4 | — | 口蹄疫 | — | 罗有和 |
| 2009 年 8 月 18 日 | 猪 | 2 | 2 | 云南生物制药有限公司 | 猪瘟 | 081029 | 郎　忠 |
| 2009 年 8 月 28 日 | 猪 | 2 | 2 | 武汉中博生化有限公司 | 蓝耳病 | 20090106 | 郎　忠 |

| 免疫日期 | 动物种类 | 存栏数 | 实免数量 | 生产厂家 | 疫苗种类 | 批号 | 畜主签字 |
|---|---|---|---|---|---|---|---|
| 2009 年9 月 10 日 | 猪 | 2 | 2 | — | 口蹄疫 | — | 郎　　忠 |
| 2009 年8 月 18 日 | 猪 | 2 | 2 | 云南生物制药有限公司 | 猪瘟 | 081029 | 尹国春 |
| 2009 年8 月 28 日 | 猪 | 2 | 2 | 武汉中博生化有限公司 | 蓝耳病 | 20090106 | 尹国春 |
| 2009 年9 月 10 日 | 猪 | 2 | 2 | — | 口蹄疫 | — | 尹国春 |
| 2009 年8 月 18 日 | 猪 | 3 | 3 | 云南生物制药有限公司 | 猪瘟 | 081029 | 陈玉华 |
| 2009 年8 月 28 日 | 猪 | 3 | 3 | 武汉中博生化有限公司 | 蓝耳病 | 20090106 | 陈玉华 |
| 2009 年9 月 10 日 | 猪 | 3 | 3 | — | 口蹄疫 | — | 陈玉华 |
| 2009 年8 月 18 日 | 猪 | 6 | 6 | 云南生物制药有限公司 | 猪瘟 | 081029 | 王寅生 |
| 2009 年8 月 28 日 | 猪 | 6 | 6 | 武汉中博生化有限公司 | 蓝耳病 | 20090106 | 王寅生 |
| 2009 年9 月 10 日 | 猪 | 6 | 6 | — | 口蹄疫 | — | 王寅生 |

马多依河从马多依下寨一侧蜿蜒流过，是村中农业灌溉的主要水源。1976年以前，马多依河在下寨有九道弯，每一个道弯形成一个池塘。河中的鱼很多，有鲶鱼、锯子鱼等，马走过河中会把鱼给踩死，村民常用竹子编织的笊篱到河里捞鱼，一笊篱下去就能捕捉到四五条鱼。1976年，农业上学大寨，整个河口县分工分段修改河道，马多依河的河道被改直，填出更多的田地用于种植水稻。河水改道后，水量明显减小，鱼也越来越少了。

2010年4月，经河口县委、县人民政府批准，中国河口边境现代农业园区正式落户南溪镇马多依下寨。园区总体规划面积1100亩，预计总投资2539万元，建设年限为3年，园区建成后，每年可生产各种果蔬8100吨、商品鱼180吨、鱼苗150吨、观赏园林植物10万盆，实现年销售收入3160万元。在园区的建设内容中包含新开挖鱼塘100亩进行热带水产养殖。开挖鱼塘需要向村民征地，马多依下寨村民小组长黄保明介绍说：计划按照入股的方式进行征地和经营。被征地的农户可以参股，村小组也要占一定的股份。总共分作15股，按照每户被征地的面积分为1股、2股和3股，村小组要占4股。征地建成后的鱼塘由村集体负责管理或出租给个人经营。鱼塘的周边环境好，可以垂钓、烧烤，预先在鱼塘旁留出一块空地，用作今后修建农家乐的活动场地。具体的操作要分步走，关键是先把项目做起来。①

2011年，南溪镇积极上报项目，在县委、政府及相关部门的关心、支持下，在马多依下寨建设了水池、坝塘。

---

① 根据2011年2月12日对马多依下寨小组长黄保明的访谈记录整理。

同时引入养鱼大户，以马多依下寨为试点发展渔业产业。由南溪镇养鱼大户张本月提供种苗、饵料及饲养技术，养鱼农户参与管理，最后由养鱼大户负责市场销售，切实保障农户的利益。到 2011 年 10 月，养鱼大户张本月已在马多依下寨投苗 600 多公斤。2012 年 4 月，当笔者再次来到马多依下寨时，欣喜地看到早先的规划变成了现实，村中的鱼塘已经初具规模，第一批养殖的罗非鱼上市售罄。

图 4 - 4　马多依下寨村民小组鱼塘（黄禾雨摄　2012 年 4 月 23 日）

## 四　服务业与旅游业

### （一）服务业

马多依下寨的服务业主要包括香蕉信息中介（"三管"）和商品零售。村中没有住宿、餐饮、文化娱乐、旅游等个人消费服务。马多依下寨里没有一个小吃摊、小饭店，村民外出就餐和娱乐都是到南溪镇上去消费。有两户村民利用自家的房屋开办起了小商店。其中一家商店售卖的全部商品清单如下：

1. 零食类：花生、瓜子、蛋糕、薯片、饼干、QQ糖、口香糖、水果糖、冰糖、辣子鸡口味的豆腐干、真空包装的鸡蛋、巧克力等。

2. 酒水饮料类：百事可乐、娃哈哈营养快线、统一鲜橙多、康师傅绿茶、娃哈哈八宝粥、散装的苞谷酒（每公斤5元）、金星牌啤酒（每瓶2元，每箱12瓶）。

3. 烟草类：红梅牌香烟（每包4.5元）、大红河香烟（白色包装）（每包6.5元）、红河88香烟（红色包装）（每包10元）、红河99香烟（蓝色包装）（每包12元）。

4. 调味料类：盐、味精、酱油、老干妈牌辣酱。

5. 生活用品类：洗衣粉、洗洁精、洗发水、牙刷、牙膏、卫生巾、纸巾、扑克、纱线纺织的白手套。

6. 非处方药类：藿香正气水、风油精、何济公阿咖酚散、云南白药创可贴。

当问起村民为什么村里的服务业不发达时，村民的回答是：一是因为马多依下寨距离南溪镇很近，仅2公里，村民已经习惯到镇上去购买商品和消费，所以村中的消费项目就少；二是因为河口当地人的经商观念比较弱。在南溪镇做小买卖的生意人，很少有河口本地人。本地人开的店，自己人一般还不爱光顾。主要是害怕别人做生意富起来，害怕别人比自己强，这是一种嫉妒心理在作祟。而在南溪镇做生意的四川人则不一样，他们的老乡观念很重，很愿意互相帮忙。

## （二）旅游业

河口县的旅游资源丰富，自然景观方面，山奇、水秀、洞幽、两河交汇；人文景观方面，有孤山洞古人类遗址、历史建筑、民族风情、边关雄风、中越公路铁路双桥、一城二国三镇等，已经开发的旅游项目有中越跨境旅游、河口边城风情游、南溪河漂流、国家级花鱼洞瀑布森林公园、白沙河溶洞、天生桥、戈浩热带雨林风情园游等；民族文化方面，辖区内瑶、苗、壮、傣、彝、布依、汉族七个世居民族各有自己独特的传统文化，民族服饰艳丽多彩，各具特色，民族节日、婚丧习俗丰富多彩。瑶族的节日有三月三"清明节"、七月十五"目莲节"、八月"新米节"、十月"盘王节"，壮族的节日有正月初一"过大年"、二月初二"祭龙"；苗族的节日有正月初四"花山节"，布依族的节日有四月初八"牛王节"，此外还有瑶族的"度戒"。

南溪镇属亚热带雨林气候，最高海拔 1200 米，最低海拔 105 米，立体气候显著，最高气温 42℃，最低气温 4.2℃，年平均气温 22.6℃，日照数年均 1700 小时，年平均降雨量 2200 毫米，气候炎热，雨量充沛，土地肥沃，四季无霜。境内河流纵横，主要有南溪河、小南溪河、马多依河、坝吉河，是一个风景优美的旅游胜地。南溪镇的旅游项目主要集中在自然景观游方面，已有项目包括南溪河飘流、国家级花鱼洞瀑布森林公园、白沙河溶洞、天生桥、戈浩热带雨林风情园游等。南溪河位于南溪镇东郊八公里处，其中主要有南溪风景园、龙戈洞、龙潭泉、游泳池，是一个集旅游观光、休闲娱乐为一体的旅游地。在南溪河最为有名的当属南溪河漂流，以南溪农场 16 队为起点，漂

流全程 32 公里，大约要 4 ~ 6 小时。国家级花鱼洞瀑布森林公园位于南溪镇附近，东西长约 85 公里，南北宽 7.2 公里，面积 1576 公顷，是集休闲、度假娱乐、狩猎、观赏为一体的综合性森林公园。建有以风景林区为主的热带雨林、花鱼洞、望天树、热带经济林木四大风景区，野生动物保护养殖中心、娱乐场、狩猎场等共 10 个风景区和 21 个自然、人工综合景点。园区内，河水沿山环绕，流入南溪河，原始森林分布于河流两侧。园中最为奇特的景观是林区内自然形成的溶洞——花鱼洞，与山上的河流形成了壮观的花鱼洞瀑布。

在农家乐旅游上，南溪镇缺乏成熟的项目。2010 年，南溪镇"十二五"规划目标（规划期限：2011 ~ 2015 年）计划投资 2539 万元，建设现代农业示范园区 1100 亩（示范园区位于马多依上下寨）。同时，要以南溪现代农业示范园区为依托，开发马多依上下寨壮族民俗文化。以农业示范园区特色种植养殖打造现代观光农业，带动马多依农家乐的发展。2012 年，结合红河州级新农村建设整村推进项目，马多依下寨总投资 1062175 元，开展乡村旅游项目。该项目向上级申请补助资金 100 万元，自筹 62175 元（含农户投工投劳折算），建设内容包括硬化小坝塘周围人行道并镶鹅卵石、修建凉亭、村寨绿化等。

马多依发展农家乐的优势有：一是地理区位优势。南溪镇距离河口县城 18 公里，马多依距离南溪镇 2 公里，公路纵横交错、畅通发达，可利用交通的便利条件吸引远近客源。二是周边景区优势。马多依周围有河口县许多著名的风景名胜区，可以充分利用景区的品牌和较为稳定的客源，来开展餐饮、住宿、购物等服务。三是自然环境优势。马多依有山、有树、有河流。置身于村寨中，举目四望，山水秀美、草木苍翠。原始森林中，植被茂盛、空气清新，马多依河里水流潺潺、游鱼嬉戏。四是现代农业园区优势。马多依的现代农业园建设内容包括种植业、养殖业、渔业，经营户可以在这些园区项目的基础上，开展果蔬采摘、塘鱼垂钓、篝火狂欢等旅游项目，打造观光休闲农业。五是壮族文化优势。马多依为壮族聚居村寨，游客可以一边领略壮族特色文化，一边品尝民族风味美食、欣赏热带风情美景。

图 4–5　马多依下寨山中的大树（毛登科摄　2011 年 2 月 8 日）

## 第二节　现代科技农业

### 一　马多依农业示范园区建设

#### （一）马多依下寨现代农业科技示范园建设

2008 年，在河口县有关领导和县农业局、林业局、科技局的大力支持下，南溪村党总支结合当地自然条件，以

科技为指引，充分利用土地资源优势，开展南溪村马多依下寨现代农业科技示范园建设。项目结合"农村致富先锋"活动计划，选定该村党员何强和入党积极分子黄保明为培养对象试验大棚果蔬种植。示范园区占地面积约14亩，大棚面积8900平方米，棚内试种了"黑美人"西瓜、西红柿、辣椒等农作物。在大棚西瓜试点种植过程中，南溪镇通过开展技术培训、派驻指导员等多种形式做好技术服务。仅用短短半年时间，马多依的大棚西瓜就成功收获了两茬。马多依的大棚西瓜色泽光亮、皮薄汁甜、味道鲜美，十分走俏市场。大棚西瓜一茬的亩产量高达3000公斤，按西瓜市场价每公斤5元计算，两茬西瓜就实现了亩产收入30000余元，是其他农作物产值的10倍。

科技大棚种植的意义，首先在于改变了马多依下寨香蕉单一种植的局面，调整了农业产业结构。多年的种植经验让村民认识到，种植香蕉投资大、周期长、价格波动大，且抗病毒和抗自然灾害能力低，收入不稳定。最重要的是，种植香蕉还会造成生态破坏、水土流失。科技大棚种植，一改马多依农业产业结构单一、农业生产水平落后、科技含量低的局面。设施农业打破了季节、时空的界限，增强了农业生产的可控性，有利于增加产量、提高土地产出率，实现了农业由一季生产向多季生产、农民由一季增收向四季增收转变，是一种高效农业形态，其产出效益相当于传统农业的几倍甚至十几倍。新品种引进试种和新技术应用推广，促进了农业增效、农民增收，是一条特色、高产、高效的生态农业新路子。其次在于充分发挥了党员的先锋模范带头作用，激发了全体村民致富奔小康的热情。党员何强、黄保明试点大棚种植获得成功，让村民看到了大棚种植所带来的巨大经济效益和生态效益，一改靠天吃饭、靠拼资源、拼劳动力的旧观念、旧思想，树立了科学技术是第一生产力的观念。许多村民主动要求开展大棚果蔬种植，全村掀起了科技兴农的建设热潮。同时，通过示范园以点带面的辐射带动作用，有效地推动南溪镇乃至河口县农业生产向科学化、规范化和现代化方向发展。通过大棚种植延伸出来的产业链，能够创造更多的就业机会，扩大就业容量，拓宽农民就业、创业空间，促进农民增收致富。

## （二）中国河口边境现代农业示范园区建设

2010 年 4 月，经河口县委、县人民政府批准，中国河口边境现代农业示范园区正式落户南溪镇马多依下寨。园区总体规划面积 1100 亩，预计总投资 2539 万元，建设年限为 3 年。园区建成后，每年可生产各种果蔬 8100 吨、商品鱼 180 吨、鱼苗 150 吨、观赏园林植物 10 万盆，实现年销售收入 3160 万元。

在示范园区的规划、建设过程中，云南省、红河州、河口县级领导多次到马多依下寨进行考察、指导，提出了许多可行性的建议。

2009 年 11 月 2 日，由云南省农业厅土肥站站长何小兵带队的省农业科技调研组到南溪镇调研，州农业局种植科科长易和敏、州农科所所长胡原、县农业局局长李玉明等有关领导陪同参加了调研。南溪镇镇长刘旭勇向调研组一行具体介绍了全镇农业生产发展、特色农业种植园项目建设范围等有关情况。听取情况介绍后，省农业科技调研组和相关陪同人员进行了广泛深入的交流，在马多依上、下寨村民小组实地查勘了农田的分布情况和种植情况后，来到马多依下寨蔬菜大棚示范基地查看了大棚建设及经济作物栽培、种植情况。经实地考察后，省农业科技调研组对南溪镇马多依上、下寨得天独厚的资源优势给予了充分肯定，认为马多依上、下寨土地肥沃、地势平坦、交通便利，在农业产业发展规划中有着极大的潜力，希望南溪镇党委、政府整合当地农业资源、旅游资源、人文资源，结合实际培育特色产业，形成规模种植，力争做大做强，做出亮点，树出典型，在不断提高农民收入的同时，促进城乡经济社会统筹协调发展。①

2010 年 4 月 22 日，中国河口边境现代农业区建设现场办公会在南溪镇召开，州农业局副局长苏雁鸿、县委副书记李保欣、县政府常务副县长李光华及涉农各部门领导出席了会议。在马多依下寨村民小组，州农业局副局长苏雁鸿、县委副书记李保欣、县政府常务副县长李光华及涉农各部门领导实地查看了大棚蔬菜的种植、长势情况及中国河口边境现代农业区基地建设情况。随后在马多依下寨村民小组的活动室里召开了"中国河口边境现代农业区建设现场办公会"。在会上，县农业局、科技局、发改局、交通局、扶贫办、水务局、土地局、林业局、信用社等部门主要负责人、分别作了发言，提出了意见及建议。镇党委书记杨兴成、镇长刘旭勇结合实际，向涉农各部门领导反映了在建设中国河口边境现代农业区中存在的问题及困难。结合发言，会上要求，一是各部门要形成合力，把中国河口边境现代农业区建设好，形成规模，打出品牌，造出亮点；二是加大投资力度，不断完善该项目基础工程建设；

① 云南省政府信息公开门户网站：http：//km. xxgk. yn. gov. cn/canton_model3/newsview. aspx？id = 1335212。

三是尽快成立果蔬经营合作社，加强组织领导，完善果蔬经营程序，多种品种，错开季节，形成良性竞争，维护种植户的利益；四是各部门要密切配合，把该项目抓好抓实，抓出成效。会上强调，一要充分认识实施现代农业园区建设的重要性，为今年的发展指明方向；二要多途径、多形式推进全县现代农业园区建设，搞高标准、高水平建设；三要整合资金、汇集力量，形成合力；四要加强领导，精心组织，开创全县现代农业设施建设的良好局面。[1]

2010 年 6 月，南溪镇党委、政府组织召开了马多依"现代农业示范园区"群众会议（参加人数为 41 人）。会议讨论、总结了项目建设存在的困难及问题。[2]

首先，存在如何处理土地再分配的问题。由于园区建设涉及土地整合与再分配，涉及群众的切身利益，以致部分群众过于考虑自身利益，思想不统一，使得签订同意建设园区的户数只有 29 户。

其次，存在群众筹资难的问题。园区建设周期长、投入大，沟渠需全部规划、清理，需大量资金。由于群众生活水平程度不同，部分群众经济收入过低，造成难以统一集资。

一是农业发展资金不足，影响了新农村建设进程。例如：农村基础设施建设缺乏资金，农田水利设施建设投入资金不足，导致农业综合能力不高，影响了农民人均纯收入的增长。有许多项目有计划，但由于资金不到位无法组织实施。

---

[1]　云南省政府信息公开门户网站：http：//km. xxgk. yn. gov. cn/canton_model17/newsview. aspx？ id＝1335897。

[2]　资料来源：根据南溪镇党政办的会议记录整理。

二是由于农资涨价幅度过大，农民种地成本增加，虽然减免农业税使农民得到了一些实惠，但是隐性负担加重，这在一定程度上将影响农民增收。

三是南溪镇实施的"中国河口边境现代农业园区"是一个重要项目，但由于没有详细规划，导致园区建设不够科学和规范，请上级补助资金用于制订详细规划及完善园区内基础设施。

鉴于马多依"现代农业示范园区"群众会议提出的示范园区缺乏详细规划的问题，中共南溪镇委员会、南溪镇人民政府于 2010 年 7 月 16 日颁布了南溪镇中国河口边境现代农业示范园区建设实施方案。具体内容如下：

## 南溪镇中国河口边境现代农业示范园区建设实施方案①

为加快我镇高效农业规模化工程建设，促进现在特色农业产业园建设，根据《关于对河口县农业产业发展 12 个样板建设示范项目进行任务分解的通知》（河发办〔2010〕85 号）文件精神，特制定本实施方案。

### 一、指导思想

按照"效益优先、示范带动、生态保护、旅游观光、休闲度假"的原则建成一个产业特色鲜明，科技水平较高，经济效益较好，带动能力较强，运行机制灵活的现代特色农业示范园区。园区建设达到"三个先进"，即先进的农业经营理念、农业经营模式和农业技术集成；达到"三个一

---

① 资料来源：南溪镇党政办。中共河口瑶族自治县南溪镇委员会文件，南报发〔2010〕68 号，签发人：南溪镇党委书记杨兴成。

流"，即一流的生产水平、产品质量和生产效益；实现"三个一体"，即园区集体土地、资本、技术、人才于一体，集农业科技创新、科技成果推广、技术培训功能于一体，集产业发展、示范展示和农业生态旅游休闲功能于一体。使之成为我镇统筹城乡协调发展、现代农业特色鲜明、示范带动作用突出的现代农业先行区。

## 二、基本原则

一是坚持"适度超前、整体规划、分步推进、突出特色"的原则；二是坚持与自然资源、产业基础、新农村建设，以及当地民族传统文化等有机结合的原则；三是坚持规划的衔接性、风格的独特性、经营的规模性、功能的多样性和建设的分布性相融合的原则，与区域布局和产业发展规划有机统一。

## 三、目标任务

用三年的时间在南溪镇马多依上、下寨通过"田成方、路相连、渠相通、树成行、旱能灌、涝能排"的建设标准，突出现代高效农业规模化、产业化、标准化、品牌化、园区化的特点，建成一个集热带园艺植物栽培（100亩）、热带果树栽培（600亩）、热带水产养殖（100亩）、热带种质资源保护（300亩）四大功能区的总面积为1100亩的边境现代农业园区。

## 四、建设内容

（一）园区道路（建设标准由县交通局设计）

1. 主干道长2700米，宽3米，设为水泥路，供运输车辆通行；

2. 管道长1200米，宽2米，供小型家用车通行；

3. 桥梁一座。

（二）灌溉系统（建设标准由县水务局设计）

1. 水渠 4500 米；

2. 泄洪渠 1000 米；

3. 涵洞 4 个。

（三）河道治理

疏通河道 1100 米，宽 8 米，深 2 米。

（四）钢架独立插地式大棚

大棚采用钢架独立插地式大棚，跨度 6 米，大棚屋架拱顶采用国产品 10 丝膜，侧墙采用 32 目防虫网，四周设 30 厘米裙膜。

（五）生物隔离墙

在园区道路两侧种植甜心树形成生物隔离栏。

（六）新建鱼塘

新开挖鱼塘 100 亩。

（七）保鲜冷库

新建一个储量为 100 吨的保鲜冷库。

（八）热带种质资源保护

对保护区内现有的植物种类进行普查和对县内拥有的特种植物进行迁入种植保护。

**五、保障措施**

（一）加强组织领导，全力推进园区建设。镇党委、政府主要领导亲自抓，分管农业的副镇长具体抓，农服中心、林业、畜牧水产、水管、科技站所、村组干部参与，定期会商，合力推进，加强园区基地建设和检查督促，明确园区建设有序进行。各班子成员全力支持配合现代农业示范园区建设，形成现代农业示范园区建设上下联动机制。

（二）多方争取支持，创造良好的发展环境。坚持

"政府引导，企业主导，农户参与"。镇党委、政府积极向上级党委、政府及相关部门多方争取资金、政策、项目、技术、信息的支持，为现代农业示范园区建设创造良好的发展环境。

（三）完善产业链条，倾力抓好产业发展。围绕规划，立足现有产业基础，切实把工作中心放到产业发展上，形成"产业强园"的良好格局。通过放大农业功能，激活各个生产要素，打造农业亮点景观，发展乡村旅游，开发农事体验，进一步开拓农业发展的新领域。着力推进农业产业化发展和农民专业合作组织建立（由马多依上、下寨现已建成大棚的农户和积极性高的农户在镇党委、政府的指导下自愿成立"马多依上下寨果蔬种植合作社"），不断拓展农产品增值空间，增强现代农业核心竞争力，形成产供销一条龙、农工贸一体化的产业链条。

（四）加快科技推广，积极推进标准化生产。根据国家和地方标准，加强与国际国内接轨，制定园区现代农业生产技术规程，全面实施标准化生产，大力发展无公害、绿色和有机农产品，努力培育和创建农产品品牌，增强市场竞争力。通过引进省内外先进农业生产理念，加强农民技术培训，加快良种良法、高效模式、集成技术、循环生态农业等先进实用技术应用。建立联合研发、优势互补、人才培训的协作机制，全面提升园区科技应用水平，使之成为现代农业科技应用平台、农民培训教育基地、娱乐休闲观光去处和带动一方经济发展的龙头。

（五）整合土地资源，扎实做好园区基础设施建设。本着便于集生产、管理、经营、标准、观光为一体的原则，由镇党委、政府组织园区范围内有田地的群众在合作社的统一安排下把现有土地进行收回整合，在建好大棚后再按比例进行重新分配。

### 六、争取上级整合资源

三年建设期内，需要争取有关部门整合资源，全力推进园区建设。

（一）交通部门：负责好园区道路建设。

（二）农业部门：做好园区规划、争取农机经济补贴和项目资金补助。

（三）水利部门：负责做好马多依河道的清理及灌溉渠、泄洪渠建设。

（四）扶贫办：负责配套小额扶贫信贷、产业扶持资金。

（五）林业部门：负责好种质资源保护区的规划和实施。

（六）国土部门：负责争取土地整治项目进入园区。

（七）科技部门：负责农业科技培训和技术研发。

### 七、建设年限

（一）2010 年

1. 做好园区规划；

2. 做好园区道路沟渠建设；

3. 完成 300 亩果树大棚建设。

（二）2011 年

1. 完成 200 亩果树大棚建设；

2. 完成 100 亩鱼塘建设；

3. 完成 100 亩热带园艺植物栽培提质高效；

4. 完成 300 亩热带种质资源保护的规划。

（三）2012 年

1. 完成 100 亩果树大棚建设；

2. 完成 300 亩热带种质资源保护工程；

3. 建成一个储量为 100 吨的保鲜冷库；

4. 完善合作社建设。

中共南溪镇委员会

南溪镇人民政府

2010 年 7 月 16 日

主题词：农业　园区建设　实施方案

抄报：县委督查室

南溪镇党政办 2010 年 7 月 16 日印

（共印 15 份）

2010 年 11 月 15 日，中国红河边境现代农业园区规划听证会在南溪镇召开。县人民政府法制办主任杨佳瑞、县纪委执法室主任马志均等领导出席了听证会，会议由南溪镇镇长助理李聪主持。听证会由决策发言人暨南溪镇镇长刘旭勇向到会的听证代表 18 人及 4 名相关部门的专业技术人员就《红河边境现代农业园区规划方案》的相关问题作了详实说明，各位听证代表分别作了质询、提问并发表各自的意见建议，镇长刘旭勇就听证代表的质询和提问耐心细致地分别作了说明和回答。通过召开听证会，保障了政府决策的公开、公平、公正，做到了主动接受辖区群众的监督，深受群众好评。① 听证报告全文如下：

---

① 云南省财政厅网站：http：//www.ynf.gov.cn/ynczt_ model/article. as-px？id = 1336877。

# 河口县南溪镇《中国红河边境现代农业园区规划》听证报告①

河口县南溪镇按照《河口县人民政府重大决策听证制度实施方案》有关规定，于2010年11月15日上午在河口县南溪镇政府三楼会议室举行听证会，对《中国红河边境现代农业园区规划》（以下简称《规划》）进行了听证，现将听证报告公告如下：

## 一、参加听证会的人员情况

听证主持人由南溪镇镇长助理李聪担任，听证人（决策发言人）由南溪镇镇长刘旭勇担任，听证监察人由县监察局执法室主任马志均、县政府办督办科胡祖荣、河口县政府法制办李中南担任，应到会正式代表18人，实到正式代表18人。

## 二、听证会代表对《规划》听证的意见和建议

（一）园区沟渠

1. 雨季大棚区沟渠排水不畅，影响种植，望政府加快园区规划步伐。

2. 园区灌溉渠建设最好建成"井"字形。

3. 园区灌溉渠规划最好形成单独的可行性报告上报县水务局，争取省、州、县的资金支持。

4. 现有大棚的灌溉用水目前仍存在困难，旱季水不够用，建议修建水沟、水池、水窖等小水利。

（二）园区道路

1. 园区道路规划要形成单独的建设方案上报县交通局，争取省、州、县的资金支持。

---

① 资料来源：南溪镇党政办。

2. 园区道路建设预算要进一步细化。

3. 加快园区土地的整合，为道路规划建设创造条件。

（三）其他方面

1. 群众自筹资金难度大，希望政府与相关部门协调将贴息时间延长为 2~3 年，以缓解群众还贷压力。

2. 加大对"马多依果蔬专业合作社"的扶持力度，培养市场营销人才。

### 三、听证会评议情况及结论

听证会后，根据上述代表主要意见，经听证人评议：镇政府将在农业园区规划建设过程中充分采纳代表建议。

二〇一〇年十一月二十二日

修建大棚，一亩地的投入是 1.8 万元，每亩地政府补贴 7000~8000 元。引进新品种，政府补一半种苗钱，余下部分由村民支付。相当于大棚种植的基本费用是政府出一半，农民出一半，大大减轻了村民的负担。许多村民修建大棚是申请农村信用合作社的贷款。2010 年马多依下寨村民修建大棚申请贷款情况如表 4-6 所示。

表 4-6　2010 年马多依下寨大棚所需借款名单

单位：亩，万元

| 姓　名 | 大棚面积 | 借款数目 | 备　注 |
|---|---|---|---|
| 侬晓利 | 5 | 5 | |
| 郎　华 | 2 | 3 | |
| 罗保忠 | 3.5 | 3.5 | |
| 侬晓珍 | 5 | 5 | |
| 王泽明 | 4.5 | 4.5 | 还欠信用社借款 |
| 黄保忠 | 3 | 3 | |

| 姓　名 | 大棚面积 | 借款数目 | 备　注 |
| --- | --- | --- | --- |
| 王玉国 | 8 | 8 | 还欠信用社借款 |
| 陈玉华 | 2 | 2 | |
| 王加坤 | 3 | 3 | |

　　有些村民因为家中劳动力不足就把自家建好的大棚出租给他人经营收取一定租金。以下是一份马多依下寨村民出租大棚及土地的协议。

## 土地承包协议①

　　甲方：南溪镇南溪村马多依下寨小组　杨国华

　　乙方：南溪镇南溪村街道小组　阮坚

　　经甲乙双方共同协商，本着公平公正、互惠互利、自愿的原则，达成以下协议：

　　一、甲方愿将自己在马多依下坝所属的承包土地（含已建好的大棚及设施，面积约 2 亩）承租给乙方种植，承租期为六年（2010 年 8 月 1 日～2016 年 8 月 1 日止）。

　　二、付款方式：土地租金经双方商定为每亩每年陆仟元整（6000.00 元），六年共计叁万陆仟元整（36000 元）。每年的租金应于当年的 8 月 1 日付清，如乙方不按时付清租金，则甲方有权将土地（含大棚设施）收回。

　　三、如土地有争议和纠纷，由甲方全权负责处理（如纠纷期间内乙方不能正常耕作或采收作物，则乙方所受的经济损失由甲方全权承担）。

---

　　① 资料来源：马多依下寨村民小组。

四、承租期内，甲方无权干涉乙方的生产。

五、甲乙双方应严格遵守协议，如任何一方违反协议，则罚处违约金贰万元。

六、本协议一式贰份，甲乙双方各持一份。

七、本协议自签订之日起生效。

甲 方：

乙 方：

证明人：

2010 年 8 月 1 日

截至 2010 年年底，中国河口边境现代农业示范园区已投资 100 余万元完成 50 亩果蔬大棚的建设，项目惠及农户 17 户。既实现了农业增效、农民增收，又带动了设施农业的发展，为马多依下寨经济转型，走绿色农业发展道路奠定了坚实基础。

表 4-7 2010 年全年马多依建设果蔬大棚的村民名单

单位：亩

| 序　号 | 姓　名 | 亩　数 | 备　注 |
|---|---|---|---|
| 1 | 黄保明 | 6 | 黄磷厂路下方 |
| 2 | 何　强 | 6 | 黄磷厂路下方 |
| 3 | 黎阳金 | 3 | 下坝田 |
| 4 | 黎金国 | 2 | 下坝田 |
| 5 | 黎金富 | 2 | 下坝田 |
| 6 | 杨国华 | 3 | 下坝田 |
| 7 | 梁　新 | 2.7 | 下坝田 |
| 8 | 王泽林 | 3.6 | 中坝田 |
| 9 | 尹国兴 | 1.3 | 中坝田 |

续表

| 序　号 | 姓　名 | 亩　数 | 备　注 |
|---|---|---|---|
| 10 | 尹国春 | 4 | 中坝田 |
| 11 | 汪浩 | 4.8 | 山脚田 |
| 12 | 黄保山 | 3.3 | 山脚田 |
| 13 | 黄保忠 | 1 | 山脚田 |
| 14 | 汪世华 | 6 | 中坝田 |
| 15 | 陆海波 | 5 | 中坝田 |
| 16 | 黎秀华 | 5 | 中坝田 |
| 合　计 | | 58.7 | |

资料来源：马多依下寨村民小组。

中国河口边境现代农业示范园区二期工程建设，计划建设面积 200 亩，总投资 455.35 万元。二期工程完工后，马多依小组的大棚果蔬面积将达到 250 亩，每年可为小组创造近 800 万元的产值。

图 4-6　中国河口边境现代农业示范园区规划图

（毛登科摄　2011 年 1 月 27 日）

## 二　马多依大棚种植与科技培训

2008 年建成的马多依农业示范园区是云南省科技厅解"学科技难"项目和红河州科技局解"学科技难"配套项目，是边疆解"学科技难"的主要培训基地。① 示范园建成后，为河口当地农民群众接受实用技术培训、助农致富提供了一个良好的教学平台。

2010 年中国河口边境现代农业园区正式落户马多依下寨后，村民对于大棚果蔬种植的积极性很高，信心也很足。但是在实际操作中，由于大棚种植的科技含量高，工作难度大，村民遇到了许多困难，多是一边学习，一边摸索着实践。最初种植大棚时，村民学习新技术的积极性不高，仍旧沿用传统果蔬种植的经验来进行大棚果蔬种植，技术和管理完全不对路，导致出产的果蔬发病率高、产量低、品质差。2010 年第一次种植"黑美人"西瓜时，有些农户因为缺乏经验，西瓜生了病、长了虫，却不知道怎样处理。最后是结了果就吃掉，没结果的就丢掉，一个西瓜都没能卖出去。有些农户看到大棚里的作物生病后，就掐下一段样本拿去南溪镇问卖农药的商人，向这些"土专家"咨询作物的患病情况和施救的方法。有些农户则询问村中大棚种植比较成功、有一定经验的村民。种植大棚的农户经常相互讨论、商量作物的各种情况，有些还会到互联网上查

---

① 背景资料：2007 年，云南省委、省政府提出用 3 年时间，在少数民族人口占 60% 的全省沿边一线 9 个州市的 25 个边境县和 3 个藏区县全面实施以大力推进义务教育，加强农村医疗保障，推进广播电视"村村通"，推进文化建设和农村实用科技普及为内容的"边疆解五难惠民工程"。

资料、找答案。在认识到学习科技能够创收致富后，村民萌发了强烈的学习科技的热情。

解学科技难是一个社会系统工程、民生工程，总体上具有长期性和连续性的特点。政府有关部门针对马多依农户在大棚种植中存在的科技含量低、疑难问题多的情况，多次派出技术人员讲授专业知识，组织村民到红河州的蒙自学习先进经验，还联系大棚种植龙头企业蒙自绿通农业科技发展有限公司（以下简称"绿通公司"）免费提供技术支持。

绿通公司的技术员在马多依授课，一是向村民推介作物品种，二是向村民讲授大棚种植的具体事宜。目前，马多依的村民在绿通公司的指导下进行大棚种植，使用公司统一配制的肥料和农药，按照规定的比例、浓度和施放时间去操作。绿通公司定期派技术员到马多依指导工作，他们首先会到每家每户的大棚里观察作物的长势如何，有没有患病。好学的村民们都会争相陪同，在大棚里实地学习技术。技术员在巡视大棚之后会组织村民在科技活动室开会或到村民家中开展讨论，一一解决村民在大棚种植中存在的困难和问题。技术员还随身携带数码相机，有些问题一时不能解决，就拍摄成照片或录像，带回公司里再作集体讨论和诊断，直到解决问题为止。经过培训，村民的种植水平有所提高。施肥和打药方面的技术已经完全掌握，但是对大棚通风的时机、土地湿度的控制方面还存在不足。为此，村民正争取让绿通公司派技术员常驻村中，以便及时提供技术支持。

## 三 马多依果蔬专业合作社

农民专业合作组织是以家庭经营为基础，农民自愿组

图 4-7　调查组成员在马多依下寨大棚中采访村民

（毛登科摄　2011 年 2 月 7 日）

织起来，以提高市场竞争能力、增加农民收入为目的，"自愿互利、自我管理、自我受益、自我发展"的一种农村新型专业合作组织。2010 年 8 月 8 日，河口县马多依果蔬专业合作社正式成立，办公地址在马多依下寨村民小组。合作社的成立，把马多依上、下寨一家一户分散的农民有效地组织起来，使其成为产业链或产业群体，从而较好地实现资金、技术、劳动力、运输、设备、土地等生产要素的优化配置，提高了农业生产的效率。对于调整产业结构，增加农民收入，发展农村经济，构建农村和谐都将取得积极的促进作用。

　　2010 年 8 月 13 日，南溪镇在马多依下寨村民小组举行河口县马多依果蔬专业合作社揭牌仪式。县农业局、发改局、水务局、经济局、交通局、工商业联合会及河口农信社、河口农业银行南溪分行等相关部门领导参加了揭牌仪式。各位领导对马多依果蔬专业合作社的成立表示热烈的庆贺。马多依果蔬专业合作社的理事长之一黄保明代表各位种植户感谢各级领导对马多依群众的关心，并表示马多依果蔬专业合作社的成立是马多依上、下寨农村经济生活中的一件大喜事，也标志着南溪镇农村市场商品流通体系跨入一个新的时代。马多依上、下寨的党员群众将在南溪镇党委、政府的领导下，学好科学，用好科学，种好大棚，科学发展，带领当地群众早日致富。①

　　2011 年年初笔者调查时看到，马多依果蔬合作社已经在当地工商部门成功注册登记，拥有会员总数为 14 户，其中马多依下寨 12 户，上寨 2 户。马多依果蔬合作社成立后切实落实了两项工作：一是组织村民对马多依农业示范园区中的土地进行收回整合，在建好大棚后按原有数量对各户村民的土地进行重新分配。二是对会员提供技术、资金、市场等多方面、全方位的服务。提高了示范园区的组织化程度，对大棚种植户的技术、种苗、销售渠道进行统一管理，进一步实现资金、技术、土地、运输等生产要素的优化配置，实现了效益最大化。在销售方面，合作社与玉溪沃尔玛超市、河口百货大楼达成了供货协议，产品供不应求。

---

　　① 河口县农业信息网：http：//www. hhhkagri. gov. cn/Xmodel7/article. aspx? nid = 531492&Departmentid = 824。

马多依果蔬合作社理事黄保明向笔者介绍说：马多依果蔬合作社是一个群众自发建立的组织，大家一起承担风险，一起享受销售的利润。合作社的成立，形成了产供销一条龙、农工贸一体化的产业链条。大棚种植，产量和品质都很重要，如果每家每户都零散地去出售产品，形不成规模，在价格上就难以具备优势。农产品的价格是由市场决定的，合作社就是让大家合拢在一起去打市场，这样才有分量啊。但是目前合作社还存在一些问题：一是各户村民的意见不统一，有些人想要单干，有些人则愿意参加合作社。以西瓜种植为例，2010 年合作社收购的"黑美人"西瓜在包装和品质上都属上乘，西瓜装箱后多数销售给玉溪的沃尔玛超市，全年销量为十几吨。种植西瓜品质较好的村民，认为合作社的统一收购价每公斤三元太低了。种植西瓜品质较差的村民，则乐意让合作社收购他的产品。每个村民心中都有自己的一个算盘，出于对自身利益的考虑，对是否参加合作社举棋不定。二是村民对合作社的组织和领导存在误解。有少部分人认为我们这么搞合作社的人，肯定是自己得到了什么好处，闲话不少。实际上参加合作社的工作都是我们在搞义务劳动，没有得到什么好处。我们是想用事实说话，想要形成规模，要让村民不用担心销路和技术。有些村民的观念太死了，特别是老人。合作社在指导村民调整地块建大棚时，这家同意了，那家又不同意，怎么办？工作真是很难做。合作社中的一些理事干脆就说不干了。我说那好，大家都不愿意干，我们就散了好了。后来又有人出来调解，消除了闲言碎语大家才又干起来。搞合作社互相鼓励很重要，不能互相

挤对嘛。①

马多依果蔬专业合作社章程全文如下。

## 河口县南溪镇马多依果蔬专业合作社章程②

### 第一章　总则

**第一条**　为适应社会主义市场经济，发展农村经济，带动农民共同致富，由黄保明、何强、阮坚等人发起召开创立大会，成立专业合作社，本合作社定名为河口县南溪镇马多依果蔬专业合作社。

**第二条**　河口县南溪镇马多依果蔬专业合作社是以从事水果、蔬菜生产经营的农户为主体，本着自愿互利原则建立起来的专业性的合作经济组织，对专业合作社会员进行经济和技术服务，依照法律法规，维护会员的合法权益，增加会员的经济收入，在本合作社内部不以赢利为目的。

**第三条**　本合作社举办的原则是"民办、民管、民受益"，实行民主管理，利益共享，风险共担，会员享受平等权利，入会自愿，退会自由。

**第四条**　本合作社遵守国家的法律法规，依法组织生产经营，接受主管部门的指导和监督，在经济活动中承担责任。

**第五条**　本合作社自 2010 年 8 月 8 日成立，办公地址是河口县南溪镇南溪村马多依下寨小组。

---

① 根据 2011 年 2 月 12 日对马多依下寨村民黄保明的访谈记录整理。
② 资料来源：马多依下寨村民小组。

## 第二章　会员

**第六条**　凡从事与本合作社业务目标相同的生产经营的农民或相关事业的个人，年满18周岁有行为能力，承认并遵守本章程者，个人提出书面入会申请，并经理事会审查批准，报会员代表大会备案，即为本会会员。从事相关行业的非农民身份会员不得超过会员总数的10%，从事相关事业的组织是团体会员。

**第七条**　会员有下列权利：

1. 参加会员大会，并有表决权、选举权和被选举权；

2. 享有本会提供的各种经济和技术服务，利用会内设施的权利；

3. 享有会内购买物资和销售产品的权利；

4. 享有共有成果的受益和分配权；

5. 有权对本会的工作提出询问、批语和建议，进行监督；

6. 有权建议召开会员代表大会；

7. 享有按产品（商品）交易量返还利润的权利；

8. 有权拒绝不合理负担；

9. 有权提出退会申请。

**第八条**　会员有下列义务：

1. 遵守本会章程，执行会员大会和理事会的决定；

2. 维护本会利益，保护本会的共有财产，爱护本会的设施；

3. 积极参加本会活动，支持理事会、监事会履行职责；

4. 发扬互助协作精神，共同发展本会专业生产；

5. 承诺不从事同本会和竞争或与本会利益相对立的活动。

第九条 会员退会需要在年终决算一个月前以书面形式提出，经理事会或会员大会（或会员代表大会）讨论通过方可退会。

第十条 会员发生死亡的，其法定继承人须在六个月内提出入会申请，可以依法继承，否则视为自动弃权；在六个月内申请的，经理事会审查批准后获得继承会员资格。

## 第三章 管理机构

第十一条 本会设立会员大会、理事会、监事会。会员大会是本会的最高权力机构，会员大会由全体会员组成。

召开会员大会有困难时可召开会员代表大会，执行会员大会职权。代表由会员直接选举产生。任期三年，可连选连任。

第十二条 会员（代表）大会职权如下：

1. 通过和修改本会章程，决定有关本会的解散或与他会合并、联合等重大问题；

2. 选举或罢免理事会、监事会成员；

3. 审查批准本会理事会、监事会的工作计划和报告及财务计划和报告；

4. 审查批准本会生产经营方针及发展规划；

5. 决定本会各项业务部门的设立或停办，以及对外重要合同的签订等问题；

6. 接纳新成员，审查和通过对本会会员和工作人员的奖励和处分（含除名）；

7. 讨论并决定其他重大事项。

**第十三条**　会员大会每年召开 1～2 次，遇有下列情形之一时，可以召开临时会员大会：

1. 理事会认为有必要时；

2. 监事会的建议；

3. 1/5 以上会员或 1/3 以上代表提出。

**第十四条**　会员大会（或会员代表大会）应当有 2/3 以上会员（或代表）出席方可召开。本会表决实行一人一票制。会员因故不能到会，可书面委托其他会员代表代理。一个会员最多只能代表两名会员。各项决议须有出席会议半数以上的会员（或代表）同意，重要事项须 2/3 以上会员（或代表）同意，方可生效。

**第十五条**　召开会员大会前，理事会须提前三天向会员通报会议内容，否则会员有权拒绝参加。

**第十六条**　理事会是本会的执行机关，理事由会员大会选举产生。理事会由理事五人组成，理事会选举理事长一人，副理事长两人，理事任期一年，可连选连任。

**第十七条**　理事会的职权如下：

1. 执行会员大会（或会员代表大会）决议，组织召开会员大会（或会员代表大会）；

2. 指定本会发展会员和业务等计划，提交会员大会（或会员代表大会）通过，并组织实施本会的各项工作任务；

3. 对外代表本会签订协议、合同和契约；

4. 对会员进行培训，组织会员参加各种协作活动；

5. 聘用或解雇本合作社经理及其他工作人员；

6. 管理本会的财务与资金；

7. 履行会员大会授予的其他职责，办理章程中所规定

的事项。

**第十八条** 理事会应严格遵守各种报告制度，按期向会员大会提出有关业务、财务等工作报告。

**第十九条** 理事会负责经营业务，保护本会一切财产，如有违法失职、营私舞弊造成损失时，追究当事人的经济责任。情节严重者，须负法律责任。

**第二十条** 理事会实行充分协商一致原则，重大事项由理事会集体讨论，并经 2/3 名以上理事同意方可形成决定。理事会由理事长主持。理事会开会可邀请监事、会员代表列席，但列席者均无表决权。

**第二十一条** 监事会是本会的检查机关，代表全体会员监管和检查理事会的工作，监事会由会员大会选举产生。监事会由三人组成，由监事会选举监事长一人，副监事长一人。监事任期三年，可连选连任。

**第二十二条** 监事会的职权如下：

1. 监督理事会对会员大会（或会员代表大会）决议和本会章程的执行情况；

2. 监督检查本会的经营业务和财务审查情况；

3. 监督理事和本会工作人员的服务情况；

4. 向会员大会提出检查工作报告；

5. 列席理事会议，向理事会提出改进工作的建议；

6. 如发现理事会有违背章程行为时，可要求理事会召开临时会员大会（或会员代表大会）解决。

**第二十三条** 监事会由监事长召集，会议决议应以书面通知理事会，理事会通知五日内作出相应，否则为理事会失职。

**第二十四条** 理事会、监事会均须 2/3 以上的成员出席才能开会，过半数以上的成员通过才能作出决议。理事、监事个人对某决议有不同意见时，须将其意见记入会议记录。

第二十五条　理事长为本会的决定代表人。理事会与监事会的成员不相互兼职。现任及退职不满一年的理事、理事的近亲及本会职员不能担任监事。

第二十六条　本会经会员大会讨论同意，可以参加农民专业合作经济联合会，成为联合会的团体会员。联合会与成员会员是协作关系，提供指导、服务和咨询等。

## 第四章　职能

第二十七条　本会根据生产经营发展及会员的需要，以会员为主要对象，根据不同内容，实行无偿、低偿等方式，开展以下服务：

1. 对会员进行技术指导和服务，引进新技术、新品种，举办技术培训、示范，开展技术交流，组织内外经济技术协作；

2. 采购和供应会员所需的生产资料；

3. 收购和推销会员生产的产品；

4. 兴办会员生产经营所需要的贸易、加工、运输、储藏等经济实体；

5. 向会员提供有关经济、技术信息。

第二十八条　提高本会农产品质量，努力开拓新的品牌。

第二十九条　经会员大会（或会员代表大会）讨论通过，本会可以整体或一部分与其他国有、集体、个体、外资等经济实体进行股份合作。所获收益按本会的分配原则进行分配。

第三十条 接受与本会专业有关的单位和部门的委托，办理代销、农贷等业务，帮助会员实行资金投入扩大再生产。

第三十一条 对外签订合同，开展与经济部门、科研单位及其他经济组织的合作。

第三十二条 办理本会成员的文化、福利事业，培养互助合作精神。

## 第五章 财务

第三十三条 本会用于服务的所有资金来源包括以下几项：

1. 会员会费；

2. 本会从每笔交易额中提留的公积金、公益金；

3. 其他非返还的收入；

4. 接受的捐赠。

第三十四条 本会初次交纳的会费定为每个会员100元。会费不足时，经会员大会讨论决定，可以补交一定数额的会费。

第三十五条 本会接纳外部无偿资助，均按接收时的现值入账，作为合作社的共有资产。经会员大会讨论决定，本会可以按决定使用捐赠的数额和方式，任何单位与个人无权平调本会的资产。

第三十六条 理事会须在每季度初将上一季度财务收入情况向会员公布一次。理事会须在每年1月31日前向会员大会（或会员代表大会）提供下年度的财务开支计划，交会员大会（或会员代表大会）讨论，经会员大会（或会员代表大会）审查批准后执行。

第三十七条 扣除当年服务成本，年终每笔交易额按下列项目分配和使用：

1. 公积金，按税后利润一定比例提取，用于扩大服务能力；

2. 公益金，按税后利润一定比例提取，用于文化、福利事业；

3. 教育基金，按税后利润一定比例提取，用于会员的技术经济培训；

上列各项的具体提取比例及分配数额，由理事会提出初步方案，最终由会员大会（或会员代表大会）讨论决定。

**第三十八条**　本会聘用职员计划及其工资标准，需经会员大会（或会员代表大会）批准，所付工资计入服务成本。

**第三十九条**　对模范会员和职员的物质奖励，其金额计入服务成本。

**第四十条**　本会独资或与外单位联合兴办的事业，实行独立核算。本会作为产权单位行使监督权，享有收益权。

**第四十一条**　本会如有亏损，以公积金、会费依次弥补；因弥补亏损所减少的资金，会员大会应酌情规定恢复补充的办法和期限。

## 第六章　终止和结算

**第四十二条**　本会遇下列情况之一时，经会员大会（或会员代表大会）决定，报有关主管部门批准后，予以解散。

1. 人数少于十人无法开展活动；

2. 与其他专业合作经济组织合并；

3. 本专业生产消亡；

4. 本会 2/3 的成员要求解散或重组时。

**第四十三条**　在批准解散或重组后，理事会应在一个月内向会员和社会宣布解散或重组。

**第四十四条**　本会决定解散时，应由会员大会或会员代表大会选出五人的清查小组，对本会的资产和债权、债务进行清理，并制定清理方案报会员大会或会员代表大会批准。

本会共有资产按下列顺序清查：

（1）抵偿外部债务，如所欠税费、贷款和发展基金；

（2）偿付欠雇佣人员工资、奖金和补贴。

### 第七章　附则

**第四十五条**　本章程如有未尽事宜，由理事会负责修订或制定其他管理制度，经会员大会或会员代表大会讨论修改，半数以上会员通过有效。

**第四十六条**　本章程由成立大会表决通过，并报有关部门批准生效。本章程由理事会负责解释。

**第四十七条**　本章程有关条款若与国家颁布的法律法规相抵触，应按国家有关法律法规进行修改。

# 第三节　生态环境保护

## 一　马多依农业生态园建设

山区综合开发必须正确处理经济效益和生态效益的关系，实现人与自然的和谐发展。过去，马多依下寨山上有四多，即森林多、野果多、野菜多、野生动物多。村民常年都可以在山上找野果和野菜吃。说起往日山上的野生动物，村民个个都是如数家珍、津津乐道：以前村里有大森林，水源相当好。森林太茂密了，一进去都是动物在跑，看着就很害怕。野生动物太多了，有狼、老虎、金钱豹、野猪、穿山甲、果子狸、猴子、马鹿、麂子、山猫、野鸡、鸟、蜥蜴、蛇等。蛇有眼睛王蛇、蟒蛇、金环蛇、银环蛇、竹叶青蛇、红脖子蛇等种类。夏天连续下了几日的雨，再有大太阳，蛇就爬出来晒太阳了。山上的鸟很多，名字大多叫不出来。猴子有四五群，长得还不一样，黑色的、黄色的、长尾巴的、小个头的都有。山上的老虎追赶我们养的牛，追到了村里头，大家也不敢开枪。因为老虎都是成对的，有公有母，打死了一只，另外一只会回来报仇的。马多依大队养猪场的猪还有被老虎叼走吃了的。野猪太多了，对我们种植的玉米和木薯经常搞破坏，有时候都被搞得绝收了。马鹿也很多，它们喜欢吃草，还会吃水稻，尤其喜欢吃水稻的根部和叶子。只要拿个小板凳坐在马鹿喝水的地方等着，就会看到一群一群的马鹿。马鹿的角很长，有 70～80 厘米，而且每年都要更换鹿角。"果子狸"是普通话，壮语称之为"破脸狗"。

　　为种植香蕉，马多依下寨山上的树木和竹子被砍伐殆尽，仅剩下一小片原始森林了。森林没有了，野果、野菜就难觅了。野生动物因为没了食物和安家之所，都跑到其他地方去了。山上的土地因为常年种植香蕉，已经出现了肥料不足、水土流失的征兆。村民反思说：现在，虽然我们这里有点富，但是经济发展也是靠生态的破坏带来的。不能再盲目种植香蕉了。如果政府对我们的山地实行退耕

还林，我们也是十分愿意的。

为解决日益凸显的生态危机，马多依下寨正在尝试发展多样化种植和农业生态园区建设，努力做到"一村多品"。2011年6月，红河州招商局的马多依农业生态园项目正式立项。马多依农业生态园位于河口县南溪镇马多依上寨、下寨、戈浩三个自然村，东面临接戈浩山庄及龙堡，西靠南溪镇，北面为马多依北山，南是马多依南山，交通便利，距离河口县城18公里，农业资源丰富，以种植香蕉、蔬菜、水稻等农作物为主，具有发展农业旅游产业的潜力。生态园总面积达10000亩，预计总投资10000万元，项目建设时限为3年，是一个集乡村休闲、观光、娱乐、农事生活体验为一体的乡村农业旅游园。生态园将推广清洁型能源，减少农药使用，实现无公害农业生产，并修建环保厕所，进行垃圾统一处理。

## 二　反对黄磷厂扩建事件

马多依下寨村口有三个工厂，即河口磷酸盐厂（村民俗称"黄磷厂"）、红河牌水泥厂和砖厂。水泥厂和砖厂主要存在的问题是粉尘污染。而黄磷生产则是高污染行业，对于黄磷厂的存在，村民们怨声载道，每每提起都是皱紧眉头，大吐苦水。

对于黄磷厂的污染情况，据村民介绍：1984年黄磷厂正式建厂，当时征用了马多依下寨76亩的集体土地。黄磷厂最初是集体所有制企业，隶属于河口县轻工局管辖。2003年，国家经济体制改革，黄磷厂卖给私人老板李锦，变成了私营企业。黄磷厂与马多依下寨紧紧毗邻，在选址上是不科学的。黄磷生产时排放出的烟尘、废水，机器轰鸣的震耳噪声，对马多依下寨的人、畜、农作物、生态环境均产生了恶劣影响。20世纪八九十年代村里种植水稻时，黄磷厂的废水排到水田中，因为废水含磷量高，水稻看着长势很好，但就是不会结穗，导致一些村民的水稻颗粒无收。种植香蕉后，在黄磷厂开工期间，香蕉的叶子都是发黄的。村民养殖的牛、猪、鸡、鸭等牲畜在喝了被污染的水或吃了被污染的草后，导致身体、脚蹄腐烂，中毒甚至死亡的事件不在少数。在黄磷厂工作过14年的村民黄保明说：我是1990年进入黄磷厂上班的，2004年因为厂里改制就退出了。在厂里工作的14年，就是"吸毒"的14年啊。工人都是在有毒的烟雾和有害粉尘中从事重体力劳动，长期下来，人的体质变得越来越差。经广大村民多年、多次强烈要求黄磷厂每年付给马多依下寨一定的污染费，但一直迟迟得不到落实。1999年，经河口县委、政府协调督促，黄磷厂迫不得已才开始以共建文明村的名义付给1万元作"共建费"，还不敢公开承认是污染补偿费。

图4-8　从马多依下寨后山上俯瞰黄磷厂全貌

（毛登科摄　2011年2月8日）

反对黄磷厂扩建事件的来龙去脉：2009年10月21日，黄磷厂厂长李锦找到马多依下寨村民小组长黄保明商谈，提及黄磷厂准备扩建3号炉，该锅炉建成投产后将年产20000吨磷酸产品，希望获得全体村民的支持。黄保明感到事关全体村民的切实利益必须集体商议，于是在10月26日上午8时召开全体村民大会，征求村民意见。参会村民讨论认为：自黄磷厂建厂以来，给马多依下寨、水果场等多家单位，造成了人、畜、农作物及环境等不同程度的损害和损失，对当地社会造成极大影响。为此，大家一致同意，抵制黄磷厂扩建3号炉，并写好材料呈报各有关部门。

2009年10月27日马多依下寨小组全体壮族村民将签字画押的《关于强烈要求制止河口磷酸盐厂扩建3号炉的联名报告》递交河口县人民政府，联名报告明确表示：一、全体村民坚决不同意磷酸盐厂扩建3号炉。二、马多依下寨是省、州、县有名的文明模范村，成绩来之不易，如果污染严重，就不能配得上文明村的称号。三、马多依下寨被县、镇列为现代农业科技示范区，如果受污染严重，项目的启动必将受到影响。四、马多依下寨近几年在上级党委、政府的关心照顾下，经济快速增长，政治稳定，社会治安良好，并与南溪边防派出所共建了马多依下寨爱民固边模范村，取得了优异的成绩，受到了省级、州级、县级有关部门的表彰。如果受污染严重，经济衰退，人心惶惶，社会必将不稳定，前期付出的工作努力必将付诸东流。

此后，马多依下寨村民王加坤、陆金美作为中共南溪镇第六届代表大会代表又在中共南溪镇第六届代表大会第三次会议上提出"关于马多依上下寨强烈制止河口磷酸盐厂3炉的建议"。大会给予的回复是：磷酸盐厂是化学工业工厂，其生产排放出来的气体对生物都有较大的危害，严格来讲，厂址应设远离居住区，但由于历史的影响，如今已坐落在马多依下寨，要搬迁也不现实，目前只能从技术改进的角度来考虑。河口磷酸盐厂为保护环境、顺利通安全评价和获得磺磷行业准入条件，目前，磷酸盐厂根据工信〔2009〕79号《云南省工业和信息化委员会关于同意河口金成化工有限公司磺磷生产装置等溶升级技改项目开展前期工作的通知》进行厂能升级，厂能升级后1号、2号炉将被技改炉替代，这应该是"改进"而不是"扩建"。厂能升级后，固体排放量将达到零，空气污染指数将大大降低。技改后必须经过环保等有关职能部门检查评估后才批准生产。今后党委和政将重点关注，请多谅解！

　　至2011年笔者调查时，黄磷厂3号炉的扩建项目虽然未动工，但是仍在紧锣密鼓地操办中。黄磷厂多年的废物处理不达标，厂子效益也不景气。马多依下寨全体村民日夜盼望着能让黄磷厂关张大吉。他们没有采取不理性手段，而是不断地向上级部门递交材料，在党代会、人代会上反映情况。河口县委办公室、县政府办公室、县环保局、县农业局、南溪镇党委、政府办公室，各个相关单位村民都跑了个遍。但是政府部门考虑到关闭企业对政府财政收入和工人就业的不良影响，始终没有支持村民的主张。以下是马多依下寨村民反对黄磷厂扩建3号炉事件的三份材料，它们直接地反映出了村民的真实想法。

# 关于黄磷厂3号炉扩建问题讨论会会议纪录

**会议名称：** 关于黄磷厂3号炉扩建问题讨论会

时间：2009年10月26日上午8时

地点：马多依下寨活动室

支持人：黄保明、王加坤

记录人：黎金国

参会人员：党员、村民代表、县镇人大代表、村领导

列席人：何强、黎明、黄保明、王慧、陈飞

会议内容：

关于黄磷厂扩建3号炉项目，经参会人员讨论认为，自建厂以来，给马多依下寨、水果场等多家单位，造成了人、畜、农作物及环境等不同程度的损害和损失，对当地社会造成极大影响。为此，大家一致同意，抵制黄磷厂扩建3号炉，并写好材料呈报各有关部门，盼望上级各有关部门认真考虑此事。

参会人员签名及手印（合计27人）：杨正文、王加坤、何强、王玉华、黎明、尹国春、汪正祥、王泽明、陶卫、黎金国、黄保明、郎忠、汪金荣、韦玉芬、罗保忠、侬晓利、骆和生、黄保林、郎文生、杨国祥、侬玉成、王泽林、黎四、郎文发、孙泽良、王慧、黎金富

**关于强烈要求制止河口磷酸盐厂**

**扩建3号炉的联名报告**

尊敬的河口县人民政府领导：

马多依下寨村民小组位于南溪镇东南面的一条夹谷之中，距镇政府所在地2.5公里，四面高山峻岭，全村共有农户45户，总人口185人，全部是壮族村民居住，全村土地

面积3773亩；原来主产稻谷、苞谷，后因水源枯竭，调整产业结构，种植香蕉、橡胶、蔬菜、果树、竹类作为经济收入支柱，香蕉占整个种植面积的90%以上。

1984年，河口县委政府决定在马多依下寨村旁下侧建盖磷酸盐厂，占用耕地76亩。根据当时建厂规模，建设的两个锅炉与马多依下寨只有一墙之隔，排出的烟尘、污水对马多依下寨的人、畜、农作物、自然生态都有影响。但该厂是我县独一无二的工厂，填补了我县无工业的空白，受县委政府的保护，该厂原隶属县轻工局管辖，属集体所有制企业，建厂投产后几年，每年背负不少债务。2003年，国家经济体制改革，磷酸盐厂被迫卖给私人李锦，变成私营企业。

2006年，红河牌水泥厂又在磷酸盐厂厂房旁建盖水泥厂，马多依下寨方圆不足3000米的夹谷中连盖两座化工厂，排烟、污水带给马多依下寨的污染更是雪上加霜。每当磷酸盐厂锅炉排放烟雾时，毒烟滚滚，臭气熏天，每次时间长达48小时之久，人、畜被呛得呼吸都困难，没有生产、生活的空间。据记载1987年8月，村民王玉华一头耕牛饮污染水后于次日死亡。同年4月，村民王泽民一头生猪饮污染水后于次日死亡。许多牲畜在河沟洗澡被污染后，身上、脚蹄腐烂而死，这是广大村民有目共睹的事实。目前已发现有的村民受污染后患上肺癌等病。香蕉、果树、蔬菜受污染出现生长不良，萎缩、枯亡状况，山上的树木落叶枯死。可见，两个化工厂的污染使得马多依原来的山清水秀的面貌逐渐消失。生态环境失去平衡。

经广大村民多年多次强烈要求，磷酸盐厂每年付给马多依下寨一定的污染费，但一直迟迟得不到落实。1999年，经河口县委、政府协调督促，磷酸盐厂迫不得已才开始以共建文明村的名义付给1万元作为共建费，还不敢公开承认是污染补偿费。

2009年10月21日，磷酸盐厂厂长李锦找到我马多依下寨村民小组长黄保明商谈，准备在厂内扩建3号锅炉，该锅炉建成投产后将年产20000吨磷酸产品，意思是要村民支持他。3号炉投产后比现在年产量增加10倍之多，可见污染程度也要比现在严重10倍以上。黄保明组长立即召开村民大会，征求村民意见，会上广大村民一致认为：

一、全体村民坚决不同意磷酸盐厂扩建3号炉，如果强行建盖，我们全村村民的农业生产、生活将得不到保障，村民的生命将受到严重威胁，对此，我村全体村民为了自身的生命安全将采取果断措施，如果上级部门处理不好，以后发生各类纠纷所产生的后果由磷酸盐厂李锦承担全部责任。

二、我村是省、州、县有名的文明模范村，这成绩是来之不易的。如果污染严重，就不能称得上文明村。

三、我村被县、镇列为现代农业科技示范区，如果受污染严重，这项目的启动必将受到影响。

四、我村近几年在上级党委、政府的关心照顾下，经济快速增长，政治稳定，社会治安良好，并与南溪边防派出所共建了马多依下寨爱民固边模范村，取得了优异的成绩，受到了省级、州级、县级有关部门的表彰。如果受污染严重，经济衰退，人心惶惶，社会必将不稳定，前期付出的工作努力必将付诸东流。

近日，李锦厂长擅自通知勘探人员为他勘探地质状况，以便设计图纸，准备施工建盖第 3 号炉，一意孤行，违背广大村民的意愿。为此，我们全体村民特向上级有关部门要求，运用行政措施，出面妥善处理好此事，我们全体村民在此致谢！

以上报告妥否，请批示。

南溪镇南溪村委会马多依下寨小组全体壮族村民

2009 年 10 月 27 日

附件一：马多依下寨被污染的图片、照片（略）

附件二：马多依下寨全体壮族村民会议记录及签字手印（略）

## 对中共南溪镇第六届代表大会代表建议的回复：关于马多依上、下寨小组强烈制止河口磷酸盐厂扩建 3 号炉的建议

王加坤、陆金美代表：

你们在中共南溪镇第六届代表大会第三次会议上提出的"关于马多依上、下寨小组强烈制止河口磷酸盐厂扩建 3 号炉的建议"，已收悉。现答复如下：

磷酸盐厂是化学工业工厂，其生产排放出来的气体对生物都有较大的危害，严格来讲，厂址应设远离居住区，但由于历史的影响，如今已坐落在马多依下寨，要搬迁也不现实，目前只能从技术改进的角度来考虑。河口磷酸盐厂为保护环境、顺利通安全评价和获得磺磷行业准入条件，目前，磷酸盐厂根据工信〔2009〕79 号《云南省工业和信息化委员会关于同意河口金成化工有限公司磺磷生产装置

等溶升级技改项目开展前期工作的通知》进行厂能升级，厂能升级后 1 号、2 号炉将被技改炉替代，这应该是"改进"而不是"扩建"。厂能升级后，固体排放量将达到零，空气污染指数将大大降低。技改后必须经过环保等有关职能部门检查评估后才批准生产。今后党委和政将重点关注，请多谅解！

　　感谢你们对我们工作的关心和支持！望在今后的工作中多给我们提出宝贵意见！

# 第五章　风俗习尚

　　壮族是我国少数民族中人口最多的一个民族，据 2000 年全国第五次人口普查统计，共有 1617.88 万人，在大陆 31 个省、自治区、直辖市中均有分布，而以广西壮族自治区及云南、广东、贵州等省的毗邻地区为世居地。[①] 壮族在云南的部分，史家称为侬人、沙人、土僚。"壮族是开垦河口地区最早的民族，自称布侬、布蕊、布傣，他称侬人、沙人、土佬，后统一称为壮族。"[②] 河口县的壮族主要聚居在南溪镇、桥头乡和河口镇郊区。马多依下寨是河口县南溪镇南溪村委会下辖的一个村民小组，该村为壮族聚居村。本章将分门别类介绍该村壮族的风俗文化。

## 第一节　社会风俗

### 一　居住风俗

　　俗谚云："壮族占水头，瑶族占山头，苗族占箐头，汉

---

① 《壮族简史（修订本）》编写组：《壮族简史（修订本）》，民族出版社，2008，第 2 页。

② 河口瑶族自治县地方志编纂委员会：《河口县志》，三联书店，1994，第 80 页。

人占街头。"在河口县，红河东岸、南溪河畔、桥头河畔、田房河畔几乎全是壮家。壮族聚居于河谷水傍种植水稻，经济条件及自然条件较好，文化素质也较高。

由于傍水而居的特性，壮族的传统民居样式具有鲜明的特点。云南省壮族的吊脚楼是干栏的一种地方形式，具有干栏的底层架空、上人下畜的最基本的特征。但变化也是显而易见的。这些变化归纳起来有三个方面，即：一、干栏的地面化——底层已被利用起来。二、结构的规范化——穿斗式木结构广泛流行。三、材料的重质化——土墙已越来越多地取代了竹、木墙。① 1950 年以前，河口县壮族的住宅多是竹木结构，茅草房顶的三格低层楼房，1950 年后，改为土墙木框架子房，1980 年起，逐步向砖木结构转变。②

过去，马多依下寨的壮族村民居住得比较分散，多住在马多依河旁的大块平地上。后来因为马多依河经常发洪水淹到房屋，村民就陆续搬迁到山坡脚下的位置并形成了聚居。村民的住房依山势建盖，户与户之间相隔一定的距离，从高处望去错落有致。随着经济收入的增长，在 20 世纪 80 年代，马多依下寨就有村民建盖起了钢筋混凝土的楼房。如村民王慧家的二层楼房是 1988 年修建的，房子的设计者是王慧的大爹王寅生。2000 年后，马多依下寨基本上消除了土坯房、茅草房和杈杈房，村民都住上了钢筋混凝土的房屋。

为保证干净卫生的环境，村民在建盖房屋时，一般将厨房、仓库和畜厩盖在住房的外部并保持一定的距离，住

---

① 蒋高宸：《云南民族住屋文化》，云南大学出版社，1997，第 245 页。
② 河口瑶族自治县地方志编纂委员会：《河口县志》，三联书店，1994，第 106 页。

房仅作为客厅和卧室之用。从正门进入住房内，就到了客厅，客厅中沙发、桌椅、电视柜等家具一应俱全。客厅一侧或两侧是卧室。楼上的房间也多为卧室。由于村民比较注重打扫卫生和室内外清洁，进入家中即给人以洁净、清爽之感。为方便生产劳动，村民在山上自己的土地旁搭有地棚，当作管理香蕉期间临时休息的场所。地棚用竹片编织而成，里面置办有床铺、炉灶和一些简单的生活用品。

**图 5-1　马多依下寨村民黎金富、唐本春家的客厅**
**（毛登科摄　2011 年 2 月 19 日）**

## 二　服饰风俗

河口壮族有侬人和沙人之分，二者的男子民族传统服饰基本一致，而女子民族传统服饰则大不相同。

河口壮族男子民族传统服饰与汉族无甚大区别，头上包白色毛巾，上身穿黑色圆领对襟长袖衣，纽扣为布制的，下身穿黑色宽口纽裆长裤，脚穿布鞋。

河口壮族中沙人女子的传统服饰为头盘长发，外包蓝、

**图 5 – 2　马多依下寨村民黎金富、唐本春家的厨房**

**（毛登科摄　2011 年 2 月 19 日）**

绿色布或红、黄、蓝、绿彩色格子布头巾。上身穿圆领斜
襟长袖衣，布料有薄有厚，衣短而贴身。未婚和已婚女子
在发型、服饰上没有区别。青年女子会在上衣的领口、衣
边、袖口处镶上花边，花边为三道，一道宽两道细。年长
女子的上衣不镶花边。青年女子多喜好果绿色、粉红色、
明黄色的布料，年长女子多选择深绿色、深蓝色、黑色的
布料。下身穿青色、黑色纽裆长裤，脚穿布鞋。

　　河口壮族中侬人女子的传统服饰分为老式和新式两种。
女子的老式传统服饰为头缠黑帕，黑帕两端织有花纹并缀
有丝线。上身穿蓝黑色圆领对襟长袖短衣，纽扣为银制，
领口、衣边、袖口镶有花边。下身穿蓝黑色细褶长筒裙，
裙子在后腰处结出一个螺旋团（俗称鸭屁股），脚穿尖头绣
花布鞋。这种样式的服饰现在仅为少数老妪穿着。由于认
为老式传统服饰不方便劳动、不节约布料，民国年间侬人
女子的传统服饰经历了一场改革，从而确立了新式的传统

图 5 - 3　马多依下寨村民缝制民族服装

（毛登科摄　2011 年 2 月 3 日）

服饰。"民国初年，安平厅（今马关县）禁烟委员卢绍声曾与卢申荣、王丽华等 20 余人组织风俗改良会，提倡服装改革。新服装是低领斜襟长袖衣，白布条纽扣，胸挂围腰，饰银镯，下穿大脚裤。1980 年后，多数未婚姑娘已改穿汉装，但老装仍然每妇一套，结婚时和死后装殓入棺穿用。"①

---

① 河口瑶族自治县地方志编纂委员会：《河口县志》，三联书店，1994，第 106～107 页。

图 5 - 4　河口县做边贸生意的越南沙族妇女服饰

（黄禾雨摄　2012 年 4 月 25 日）

图 5 - 5　南溪农场十三队侬人少女服饰

（毛登科摄　2011 年 2 月 5 日）

　　据一位生于 1962 年的马多依下寨村民介绍，从她儿时起，村里的沙人就很少穿民族服饰了。目前的情况是，村

**图 5 - 6　南溪农场十三队侬人老年妇女服饰**

**（毛登科摄　2011 年 2 月 5 日）**

里仅有几位六七十岁的老年妇女会在平常日子里穿着民
族服饰。生于 1949 年的村民李秀珍说："我们这些年纪
大的老人，还是穿民族服装。我的衣服都是一个款式，
每一件都是我一针一线缝的。你看，没穿过的，全新的
就有 20 多件。我的头巾也有十几条，头巾是从市场上买
来的，价格是每条 7 元或 8 元。穿衣服和戴头巾是要讲
究颜色搭配的。比如，紫色的头巾可以搭配蓝色的上衣，
蓝色的头巾是我们老年人最爱戴的了。我们年纪大了，
不穿大红大绿的，比较喜欢穿黑色的衣服。"① 年轻女性
在日常生活中不穿民族服装，仅在重大节日或接待活动
的场合才会穿传统民族服饰。饰物方面，村中的女性尤
喜佩戴圆环状的金耳环，大中小号的都有，多为螺纹或
平滑式样。

---

①　根据 2011 年 2 月 12 日对马多依下寨村民李秀珍的访谈记录整理。

## 三 饮食风俗

### （一）日常饮食

#### 1. 主食与副食

马多依下寨的壮族以大米为主食，偏好糯米食品，玉米多作为动物的饲料。村民都开辟有自家的菜园，还养殖猪、鸡、鸭等禽畜，能够部分供应家庭所需蔬菜和肉食。但是由于自家的出产有限，从市场上购买食材已很普遍。做饭不独为妇女之职责，家中的男子也要参与，主要是看谁有空闲的时间。村民烹制蔬菜很少用炒的方法，而多是水煮后就着蘸水吃，或做汤吃。村民普遍嗜辣，每餐饭必有辣椒才算尽兴。辣椒的品种有小米辣、野生辣椒、四季辣。辣椒可鲜吃，也可做成辣椒粉、辣椒酱。

### 个案 5-1：2011 年 1 月 25 日村民黎金富家晚餐火锅的菜品

主食：蒸米饭。

蘸水：用食盐、酱油、小米辣、芫荽调制而成。

肉类：瘦猪肉片、油炸肥肉块。

蔬菜类：茴香、豌豆苗、白菜、菌子、土豆、水豆腐、豆腐泡。

### 个案 5-2：2011 年 2 月 13 日村民黎金国家夜宵烧烤的菜品及做法

烧烤的材料：包浆豆腐、鸡肉块、猪肉片、佛手瓜薄片、茄子薄片、黑色糯米粽薄片。

烧烤的做法：

1. 蘸水：用辣椒粉、食盐、酱油、味精调制而成。

2. 烧烤包浆豆腐的制作方法。

第一步：将烧烤架置于炭火盆上，再将一个铁盘置于烧烤架上。

第二步：在铁盘中放上猪油，然后用同样大小的另外一个铁盘将它盖上。待盘中的油烧热后，放入酸辣椒酱、料酒翻炒片刻。再放入包浆豆腐，盖上铁盘焖烧一阵。

第三步：待豆腐的一面烧透后，打开铁盘，加入食盐、味精、酱油翻炒片刻。翻一面继续焖烧。待豆腐的两面都烧透后，加入葱叶、薄荷即可。

**2. 燃气与餐具**

马多依下寨的村民一般使用罐装液化气或电磁炉做饭。烧猪食则用柴火，柴火都是从市场上购买。2007 年村里各户都建起了沼气池，最初使用的时候，燃气量用于煮饭还是够的，但是用于炒菜则比较慢。沼气池要经常清理，里面要有新粪才能发酵，否则时间长了就没有沼气产生了。村民认为这样太脏、太臭，渐渐地使用沼气的户数就越来越少了。村民盛饭和盛菜多用大瓷碗，很少用碟子。

**3. 饮水与烟酒**

马多依下寨村民日常生活饮水，一是从南溪镇购买"大围山森林泉"牌桶装山泉饮用水，每桶水的净含量为18.9 升；二是使用从马多依上寨引来的龙潭水，龙潭水从上寨的一处石缝中流出，也属于山泉水，水质清澈、甘甜。但是在每年的 3~4 月间，龙潭水的水量较小，要到了 5 月雨季之后才能恢复正常供应。除了喝水之外，村民还饮绿茶、红茶及普洱茶。一些村民家中还购买了功夫茶的茶具，学会了喝功夫茶。

马多依下寨的男子多有抽烟喝酒的喜好。在他们中流行着一句话："烟不抽，酒不喝，白在世上走一遭。烟要抽、酒要喝，否则难得交朋友。"村民一般抽每包 6.5 元大红河牌香烟（白色包装），认为它价格比较实惠，抽着也顺口。

在河口，壮族的好客是公认的。他们待客比较随意，来了客人都会热烈欢迎，没有特别的礼俗和分别。在马多依，如果客人到了家里，主人一定会好菜好酒地招待他，甚至还会热情地压饭、压酒。主人在给客人倒酒的时候会问客人的酒量如何，如果客人说自己不能喝酒，主人在表面上会回应一句"行"。但在倒酒时仍会给客人斟满一大杯。客人说："我真是不能喝酒。"主人劝说道："不能喝，那么尝一下总可以的嘛。"如果客人尝了一口，主人则再劝道："好汉不喝单杯酒，来，兄弟，咱们干了!"问及劝酒的原因，村民毫不犹豫地答道："这就是我们的民族习惯啊!"村中的女性大部分不喝酒，只是在酒席或烧烤的场合喝一些低度的甜米酒助兴。

马多依下寨自从不种植粮食作物后，已经多年不酿酒了。日常喝的酒都是从市场上购买。最常喝的是 40°~50° 的散装苞谷酒。在南溪镇农贸市场的酒铺中，苞谷酒的价格由于酿造时间和度数的不同，具体可分为 3 种价格：现熬的 40° 苞谷酒，4 元每公斤；存放时间比较短的 50° 苞谷酒，6 元每公斤；存放时间比较短的 60° 苞谷酒，8 元每公斤。前几年，一个外地人看到南溪镇出产的香蕉多，就在镇上开了一个香蕉酒厂。生产出来的香蕉酒没有得到消费者的认可，酒厂开办不久就倒闭了。

## （二）特色菜肴

马多依下寨的村民认为自己的壮族风味菜肴在河口本地颇具特色，具体表现理由是食物原料的生态性、菜肴制作的多样性和菜肴品种的丰富性。壮族特色菜肴主要品种有：酸菜扣肉、白煮扣肉、白斩鸡、红烧猪脚、油炸排骨、油炸竹虫蜂蛹、炭火烧肉、竹笋菜包、血肠、炒田螺、酸笋炒大肠、猪肝炒粉肠、菠萝炒鸡丁、菠萝炒鸡杂、冲菜、凉拌芭蕉花、凉拌木瓜丝、酸笋、粽子、五色糯米饭、竹筒饭、扁米、酸粥、米花糖、糯米粑粑、炸油团、汤圆、酥肉等。以下分别介绍各种菜肴的制作方法，其中糯米类特色食品的制作方法将在后一章节单独介绍。

**1. 白煮扣肉的制作方法**

第一步：大锅中放入水、姜、食盐，水开后放入五花肉（肉不需要提前腌制）。

第二步：五花肉煮熟切片后即可装盘。煮扣肉的汤可以用来煮萝卜。

**2. 油炸排骨的制作方法**

第一步：排骨切块，用食盐、白酒腌制备用。

第二步：铁锅中放入猪油，油开后放入排骨炸，适时翻炒一下，直至水干。

第三步：排骨炸好后，放入红糖末翻炒即可出锅。

**3. 油炸竹虫蜂蛹的制作方法**

第一步：找虫子。董棕树里的虫子很大、很粗，如小拇指般形状。获取的方法是在第一年将董棕树砍倒，于第二年的五六月再到树中找虫。一棵一两米高的董棕树可以

产出一两公斤的虫子。蜂蛹要挑选颜色乳白、肉质肥嫩的，如果看到蜂蛹的肚子里面有黄颜色的物体就不吃了。知了要挑选刚爬出泥地的嫩知了，成年的老知了是不吃的。

第二步：炸虫子。虫子用油炸熟即可。油炸竹虫蜂蛹气味香、口感脆，还富含高蛋白，是佐酒的美味。

**4. 竹笋菜包的制作方法**

原料：苦竹笋、油炸肉丁（或腊肉丁、猪肉末皆可）、鸡蛋、花椒粉、香葱、食盐、味精。

第一步：做馅儿。将油炸肉丁（或腊肉丁、猪肉末）、鸡蛋、花椒粉、香葱、食盐、味精混合搅拌备用。

第二步：焯竹笋。将鲜嫩的苦竹笋一片片剥开，用沸水烫软，捞出晾凉备用。

第三步：包馅儿。将适量的馅儿包入烫软的笋片中，裹成圆筒形后放入锅中蒸熟即可装盘。

**5. 血肠的制作方法**

原料：新鲜猪血、猪小肠、猪小肠中的滑油、猪油、食盐、瘦肉丁、柠檬叶、草果粉。

第一步：新鲜猪血、猪小肠、猪小肠中的滑油、猪油、食盐、瘦肉丁、柠檬叶（切成细丝）、草果粉混合搅拌。

第二步：用一个漏斗将上述混合物灌入猪小肠内。注意不能灌得太满，否则加热后容易胀裂。

第三步：将灌好的血肠的两端用绳子系紧后，放入沸水中煮熟。注意在煮血肠的过程中要经常翻动，待血肠中的血基本凝固后要用刺猬的刺在血肠上戳洞，以免血肠胀裂。等戳出的水是白色时，就说明血肠已经煮熟了。如果不熟则戳出的水是红色的。

第四步：血肠煮熟后捞出冷却，切片即可装盘。

**6. 炒田螺的制作方法**

第一步：把从水田或水塘里捞起的活田螺放在清水浸泡3~5天，期间需常换清水。待活田螺将体内泥土全部吐尽后，用钳子钳开螺壳尾部。

第二步：先将钳好的田螺放入沸水中煮熟，再用牙签把田螺肉一一挑出。

第三步：将田螺肉放入锅内爆炒，炒时加入花椒、大蒜、薄荷、柠檬叶、适量的猪油、食盐、味精等作料。

**7. 冲菜的制作方法**

第一步：挑选刚出苔、抽花的青菜洗净后放入沸水中稍微焯一下。

第二步：将焯过的青菜放入盆中盖上盖子，静置一两天即成冲菜。

第三步：将冲菜切成丁，加入猪肉片、干辣椒（或小米辣）、猪油、食盐、味精爆炒。

**8. 凉拌芭蕉花的制作方法**

芭蕉花可爆炒、煲汤、凉拌等，这里只介绍壮族凉拌芭蕉花的做法。

第一步：把芭蕉花的外部老皮和蕊杆去掉，嫩花瓣切成丝条，加入少量的食盐搅拌搓洗，挤去涩汁。

第二步：将芭蕉花丝与韭菜、豆瓣酱、香辣酱、大蒜末、花生末、味精、食盐、醋精混合拌匀，装盘时再放上一些薄荷、芫荽等香菜。


（三）杀猪饭

马多依下寨的村民几乎都养猪，每年的农历十二月间，村里各家各户就轮流杀猪，办杀猪饭宴请亲朋好友到家中聚餐分享美食。每家杀猪的日子是由自己选定的，一般选择单日而不选择双日。村里经常出现几户人家在同一天杀猪的情况，这会导致帮手不够、吃客也不够的难题。所以村民计划着往后要制订一个杀猪的日程表，把各家杀猪的日子合理安排好。

杀猪饭的准备工作很热闹，一户杀猪，往往帮手达到二十多人。分工方面，女子负责洗菜、洗碗、协调各方的工作，男子负责杀猪、做菜。杀猪饭的基本菜式一般为以下十种：白扣、炸排骨、血肠、猪大肠炒酸菜、猪肝炒粉肠、凉拌萝卜、瘦肉炒芹菜、素炒白菜、萝卜煮骨头、瘦肉葱花汤等。杀猪饭请客就更热闹了，来的客人不限于寨子里的人，还有从周边村镇甚至河口县城赶来的。来的客人越多，主人就越有面子。在杀猪请客的几天里，主人为了要表现出足够的热情，往往成日豪饮，一醉方休。

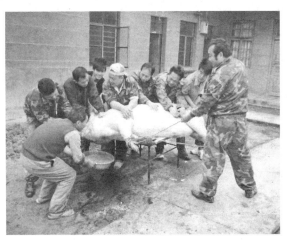

图 5 - 7　马多依下寨村民杀猪的场景（毛登科摄　2011 年 1 月 30 日）

图 5－8　马多依下寨村民灌血肠（毛登科摄　2011 年 1 月 28 日）

（四）糯食文化

　　"任何民族的文化发展和文明进步，都将在一定程度上反映该民族的饮食风貌，也就是说具有一定的'饮食色彩'。"① 考古资料表明，早在 9000 多年前，壮族先民就已经食用稻米。在壮族地区，不论是节日祭祀、红白喜事还是请客送礼，都少不了糯米食品。故而在壮族中有"无米不成席"的说法。在历史上，壮族对于糯米食品的消费与其稻作农耕的生产方式紧密联系。通过长时间的生产实践和经验积累，壮族形成了自己的糯米生产和消费的习俗，进而造就了独具风格的壮族糯食文化。

　　时至今日，马多依下寨壮族所生活的自然环境未发生

① 赵荣光：《赵荣光食文化论集》，黑龙江人民出版社，1995，第 23 页。

根本改变，但是以稻作农业为主要经济来源的生产方式却已成为历史。由于当地壮族的糯米文化沿袭已久并成为风俗，故而在糯食消费上仍然体现出特定的模式。粽子、五色糯米饭、竹筒饭、扁米、酸粥、米花糖、糯米粑粑、油团、汤圆、酥肉、糯米酒等糯米食品，虽然不作为主食而只作为糕点或饮料，但其消费却与节日祭祀、红白喜事、请客送礼等活动紧密相连，进而形成固定的模式。这样的模式户户遵循，仅在用料数量的多少和制作技艺水平的高低上有所不同。壮族的糯食文化在展现出鲜明的民族特性的同时，由于与周边各民族文化的互相渗透与融合，在食俗方面亦有诸多的类似性。

**1. 农作物种植种类的改变对马多依壮族糯食文化的影响**

马多依下寨壮族历来对糯米食品非常重视。在农村产业结构调整之前，马多依下寨的糯米生产和糯米消费保持着一致性。据该村妇女队队长王慧回忆，在20世纪六七十年代，河口县的领导几次来到村里动员，希望将土地并入国营南溪橡胶农场，结果均告失败。原因是村民说喜欢吃糯米，如果并入农场只种植橡胶，以后就没有糯米吃了。① 另据村民唐本春介绍，过去种田都是一家帮一家。村里第一户插秧的人家，必须要做糯米饭和甜白酒犒劳帮忙的人。而糯米饭和甜白酒都是用村民自己种植的糯米制作的。此外，在各种年节活动中，糯米食品更是必

① 这一情况在另一份文字材料中得到佐证。据壮族剧本沙族编写组《河口县壮族剧本沙族部分（送审稿）》，2007，第4页："1960～1978年，在国营农场居住的沙族，一律不准养猪、养鸡、不准种自留地、自留田、不准种糯米，统统办大食堂，逢年过节，每人只分得几两肉，没有糯米包粽粑，没有肉食。有亲戚在高级社的，就靠亲戚送给糯米和猪肉，没有亲戚送的，只好过'革命化'春节。"

不可少。

如今，村民普遍种植香蕉、橡胶和果蔬，不再种植糯米了。但是他们对糯食的喜爱和对糯食的消费仍在继续，同时也出现了一些新变化。具体表现为：一是传统的糯食文化相较于其他文化而言，在马多依下寨得到了较完整的保留。在村中凡提到壮族传统文化的现状，村民们最多的表述就是"马多依被汉化后，民族的东西少了"。"我们离开广西太久，很多民族的东西都不会了。""东西（指文化）已经丢掉，恢复不起来了。"据笔者调查，这些说法有其合理性。目前，在马多依下寨，传统的壮族宗教、音乐、舞蹈、体育、医药、服装、节日诸文化均已发生一定的改变。一些文化由于后继无人而面临失传，一些文化由于受到外来文化的冲击而身陷窘境。与此同时，壮族传统的糯食文化，如糯食品种、制作工艺、糯食消费和进食习俗却得到较完整的保留。二是传统的糯食文化在马多依下寨亦出现了一些新变化。首先，表现为糯米原料由自给自足向市场购买的转变。其次，表现为一些糯食品种不再为村民所制作，而是向市场购买，如扁米、糯米酒。另一些糯食品种不再为村民所喜好进而退出了糯食消费的行列，如米花糖。最后，表现为伴随着壮族某些习俗的改变，糯食的消费也相应改变，如随着祭龙山、龙树活动的消失，在该活动中的糯食消费相应取消。随着壮族与外族通婚的增多，糯米粑粑作为壮族男方迎娶女方的"开门钥匙"这一习俗亦相应改变。

**2. 马多依壮族糯食品种和制作工艺**

糯米为禾本科植物糯稻的种仁。因其含有 99% 甚至 100% 的支链淀粉，黏性强，胀性小，具有香、黏、软、柔的口感特性而深受人们的喜爱。"糯米食品的种类繁多,自古至今,上至宫庭显贵,下至庶民百姓,都与形形色色的糯米食品结下了不解之缘。从大众化的糯米饭、糯米粥、粽子、糍粑、香酥锅粑,到珍贵的八宝饭、药膳、羹类;从大众化的汤圆、麻米团、香油米团,到各色各样的年糕、甜糕、千层油糕、香酥条、脆条,人人喜欢,个个爱吃。糯米甜酒、封缸酒,尤为老年人所倍加珍爱,因其度数不高,不像白酒,并且醇厚香甜,更为老年人所接受,偶尔小酌,于健康大有裨益。"①

马多依下寨壮族糯米类食品的品种主要有:粽子、五色糯米饭、竹筒饭、扁米、酸粥、米花糖、糯米粑粑、油团、汤圆、酥肉、糯米酒等。各种糯食的制作原料皆为香糯米。②下面,笔者就调查所见诸种糯米食品的制作工艺分别介绍。

(1)粒食形态的糯米食品

粒食形态的糯米食品是指在糯米加工制作的过程中,在保持糯米原有的米粒形态的情况下制成的食品。马多依下寨壮族粒食形态糯米食品的主要种类有:粽子、五色糯米饭、竹筒饭、扁米、酸粥、米花糖等。

粽子。各民族都有包粽子、吃粽子的传统习俗。由于材料选择和制作方法不同,各有风味。马多依下寨壮族的粽子分为两种,一是三角形白粽,二是四角形黑粽。

三角形白粽。是一种没有馅的粽子,光泽金黄,香气逼人,口感软糯。在农历五月初五端午节时制作。

---

① 林蒲田:《糯米古今谈》,《农业考古》2008年第1期,第54页。
② 注:糯米的种类很多,从外形和口感可分为香糯米、红糯米、紫糯米和黑糯米等。马多依下寨壮族的糯食原料为白色的香糯米。

制作方法：把从山上采回的竹叶在开水中滚烫一遍，捞出晾干。将优质糯米洗净并用温水浸泡半日备用，用时加入适量的食用硼砂拌匀。手掌上平铺数张竹叶，舀上糯米后盖上竹叶，用篾条捆扎成三角形状，大火煨煮至熟，捞起即可食用。

四角形黑粽。是一种有馅的，因在白糯米中加入千张树炭灰而呈黑色的粽子，香味浓郁，久置不馊，在河口地区可保留十天甚至半月之久。在过年、农历七月十四和馈赠亲友时制作。

制作方法：将千张树的树干烧成炭，用石臼将炭舂成粉末。将优质糯米洗净并用温水浸泡半日备用，用时加入千张树炭灰搅拌成为黑色的米。肥瘦相间的猪肉切成条状用食盐腌好，绿豆去皮取仁备用。将粽叶铺于膝上，先放一层"黑米"，再放少许绿豆仁和一片猪肉条，最后铺上少许绿豆仁和一层"黑米"，用篾条捆扎成四角形状，大火煨煮至熟，捞起即可食用。粽子的个头大小没有明确规定，可根据粽叶的大小量体裁衣。篾条捆扎一般是绕三圈。待粽子凉后变硬可切成圆片煎炸或烧烤食用。

五色糯米饭。是广西壮族在农历三月初三歌节和清明节时制作的一种风味糯食。河口的壮族和布依族均会制作这一食品，所不同的是，布依族除了在清明节制作五色糯米饭，还在农历四月初八牛王节制作。由于缺乏文献记载，无法考证五色糯米饭的起源。然而各地、各民族的五色糯米饭都有一个共同的特点，即它们鲜亮的色彩均出自纯天然的植物染料或糯米的本色。

马多依下寨壮族在清明节上坟时会制作五色糯米饭作为祭品。据村民介绍，现在有些人家图省事，只做一种红

色的糯米饭，比较勤快的人家则做齐五种颜色。由于对植物染料的不同处理，一些村民还能做出比五种颜色更为丰富的色彩。糯米饭和粽子这两种食品均由妇女制作，男人是不参与的。

制作方法：将优质糯米洗净后分别浸泡在各色植物汁水中数小时，待充分染色后将彩色糯米与白色糯米按照颜色的不同分层装入蒸笼，武火蒸熟即可。出笼后可将各色糯米饭混合搅拌，或按照不同色彩分开拼装装盘。

五色糯米饭在外观方面，斑驳陆离，煞是好看；在气味方面，芳香诱人，沁人心脾；在口感方面，柔软滑糯，纯正甘甜；在营养方面，则对开胃、理气很有益处。在气温不太高的情况下，可存放多日而色香味不变。

表5－1　马多依下寨壮族"五色糯米饭"的染色方法

| 染料<br>植物名 | 染后<br>糯米颜色 | 植物应用<br>的部位 | 染色的方法 |
| --- | --- | --- | --- |
| 黄姜 | 红　色 | 根　茎 | 新鲜黄姜的根部在火中烧成炭后，用臼舂成细末，将粉末倒入盆中兑水后放入适量淘洗过的糯米，浸泡数小时后白色的糯米充分染色即成为红色的糯米 |
| 黄姜 | 黄　色 | 根　茎 | 新鲜黄姜的根部用臼捣烂取汁，将汁水倒入盆中兑水后放入适量淘洗过的糯米，浸泡数小时后白色的糯米充分染色即成为黄色的糯米 |
| 红兰草 | 紫　色 | 叶、根 | 红兰草的叶子连根煮水至沸腾，待冷却后将适量淘洗过的糯米放入水中，浸泡数小时后白色的糯米充分染色即成为紫色的糯米 |

续表

| 染料<br>植物名 | 染后<br>糯米颜色 | 植物应用<br>的部位 | 染色的方法 |
|---|---|---|---|
| 红兰草 | 天蓝色 | 叶、根 | 红兰草的叶子连根煮水并加入少量草木灰至沸腾，待冷却后将适量淘洗过的糯米放入水中，浸泡数小时后白色的糯米充分染色即成为天蓝色的糯米 |
| 红兰草 | 蓝黑色 | 叶、根 | 红兰草的叶子连根煮水并加入大量草木灰至沸腾，待冷却后将适量淘洗过的糯米放入水中，浸泡数小时后白色的糯米充分染色即成为蓝黑色的糯米 |
| 糯　稻 | 白　色 | 种　仁 | 糯米的原色 |

注：该材料据笔者对马多依下寨妇女的调查。

竹筒饭。"做竹筒饭在壮族（沙人）中很盛行。沙人喜栽竹子，他们居住的村子周围都栽有许多龙竹、刺竹。用竹子煮饭更是他们的拿手好戏。"① 竹筒饭本是一种野餐方式，现在则发展成为壮族专门招待客人的特色风味小吃。米香与竹香互相融合、渗透，散发出山野的清新纯馥之气。

制作方法：选用质地良好的嫩刺竹（这种竹子的内部有一层膜可以包住糯米饭），每段竹节长度约 20 厘米。按竹节将竹子截成数段，只留一头节巴，另一头先放入洗净并在温水中浸泡过半日的优质糯米，再放上适量的水，塞上芭蕉叶做成的塞子，放在明火上烧至竹筒外表焦黑时糯米饭便熟了。食时用刀劈开竹筒，就露出竹衣包住的糯米

① 河口瑶族自治县县志编纂办公室：《河口风物志》，个旧市印刷厂印刷，2000，第105页。

饭，竹衣可与米饭一同食用。

扁米。尝新节是稻作民族中一个享受劳动果实的欢乐节日。过去，在每年农历的九月糯米即将成熟之时，马多依下寨壮族都要吃扁米（即尝新米）。① 扁米的特点是米粒呈绿色，质软且韧，味香回甜，耐咀嚼。现在村民都是从市场上购买扁米食用。

制作方法：在糯稻长到八成熟时，用禾剪剪下所需的青糯谷。糯谷脱粒后入锅，锅中放入少量水，猛火煮熟，滤去明水，改用慢火焙炒至干。糯谷晾干冷却至常温入臼，轻舂脱壳（力度以既能脱壳又不伤糯仁为宜）簸净后，继续轻舂至米粒呈扁形即成。舂扁米非常讲究用力，不能用力太甚而使米粒的碎末过多，以米粒完整、不掺谷糠、又扁又薄者为上。新制的扁米第一天吃还是软的，第二天变硬时可用开水泡着吃，或拌上小葱和肉蒸着吃。

酸粥。据村民介绍，在河口地区只有沙族和地道的河口老广人（广东、广西人）才会制作酸粥。据笔者观察，目前马多依下寨也仅有几户人家仍在食用这一食品。酸粥的特点是酸味宜人、去油解腻，还可以去掉一些植物中的麻味。

制作方法：首先必须得到一种丝状的白色菌种，而后将它们放入一个玻璃瓶中，再用煮熟晾冷的糯米饭或米饭、鸡脚加上适量的水去喂养这一菌种。一段时间后，放入的混合物就溶解成一种类似米浆汤的液体，村民称之为酸粥。

---

① 注：扁米至今仍流行于西南民族地区，甚至在日本也有这种食品。见游修龄编著《农史研究文集》，中国农业出版社，1999，第308～309页。"日语中又保留中国古代的'糒'字（也可写作煸、扁、糄等），这是一种糯米的特殊加工方式，现今侗族人民还食用这种扁米。"

酸粥的酸味比醋还重，但没有醋的冲鼻气味，可以用来烹调食物。酸粥必须加热煮沸才能食用。它还可以用来做蘸水，如做生鱼片、烤猪肉、牛肉的蘸水。或用来炒菜，如炒麻芋杆、炒苦竹笋、炒鱼头、炒猪舌头。

米花糖。是过去村民在春节前后制作的风味小吃，现今基本无人制作。问起原因，村民回答说："不爱吃就不搞了。"制作方法是将蒸熟后晒干的糯米饭粒放入锅内爆炒至米粒膨胀成为米花时，加入现熬的红糖稀均匀地淋在米花上，再搓成一坨坨的米花糖。

（2）粉食形态的糯米食品

粉食形态的糯米食品是指在糯米加工制作的过程中，改变了糯米原有的米粒形态，将糯米舂碓变形或磨制成粉末后制成的食品。马多依下寨壮族粉食形态糯米食品的主要种类有：糯米粑粑、炸油团、汤圆、酥肉等。

糯米粑粑。又叫糯米糍粑，主要在年节、月节和婚丧嫁娶时制作食用。糯米粑粑分为两大类，一类是用煮熟的糯米饭舂成的白粑粑，另一类是用糯米粉捏成形状后蒸熟的褡裢粑。

白粑粑在过年、国庆、元旦、婚嫁时制作，是壮族地区最常见的粑粑。大致要经过浸泡糯米、蒸糯米饭、舂糯米饭三道制作工序。特点是色如凝脂，滑嫩味美，食用方便。

制作方法：将优质糯米洗净并用温水浸泡半日后上甑蒸熟成糯米饭。趁热将糯米饭倒入石臼中，用一根长形木棒（或竹竿）不断舂碓捶打，直到把米饭舂烂。现在村民会先将糯米饭装入一个肥料袋中再放到石臼中舂碓，这样减小了糯米的黏性对木棒的阻力，较为省力。将舂好的糯米团放入簸箕，手上涂抹油脂后取适量糯米团捏成圆形或椭圆形的粑粑，也可以在粑粑中加入炒好的花生、芝麻糖馅做成甜味粑粑，或加入油盐做成咸味粑粑。粑粑的一面或两面用同样大小的蕉叶垫着，使彼此不相黏连。刚做成的糍粑极富黏性，口感软和，趁热吃最有味道。如果需要贮藏只需先把粑粑晾干后放入水中浸泡即可。用这种方法保存的糍粑，一个月仍新鲜如初。冷了的粑粑可以煎炸或烧烤食用。

褡裢粑。又叫褡裢粽、扁担粑、蕉叶粑，以其形状如褡裢而得名。一般在农历八月十五中秋节时制作。粑粑具有蕉叶的芳香味，质软且韧，清爽不腻，又圆又甜的粑粑象征团圆幸福。

制作方法：将优质糯米洗净并用温水浸泡半日后滤去明水，磨成干粉。或从市场上购买糯米干粉待用。把从山上采回的野生芭蕉叶在开水中滚烫一遍，捞出晾干。甜味褡裢粑的做法一：将糯米干粉拌红糖水反复捏揉成一个大面团后，再分别捏成鸡蛋大小的圆形小面团，每张野生芭蕉叶的左右各放上一个小面团后，将蕉叶卷好，如此重复。最后将所有卷好的蕉叶粑叠放入甑，在锅内加入适量清水，盖好甑子，大火蒸15分钟即可。甜味褡裢粑的做法二：将糯米干粉拌清水捏揉成团，再分别捏成鸡蛋大小的圆形小面团，面团中加入已经炒好并舂碎的芝麻、花生糖（白糖或红糖）作馅，每张野生芭蕉叶的左右各放上一个小面团后，将蕉叶卷好，如此重复。最后将所有卷好的蕉叶粑叠放入甑，在锅内加入适量清水，盖好甑子，大火蒸15分钟即可。咸味褡裢粑做法同甜味褡裢粑一样，只是将糖馅换成炒香并舂细的咸味花生肉末馅。

油团。油炸糯米油团是壮族过年时比较喜欢制作和食用的一种食品。村民在屋外的空地上支起一个临时的灶，上面放了油锅，就围坐在锅边炸油团，边炸边吃边聊天，很是热闹。油团香脆可口，油而不腻，色香俱全。

制作方法：将优质糯米洗净并用温水浸泡半日后滤去明水，磨成干粉。或从市场上购买糯米干粉。将糯米干粉拌红糖水反复捏揉成一个大面团，再分别捏成鸡蛋大小的圆形小面团。将小面团放入烧开的油锅内炸至表皮呈金黄色后捞出即可食用。

汤圆。一般是在元宵节吃，也有在过节荤腥较重时解腻食用或孕妇哺乳期食用。汤圆可放馅，也可不放馅。放馅的汤圆是用糯米粉加水和匀后加入红糖配芝麻舂细的馅后搓成小圆球用清水加姜丝煮熟。不放馅的汤圆则用红糖水加姜丝煮熟。现在，村民也常在市场上购买速冻的汤圆食用。

酥肉。是村民在红白酒席和大型宴事上必备的菜肴，特点是色泽金黄，口感香酥松软。

主料：糯米粉、肉末、鸡蛋。

佐料：葱、姜汁（用白春出汁液）、五香粉、八角粉、白酒、红糖、油、食盐。

制作方法：将糯米粉与肉末、鸡蛋（糯米粉多，肉少）及各种作料混合搅拌后，捏成四角菱形后过热油炸熟。

（3）糯米酒

糯米酒又叫甜米酒，是一种低度的饮料酒，它以糯米为原料，经浸米、蒸米、糖化、发酵等工序酿制而成，具有较高的营养价值，是滋补健身的佳品。壮家糯米酒的酒体呈乳白色，酒液粘稠，味甜似蜜，醇香可口，酒的后劲十足。村民家中常备糯米酒招待亲朋和来客。糯米酒因其甜滋滋的口感而特别受妇女的欢迎，它是妇女平日聚餐时小酌的佳酿，更是妇女产后坐月子时调养身体必饮的滋补佳品。男子则多饮用苞谷酒，较少饮用糯米酒。村里过去有酿糯米酒的习俗，不种植糯米后就不再酿制，都是从市场上购买。

**3. 马多依壮族糯食消费和进食习俗**

"中国各民族的节日活动形式多种多样，其节日饮食习俗同样是丰富多彩，从不同的节日饮食习俗不仅可以展示出各个民族饮食文化的精华，而且还可以透过这些食俗深入地认识各个民族传统的生活价值观和审美观。"[①] 品种丰富的糯食对改善人们的饮食生活、增加节日的热闹气氛、增进人们的人际关系具有重要的作用。马多依下寨壮族的糯食消费多不在日常饮食生活中发生，而是每每与特定的节日相联系。所以，当地壮族的糯食消费是一种节日饮食消费，是壮族节日饮食习俗的构成要素。

（1）壮族年节糯食习俗

春节，是壮族一年中最隆重的传统节日，从除夕开始，一直延续到元宵节。春节期间，人们会准备很多特色的食物进行庆祝。马多依下寨壮族过年前最为隆重的大事便是杀年猪和包年粽。进入腊月二十以后，村里的人家就陆续宰杀年猪。杀了年猪之后，一部分肉就留下来包黑色的四角粽子。在新春佳节期间，拜祭祖先、宴请宾客、馈赠亲友都少不了四角黑粽。对于过年包黑粽的缘由，还有这么

---

① 瞿明安：《中国民族的生活方式》，中国社会科学出版社，1993，第209页。

一段历史故事："过大年是各民族中的共同节日，但在河口'布沙'中有其独特意义。黑旗军中，有过年吃粽子的习俗。此后，每逢过年，家家户户包粽子，怀念子弟兵抗法的光辉业绩。"① 另外，过年期间粑粑、油团和米花糖也是必备的特色食品。而正月十五元宵节吃汤圆的习俗则与汉族地区一致。

（2）壮族纪念日糯食习俗

河口各民族都有包粽子、吃粽子的传统习俗。由于各地区、各民族的生活习惯不同、选用配料不同而别有风味。农历五月初五端午节吃粽子，含有对诗人屈原纪念的意义。相传屈原含恨投汨罗江自尽，后人为了纪念这位伟大的爱国诗人，每年端午用竹筒贮米做成筒粽投入江中，以寄托对屈原的哀思。这样，岁岁相沿，代代相传，端午节吃粽子便成了民间的传统。② 马多依下寨壮族端午节时包的是没有馅的三角形白粽子，一年中也只有在端午节才会制作这种样式的粽子。

（3）壮族农事节日糯食习俗

"祭龙"，亦称"敬谊节"，壮语为吃二月的节日，节期为每年农历二月第一个属龙日，是壮族独特传统节日。③ 马多依下寨过去也有龙山和龙树，并定期举行祭龙活动。龙树是保护村寨的神树，绝对不允许砍伐，认为砍树的人可能会死掉。还规定不能在神树旁边乱扔东西、解手、说脏

---

① 河口瑶族自治县地方志编纂委员会：《河口县志》，三联书店，1994，第108页。

② 河口瑶族自治县县志编纂办公室：《河口风物志》，个旧市印刷厂印刷，2000，第109~110页。

③ 河口瑶族自治县地方志编纂委员会：《河口县志》，三联书店，1994，第108页。

话，要尊重龙树，否则就会肚子痛、嘴巴歪。村中每年到了农历二月的第一个属龙日就要集体上山祭祀龙山和龙树，祭品有猪、鸡、糯米饭、酒等。这表现了壮族对自然的信仰和崇拜，并希望通过规束自己的行为和用美食祭祀而得到神灵对村寨生产和生活的庇护。但是在"文革"期间，这一活动被视为一种封建迷信而强遭取缔。从1958年以后，村中就再没有举行过祭龙，与该活动相联系的糯食消费也随之消亡。

"新米节是部分农耕民族庆祝丰收的特有节日。其节日饮食都与即将收获的粮食有关，不论哪一个过此节的民族都有尝新的习惯，以祝愿粮食获得丰收。"[①] 过去，在每年农历的九月糯米即将成熟之时，马多依下寨壮族都要吃扁米（即尝新米）。这是村民庆祝丰收和祈求来年收成更好的饮食活动。现在，由于村民不再种植糯米，无法制作扁米了。但是他们对于扁米的喜爱依旧，在每年农历的九月、十月都会到河口或越南的市场上购买扁米食用。目前，一个纸杯的扁米售价为八元。

（4）壮族祭祀节日糯食习俗

五色糯米饭是壮族农历三月三歌节欢庆仲春和和清明节扫墓祭祖的传统食品。它"象征着吉祥如意，五谷丰登。壮乡人民把这种风味食品，与祭祖娱神活动融在一起，充满着民族、地方情趣。家人、亲友一起共尝五色糯米饭，自然特别鲜香如意"[②]。在壮族中有"不吃黄花饭，不算清

---

① 瞿明安：《中国民族的生活方式》，中国社会科学出版社，1993，第218页。

② 农训学：《色香味俱全的五色糯米饭》，《烹调知识》2007年第4期，第29页。

明节"的说法。在马多依下寨，清明节给祖先上坟的供品包括鸡、五色糯米饭、米酒和香烛纸钱。五种颜色俱全是传统的做法，现在有些妇女图省事则只染一种红颜色。

农历七月十四是壮族的鬼节，也是一个重要的祭祖节日。这一天，家长要给小孩挂上红鸡蛋，认为有避邪的作用。这一天，任何人都不能出远门，也不能下河游泳。家家户户要做几十斤的黑粽子，然后在家中用鸡、粽子、酒拜祭祖先。

（5）婚礼中的糯食习俗

按照壮族的传统习惯，新郎要用糯米粑粑和鸡鸭作为礼物才能把新娘接回家。迎亲的队伍来到女方家门口就被一张长条桌和一根红布条拦住，这时新娘家的代表会要求新郎家的代表对歌。女方会唱道："你带开门的钥匙没？"男方则回答："带了。"这个开门的"钥匙"就指糯米粑粑。可见糯米粑粑是婚礼仪式中非常重要的礼物。送粑粑在壮族的传统观念里是表示尊重。在婚礼中，用粑粑作为礼物既是一种礼节，也是一种娱乐活动。婚嫁的双方都是壮族，糯米粑粑就是新郎在婚礼中必须准备好送给新娘的一份礼物。如果男方是其他民族而女方是壮族，则不一定按照壮族传统的婚礼方式进行。

## 四 歌舞体育

### （一）民族歌舞

壮语属汉藏语系壮侗语族壮傣语支。河口县的壮族除操壮语外，大部分会说粤语和汉语。侬人、沙人、土佬同属壮族，但语言有别，交流一般用汉语。马多依下寨由于邻近南溪农场和水果厂，1960年后，村民与周边汉族接触较多，普遍学会了汉语，民族文化也受到了汉族的影响。在日常生活中，村民多操壮话，但是壮话中出现了许多汉语借词，如电视、摩托等。对于壮族宗教的语言和词汇，村民一般都认为太深奥了，都听不懂。壮族原无民族文字，1955年，政府帮助壮族创制了拉丁字母壮文，但未在河口推广，河口壮族现普遍使用汉字。

**1. 壮族民歌**

壮族没有文字，但口头文学比较丰富，有诗歌、神话、历史传说、民间故事、谚语、民歌等。壮族民歌源远流长，是先民们在改造自然改造社会的斗争中形成的文化精华，从古代吟唱至今永不衰竭。汉代刘向《说苑·善说篇》中有"越人歌"的记载。壮族民歌因支系、地区、环境、对象、场合的不同，声调、内容、格式等亦有所异，种类繁多，浩如烟海，内容丰富。①

河口壮族的民歌从内容上可分为道理歌、敬酒歌、爱情歌、四季歌、劳动歌、送路歌、婚礼歌、祭祀歌、丧事歌、古歌、孤儿歌、苦闷歌、猜谜语歌等；从结构上可分为五言、七言、自由体三种。其中，道理歌是教育子女如何勤快，如何当家，如何尊老爱幼，如何为人处事等。敬酒歌是在婚礼的宴席上，主人一方招待远方朋友对唱敬酒的歌曲，对歌输了的一方要被罚酒。爱情歌是男女青年用歌声倾诉相互爱慕、思念之情。四季歌是教育人们在各个季节要做各种活计，不要耽误农时。

---

① 杨宗亮：《云南壮族民歌及其传承与保护浅议》，载赵学先主编《云南少数民族：非物质文化遗产研究》，云南民族出版社，2009，第291页。

　　壮族喜欢唱歌，每逢劳动余暇或喜庆节日往往欢聚赛歌。选择配偶也首先用唱歌互相了解，通情达意。在赶街路上，走亲访友，吃喜酒时都喜欢对歌。白天唱到夜晚，夜晚唱到天亮。依人所唱的曲调分昼歌、夜歌、款白调。"昼歌"即白天唱的调子，歌声洪亮、抒情。"夜歌"分为求歌、苔歌、正式对唱夜歌、收尾调四种不同曲调。"款白调"又称"小快板"。依人唱歌多用木叶、三弦、月琴伴奏。沙人民歌仅有一个曲调。歌词内容想唱什么就唱什么，歌词结构长短不一，系自由诗体。[①]

　　据马多依下寨村民介绍，在过去年轻人都是跟着年长者学唱壮族民歌。首先学习民歌的曲调，然后学习如何编歌词。壮族民歌一般采用对唱的形式，没有固定的歌词，歌词多用古语。对歌中重视比喻，十句歌词中有七八句使用比喻的手法。具体对唱时，需要双方根据特定的主题和场景即兴发挥和应对，不仅比赛谁的歌喉清脆、响亮，还比赛谁的头脑灵活、机智。现在，马多依下寨的村民中只有三个老人会唱壮族民歌。年轻人多是到南溪镇的卡拉OK厅唱通俗歌曲。

### 2. 壮族舞蹈

　　河口县的瑶、苗、壮、彝、傣、布依等世居民族能歌善舞，他们的歌舞往往在本民族的传统节日和祭祀活动中进行。劳动之余，丰收之后也是各民族唱歌跳舞的大好时机，男女青年多以唱歌表达爱情。流行至今的舞蹈有瑶族的动鼓、送娘路上、赎谷魂、庆瑶楼、烧灵、送花、跳新

---

①　河口瑶族自治县文化局、民族事务委员会：《中国民间歌曲集成云南省红河哈尼彝族自治州：河口民歌卷》（内部发行），个旧市乍甸文华印刷厂承印，1990，第25页。

年、挑钹、棍舞、接亲、捉乌舞，苗族的芦笙舞，壮族的马铃舞、跳纸马，布依族的跳大魂，彝族的跳掌等。①

　　马多依下寨的村民对于壮族民族舞蹈已经很陌生，马铃舞和跳纸马都没人会表演。2007 年，马多依下寨村民组建了壮族文艺队，队员为寨上爱好文艺活动的妇女。文艺队在领导莅临参观时组织表演迎宾舞、敲大鼓，八一建军节和三八妇女节一般都有演出活动。编舞的指导老师是本村村民王建萍，她从昆明幼师学校中专毕业后先在瑶山乡工作，后又到南溪镇幼儿园当老师。王建萍教队员排演舞蹈没有工资，全凭一份热心。文艺队成立后积极参加河口县和南溪镇组织的文化比赛和重要演出活动，2008 年 7 月 23 日，马多依下寨文艺队参加"为奥运喝彩——河口县第二届群众艺术大赛"，表演 10 人集体舞蹈《壮家妹》，荣获优秀奖。2009 年 8 月 14 日，马多依下寨文艺队参加"庆祝建国 60 周年河口县第三届群众艺术大赛"，表演 15 人集体舞蹈《歌飘山水间》，荣获鼓励奖。

　　（1）沙人的马铃舞（独舞或集体舞）②

　　马铃舞自新中国成立前流传于河口那排。在祭祀活动中，舞者手持马铃作为伴奏，每个节拍抖动两下马铃，边跳边唱，风格特点是踏脚送胯，队形多为圆圈，直横排。

　　舞蹈动作如下。

　　准备动作：左脚向左斜前屈膝，前脚掌落地，右手拿

---

①　《中国民族民间舞蹈集成·云南卷》红河州河口瑶族自治县民舞集成编辑组编《云南民族民间舞蹈集成：河口瑶族自治县资料卷》（内部发行），蒙自县印刷厂，1987，第 2 页。

②　《中国民族民间舞蹈集成·云南卷》红河州河口瑶族自治县民舞集成编辑组编《云南民族民间舞蹈集成：河口瑶族自治县资料卷》（内部发行），蒙自县印刷厂，1987，第 79～81 页。

着铃屈肘抬至腹前，左手拿手帕屈肘提于腰后，上身稍前俯。

动作一：原地踏步，共四拍。第一拍左脚原地踏一步，两腿微带颤动两下的同时往右转身四分之一，左手帕甩至右腹，右手甩至腰后。第二拍右脚稍提前脚掌往右辗转。第三至四拍做第一至二拍的对称动作。

动作二：走步踏走，共四拍。第一至三拍出左脚横踏走三步的同时，左手由左侧往上至胸前划一圈后向左斜前方甩出与肩高，右手拿铃屈肘抬至腹前上下抖动。第四拍右脚在左脚跟旁跺一下。第五至七拍右脚往左踏走转半圈，左手经右前划至腰后，右手保持姿势不变。第八拍左脚在右脚跟旁跺一下。

动作三：涮腰，共十六拍。准备时两膝跪地，臀部坐在脚跟上，两臂屈肘抬于胸前，做时上身每拍颤动一次。第一至四拍上身前俯，两手从右往左抖动手腕。第五至八拍身子姿势不变，两手从左划至右边。第九至十六拍上身往后仰，两手从左往右涮腰。第十七至三十二拍做第一至十六拍的对称动作。

（2）侬人的跳纸马（三人舞）①

"跳纸马"是丧葬时，为了把丧事办得热闹些，不过于悲伤，在屋外空地上进行表演的一种舞蹈。其动作特点是模拟马的动作习性，由舞者自由表演，情绪饱满、热情。表演时用打击乐伴奏，起到了增强气氛的作用，动作不受节拍的限制。道具是用竹篾编好，表面裱糊白纸并上色的

---

① 《中国民族民间舞蹈集成·云南卷》红河州河口瑶族自治县民舞集成编辑组编《云南民族民间舞蹈集成：河口瑶族自治县资料卷》（内部发行），蒙自县印刷厂，1987，第81页。

纸马头部和尾部。

舞蹈动作如下。

准备动作：脚站正步，两手自然下垂。

第一至二拍两腿屈膝快步后退，同时上身前俯，两手屈肘上下抖动。

第三至四拍脚和手做第一至二拍的动作，上身立起。

跳法说明：由两男一女表演，男身套道具，面向门口站立，两人同时抖动马头俯身作揖三次，转身做四个方向。然后做基本动作进行交叉，相遇时两马互相做相闻、嬉耍、后踢等动作，跳的时间长短根据需要自行掌握，然后一妇女手拿装有马料的筛箕和一条白布做喂马和套马的动作（没有舞步，自由表演）。两马尽量躲避不让套中，并不时用马头和后踢往女的筛箕、身上撞，常引起围观者哗然大笑，这时的动作、步伐要逐渐加快，显得灵活机智，两马被套中算为结束，否则仍继续下去直到套中为止。

曾经，民歌和舞蹈是壮族丰富自己文化生活不可缺少的元素。如今，它们在马多依下寨村民中的影响日渐远去。打麻将、看电视、到 KTV 唱歌①、到洗头室按摩、到夜市的烧烤摊喝啤酒吃烧烤成了村民最爱好的几项娱乐活动。

## （二）民族体育

河口壮族的民族体育项目主要有抛绣球、打扁担、打秋千、打陀螺、踢毽子等。

抛绣球，在壮乡流传甚广，历史悠久。宋人朱辅《溪

---

① 注：2011 年，在南溪镇的 KTV 唱歌，包间的最低消费是 160 元，金星啤酒每箱 50 元。

蛮丛笑》中记载："土俗节数日,野外男女分两朋,各以五色彩囊豆粟,往来抛接。"至今当喜庆佳节或逢场赶街,壮族青年男女都会聚集在一起,互相抛接绣球,比赛一番。正式表演时,要在场地中央竖起一根三丈多高的竹竿,顶上挂直径一米左右的圆洞并糊上红纸。绣球直径约六厘米,里面放有黄豆、沙子等,2~5两重。比赛时,把人员分作男女人数相等的若干队,每次一男一女作对手投赛。投球者于持绣球飘带,前后旋转,对准竿顶圆洞投去,只见绣球凌空飞翔,不时破纸穿过圆洞,令人眼花缭乱,击掌称快。①

图 5 - 9　调查组成员在南溪农场十三队抛绣球

（黄禾雨摄　2011 年 2 月 5 日）

① 红河哈尼族彝族自治州民族事务委员会:《红河风情》,红河报社印刷厂印装,1982,第 156~157 页。

打扁担也是壮族人民喜爱的传统项目。它以劳动工具扁担为器材，相互敲击并表演插秧、打谷、舂米等各种动作。表演者以节奏明快、清脆悦耳的打击声和灵活健美、形态逼真的舞蹈动作，来抒发丰年盛节或喜日佳节的欢悦心情。

打秋千是在泥土中打上一个木桩，在木桩里插入一根木棒，木棒的两端需对称，两个体重相当的人坐在木棒的两端，上下、左右旋动。

## 五　节日风俗

按照阴历，马多依下寨壮族的民族节日基本和汉族的一样，有正月初一过大年、三月初三清明节、五月初五端午节、七月十四鬼节、八月十五中秋节、九月初九重阳节。按照阳历，村民的节日有元旦、三八妇女节、五一劳动节、五四青年节、六一儿童节、七一建党节、八一建军节、十一国庆节。一些节日的风俗介绍如下。

大年三十、正月初一、正月十五、七月十四要在家中供奉祖先，清明节要上坟。过大年、端午节和七月十四要包粽子。这些传统都是一代一代传下来的，村民严格执行，认为必须尊重老人的习惯。

大年三十要做年夜饭，全家团圆聚餐。年夜饭的菜式有 10～12 个，有扣肉、酥肉、红烧肉、白斩鸡、油炸鱼块、油炸排骨、粉丝煮肥肉、菜包、萝卜汤等。吃团圆饭之前要祭祀祖先，欢迎祖先回家吃饭。每样供品都选择单数的，如三只鸡、三坨肉、五个粽子、三碗米饭、三杯酒和一些糖果饼干等。大年初一晚饭时再次供奉祖先，将祖先送走。年夜饭吃剩的骨头、垃圾不能扫地出门，而是要堆放在门背后。脏碗筷不能洗，要放在大锅里。这是为了给家中的老鼠、蟑螂一些福利，让它们也过过年。大年三十全家人要洗头、洗澡换新衣。晚上12点准时燃放鞭炮，接新水。接新水的习俗由来已久。过去，村民要在大年三十晚上12时时到河边挑水回家，现在则是看着春节联欢晚会，待到12时的时候，就打开水龙头，将水缸装满。

大年初一早起放鞭炮，吃饭时也放鞭炮。这一天，村民都不干活儿，全天娱乐。可以打牌、打麻将、看电视、吃饭、喝茶、喝酒、聊天。村里也会组织体育竞技比赛，如篮球赛、抛绣球比赛、跳绳比赛等。大年初一的民族习惯是村民不能出寨子，本寨子各户之间可以串门。这一天，村民不杀生，不动刀，要用红纸把刀封起来；不煮饭（认为这一天是米的生日）、不洗头、不洗澡、不洗衣服、不扫地、不倒垃圾。为祈求吉祥如意，村民要在自己的门上、摩托车上、果树上、猪圈处都拴上红布条。大年初一，家长一般不让孩子到别人家串门，尤其是不让女孩子串门。村民认为男孩子出门会把财运送出去，女孩子出门则会给主人家带来差运气。如果有小孩到家中串门，主人要发给他红包、红鸡蛋。这一天，老人的到访非常受欢迎，被认为是吉兆。一些主人还会主动邀请老人到家里做客。大年初二到正月十五，亲戚朋友都可以互相串门、拜年。

三月初三清明节，要给祖先上坟。村民带上煮熟的鸡、五色糯米饭、酒（三杯或五杯）、纸钱到坟头祭祀，供品必须是单数的。如果要整修坟墓、立碑，一般选择在清明节的时候进行。

五月初五端午节，要制作三角形的白粽，这是一种没有馅的粽子，光泽金黄，香气逼人，口感软糯。

七月十四鬼节，要制作黑粽子。用鸡、酒、饭、黑糯粽拜祭祖先。这一天，家长要给小孩挂上红鸡蛋，认为有避邪的作用。这一天，任何人都不能出远门，也不能下河游泳。

八月十五中秋节，要制作褡裢粑。褡裢粑又叫褡裢粽、扁担粑、蕉叶粑，因其形状如褡裢而得名。粑粑具有蕉叶的芳香味，质软且韧，清爽不腻，又圆又甜的粑粑象征团圆幸福。

# 第二节　婚嫁丧葬

## 一　婚姻风俗

### （一）择偶

在新中国成立之前，壮族婚姻多为父母包办，少数为自由恋爱，有"背带亲""姑舅表婚"及"不落夫家"的习俗。新中国成立后，包办婚姻渐少，都是男女青年自由恋爱结婚，实行一夫一妻制。

**个案 5 - 3：马多依下寨村民谈择偶的方式**[①]

H 问：村里包办婚姻的情况有吗？

W 答：以前都是包办婚姻，现在老人最多是帮忙介绍

---

① 根据 2011 年 2 月 18 日对马多依下寨村民李秀珍、王国丽的访谈记录整理。H 指代黄禾雨，L 指代李秀珍，W 指代王国丽。

一下，没有说孩子一生下来就给定下的。包办婚姻的时候，新娘出门会哭，哭得很大声，昏天黑地的。是怕自己去了新家，家人对自己不好。我是 1976 年出生的，小时候还看到过两次包办婚姻。我妈妈当年也是包办婚姻。

H 问：您能说说自己包办婚姻的经历吗？

L 答：我是 1949 年出生的，小时候住在水果厂那边。我的父亲很早就过世了。1958 年，我的妈妈再嫁给了一个越南人，我就搬到越南跟着妈妈和后爹过。1964 年，妈妈带着我回到马多依吃喜酒，算了八字后，就把我包办嫁给了王玉华。当年他 16 岁，我 14 岁。

H 问：结婚后你们过得怎么样？

L 答：刚开始的三年，我俩互相都不说话。后来，随着日子一天一天过去，又生了五个小孩，就这样乱过也就过来了。我是嫁给了一个自己不爱的人，糊糊涂涂就过了一辈子啊。太辛苦了，难过得很。我结婚前，在越南有个情哥哥，可是我妈妈还是把我嫁给了一个我不爱的人。我的情哥哥一直在那边苦苦等待着我，我生了两个小孩了他还在等我。我就给他传话说不行了，我不能丢下我的小孩啊。

H 问：村民结婚是不是一定要找壮族？

W 答：现在结婚找对象不限于上、下寨和壮族，不管是什么民族都通婚。壮族和汉族通婚很普遍，都是自由恋爱嘛。新中国成立前不怎么通婚，20 世纪 60 年代还是不通婚，七八十年代就开始通婚了。1978 年越南排华的时候被赶回中国的难民也有嫁到寨子上的，一共有三户人，户口都落实了。

H 问：小伙子结婚有什么说法吗？

W 答：马多依上门的情况比较多。原来男方上门后是要改姓的，后来都不讲究了，生下来的小孩也是跟着父亲姓。现在我们寨上有很多"老伙子"，都三四十了也不结婚，不讨老婆，父母拿他们也没办法。这个在过去的年代是没有的，都是父母包办，子女无论愿意不愿意都要被迫同意啊。

(二) 婚嫁

壮族传统的婚嫁流程分为说亲、提亲、订婚、结婚、回门几个步骤。

第一步是说亲。男方请媒婆带着糖果、鸡鸭、酒肉到女方家说亲，媒婆按照男方的意图说话和办事。媒婆返回后，若女方家不退还礼物，则表示同意。

第二步是提亲。男方在接到女方同意的回话后，委派两位女性到女方家正式提亲。女方家召集亲戚朋友聚在一起，向来提亲的媒婆谈条件，将聘礼中大米、酒水、猪肉、鸡鸭、金银首饰、礼金的数量说明。女方家需要将姑娘的生辰八字告诉男方推算，如果八字不合，婚事就不能成功。媒婆负责将女方提出的条件转告男方家。男方家认为女方提出的条件可以接受的，就请师傅推算吉日去订婚。

第三步是订婚。男方派代表去女方家订婚，送聘礼。代表要带上以下礼物：酒两公斤、鸡鸭一对、香烟一条、糖一公斤、五色糯米饭一包。在订婚的宴席上，男方媒婆将聘礼交给女方家，一般是金耳环一对，金戒指一个，银质手镯一对。金戒指也是必须的，如果新娘要求金项链、金耳环、金镯子也都要答应。现在的礼金一般是 6600 元，取六六大顺之意。或也有给 10600 元的。礼金是给女方家用来办喜酒的。如果男方家经济比较困难，礼金还是要按风俗给的，女方家则会在给嫁妆时贴补回去，回赠两三万元的都有。村民解释说现在是男女平等，不在意嫁女儿还要别人家的钱了。娶媳妇、嫁女儿都是一样的。上门的女婿比儿子还要被看重。订婚后，一年或两年再娶媳妇，都由男方决定。男方经济条件好，物资准备够，一年就可以娶媳妇；如果男方条件差，需要两年准备，女方就一直等到男方来娶。在订婚期间，男方反悔不娶女方，女方一概不退聘礼，女方反悔不嫁男方，女方必须退还聘礼并赔偿一定的经济损失。这是祖祖辈辈定下来的规矩，不得违反。

第四步是结婚。婚礼的日期定下来后要通知远近的亲戚朋友。过去交通不方便，通知都靠走路去。现在可以打电话、骑车去通知、送喜帖了。收到喜帖的人一般都会参加婚礼，如果不能来，礼金也是要送到的。

按照老规矩，每年的农历三四月是不能举行婚礼的，村民认为如果在这个时间举行婚礼，结婚后两口子的生活会过不好。每年的夏天也不举行婚礼，因为天气太热不好准备饭菜。农历八月到正月是适合结婚的月份。传统的婚礼设宴三天，男女双方都各请陪郎、陪娘。

目前，马多依下寨村民举行婚礼的步骤不尽相同，主要是看主人家的设计。如果男女双方都是壮族，婚礼会倾向于依照传统的做法办，如果只有一方是壮族，婚礼就不一定按照传统的程序办。婚礼在女方家和男方家都要举行，在女方家举办的婚礼更热闹、更隆重。其中最具壮族特色

的内容是送粑粑、泼水、抹红脸和抢亲。

马多依下寨传统婚礼的流程如下①。

### 1. 婚礼第一天：男方到女方家接亲

到了选定的吉日，男方就组成接亲队伍到女方家接亲。接亲的队伍有新郎、伴郎一人、媒婆两个、媒公两人、小姑两人、唢呐手两人、鼓手一人、钹手一人、抬礼物的青壮年六七人。礼物有糯米粑粑、鸡鸭、烟酒、糖果等。过去，接亲的队伍多数是步行，也有骑马的，现在多是开汽车。一路上要吹奏唢呐、鸣放鞭炮，增加喜庆的气氛。

接亲队伍到达女方家时，女方已经组织好了迎亲队伍等候。女方家的大门打开着，大门外摆放一张四方桌，桌上放一个茶盘，盘上斟满八杯酒，桌下放一盆清水。大门外围，用一根红线围着，接亲队伍来到红线旁，不能越界冲撞。媒婆、媒公站在前面，向女方把门的亲戚报喜。女方一般安排老人把门，因为他们德高望重，又会机智问答，能给接亲队伍设置障碍，增加婚礼的乐趣。把门人问道："你们带来开门的钥匙没？"男方则回答："带了。"这个开门的"钥匙"就指糯米粑粑。糯米粑粑在壮族的婚礼仪式中是非常重要的礼物。送粑粑在壮族的传统观念里是表示尊重。在婚礼中，用粑粑作为礼物既是一种礼节，又是一种娱乐活动。婚嫁的双方都是壮族，糯米粑粑就是新郎在婚礼中必须准备好送给新娘的一份礼物。如果男方是其他民族而女方是壮族，则不一定按照壮族传统的婚礼方式进行。接着，把门的老人又会问其他问题，如果接亲的人不

---

① 根据壮族剧本沙族编写组《河口县壮族剧本沙族部分（送审稿）》，2007，第7~12页，及笔者对村民的采访整理汇编而成。

能说出答案，就要被罚酒。

正当双方有说有笑之时，女方亲戚突然从四面八方向男方接亲的队伍泼水。这就是河口沙族婚礼中最富特色的"泼水迎亲"。接亲队伍早有准备，有的打雨伞，有的穿雨衣，若没有准备，准被淋成落汤鸡。双方一面开玩笑，一面泼水，相持近半个小时。时辰差不多，男方的媒婆、媒公就掏出红包放在桌子上，并把八杯酒喝完，女方亲戚才肯放行，收好桌子，让男方接亲队伍抬上礼物进门。进家后，乐队在门边安好位置，开始吹唢呐、敲鼓、打钹，活跃气氛。

### 2. 婚礼第二天：女方家婚宴及双方返回男方家

第二天中午便是女方家的正餐宴席。宴席时，男方去接亲的小伙子、小姑娘要留神，稍不留神，就会被女方本村的小伙子、小姑娘用红色染料将脸涂红。这就是河口沙族婚礼中又一民族特色"抹红脸"。抹红脸的染料是从山上的一种植物中提取的，染料抹在脸上只需用肥皂洗几次就干净了。抹红脸的风俗是青年男女表示友好和爱慕的一种方式，也象征着人们的日子越来越红红火火。午宴差不多结束时，男方接亲的媒婆、媒公用一个茶盘斟满八杯酒，放在女方父母、亲戚坐的桌上，并向女方父母请求，说时辰已到，请父母、亲戚开恩，让男方接新娘出门。女方父母、亲戚将桌上八杯酒饮完，即表示同意新娘出门。

这时男方来接亲的小姑、大嫂就到新娘房间接新娘。新娘用哭声向父母、亲戚告别，亦称"哭嫁"。女方的朋友、亲戚假意在房间阻拦，双方争夺新娘，形成"抢亲"的局面。在马多依下寨，抢亲有两层意思，一是说姑娘精

贵，不抢是不出门的；二是要礼金，不能便宜地把姑娘娶走。直到男方将红包交给亲戚朋友，才得放行。新娘由男方的小姑或大嫂背到正堂与新郎一起拜堂。拜堂完毕，即可出门。接亲时，父母给儿子用红布做成一个布圈，斜套在儿子的左肩上，伴郎也套一个。在女方家拜堂时，女方父母又给姑爷套一个红布圈在右肩上。新娘拜堂时，左右肩各斜套一个红布圈，与新郎一致。

按照规矩，新娘必须"头不见天，脚不踩地"。所以新娘出门时，要用一块四方红布盖头，男方专门有一个人负责帮新娘撑伞。路近的就让人背着新娘，路远的就让新娘坐车。不论远近，新娘到新郎家的途中都要休息两次，第三次才能进新郎家。在途中休息时，新娘要与新郎抢鸡头，意思说谁抢得鸡头，以后就由谁来当家。伴送新娘出嫁的女方代表有八人，新郎父母、小姨妹两人、抬嫁妆的小舅子两人。新娘来到新郎家，不能马上进正屋，男方事先在屋檐下搭一个临时的床位，用篱笆随便围着，撑蚊帐。新娘、伴娘、小姨妹等人就在这个"临时的房间"休息，其他人由男方主人安排住处。晚宴吃便餐。男方对伴送新娘来的亲戚十分热情，晚宴时双方饮酒唱歌。晚饭后双方青年男女互相找对手唱歌，通宵不歇。

### 3. 婚礼第三天：男方家婚宴

早晨吉时一到，新娘就由伴娘挽扶进入正堂与新郎拜堂。新郎、新娘站中间，伴郎、伴娘各站两边。新郎、新娘下跪拜三次，伴郎、伴娘陪着跪拜三次。拜堂完毕，新娘由伴娘挽扶进入洞房，新郎也进入洞房。新娘要围新郎身边转三圈，然后，新郎坐在床边，新娘跪在新郎面前。新郎用手指在新娘额头轻轻敲三下，就掀开盖在新娘头上的红布。意思是从今天开始，你就是我的妻子，一定要听从我的召唤，与我同心同德，白头偕老。

午宴时，双方亲朋好友互相敬酒，对唱山歌，互相祝福。这时陪送新娘来的小姑娘、小伙子要注意留神，男方的小伙子、小姑娘也会"报复"抹红脸，双方互相对抹，表示爱慕。午宴将结束时，送新娘来的公公、婆婆用茶盘斟满八杯酒，放在新郎父母、亲戚坐的桌上，用唱山歌的方式将新娘交给男方的父母，歌词大意是：新媳妇交给公公婆婆了，公公婆婆要像疼爱自己的女儿一样疼爱媳妇。男方的父母、亲戚也用歌声来答谢。双方用歌声来祝福这对新人百年好合，白头偕老。此后，男方父母、亲戚将这八杯酒喝尽。又斟八杯酒交给女方亲戚，女方亲戚也将八杯酒喝尽。整个婚礼结束。

**4. 回门**

结婚三天后，新郎陪伴新娘回门。回门完毕，夫妻双方回到丈夫共同生活，生儿育女。

### 个案 5-4：马多依下寨村民黎明的婚礼①

婚礼第一日晚的场景记录。(20：00~24：00)

2011 年 2 月 9 日晚上，新郎黎明家来了很多客人，有些还是从越南来的。他们被安排在家中吃了晚饭。晚饭的菜品八道：萝卜煮骨头、猪血肠、猪大肠炒酸笋、回锅肉、炒猪肝粉肠、凉拌黄瓜、煮甜南瓜、瘦肉炒芹菜。吃好饭，大家就在家里玩，聊天、打牌。黎明的新房经过精心的布

---

① 根据 2011 年 2 月 9~10 日调查组成员对马多依下寨村民黎明婚礼的亲身参与及访谈记录整理。H 指代黄禾雨，W 指代王玉华，L 指代黎明。

置，门窗、家具上都贴上了红色的喜字。进门客厅的方桌上摆放着果盘和茶水招待客人。果盘里盛放着苹果、梨、橙子等时令水果和花生、瓜子、糖果。乐队师傅坐在桌旁演奏唢呐，还不时敲铜钹、铜锣。客人坐在沙发和椅子上，饶有兴致地观看着录像机中播放的视频《红脸的侬薇》。这个视频是 2009 年 CCTV - 7 农业频道《乡土》栏目的摄制组到马多依下寨拍摄的，剧情反映的是村民结婚的场景。其中新娘侬薇的扮演者是河口县宣传队的演员，新郎的扮演者是本村的村民张某，其他演员都是本村的村民。大家看着自己的影像出现在电视上，边看边议论，有说有笑，笑声不绝。屋外的空地上摆放着四张桌子，一桌人在打麻将，另外三桌人在喝茶、聊天。屋外的廊檐里挂起了两盏大红灯笼，更添一份喜庆。

按照惯例，晚饭后村民要和远到的客人分为男女两边对歌庆祝，唱歌直到天亮。村民说，对歌开始时只是唱一些问候性的礼节话语。等到夜深人静，就可以唱爱情歌了。这是青年男女表达爱意的方式。虽然马多依下寨没有年轻人会对歌，但是他们安排了乐队的歌手做代表与越南来的 33 人对歌。但是当晚，我们等到 12 时散场也没看到对歌的场景。第二天问村民为什么没有对歌，他们的回答是：越南来的客人中只有几个老妈会唱歌，吹唢呐的去一看，说这不行，太老了，不好唱的。因为规矩是女方年轻，男方年老，是可以对唱的。如果女方年老，男方年轻，就不好唱了。

婚礼第一日晚的访谈记录。

H 问：老队长，什么场合会请乐队吹唢呐？

W 答：红白喜事都要吹唢呐。今天来的乐队的师傅是大南溪那边人，一共四个人，来一次给 460 元。吹唢呐起到热闹气氛的作用。上、下寨现在已经组建不起乐队了，因为年轻人不会吹。这些乐队的师傅平时干农活，有人请才去参加表演。学吹唢呐是命里带来的，不是谁都能学得会的。

H 问：您能讲一下吹唢呐的曲调吗？

W 答：红事的曲调原来有 72 调，现在一般是吹 32 调。以前还有三更半夜调，因为过去第一天去迎接新娘，第二天才能把新娘接进门。半夜的时候吹奏这个曲调，是提醒人们做好接新娘的准备，新娘也要开始做梳洗打扮的工作了。在什么时间吹奏什么曲调是有一定的模式的，是固定的。吹奏从接新娘开始，过去都是吹奏一宿。现在吹到宾客都休息了就不吹了。接新娘、拜堂、吃饭等环节都要吹。红事的曲调主要有：开门调、小过街调、大过街调、小闹台调、大闹台调、小二黄调、大二黄调、小蛮调、大蛮调、小临安调、大临安调、小百调、大百调、请茶调、拜花烛调、拜堂调、小双行调、大双行调、闹茶调、摆桌调、请坐调、划拳调、收桌调、感谢主人调、感谢厨师调、请师傅调、感谢师傅调、大摆队、小摆队等。白事只有五个调，旋律是悲哀的，音调是低沉的。白事的曲调主要有：烧香调、烧纸调、敬酒调、告知调。

婚礼第二日的场景记录。

2011 年 2 月 10 日早上 8 点钟，给婚礼帮忙和参加婚礼的客人都到村里篮球场摆放的餐桌处吃早餐——鸡肉米线。

中午 11：15，新郎新娘开始站在家门口迎宾。新娘身穿白色婚纱，手捧一束玫瑰花。新郎身穿粉色衬衫和银灰色西裤。收礼金的人摆放一张桌子在新人旁。来客先向新人道喜，再到桌旁送红包，领喜糖。喜糖用红色纱布袋子装着，里面有花生、瓜子、糖果等。来宾道喜后都坐在屋外空地的椅子上休息、聊天。一些妇女开始收拾桌子准备上菜。先端上大桶的米饭，再在每张桌上放两瓶金星啤酒、一瓶荞酒、一瓶娃哈哈蜜桃C果汁饮料和一瓶用矿泉水瓶子装着的散装苞谷酒。村中的街道上停放着很多摩托车、小汽车。黎明预备了100桌的饭菜，将餐桌摆放在村里的篮球场上和各家的空地上，远远望去，阵势浩大。在村中，走不了几步就看到坐在桌边等待开饭的人们。婚宴的菜肴有12道：油淋鸡、扣肉、清汤肉、红烧猪头、猪脚肉鸡杂拌粉丝、干竹笋煮骨头、凉拌松花蛋、酥肉、菜包肉、黄焖排骨、猪肚煮花生、油炸鱼。我们等着抹红脸的项目，但是饭都吃完了也没见到有人玩闹。后来问村民为什么没能见到抹红脸，他们说可能是我们坐的太偏了，而且又是和老妈坐在一起，没有引起年轻人的注意，才能"幸免于难"。听说当天寨子里的男青年追着外来的女青年满寨子地跑，就是想要把她们抹成大红脸。

婚礼第二日的访谈记录。

H问：今天的婚宴一共多少桌？有什么讲究？

L答：马多依上、下寨请客，最少都有25桌到30桌。请了外面的人来，就有100多桌了。家里有什么事情，要请就要全部请完。否则人家说你不好，不够意思。我中午请酒预备了100桌菜，后来摆了84桌。杀了4头猪，肥肉剩下两大盆。剩下的猪肉可以做烟熏肉或油炸肉。酒席就是要肉多，青菜一般不上桌。现在结婚一般是12道、14道，甚至16道菜，最少也是12道菜。扣肉、炸排骨、炸鱼块、

图 5 - 10　马多依下寨村民黎明婚礼第一日晚餐场景

（黄禾雨摄　2011 年 2 月 9 日）

图 5 - 11　马多依下寨村民黎明婚礼第二日中餐菜肴

（黄禾雨摄　2011 年 2 月 10 日）

红烧肉、酥肉、白斩鸡、汤菜（青菜或萝卜汤）、粉丝煮肥肉是最常见的菜。以前生活没有这么好过，酒席只有八个菜，鸡肉一碗也就八块。现在不一样了，菜很多，随便吃。只是很多人怕油腻，都吃不动了。

H问：婚宴的准备工作是怎样的？

L答：我们这里有一种习惯，就是互相帮忙。红白喜事，各家都会碰到。谁家有事，打一声招呼，人家有空就一定会答应帮忙的。先是要组个厨师班，我这次的厨师班有13个人。总管是黄保明，厨师是梁新、杨国祥、郎忠、黄保林、黄保忠、白文定、黎金富、王泽民、尹国兴、尹国春、罗保忠、杨正文。厨师班的师傅都是男的，做大菜要男的才好，女人只负责洗菜、洗碗。厨师很辛苦，要做两顿大餐。酒席前的一天他们就开始准备了，那晚他们熬夜忙到12点多。我们这里爱在寨子上搞，感觉这样正宗、热闹。我们的菜好吃！现在村里有集体厨房，灶多、灶大，办红白喜事炒菜、煮饭很方便。有时候忙不过来就在厨房外头搭个铁皮桶做临时炉灶用。村里还有集体的桌椅，办酒的时候借出来用就可以。新的篮球场地盘大，够摆好多桌。年轻的小伙子不用安排，自己会主动抬菜，年长的和小孩等着吃饭就可以。男女吃饭不分桌，满了一桌人就可以开吃了。

H问：对厨师有什么酬谢吗？

L答：酬谢就是一条毛巾、一块香皂、一包烟或一点水果。回头主家再请厨师们吃一顿饭就可以啦。都是大家互相帮忙嘛。最重要的是新郎要给厨师敬酒表示感谢，一下要被厨师灌十几杯啊。

## 个案5-5：马多依上寨村民迎亲①

2011年2月12日早上10：30，唢呐声、鞭炮声响起，男方的接亲队伍来到女方家门口。门口用红布条拦住，红布条的后方支着一张长桌，不让接亲队伍进入。桌上放着八杯苞谷酒。男方代表对把门的几名老妇人说了很多客气话，但是仍然被罚了几次酒。突然间，水花四起，女方家的亲戚朋友开始向接亲队伍泼水。这时，我们才发现原来房顶上、沟渠边隐蔽地躲着很多人，他们大盆大盆地向接亲队伍泼水，导致对方防不胜防。其中一个男方代表想乘机蒙混过关，钻过红布条躲到屋子里。没一会，他就被女方亲戚揪了出来。之后更是一阵猛泼。每位男方代表都要被泼得全身湿透才被允许放行。参与者和观看者都被这狂欢的场面所感染，发出一阵阵哈哈的大笑声。

10：35，新郎被允许进屋。只见他走到门口时，先在门梁上挂好一块红布，才迈步进入屋内。这时屋内已经挤满了看热闹的人。想见到新娘可不容易。女方的代表提出条件，要求新郎唱歌、给红包才能开门。新郎扭捏了半天，终于唱出了一首儿歌《两只老虎》。听着他的歌声，人们又是一阵大笑。之后，新郎将很多红包递进新娘的闺房讨好女方代表。红包是个彩头，钱不多，都是几元钱。歌唱了，红包给了，女方代表还是不依不饶，要求新郎背诗。这下新郎更加没辙了。无奈之下又

---

① 根据2011年2月12日对马多依上寨一户村民婚礼的亲身参与及访谈记录整理。

**图 5-12　马多依上寨村民婚礼中泼水的准备工作**

**（黄禾雨摄　2011 年 2 月 12 日）**

给塞了十几个红包。

　　10：40，新娘的门终于开了。新郎被再次刁难，要求在屋内找出一对藏好的红鞋子给新娘穿上。新郎急得满头大汗，一处一处都找遍，先找到一只，又找到另一只。新郎帮新娘穿好了新鞋，就把新娘背出闺房。二人站在门开迎接宾客。新郎、新娘的旁边分别站着伴郎、伴娘。右边摆放一张桌子安排专人收取礼金。客人的礼金多为 100 元或 200 元，给 300 元、500 元的也有，礼金要用红纸包好。

11：45，鞭炮声再次响起，表示开饭了。上寨的篮球场及其他几处场地上摆满了桌椅，坐满了客人。村文化室的广播中播放着流行歌曲《我要去西藏》《我爱得心好累》等。我们询问是否要抹红脸，老年人说要问年轻人。问了一个抬菜的小伙子，他说等抬好了菜就要开始去抹红了。抹红都是年轻人比较喜欢玩，这是民族习惯，客人都要被抹。各桌的菜一一上齐后，新郎新娘一桌一桌地挨着去敬酒。我正吃着饭，果不其然，一群小伙子从我身后突袭，你一手、我一手，几下就把我抹成一个大红脸了！

## 二　丧葬风俗

马多依下寨村民丧葬采取棺材土葬的方式。老人去世后，家人就鸣放鞭炮报丧。白事的主人家是不上门通知他人的。得知情况后亲戚朋友会相互通知，并前来帮忙。第一天要给死者洗澡更衣，洗棺木入材，请看风水的地理先生看生辰八字算吉时、选日子、看坟地。之后是下葬。下葬的日子一般选在死者去世后的第三天、第五天，也有选在第七天、第九天或第十一天的。一般是选单日不选双日。必须请先生给死者念经后才能入土安葬，这是为了让送死者的灵魂上天。先生念经少则一天一夜，多则三天三夜。参加葬礼的客人，过去是要送给死者家属三斤米、一只鸡、一把香、一刀纸钱。现在是送钱，最少送50元，一般是送100元，多则200元、300元、500元。主人家要准备烟、酒、菜招待客人。遇到老人去世，子女可以谈恋爱、订婚，但是在三年后才能结婚、盖房子。

马多依下寨传统葬礼的流程包括四步①。

1. 洗澡更衣。老人去世，子女要用柚子叶煮的热水给他洗澡。男性理发，女性梳头，再换上身前置办好的寿服、寿鞋。将竹片垫铺在房中央，其上垫旧棉絮、白床单，再将死者平放仰卧在上。有钱人家，女性要佩戴首饰，男性要在嘴里放一颗银子。死者安放好后，用草纸盖脸，两眼和鼻孔的地方用火烙成小孔，用白布盖住全身，用蚊帐撑罩着。

2. 洗棺木入材。家属要清洗棺木，晾干备用。按照先生选定的吉时将死者放入棺木。棺木必须摆放在房屋中正堂的位置，不能随便乱摆。一般按姓氏沿续下来的规定摆放：有的头朝东方，有的头朝西方，有的头朝南方，有的头朝北方。棺木一般在家停留3~5天。

3. 举行葬礼。下葬的前一天要做好准备工作，一是杀猪，二是请先生通宵念经。葬礼当天，家属仍按照先生选定的吉时将棺木抬出门。稍停片刻，棺材上盖一床红毯子，拴一只会啼叫的公鸡，棺材边插数把香火。棺材抬到墓地的途中，无论路程远近，必须在路上停留两次，第三次才到达墓地。棺材一出门，所有的子女儿孙要顺序跪拜搭桥三次，第一、第二次头朝外面，第三次头朝内。

棺材抬到墓地，要停歇片刻，按照时辰下葬。墓穴要请先生选择，以免冲着子孙和村寨。下葬时辰到，由先生在墓穴中铺一层草纸，根据死者的年岁撒米，一般都按一

---

① 根据壮族剧本沙族编写组《河口县壮族剧本沙族部分（送审稿）》，2007，第12~14页，及笔者对村民的采访整理汇编而成。

岁撒。将公鸡丢入墓穴内，看公鸡是否会啄米或啼鸣。如果公鸡会啄米或啼鸣，说明这块墓地是好墓地。等公鸡飞跑后，才将棺材放入墓穴。棺材放好后，由长子或长女用衣襟装着泥土背朝墓穴转三圈，将泥土抖进墓穴内，抖完泥土，再由长子或长女用锄头挖三锄泥土盖上棺材。意思是说，养儿育女，老了送终，有人安葬。此后，众人用泥土埋葬棺材，直到垒成坟墓。

回到家里，众人要先跨过主人事先准备好的一个火盆，再用柚子叶煮的热水洗手，表示去魔除邪，顺利平安。葬礼当天举行白事宴席，亲朋好友都来参加。从老人落气到安葬完毕，子女儿孙要戴孝吃斋饭，不许吃肉食。亲生子女，全套穿白，儿子不准理发，女儿不准梳头。待老人下葬后，先生帮忙接斋，儿孙们才能恢复正常饮食。丧事期间，至亲的家属要拴一根红绳子在自己的身上或衣服上。如果拴在衣服上，则在死者下葬前不能换衣服。

4. 结束丧事。下葬第三天，便去扶山，安墓碑，用鸡、肉祭供老人，才算了掉一桩丧事。

### 个案 5-6：马多依下寨一位老人的葬礼[①]

马多依下寨老人 LGT（1931 年 4 月 7 日～2011 年 1 月 30 日，以下简称 L）去世，终年 80 岁。

**1. 丧葬活动第一天**

2011 年 1 月 31 日 8 点，L 的家属将他停放在房屋大厅

---

① 根据 2011 年 1 月 30 日～2 月 2 日调查组成员对马多依下寨村民 LGT 葬礼的全程记录笔记整理。

的正中间，用蚊帐支起一个帐子。在帐子旁边放着一个火盆烧纸钱。亲戚朋友都到家中帮忙，劈柴、烧火、煮饭。另一些人拉来几车沙子，在 L 的家门外铺出一块平地。马多依下寨的老队长王玉华收集齐 L 直系亲属的生辰八字，认真地看着。家属将 L 的棺木清洗完毕后，用烧热的松香在棺木内外都刷一遍防蛀。中饭时间，家属鸣放鞭炮通知邻里来家里吃饭。午饭一共五个菜：包菜、菜花、苦菜、酸菜炒肉、小炒肉。

中饭后，家属请来了一位看坟地的风水先生李自祥师傅。师傅告诉我两个注意事项，一是在他办公事的时候和出殡的时候，不要太靠近死者；二是在师傅做死者下葬仪式时不要拍照，否则师傅的灵魂就会永远留在墓地里。师傅算出丧葬活动的吉时是：2011 年 1 月 31 日 17：05 定为入（棺）材的时间；2011 年 2 月 2 日上午 06：30 定为起称的时间；2011 年 2 月 2 日上午 09：09 定为入土的时间。

下午，我们跟着李师傅到山上去选坟地。他先询问了家属哪些地块可以作为备选的用地，然后从其中选择了一个好的位置。确定大体位置后，师傅用罗盘计算，找到了坟地的具体位置。他就地取材，在山上砍了四根木棍打桩。他用两根高桩，两根矮桩定下坟地的范围，再用一根白色的绳子校准。在四根桩的中心位置，他挖了一个圆洞，又在洞旁插上一根香，在洞内放入三颗稻谷。这些工作完毕后，师傅说要在山上等半小时，看米粒是否有移动。如果米粒没有移动，就表示死者同意被安葬在这个位置，坟地也就选好了。半小时过去了。师傅仔细观察，发现米粒没有移动，于是就在坟头及坟旁各插上一根香，另一处插四根香，又在坟旁烧了一些纸钱。他叮嘱家属挖墓地时要挖矮桩定下的距离，深度是 1 米。

入材仪式。第一步：师傅用一根白线系在一头黑猪的腿上，白线的另外一头则系在 L 的手指上。三个壮汉将黑猪拴好，拉着猪在门外坡上等着。系白线的用意是为了让老人能把这头猪带走享用。第二步：家属鸣放第一轮鞭炮，一是通知大家各个就位准备办事，二是警示那些属相相克的人不要靠近。不是所有的人都可以观看入材仪式，必须由风水先生算过，如果属相和死者相克，那么生人在入材仪式时绝对不能靠近死者。这是害怕在办事的过程中有不好的东西对活人造成伤害。另外，孕妇也不能接近棺材，孕妇在丧葬仪式中不能下跪，担心跪了后生出来的小孩子会脚软。师傅在棺材里垫入红色和黄色的纸，又用米粒在纸上摆出一个人像，这样是为了让死者的灵魂附在棺材里。用活的红公鸡扫一遍棺材，让活灵魂出来，死灵魂进入。这只公鸡最后必须送给师傅带回家，其他人都不能要。第三步：17：05 时辰一到，家属鸣放第二轮鞭炮，并将 L 从地上抬入棺材中。L 身着全新的寿衣，寿衣是由媳妇或女儿按照民族服装的传统样式制作的，用的是布扣子。寿衣要用香烫上一个洞。死者身上不能有铜器或铁器。死者身上要放一些钱，如两手各抓 10 元。死者嘴里要放一些碎银子，有几个子女就放几片银子。棺材里还放入一些新衣服或死者较新的衣服。死者的旧衣物都在下葬的时候全部烧掉，让他带走。要烧一只小鸡或小鸟放在棺材上，让死者有肉吃。第四步：先用糯米煮的粥拌上火灰封棺材，再用木板敲打使棺木各部位粘合起来。事毕鸣放第三轮鞭炮。

17：30，家属鸣放鞭炮后，邻里再次来到家里吃饭。晚饭摆了十几桌，桌子摆在屋外的空地和街道上。晚饭一共五个菜：水煮冬瓜、水煮苦菜、炒豆芽、炒鸡、炒五花肉。晚饭后，家属在屋外的空地上摆了八张桌子供帮忙的人娱乐，他们打麻将、打牌九或打扑克，参加者主要是男性。村民说这样做是为了增加人气，陪老人做个伴。这样的娱乐是要通宵的，一直要延续到送老人上山才结束。

因为是接近过年，L 的家属没能请到念经的师傅。他们说要是在平常日，资金充足是必须请念经师傅做仪式，请乐队吹奏的。如果答应了死者要为他做仪式，即使家里没钱，借钱也要把仪式做好。请念经师傅和乐队做仪式，一般每次要花费 4000 元甚至上万元不等。在做仪式的情况下，子女三天三夜就是跪着，不能睡觉，不能洗澡，也不能理发。仪式中有跳纸马，就是用竹子做支架，外面糊上纸，做成马、猴、羊、牛、猫等形式增加娱乐。子女还要抬小猪、抬鸡和舂粑粑，要搞火盆跳火，门口要写挽联。南溪十三队、坝酒农场的丧葬仪式都是很隆重的。还有建棺罩的，就是搞一个像四合院一样的房子，罩在棺材上。等仪式结束后就烧掉。这样是想让死者有房子住。活着的时候有什么，死了都要置办好给他送去。坝酒地区的沙族做仪式喜欢杀牛和羊，不喜欢杀猪。不论是年轻人还是老年人死了，仪式都是一样的。

## 2. 丧葬活动第二天

这一天，家属一方面忙着准备第二天葬礼所需的物品，另一方面忙着请客吃饭。16：30，马多依下寨的集体厨房中，厨师们忙里忙外，干得热火朝天。这一天的晚饭是最隆重的白事酒席，总管是黄保明，厨师长是梁新，厨师是杨国祥、郎忠、罗保忠、杨正文、王泽明、尹国兴、汪浩、王加坤、黄保林，煮饭的是沈明珍、王慧、罗美英、何娣兰、侬晓光、王玉莲、黄梅。制作的菜品有十道：扣肉、白炸鸡、酥肉、清汤、粉丝、菜包、鱼、红烧猪脚、冬瓜排骨、清汤南瓜。晚饭后，帮忙的人继续如昨日一般到 L 的家旁打牌娱乐。

图 5-13 马多依下寨村民白事酒席场面
（黄禾雨摄 2011 年 2 月 1 日）

### 3. 丧葬活动第三天

2011 年 2 月 2 日，大年三十。早上 7 点前，来家帮忙的村民陆续用早点鸡肉米线。7 点整，家属将各式供品抬出。供品有纸制的童男童女、电视机、冰箱、保险柜、纸制的二层房屋（一层的门口有警卫站岗）、纸伞两把、一红一白摇钱树两棵，供桌上摆着白酒五杯，筷子五双，糖果五粒，青枣、苹果、橘子各三个、米饭五碗，鸡两只，猪头一个，死者的牌位用一张纸写好，插在一节香蕉杆上。7：20，家属将棺木抬出。棺木放在供品之前，用两个长条凳子支起来，棺木上覆盖着红、黄、绿、橙、紫五色彩纸。纸上铺着一块红色的毛毯，毛毯上放着一只公鸡。

上山前的准备工作是将几块长竹片捆成一个柱状，做火把引路。两根长而粗的竹竿作担架，用竹篾条将竹竿捆绑固定在棺木上，从而方便抬棺木。抬棺木的注意事项是从家里至墓地入穴，期间不能使棺木摔在地上，否则是非常不吉利的。抬棺木的人数不一定，期间累了可以换着抬，也可以用长条凳支起来放下棺木休息一阵再走。7：50，家属将棺木抬起。这时，披麻戴孝的人要做搭桥仪式，一个个从棺材下跪着爬过去，顺时针两圈，逆时针一圈。接着，边放鞭炮边上路。在村子里要多放鞭炮，起到提醒的作用，一路走一路洒纸钱。8：00，走了一段路后，大家停下来休息，期间家属给来送殡的人发送糖果、烟和白色糯米饭。村民各自聊天、讨论事情。8：06，放两挂鞭炮后，继续前行。8：11，停下休息，再次发糖果、烟和白色糯米饭。

上山后的仪式如下。

（1）师傅在坟头烧香一根，纸钱一张。然后，师傅对着一根红绳和一把刀念咒语。结束后将刀用红绳拴在皮带上，纵身跳入墓地中。

（2）师傅在墓地的正中央挖一个圆洞，放入一个瓷碗，往碗里加满水，再加入一些碎银子。这是给死者准备的水源。

（3）师傅用长形的纸钱铺墓地内部，全部铺满后烧一张纸钱，边烧边扫墓地。

（4）师傅换上一双新鞋（军用迷彩鞋，23.5 码），然后用两块白布分别包在穿好的新鞋外面。

（5）师傅用三张大的红纸盖在已经铺好的纸钱上方。

（6）师傅用米粒在红纸上画出一个大大的人形，人形的形状、大小和真人相当。这是让死者的灵魂附上去。

（7）家属给一只公鸡洗脸、洗脚之后，将鸡递交给师傅。师傅拿着公鸡念咒语一段，随即将鸡冠掰下一块，鸡头上的毛拔下几根。将拔下的鸡毛分别插在墓地的东南西北四个方位和中央。

（8）师傅跳出坟坑，然后在坟坑旁用手拎着公鸡甩动，同时口中念咒语一段。念好咒语后，将公鸡扔进坑中。

（9）在场的小孩子被大人命令下山去，并且不能再观看现场的活动。这时，山下聚集着30多个未上山的大人，他们点燃起一堆篝火，烧火聊天。

（10）家属解开绑在棺材上的竹条，抽出原来用于抬棺材的大竹子。将大竹子砍成两截，分别放在坟墓的上方两处卡住。然后将棺材从长条凳上搬开，架在卡在坟墓上的大竹子上。这时候，公鸡自己飞出了墓地。这是一个好兆头。

（11）家属将原来用于绑棺材的两根竹条从棺材下穿过，棺材两边站着四个人手拿竹条做好准备，等待吉时的到来。

（12）吉时已到，开始放鞭炮。家属手拉竹条将棺材吊起来，等到架起棺材的大竹子被拿走后，慢慢地将棺材放进坟坑中。

（13）棺材放入坟坑中，还需要校准位置，棺材的中界线必须与原先定好的准线一致。完全调整好后，就将竹条抽出。

（14）师傅将挖墓动土时留下的三块泥土放在三个孝子的衣服后襟里，孝子身体背对坟墓，将泥土抖动撒入坟坑内的四处。

（15）封土仪式，一队人开始用铲子将土铲入坟坑中，另外一队人开始上山抬石头。

（16）烧孝服，烧死者生前的服装、被褥、钟。

（17）师傅手拿一根新鲜的竹条，口念咒语，然后将一根干的竹条留给死者。这是拔出活灵魂。

（18）坟坑被填满泥土后，再用从山上搬来的泥土和石头把坟墓垒起来。正面看是一个三角形，侧面看是一个长的椭圆形。

（19）坟墓完全整好后，在坟旁，放上一个长竹筒，里面装着最后一次给死者净身的水。

（20）师傅用一只鸡改吉日。因为当初将入土的日子定在了双日，是不好的，要改一下。给鸡洗脸、洗脚后师傅念一段咒语，念好后将鸡活埋入事前挖好的一个坑中。在鸡的坟头插上一根香、一把刀，并烧一张纸钱。师傅念一段咒语后将刀拔起。

（21）将纸制的童男童女、电视机、冰箱、保险柜、纸制的二层房屋（一层的门口有警卫站岗）、纸伞两把、一红一白摇钱树两棵烧给死者。

（22）师傅洒五谷，其他人背过身子去接，接得越多越好。丧葬仪式中，洒五谷是占地盘。如果别人占到了自己的地盘就会有纠纷。

（23）回家后，家属和朋友都要跨过火盆，用柚子叶煮的水洗手。老人上山以后，各家各户在自家门口洒一条火灰，防止老人的魂走错屋子。壮族人见到死人，见到棺材是很高兴的，认为这是大吉大利、升官发财的征兆，见到结婚则觉得不吉利。

# 第三节　宗教信仰

"壮族与其他民族一样，有自己的宗教信仰，而且是多层次的。壮族的宗教层次是：第一，原始宗教。特别是鬼魂崇拜和祖先崇拜，在民间还相当浓厚。第二，原生型民间宗教。有半脱产的神职人员，有稳定的传承和相应的仪式，有大量以韵文为主的经书。第三，创生宗教。主要是道教和汉传佛教。道教是作为汉文化的一部分传入壮族地区的，由于汉壮两个民族都是农业民族，在文化上比较容易沟通，所以道教容易为壮人所接受，在壮族民间非常活跃。佛教在壮族中的流行是无法与道教相比的，壮人基本不接受佛教的教义。四教合一是壮族地区的宗教奇观，也就是任何宗教都不纯粹。"[1] 目前，马多依下寨壮族村民的宗教信仰表现为祖先崇拜和道教信仰两个方面。

1958 年，批判牛鬼蛇神、"破四旧、立四新"，马多依下寨懂宗教知识的老师傅都被拉去批斗，宗教书籍和家谱

---

① 梁庭望主编《壮族原生型民间宗教调查研究》（上），宗教文化出版社，2009，前言第 1～3 页。

都被抄出烧掉，家中供奉祖先用的香炉也都被处理掉了。人亡艺绝，目前，马多依下寨已经没有了能够从事宗教活动的师傅，做宗教仪式时都是从外村寨请师父上门服务。据寨子上公认最懂宗教的老队长王玉华（1947 年生）介绍，他在年轻时跟着自己的父亲学习吹唢呐、做法事、看风水、拿鬼、六十大花甲、结婚看日子、算命、改命等。因为没有书籍，宗教知识都要靠自己的记性好，背记下来。"文化大革命"期间，他因为担任民兵连的机枪手，手持武器，所以没有被抓去批斗。但是他的宗教学习自此中断。现在连六十甲子都已经记不清楚了，只是会看一些风水和吹唢呐。以前村里有四个人会吹唢呐，做仪式可以组成一个唢呐班，可是现在四人中就只有王队长一人还在世。村民办红白喜事时需要从外村寨请唢呐班，每次的收费是 460 元。[①]

在"文化大革命"之前，马多依下寨壮族有祭龙山和祭龙树的盛大活动。二月的时候，村民们带着猪、鸡、粽子、花米饭、酒上山去祭拜。龙山上的五棵大树被认为是神树，不能砍伐，否则龙神会降鬼神扰乱，全村不得安宁。更不允许在龙树旁解大小便、说脏话、扔垃圾，否则就会肚子痛、嘴巴歪。后来祭祀活动受到冲击，生态环境发生变化，村里就没有再祭龙山和祭龙树了。

1996 年，外地来的一群人在马多依下寨的一处山洞旁盖起了一座寺庙，还在山洞里建造了四大金刚的塑像。一个老尼姑成天在庙里拜佛、念经，敲铃铛、敲鼓。村民在家里都能听到声响。这个寺庙吸引了附近的好些香客前来

---

① 根据 2011 年 1 月 27 日对马多依下寨村民王玉华的访谈记录整理。

图 5 – 14　调查组成员向马多依下寨最长者陶玉荣请教宗教
知识（黄禾雨摄　2011 年 1 月 28 日）

供奉，但是马多依下寨的村民从来不去。寺庙建起后的一
年中，村里发生了多件怪事。当年全村就死了七个人，而
且有年轻人和小孩，种植的稻谷也不灌浆。这些情况让村
民普遍心生不安，于是联合起来集体反对寺庙的存在。他
们把情况反映到河口县委、县政府，又获得了南溪镇公安
局的支持。在公安局的保护下，村民使用购买的火药，把
寺庙给炸毁了，炸寺庙之前还在里里外外淋了狗血。后来，
那些盖寺庙的人又将寺庙建到了桥头乡。

马多依下寨的村民大年三十、正月初一、正月十五、
七月十四都要在家中供奉祖先，清明节要上坟。村民已
经停止了对山神、树神、土地神、寨神、门神、灶王神
等神灵的崇拜和祭祀。在道教信仰方面，道教的一些仪
式和占卜、算卦活动仍然活跃于村民的生活中。丧葬活
动必须请师傅诵经做法，祭祀亡灵。村民遇到疑难杂症，

到了医院无法查出，就会请师傅打卦，看是否遇到了鬼神。

## 个案5－7：村民王慧谈巫术①

H 问：你们相信有巫术吗？

W 答：民族的巫术是有的。我老公就被放过蛊。放蛊之后，他觉得这里也疼、那里也疼。去医院照了 B 超就是检查不出来。于是请师傅到家里做法，我听到石头摔落在地上的回音，还在家里找出了碎石头和碎玻璃。师傅做法的第二天，他就好了。

H 问：是什么人在使用巫术呢？

W 答：过去听老人说，这种放巫，瑶族和苗族最多。我小时候怕被放巫，在路上要是碰到瑶族和苗族就马上跑开。现在，这些巫术都是来我们这边租地种的瑶族搞的，他们会放也会收。会放的人有时候必须要放出来才行。放出来后运气不好的人碰到了就会疼了。这要看八字的，有些人命硬，想要放也放不进去的。以前，谁会搞这个就被拿去批斗，搞法术的书也烧掉了。有些人好的不学，专门去学这种害人的东西。学习了之后，不放出去自己又受不了，就必须要放出去。现在会搞的人少了，人们也不相信这些了。

H 问：村里还有人被放过蛊吗？

W 答：老王队长的四姑娘王国丽就被放过蛊。她走着走着，脚就不能动了。王队长拿着女儿的衣服给师傅看，

---

① 根据 2011 年 2 月 19 日对马多依下寨村民王慧的访谈记录整理。H 指代黄禾雨，W 指代王慧。

师傅说，你这是给人害了，还说是哪个害的。王队长就提着刀，要上门去砍人家。后来想到了杀人犯法，就威胁了那家人一下，叫他们自己收回去。几天后，他女儿就能够走路了。

## 个案 5-8：南溪农村十三队李自祥师傅
## 谈宗教知识①

李自祥师傅，傣族，1968 年出生，职业是南溪农场十三队的割胶工人。他的宗教知识和技能是跟着父亲学会的。他的特长是看坟地的风水，在他的笔记本里，记录着他看过的 55 个坟地风水主人的名字。

H 问：看风水包括哪些方面？

L 答：傣族的风水包括看坟地、看家宅和看八字。请师傅看坟地风水，主要是求个保佑和平安。师傅首先把死者的生辰八字和家属的生辰八字对好，然后选定吉时和方位，再拿着罗盘去选坟地。坟地按风水分有螃蟹地、乌龟地、虾公地、虫地。如果师傅不会看，就会伤到自己，眼睛是要瞎掉的。

H 问：师傅有哪些法器？

L 答：有铜铃铛、法刀和道服。

H 问：鸡卦是怎么算的？

L 答：鸡卦是用小公鸡的大腿骨来算。鸡卦分为四种：王卦是 1、5、9 月，点卦是 2、6、10 月，虎卦是 3、7、11月，龙卦是 4、8、12 月。鸡卦可以占卜的项目有：(1) 做

---

① 根据 2011 年 2 月 5 日对南溪农村十三队李自祥师傅的访谈记录整理。H 指代黄禾雨，L 指代李自祥。

生意的人一年中哪几个月会赚钱或输钱;(2)打仗的结果是胜利或失败;(3)死者的灵魂有没有来到;(4)孕妇生男或生女;(5)出门会不会出事,是不是平安。马关那边有卖学习算鸡卦的书,但是南溪这边没有卖。我是跟着师傅学习了七八年才学会的。

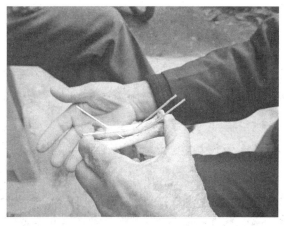

**图5-15　调查组成员在南溪农场十三队询问李自祥师傅壮族**
**鸡卦知识(黄禾雨摄　2011年2月5日)**

H问:现在学习宗教的人多吗?

L答:哎,没有人学了,有年轻人愿意学我就教啊。没人学我也没办法。我们有好多东西都是用壮话讲,翻译不出来的。广西那边说的壮话,我们好多也是听不懂。我们离开广西太久了,很多民族的东西都不会了。我们这里是边疆,很少有机会去外边学习别人的好处,都是老一辈教会的。

# 第六章 教育卫生

## 第一节 教育

### 一 学校教育

#### （一）基本情况

民国元年（1912），河口始建市立完全小学，学生363人。以后又相继建立了省立桥头完全小学和南溪、老范寨、坝洒、卡房、马鞍底、老卡初级小学6所，全部学生745名，教职工不到20名。民国19年，在河口办过一所初级中学（后因经费支绌，学生人数太少，将中学改为师资班），仅仅3年就夭折了。民国19年，河口全县人口5.9386万人，而全县学童仅745名，平均80人才有一个学生，占全县人口的1.25%。1934年以后，匪乱兵患，民生不济，老范寨、坝洒、卡房、马鞍底、老卡小学相继停办。河口解决前夕，全县仅残存2所小学，学生不过270多人，教职工8人，且学生大多为富户子弟，广大劳动人民子女就学比登天还难，少数民族子女更没有进学校的机会，一万多人居住的瑶山区，

没有一所学校。①

新中国成立后，河口县的中学教育从无到有，逐步发展。1952年8月，创办河口一中；1972年9月，河口一中增设民族班；1974年8月，在桥头创办河口二中；1987年8月，在水头创办职业高级中学；1988年8月，在南溪创办民族中学；1992年8月，在瑶山创办河口三中。② "文化大革命"和"自卫反击战"期间，河口的教育受到极大的干扰，在极"左"路线的影响下，一大批教师被批斗，造成各学校时停时办。在战争年代，边境一线学校被迫停课，校舍和课桌椅等设施遭炮火袭击而惨遭破坏，完全处于半瘫痪状态。

党的十一届三中全会以后，特别是国家实行沿边开放政策以来，随着经济形势的好转，河口县委、县政府将教育列入重要议事日程，坚持科教兴县的战略方针，逐步增加教育投资，不断改善办学条件，狠抓普及教育和"两基"工作。2010年，河口县有各级各类学校84所，其中：高中1所，职业高级中学1所，初级中学6所，完全小学22所（含民办2所），教学点43个，幼儿园11所（含民办6所）。各类学校在校生16166人，其中：小学在校生9072人；初级中学在校生4263人；高中在校生745人；职业高级中学在校生272人；在园（班）幼儿1764人。教职工总数为1422人（民办学校82人），专任教师1160人，其中：小学专任教师696人（民办学校23人），初中专任教师323人，普通高中专任

---

① 河口瑶族自治县概况编写组：《河口瑶族自治县概况》，云南民族出版社，1985，第71～72页。

② 河口瑶族自治县人民政府：《瑶族通史——河口瑶族自治县资料汇编》（内部发行），红文新内资字〔2001〕80号，云南省个旧市印刷厂印制，2001，第195页。

教师 55 人，幼儿园专任教师 55 人（民办学校 24 人），职业高级中学专任教师 31 人，专任教师合格率：小学 97.99%，初中 99.68%，高中 100%，幼儿园 100%。①

图 6-1　河口县民族中学校门口（毛登科摄　2011 年 2 月 9 日）

图 6-2　河口县民族中学教学楼（毛登科摄　2011 年 2 月 9 日）

---

①　资料来源：河口县教育局。

2009 年南溪镇有初级中学 2 所，半寄宿制完小 4 所，村级学校 3 所，校点 1 个。在校学生初中 20 个班，共 525 人，小学 56 个班，共 1372 人。专任教师 178 人，其中，初中教师 67 人，小学教师 111 人；工勤人员 31 人，其中，初中 12 人，小学 19 人。中小学占地面积 73845 平方米，其中，初中 30005 平方米，生均 35.25 平方米，小学 43840 平方米，生均 24.48 平方米。

在学校教育方面，马多依下寨的小学生就读于南溪中心小学完小，中学生就读于河口民族中学，高中生就读于河口县高级中学、蒙自一中或建水一中。2009 年马多依下寨义务教育在校学生 35 人，其中小学生 20 人，中学生 15 人。

**图 6-3  南溪民族小学校门口（毛登科摄  2011 年 2 月 9 日）**

（二）具体做法

2009 年南溪镇以提高南溪地区基础教育为中心，努力提升办学水平和效益，巩固提高"两基"工作；以办人民满意的教育为宗旨，全面加强中小学校管理工作，将教育目标任务层层分解，责任落实；南溪镇教职工在体制改革的进程中，齐心协力，用集体的智慧和力量，以"开放、创新、发展"的创业精神，克服了校舍拥挤的种种困难。通过全体教职工的共同努力，顺利完成了各项指标任务。

——明确学校的办学指导思想，管理制度健全。南溪镇各中小学的各项工作始终坚持以马列主义、毛泽东思想、邓小平理论和"三个代表"重要思想为指导，三个面向为方向，教育方针为准绳，培养"四有"新人为目的的办学指导思想，全面落实科学发展观。建立健全了学校的规章制度，实行教学目标管理、教职员工聘任制和绩效工资制，严肃了工作纪律，营造了工作氛围，树立了良好的职业道德风范，提高了工作质量和效率，形成了一支团结、务实、高效的领导班子，一支以质量求生存的教职工。

——认真落实普及教育指标，"两基"成果得到巩固。基础教育是提高全民素质、加快社会经济发展的奠基工程，在整个教育阶段起着基础性、先导性作用。南溪镇始终把普及九年义务教育作为重中之重来抓，在新生入学上采取有力措施，实行以学校划片招生、分片管理、分工负责，对开学不送子女入学的，由村领导带领教师完成动员入学任务；对在校学生实行班主任主要负责、科任教师积极配合的管理机制，把学生思想政治教育和前途理想教育贯穿于各科教学及各项活动之中，让学生从小懂得知识的重要性，在学校安心学习。南溪镇的适龄儿童入学率达99.93%，巩固率达 99.45%，毕业率 100%，完学率99.35%。顺利完成了普及义务教育各项任务，杜绝了新文

盲的产生，通过了县的复查验收。

——狠抓教育常规管理，教学质量有所提高。南溪镇所辖的中小学坚持单周政治学习制度，认真贯彻落实上级的一系列文件精神和政策法规，落实学校的规章制度，提高了广大教职员工的思想觉悟。广大教职员工树立了正确的人生观、价值观和职业道德观，做到教书育人、管理育人、服务育人、环境育人、活动育人。在学生中以"五爱""四有"为培养目标，认真落实《中小学生守则》《中小学生日常行为规范》，做到校会周周开、班会节节开、住校生会月月开，通过各种会议，形成共识，齐抓共管，形成了健康向上的文化氛围。在教学上学校始终把质量作为教师生存的根本，坚持向管理要效益，向教学研究要方法，向课堂40分钟要质量，广泛开展教学研究，狠抓教学重要环节。坚持双周活动，实行互相听课评课，研讨教学疑难问题，共同提高教学业务水平，本学年镇政府领导深入南溪镇各所中小学检查每位教师备课教案、作业批改不少于三次。找出了各所学校存在的困难和问题，提出了许多改进意见和措施，促进了南溪镇教学质量的整体提高，各年级的成绩都在稳步上升。

——充分发挥少先队的阵地作用，切实做到活动育人。少先队工作是学校德育工作的重要阵地，学校始终以"五爱""四有""五讲四美"为主要内容，组织开展许多具备思想性、知识性、趣味性的活动，组织学生开展升旗、演出、演讲、游园、体育、参观、书画、扫墓等活动，增长了学生的知识，陶冶了学生的情操。在组织抓好常规活动的同时，重点抓了三大节日活动：六一邀请了各单位的领导到各校参加了庆典活动，观看了同学们自编自演的舞蹈，参观了学生的十来个游园项目，得到领导的好评；各校建队节召开了庆祝会，发展了一批新队员，进行了学生演讲比赛；元旦进行了文艺会演评比等。通过开展丰富多彩的活动，培养了学生的创新精神和实践能力，教会学生学会求知、学会健体、学会审美、学会做人。

　　——后勤工作不断加强，服务质量有所提高。后勤工作是教育教学工作的后盾。南溪镇一是从制度入手，督促各中小学建立健全学校的后勤及卫生制度，做到有章可行、有据可依，认真落实。二是注重教学办公用品的采购，保证学校各项工作正常运转。三是加强食堂卫生质量监督，炊事员在工作上班期间必须穿工作服，保证饭菜质量，实行品尝制度，供应学生安全卫生可口的饭菜。四是加强水电管理，保证学校生活和工作用水不缺，保护电路、电器开关完好，维护了正常的教学秩序。五是认真落实校园卫生制度，做到大会小会讲卫生，实行划区域管理，天天清扫，天天检查、评比，长期保持规范整洁，创造了一个良好的育人环境。

　　——安全制度不断完善，校园综治工作取得成效。学校安全工作重于泰山，南溪镇各级学校始终把此项工作放在各项工作的首位来抓。镇党委、政府与镇所辖各单位、村委会和中小学签订了11项综合治理目标责任书，年中和年末各考核一次。中小学加强学校管理，中小学实行24小时值班制，做到校门口、校园内和学生宿舍不离人，门卫一人，宿管员一人。村小及教学点双休日和节假日安排专人值班。建立健全安全制度，成立了南溪镇中小学安全工作领导小组、南溪镇中小学消防领导小组，制定了《南溪

镇中小学安全教育实施方案》《食堂卫生制度》《保卫人员职责》《门卫人员职责》《学生安全教育十不准》《南溪镇中小学重大安全事故应急处理预案》。认真落实安全责任制，明确部门岗位安全职责，做到谁主管、谁组织、谁负责安全责任。定期不定期对所属学校进行安全检查，发现隐患及时处理，决不拖延。一年来，校内校外秩序良好，外来干扰基本排除，校风校纪进一步好转，违纪行为和辍学学生明显减少。

——学校党支部建设进一步加强，发挥了党员的先锋模范作用。学校的党务工作在镇党委和县教育局党委的正确领导下，以师生员工思想政治工作和教育教学质量为中心，认真实践"三个代表"重要思想，牢固树立全心全意为人民服务的宗旨，在学校各项工作中起到了模范带头作用。一是党的组织力量进一步发展壮大。学校在坚持标准的前提下，各校党支部的党员数量不断增多。学校党支部增加了新的血液，充实了新的活力，增强了党的战斗力。二是建立完善了党的生活制度，支部活动开展正常。学校党支部制定了《南溪镇中小学党支部工作职责》《南溪镇中小学党支部生活制度》，严格按照《职责》和《制度》开展工作。一年来党支部召开多次支委会议，研究布置支部工作，考核讨论入党积极分子，通过预备党员的转正，开展一年一度的党员民主评议工作等。三是广大党员和干部认真学习实践"三个代表"重要思想，实施云岭先锋工程，全面落实科学发展观。由于学校党支部制度健全、管理完善、活动开展正常，广大党员在学校的教育教学各项工作中发挥了模范带头作用。

（三）存在的问题和对策

南溪镇学校教育工作存在的问题：（1）控制辍学率，提高巩固率，仍然是南溪镇今后教育工作的重点和难点。部分学生面临辍学的主要原因：一是受"读书无用论"的影响，认为大学毕业都找不到工作，从而产生厌学情绪；二是少部分学生家庭生活困难；三是受打工潮的影响，一些初中生在思想上无法抵制外出打工的诱惑。（2）全面提高中小学教育教学质量，依然是南溪镇教育工作的中心任务。镇党委、政府将加强对中小学的管理，支持和推动中小学教育综合改革，进一步建立健全各种规章制度和奖惩制度，开展好课改和教研工作，采取提前注册、提前宣传动员、奖励高分等措施，确保中小学优秀学生不外流，逐步扭转学校教育恶性循环的被动局面。（3）办学条件达不到高标准要求。南溪镇中小学校舍和教学设施条件差，中小学危房比例高，理科教学仪器配置、现代教育技术装备、图书资料配置和音、体、美器材配置与新课程改革的教学要求尚有较大差距。（4）教育法律法规的学习宣传不够广泛，部分群众教育法律意识淡薄，对社会的发展缺乏充分的认识，配合学校搞好子女教育的力度不够。（5）教师教育水平和整体素质有待进一步提高，责任心有待进一步加强。教育资源配置不尽合理，村民居住分散的村完小生源减少，班额较小，边远地区村完小优秀教师缺乏，移交地方政府的农场隶属学校与县属学校资源配置有待优化。（6）职、成教育发展相对滞后，投入不够，缺少实训场地和实训设备，缺少专业教师。就业市场和专业结构的矛盾还相当突出。

南溪镇学校教育工作的努力方向和对策：（1）加大教

育法律法规的宣传力度，提高南溪镇群众对"两基"巩固提高工作和教育法律法规的认识。认真落实国家和省、州、"两免一补"政策，发动南溪镇所辖各单位、各部门主动牵线，拓宽集资渠道，争取多方支持，帮助中小学改善办学条件和扶持贫困生完成学业。（2）多渠道筹措教育经费，加大基础教育硬件设施建设。（3）进一步加强师资队伍建设，转变教师教育观念，提高教师综合素质，全面提高办学效益。（4）加强学校管理，合理组合教育资源，促进教育均衡发展。（5）切实加强学校安全工作，维护校园安定和谐。坚持安全第一的思想，不断加强中小学安全教育与安全管理。完善学校突发公共卫生和安全事件报告制度，认真做好饮食卫生、传染病防控和安全工作。深入开展学校周边环境综合治理工作，确保学校安全稳定。（6）坚持办好职、成教育，进一步扩大办学规模，提高办学质量，丰富培训内容，改变培训模式，推广经验，巩固成果。

## 二　家庭教育

马多依下寨的家长对如何教育孩子、引导孩子有自己的一套经验和方法。

首先，在对待孩子接受学校教育的态度上，马多依下寨的家长鼓励孩子好好学习、增长知识。但是家长不作硬性规定，而是给予孩子足够的宽松度。家长的观念是：我们只有在孩子小的时候讲一下，大了就不管了，让他们自由发展。只有你们内地的爹妈才会一直管小娃。我们觉得十四五岁的孩子就有自尊心了，是成年人了，就不管了，任由他去飞了。

马多依下寨多年来，一共出过两个大学生。一位是黄勇，1985 年生，河口一中 04 届、云南省交通职业技术学院大专 07 届毕业生。2010 年考取公务员，在河口县桥头乡党政综办工作。一位是何艳，1986 年生，个旧一中职高班 04 届、云南财经学院大专 07 届毕业生，毕业后在昆明从事会计工作。

## 个案 6 – 1：三位家长对待孩子接受
## 学校教育的态度

王泽民：我那个儿子相当聪明。在读小学的时候，他的奖状在家里的床头、床尾都贴满了。等他读到了初中，初一还是可以的，后来就不行了。虽然他聪明，但是读书还是要有一种风气啊，马多依这边读书的风气不行。这些年轻人的头脑蛮可以，但是都不学习，不好好读书。我自己读高中的时候，在家里拿着一本书看。寨子里的其他同学看见了，就从背后扑过来，喊道：你还看什么书啊？好像是因为我这颗老鼠屎坏了一锅汤啊。但是现在社会进步了，我感到没文化还是不行。哎，目前我们老的还可以苦钱，就把他（指儿子）当作小孩子看。其实他是 1988 年的，已经成年了。他不用干活儿，每天就是吃吃睡睡的，我们可以养着他。我们这里的孩子在成家之前，任由他玩，成家之后就要求他单干了。

黄保明：对孩子的教育我们是很上心的，但是孩子是不是按照家长的想法做就没有办法管了。我感觉，在马多依读书成器的孩子没有几个，都是在混日子的。我们这里的小孩，哪里像内地的小孩，回家就做功课？他们放学回家连门都不进，书包直接扔进家中就跑出去玩了。这里的

玩伴多，场地大，大的、小的都贪玩，没有想学习、想读书的，最后不读书了就回家干工了。

黎金富：小孩放学回来后，我会让他写作业。但是只是说一下，他不做也管不了。如果把他关在房间里面，他肯定只会玩、只会睡，但是不会学。学习是不能强迫的，要自愿，要他喜欢才行啊。如果他在学校不好好学习，那也没办法。那就只有想办法学习科学种田了。当然，种橡胶也可以啊。

其次，在对待孩子的就业问题上，马多依下寨的家长多支持孩子自主择业、就业，不干涉，不包办。

## 个案6-2：两位家长对待孩子就业的态度

王加坤：我家一共四口人，夫妻俩和一儿一女。我的大儿子21岁，前段时间出去外地打工干了几个月，又受不得气，就跑回家来了。昆明是限制摩托车的，但是我们红河这边的摩托车很多。我的弟弟在南溪开了个摩托修理店，每天的平均收入有200多元，还是很可以的。我建议儿子去跟他叔叔学习一下摩托修理，但是他不愿意去，我拿他也没办法。儿子说不愿意，不愿意就算了嘛。现在我就不管他了，愿意出去就出去，不愿意出去就在家里干活儿好了。我的女儿17岁，只是读到初中毕业。读书不成，只能和朋友一起到昆明打工。这段时间过年，我的儿子、女儿都回家了。

黄保山：我的儿子黄勇最厉害了，全村人都是这样认为啊。考上公务员，我们寨子里从来没有过啊。公务员是铁饭碗，一辈子不用愁了。你打工打得了一辈子吗？我是初中生，能认识一些字就可以了。我们做家长的读书读不来，也教不来。以前我对儿子的家庭教育方式就是简单粗暴，不听话就直接动手打。我儿子读书的时候，我一直出钱供着他，供他到毕业。虽然我儿子现在的收入一个月只有1200元，但我还是相当高兴的。钱这东西，生不带来，死不带去。

　　再次，马多依下寨的家长均能严格执行国家规定的计划生育政策，无违规违纪现象。村民说：计划生育刚开始实行的时候还有人超生，后来感觉养多了是个累赘。现在认为生男生女都是一样的了。女的还会照顾家里面，会管父母。已经多年没有人超生了。养孩子的投资很大，孩子的生活费、教育费十几万元总是要的。现在的人民币又不值钱，一定要让孩子比上不足比下有余啊。对孩子，生出来就一定要好好培养。

　　最后，马多依下寨的家长有给孩子认干爹的风俗习惯。认干爹有三种情况：第一种情况是算八字，如果算出孩子的命里面需要有一个干爹，就必须去给他找一个。现在马多依已经没有人会算这种八字了，都是找其他地方的师傅来看。认干爹，有些会指定干爹必须姓什么，有些则是看机缘。比如：每月的初一或十五在家门口点燃一根香，拴好一根红线，当天第一个进门的客人就要被认作干爹了。也可以在一个三岔路口点燃一根香等着，一根接一根地点，直到第一个人出现被认作干爹方可。孩子认的干爹是不限定民族的，壮族、瑶族和苗族都可以。第二种情况是小孩子身体不好，爱哭闹，认个干爹就好养活了。第三种情况是大人喜欢某个小孩子，就认作干儿子或干女儿，小孩子也就有干爹了。干爹要给干儿子或干女儿起一个小名，如果家里的老人本来给小孩子起过小名，那么原来的小名就不再使用了。孩子的学名则是由自己的父母取。认了干爹的头三年，干儿子或干女儿每年的大年初二都要拿着粽子、鸡和酒去干爹家拜年。平时的联系就是通一下电话，有好吃好玩的就互相邀约。

## 三 社会教育①

### （一）南溪村开展社会教育工作的情况

南溪村村两委对全村教育事业十分重视，认为经济要发展，科学技术是动力，农民文化素质要提高，根本出路在于教育的提高。

首先，南溪村村两委在全村广泛开展普及九年义务教育宣传活动，扫除青壮年文盲，协助学校兴办扫盲班2期4个班，协调配合学校搞好青壮年的扫盲工作，现有86人领取了脱盲证，其中男45人，女41人，全村适龄儿童入学率达99%，无一人辍学。

其次，南溪村村两委认真贯彻执行《公民道德建设实施纲要》，切实加强青少年的思想道德教育。一是强化道德品质教育。定期组织青少年参观学习，聘请老党员、老革命对未成年人进行中国近代史、中国革命史和中国共产党史的历史教育。利用家长学校、家访、联谊会等方式，教育家长注重家庭教育。从家庭、学校、社会三方面协调培育明理诚信、品学兼优的下一代。二是营造书香社区，开

---

① 注：本节所写社会教育围绕南溪村村两委和南溪边防派出所的工作开展论述。

展丰富多彩的系列读书活动。充分利用现有条件，让学生快乐读书，让书成为学生的朋友。给学生以展示自我的舞台，养成良好的读书习惯，提高审美情趣和人文底蕴。有计划地开展"我读书，我快乐！""让学生拥有一个书香浸润的学生时代"等活动。通过活动，促进学生知识更新、思维活跃、综合实践能力的提高。三是开展以"节约一滴水、一张纸、一粒米、一度电"为主要内容的"四个一"节约资源活动。引导少年儿童积极参与节约型社会建设，开展"节约资源、保护环境，我是地球小主人"活动。组织和引导少年儿童从身边做起，从点滴小事做起，从小养成节约资源、爱护环境的环保意识和良好行为习惯。充分发挥少先队员"小宣传员""小监督员"的作用，深入家庭、超市、商场、饭馆等场所，寻找一个浪费的现象，做一件抵制浪费的事情。带动家长和其他社会成员共同建设节约型社会，为经济社会可持续发展服务。四是开展心理健康教育。关注学生心理发展，特别是弱势群体（包括残疾、单亲、留守与后进等）学生，引导他们始终拥有自信、向上、进取、健康的精神状态。根据社区实际，建立心理健康教育组织机构，建立心理咨询室，抓好心理健康教育。五是深入开展"毒品预防教育"活动。通过组织学生观看毒品预防警示教育片、举办毒品预防教育图片展、出毒品预防教育黑板报等活动，切实提高青少年学生对毒品危害的认识，提高"免疫"能力。六是全面推进"净土工程"。广泛开展儿童网络文明和网络安全的教育活动，引导未成年人树立正确的网络观念，正确、健康、文明和安全上网。七是组织未成年人开展丰富多彩的社会实践和文体活动。定期组织开展形式多样、有益身心健康的"敬老爱老互助"

"争做护绿小卫士""讲故事大赛"等活动，丰富学生的课余生活，提高综合素质。

最后，南溪村村两委以加强青少年法制教育为载体，积极参与构筑学校、家庭、司法、社会四位一体预防青少年犯罪的网络体系，努力促进青少年健康成长。一是加强专题走访。组织宣教科、法援中心人员，明确专项课题，深入中小学校、村民小组、社区，围绕青少年违法犯罪进行专题走访，配合派出所有关人员就青少年法制教育工作认真研讨。在此基础上，正式出台《预防青少年犯罪的措施》《南溪村委会违法青少年管（帮）教工作制度》《农村刑事犯罪的特点及预防》等规定，明确了目标要求、保障措施等方面的内容。二是进行普法宣讲。通过组织村干部的普法培训，将青少年法制宣传教育作为重要任务，积极深入农村举办普法专题讲座。利用学生假期，联手城区街道办事处以社区为单位组织中小学生开展法制讲座。三是对青少年提供法律援助。通过提供法律咨询的方式，增强青少年的法制观念，对减少和预防青少年违法犯罪和重新犯罪起到了很好的效果。四是扎实做好青少年刑释解教人员的帮教工作。安置帮教工作人员，从学习、生活、工作等方面关心和帮助"回归"青少年。联合各村干部、片区民警、司法所人员、学校老师对失足青少年实施"一助一"结对子的帮教措施。五是在矛盾纠纷排调中，把青少年作为一个重点来关注。在进行日常矛盾纠纷排调工作中，将流动务工青年、行为不端的"双差生"和"流失生"、曾有不良记录的失足青少年、家庭教育失范的闲散少年、服刑人员子女等青少年作为重点关注对象，掌握苗头动向，及时帮助他们解决困难，防患未然。七是以"三五"普法为契机，加强青少年法制宣传教育。大力开展法律进乡村、进学校、进家庭、进市场的法律宣传活动，将维护未成年人合法权益和预防青少年违法犯罪的法律法规作为重点，宣传普及到社区、乡村，切实营造有利于青少年健康成长的良好法制环境。

### （二）南溪边防派出所开展法制教育工作的情况

南溪边防派出所为营造团结和谐的乡村环境，全面深化爱民固边模范村建设，以青少年法制教育工作为载体，推动全村各项建设发展，提升全村的精神文明建设。2009 年 8 月 10 日 15 时，马多依警务室社区民警李杰组织模范村的青少年开展法制教育课。在课堂上，民警首先向大家介绍了什么是违法犯罪，青少年违法犯罪的主观原因以及如何预防违法犯罪。其次，民警采取以案说法的方式，通过辖区内一个个青少年犯罪的典型案例，剖析青少年违法行为的成因和后果，结合家庭、社会在青少年成长过程中所担负的责任，引导该村青少年知法、懂法、学法，做一个守法的公民，为其健康成长指明方向。最后，民警针对该村青少年的实际情况，对如何防范不法侵害、如何防范毒品危害、消防等方面的知识进行了讲解。课后，受教育许多青少年纷纷表示，听了边防派出所组织的法制教育课后，受到了深刻教育，认识到了遵纪守法的益处，违法犯罪的害处，增强了抵制不良习气的自觉性。

**表6-1 南溪边防派出所2010年"六防"宣传教育登记**

| 时间 | 2010年3月21日 | 地点 | 马多依下寨 | 宣传人 | 张胜军<br>李　杰 |
|---|---|---|---|---|---|
| 参加单位（群众）及人数 | | | 河口县南溪镇马多依下寨居民共195人 | | |

宣传内容：

1. 对河口县南溪镇马多依下寨居民进行行政处罚法及"六防"教育宣传。

2. 针对南溪街上出现的骗子行骗作讲解。南溪街经常发生一种"盖中盖"的骗术，将这种骗术给大家作讲解，以便居民遇到事情时能及时防范及报警。

3. 向群众讲解预防地震、火灾、水灾等知识及逃生技能。

存在问题：村民法律意识淡薄，处理事情片面。

# 第二节　医疗卫生[①]

新中国成立前，边陲河口，南疆僻野，气候炎热，杂草丛生，臭水成塘，蚊蝇肆虐，百病猖獗为瘴疠之乡。民间流传着"面黄牙齿白，定是河口客""十人下河口，九人命难留""谁要下河口、背着棺材走"等谚语，各族人民缺医少药，生病靠民医民药，有的求神拜鬼。1883年（光绪九年），河口驻清军数千人，设随军医院一所，此乃河口医院之创始。[②]

中华人民共和国成立后，河口县党委、县政府十分重视医疗卫生事业，于1988年成立南溪镇卫生所，1998年晋

---

① 资料来源：笔者对南溪镇中心卫生院院长谢永强、原南溪村卫生室乡村医生黎明的访谈及南溪镇中心卫生院提供的书面材料。

② 河口瑶族自治县人民政府：《瑶族通史——河口瑶族自治县资料汇编》（内部发行），红文新内资字〔2001〕80号，云南省个旧市印刷厂印制，2001，第198页。

升其为南溪镇中心卫生院。为形成县、乡、村三级医疗卫生防治网，南溪村积极向上级协调资金，于 2007 年投资 5 万元在马多依上寨建盖 1 个村卫生室，配备 1 名医务人员。马多依下寨村民的医疗主要依靠南溪镇中心卫生院。截至 2009 年年底，马多依下寨共 172 人参加新型农村合作医疗，参合率 93%。

## 一 医疗机构的分级设置

### （一）南溪镇中心卫生院

南溪镇中心卫生院位于南溪镇东面，距离马多依下寨两公里。

人事编制方面，2010 年全院在岗职工 32 人，其中卫技人员 20 人。学历上，本科学历 1 人，大专学历 10 人，中专学历 16 人。职称上，卫技人员中，中级职称 2 人，初级职称 17 人，执业医师 3 人，执业助理医师 5 人，主管护师 1 人，护师 3 人，护士 3 人。全院以争创省级文明单位为目标，紧密结合工作实际，采取多种形式开展党风廉政建设、医德医风建设、创佳评差等活动。一是开展学习先进事迹活动，各科室联系实际，交流学习心得，撰写心得体会。二是坚持医德医风和查房制度，院科领导经常深入一线科室，广泛听取患者的意见和建议，定期对医务人员进行医德医风测评。三是积极开展"5.12 护士节"，通过"优秀护士"评比活动，树立先进典型。

硬件配置方面，2010 年全院共设 30 张病床，1 个门诊部，1 个住院部。住院部内，设有手术室、抢救室、B 超室、心电图室、X 光室、口腔科、针灸理疗、妇产科、计

免、防疫、化验室、供应室、财务室、院办室等多个临床科室。配有 500 毫安 X 光机 1 台、黑白 B 超机 1 台、九孔无影灯 1 个、心电图机 1 台、胎心监护仪 1 台、洗胃机 1 台、制氧机 1 台、牙科综合治疗仪 1 台、尿十项分析仪 1 台、冰箱 3 台、血球分析仪 1 台、心电监护仪 1 台、血糖分析仪 1 台、电动人流吸引器 1 台、奥林巴斯显微镜 2 台、新生儿辐射台 2 个、救护车 2 辆。全院业务用房和占地面积 11088 平方米。2009 年新建住院综合楼一栋，面积 923.72 平方米，总投资 120 万元，2010 年 6 月 23 日投入使用。

**图 6 - 4 南溪镇中心卫生院门口（毛登科摄 2011 年 2 月 9 日）**

## （二）南溪村卫生室

河口县从群众最切身的利益入手，着力解决群众"看病难"的问题。2007 年，全县有 27 个村委会建盖了卫生室业务用房，配备了相关设备和药品，真正做到了农民群众小病不出村。① 2008 年，南溪镇有村卫生室四个，乡村医生六人。各村卫生室在南溪镇中心卫生院的指导下开展农村卫生工作，具体内容包括初级卫生保健、妇幼保健、计划免疫、防疫保健、健康教育宣传、环境卫生整治等。

南溪村卫生室在 2007 年建成后，配备了一名乡村医生及医疗器械和基本药品，能满足村民打针输液等一般疾病和小型创伤的治疗。但是由于南溪村委会下辖的七个村民小组在地理位置上与南溪镇中心卫生院距离很近，村民看病就诊多选择去往南溪镇中心卫生院。2011 年，笔者调查时见到，由于乡村医生离职和卫生室业务量过小等原因，南溪村卫生室已经停止使用。

南溪镇四个村卫生室和六名乡村医生的具体情况见表 6 - 2。

表 6 - 2　2008 年南溪镇农村卫生室基础设施建设情况调查

| 县名称 | 乡镇名称 | 村卫生室名称 | 自然村数（个） | 行政村人口数（人） | 是否实行乡村卫生服务一体化管理 | 各级财政对乡村医生月平均补助金额（元） | 业务用房情况房屋建筑面积（平方米） | 业务用房情况（间） |
|---|---|---|---|---|---|---|---|---|
| 河口县 | 南溪镇 | 南溪村 | 7 | 1093 | 是 | 150 | 60 | 4 |
| 河口县 | 南溪镇 | 安家河村 | 8 | 772 | 是 | 150 | 35 | 1 |
| 河口县 | 南溪镇 | 龙堡村 | 14 | 1350 | 是 | 150 | 60 | 4 |
| 河口县 | 南溪镇 | 大南溪村 | 10 | 995 | 是 | 150 | 60 | 4 |

资料来源：南溪镇中心卫生院提供。

① 姚锡成：《河口农民小病不出村》，《云南日报》2007 年 5 月 19 日。

表6-3　2008年南溪镇乡村医生基本情况

| 村卫生室<br>名称 | 乡村医生<br>姓名 | 性别 | 出生<br>年份 | 民族 | 学历 | 毕业学校 | 毕业时间 |
|---|---|---|---|---|---|---|---|
| 南溪村<br>卫生室 | 黎　明 | 男 | 1978 | 壮 | 初中 | 南溪农场<br>一中 | 1995.7 |
| 龙堡村<br>卫生室 | 扬开万 | 男 | 1976 | 苗 | 小学 | 南溪民小 | 1994.7 |
| 龙堡村<br>卫生室 | 马新花 | 女 | 1982 | 苗 | 中专 | 红河卫校 | 2006.7 |
| 大南溪村<br>卫生室 | 韩金国 | 男 | 1967 | 苗 | 中专 | 红河卫校 | 1996.12 |
| 大南溪村<br>卫生室 | 陶光翠 | 女 | 1981 | 苗 | 小学 | 小田<br>小学校 | 1993.7 |
| 安家河村<br>卫生室 | 李兵妹 | 女 | 1979 | 瑶 | 小学 | 南溪民小 | 1994.7 |

资料来源：南溪镇中心卫生院提供，红河州河口县南溪镇中心卫生院制，填表人：张建彬，填表时间：2008年2月28日。

## 二　医疗工作的开展情况

在河口县委、县政府和县卫生局的帮助指导下，在县人大的监督支持下，南溪镇中心卫生院按照《河口县卫生目标责任书》的要求，逐项落实目标，确保各项医疗工作顺利开展。

### （一）制度建设和卫生队伍建设

制度建设。一是加强组织领导。南溪镇党委、镇政府把加强农村公共卫生工作作为全面建设小康社会，统筹城乡经济社会协调发展的重要任务，成立南溪镇公共卫生工作领导小组，由主管卫生的副镇长顾维志任组长，南溪镇中心卫生院院长谢永强任副组长，落实专门办公室和专门负责人员。南溪镇与全镇四个行政村签订公共卫生工作目标责任书，每个行政村配有一名公共卫生联络员，协助和配合乡村医生做好公共卫生工作。南溪镇中心卫生院卫生工作领导小组由院长谢永强任组长，副院长张建彬任副组长并负责日常工作。二是加强制度落实。进一步落实首诊医师负责制、服务承诺制和责任追究制三项制度，医务人员严格履行"八项服务承诺"。卫生院每月召开全院职工大会一次，制定奖罚制度，做到有章可循，形成"以制度管人，用制度管事"的管理模式。

卫生队伍建设。一是加强卫生技术人员培训。人才是农村卫生机构发展的关键。目前南溪镇农村医疗卫生人才存在数量严重不足、资源配置失衡、队伍结构不合理等问题。为提高卫生技术人员的素质，南溪镇中心卫生院每年均组织医务人员参加各种职业技能培训。同时，重视高层次人才的引进，2010年引进翻译一名、医生两名、护士一名。二是加强医德医风和行风建设。成立南溪镇中心卫生院行风建设领导小组。将医德医风考评制度列入年度目标管理。以整治群众反应强烈的药品采购和销售上的不正之风为重点，杜绝收红包、吃请、收礼、生冷、硬、顶、拿、卡、要等不良行为。行风民主评议工作坚持"谁主管，谁负责"，评、纠、建相结合，切实整改工作上的不足和存在的问题。在2008年开展的行风民主评议工作中，卫生院对门诊病人、住院病人、出院病人、本院职工发放问卷调查表55份，七项指标的综合满意度为92%。

## （二）农村公共卫生服务体系建设

完善镇、村二级农村公共卫生服务体系，目的在于进一步提高农村公共卫生服务质量，提升农村居民健康水平，促进农村社会经济持续、稳定、健康发展。为加强南溪镇农村公共卫生服务体系建设，南溪镇中心卫生院采取了以下举措。

一方面，南溪镇中心卫生院建立医师责任制，为村民提供以预防、医疗、保健、康复、健康教育和计划生育技术服务指导为主要内容的卫生服务，方便农村居民就近获得医疗卫生服务。工作上做到了有计划、有总结、有记录，即每月有工作计划和总结，每天有工作日志，每次有会议记录。每月制作工作简报，不定期制作南溪镇公共卫生简报。

另一方面，南溪镇中心卫生院加强对所属各村卫生室的组织管理工作。一是开展业务培训。卫生院通过例会，向乡村医生及时传达各级卫生行政主管部门的重要通知，组织乡村医生学习卫生法律法规和业务知识，尤其是加强健康教育和新农合项目的培训。二是开展工作考核。卫生院每年对所属各村卫生室进行年终考核，考核内容包括村卫生室的基本规范和要求，即看病有门诊登记、有处方、有发票，传染病报告制度、卫生知识宣传、药房规范、业务学习等。通过考核评选先进村卫生室、优秀乡村医生并给予表彰。三是开展工作督察。卫生院每年结合各项中心工作，定期、不定期到所属各村卫生室，对药品管理、传染病防治、一次性用品管理、健康教育宣传等项目进行工作督察。四是一体化管理。卫生院对所属各村卫生室的药品采购、医疗器械采购、财务收支进行统一管理。

（三）新型农村合作医疗工作

南溪镇开展新农合工作以来，初步形成"政府重视、干部支持、群众配合"的良好局面。南溪镇中心卫生院严格执行《新农合财务管理制度》《新农合公示制度》《新农合医疗管理工作制度》《新农合处方管理制度》，改进服务质量，提高参合率。新农合工作得到广大群众的好评和上级党委、政府的肯定。

一是加强领导，落实政府责任。依据"政府主导，农民自愿参加"的原则，南溪镇党委、政府把新农合作为一项中心工作来抓。落实政府管理责任，成立新农合领导机构——南溪镇新农合管理委员会，新农合监督机构——南溪镇新农合监督管理委员会。落实政府筹资责任，召开全镇动员大会，明确目标，统一指挥，布置各村（街道）政府（办事处）参合资金的收缴规范。

## 南溪村委会关于成立新型农村合作医疗筹资领导小组的通知

南溪村委会：

为认真贯彻落实省、州、县关于加快建立和完善新型农村合作医疗制度的要求，提高我村农民健康水平，进一步缓解农民因病致贫、因病返贫的问题。促进农村经济和社会各项事业的全面发展，维护社会的稳定，确保2011年新型农村合作医疗筹资领导工作顺利进行，经研究决定成立新型农村合作医疗筹资领导小组。具体组成人员

如下：

马戈哈小组：　　　林勇军

马多依上寨：　　　吴丽娟

马多依下寨：　　　李华翠

龙冬小组：　　　　李武权　王保龙

曼爬小组：　　　　黎　明　陶树芬

南溪街道和李麻山：何　强　邓朝兰　李　露

　　　　　　　　　王朝云　顾志勇　张　伟

　　　　　　　　　何　云

领导小组主要职责：认真完成各组新型农村合作医疗经费的筹资工作，审查核实筹资数据上报工作，及时了解掌握各组因病致贫、因病返贫的问题和筹资工作进展情况，提高农民健康水平，促进农村经济发展和社会稳定。

南溪村委会

2010 年 9 月 7 日

二是加大宣传，提高农民认识。新农合是一项新生事物，如何引导农民正确认识是关键。南溪镇重点宣传新农合的目的、意义和基础知识。针对该镇农民居住较分散的特点，采取多种宣传方式，用汉、瑶、苗、壮等民族语言进行宣传，让农民亲身参与学习和宣传。据 2010 年的统计，南溪镇新农合的宣传覆盖率为 95%，知晓率为 98%。经过长时间的引导和教育，农民"小病扛、大病拖、有病不治"的现象有了很大的改善，"花小钱，买平安"的意识逐步增强，健康消费的观念逐步形成。

三是科学运行，改进补偿方式。南溪镇本着方便群众、及时兑付的原则，积极探索科学的补偿方式，如新农合经费实现电脑网络化管理，在南溪镇中心卫生院设立报账窗口，新农合住院费用实行当日减免制度。以上措施为农民提供了便捷、快速的补偿服务，减轻了农民的补偿成本。

四是严格管理，确保服务质量。南溪镇中心卫生院依照新农合管理制度，严把医疗质量服务关和药品采购关，鼓励医生开目录内用药，杜绝乱收费、不合理用药、重复用药和检查等不良行为。提高农村医疗服务水平和就医环境，努力达到农民"小病不出镇"的目标。同时，不断完善补偿制度，进一步提高新农合资金使用率和扩大群众受益面。2011 年南溪镇农民每人每年参合需缴费用为 30 元，门诊现场减免比例为 40%，单次补偿不再设上限，但累计不得超过封顶线，住院补偿比例镇级为 70%，最高上限是1.8 万元。

## （四）妇幼保健工作

南溪镇中心卫生院以贯彻实施《母婴保健法》为核心，以保障生殖健康、提高出生人口素质为重点，以为儿童妇女健康服务为宗旨，优化服务模式，拓宽服务领域，提高服务能力和科学管理水平，降低了孕产妇死亡率、婴儿死亡率和出生缺陷发生率。

加强孕产妇的医疗工作。新农合工作实施后，更多的农村孕产妇得到了医疗保障。但一些边远村寨的妇女仍存在守旧思想，坚持在家中分娩。针对这一情况，南溪镇中心卫生院和各村卫生室按照降消项目的文件规定，加大宣传力度，动员这些农村孕产妇到医院就诊，从而降低了南溪镇孕产妇和新生儿死亡数量。

加强妇女生殖健康工作。一些妇科疾病严重困扰着广大农村妇女。近年来，宫颈癌的发生率呈上升趋势和逐步年轻化。患有妇科疾病的农村妇女对自己所患疾病的认识及治疗均不到位，往往将小病拖成大病。为此，南溪镇中心卫生院定期组织医务人员开展下乡宣传活动和妇科检查。

## 南溪镇党政办关于成立南溪镇妇幼卫生、降消项目工作领导小组的通知

镇属各医疗卫生单位：

为做好我镇降消项目及妇幼卫生、农村孕产妇住院分娩补助项目、农村妇女两癌检查项目、预防艾滋病母婴传播工作和国家基础公共卫生服务项目妇幼项目等工作，经研究决定成立南溪镇妇幼卫生、降消项目工作领导小组，其成员如下：

组　长：唐万芬（南溪镇副镇长）

副组长：谢永强（南溪镇中心卫生院院长）

成　员：张建彬（南溪镇中心卫生院副院长）

李桂花（南溪镇中心卫生院治疗组长）

朱洪慧（南溪镇中心卫生院护理组长）

罗　艳（南溪镇中心卫生院药剂组长）

王丽玲（南溪镇中心卫生院妇幼专干）

下设办公室在南溪镇中心卫生院院办室，由谢永强同志负责日常工作。

南溪镇党政办

2010 年 6 月 14 日

（五）健康教育工作

南溪镇中心卫生院以农村为重点，推进健康教育工作。建立农村健康知识宣传栏，以黑板报的方式大力普及各类健康知识。利用防治碘缺乏病日、世界卫生日、世界无烟日、4.25计划免疫宣传日、4.26疟疾宣传日等卫生日，以发放宣传册（单）、张贴宣传标语、广播电视等方式普及碘缺乏病防治、艾滋病防治、职业病防治、人禽共患病防治、手足口病防治、甲型 H1N1 流感防治、食品卫生安全、计划免疫接种等健康知识。以农民受益为出发点，开展身体健康体检。医务人员走上街头、深入农村社区，为农民提供健康咨询和义诊。以村委会为基本点，以乡村医生为突破口，实践农村健康教育工作。南溪镇中心卫生院对所属各村卫生室的健康教育工作进行督察，将健康教育纳入乡医会议，以会带训，对乡村医生进行指导。同时，南溪镇中心卫生院认真做好健康教育与健康促进工作，具体从医院健康政策、医院物资环境、医院社会环境、健康服务与社区卫生服务、个人健康技能、医院健康教育六个方面落实。

（六）传染病防控和计划免疫工作

为加强传染病的防控工作，依照《南溪镇中心卫生院疫情管理工作制度》《南溪镇中心卫生院网络直报制度》，南溪镇成立突发公共卫生事件应急领导小组，设置各种传染病及公共卫生事件突发处置预案，加强疫情管理、监督、检查工作。安排网络直报员，对传染病疫情进行网络直报。执行职务的医护人员、乡村医生、个体开业医生为责任报

告人,在发现甲类、乙类、丙类传染病人、病原携带者、疑似病人时,必须按照具体时间规定通过电话报告网络报告员,填写疫情报告卡,做疫情登记备查。乡镇卫生院在接到突发公共卫生事件时,应立即上报县疾病控制预防中心,并在两小时内组织有关力量,对事件进行调查。加强鼠疫、霍乱、疟疾、结核、血吸虫等重点疾病的防治工作。贯彻落实鼠疫防治预案,开展灭鼠活动,投放鼠药,回收死鼠。开展全球基金疟疾项目,成立南溪镇全球基金疟疾项目工作组,落实各项工作指标。定期对村寨进行全面清扫,喷洒消毒液,增强村民的健康防病意识,形成人人讲卫生的良好风气。近年来,南溪镇各村寨无传染病流行,无药物中毒和重大意外伤害、突发公共卫生事件发生。根据《全国常规免疫接种监测方案》和《云南省儿童乙肝疫苗免疫实施方案》的要求,南溪镇中心卫生院和各村卫生室切实开展计划免疫工作。对辖区内出生儿童建卡,开展基础免疫,在接种七苗(卡介苗、乙肝疫苗、麻风疫苗、百、白破疫苗、流脑、乙肝)的同时,加强麻疹免疫,接种麻疹疫苗。

（七）艾滋病防控工作

为进一步加强领导,南溪镇党委、政府认真贯彻落实全国艾滋病防治工作会议和国务院《关于切实加强艾滋病防治工作的通知》精神,成立由南溪镇分管卫生工作的副镇长任组长,南溪镇中心卫生院院长任副组长,公安、司法、民政、中心学校等相关站所为成员的南溪镇防治艾滋病宣传教育工作领导小组,在各村委会和社区由乡村医生担任艾滋病防治宣传员,协调各方力量,明确各方职责。

南溪镇中心卫生院依据国家、省和州《遏制与防治艾滋病行动计划（2006～2010年）》，结合本地实际，确定具体的艾滋病防治工作目标，实施目标责任管理，每年开展两次督察，及时上报工作情况。为进一步提高认识，南溪镇有针对性地对干部职工、在校学生、已婚育龄群众开展广泛深入的艾滋病防治宣传教育。以国际禁毒日、世界艾滋病日、国际献血日、《无偿献血法》纪念日等活动为契机，组织防保、计生、团镇委、妇联等部门上街宣传，通过悬挂布标、广播、发放宣传资料、提供咨询等方式，大力宣传有关法律法规和艾滋病防治知识。为进一步控制传播，南溪镇加强特殊人群艾滋病预防管理，组织人员深入宾馆、招待所、歌舞、桑拿、洗浴、美容、美发场所进行艾滋病防治宣传教育，确保安全套摆放到位。开展旅馆业和娱乐服务场所从业人员艾滋病筛查，加强戒毒人员的帮教工作，开展育龄妇女的"三查一服务"。

## （八）血液管理工作

南溪镇中心卫生院贯彻执行《无偿献血法》，积极响应国家号召，每年不定期举行义务献血活动，红河州中心血站派出义务采血车，南溪镇党政机关、人民武装部、城建监察中队、边防检查组、辖区驻军和医疗系统的干部职工、部队官兵是献血先锋。同时加强宣传工作，发动全社会积极参加无偿献血。

## （九）"五五"普法教育工作

南溪镇中心卫生院每年开展"五五"普法教育全员培训和考试。培训工作由卫生院党支部负责，以面授学习、

自学、考试的方式进行。学习内容为红河州《干部法律知识读本》《药品管理法》《医疗机构管理条例》《职业医师法》《职业道德规范》《领导干部从政行为规范》等。通过普法教育，卫生院干部职工增强了法律意识，提高了依法行医的自觉性。

（十）食品药品安全卫生监督工作

大力加强食品卫生监督。2008年成立南溪镇食品安全检查组，2009年成立南溪镇乡镇食品药品安全管理站，建立健全食品卫生、药品安全管理工作各项制度。结合南溪镇食品安全工作要点，开展餐饮消费安全专项整治行动，对旅馆、饭店、美发美容店办理卫生许可证及其从业人员办理健康证进行监督。调整充实应急指挥系统。2008年成立南溪镇突发公共事件医疗卫生救援应急领导小组，建立疫情信息网络直报体系、疾病预防控制体系、医疗救治体系、卫生监督体系等应急队伍，并设有疫情报告人，为应急工作提供组织保证。

（十一）创建卫生乡镇工作

近年来，南溪镇克服资金紧张、任务繁重、治理难度大等诸多困难，积极创建文明乡镇。南溪镇中心卫生院在"创文明卫生环境、树公民道德新风"活动中，以除"四害"为重点整治大环境卫生，对特殊行业、部分窗口单位和公共场所的鼠密度进行监测，对垃圾、粪便加大治理力度，对食品经营单位加大监察力度，对无卫生许可证、无健康证上岗、摊位及个人卫生差、乱泼污水、乱倒垃圾、不使用消毒卫生工具、出售腐烂变质食品等违法违规行为的单位和个人，按照有关法律法规给予处罚。

## （十二）安全生产工作

南溪镇中心卫生院坚持"安全第一，预防为主"的安全生产方针，从提高认识入手，加强领导，完善制度，强化管理，深入开展安全检查，积极消除事故隐患。

一是提高认识，加强领导，层层落实安全生产责任制。从 2001 年起便成立以院长为组长的安全生产领导小组，杜绝医疗事故，避免医患纠纷。

二是制定安全生产规章制度，使安全生产做到标准化、规范化。制定《南溪镇中心卫生院安全生产责任制》《南溪镇中心卫生院消防安全责任制》《南溪镇中心卫生院安全生产管理制度》和《南溪镇中心卫生院消防管理制度》等一系列规章制度。使所有从业人员做到日常工作有秩序，行为有规范。

三是强化宣传培训，增强安全意识。充分利用安全生产例会、广播、宣传栏、安全知识竞赛等多种形式对职工进行安全教育，组织职工学习《中华人民共和国安全法》《安全生产法》及其相关法律、法规，学习省、州有关安全生产规定及医院安全生产规章制度，并组织职工进行安全生产考试，考核合格后才能上岗，提高职工的安全操作技能和自我保护意识。

四是强化监督检查，注重隐患整改。坚持每月一次的安全生产检查，各科室每天早上的安全生产检查，重点检查医用高压氧气瓶、高压锅等有关设备，以及安全通道、急救车辆。主动接受地方各级安全监督管理部门的检查。通过开展安全生产排查工作，对发现的安全隐患做到边查

边改，做到防患于未然。

## 三 医疗工作存在的问题

一是镇（乡）卫生技术人才匮乏，整体素质不高。南溪镇中心卫生院的 20 名卫生技术人员中，具有本科学历的仅一人。南溪镇合管办无专职工作人员，由卫生院财会人员、收费人员兼职。乡村新农合工作人员少、任务重，村卫生室未及时按计划开展工作，乡村医生项目资料的管理不够规范。社区、村委会缺乏开展艾滋病宣传咨询活动的专业人员，村一级缺乏计生宣传人员。健康教育工作人员素质有待进一步提高。卫生监督执法队伍人员偏少，工作任务难以及时完成。

二是镇（乡）卫生技术人员培训力度不足。由于培训次数和质量的局限，镇（乡）卫生技术人员面临青黄不接的局面。在新农合工作的培训上，缺乏培训的教师、教材，缺乏电脑基本操作技能培训和业务培训，导致南溪镇合管办工作人员和乡村医生的一些工作不规范。一些基层卫生技术人员缺乏必要的医学专业知识，影响了基层卫生宣传和咨询服务的质量。各级卫生技术人员的学历层次和在职在岗培训工作需要进一步加强。

三是地方财政对卫生工作投入的经费不足。卫生事业的顺利开展需要足够的经费保障，由于经费不足，南溪镇卫生工作在人才引进、人员培养、设备采购、基础设施建设、具体业务开展方面受到制约。自开展新农合工作以来，南溪镇合管办经费紧缺，必要的办公设备、人员经费均没能落实到位（如办公电脑、打印机、人员工资等）。医疗下乡工作经费缺乏，只能由南溪镇中心卫生院垫付，导致工作开展的频率不高。村卫生室及乡村医生完成各项任务后不能及时兑现经费补助，乡村医生的待遇和报酬有待提高。

## 四　民间医药的基本情况

调查中发现马多依下寨大部分村民在患病后会及时到医院就诊，村民的就医意识经历了从恐惧排斥到悦纳接受的转变过程。一位村民说："以前的人是要病得很重才会去医院的。我小时候从不去医院打针，更没有住过院。现在有了小病如果自己能医就先搞个偏方，不行就去医院，再不行又回来搞偏方。"村民所说的"偏方"是指在村寨中流传的具有较好治疗效果的治病方法，这其中包括被现代医学所证实的药方和本地壮族特色医药。村里的小卖部售卖一些常用药以备村民的不时之需，如藿香正气水、风油精、何济公阿咖酚散、云南白药创可贴等。壮族特色医药方面，技能最精通的当属摩公和师娘。马多依下寨仅有部分村民会使用土方和草药，他们被视为记性好的人。用土方和草药可以医治的病症有不孕不育、皮肤病、麻疹、水痘、感冒、咳嗽、喉咙发炎、胃病、肝炎、骨头痛等。草药熬制的方法，村民认为要用土罐熬药，汤汁越浓越好。

# 参考文献

1. 河口瑶族自治县概况编写组：《河口瑶族自治县概况》（修订本），民族出版社，2008。

2. 李增耀著《红河地名溯源》，德宏民族出版社，2007。

3. 河口瑶族自治县县志编纂办公室编《河口风物志》（内部发行），个旧市印刷厂印刷，红文新内资字〔2000〕71号，2000。

4. 朱惠荣主编《中华人民共和国地名词典（云南省）》，商务印书馆，1994。

5. 陆学艺、向洪主编《农村工作》，重庆大学出版社，2006。

6. 中共河口县党史征集研究室编《中共河口瑶族自治县县党史资料》（第一辑），云南省个旧市印刷厂印制，红文新内资字〔2001〕29号，2000。

7. 云南省地方志编纂委员会编《云南小康年鉴2005》，云南人民出版社，2006。

8. 陈清西、纪旺盛编著《香蕉无公害高效栽培》，金盾出版社，2004。

9. 《壮族简史》（修订本）编写组编《壮族简史》（修订本），民族出版社，2008。

10. 河口瑶族自治县地方志编纂委员会编《河口县志》，三联书店，1994。

11. 方铁、方慧著《中国西南边疆开发史》，云南人民出版社，1997。

12. 方铁主编《西南通史》，中州古籍出版社，2003。

13. 蒋高宸：《云南民族住屋文化》，云南大学出版社，1997。

14. 赵荣光著《赵荣光食文化论集》，黑龙江人民出版社，1995。

15. 游修龄编著《农史研究文集》，中国农业出版社，1999。

16. 瞿明安著《中国民族的生活方式》，中国社会科学出版社。

17. 赵学先主编《云南少数民族：非物质文化遗产研究》，云南民族出版社，2009。

18. 河口瑶族自治县文化局、民族事务委员会编《中国民间歌曲集成云南省红河哈尼彝族自治州：河口民歌卷》（内部发行），个旧市乍甸文华印刷厂承印，1990。

19. 《中国民族民间舞蹈集成·云南卷》红河州河口瑶族自治县民舞集成编辑组编《云南民族民间舞蹈集成：河口瑶族自治县资料卷》（内部发行），蒙自县印刷厂，1987。

20. 红河哈尼族彝族自治州民族事务委员会编《红河风情》，红河报社印刷厂印装，1982。

21. 壮族剧本沙族编写组：《河口县壮族剧本沙族部分（送审稿）》，2007。

22. 梁庭望主编《壮族原生型民间宗教调查研究》（上），
    宗教文化出版社，2009。

23. 河口瑶族自治县概况编写组：《河口瑶族自治县概况》，
    云南民族出版社，1985。

24. 河口瑶族自治县人民政府编《瑶族通史——河口瑶族自
    治县资料汇编》（内部发行），云南省个旧市印刷厂印
    制，红文新内资字〔2001〕80 号，2001。

# 后　记

　　《边境壮寨新风——云南省河口县南溪镇马多依下寨经济社会发展调查报告》由黄禾雨、吴喜、毛登科三人共同完成实地调研和书稿撰写的工作。全书共六章，其中前五章由黄禾雨写作，第六章由吴喜完成。毛登科负责全书大部分照片的拍摄工作。

　　本书是中国社会科学院中国边疆史地研究中心"当地中国边疆·民族地区典型百村调查"项目的成果之一。调查组成员选择河口县南溪镇马多依下寨作为调研对象是基于该村寨在云南省边疆地区农村经济社会发展中具有的典型性、代表性。马多依下寨地处中越边境，是一个壮族聚居村。过去，由于交通不便，产业单一，该村农民收入偏低，生活质量较差。近年来，在上级党委、政府的正确领导和有关部门的关心支持下，村民狠抓产业结构调整，加快基础设施建设，加强民族文化打造，农村经济和农民生活发生了翻天覆地的变化。目前，村民在做强香蕉、橡胶产业的同时，还在开展中国河口边境现代农业示范园区和马多依乡村旅游项目的建设。马多依下寨先后被评为云南省爱民固边模范村，红河州文明村、小康村，是河口县乃至红河州社会主义新农村建设的一个亮点，曾多次受到中央、省、州、县领导的好评和赞誉。

本调查组成员在接受"百村调查"项目的调研任务后，在该项目云南省负责人——云南大学方铁教授的关心、指导下，认真完成调研和书稿撰写工作。写作工作日志十余万字，收集地方档案、资料近百万字，获赠书籍数十本，拍摄照片逾百张。本书在历时性上，是对马多依下寨60年来经济社会发展的总体回顾，反映了该村政治、经济、社会、民族、宗教、文化等方面的变迁，展现了边疆壮族村寨的民族特色与全新风貌，探讨了边疆地区农民在农业、农村发展过程中面临的现实问题。由于全书涉及农村工作的方方面面，知识面广，技术性强，调查组成员即便做足了准备工作，但在实际调研和写作中仍遇到了许多障碍。大家克服困难，全力投入，在2011年1月~2012年4月，先后三次亲赴河口县，对该县的南溪镇、河口镇、桥头乡、瑶山乡及南溪农场、河口农场的壮族、瑶族、苗族、布依族村寨进行走访调研。经过一年半的努力，终于顺利完成了书稿。

本书在调查和写作的过程中，曾得到云南省、红河州和河口县领导的大力支持，得到马多依下寨众位乡亲的热情帮助。感谢云南瑶学会副会长盘艳阳大姐，您的信任和鼓励增强了我们踏实工作的信心，您为我们所做的联络工作对项目的顺利开展起到了关键作用。感谢河口县常务副县长邓洪彬大哥，您对于县域经济发展的见解令我们受益匪浅，您对学者的重视和支持令我们为之动容。感谢河口县委宣传部段家宏部长、王家顺副部长、文产办陶光权主任在我们到达河口县的第一天就盛情接待。那一夜，大家相谈甚欢，对于民族文化的坚守和爱好使我们交上了朋友。对河口县民宗局李浩铭、河口县县志办主任白志强、河口县党史办主任侬丽萍、河口县档案馆原馆长罗洪庆、河口县文化馆邓国群、河口县人防办主任周学兵、南溪镇党委副书记龙剑波、南溪村委会主任黎明、南溪村党支部书记何强、南溪村大学生村官王保龙、马多依下寨村民小组党支部书记王加坤、小组长黄保明、妇女主任王慧诸位在我们调研过程中给予的配合和支持表示衷心的感谢。

记得我们赶到南溪镇的第一天，正碰上南溪村党支部吃年饭。吃菜碰杯之后，马多依下寨村民尹国春豪迈地说："专家、学者，欢迎你们来到马多依！把马多依写好一些啊，写好了我们才有发展！"这句充满激励和期待的话语在后来的日子里一直不断回响在我们的耳旁。感谢黎金国、唐本春夫妇为我们安排了调查期间的食宿，你们的随和、贴心让我们成为了一家人。感谢黎家夫妇的一对儿女——大女儿黎秋、小儿子黎涛，与你们谈心、玩耍的快乐让我们忘记了身在异乡。感谢马多依下寨众位乡亲，你们面对几个陌生的外来客，毫无芥蒂，开放迎接。你们的热情好客、团结进取、机智勤劳留给我们终生难忘的记忆。

感谢中国社会科学院中国边疆史地研究中心、云南大学西南边疆少数民族研究中心等单位的领导和同志，你们的关心、支持和帮助使得本项目能够顺利开展。感谢云南大学方铁教授，中国社会科学院中国边疆史地研究中心李方、翟国强老师，你们不辞辛苦多次审阅本书，并提出具体修改意见，使我们能够不断完善调查报告。

　　囿于调查时间的短促和调查组成员能力的局限，本书难免存在讹误和不足之处，恳请各位专家、读者不吝赐教，批评指正。

黄禾雨
2012 年 6 月 1 日

图书在版编目（CIP）数据

边境壮寨新风：云南省河口县南溪镇马多依下寨经
济社会发展调查报告／黄禾雨，吴喜著．--北京：社会
科学文献出版社，2018.7

（当代中国边疆·民族地区典型百村调查．云南卷．
第3辑）

ISBN 978 - 7 - 5097 - 5054 - 4

Ⅰ.①边…　Ⅱ.①黄…　②吴…　Ⅲ.①农村调查 - 调
查报告 - 河口县　Ⅳ.①D668

中国版本图书馆 CIP 数据核字（2013）第 214520 号

当代中国边疆·民族地区典型百村调查：云南卷（第三辑）

# 边境壮寨新风
—— 云南省河口县南溪镇马多依下寨经济社会发展调查报告

著　　者／黄禾雨　吴　喜

出 版 人／谢寿光
项目统筹／宋月华　范　迎
责任编辑／范　迎

出　　版／社会科学文献出版社·人文分社（010）59367215
　　　　　　地址：北京市北三环中路甲29号院华龙大厦　邮编：100029
　　　　　　网址：www. ssap. com. cn
发　　行／市场营销中心（010）59367081　59367018
印　　装／三河市龙林印务有限公司

规　　格／开　本：889mm × 1194mm　1/32
　　　　　　印　张：10.375　字　数：232千字
版　　次／2018年7月第1版　2018年7月第1次印刷
书　　号／ISBN 978 - 7 - 5097 - 5054 - 4
定　　价／249.00元（共4册）

本书如有印装质量问题，请与读者服务中心（010 - 59367028）联系

中国社会科学院中国边疆研究所　**厉声　主编**

当代中国边疆·民族地区典型百村调查：**云南卷（第三辑）**

分卷主编：**方　铁　翟国强**

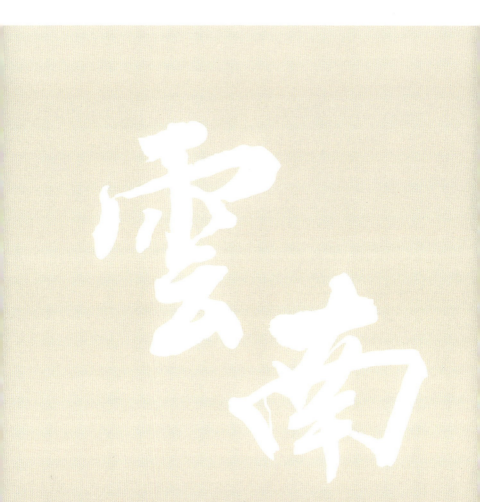

中国社会科学院中国边疆研究所 厉 声 主编

当代中国边疆·民族地区典型百村调查：云南卷（第三辑）

# 佤族家园

## ——云南省临沧市沧源佤族自治县勐角乡翁丁村调查报告

杨宝康 李国明 ◎ 著

社会科学文献出版社

SOCIAL SCIENCES ACADEMIC PRESS (CHINA)

"当代中国边疆·民族地区典型百村调查"

# 总　序

　　深入实际、开展国情调研，是中国社会科学院肩负的重要科研任务，也是中国社会科学院履行好党中央、国务院赋予的"思想库"、"智囊团"职能的重要方式。中国边疆省区占国土面积的 60% 以上，边疆区情及当地的民族社会调研（边疆调研）是中国国情调研的重要组成部分。正如一位边疆工作者所说：不了解少数民族，就不了解中华民族；不了解边疆，就不了解中国。1983年中国社会科学院中国边疆史地研究中心建立后，特别是 1990 年以来，一直将边疆调研作为学科研究的重点之一。

　　2004 年，中国边疆史地研究中心承担国家社科基金特别项目"新疆历史与现状综合研究"（简称"新疆项目"）。2006 年，中国边疆史地研究中心牵头，立项开展"当代中国边疆·民族地区典型百村调查"（简称"百村调查"），作为此特别项目的子课题。"百村调查"以新疆为重点，在全国新疆、西藏、内蒙古、宁夏、广西五个民族自治区和云南、吉林、黑龙江三省基层地区同时开展，共调查 100 个边疆基层村落。调查工作在"新疆项目"领导小组和专家委员会指导下，由"百村调查"

专家委员会暨编委会组织实施。在中国边疆史地研究中心主持拟定的调查大纲框架下，发挥每个省区的优势，体现各自的特色。

本项目的实施得到了边疆地区各级地方党政部门的支持。首先，调查工作注意与地方党政部门的相关工作衔接、听取意见，在实施调查之前，主动向各级党政部门汇报情况，听取指示和意见。其次，调查组主动让各级党政部门了解调研的全过程，在调研过程中出现问题时及时向相关党政部门请示。再次，调研阶段成果和最终成果的副本同时提供地方党政部门参考。

"百村调查"的调研主题是：改革开放 30 年来中国边疆基层村落的民族社会和经济发展的历史与现状。具体内容包括：乡村概况、基层组织、经济发展、社会生活、民族、宗教、文教卫生、民俗风情等。项目调研的时间是：2007～2008 年（资料下限至 2007 年底或适当延长）。

"百村调查"的调研对象为：100 个具有典型意义与特色的中国边疆基层村落。课题以基层乡、村两级为调查基点，大致每个省区选择 2 个地州，每个地州选择 1～2 个县，每个县选择 2 个乡，每个乡选择 2 个村。新疆共调查 22 个村，其他地区均为 13 个村（辽宁、吉林、黑龙江以东北边疆为单元，共调查 13 个村）。调查点的选择要求：

（1）本地区社会稳定与经济发展中具有典型意义的基层乡和村。

（2）存在边疆现实政治、社会或经济发展的热点、难点问题。

（3）与 20 世纪 50 年代全国边疆民族调查能有一定的衔接。

"百村调查"采取学术调查与现实政治相结合的方法，以社会人类学入村入户调研方法为主，同时关注现实政治、社会与经济发展中的热点、难点问题：一般共性调查与专题专访调查相结合，在一般综合性调查的基础上，选择好专访或专题调研的"切入点"——总结经验与完善不足相结合，在总结各项工作经验的同时，善于发现问题和提出解决问题的对策与建议。调研注重入户访谈和小范围座谈的专访调查。在一般性问卷和统计资料收集的基础上，注重对基层干部、群众典型、教师、宗教人士等特定人员的专题访谈，倾听和收集他们对基层社会稳定与经济发展的看法、意见和建议，形成能说明问题的专访或专题调研报告。

"百村调查"的成果形式分为调查综合报告与专题报告两大类。

（1）调查综合报告：依据大纲规定，撰写有关乡村经济社会等发展状况的综合报告，课题结项后分期公开出版。专题报告及调查资料可以公开发表的，在篇幅允许的情况下，作为附录附在综合报告末尾。

（2）专题报告：内容较敏感、不适宜公开出版的专题报告，集成《专题报告集》，内部刊印。

"百村调查"总主编　厉声　谨识
2009 年 8 月 25 日

# 目　录
## CONTENTS

# 图目录
## FIGURE CONTENTS

# 表目录
# TABLE CONTENTS

# 序 言
## FOREWORD

### 一

云南地处祖国西南边陲，全省东西横贯 864.9 公里，南北纵跨 990 公里，总面积 38.3 万多平方公里，居全国第八位。境内绝大部分是山地，矿藏丰富，有 25 种矿产资源保有储量居全国前三位。不仅动植物资源呈多样性，而且少数民族文化也是复杂多样的。云南是个多民族的省份，有 52 个少数民族，其中 5000 人以上的世居少数民族有 25 个，是全国边疆少数民族种类最多的省区。云南历史悠久，公元前五六世纪，滇池地区已出现创造了灿烂青铜文化的滇国，两汉时云南正式进入中央王朝的版图。

19 世纪后期，英法殖民者以缅甸、越南为基地，把侵略矛头指向云南。传教士进入云南传教，随后开埠通商和修筑滇越铁路，蒙自、河口、思茅与腾越是最早设立的商埠。英法殖民者大量掠取锡等矿藏资源，云南封闭的状况也逐渐改变。

1950 年云南和平解放。1952 年至 1956 年，中央政府在少数民族地区进行民主改革。在白族、回族、纳西族和壮族聚居的地区，采取政策略宽于汉族地区的土改方式；在处于封建领主制和奴隶制阶段的傣族、藏族、哈尼族、普

1

米族以及一部分纳西族、彝族的地区，采取和平协商土改的方式；在保留原始公社制度残余的傈僳族、景颇族、佤族、布朗族、基诺族、怒族、独龙族以及一部分拉祜族的地区，不进行土改，通过发展生产直接过渡到社会主义社会。土地改革与民主改革完成后，各族农民分到耕地和生产资料，农业生产获得较大发展。

新中国成立 60 年来，特别是十一届三中全会后，云南在农业、工业、贸易、文教卫生等诸领域都发生了巨大的变化。但目前与内地其他地区相比仍存在一些困难和问题。

据调查，云南边境县市地区有以下特点：一是社会经济发展速度普遍缓慢，总体上与先进地区的差距仍在扩大。二是基础设施与基本建设滞后，严重制约当地社会经济的发展。三是影响社会稳定的问题突出，治理难度很大。四是跨境民族境内外不同部分往来密切，本民族自我统一意识增强，并呈现继续发展的趋势。五是与邻国相比，云南边境县市一些地区获得国家支持的力度不够，与越南等国的优惠政策形成反差。六是地方财政较困难，难以落实国家规定的脱贫项目的配套经费。七是地方教育、卫生保健、文化事业等发展水平偏低。

因此，云南边境县市地区目前的状况，与建设和谐边疆的目标很不适应。最近中国与东盟 10 国共同签署中国—东盟自贸区《投资协议》。双方已成功完成自贸区协议的主要谈判，自贸区将如期在 2010 年全面建成。中国—东盟自贸区合作的高速进展，对云南边境县市地区以及当地少数民族的稳定与发展提出了更高要求。

在这一背景下，对国情、区情作进一步了解，以制定相应的政策、措施，显得十分必要。

中国社会科学院中国边疆史地研究中心主持的国家社
科基金特别项目"当代中国边疆·民族地区典型百村调查"
（简称"百村调查"），是一项涉及广西、云南、西藏、新
疆、内蒙古、宁夏、吉林、黑龙江等八省区 100 个村寨的大
型调研项目。云南省作为中国边疆少数民族种类最多的省，
在本次调查中共选点 13 个，主要集中在云南沿边一线的各
民族边疆村寨，个别分布在非边境县市地区。

## 二

在中国近现代发展史上，对于边疆地区的关注，主要
出现在 19 世纪末 20 世纪初。一批学者对中国边疆尤其是西
南边疆地区进行了调查研究，取得了一定成果。新中国建
立后，在相关政府部门、研究机构的推动下，开展了对国
内各民族社会历史的调查活动。20 世纪五六十年代，根据
党中央和国务院的部署，国家有关部门在全国范围内进行
了大规模的少数民族社会历史调查，其中也对云南各民族
社会历史发展情况进行了全面的调查。该次调查对云南少
数民族地区的社会、经济、文化发展起到了重要的推动作
用，也为后来的学术研究积累了大量的历史学、民族学、
人类学、社会学资料。2003 年 7 月至 8 月，云南大学组织
力量对全国 32 个少数民族村寨进行了调查，其中包括云南
各民族村寨调查。这次调查，也是一次典型的少数民族村
寨调查，获得了 21 世纪初中国各民族典型村寨的珍贵资料，
具有重要学术价值。

与历次少数民族社会历史调查不同的是，本次由中国
社会科学院中国边疆史地研究中心发起的边疆"百村调查"
项目，主要是从边疆学的角度考虑，突出了边疆、村落和

现实发展状况三个要点，期望通过深入的田野调查，面向中国边疆农村地区，真实反映现实的中国边疆村寨客观发展状况，为国家宏观把握边疆发展现状，构建和谐、安全、富裕边疆提供参考资料。此次调查虽然并未把少数民族因素作为关键内容予以突出，但由于中国历史上形成的边疆社会人口结构，决定了调查的内容必定要涉及大量的少数民族村寨。因此，云南的调查点与全国其他边疆地区的情况一样，涵盖了大量的少数民族村寨。

云南在本次调查中所选择的 12 个调查点，是根据总体项目的设计，选择具有代表性的 4 个地州，在每个地州选 1~2 个县，每个县选择 1~2 个乡，每个乡选择 1~2 个村（农场），最后完成 12 份村寨调查报告，以及相关的若干份调研咨询报告。通过调研和提交的研究成果，较全面地反映云南省尤其是沿边地区社会与经济发展的状况，以及存在的主要问题，并提出解决问题的基本思路和切实可行的对策建议。

选择什么样的村寨作为调查对象？云南项目组遵循以下原则：第一，尽量顾及民族特点，选择自治州、县的自治民族，即壮族、苗族、彝族、瑶族等；第二，尽量选择不同类型的乡镇、村寨，距离不能太近，避免雷同；第三，所选村寨要尽量大一些，以便进行 50 户问卷抽样。根据上述原则，我们分别选取以下 12 个村寨作为调查对象。

红河哈尼族彝族自治州所属河口瑶族自治县桥头乡下湾子村和老汪山村、河口县老范寨乡小牛场村、河口南溪镇马多依下寨和红河县迤萨镇跑马路社区安邦村；文山壮族苗族自治州所属麻栗坡县猛硐瑶族乡坝子村和丫口寨、麻栗坡县董干镇八里坪村和马崩村；临沧市沧源佤族自治

县勐董镇永和社区、沧源佤族自治县勐角乡翁丁村以及玉溪市元江哈尼族彝族傣族自治县甘庄华侨农场等。

这些村寨各具特点，例如下湾子村和老汪山村分别是苗族和布依族的村寨，是多元文化融合的典型。在这里我们可以看到内地汉儒文化与边疆苗族、布依族等少数民族文化的融合，是中华民族文化"和谐"与"多元"的实例见证。红河县迤萨镇跑马路社区安邦村素有"侨乡"之称，该村侨眷占绝大多数，分别与老挝、美国、法国、加拿大、泰国、越南等国有侨眷关系，逐渐成为中国看世界和世界看中国的一个窗口。

除以上所说的 13 个少数民族聚居村寨以外，3 个子课题组还对所调研地州的其他一些地区，选择一些较突出的问题进行了调研，并撰写相应的调研咨询报告。

## 三

本项目的调查和研究，拟在以下方面有所突破：一是云南边疆地区社会经济发展状况的总体评价；二是云南边疆地区社会经济发展趋势预测；三是云南边疆地区社会经济发展存在的突出问题；四是解决云南边疆地区社会经济发展中存在问题的基本思路；五是解决云南边疆地区社会经济发展中存在问题的对策建议；六是对包括云南在内的中国边疆地区，当前和今后一段时期存在的问题及解决办法的思考；七是对今后在边疆地区进行社会经济可持续发展调研的建议。

研究的方法，主要是采取社会学、人类学的基层调查方法，系统收集和整理相关的资料和数据，尤其重视新资料和经过调查得来的第一手资料，同时结合历史学的分析、

演绎和归纳的方法，在此基础上进行全面深入的分析和研究，形成具有较高水平的研究成果。

在调查和研究的过程中，以云南大学西南边疆少数民族研究中心（教育部人文社科重点研究基地）以及云南省的红河学院、文山学院、临沧高等师范专科学校等高校的教师和研究生为基本力量，同时吸收相关地州民族研究所的研究人员和各级政府的有关人员参加，共同协作，博采众长。在调研的过程中，注重依靠各级政府有关部门和乡村两级干部，深入村寨进行调研，实施问卷调查，细心倾听各民族干部和群众的意见，在此基础上形成真实客观、有一定的深度和广度、符合科研规范、有较高学术含量的研究成果。可以说，通过参加者的共同努力，基本上达到了项目所设计的预期目标。

"当代中国边疆·民族地区典型百村调查·云南部分"项目，由以下人员分别担任项目组及子课题组的负责人。

课题主持人：方铁（云南大学西南边疆少数民族研究中心教授，该中心原主任）

课题副主持人：翟国强（中国社会科学院中国边疆史地研究中心副研究员）

**红河哈尼族彝族自治州子课题组**

组长：金少萍（云南大学西南边疆少数民族研究中心教授）

副组长：何作庆（云南省红河学院教授）

**文山壮族苗族自治州子课题组**

组长：杨永福（云南省文山学院教授）

副组长：杨磊（云南省文山学院教授，副校长）

**临沧市子课题组**

　　组长：邹建达（云南师范大学教授）

　　副组长：杨宝康（云南省临沧高等师范专科学校教授，副校长）

　　在调查研究的过程中，得到了云南省政府有关部门、红河哈尼族彝族自治州、文山壮族苗族自治州、临沧市、玉溪市及所属县乡各级政府的大力支持和有效帮助，谨此表示衷心的感谢！

　　最后，本课题能以专著的形式出版发行，应该感谢中国边疆史地研究中心、社会科学文献出版社等单位提供的机会和付出的努力。在审阅本书稿的过程中，中国边疆史地研究中心李方研究员付出了辛勤劳动，一并表示感谢。

主持人（分卷主编）：方铁　翟国强

2009 年 8 月 20 日

# 第一章　概况

## 第一节　沧源佤族自治县及勐角乡概况

### 一　沧源佤族自治县概况

佤族是沧源最早的土著民族，傣、拉祜、傈僳、彝、回、汉等民族是元明时期才逐渐迁入这一地区的。《云南通志·土司传》中记载："镇边人民首卡瓦，次裸黑，次摆夷即僰夷，次汉人。卡瓦为最先土著。"佤族先秦时期称"僬侥"，两汉及魏晋时期称"闽濮"，唐宋时期为"望蛮"、"望苴子"、"望外喻"，元、明、清时期称"蒲蛮"、"哈剌"、"嘎喇"、"哈瓦"、"佧瓦"等。中华人民共和国成立后，正式称为"佤族"。

佤族属于南亚语系孟高棉语族佤德昂语支，学术界一般认为佤族、布朗、德昂等孟高棉语民族为古代濮人之后裔，濮人在历史上分布地域十分辽阔，《史记正义》载"濮在楚西南"，《云南各族古代史略》指出："卜即濮人，春秋战国时期，楚国西南（包括今云南、贵州、四川以至江汉流域）的许多不同部落称为'百濮'。……百濮的情况比较复杂，是许多个族的总称，其中显然包括云南最早的土著居民孟高棉语族各族的祖先部落在内。"这说明在春秋战国时期，佤族的先民"濮人"曾分布在四川、贵州和云南的部分地区。学者们一般认为，公元前 8～公元 1 世纪，四川西南部和滇西广大地区的"大石墓"是濮人的墓葬。隋唐时期，濮人内部开始呈现分化组合之趋势，一部分濮人分化发展成"扑子蛮"，即今布朗族和德昂族的先民；另一部分濮人则发展成"望蛮"或"望苴子蛮"，即今佤族的先民。唐朝樊绰《蛮书》卷四载："望苴子蛮在澜沧江以西"，说明佤族的先民经过不断迁徙到唐朝时已相对集中于澜沧江以西的广大地区（即现在的临沧、普洱、保山和德宏四个市州以及缅甸的佤邦），此后佤族的迁徙主要在这一范围内进行。"澜沧江以西"这一分布格局一直延续到现在。

沧源在汉代、三国至东晋时期属哀牢县地，归永昌郡管辖，南北朝时属宁州管辖，唐代南诏时期属银生节度地，宋代大理国时期属裸黑部地，归永昌郡管辖；元朝时，东、南、北部属木连路军民总管府管辖，西部及中部属孟定路军民总管府管辖；明朝时，分属孟连长官司、耿马安抚司管辖；清光绪十四年（1888），清政府设置了镇边直隶厅，加强了对该地区的管理；民国初年在勐董土司地设沧源行政委员会，归迤南道管辖；1913 年镇边厅改称澜沧县，沧源隶属于澜沧县第八区；1934 年从澜沧县析置沧源设治局；1949 年 5 月，佤族武装接受中国共产党领导，推翻沧源设治局，成立了沧源县临时人民政府，归普洱专区管辖；1951 年成立沧源县人民政府，1952 年划归缅宁专区（现临沧市）管辖；1964 年 2 月 28 日沧源佤族自治县正式成立。

沧源地处云贵高原西南端，中缅边境中段，东经 98°52′

~99°43′，北纬24°04′~23°30′，东北接双江拉祜族佤族布朗族傣族自治县，东部和东南部与澜沧拉祜族自治县相连，北邻耿马傣族佤族自治县，西部和南部与缅甸接壤，国境线长147.083公里。沧源全境都属国家二类开放口岸，有32条大小出入境通道，是云南省对外开放的前沿阵地，通往缅甸及东南亚各国的陆上捷径。沧源南北宽47公里，东西长86公里，总面积2445.24平方公里，其中山区面积占99.2%，坝区仅占0.8%。全县辖4镇6乡，即岩帅镇、勐省镇、芒卡镇、勐董镇、单甲乡、糯良乡、勐角乡、勐来乡、班洪乡、班老乡，93个村委会，804个村民小组，585个自然村，1个国营农场，1个国家级自然保护区。县城勐董镇海拔为1270米，距省会昆明市886公里，距临沧市临翔区222公里。县境地势呈北、中部高，东、西、南三面低的特点。境内山脉纵横，有大小山峰186座，大小河流84条，其中较大的有勐董河、拉勐河、南滚河、小黑江等。县境内最高峰为北部的窝坎大山，海拔2605米，最低点为芒卡坝南汀河出水口，海拔450米，相对高差2155米。境内土壤种类多，有旱地土种16个、水田土种18个，境内1平方公里以上的平坝5个。

沧源地貌地形复杂，气温呈垂直立体分布，年平均气温17.4℃，历年平均降水量1763.5毫米，多集中在5~10月，具有亚热带和热带低纬度的气候类型和典型的立体气候特征。全境气候温和，冬无严寒，夏无酷暑，干湿分明，雨量充沛，日照充足。珍稀动植物种类多，国家一级保护的植物有刺桫椤；二级保护的有云南石梓、铁力木、四数木、三棱栎；三级保护的有董棕、箭毒木、千果榄仁、柬埔寨龙血树等30种。属于国家一、二级保护的动物有59

种。水资源总量24.9亿立方米，水能蕴藏量30万千瓦，水资源十分丰富。矿藏资源也十分丰富，已探明的有20多种，其中，金、银、铅的储量大、品位高，早在清代初年，汉族人吴尚贤就在此开办过规模很大的"茂隆银厂"。另外，沧源还是滇西南地区旅游资源较为富集的地区，有秀丽迷人的峡谷景观和宏大幽深的溶洞群，有保存完好的南滚河自然保护区热带雨林，有雄伟奇峻的陨石天坑群，有距今3000多年的沧源崖画，有神秘而迷人的民族风情，热情奔放的佤族司岗里"摸你黑"狂欢节，有"震惊中外"的班洪抗英遗迹。

沧源总人口17.02万人，少数民族占总人口的93.4%，其中佤族13.6万人，占全县总人口的81.7%，傣族占全县总人口的4.6%。佤族、傣族、拉祜族是跨境而居的民族。

## 二　勐角傣族彝族拉祜族乡概况

勐角是傣语地名，意即人类最先开创家业的地方（坝子）。据史料记载，元、明属耿马土司辖地；清光绪十七年（1891）勐角土司罕荣高受封"世袭土千总"，隶属镇边厅；1945年设勐角镇，隶属沧源设治局；1950年成立勐角区政府；1953年建立中共勐角区委员会；1968年成立中共勐角区革委会；1969年改名为红忠公社；1984年改为勐角区区公所；1988年2月建立勐角傣族彝族拉祜族乡。

勐角乡位于沧源佤族自治县中部，跨东经99°05′~99°18′，北纬23°10′~23°19′之间，东接糯良乡，西与班洪乡接壤，南邻勐董镇，北连勐来乡，总面积216.75平方公里。

由于地壳的运动和河流的浸蚀，勐角境内地形形成了中切中山宽谷和深切中山峡谷相间的地貌单元，呈"凹"

形的小坝子，也保留着横断山地势险峻、河谷幽深，山川紧连的"V"形峡谷特征和孤立剥蚀残丘。岩石主要有中厚层长石砂岩、石灰岩、紫色砂岩、砂岩四种。成土母质有冲积、洪积、残积、坡积四种，依据全乡垂直生物气候带谱划分为黄棕壤、黄壤、红壤、赤红壤、水稻土五个地带性土类。地势南北高，东西低。全乡地处北回归线以南，气候受印度洋暖湿气候和西南季风的影响，具有气候温和，光热条件略显不足的特点。历年最高气温33.7℃，最低气温零下4.3℃，年均气温17.4℃。年均降雨量1763.5毫米。常年日照数为1900.5小时。年均降雨量1763.5毫米。年均霜期48天。年均雾日达147天。境内地形复杂，海拔高差悬殊大，最高海拔2600米，最低海拔680米，立体气候突出，有"一山分四季，十里不同天"的气候特点，主要气候性灾害是洪涝，其余为霜冻、寒害、冰雹和泥石流等。

　　勐角自然资源丰富，土地肥沃、气候温和、雨量充沛，适合种植各种农作物，是沧源县的商品粮基地之一，被称为"鱼米之乡"。窝坎大山位于勐角、班洪和勐来三乡交界处，山中有丰富的自然资源、古老的原始森林生长着各种优质木材，还有丰富的水资源和各种珍禽异兽。此外还有翁黑山、控角山、芒告大山、科弄山、勐卡山等山脉。全乡林地为14.2万亩，其中森林面积为63144亩，森林覆盖率为31.09%。农业耕地2277.03亩，其中水田面积757.58亩。勐角乡蕴藏着丰富的矿产资源，黄铜矿、赤铁矿等分布全乡。莲花塘煤矿，煤层面积15平方公里，贮量约1500万吨，煤层平均厚度2.5米，是滇西南目前发现的最大的煤矿。现已建成年产3万吨原煤和年产10万吨原煤的煤矿两座。勐角乡水利资源丰富，有流经勐角的勐董河、糯掌河、控角河，还有属怒江水系的新牙河，可兴建9310千瓦的四级电站，现已建成装机容量为3060千瓦的三级电站。勐冷水库和翁丁水库是沧源县境内海拔最高的水库，中间被翁丁大山相隔，两座水库直线距离只有1850米，地下隧道将两座水库的水资源合并利用，并兴建了一座零级电站，增加了新牙一、二级电站的装机容量，在保证工农业生产输送巨大电能的同时，还灌溉了翁丁、勐卡等2000多亩的农田，促进了工农业生产的发展。1993年竣工并投入使用的控角水库，交通方便，水资源丰富，库内可进行各种水产养殖业，水库周围已实行封山育林。全乡九个行政村和90%以上的村社都已通公路。

勐角乡辖勐角、莲花塘、控角、糯掌、控井、勐甘、芒公、勐卡、翁丁9个村委会，共计51个自然村，60个村民小组。居住着傣、彝、拉祜、佤等12个少数民族，是沧源县唯一的民族乡。2010年全乡共有3381户，13648人，其中，农村人口3007户，12818人；傣族3088人，占24.1%；彝族1092人，占8.5%；拉祜族917人，占7.2%；佤族7402人，占57.7%；汉族308人，占2.4%；其他民族11人，占0.1%。乡政府驻地勐角街，距县城15公里。

## 第二节　翁丁村历史沿革与行政区划

### 一　翁丁村概况

翁丁村位于沧源县勐角乡翁丁村公所驻地，海拔1500米，位于东经99°05′~99°18′，北纬23°10′~23°19′，距沧源县城33公里，距临沧市临翔区233公里。

图 1-1 翁丁村全貌 (潘璐璐 摄影)

翁丁村四周群山环抱，东边是窝坎大山，海拔 2605 米，是沧源县境内海拔最高的山，西边是翁黑大山，南边是公旱大山，北边是公劳大山。翁丁的"翁"为水，"丁"为接，翁丁，意为连接之水。该地有几条小河相互连接，因此而得名。这里的主要河流是新牙河，水流汇集而形成了天然水库新牙河水库，也称"翁丁白云湖"。

翁丁村地处滇西南，具有亚热带和热带立体气候类型。境内气候温和，年平均气温为 22℃，1 月最冷，平均气温为 10.8℃；5～8 月较热，平均气温为 21.6℃。翁丁村雨量充沛，年平均降水量为 1755.9 毫米。历年平均霜期为 48 天，无霜期长达 317 天。

翁丁村所在地区最主要的地质地貌特征是由侏罗系红色砂岩构成的丹霞地貌。丹霞地貌景观把山、水、林融为一体而形成了奇山、秀水、翠林的生态环境。其中的红层由多种矿物组成，而且细砂岩、粉砂岩及泥岩又易于风化，因而形成了有利于多种植物生长的生态环境。特别是在暖湿的气候条件下发育了矿物营养元素比较丰富的厚层土壤，有利于多种植物和茂密森林的生长。目前，翁丁的森林覆盖率达90%以上。动植物资源非常丰富，植物有西南桦、董棕树、红椿、栗木等；动物有马鹿、豹子、白鹇、蜂猴、山驴、虎、画眉、杜鹃等。

图1-2　正在成林的西南桦（吴晓琳　摄影）

## 二　建制沿革

翁丁村的居住民均为佤族，属布绕支系。翁丁的佤族是从缅甸佤邦绍帕、绍兴等地搬迁而来，居住此地已有七代人，约300多年的历史。据"头人"杨岩块口述，早在300年前，有两兄弟从缅甸来到翁丁，在这里待了一段时间后，大哥返回缅甸，弟弟杨岩少留在了翁丁，这就是翁丁

佤族的祖先。不久，从勐卡方向来了一支傣族，傣族的生
产方式较为先进，势力逐渐强大，与佤族就土地和边界问
题经常发生争执。后来又从大理方向来了一支彝族，但势
力远不及傣族和佤族。之后，拉祜族也进入这一地区。1945
年，岩帅总管势力强大，逐渐赶走了翁丁的傣族、彝族、
拉祜族势力，翁丁成为了佤族的势力范围。

**图 1 - 3　翁丁佤族男子的传统服饰（吴晓琳　摄影）**

翁丁村，历史上曾先后称过翁丁村、翁丁大队、翁丁
公社、翁丁乡，一直隶属于沧源县勐角乡政府管理。以
"头人"杨岩块的成长过程反映出新中国成立后翁丁村的历
史沿革。杨岩块 1959 年读书，成为翁丁大队第一批学生；
1964 年，小学毕业；"文革"期间，作为地富子弟，被剥夺
了读书的权利，回到翁丁生产社放牛、劳动；1978 年，担
任翁丁生产社记分员；1981 年，担任翁丁生产社会计；

1984 年，被选为翁丁乡人民代表；1986 年，任翁丁村村长；1991 年，任翁丁村代理党支部书记；1994 年，正式担任翁丁村党支部书记；2007 年，退休。

## 三 人口状况

翁丁村辖老寨、新寨、永榕寨、大寨、桥头寨、新牙寨 6 个村民小组 253 户人家，共 1108 人，其中，男性 573 人，女性 535 人，劳动力 525 人。其中男劳动力 299 人，女劳动力 226 人。

图 1-4 幸福的一家人（吴晓琳 摄影）

一组：共有 36 户人家，基准人口 172 人（男：85 人，女：87 人），18 周岁以上有 123 人（男：59 人，女：64 人）；外出务工人员有 33 人（男：16 人，女：17 人）。

二组：共有 42 户人家，基准人口 188 人（男：91 人，女：97 人），18 周岁以上有 138 人（男：71 人，女：67

人）；外出务工人员有 39 人（男：24 人，女：15 人）。

三组：共有 22 户人家，基准人口 89 人（男：47 人，女：42 人），18 周岁以上有 66 人（男：37 人，女：29 人）；外出务工人员有 12 人（男：10 人，女：2 人）。

四组：共有 28 户人家，基准人口 122 人（男：61 人，女：61 人），18 周岁以上有 85 人（男：43 人，女：42 人）；外出务工人员有 19 人（男：13 人，女：6 人）。

五组：共有 53 户人家，基准人口 232 人（男：125 人，女：107 人），18 周岁以上有 179 人（男：101 人，女：78 人）；外出务工人员有 19 人（男：15 人，女：4 人）。

六组共有 72 户，基准人口 333 人（男：171 人，女：162 人），18 周岁以上有 232 人（男：122 人，女：110 人）；外出务工人员有 58 人（男：36 人，女：22 人）。

全村都是农业人口，无外来移民。全村均是佤族，无其他民族人口。

# 第二章　政权组织

## 第一节　基层组织

### 一　村民委员会

村民自治是指在农村基层由群众按照法律规定设立村委会，自己管理自己的基层事务，它是我国解决基层民主的一项基本政策和制度。这一制度实现了村民自我管理、自我教育和自我服务。中国共产党十一届三中全会以后，以推行家庭联产承包责任制为标志，农民迫切要求建立与之相适应的基层管理体制，于是开始了村民自治的大胆探索。翁丁村将原来的乡级行政派出机构村公所改为村民委员会，由村民自己行使自治权。村民自治的主要内容有：由村民通过民主选举，选出自己的村民委员会干部；以民主监督的方式监督村民委员会及其干部开展工作；乡级政府对村民委员会只有指导的权利；在村民委员会里设立党总支，党总支与村民委员会共同决定村民委员会的公共事务。

翁丁村村民委员会由一名主任、一名副主任、三名委员（一名负责生产、工程建设；一名负责治保、调解、民

**图 2 - 1 翁丁村村民委员会（吴晓琳 摄影）**

事纠纷；一名负责妇女、计划生育、卫生工作）和一名文书组成。他们的工作报酬并不高，村主任每月补助 850 元，村副主任每月补助 800 元，文书每月补助 800 元。

村民委员会的工作比较繁杂，涉及整个村的政治、经济、文化、教育、农科、计生、卫生、妇幼保健等。因此，制度建设比较重要，翁丁村村委会制定了很多相关的制度，明确了各项工作的职责和义务。如《翁丁村村民自治章程》、《翁丁村村委会工作制度》、《翁丁村村社干部工作制度》、《翁丁村公共设施管理制度》、《翁丁村调解委员会工作制度》、《翁丁村村务公开制度》、《翁丁村村社活动、会议记录制度》、《翁丁村档案管理制度》、《翁丁村村民代表职责》、《翁丁村村、组干部廉洁制度》、《翁丁村一事一议制度》、《翁丁村干部管理制度》、《翁丁村干部分工制度》、《翁丁村妇代会工作制度》、《翁丁村民兵工作制度》，等等。

## 二 党团组织

翁丁村设有一个党支部，党支部在村级工作中起着关键性作用。具体为：（1）领导核心作用。村民委员会的公共事务一般都由村党支部和村民委员会联合决定，通过召开联席会议，进行民主讨论后才作出决定。团组织的发展和活动中，党支部也起到核心作用。在经济社会发展中，一般先由村党支部提出发展规划和精神文明建设的设想和意见，通过村民委员会的具体实施，最终将党的路线方针政策转变为村民的自觉行动，以实现全面协调地发展。（2）战斗堡垒作用。在讨论村内重大问题时，党支部总是先召开党员大会，充分发挥党员的先锋模范作用；对村民委员会的意见，党支部在民主的基础上一般采取尊重支持的态度，并加强监督指导和考核。（3）保障作用。在实施村委会的工作计划、工作制度的过程中，党支部往往站在全局的高度，支持和保障村民委员会依照法律法规独立地开展活动，行使应有的职权，保障村民委员会的合法权益，维护群众的利益。

翁丁村党支部现有 36 名正式党员，其中女党员 2 人，此外还有 3 名预备党员。党员的文化结构为：小学及以下文化程度的有 24 人，初中文化有 8 人，高中文化有 3 人，中专文化有 1 人。目前，翁丁村党支部设有 5 名支委，即支书 1 名、副支书 1 名、组织委员 1 名、宣传委员 1 名、纪检委员 1 名。具体情况如下。

支书：杨永光，男，佤族，37 岁，初中；

副支书：杨振江，男，佤族，41 岁，初中；

组织委员：杨兵，男，佤族，47 岁，高小；

宣传委员：肖文军，男，佤族，32 岁，初中；

纪检委员：陈新怀，女，汉族，34 岁，中专。

为了充分发挥基层党组织的先锋模范作用和战斗堡垒作用，翁丁村党支部注重加强制度建设，建立健全了《翁丁村党员和组干部培训制度》、《翁丁村党建工作检查考评制度》、《翁丁村党建工作检查考评制度》、《翁丁村支部党员联系群众制度》等制度。同时，为了充分发挥党员的模范带头作用，翁丁村党支部积极开展"五星"评比活动，评比结果统计如表 2 – 1 所示。

表 2 – 1　翁丁村"五星"评比情况统计

支部名称：翁丁村党支部　　　　　　　　填表日期：2007 年 12 月 6 日

| 项目<br>姓名 | 带头学习<br>讲政治星 | 带头干事<br>谋发展星 | 带头服务<br>比奉献星 | 带头创新<br>建佳绩星 | 带头自律<br>树形象星 | 星牌数 | 备注 |
|---|---|---|---|---|---|---|---|
| 李学文 | √ | √ | √ | √ | √ | 5 星 | |
| 杨振江 | √ | √ | √ | √ | √ | 5 星 | |
| 杨　兵 | √ | √ | √ | √ | √ | 5 星 | |
| 杨尼块 | √ | √ | 2√ | √ | √ | 5 星 | |
| 杨永光 | √ | √ | | | | 3 星 | |
| 杨岩块 | √ | √ | √ | √ | √ | 5 星 | |
| 肖志高 | √ | √ | √ | √ | | 4 星 | |
| 肖尼门 | √ | √ | √ | | √ | 4 星 | |
| 肖金保 | √ | √ | √ | √ | | 4 星 | |
| 杨光文 | √ | √ | √ | √ | | 4 星 | |
| 肖财生 | √ | √ | √ | √ | | 4 星 | |
| 赵　兵 | √ | √ | | √ | | 3 星 | |
| 肖三木惹 | √ | √ | | √ | √ | 5 星 | |

| 项目\姓名 | 带头学习讲政治星 | 带头干事谋发展星 | 带头服务比奉献星 | 带头创新建佳绩星 | 带头自律树形象星 | 星牌数 | 备注 |
|---|---|---|---|---|---|---|---|
| 肖尼龙 | √ | √ | √ |  | √ | 4 星 |  |
| 李尼嘎 | √ | √ | √ | √ |  | 4 星 |  |
| 李宏 | √ | √ | √ |  | √ | 4 星 |  |
| 肖尼门 | √ | √ |  |  | √ | 3 星 |  |
| 肖岩模 | √ | √ |  | √ | √ | 4 星 |  |
| 赵岩改 | √ | √ |  |  | √ | 3 星 |  |
| 赵金忠 | √ | √ |  | √ |  | 3 星 |  |
| 杨岩门 | √ | √ | √ |  | √ | 4 星 |  |
| 李岩那 | √ |  |  |  | √ | 2 星 |  |
| 李赛嘎 | √ |  |  |  | √ | 2 星 |  |
| 杨永强 | √ | √ | √ | √ |  | 4 星 |  |
| 杨晓花 | √ | √ |  | √ | √ | 4 星 |  |
| 杨永生 | √ | √ | √ | √ |  | 4 星 |  |
| 肖永和 | √ | √ | √ | √ |  | 4 星 |  |
| 杨建生 | √ | √ | √ | √ |  | 4 星 |  |
| 杨岩论 | √ | √ | √ | √ |  | 4 星 |  |
| 李岩绕 | √ | √ | √ | √ |  | 4 星 |  |
| 杨俄不勒 | √ | √ | √ | √ |  | 4 星 |  |
| 肖文军 | √ | √ | √ |  | √ | 5 星 |  |
| 肖卫林 | √ | √ | √ | √ |  | 4 星 |  |
| 肖金明 | √ |  | √ |  |  | 2 星 |  |
| 肖安帅 | √ |  | √ |  |  | 2 星 |  |
| 肖荣 | √ | √ | √ | √ | √ | 5 星 |  |
| 陈志新 | √ | √ | √ | √ | √ | 5 星 |  |

中国共产主义青年团是中国共产党领导的先进青年组织，是中国共产党的助手和后备军。翁丁村团组织比较健

全。有团支部 1 个，团员 37 人。其中，设有团支部书记 1 人，副书记 1 人。同时，为了有效开展团的工作，建立健全了各项制度，如《翁丁村团支部工作和目标管理制度》（具体内容见附录七）等。在建立健全各种制度的基础上，积极争取村党支部和乡团委的支持和帮助，积极开展各种有意义的活动，做好团组织的建设工作。特别是在开展建设新农村青年行动、环境整治行动、倡导社会主义荣辱观活动、青少年思想教育活动、希望工程活动中，团组织都发挥了积极的作用。

### 三　其他组织

在翁丁，除了党团组织外，还有妇代会、民兵连等组织。妇代会主要负责做好妇女工作，切实维护妇女儿童的合法权益。民兵连主要负责团结青年民兵，做好民兵训练、民兵活动、安全宣传等工作。为了有效地开展工作，翁丁村村委会制定了《翁丁村妇代会工作制度》、《翁丁村基层妇代会工作职责》、《翁丁村民兵工作职责》等制度（具体内容见附录八～附录十），明确职责，落实任务，使各项工作得以有序开展。

## 第二节　选举

随着我国社会主义民主政治建设的深入，翁丁村的民主建设不断加强，村民们充分地发挥民主选举的权利，积极参加各项选举工作。以下是 2007 年 4 月翁丁村村民委员会的换届选举工作的情况。

第一阶段，2007 年 4 月 20 日，指导组、选举委员会成

图 2-2　新一届村民委员会选举（吴晓琳　摄影）

员分别到翁丁村六个组指导村民推选初步候选人人选。具体情况如表 2-2 所示：

表 2-2　翁丁村选民情况登记

| 组别 | 户数 | 人数 | 村民代表登记数 |
|---|---|---|---|
| 一组 | 34 | 107 | 3 |
| 二组 | 37 | 127 | 3 |
| 三组 | 23 | 67 | 2 |
| 四组 | 27 | 83 | 2 |
| 五组 | 52 | 176 | 5 |
| 六组 | 80 | 226 | 8 |
| 合计 | 253 | 786 | 23 |

第二阶段，选民进行投票选举，候选人得票情况如下：

A. 主任票　杨振江（30 票）　　李学文（61 票）

肖才生（15 票）

B. 副主任票　杨永光（23 票）　　肖　宏（20 票）

　　肖才生（29 票）　　杨振江（25 票）

C. 委员票　肖金秋（75 票）　　杨　志（17 票）

　　李岩灭（11 票）　　杨　兵（53 票）　　杨建城（17 票）

　　杨岩门（11 票）　　李　宏（40 票）　　李尼嘎（16 票）

　　杨永生（11 票）　　肖　荣（30 票）　　杨小花（14 票）

　　杨建国（10 票）　　肖永和（24 票）　　杨尼块（13 票）

　　杨光文（10 票）　　肖岩英（23 票）　　肖志高（12 票）

　　肖志明（10 票）　　肖尼龙（18 票）　　李明华（18 票）

　　肖才生（12 票）　　肖　东（11 票）

通过公开选举产生了新一届村民委员会，设主任一名，副主任一名，委员五名。具体是：

主任：李学文

副主任：杨振江

委员：李学文　杨振江　肖金秋　杨　兵　李　宏

同时，有关民主建设方面的制度也不断健全。如制定了《翁丁村民主决策制度》等制度，具体内容如下。

## （一）村级民主决策的内容和范围

凡涉及村民利益的村级重大事务，都必须按照决策程序提请村民会议或村民代表会议讨论决定。村级重大事务的内容和范围主要是：

1. 村经济和社会发展规划。

2. 村级财务预算。

3. 村集体经济所得收益的使用。

4. 土地的转让和补偿的费用。

5. 本村享受误工补贴的人数及补贴标准。

6. 村办学校、村建道路等公益事业需要村民出资、出劳的方案和建设承包方案。

7. 村集体土地和其他经济项目的立项、承包、租赁和转让方案。

8. 集体举债、集体资产处置方案。

9. 宅基地使用、计划生育指标分配、救灾救济款物的发放方案。

10. 村民自治章程、村规民约等重要规章制度的建立和修改。

11. 村内除两委成员以外的村务管理人员的选拔、任用制度的建立和修改。

12. 村民委员会的设立、撤销和范围调整。

13. 涉及村民利益，村民认为应当由村民会议或村民代表会议进行"一事一议"的事项。

### （二）"一事一议"制度

1. 村内开展农田水利基本建设、修路架桥、植树造林等集体生产和公益事业，所需劳务和资金实行"一事一议"。

2. 需要向农民筹资筹劳的项目，由村小组事前提出并做出预算，经村民大会或村民代表大会讨论决定，经乡人民政府农民负担监督管理部门审核，报乡人民政府审批，并报县农民负担监督管理部门备案后，由村委会组织实施。

3. 每年筹资额人均不得超过 15 元，贫困村不得超过 10 元；筹劳每年每个劳动力不得超过 10 个标准工作日。筹劳以出劳力为主，严禁强制村民以资代劳，农民自愿以资代劳的，以资代劳工价标准为每个劳动力每日 10 ~ 15 元。

4. 筹劳的对象为男 18 ~ 55 周岁，女 18 ~ 50 周岁的村民。现役军人、丧失劳动能力的伤残军人和残疾人、在校就读的学生均不承担劳务。对因病、伤残，妇女"三期"期间、家庭确有困难或其他原因不能承担或不能完全承担筹资筹劳任务的，可由本人提出申请，经村民会议或村民代表会议讨论，过半数通过可予以减免。

5. 筹资筹劳的管理使用情况，经村"两委"会审核，报乡镇农经管理站审计后，及时张榜公布，接受村民监督。

（三）除"两委"人员以外的村务管理人员的选择任用制度

1. 除"两委"成员以外的村务管理人员包括会计、出纳、治保主任、调解主任、计生宣传员、林业员、农科员等。

2. 上述职位所需人员须由党总支大会和村民代表会议无记名民主推荐

3. 村党总支根据推荐票的多少，按 1:2 的比例确定考察对象进行考察。

4. 村"两委"联席会议根据民主推荐和考察情况，本着德才兼备、群众公认的原则讨论提名。

5. 推荐人员提交村民代表会议讨论决定

（四）民主决策的原则

1. 坚持党的领导。党总支负责召集村"两委"联席会

21

议，研究讨论本村重大事务，形成意见并提交村民会议或村民代表会议讨论决定。组织党员、群众监督村民会议或村民代表会议所作决定的具体实施。

2. 保证人民当家做主。在村级重大事务民主决策中，村党总支、村民委员会要充分保证群众享有的知情权、决策权、管理权和监督权。

3. 坚持依法依章办事。村"两委"联席会议、村民会议或村民代表会议所作的决定、决议，不得与党的路线方针政策和宪法、法律、法规相抵触，不得有侵犯村民人身权利、民主权利和合法财产权利的内容。

4. 实行少数服从多数。村"两委"联席会议在讨论决定村级重大事务时，要集体研究形成决策意见，不能由个人或少数成员说了算。村民会议或村民代表会议在讨论决定村级重大事务时，办什么、不办什么、先办什么、后办什么，必须按大多数人的意见办理。

（五）村级重大事务的决策程序

1. 由村党组织、村民委员会、村集体经济组织、1/10以上村民联名或1/5以上村代表联名提出议案。

2. 由村党组织统一受理议案，并召集村党组织和村民委员会联席会议，会议须有2/3以上成员参加，经到会人员的过半数同意，才能提出具体意见和建议。凡需提交村民会议或村民代表会议讨论决定的事项，会前要向村民或村民代表公告，广泛征求意见（可印发村民征求意见书）。

3. 由村民委员会召集村民会议或村民代表会议讨论决定，经村民会议或村民代表会议讨论决定的事项，会后在村务公开栏及时公布。

4. 由村党组织、村民委员会组织实施村民民主决策事项的办理。

5. 对决定事项的实施情况，要及时公布，自觉接受群众监督。

## （六）建立决策责任追究制度

除发生自然灾害等紧急情况外，村民会议或村民代表会议依法形成的决议不得随意更改，如因情况发生变化确需更改的，要通过村民会议或村民代表会议讨论决定。村民会议或村民代表会议讨论决定的事顶，要形成书面记录并妥善保管。未经村民会议或村民代表会议讨论决定，任何组织或个人擅自以集体名义借贷、变更与处置村集体的土地、企业、设备、设施等，均为无效，村民有权拒绝，造成的损失应由责任人承担，构成违纪的要给予党纪政纪处分，涉嫌犯罪的要移交司法机关依法处理。

# 第三节　村规民约及财务制度

## 一　村规民约

为了加强社会主义民主和法制建设，维护社会稳定，为发展经济创造良好的社会环境，促进翁丁村的物质文明和精神文明建设，2008年4月30日经过翁丁村村民大会讨论通过，在1995年村规民约的基础上修订了《翁丁村村规民约》，具体内容如下。

### 《翁丁村村规民约》

为落实党在农村的各项方针、政策，完成上级下达的各项任务，加强社会治安，确保社会安定，增强群众的法制观念，使全村村民团结互助，发展生产，治穷致富，根据《宪法》和《村民委员会组织法》，结合《公民思想道德建设纲要》和社会主义荣辱观的要求，特制定本村规民约。

（一）坚定政治方向

1. 坚决拥护中国共产党的领导，热爱社会主义祖国，坚持四项基本原则，走建设中国特色的社会主义道路。以经济建设为中心，树立和落实科学发展观，深化农村改革开放，稳步推进社会主义新农村建设，推动经济社会不断向前发展。

2. 认真贯彻执行党的各项路线、方针、政策，服从各级党委、政府的领导和指挥。

3. 遵守国家法律法规和各项规定，遵守社会主义公共道德和行为规范，不搞歪门邪道，加强各民族间的团结，增强民族友好关系，互相尊重风俗习惯，互不歧视，和睦相处。

4. 认真学习国家法律法规，学习科学文化知识，不断提高劳动者素质，坚持科教兴农的方针。

（二）认真执行各种经济合同

1. 村民要树立爱国家爱集体的思想，提倡社会主义高尚品德，按时缴纳国家的各种税费。认真贯彻执行《村民自治章程》、《一事一议制度》、《农村土地承包法》和《经济合同法》等制度和法规。

2. 积极参加集体公益事业设施建设，公益事业建设所用工由各组到年底按本组劳动力统一决算。每个工折计人民币 10.00 元，多退少补。

3. 抓好农经财务管理：会计要按季度清账、报账。保管员要管好集体财物；正副组长要负责欠款收回工作；组干部借款要按有关规定进行审批；做到集体开支大额，由村民会议讨论通过，做到正副组长手不沾钱；会计管账不管钱，保管财物不管账。

4. 村委会、组干部召开群众会议时，每户至少需参加 1 人；参加会议人员必须年满 18 周岁（不含在校学生），无故不参加会议的农户，每次每人罚款 0.50 元。

5. 加强道路建设，确保大小公路畅通无阻，各类车辆的驾驶员要服从村委会的领导和安排；积极参加修护道路建设，如不服从安排者每天处以罚款 30.00 元，集体动用车辆必须支付相应的运费，也可以折计为工参加所在组的年底决算。

（三）抓好卫生、婚姻、计划生育工作

1. 搞好环境卫生，加强防疫工作，保证群众身体健康，促进各项工作顺利进行，经布置却不打扫卫生的组、户、人均处以罚款 10.00 元，并限期完成；如不服从安排的再处以罚款 50.00 元。

2. 认真贯彻执行《中华人民共和国人口和计划生育法》和《云南省人口和计划生育条例》；严格执行计划生育政策，执行计划生育人人有责。

3. 结婚年龄男性不小于 22 岁，女性不小于 20 周岁；结婚必须办理相关手续，领取结婚证后，才能结婚办事。

4. 未办理结婚登记手续却怀孕者，必须终止妊娠，经动员不终止妊娠而造成生育事实者，征收社会抚养费

3000.00 元，而且要一次兑现，其子女按超生子女对待。

5. 每对育龄夫妇生育不得超过二胎，超生一胎的征收社会抚养费 16000.00 元，双方均为农业人口。一方为农业人口，一方为非农业人口的，征收 60000.00 元的社会扶养费。另外，超生子女 17 年内不分配承包土地；不得享受困难救济和扶贫优待。

6. 生育胎次间隔必须在四年以上，间隔时间不足者按抢生论处，征收 4000.00 元的社会抚养费，而且要一次性兑现。

7. 无论是晚婚或适合婚龄的夫妇都必须按照上级下达的生育指标领取《准生证》后才能生育，无证生育的责令补办，拒不补办的征收社会抚养费 2000.00 元。

8. 独生子女的夫妇从领取《独生子女父母光荣证》起，在享受上级有关政策的同时由集体每年补助 50.00 元，直到孩子满 12 岁时止。

9. 乱搞两性关系的男女，双方各处以罚款 300.00 元，致孕的不准生，强生的按第四条处理。

10. 社会抚养费的征收：从违法之日起至十日内，由村组计划生育领导小组发出《征收超生子女费》通知并收取。

11. 社会抚养费由村委会统一收取后上缴上级计划生育领导小组

（四）搞好文化教育工作

1. 年满七岁的儿童，必须进校读书学习，违者对监护人处以罚款 200.00 元，经教育仍不就学者，对监护人处以罚款 500.00 元，直到该生初中毕业时为止。

2. 学生逃学，经教师、社委做工作，仍不悔改者处以一次性罚款：小学生（不分年级）500.00 元、初中生

400.00元、高中生200.00元，并限期归校读书。

3. 教师要认真学习马列主义、毛泽东思想，全面贯彻"三个代表"重要思想，认真学习《教育法》、《教师法》，坚持党的教育方针，钻研教育理论，以身作则，为人师表，教书育人，忠心耿耿，勤奋工作，不赌博，不参与损坏教师名誉的活动。

4. 村民要重视和支持办学，认真贯彻执行《义务教育法》，把学校的事务纳入"一事一议"管理，村民要积极参加学校公益事业建设，涉及出工的出工，涉及出资献物的要出资献物，违者按每个工处以罚款20.00元，村委会要尽可能划给学校一定的生产基地和生活用地。

（五）抓好社会治安工作

1. 禁止搞封建迷信邪教活动。带头搞迷信活动和利用迷信活动欺骗他人钱财者，没收所得钱财并罚款500.00元，态度恶劣、情节严重的加重罚款1000.00元，组织参与邪教活动移交法律机关处理。

2. 偷鸡摸狗盗窃他人钱财物者，经抓获罚款50.00元至150.00元，并按所被盗窃的财物价值加倍赔偿。

3. 禁止任何人利用扑克、象棋、麻将等各种娱乐工具进行赌博，如有发现，抓获先后进行教育，并根据情节轻重予以罚款，窝主罚款200.00～500.00元，赌者罚款200.00～600.00元。情节严重、态度恶劣者，移送法律机关追究刑事责任。

4. 破坏社会秩序，扰乱社会治安，影响安定团结，打架斗殴、无理取闹者，每人每次罚款150.00～300.00元，情节严重的移交法律部门处理。

5. 虐待、毒打家人，根据情节严重罚款100.00～

150.00元，严重者移交法律机关处理。

6. 禁止吸毒，注射毒品，禁止种植大烟，购买贩卖毒品，违者移交法律部门处理。

7. 禁止买卖字花赌博，否则卖者予以罚款500.00元，买者进行说服教育。

8. 加强护林防火工作，每年12月1日~6月30日为防火期，其中2月1日~4月30日为防火险期，在此期间必须坚持守寨值班制度，备齐防火工具。不执行者，每缺少一样防火工具，罚款5.00元，并责令补齐。不按防火规定用火的农户，经劝说、教育不听者，罚款50.00~100.00元，造成失火焚毁财物的要严肃处理，并集中各组委班子到现场开会，一切费用由肇事者承担。森林严重火灾或有人身伤死亡的移交法律机关处理。

（六）搞好牲畜、家禽管理工作

搞好防疫流向工作，不得随意出售和购买带病牲畜及家禽，违者罚款50.00~100.00元，凡外出买回未经检疫的大牲畜，回本村组发生五号病引起的后果，买者自负经济和法律责任。

（七）抓好土地森林管理工作

1. 土地属于国家和集体所有，任何人不得买卖，不准抢占他人承包的土地，不能在承包地上葬坟、建房、烧砖瓦、开挖鱼塘，不得更改扩宽地形状，违者罚款100.00~500.00元，并限期退还搬迁、复垦。

2. 严格遵守山林地界权限，不得越界抢占，违者造成的一切经济损失和纠纷，由肇事者承担责任。

3. 爱护森林资源，以法治林，保护生态平衡，不得偷砍集体和他人的林木，违者没收所得木材并罚款100.00~

500.00 元，禁止乱砍滥伐、毁林开荒，违者按情节轻重罚款 200.00～1000.00 元，并责令退耕造林，对于破坏风景林、水源林的要从重处罚，情节严重的移交法律机关追究责任。

4. 村民房屋等建设用木，要经村、组委班子批准，并到乡政府林业管理部门办理有关手续后才能砍伐，违者按盗窃木材惩处。

（八）搞好流动人口管理工作

1. 凡从外县、乡包括归国华侨，需到本村、社落户定居的，要经组干部、村民大会、村民代表会研究讨论后报乡人民政府及上级有关部门批准，任何个人不得随意批准，客留外人定居，否则交法律机关处理。

2. 从外地来本地从事建筑、种植和其他经营活动的人员要有完备的证件、手续。暂住五天以上者，要到当地公安派出所办理暂住手续，并每月向村级治安联防队交 15.00 元的治安管理费。

3. 农户接待留宿来往人员和亲朋好友，必须及时申报，违者因此而造成治安问题的必须追查当事人或户主的责任。

（九）搞好其他相关工作

发生各种纠纷案件，调解、治保委员会治安联防队务必按照《村规民约》的规定及时、公正的处理，发生一件解决一件，不得随意上交矛盾，调解、治保联防队人员处理问题时的误工费由当事人负责承担，按每人每天 15.00 元支付，集体不准记发补贴。

## 二　财务制度

翁丁村建立和完善了财务管理制度，主要内容有：

1. 村民小组财务管理

（1）各村民小组的集体资金，由村委会负责统一管理。涉及的生产性和非生产性开支，由组长证明开支情况，村委主任审查，支部书记审批，最后由村理财小组复查，方可下账。

（2）各村民小组集体办重大公益事业所需的费用，必须先由村小组召开户代表会议讨论决定，上报村委会审批同意后方可开支。

（3）各村民小组不得有接待费开支，因争项目、建市场、建新农村等特殊情况开支接待费的，必须在开支前上报村委会审批同意后才能开支，并严格控制人员和接待标准。

（4）各村民小组不得以任何借口，擅自开支接待费，凡是擅自开支接待费的一律不予报销，拒绝入账，同时追究有关人员的责任。

（5）财会人员必须严格遵守财经纪律，手续不全的单据，一律不予报销。否则追究财会人员的责任。

2. 村委会财务管理制度

（1）严格遵守出纳管钱、会计管账、村主任审批、村支部书记审查审批的原则。

（2）主管财务工作的领导要严格审批把关，严禁多头开户，财会人员要坚持原则，严格手续。属领导违反财经纪律的，由领导负责；属财会人员失职的，追究财会人员的责任。

（3）村委会生产性开支在500元以内的，由村主任审查、党支部书记审批。在1000~50000元的，由村"两委"会集体讨论决定，以会议记录为依据，村主任审查，支部书记审批。50000元以上的投资项目开支，必须严格以下审批程序：一是由村委会在征求党员和村民意见的基础上提出书面方案，及时提交村"两委"联席会讨论；二是由村党支部、村委会的全体成员组成的联席会议进行投票表决，如有过半数成员投赞成票，便形成意见，上报乡政府；三是乡政府对上报的议案进行审查，提出指导性意见；四是审查后的议案通过村民代表会议讨论表决，形成决议；五是将决议及时在村务公开栏公开，接受群众监督；六是村委会组织实施决议事项，通过议标、竞标或招标的方式进行承包。

非生产性开支。500元以下的由村主任审查、支部书记审批；500元以上的由村委会集体讨论决定，以会议记录为依据，村主任审查，支部书记审批。

（4）加强现金管理，未经主管领导批准，出纳不准擅自借出现金；不准自写、自批、自领现金和自写批销入账单据，不准"白条"顶抵库存现金或公款私借，违章追究个人责任。

（5）强化财务交接制度和村级财务档案制度，对各种账册、立卷入档，妥善保管，交接时必须办理移交手续，保证资料完整，有据可查。

（6）固定资产必须登记造册，每年进行一次检查核对，任何个人不准将集体财产私自占用，否则追究有关人员的经济责任和法律责任。

3. 健全制度，规范管理

（1）规范农村集体财务管理队伍建设，加强业务培训。

（2）村委会、村民小组必须严格按章办事，健全账簿，按规定设置科目，会计要按月结算，编制报表，做到账据、账款、账目、账实、账物五相符。

（3）现金与存款要分账管理，出纳未经主管领导批准，不得私自借出现金。任合人不得以村、组名义为单位或个人提供贷款或贷款担保。

（4）预、决算制度。年初要有编制财务收支计划，加强计划管理，年末要进行收益分配决算。

（5）村、组的所有收入，必须加盖相关公章使用规定收据。

（6）村组的生产性和非生产性开支，经手人必须得有效的原始凭证（对方签章方为有效），注明用途并签字盖章，有证明人签字，有审查人和审批人签字，经村务监督委员会审核同意后，方可入账。不合理的开支，有关支出责任人自行承担。

（7）明确会计、出纳的岗位职责

翁丁村财产的管理是较为严格和细致的，下面是一份2009年翁丁村委会的手写移交清单，内容如下：

（一）财务清理

1. 上年接转 11709.45 元，其中：粟锁寨存款 509.45元，华通土地补偿提取 8235.00 元，借支款 2965.00 元。

2. 当年收入 1500.00 元，其中：核桃工作组生活补助500 元，产业发展补助款 1000.00 元。

合计：13209.45 元

3. 当年支出 6006.92 元，其中：公益金 4526.92 元，接待费 1480.00 元。

4. 结余 7202.53 元，其中：借支款 2965.00 元（田乐琴 1500.00 元、李岩块 1200.00 元、五组土地延包合同复印费 265.00）。

存款 509.45（粟锁寨存款），现金 3728.00 元

5. 账况清楚（收支明细另有附记、发票）

（二）财产清理登记

1. 办公用品

万村书库书架 1 套、档案柜 3 台（5 层铁皮柜 1 台）、木板柜 1 台（5 层）、木板单柜 1 台、书架 2 台、办公桌 5 台、办公椅子 6 个、条凳 11 条、茶具 6 台、床架 5 架、坐架 15 个。

2. 电器

电视机 2 台、电视柜 1 台、音箱 1 对、影碟机 1 台、扩音机 1 台、话筒 1 对、喇叭 1 对、热水器 1 台、电视接收器 1 套。

3. 兽医用具

电冰柜 1 台、办公桌 1 套。

4. 生活用具

热水瓶 3 个、口缸 17 个、碗柜 1 台、饭桌 2 台、铜壶 2 个、三脚架 1 个、大铝锅 1 口、小铝锅 1 口、小铁锅 1 口、碗 16 个。

5. 音乐器材

二胡 1 个、鼓 2 个。

（三）党务工作材料

入党积极分子及批复材料；入党积极分子花名册；60 岁以上困难老党员花名册、申请书，共 11 份；党费收交登记本；有关党支部材料；党支部"五簿五册"。

（四）自然保护区管理、补偿费 20000.00 元（贰万元整）。

（五）公章 2 枚（村委会、党支部）

（六）乡村机耕路管理费（9～10月份）4公里×58.00
元×2个月＝464.00元

清理时间：2009年1月8日

地点：翁丁村委会

# 第四节　社会治安

## 一　"平安村寨"建设

为了建设和谐社会，实现社会更加稳定、治安更加良
好、民族更加和睦、边防更加巩固、群众更加安康的目标，
翁丁村于2006年4月5组建了创建"平安村寨"工作领导
小组，由村支书任组长，村主任任副组长，村副主任、各
组组长为成员。这为创建"平安村寨"工作的顺利开展提
供了组织保障。

翁丁村在"平安村"建设中主要采取了以下措施：

**图2－3　创建"平安村寨"（李国明　摄影）**

（1）抓好本村护林防火工作。在防火期间发放和落实护林防火责任书，做到家喻户晓，人人有责，生产用火严格执行用火审批制度，联防队员坚持轮流值班，做好防范工作。各自然村寨，认真执行轮流防火守寨管理制度，负责督促村民遵守用火、灭火时间的规定，做好防火工具、水塘和饮水畅通工作的管理，尤其翁丁村被审批为原生态管理旅游景点之后，已配备安装了防火设备和消防栓。（2）加强人口管理，做好每年的人口核实工作，做到不重复、不漏登，掌握本辖区内的农业、非农业人口及外出打工流动人口的情况，落实出生与死亡人口的入卡与注销工作。2009年统计和落实的流动人口共有 78 人，其中男性 53 人、女性 25 人，分布在国外的缅甸和国内的各省市。继续做好人口与计划生育工作，基本做到无超生、抢生现象，部分村民办理了"独生子女父母光荣证"，全村基本达到国民计划的任务和指标。（3）落实其他社会治安工作，翁丁村坚持以教育为主，做好各项治安的防范工作，自开展创建"平安村"活动，责任落实到位，做好经常性教育工作，把民事纠纷化解在萌芽状态，消除在基层。因此，无民事转为刑事案件，刑事解教人员无重新犯罪和违法乱纪行为，至2006 年无一例制毒、贩毒、吸毒人员。为推进各项社会治安综合治理，继党员评星挂牌活动，翁丁村于 2006 年 9 月 5 日认真组织开展"十星级"文明户评星活动，全村 253 户评得五星以上的农户达 100%。按照勐角乡社会治安综合治理工作和创建"平安村"单位责任书的要求，于 10 月 10 日以责任书评分标准，召开扩大会议进行打分，经过逐条结合情况自打分，自评分达 98.5 分，扣分 1.5 分，扣分主要是因为村委会房子困难，公布墙不足（扣 1 分），没有值

班室（扣0.5分），共扣1.5分。

总之，自创建"平安村寨"活动以来，翁丁村社会治安状况良好，生产秩序正常，村民们普遍有了安全感，村民们外出或晚上睡觉时基本上是不锁门的。

## 二 法制建设

翁丁村力求通过加强法制建设，努力使广大村民学法、知法、守法、用法的自觉性进一步增强，从而创造一个良好的社会环境。为了实现上述目标，翁丁村委会制定了《翁丁村法制宣传教育工作制度》、《翁丁村治保工作制度》、《翁丁村维护稳定工作制度》、《翁丁村人民调解委员会工作职责》、《翁丁村创建"民主法治示范村"工作制度》等制度（部分内容见附录）。人民调解委员会的主要职责是：进行法制宣传教育；协助政府和司法行政部门做好矛盾纠纷查工作；调解民间纠纷；对违反村规民约的事项进行调处。翁丁村的人民调解委员会在维护社会稳定方面发挥了积极的作用，形成了以调委会为主，党支部、村委会干部形成合力，调处了发生在翁丁村的涉及婚姻家庭、继承、赡养、山林、土地等纠纷，真正发挥了化解矛盾的作用。下面是一段调解工作的记录。

时间：2009年8月16日

地点：村委会办公室

内容：二组肖某与本组的杨某发生男女关系，造成纠纷，治保调解委员会为避免矛盾激化，及时召集当事人进行调解，并通知双方亲戚旁听。

（1）落实情况：据男女双方交代，男女关系是事实，双方表态，今后一定能够改过，不影响邻里关系，并愿意接受村规民约的处罚。

（2）经分析和讨论，调解人员按照村规民约的相关规定给予双方处罚。

（3）认真做好双方的思想工作

（4）经过调处，双方旁听代表无异议。

# 第三章 经济发展

## 第一节 沧源县及勐角乡经济发展概况

### 一 沧源县经济发展概况

2007 年，沧源佤族自治县实现生产总值 88448 万元，财政收入 8810 万元，农民人均纯收入 1678 元，农民人均占有粮食 361 公斤。逐步形成了具有地方特色的建材、能源、冶金、制糖和农产品加工体系，具有一定规模的工业企业有：勐省糖厂、勐省水泥厂、沧源水泥厂、金腊电解锌厂、莲花塘煤矿、佤山茶厂、华源金矿、华通公司新芽河电站等。实现工业产值 5.67 亿元、原煤产量 7.33 万吨、水泥 17.49 万吨、锌锭 1.09 万吨、硫酸 1.97 万吨。第一、二、三产业的比例为 30:32.9:37.1，第二产业的增加值首次超过了第一产业。

目前，沧源县已建成基本农田地 15 万亩，其中：高产稳产农田地 9.5 万亩、茶园 9.6 万亩、胶园 9.5 万亩、蔗园 10.9 万亩、核桃林 5.2 万亩、薯类作物 2.7 万亩、用材林 16.7 万亩。2007 年，沧源县精制茶叶产量达 1110 吨、橡胶 570 吨、甘蔗产量 3.81 万吨、大牲畜存栏 60339 头。交通基础设施不断完善，建成了耿沧、回勐、芒卡至立新和永和通道的柏油路，完成了勐省至岩帅及单甲乡、班老乡的弹石路建设，芒卡至大湾江的二级路、勐省到建设的柏油路正在建设中，全县累计建成柏油路 4 条共 222 公里，弹石路 3 条共 114 公里，公路密度达 48 公里/百平方公里，基本上实现了村村通公路，县乡路面弹石化，主要经济干线和出口油路化的目标。修建各类大小水利工程 3128 件，农业水利化程度达 21.8%；全县库塘总容量达 4093 万立方米，完成了县城主要街道路面改造工程，实施了县城房屋特色化改造包装及绿化亮化工程，建成民族文化广场、来希路、司岗里大道、街心花园、佤山王朝酒店、508 套经济适用住房、338 套商品房、勐董综合商贸城等一批市政基础设施，城镇化水平达 23%。

沧源县加快扶贫步伐，群众生活得到改善。"十五"计划以来，全县累计完成安居房建设 20372 户，建筑总面积 142 万平方米，完成投资 14260.4 万元；完成人畜饮水工程 135 件，解决 10.5 万人、3.6 万头大牲畜饮水问题；完成一、二期农网改造工程建设，解决了 1.3 万农户的生产生活用电问题，改善了近 6 万人的供电质量。累计培训输出农村剩余劳动力 8224 人，增加收入 3289 万元。

## 二 勐角乡经济发展概况

勐角乡 2008 年农村经济总收入 2729.59 万元，其中：第一产业收入 2458.84 万元，第二产业收入 41.17 万元，第三产业收入 229.58 万元。粮食总产量 685.2 万公斤，人均有粮 492 公斤，农民人均纯收入 1699 元。完成粮食大小春播种面积达 31272 亩，"两杂"推广达 11240 亩，推广优质稻 1907 亩。在核桃产业上，全乡共完成核桃种植面积

18842.3 亩，完成县上下达任务的 117.8%，全乡累计发展核桃面积 25642.3 亩，其中 2008 年挂果面积 475 亩，产量 1.61 吨，收入 2.3 万元。在竹子产业上，全乡完成竹子种植 5762 亩，完成县上下达任务的 115%，全乡累计竹子种植面积达 11642 亩，当年出售竹子 525 吨，收入 10.5 万元。在畜牧业上，全乡大牲畜存栏达 4866 头，比上年增 514 头，增长 11.8%，出栏 359 头；生猪存栏 14141 头，出栏 10305 头；山羊存栏 487 只，出栏 240 只；家禽存栏 46215 只，出栏 30047 只，实现畜牧业产值 649.55 万元。在甘蔗产业上，全乡完成新植甘蔗 538 亩，甘蔗种植面积达 2486 亩，2007～2008 年榨季实现甘蔗入榨量 8711.1 吨，实现产值 191.6 万元。在茶叶产业上，完成新植茶树 118 亩，全乡茶叶种植面积达 8123.8 亩，可采摘面积达 5688 亩，产量 151.2 吨，实现产值 151.2 万元。在烤烟产业上，勐角乡人民政府把烤烟产业列为 2009 年重点培育的特色产业，并于 2008 年 8 月开始对烤烟地块进行规划，计划完成 2500 亩种植任务。目前烤烟生产的各项工作进展顺利，所有的烤烟面积已规划到组到户，并已造册登记，烟田备耕、烤房备料工作，以及烟水、烟路、烟电等基础设施建设正在稳步推进。在木薯产业上，完成木薯种植面积 2970.2 亩，产量达 625.3 吨，实现产值 50 万元。在油菜、蔬菜、姬松茸等产业上，全乡共完成油菜种植 1171 亩，产值 42.7 万元；蔬菜种植面积达 2264 亩，产值达 152.82 万元；引进姬松茸产业，全乡计划建设姬松茸大棚 34 个，目前已完成 26 个，其余的正在有序推进，2009 年内可全部投产。2008 年勐角乡财政收入完成 68.4 万元，比上年同期增加 27.8 万元，增长 40.68%；2008 年财政支出完成 328.74 万元，比上年同期增加 36.96

万元。勐角乡的工业获得一定程度的发展，主要企业有：电解锌厂，地处勐角乡勐甘村，距沧源县城12公里，公司由云南地矿资源股份公司、祥云飞龙实业有限责任公司和云南地质矿业公司共同合资组建，是有色金属锌冶炼企业。公司于2004年10月开工建设电锌项目，一期工程含年产2万吨电解锌、2万吨硫酸，以及日处理1200立方米污水处理厂一座，工程于2005年10月建成投产，现累计完成产值8841万元，年上交税金642万元。现在公司将对电解锌厂进行二期扩建，完成扩建后，生产规模将达到年产5万吨电解锌，总产值10亿元，公司现有员工568人，注册资金6400万元。莲花塘煤炭有限责任公司，地处勐角乡莲花塘村，1997年云南省计划委员会批准立项建设，2002年1月建成投产，现有生产矿井两对，均采用斜井开掘，煤矿生产能力为每年18万吨，其中新矿井每年15万吨，老矿井每年3万吨，注册资金1150万元，年产值800多万元，年上缴税金50多万元，现有职工260人，其中专业技术人员13人，特种作业人员工126人。矿井井田为一有限井田，走向长约1.5公里，属第三系中新统含煤地层，煤类为煤化程度较高的褐煤二号和长焰煤，初步探明储量为1500万吨，可供开采46年。华通公司，地处勐角乡翁丁村，占地面积为1500多亩，现已建成装机容量为3060千瓦的三级电站，年发电量达3200万度，年产值为640多万元，年上缴税金70多万余元，现有员工70多人。中国司岗里环保型机木炭厂，于2006年5月份建成，占地面积约3亩，地处勐角乡粮管所旁，现有炭窑3口，主要用锯木、包谷秆、稻草等加工后制成木炭，各种设备配齐后，可实现年产木炭100吨左右，现有员工6人。勐甘千亩乌龙茶厂，地处勐甘村帕棚组，由思茅金宇有限公司和勐甘群众共同投资创建，总投资 616 万元，其中客商投资 571 万元（含厂房建设），群众投资 45 万元，群众投资主要是投工。到 2005 年已种植乌龙茶苗 140 万株，占地 1000 亩，预计三年后亩产干茶 150 公斤，年总效益为 100 多万元。

# 第二节　翁丁村经济发展概况

## 一　农业种植

翁丁村总耕地面积为 3092.4 亩，其中，水田 1200 亩、旱地 1892.4 亩，水稻年产量为 34.5 万公斤、玉米年产量 1.3 万公斤、薯类年产量 0.8 万公斤、豆类年产量 2888 公斤（2009 年统计数字）。土壤以红土为主，贫瘠，周围环境较好，主要种植水稻、玉米、薯类、旱谷等，主要养殖猪、鸡、牛等。翁丁佤族经常使用的生产工具主要有犁、耙、镰刀、锄头等，传统的耕作方式仍然占据主要地位。绝大多数的人家都使用牛犁田耙地，使用人力插秧和打谷。全村大约有犁 250 套、耙 250 把、锄 700 把、刀 1400 把、篓背 700 个。

### （一）　水稻种植

由于翁丁村气温低，育秧、稻谷成熟的时间都较晚，所以只种植一季稻，品种主要有杂交稻和老品种稻谷。水稻种植时间为每年 5 月和 6 月，主要采用牛耕、人挖的原始耕作方式。种杂交稻的，到乡农科站买种子；种老品种稻谷的，自己留种子。育种采用水育法，使用地膜，种植技术采用插秧法，使用农家肥和化肥，一般培土三次，除草两次，杂交稻多在 3 月中下旬育秧，6 月中旬栽插，10 月中旬以后收割。老品种稻谷多在 5 月前育秧，栽插在 6 月底完成，10 月中旬以后收割。

图 3 - 1　泛黄的稻谷（吴晓琳　摄影）

水稻主要遭受稻瘟病、白叶枯、水稻钻心虫等疾病。稻瘟病又称稻热病、火烧瘟、叩头瘟。主要危害叶片、茎秆和谷穗。可分为苗瘟、叶瘟、节瘟、穗颈瘟、谷粒瘟。苗瘟，发生于三叶前，由种子带菌所致。病苗基部灰黑，上部变为褐色，植株卷缩而死。叶瘟，在整个生育期都能发生，分蘖至拔节期危害较重。节瘟，常在抽穗后发生，初在稻节上产生褐色小点，后渐绕节扩展，使病部变黑，易折断，发生早的造成枯白穗，仅在一侧发生的易造成茎秆弯曲。穗颈瘟，初形成褐色小点，放展后使穗颈部变褐色，也会造成枯白穗，发病晚的造成秕谷，枝梗或穗轴受害造成小穗不实。谷粒瘟产生褐色椭圆形或不规则斑，可使稻谷变黑。对于这种病害，主要是预防，如买种子时，

由农科站配药，对种子进行消毒，用 20% 三环唑 1000 倍液浸泡种子 24~48 小时。稻秧移栽时，再用 45% 硫环唑可湿性粉 300 倍液，20% 三环唑悬浮剂 400~600 倍液，13% 三环唑春雷霉素 350~400 倍液，或 40% 克瘟散乳油 600 倍液喷洒一次，要注意喷匀、喷足。

白叶枯病，又称白叶瘟、地火烧、茅草瘟。整个生育期均可受害，苗期、分蘖期受害最重，各个部位均可染病，叶片最容易染病。常见的有叶枯型和急性凋萎型。叶枯型，主要危害叶片，严重时也危害叶鞘，发病先从叶尖或叶缘开始，先出现暗绿色水浸状线状斑，很快沿线状斑形成黄白色病斑，然后沿叶缘两侧或中肋扩展，变成黄褐色，最后呈枯白色。急性凋萎型，苗期至分蘖期，病菌从根系或茎基部伤口侵入维管束时易发病。主茎或两个以上分蘖同时发病，心叶失水青枯，凋萎死亡，其余叶片也先后青枯卷曲，然后全株枯死，也有仅心叶枯死。白叶枯病形成枯心苗后，其他叶片也逐渐青枯卷缩，最后全株枯死。防治方法，村民们发现病株后，应拿病株到农科站配药，一般是喷洒叶枯宁，若效果不好，可在施用叶枯宁的同时混入硫酸链霉素或农用链霉素 4000 倍液或强氯精 2500 倍液，效果会明显提高。

水稻钻心虫亦称水稻螟虫。水稻遭受钻心虫危害后，形成枯心茵、枯鞘、死（枯）孕穗、白穗、半白穗，并且水稻钻心虫有转株危害习性，一头幼虫可以危害几株水稻，不同种类的水稻钻心虫危害特点不同，三化螟幼虫一般单独危害，一株水稻有一头蚁螟侵入。幼虫侵入后大量取食之前，先在叶鞘和茎节间的适当部位作"环状切断"，把大部分维管束咬断，形成"断环"，并且只取食幼嫩而白色的组织，基本上不吃含有叶绿素的部分。二化螟低龄幼虫有群集于叶鞘内危害的习性，一个叶鞘内少则几头，多则上百头。主要靠喷洒农药进行防治。

水稻的收割主要用镰刀，运输主要靠人抬牛驮，当地的湿度、温度、光照及水资源对水稻生长及产量有着良好的影响，水稻的产量为 288 公斤/亩。

### （二）玉米种植

玉米种植时间为每年 3 月，采用人工挖地，一般都使用自留的种子，采取点种的方式，施农家肥，播种后一般培土三次，除草两次，每年 9 月左右收获玉米，亩产量为 80 公斤/亩。玉米主要遭受老鼠危害，收获的玉米一般用于喂鸡、猪，较少拿到市场上卖。

### （三）蔬菜种植

蔬菜一年四季都种植，依据不同的时令而种植不同的蔬菜。一般栽种白菜、青菜、韭菜、阿佤芫荽、辣椒、姜等等；豆类主要有豌豆、黄豆、蚕豆等；瓜类有南瓜、佛手瓜等。蔬菜多为自用，较少拿到市场上卖。

过去佤族喜种旱谷，现在翁丁基本不种旱谷，主要原因：一是旱谷产量低，管理难度大；二是土地数量有限；三是政府采取优惠政策扶持茶叶、核桃等种植，农民能得到较多的实惠。

## 二 林业种植

### （一）产业协会的建立

翁丁村种植茶叶 1162.4 亩，可采摘面积 632.4 亩，产量

为 1.08 万公斤。种植核桃 1400 亩，竹子 524 亩，甘蔗 147 亩
（2009 年统计数字）。为了更好地组织生产，翁丁村成立了茶
叶、甘蔗、核桃等产业协会，人员名单如表 3 - 1 所示。

表 3 - 1　翁丁村产业协会组成人员统计

| 姓　名 | 性别 | 年龄 | 民族 | 文化程度 | 政治面貌 | 所在组 | 职　务 |
|---|---|---|---|---|---|---|---|
| 李学文 | 男 | 33 | 佤 | 高中 | 党员 | | 支部书记 |
| 杨振江 | 男 | 38 | 佤 | 初中 | 党员 | | 支部副书记 |
| 杨　兵 | 男 | 44 | 佤 | 高小 | 党员 | | 两委委员 |
| 肖金秋 | 女 | 34 | 佤 | 初中 | | 二组 | 村民委员 |
| 杨尼块 | 男 | 49 | 佤 | 高小 | 党员 | 一组 | 党组织委员 |
| 杨永光 | 男 | 35 | 佤 | 初中 | 党员 | 五组 | 党组织委员 |
| 肖永和 | 男 | 40 | 佤 | 高小 | 党员 | 六组 | 村民委员副组长 |
| 杨军光 | 男 | 36 | 佤 | 初中 | | 一组 | 组长 |
| 杨光文 | 男 | 39 | 佤 | 高小 | 党员 | 一组 | 副组长 |
| 肖　荣 | 男 | 40 | 佤 | 高小 | 党员 | 二组 | 组长 |
| 李岩倒 | 男 | 43 | 佤 | 初中 | | 二组 | 副组长 |
| 肖文军 | 男 | 27 | 佤 | 初中 | 预备党员 | 三组 | 组长 |
| 杨沐布 | 男 | 44 | 佤 | 高小 | | 三组 | 副组长 |
| 肖卫林 | 男 | 33 | 佤 | 初中 | 预备党员 | 四组 | 组长 |
| 肖志明 | 男 | 35 | 佤 | 初中 | | 四组 | 副组长 |
| 杨永生 | 男 | 37 | 佤 | 高小 | 党员 | 五组 | 副组长 |
| 杨卫国 | 男 | 32 | 佤 | 初中 | | 六组 | 组长 |
| 杨志花 | 女 | 32 | 佤 | 高小 | | 组 | 代表 |
| 赵岩门 | 男 | 40 | 佤 | 高小 | | 小新寨 | 代表 |
| 肖沐蒽 | 男 | 53 | 佤 | 高小 | 党员 | 桥头寨 | 代表 |
| 石　光 | 男 | 32 | 佤 | 高小 | | 五组 | 代表 |
| 杨云峰 | 男 | 47 | 佤 | 初中 | | 五组 | 代表 |
| 石梅芬 | 女 | 32 | 佤 | 初中 | | 五组 | 代表 |

续表

| 姓　名 | 性别 | 年龄 | 民族 | 文化程度 | 政治面貌 | 所在组 | 职　务 |
|---|---|---|---|---|---|---|---|
| 李小成 | 男 | 33 | 佤 | 初中 | | 六组 | 代表 |
| 李小东 | 男 | 34 | 佤 | 初中 | | 六组 | 代表 |
| 李新光 | 男 | 32 | 佤 | 初中 | | 六组 | 代表 |
| 李　梅 | 女 | 28 | 佤 | 高小 | | 六组 | 代表 |
| 田叶莓 | 女 | 41 | 佤 | 高小 | | 六组 | 代表 |
| 肖志高 | 男 | 58 | 佤 | 高小 | 党员 | 六组 | 代表 |
| 杨岩轮 | 男 | 52 | 佤 | 高小 | 党员 | 六组 | |
| 杨尼那 | 男 | 48 | 佤 | 高小 | | 五组 | |
| 肖　林 | 男 | 43 | 佤 | 初中 | 党员 | 四组 | |
| 肖尼龙 | 男 | 45 | 佤 | 高小 | 党员 | 三组 | |
| 李岩块 | 男 | 38 | 佤 | 高小 | | 二组 | |
| 肖金保 | 男 | 58 | 佤 | 高小 | 党员 | 一组 | |

共 35 人

产业协会的主要职责有：（1）执行会员大会或会员代表大会的决议；（2）筹备组织召开会员大会，向大会作工作报告；（3）组织发展会员，对会员进行审核、登记、培训和管理；（4）研究制定本村产业发展的中长期规划、年度计划和协会内部的各项管理制度；（5）代表协会与其他经济组织交往，审定签署经济合同；（6）负责协会的财务管理，决定资金的借贷、使用和偿还等事宜；（7）与会员签署各种工资、劳务、生产、销售等协议，组织各项协议的落实；（8）组织开展面向全体会员的技术指导、物资供应和产品的销售服务。为了规范产业协会的各项工作，翁丁村制定了相关的章程，如：《翁丁村茶叶产业协会章程》、《翁丁村竹子产业协会章程》（具体内容见附录十三、十四）等。

（二）茶叶种植

茶叶是翁丁村民的主要经济来源之一，过去茶叶的产量并不高，2006 年由政府无偿补助发展了 500 亩高优茶园，现在已可以采摘，茶叶的产量有所提高。

图 3-2　翁丁茶园一角（吴晓琳　摄影）

茶树每年需中耕（施肥、除草）两次。茶树一般在 3 月初发芽，5 月中旬可采摘春茶，春茶价格较高；6 月下旬茶树再次发芽，8 月中旬可采摘夏茶，夏茶价格较低；9 月下旬茶树又一次发芽，12 月中旬可采摘秋茶，秋茶价格较低。

茶树主要遭受的虫害有：茶毛虫，一年发生两代，以卵块越冬，翌年 4 月中旬越冬卵开始孵化，各代幼虫发生期分别为 4 月中旬~6 月中旬、7 月下旬~9 月下旬。幼虫 3 龄前群集，成虫有趋光性。低龄幼虫多栖息在茶树中下部成叶背面，取食下表皮及叶肉，2 龄后食成孔洞或缺刻，4

龄后进入暴食期，严重发生时也可使成片茶园光秃。

茶尺蠖，一年发生 5～6 代，以蛹在茶树根际土壤中越冬，次年 2 月下旬至 3 月上旬开始羽化。幼虫发生危害期分别为 4 月下旬、5 月中旬、5 月下旬、6 月下旬、7 月中旬、7 月下旬、8 月中旬、8 月下旬、9 月中旬、9 月下旬、10 月中旬。它以幼虫残食茶树叶片，低龄幼虫为害后形成枯斑或缺刻，3 龄后残食全叶，大面积发生时可使成片茶园光秃。由于当地村民的经济条件有限，对茶树的管理较为粗放，不施化肥，不洒农药，防治虫害主要靠人工摘除虫子或卵块。

当地茶树的病害以茶炭疽病为主。病斑多自叶缘或叶尖，开始呈水渍状暗绿色，圆形，后渐扩大，呈不规则形，并渐呈红褐色，后期变灰白色，病健分界明显。病斑上生有许多细小、黑色突起粒点，无轮纹。其发病通常在雨季，村民们主要采取开沟排水的方法来防治茶炭疽病。

### （三）泡核桃种植

泡核桃的种植是从 1995 年开始的，由于管理不善，嫁接部分多枯死，后停止种植。近年来，临沧市把核桃产业列为支撑区域经济发展的支柱产业，创新发展机制，加大投入，核桃产业得到迅速发展。

翁丁村于 2008 年开始大规模种植核桃，2007～2008 年种植了 800 亩，2008～2009 年种植了 600 亩。翁丁村推广了泡核桃种植的"八个一"标准，即：用一块好地种植核桃、一个 1 米×1 米的标准塘、一棵 60 厘米高，无病害的合格苗，一担农家肥，一挑定根水，一块覆盖膜，一个竹筒水，三棵木桩。在管理上主要抓好：一是在核桃定植后，

图3-3　核桃种植的现场指导（吴晓琳　摄影）

周围定三棵木桩和滴灌竹筒，以防牲畜残踏和确保成活率。二是及时抹芽，防止砧木发芽与嫁接苗争养分。三是组织群众在种植核桃的地块，一年分别在5月、7～8月、12月进行中耕除草，在中耕除草时结合施入追肥，在没有肥料的情况下把铲除的杂草采用环状或穴状埋入核桃树周围，腐烂后变为肥料。四是要求群众在核桃种植地块套种豆类、旱谷、苦乔等矮秆作物，套种农作物的，应在核桃苗四周留出不低于两平方米的空地面积，以保证核桃苗木正常生长。这样既能管好核桃又能收获粮食，起到了长短结合，以短养长的作用，提高了土地的利用率，同时也能提高群众的积极性。五是整形修剪，剪去病枝，摘出虫茧和幼虫，防治病虫危害。六是加大宣传力度，让广大群众充分认识到发展核桃产业能够带来的经济收益。七是成立工作组指导工作，并到田边地角检查督促。

核桃遭受的主要虫害有：金龟子、黄刺蛾、介壳虫和云斑天牛等。防治病虫害主要可采取：①人工防治。在成虫发生期直接捕捉，也可以在夜间用灯光捕杀。②药剂防治。幼虫危害期，清除虫孔处的粪屑，注入 50% 敌敌畏 100 倍液或 50% 辛硫酸 200 倍液 50% 杀螟松乳油灌入虫孔。

核桃的病害主要是腐烂病和枯枝病，这类病害主要危及枝干，腐烂病的症状主要是枝干流黑水。枯枝病主要是树枝干枯，树叶枯萎，治疗办法是把枯枝病叶剪除，以减少病菌，再用 40% 福美砷 50~100 倍药液或波美 5~10 度石硫合剂涂刷伤口时进行消毒。

## （四）竹子种植

翁丁村每户人家要完成种植六棵竹子的目标，竹子适宜种植的范围很广，山坡、平地、房前屋后、坝头地边、路边河边都可以种植。但从土地利用率和经济效益的角度考虑，一般在 25° 以上坡度的山地种植为好。翁丁村民多将竹子种植在山坡上或田边地角。竹子是易生快发的天然作物，种植时间一般在农历正月下旬至 4 月上旬，最佳种植时间是春分至谷雨这一个月的时间，阴雨天气种植的成活率最高。种植的做法，按种植规格的要求确定距离后，在翻松的地上边打穴边种植。栽种的不宜太深，也不宜太浅，可根据种苗的大小来打穴。如果栽种育成的竹苗，一般以 15 厘米的深度为宜；如果栽种笋蔸，则以泥土盖过竹种头为宜。不论栽种哪一种种苗，都必须用碎泥压实压稳竹头。竹子种好后，基本上不管理，任其自然生长。

图 3 - 4　村寨侧门及竹林（吴晓琳　摄影）

### （五）甘蔗种植

过去翁丁村民曾大规模种植甘蔗，运往沧源糖厂，该糖厂倒闭后，1～5 组的村民考虑到翁丁村离勐省糖厂较远，运费高，收益少，所以不愿意继续种植甘蔗。只有六组的村民继续种植甘蔗，主要原因是他们除甘蔗外没有其他的经济来源。

翁丁村曾于 2005 年推广种植花椒，后因成活率低而停种。

## 三　养殖业

翁丁村以养殖牛、猪、鸡为主，2009 年全村共有大牲畜 360 头，其中水牛 192 头、黄牛 168 头，生猪存栏数 850

头、鸡约有 1370 只。按照当地的风俗，猪主要用于平时的祭祀活动，一般是用小猪叫魂，大猪过年时屠宰（2009 年春节，全村 80% 的农户杀年猪），较少买卖，2009 年，全村只卖出 10 头猪。猪过去是放养的，考虑到卫生、疾病等因素，村委会要求每家每户都要建有猪厕，学会圈养。村里的巡逻小组负责巡查，违规者将被罚款。

鸡的饲养方面，以土鸡为主，主要也是用于平时的祭祀活动，鸡是放养的，不建鸡圈，白天鸡满村跑，晚上则栖息于房屋下。易患鸡瘟等疾病，死亡率较高。

牛为放养，早上把牛赶到山上，晚上再把牛赶回来，拴于房屋下。如果牛的数量较多，隔三四天才去把牛赶回来，因此容易发生牛吃庄稼或牛被盗的事情。水牛主要用于犁田耙地，很少出售。在翁丁，尚未推广高峰黄牛的养殖，这里的黄牛为老品种，主要用于犁田、驮柴和剽牛，每逢五一劳动节、国庆节时，翁丁都要举行剽牛活动。

图 3-5 节日期间的剽牛活动（吴晓琳 摄影）

53

# 第三节 耕作农具与生产方式

## 一 传统农具

目前，翁丁村民所用的生产工具仍然是传统的刀、锄头、斧头、犁、耙等。

**图 3 - 6 翁丁佤族的传统生产工具（李国明 摄影）**

尽管生产工具是随着生产生活水平的提高而不断发展的，但是村民的劳动生产工具并没有多少发展。现在较为明显的变化是，除了传统的生产工具外，有的家庭用上了剁食机、碾米机和拖拉机等。

翁丁的刀分为砍刀、弯刀、菜刀、铡刀。砍刀用于砍削木头、破竹篾、砍柴等。弯刀主要用于砍山地、砍杂草等。菜刀分砍菜刀、切菜刀两种，砍菜刀主要用于砍骨头、砍腿肉等；切菜刀主要用于切菜、切肉等。铡刀主要用于铡马草或将各种杂草铡成短截，做成肥料。

图 3 - 7　用于生产的手扶拖拉机（李国明　摄影）

锄头分为四种，即挖锄、铲锄、耙锄、斧锄。挖锄主要用于挖土坑、开荒地、挖田地等；铲锄主要用于铲田埂、铲杂草、薅包谷等。耙锄主要用于铲厩肥、铲杂草；斧锄又称秧爹斧，一头为斧，一头为锄，既可砍也可挖。各种锄头又有大小之分。

镰有手镰和锯镰之分，主要用于割草或收获农作物。

斧分为砍斧和锛斧两种，砍斧用于砍柴、破柴、劈柴；锛斧用于修削木头枋。犁有两种，即单犁和双犁。单犁既可以犁地也可以犁田；双犁主要用来犁田，

无论是单犁还是双犁，都由犁架和犁铧组成。犁架又由扶手、犁辕、犁托组成，用木制成；犁铧用钢、铁制成。

竹子在翁丁佤族的生活中占有重要的地位。除用竹子盖房外，他们还会用竹篾编制背箩、篾笆、簸箕、饭盒、竹凳等实物，一部分竹制品自家使用，另一部分则拿到集市上卖。

木材在翁丁佤族的生活中也是必不可少的，除了建房

时用作柱子、梁、行条、椽子外，还可用作各种日常生活用品，如舂臼、舂棒、砧板、木盆、木桶等。

木材也是当地群众的主要燃料。

**图 3 - 8　翁丁佤族的舂臼、舂棒（李国明　摄影）**

## 二　生产方式

### （一）劳动力交换

在翁丁，帮工互助的现象非常普遍，平时村民们以换工协作的方式进行合作。村里无论谁家有大事如结婚、丧事、建房等，村民们都会积极帮忙。如建房时，大家都来相帮，有的出劳力，有的既出劳力还送建筑材料和酒饭。因此，参加修建房的常有三四十人，有时甚至全村的劳动力都来帮忙。由于当地房子结构简单，当日即可完成。

在农忙季节中，换工的现象更是常见，换工有三种形式：大换工、人工换人工和人工换牛工。大换工是在犁田耙地、拔苗插秧或是收割时，亲友之间以家庭为单位互相

图 3 - 9　一家建房众人相帮（吴晓琳　摄影）

助耕，不计每家耕地面积的大小、劳动力的多少和强弱。人工换人工多是农忙时的助耕关系，只计工数，不计劳动力的强弱。人工换牛工是无牛之家向有牛之家换工。在换工过程中，尽管劳动力的劳动强度或劳动力水平高低有所不同，但劳动力价格的差别却不明显。村民们并不计较这一点，皆以一天作为劳动工时单位，相互交换完成劳动工时为止，在交换过程中，大多数人家愿意一天包吃三餐，只有少数人家不愿意。如果双方都愿意包吃或不包吃三餐，那么交换劳动力过程就按双方的意愿进行；如果甲方愿意包吃三餐，乙方不愿意包吃三餐，那么在交换劳动力完成后，乙方需补偿甲方一定的生活费用。在交换过程中，如果甲方请乙方出工，但因甲方劳动力不足，无法还乙方工时，可以事先商量好价格，以货币偿还劳动力。

（二）商品交换

村民们赶集主要有两种情形，第一种情形，到勐角乡赶集。距离翁丁村24公里的勐角乡，是比较大的交易市场，五天一次圩日，一次圩日一天，每逢圩日，村民们带大米、蔬菜、竹制品等产品前去交易，买回自己所需的油、盐等日常生活用品。只有圩日，翁丁村才有车辆直接到达勐角。平时需步行一段路程至公路路口，才可搭乘车辆。第二种情形，到县城勐董去赶集。村里有两辆客货两用的微型车，每天往返县城一次，早上九点左右出发，下午五点左右返回村里，来回的路费为每人30元。村民们大多选择到县城勐董去赶集，一是乘车方便，二是城里的商品种类更多，价格更便宜。

图 3 – 10　露天小卖铺（李国明　摄影）

翁丁村广场设有三家露天小卖铺，出售民族服装、筒帕、麻毯等物品和芭蕉、原生茶、腌橄榄、凉拌米粉等食品。

早上九点摆摊，下午六七点收摊，平均每天的收入为十元左右。在佤王府的一层，专门设有商店，出售翁丁的特色产品。村里也有三户人家开有小卖部，主要出售日常用品，如盐、味精、酒、烟、纸等，商品的种类较少。在翁丁，也常会看到佤族小孩在路边摆摊，出售当地的特产。

**图 3-11　在路边卖当地土特产的佤族儿童（李国明　摄影）**

翁丁村运输业、加工业、服务业的规模不大，其中运输业收入 2.1 万元（其中拖拉机运输收入 0.4 万元）、服务业收入 2.7 万元，其他业收入 7 万元（2009 年统计数字）。

## （三）劳务输出

劳务输出是实现劳动力资源合理利用的重要形式，对解决乡村富余劳动力的出路，满足劳动力不足地区的需要，加速基本建设的进程和经济全面发展具有重要意义，大力发展劳务输出已成为社会发展的必然趋势。翁丁村由于交通落后，信息闭塞，所以，劳务输出的起步较晚，开始于21 世纪初期，具体情况如表 3-2 所示。

表 3 - 2　翁丁村劳务输出情况统计

| 姓　　名 | 性　别 | 民　族 | 出生年月 | 外出年月 | 现打工地点 |
|---|---|---|---|---|---|
| 一　　组 | | | | | |
| 杨建东 | 男 | 佤 | 1976.5 | 2002.3 | 山　东 |
| 田华 | 男 | 佤 | 1977.11 | 2002.3 | 山　东 |
| 田尼门 | 男 | 佤 | 1983.5 | 2002.3 | 山　东 |
| 杨叶玫 | 女 | 佤 | 1988.2 | 2003.4 | 山　东 |
| 赵岩改 | 男 | 佤 | 1974.6 | 2004.3 | 沧　源 |
| 二　　组 | | | | | |
| 肖岩不勒 | 男 | 佤 | 1974.4 | 2002.11 | 缅　甸 |
| 肖尼嘎 | 男 | 佤 | 1979.7 | 2002.11 | 缅　甸 |
| 肖安到 | 女 | 佤 | 1982.1 | 2001.2 | 昆　明 |
| 三　　组 | | | | | |
| 杨尼伞 | 男 | 佤 | 1982.2 | 2003.3 | 山　东 |
| 肖岩不勒 | 男 | 佤 | 1987.10 | 2003.3 | 山　东 |
| 四　　组 | | | | | |
| 赵亮 | 男 | 佤 | 1978.2 | 2003.3 | 山　东 |
| 杨叶 | 男 | 佤 | 1981.6 | 2003.3 | 山　东 |
| 肖尼改 | 男 | 佤 | 1986.8 | 2004.3 | 广　东 |
| 肖叶新 | 女 | 佤 | 1987.1 | 2001.1 | 沧　源 |
| 五　　组 | | | | | |
| 杨木块 | 男 | 佤 | 1983.10 | 2004.1 | 沧　源 |
| 杨赛德 | 男 | 佤 | 1976.11 | 2003.3 | 昆　明 |
| 李明泽 | 男 | 佤 | 1973.7 | 2004.4 | 沧　源 |
| 石忠 | 男 | 佤 | 1974.9 | 2000.1 | 临　沧 |
| 杨香 | 女 | 佤 | 1984.10 | 2003.5 | 班　伞 |
| 杨风 | 女 | 佤 | 1984.2 | 2003.5 | 班　伞 |
| 石英 | 女 | 佤 | 1983.10 | 2003.5 | 班　伞 |

| 姓　　名 | 性　　别 | 民　　族 | 出生年月 | 外出年月 | 现打工地点 |
|---|---|---|---|---|---|
| 六　　组 | | | | | |
| 刀得强 | 男 | 佤 | 1967.11 | 2000.1 | 缅　　甸 |
| 肖赛到 | 男 | 佤 | 1985.10 | 2000.1 | 班　　伞 |
| 刀美华 | 男 | 佤 | 1981.1 | 2004.1 | 山　　东 |
| 李新泽 | 男 | 佤 | 1981.6 | 2004.3 | 新　　疆 |
| 李岩搞 | 男 | 佤 | 1985.1 | 2004.3 | 新　　疆 |
| 肖木当 | 男 | 佤 | 1983.4 | 2004.3 | 新　　疆 |
| 肖尼给 | 男 | 佤 | 1982.2 | 2004.3 | 新　　疆 |
| 肖岩茸 | 男 | 佤 | 1981.10 | 2004.1 | 浙　　江 |
| 赵叶茸 | 女 | 佤 | 1988.1 | 2003.1 | 沧　　源 |
| 李衣茸 | 女 | 佤 | 1988.9 | 2003.1 | 沧　　源 |
| 杨叶新 | 女 | 佤 | 1988.11 | 2003.1 | 沧　　源 |
| 杨衣惹 | 女 | 佤 | 1991.1 | 2004.2 | 沧　　源 |
| 李叶惹 | 女 | 佤 | 1989.12 | 2004.2 | 沧　　源 |
| 杨衣肯 | 女 | 佤 | 1989.6 | 2004.3 | 沧　　源 |
| 肖叶块 | 女 | 佤 | 1987.8 | 2003.1 | 浙　　江 |
| 李叶色 | 女 | 佤 | 1987.7 | 2003.1 | 沧　　源 |
| 刀安罗 | 女 | 佤 | 1986.3 | 2003.2 | 临　　沧 |
| 杨丽梅 | 女 | 佤 | 1983.9 | 2003.1 | 沧　　源 |
| 李衣代 | 女 | 佤 | 1984.11 | 2003.1 | 沧　　源 |
| 肖叶肯 | 女 | 佤 | 1984.5 | 2003.1 | 临　　沧 |
| 刀安边 | 女 | 佤 | 1985.11 | 2003.3 | 临　　沧 |
| 李叶不勒 | 女 | 佤 | 1984.12 | 2004.1 | 临　　沧 |

注：以上为 2005 年的统计数字。

劳务输出不仅直接增加村民和家庭的收入，而且村民通过进城务工，开阔了视野，增长了见识，解放了思想，更新了观念，尤其是对计划生育、教育的观念有了明显改

变。不断接受新知识、新技术，提高了村民的综合素质，对他们将来在外谋生或回乡发展都有很大的好处。翁丁村外出打工人员大多是初、高中毕业生，没有多少生产生活的技能，通过外出打工，增加了收入，提高了技能，在一定程度上减轻了家庭和社会的负担。

但也应该看到，劳务输出也存在一些亟待解决的问题。

1. 外出务工人员的总体文化素质不高，与劳务输入地日益要求的高素质务工者有较大的差距。外出务工人员中，绝大多数只有小学文化程度，还有部分是文盲和半文盲。他们除少数从事歌舞表演外，大部分从事手工及简单劳动，技术含量低，收入不高。

2. 劳务输出中介机构不健全，劳务输出信息不灵，输出渠道不畅。当前沧源县的劳务输出形式多以自发性、分散式的无序输出为主，他们主要是依靠亲友帮、带谋业，普遍存在盲目性。导致外出务工人员行踪难确定，数量统计不完全，跟踪管理难度大。当地妇联组织的劳务输出也仅仅只是备齐证件、与老板订立协议、交代一些外出事宜，具体的培训工作并未开展，这在一定程度上影响了劳务输出的质量和效率。

3. 外出务工人员的合法权益难以得到保障。由于外出务工人员文化素质低下，法律意识不强，法制观念淡薄，致使外出务工人员的合法权益经常受到侵害而得不到保障。

4. 政府、职能部门服务工作不到位。政府投入不足，有机构，无编制，无经费保障，对外出务工人员跟踪管理和服务困难大，不到位；劳务办人员变动大，变动快，工作缺乏连续性。部分乡镇干部和单位领导对劳务输出工作不理解、不支持，认为劳务输出与产业发展争劳力，看不到外出务工人员为社会经济发展做出的成绩。

5. 沧源县工矿企业不发达，用工数量少，翁丁村劳动力县内转移除部分从事餐饮业、建筑业、佤族歌舞表演外，主要从事交通运输业，大部分劳动力转移属于县外转移。

6. 劳动力性别结构不能满足市场需求。从省外劳动市场来看，需求劳工数量较大，发展空间广阔，且多以 30 岁以下的女性员工为主，男性员工所占比例较少，而翁丁的富余劳动力现状是男多女少，因此给扩大劳动力输出规模带来一定的困难。

为了促进劳务输出事业的健康发展，必须积极寻求解决上述问题的对策。

1. 加大政府调控力度，提高农村劳动力转移的组织化程度。沧源县政府应研究出台有关推动农村劳务输出发展的相关政策措施，实施政策引导和政策激励，政府应加大对农村劳务输出的人力和财力的投入，切实解决农村劳务输出发展中应该由政府协调解决而又未解决的问题。

2. 充分发挥劳务输出中介机构的主渠道作用，以沧源县劳动就业介绍机构为中心，以勐角乡劳动保障服务所和翁丁村委会为依托，建立健全管理服务机构，强化其功能。同时，应推行多元化输出模式，广开渠道，形成政府、社会中介、个人等多元化组织结构，从而提高农村劳动力转移的组织化程度。

3. 建立一批稳固的劳务输出基地，沧源县政府及其劳动就业部门应与劳动力需求较大的地区建立劳务输出协作关系，并同这些地区的企业达成协议，确立一批劳务输出企业，根据需要输送各类劳务工。

4. 加快信息网络建设，为外出务工人员提供有效的信

息支持。应在沧源县政府网站上开设"外出务工人员之窗"网页，设立信息平台，与勐角乡劳动保障服务所联网，与有条件的外出务工人员联网，为外出务工人员提供容量大、反应快、全方位、多层面的信息服务。

5. 加强培训力度，努力提高外出务工人员的综合素质。应抓住国家实施"阳光工程"、"星火培训计划"、"国家扶贫培训"、"农村劳动力资源培训"的良好机遇，采取有效措施，整合培训资源，加快外出务工人员培训的步伐。

要努力探索"定单培训"和"定向培训"的途径和方法，加大职业技术培训的力度，把外出务工人员的培训与安置紧密结合起来。要讲究培训的实效性，努力提高培训的质量和规模。

6. 加大维权服务力度，努力保护外出务工人员的合法权益。沧源县劳动就业介绍机构、勐角乡劳动保障服务所和翁丁村委会应建立外出务工人员跟踪管理联系卡，随时反馈打工者的情况，维护打工者的合法权益。

## （四）交通运输

在 20 世纪 70 年代以前，翁丁没有一条公路，村民们全靠步行。从翁丁到勐角，步行需要五个多小时，村民们每次赶集都是天不亮就出发，天黑后才能回到家。村民们如果没有特别重要的事情，不需要购买急需的农用工具及生活必需品，他们一般是不会去赶集的。改革开放以来，发展交通运输业一直是当地政府的重点工作之一，当地政府积极争取资金修通乡级道路，不断改善交通运输状况。通过努力，翁丁村的交通运输条件得到了一定程度的改善，详细情况如表 3-3 所示。

表 3 – 3　翁丁村交通建设固定资产投资完成情况统计

| 工程名称 | 建设内容 | | 工程投资（万元） | 建设年限 | | 工程完成情况 | | 备注 |
|---|---|---|---|---|---|---|---|---|
| | 规模（公里） | 性质 | | 开工日期 | 竣工日期 | 完成工程量 | 完成投资（万元） | |
| 翁丁公路 | 4 | 弹石路 | 30 | 1978 年 | 2005 年 | | 30 | |
| 新牙公路 | 4 | 土　路 | 2.2 | 1979 年 | 1980 年 | | 2.2 | |
| 让塘公路 | 0.6 | 土　路 | 0.5 | 1980 年 | 1980 年 | | 0.5 | |
| 茶所公路 | 0.4 | 土　路 | 0.4 | 1979 年 | 1979 年 | | 0.4 | |
| 小寨公路 | 0.8 | 土　路 | 0.8 | 2004 年 | 2004 年 | | 0.8 | |
| 小新寨公路 | 0.4 | 土　路 | 0.3 | 1984 年 | 1984 年 | | 0.4 | |
| 那兰公路 | 2 | 土　路 | 2 | 2000 年 | 2000 年 | | 2 | |
| 拱闪公路 | 3 | 土　路 | 4 | 1976 年 | 1976 年 | | 4 | |

# 第四节　新农村建设

## 一　新农村建设规划

　　建设社会主义新农村是我国现代化进程中的重大历史任务，翁丁村始终坚持以科学发展观统领社会主义新农村的建设，按照"生产发展、生活宽裕、乡风文明、村容整洁、管理民主"的要求，从实际出发，力争把翁丁村建设成为临沧市较有代表性的佤族居住特色示范村。翁丁村社会主义新农村建设的发展思路是：紧紧围绕沧源县"十一五"经济社会发展的总体思路，以"改善基本农田地灌溉，巩固提升茶园建设，发展泡核桃种植和建设养殖小区"为目标，充分调动群众的积极性，使人民群众以主人翁的精神，全面整治村容村貌，努力构建一个"和谐、生态、文

明、可持续发展"的社会主义新农村。按照这一思路，翁丁村的社会主义新农村建设分两个步骤实施，即中期规划和长期规划。

（一）中期规划（2007～2010年）

重点是摸清资源底数，加大基础设施建设，合理布局产业，打牢发展基础，力争使各项指标有大幅提升，到2010年，全村 GDP 总量达 443 万元，农民人均纯收入达4000 元，每年农民人均纯收入递增力争达 47%。基本实现以下目标：保护好原有森林，使森林覆盖率不断提高；85% 以上的农户用上安全卫生的自来水；人均经济林果达0.7 亩以上；进村入户道路硬板化率达 80% 以上；有线电视覆盖率达 85% 以上；列入新农村改造或新建的农户，80%以上住上新房；洁净能源使用率达 85% 以上；人口自然增长率控制在 5‰ 以内；95% 的村民享有农村合作医疗，保健、防疫条件不断改善；开展科技扶贫，加强实用技术培训，使每户村民都有 1 人掌握 1～2 门实用技术；科教、文化、体育、卫生事业活动场所建设全面推进；全村经济、社会与人口、资源、环境得到协调发展。

为了实现这些目标，具体做好：（1）基本农田地建设，计划在翁丁改灌增肥 1121.9 亩农田地。（2）安居房建设，新建和改造现有的危旧住房，每户建筑面积在 80～120 平方米，计划新建及改造 253 户。（3）安全饮水，加大人畜饮水工程建设，新建 16 公里的人畜饮水管道和四个 100 立方米和三个 50 立方米的水池，全面解决全村人畜饮水的困难问题。（4）沼气池，推行"一池三改"建设，即：2 平方米的卫生间、12 平方米的猪圈、8 立方米的沼气池，计划新建 253 口沼气池,通过"一池三改"来推动养殖业的发展,通过发展养殖业来提供洁净能源燃料,促进生态保护。(5)村庄道路,搞好进村入组的硬板路,逐步实现村组道路硬板化,计划修建 7 公里的水泥路和 6 公里弹石路侧沟三面光,道路两旁种植行道树,做好绿化工作,促进生态建设。(6)特色经济林,在巩固提高现有 1326.9 亩茶园产量的同时,计划建设 750 亩茶园和泡核桃林,并计划在条件较差和相对缺水的茶地上修建十多个 15 立方米的水池,用于浇灌茶地,达到人均 0.6 亩以上的特色经济林。(7)经济作物,巩固和改良现有 150 亩的高优蔗园。(8)计划新建 3 个总面积为 4300 平方米的养牛小区和 60 亩的草山草场,养殖大牲畜 520 头;新建及改造猪、家禽圈舍,养殖猪 1450 头及家禽 11250 只。通过养殖小区建设来发展养殖业,实现真正意义上的人畜分离,创造良好的生产生活环境。(9)竹子种植,计划种植竹子 650 亩。(10)小香蒜种植,计划种植小香蒜 200 亩。(11)薯类种植,计划种植薯类 200 亩。(12)旅游业开发,充分利用现有旅游资源,进一步开发旅游产品、开办农家乐等服务行业。(13)计划新建设一个 80 平方米卫生室。(14)党员电教室和文化室,计划新建设 6 个 60 平方米的文化室。(15)兽医室,计划新修建一个 80 平方米的兽医室。(16)支持"普九"教育网络,积极争取项目、资金,建立稳固的"普六"、"普九"教育网,计划新建 2 幢教学楼,面积约 600 平方米。(17)成立 4 个科普协会,即茶叶种植协会、养殖协会、泡核桃种植协会、新农村建设理事会。(18)农业实用技术培训,对全村 253 户农户进行农业实用技术培训,计划培训 900 人(次),做到每户有一名科技明白人,带

动全村的经济发展。（19）农村劳动力转移培训，计划到2010年全村劳动力转移在100人（次），从而为全村的发展和经济增收服务。

（二）长期规划（2010～2020年）

重点是巩固完善已建的各项基础设施，巩固提升茶叶、核桃、竹子、薯类、养殖、旅游等产业，力争全村经济总收入达1500万元以上，人均纯收入达10000元以上。基本实现以下目标：保护好原有森林，使森林覆盖率不断提高；95%以上的农户用上安全卫生的自来水；人均经济林达0.7亩以上；进村入户道路硬板化率达100%；有线电视覆盖率达100%；列入新农村改造或新建的农户，90%以上住上新房；洁净能源使用率达90%以上；人口自然增长率控制在5‰以内；100%的村民享有农村合作医疗，保健、防疫条件健全；开展科技扶贫，加强实用技术培训，使每户村民都有1人掌握1～2门实用技术；科教、文化、体育、卫生事业活动场所建设全面推进；全村经济、社会与人口、资源、环境得到协调发展。翁丁村产业规划如表3-4所示。

表3-4　翁丁村产业规划

单位：万元

| 产　　业 | 建设内容及规模 | 投资 | 2010年收入 | 2020年收入 |
|---|---|---|---|---|
| 种植业 | 粮食种植1221.9亩 | 68 | 102.7 | 94 |
| | 老茶园改造1327.4亩；新建750亩茶园和泡核桃林 | 219.5 | 119.5 | 624.228 |
| | 高优蔗园 | 3 | 10.2 | 15 |

续表

| 产　业 | 建设内容及规模 | 投资 | 2010 年收入 | 2020 年收入 |
|---|---|---|---|---|
| | 种植竹子 650 亩 | 18 | | 46.8 |
| | 种植小香蒜 | 3 | 10 | 16 |
| | 种植薯类 200 亩 | 5 | 60 | 60 |
| 养殖业 | 养殖大牲畜 520 头 | 76 | 159.9 | 320 |
| | 养殖猪 1450 头 | | | |
| | 养殖家禽 | | | |
| 旅游开发 | | 660.55 | 25 | 160 |
| 劳力输出 | 劳动力转移 100 人次以上 | 5.8 | 45 | 72 |
| 其　他 | 运输等第三产业 | | 14 | 42 |
| 机耕路 | 建设 15 公里 | 30 | | |
| 合　计 | | 1088.85 | 546.3 | 1450 |

## 二　新农村建设理事会

新农村建设理事会是新农村建设的重要组织，翁丁村新农村建设理事会的组织健全，组成人员如表 3 - 5 所示。

表 3 - 5　翁丁村新农村建设理事会组成人员

翁丁村理事会：（共 11 人）　　　理事长：杨　兵

| 姓　名 | 性　别 | 年　龄 | 民　族 | 文化程度 | 政治面貌 | 所在组（住）地 | 职务 |
|---|---|---|---|---|---|---|---|
| 杨军光 | 男 | 36 | 佤 | 初中 | | 一组 | 组长 |
| 肖　荣 | 男 | 40 | 佤 | 高小 | 党员 | 二组 | 组长 |
| 肖文军 | 男 | 28 | 佤 | 初中 | 预备党员 | 三组 | 组长 |
| 肖卫林 | 男 | 33 | 佤 | 初中 | 预备党员 | 四组 | 组长 |
| 杨　兵 | 男 | 44 | 佤 | 高小 | 党员 | 一组 | 委员 |
| 肖金秋 | 女 | 34 | 佤 | 初中 | | 二组 | 村委会委员 |
| 田陆惹 | 男 | 39 | 佤 | 高小 | | 一组 | |

续表

| 姓　名 | 性　别 | 年　龄 | 民族 | 文化程度 | 政治面貌 | 所在组（住）地 | 职务 |
|---|---|---|---|---|---|---|---|
| 杨尼块 | 男 | 49 | 佤 | 高小 | 党员 | 一组 | 党组织委员 |
| 肖志明 | 男 | 35 | 佤 | 初中 | | 四组 | 副组长 |
| 李　宏 | 男 | 40 | 佤 | 高小 | 党员 | 三组 | |
| 肖岩光 | 男 | 56 | 佤 | 高小 | | 二组 | |
| 杨永光 | 男 | 35 | 佤 | 初中 | 党员 | 五组 | 组长 |
| 杨永生 | 男 | 37 | 佤 | 高小 | 党员 | 五组 | 副组长 |
| 杨云峰 | 男 | 47 | 佤 | 初中 | | 五组 | 代表 |
| 石　光 | 男 | 32 | 佤 | 高小 | | 五组 | 代表 |
| 石梅芬 | 女 | 32 | 佤 | 初中 | | 五组 | 代表 |
| 杨尼那 | 男 | 58 | 佤 | 高小 | | 五组 | |
| 杨国光 | 男 | 35 | 佤 | 初中 | | 五组 | |
| 李小成 | 男 | 33 | 佤 | 初中 | | 六组 | 代表 |
| 李小东 | 男 | 34 | 佤 | 初中 | | 六组 | 代表 |
| 李尼兰 | 男 | 38 | 佤 | 高小 | | 六组 | |
| 李　梅 | 女 | 28 | 佤 | 高小 | | 六组 | 代表 |
| 刀　勇 | 男 | 25 | 佤 | 高小 | | 六组 | |
| 杨卫国 | 男 | 32 | 佤 | 初中 | | 六组 | 组长 |
| 肖永和 | 男 | 40 | 佤 | 高小 | 党员 | 六组 | 副组长 |
| 肖志高 | 男 | 48 | 佤 | 高小 | 党员 | 六组 | 代表 |
| 李新光 | 男 | 32 | 佤 | 初中 | | 六组 | 代表 |
| 杨民搞 | 男 | 39 | 佤 | 高小 | 党员 | 六组 | |
| 杨岩轮 | 男 | 52 | 佤 | 高小 | 党员 | 六组 | |
| 李岩块 | 男 | 43 | 佤 | 高小 | | 六组 | |
| 赵岩茸 | 男 | 47 | 佤 | 高小 | | 六组 | |
| 田叶茸 | 女 | 41 | 佤 | 高小 | | 六组 | 代表 |
| 肖沐惹 | 男 | 53 | 佤 | 高小 | 党员 | 桥头寨 | 代表 |
| 赵　金 | 男 | 55 | 佤 | 高小 | | | |

| 姓 名 | 性 别 | 年 龄 | 民 族 | 文化程度 | 政治面貌 | 所在组（住）地 | 职务 |
|---|---|---|---|---|---|---|---|
| 杨沐茸 | 男 | 32 | 佤 | 高小 | | | |
| 杨沐灭 | 男 | 30 | 佤 | 初中 | | | |
| 肖志忠 | 男 | 28 | 佤 | 高小 | | | |
| 赵岩门 | 男 | 40 | 佤 | 初中 | | | 代表 |
| 肖尼门 | 男 | 63 | 佤 | 高小 | 党员 | | |
| 杨 伍 | 男 | 46 | 佤 | 初中 | | | |
| 李 江 | 男 | 52 | 佤 | 初中 | | | |
| 肖岩中 | 男 | 44 | 佤 | 初中 | | | |

另外，翁丁村新农村建设理事会工作职责明确，具体内容如下：

（1）组织农户认真学习和贯彻落实党在农村的路线、方针和政策，带头遵守村规民约。

（2）全面掌握村寨所有农户的家庭人口、生活条件、致富产业发展需求等情况，积极向乡村两级反映，为上级采取帮扶措施提供依据和提出建议。

（3）组织开展五保户、困难户、特困户生产生活上的互帮互助活动。

（4）热心帮助农户办理红白喜事，反对封建迷信，倡导移风易俗，树立文明新风。

（5）组织农户积极投入到"三建四无五通"工程建设中来，即：建卫生厕所、建文化室、建医疗室；无赌博、无吸毒贩毒、无超生、无违法犯罪；通水、通电、通路、通广播电视、通电话。对村寨周围环境实行每天一小扫，每周一大扫，搞好"门前三包"。

（6）广开门路；积极筹资筹劳，兴办公益事业和加强基础设施建设。

（7）搜集致富信息，组织农户学科技、兴产业、活流通、增收入。

（8）组织理事会成员对"三建四无五通"工程进行督查，发现问题及时督促整改，确保乡风文明、村容整洁。

（9）负责管理维护好公共设施和公共场所，组织农户开展评比争优和参与文明、平安创建活动。

在新农村建设过程中，翁丁村党建工作得到加强，具体体现在：（1）以"一体两会"为载体，充分发挥广大党员的先锋模范作用。在稳步推进社会主义新农村建设的过程中，翁丁村党支部把深入开展"一体两会"活动，建立健全"一体两会"联动机制作为抓好基层党组织建设的长效机制和重中之重来落实，并取得了明显效果。一是坚持党员挂户帮扶制度，翁丁村由县旅游局挂钩联系，乡级有一名党委成员挂钩联系，机关支部由完小党支部与翁丁村支部党员挂钩联系，村党支部32名党员分别与96户农户挂钩联系（具体情况如表3－6所示），经常性地走村入户，深入到所挂钩的党员、农户家中，帮助挂钩农户解决1~2个实际问题，积极向群众宣传党在农村的各项路线方针政策，帮助他们理清发展思路。二是翁丁村党支部结合新农村建设的有关要求，建立健全各项机制，以自然村为单位，成立了六个新农村建设理事会，理事会结合自然村的实际情况，在村"两委"的指导下，制定本自然村的发展规划及目标。同时，成立以村为单位的核桃、茶叶、竹子、养殖等产业协会，形成了村、组事情有人理、有人管、有人协调，真正发展了"理事会"和"协会"的作用，全村的各项事业取得了较快发展。三是加强科技培训，让党员带头学科学、学技术，然后带头实践，成功架起了一座党员对广大农民群众进行政策宣传、科技服务、出谋划策的纽带，有效地扩宽和提高了群众接受党在农村的方针政策及科学技术的途径和能力，使农民群众能够及时地了解最新的政策动态和最先进的农民实用科学技术，有效地推动了农村各项社会事业的发展。（2）以巩固"云岭先锋"工程成果为动力，加强农村基层党组织建设工作。自实施"云岭先锋"工程以来，为进一步加强农村基层党组织建设工作，翁丁村党支部采取了一系列积极有效的措施：一是紧紧围绕村级创建"五好党支部"的目标要求，加强领导班子的团结、沟通与协作，在工作决策和公共事务处理上，做到公开、一致，提高了决策的透明度和实现了村务、财务的公开。加强对党员、干部的文化理论培训和实用农业技术指导，全面提高队伍素质，从而带动经济持续、快速地发展。建立完善各项规章制度，做到用制度管人，按照规章办事，同时组织党员、干部把所学到的实用技术用到农业生产实践当中，带动群众依靠科技发家致富，从而得到了广大人民群众的好评；二是全面实施"三培养"工作（把致富能手培养成党员，把优秀党员培养成致富能手，把优秀党员中的致富能手培养成村干部），采取上党课，宣传党在农村的方针、政策的形式，把能人、优秀致富能手培养成党员。通过科技培训，开展资金有偿扶持活动，把贫困党员扶持成致富能手。另外，采取个别谈话、组织培养的方式，把党员、致富能人培养为村、组干部，保证组织队伍的精干和纯洁，从而加强基层组织建设。

表3-6 翁丁村党支部挂钩联系农户花名册

| 机关支部 | 村支部委员 | 挂钩户数 | 联系人口 | 挂钩·户主 | 挂钩·人口 | 挂钩·所在组 | 联系·户主 | 联系·人口 | 联系·所在组 | 农户·户主 | 农户·人口 | 农户·所在组 | 备注 |
|---|---|---|---|---|---|---|---|---|---|---|---|---|---|
| 山凤益 | 李学文 | 3 | 9 | 田永明 | 1 | 二组 | 肖岩旦 | 2 | 二组 | 肖尼不勒 | 6 | 五组 | |
| 李永华 | 杨振江 | 3 | 15 | 李赛罗 | 7 | 六组 | 李岩怕 | 4 | 六组 | 杨岩嘎 | 4 | 六组 | |
| 田海燕 | 杨兵 | 3 | 15 | 肖岩门 | 7 | 四组 | 杨岩门 | 4 | 四组 | 杨三木天 | 4 | 四组 | |
| 明诗玉 | 杨永光 | 3 | 16 | 杨尼那 | 6 | 五组 | 杨岩改 | 6 | 四组 | 杨六毛 | 4 | 五组 | |
| | 杨岩块 | 3 | 12 | 肖尼不老 | 5 | 一组 | 田尼惹 | 4 | 一组 | 肖尼胆 | 3 | 一组 | |
| 陈凤菊 | 杨尼块 | 3 | 14 | 田岩块 | 3 | 一组 | 赵艾来 | 6 | 一组 | 杨岩门 | 5 | 一组 | |
| 李林光 | 肖金文 | 3 | 12 | 田岩到 | 3 | 一组 | 田尼茸 | 4 | 一组 | 田尼不勒 | 5 | 一组 | |
| | 杨光文 | 3 | 10 | 田俄嘎 | 2 | 一组 | 肖尼新 | 4 | 一组 | 肖俄嘎 | 4 | 一组 | |
| | 肖才生 | 3 | 10 | 肖赛惹 | 2 | 二组 | 肖尼新 | 4 | 二组 | 田三木水 | 4 | 二组 | |
| | 赵三兵 | 3 | 15 | 肖三木那 | 8 | 二组 | 肖岩那 | 4 | 二组 | 肖叶不勒 | 3 | 二组 | |
| 棒如祥 | 肖三木惹 | 3 | 13 | 李三木罗 | 8 | 二组 | 杨赛得 | 6 | 二组 | 肖赛得 | 5 | 二组 | |
| | 肖尼龙 | 3 | 15 | 李三木嘎 | 4 | 二组 | 肖赛得 | 3 | 二组 | 李尼块 | 5 | 二组 | |
| | 李尼嘎 | 3 | 12 | 李明军 | 5 | 三组 | 杨忠诚 | 5 | 三组 | 李成 | 4 | 三组 | |
| 肖尼门 | 李宏 | 3 | 12 | 杨尼上 | 2 | 三组 | 杨岩门 | 4 | 三组 | 田尼茸 | 5 | 三组 | |
| | 肖岩莫 | 3 | 10 | 田岩论 | 2 | 三组 | 田叶灭 | 2 | 三组 | 肖尼青 | 4 | 三组 | |
| | | 3 | 10 | 肖岩嘎 | 3 | 四组 | 李赛惹 | 3 | 三组 | 杨岩那 | 4 | 四组 | |

续表

| 机关支部 村支部委员 | 挂钩户数 | 联系人口 | 户主 | 人口 | 所在组 | 户主 | 人口 | 所在组 | 户主 | 人口 | 所在组 | 备注 |
|---|---|---|---|---|---|---|---|---|---|---|---|---|
| 赵岩政 | 3 | 10 | 李无惹 | 4 | 四组 | 赵三木块 | 4 | 四组 | 肖志国 | 2 | 四组 | |
| 赵金忠 | 3 | 10 | 肖岩惹 | 5 | 四组 | 肖安帅 | 3 | 四组 | 肖岩块 | 5 | 四组 | |
| 杨岩门 | 3 | 12 | 杨荣 | 4 | 五组 | 赵岩块 | 3 | 五组 | 赵艾色 | 5 | 五组 | |
| 杨永强 | 3 | 14 | 石尼惹 | 3 | 五组 | 肖岩那 | 6 | 五组 | 杨尼惹 | 5 | 五组 | |
| 杨晓花 | 3 | 8 | 赵赛得 | 2 | 五组 | 杨三木茸 | 2 | 五组 | 杨国忠 | 3 | 五组 | |
| 杨永生 | 3 | 7 | 李叶改 | 3 | 五组 | 赵六那 | 1 | 五组 | 杨岩佈 | 4 | 五组 | |
| 肖文军 | 3 | 12 | 杨岩模 | 4 | 五组 | 杨岩那 | 4 | 五组 | 石尼不勒 | 4 | 五组 | |
| 肖卫林 | 3 | 11 | 杨俄块 | 3 | 五组 | 杨三森惹 | 4 | 五组 | 杨三木到 | 4 | 六组 | |
| 肖荣 | 3 | 12 | 李尼本 | 4 | 六组 | 刀岩茸 | 5 | 六组 | 肖叶块 | 3 | 六组 | |
| 杨永和 | 3 | 12 | 李尼到 | 4 | 六组 | 杨三木改 | 3 | 六组 | 杨三木水 | 5 | 六组 | |
| 杨建生 | 3 | 17 | 肖尼到 | 6 | 六组 | 赵依木勒 | 4 | 六组 | 李岩门 | 7 | 六组 | |
| 杨岩论 | 3 | 11 | 杨叶门 | 3 | 六组 | 李三木那 | 4 | 六组 | 杨赛嘎 | 4 | 六组 | |
| 李岩绕 | 3 | 12 | 赵三茸 | 4 | 六组 | 肖赛那 | 5 | 六组 | 刀岩那摘 | 4 | 六组 | |
| 杨俄不勒 | 3 | 12 | 赵尼嘎 | 4 | 六组 | 肖三门 | 5 | 六组 | 刀尼远 | 3 | 六组 | |
| 肖尼门 | 3 | 14 | 肖不勒 | 5 | 六组 | 白小伍 | 3 | 六组 | 肖杰论 | 4 | 六组 | |
| 肖志高 | 3 | 10 | 肖俄茸 | 5 | 六组 | | | | 白杰论 | 2 | 六组 | |

## 三 新农村建设中需要解决的主要问题

目前翁丁村在新农村建设中遇到的主要困难是建设资金严重缺乏，基础设施较为落后。根据《沧源佤族自治县翁丁佤族原始村落保护规划》，翁丁村旅游景区规划保护经费投资预算为1010.55万元。但由于建设资金严重缺乏，配套设施建设无法启动。从翁丁村的实际出发，目前急需解决的问题有以下四个。

1. 建盖一幢综合楼。翁丁村目前尚未解决办公场所问题，为有效保障基层组织机构工作的正常运行，改善工作人员的工作、学习及生活条件，计划建盖一幢住宿、办公用综合楼，确实解决翁丁村村委会、村卫生室、村兽医室的办公用房及职工住宿等问题。

2. 进村弹石路扩建工程。翁丁进村弹石路起于南立线岔路，止于翁丁村寨门，路线全长3公里。2005年虽然修建了南立线岔路至勐卡3公里的进村弹石路，但是由于当时受财力、路面老化等条件限制，仍然存在路面等级低、弯急、路窄等问题，车辆通行能力有限，乘座舒适度差。特别是近期以来，该路水毁较为严重，极大地影响了沿线群众的生活、生产和旅游车辆的正常通行，现在的公路状况已不能满足沿线村寨各族人民经济发展和旅游业发展的需要，提高该路的通行能力已十分必要。因此必须对进村的3公里弹石路侧沟实施"三面光"建设，确保路基不被水冲刷而变窄。该路的建成，将有效地拉动当地经济发展，改善沿线群众的生产生活条件，为当地群众早日脱贫致富创造良好的条件，将有力地促进农产品流通，活跃农村物资交流市场，增加农民收入，促进旅游业的发展，推动以农业和乡村旅游业为支撑的社会主义新农村建设。

3. 其他服务设施建设

（1）厕所 10 幢，每幢 10 个蹲位。

（2）垃圾处理场所 8 个。

（3）民房民居改造。

（4）手工艺作坊：作为民俗体验区的主要景点，展示佤族手工艺编织、印染、加工等过程，并鼓励游客积极参与。

（5）瞭望亭 2 座：平时供游人摄影、摄像、欣赏村落全貌。

（6）森林走廊：在高大树木地段，建立空中森林走廊，增添游客游览森林的乐趣。

（7）用碎石铺垫 1.2 米宽的环村人行通道及户与户的通道，长度为 7000 米。

（8）森林环行游道：在森林游览区内用碎石铺垫 1 米宽环村游道，长度为 2000 米。

（9）用竹子或木桩建造具有佤族原始村落特色的环村寨栅 6000 米，高 2 米。

（10）村内供电线路规范改制。

（11）污水处理设施。

（12）垃圾处理：对垃圾进行集中处理，在各旅游线路和旅游功能区内，每 10 米设置一个垃圾箱。

（13）村寨绿化：选用当地树种，对翁丁佤族文化生态旅游村外围及内部景区进行绿化。

（14）梯田风光开发建设。修进梯田旅游线路若干条，并建瞭望塔供游客欣赏。

（15）划定一块地，统一建造翁丁村的粮仓，并把它作为一个景点，供游客观赏。

（16）划定一块地，统一建设牛圈，做到人畜分离，解决环境卫生问题。

（17）从新芽电站加设电信光缆到景区，开通网络，为游客服务。

4. 切实解决建设用木料问题。自从国家级南滚河自然保护区重新界定后，翁丁村大片面积被划为保护区，而翁丁要求建盖的必须是茅草房，建盖茅草房须用大量木材，现在由于没有地方可砍伐木材，这给保护工作带来了较大困难。

# 第四章　旅游业

## 第一节　旅游业开发

### 一　开发优势

　　佤族在翁丁这块神奇的土地上已经居住了七代人，他们自称"佤"、"阿佤"和"布饶"，意为山地民族。根据《司岗里》传说，佤族先民早在五六千年以前就迁到了怒江和澜沧江之间，这一带属于横断山脉，山高坡陡峡谷深，加上有怒江和澜沧江两条河作为天然屏障，佤族先民便借助于这一特殊的地理环境把自己封闭起来，拒绝和外界接触。佤族在与外界隔绝的情况下，创造了独特的民族文化，且历史传承比较淳朴直接，积淀深厚。另外，佤族是一个精神生活比较丰富的民族。他们节日多、祭祀多，而节日和祭祀是依靠歌舞来支撑的，所以佤族也是一个能歌善舞的民族，在佤族村寨里，随时都可以听到看到多姿多彩的佤族歌舞。

　　翁丁独特的地理位置和气候条件造就了茂密的原始森林，千姿百态的古榕树、挺拔秀丽的董棕林、南国风光特色的热带果林、苍翠茂密的热带雨林、跌荡悬泻的溪流飞

图 4-1 具有浓郁特色的佤族歌舞（吴晓琳 摄影）

瀑，风光旖旎的高山湖泊构成了良好的生态环境。由于翁丁佤族原始宗教信仰中对自然的崇拜，翁丁村周边的生态环境保护得较为良好，植被覆盖率达到90%以上。

翁丁自实行旅游开发以来，当地群众对旅游开发持积极态度。大部分村民认为旅游开发给自己的生活带来了好处，如：家里的收入增加了；村里的基础设施建设加快了，自来水、电以及道路等基础设施均有了很大程度的改善；翁丁与外界的交流增多了，很多国内外旅游者来到翁丁，使村民们开阔了眼界；一些学者和专家来到了翁丁，在他们的指导下佤族文化得到了全面地收集和整理，从而有利于佤族文化的传承和发展。

## 二 开发措施

对于翁丁佤族文化村的保护和开发，临沧市、沧源县政府均给予了大力的支持，通过各种渠道和方法积极保护

**图 4 - 2　县旅游局的干部发放旅游收入（吴晓琳　摄影）**

翁丁佤族文化资源，取得了一定的成效。2004 年临沧市对
"世界佤乡、中国临沧"的商标进行注册；到目前为止，临
沧市政府已成功举办了八届佤文化旅游节，沧源县政府成
功举办了八届中国佤族司岗里"摸你黑"狂欢节；组织了
全国佤族风情摄影大赛；以翁丁为主要拍摄基地，拍摄了
反映佤族风俗风情的 20 集电视连续剧《云南往事》。

2005 年 1 月，沧源县委、县政府研究决定成立"沧源
佤族自治县翁丁原生态民族村落保护与开发管理委员会"，
核定了人员编制 5 名，单位驻地设在翁丁，主要职责是对翁
丁进行保护与开发管理。

同年沧源县政府召开了"沧源县民族民间传统文化保
护名录"研讨会，成立了专家咨询小组。临沧市、沧源县
将翁丁列入第一批非物质文化遗产保护名录。

2005 年 6 月由沧源县旅游局制定了沧源县原始生态民
族文化村落走廊保护与开发建设项目实施方案，并投资

117.8万元，用于完善翁丁村的基础设施，修缮现有的民居建筑和加强旅游景观建设。

同时，翁丁村委会为了净化、美化景区环境卫生，培养村民良好的卫生习惯，切实加强村庄环境卫生工作的管理，以吸引更多的游客前往翁丁旅游观光，而采取主要措施有以下五项。

（1）要求全体村民树立良好的卫生意识，做到不随地吐痰，不乱扔果皮、纸屑、杂物等。努力营造村庄良好的卫生环境，促进村庄环境的净化和美化。

（2）村庄卫生由各组人员负责打扫，农户卫生须坚持每天清扫，做到地面无杂物、无痰迹；墙壁无污垢、无蜘蛛网，无乱牵乱挂；生产生活等用具须摆放整齐。

（3）每周六上午，进行环境卫生大扫除，各组村民必须对所管理的辖区卫生（集体和农户）进行打扫，真正做到洁、绿、美。

图4-3 村民义务出工修整沟渠（吴晓琳 摄影）

（4）每逢大型节假日和重大活动（迎宾、拉木鼓），要由村两委工作人员安排组织全体村民进行环境卫生大扫除。

（5）垃圾运输由专人负责，定点上车运输，上车点目前暂设为四个点，一号点寨桩、二号点佤王府、三号点寨门、四号点肖军劳家旁。9 点钟在一号点上车，9 点 30 分在二号点上车，10 点钟在三号点上车，10 点 30 分在四号点上车，11 点 30 分完成垃圾运输工作。

# 第二节　问题与对策

## 一　翁丁旅游开发存在的问题

### （一）基础设施严重滞后

翁丁位于沧孟（沧源—孟定）交通要道上，现沧孟公路已实现了油路化，但公路等级低、路面窄、弯道大，从沧源到翁丁需要一个多小时的时间。翁丁村委会所在地距沧孟线还有 3 公里的路程，这段路的路面均是弹石路，道路较为颠簸、通行能力差、乘座舒适度差。目前，沧源县客运站没有直达翁丁的班车，如需乘坐，只能坐沧源到孟定一线的班车，至翁丁岔路时，需步行 3 公里进入村寨。如不愿步行则可在县城内包微型车或出租车前往，但价格较高。

翁丁村内道路狭窄无序、凸凹不平。村内卫生状况较差，基本没有环卫设施。寨门的右边有一个旅游厕所，厕所设施较好，但卫生情况较差。村内基本没有绿化。村里没有可供游人居住的家庭旅馆，旅游者要留宿村中只能到

农户家的客厅席地而居。目前村里有三家村民开的农家乐，但就餐条件差、服务水平低。

### （二）村民的旅游收益不均

翁丁村2001年开始实施旅游开发，旅游收益按参与旅游服务的工分进行分配，最初1工分可换0.8元人民币，现在1工分可换2元人民币。通过访谈了解到，农户每年工分最高的为200工分，最低的为70～80工分。因此，只有少数村民认为，旅游收入是家里重要的经济来源。由此可见，旅游开发只是给家里劳动力多，能更多地参与旅游服务的家庭，带来了较高的经济收益，而对于大部分村民而言，旅游并没有给他们带来更多的经济利益，他们家庭收入的主要来源仍然是农作物种植的收入。这样的低收益无疑会使本来积极参与旅游开发的村民态度上发生改变，导致参与积极性不断降低。

图4-4　组长在给村民记旅游工分（吴晓琳　摄影）

## （三）资金投入不足

沧源县因地处边疆，经济不发达，自新中国成立以来，一直被国家列为受援县。如1980年，沧源县被列为全国经济不发达的受援县之一。1986年，被列为全国特困县之一。1994年，被列为国家"八七"扶贫攻坚县。2004年，被列为国家"兴边富民行动"重点实施县。沧源的经济实力是比较薄弱的。长期以来地方财政一直依赖于国家的补助，如：1954~2005年，沧源县的财政预算内收入累计为177127.8万元，年均收入为3344.7万元，其中上级补助收入达137046万元，年均补助收入2687.2万元，占全县财政总收入的77.31%；沧源县组织的财政收入累计达40221.8万元，只占全县财政总收入的22.69%。另外，基础设施建设的投入明显不足，1954~2005年沧源县财政支出累计达162741.5万元，用于基础设施建设的支出累计达9693.58万元，仅占财政支出累计数的6%，年平均支出仅有186.4万元，这是远远不够的。因此，沧源县自身对旅游的投入和发展能力是十分有限的，资金的匮乏在很大程度上制约着翁丁村旅游文化保护和开发的力度。

## （四）文化传承人缺乏

翁丁村目前佤族传统文化的传承人只有以下几位。

杨岩块，原村支书，因父亲是当地有名的传统文化活动代表人物，从小耳濡目染，掌握民族历史、建房习俗、婚礼习俗、丧葬习俗、节日庆典等佤族文化知识。

肖尼不勒，被尊称为"达旺"（会算日子的人），掌握历史迁徙、神话传说、寨桩解读、房屋布局、祭祀念经等知识，不仅是当地主持民俗事务的"魔巴"之一，还是一位民间艺人，会吹葫芦笙、口弦，会唱歌、跳舞。

肖三木那，汉名肖金忠，自幼爱好歌舞，会吹笛子、会唱民歌、会跳芦笙舞、还会制作简单的佤族乐器"比得利"（箫类吹奏乐器）。

肖尼不勒、赵衣嘎、李衣嘎，掌握佤族民歌中的情歌、孤儿歌、团结歌、打歌调、玩调，能即兴编词。

翁丁佤族传统文化传承人大多为中老年人，村里的年轻人从小接受的是学校教育，他们不太愿意学习佤族传统文化，认为学了没用，他们更愿意到外面的世界赚钱养家，所以佤族传统文化无人继承，令人担忧。

## （五）从业人员整体水平不高

翁丁村村民文化教育水平普遍偏低，45岁以上的村民几乎不会讲汉语，也几乎听不懂汉语；30～45岁的村民能听懂汉语，有一部分村民能用汉语进行交流；30岁以下的村民大部分接受过小学教育，只有少数年轻人接受过初中教育。目前，翁丁村的受教育情况为：小学学历的有800人；初中学历的有85人；高中学历的有15人；大专学历的有2人。由此可见，翁丁村目前非常缺乏既懂佤族文化又具备旅游管理知识的人才。村里旅游服务人员均由受过一些学校教育的年轻人组成，但这些年轻人大多只接受过小学或初中教育，总体素质不高，无法保证旅游接待的质量。

## （六）旅游产品缺乏深层次挖掘

目前翁丁村的旅游产品主要有以下几种类型。

民族工艺品：在翁丁村可以购买到麻布筒帕、佤锦、麻布毯、葫芦、木制弩等较有特色的民族手工艺品，但品种较少，制作也相对粗糙。

**图 4-5 佤锦与麻布筒帕（李国明 摄影）**

民居建筑：佤族民居属于竹木结构的干栏式建筑，这种建筑风格与佤族居住地湿热的气候相适应，翁丁村的民居建筑风格保留得较为完好，村里的房屋均为竹木结构，但竹木结构的房屋每年都需花费大量的人力、物力和财力进行维修。

民族节庆：翁丁佤族的节日庆典比较多，有些庆典非常隆重，目前对翁丁佤族的节日庆典的开发，仍然处于政府出钱，百姓出力的阶段，没有形成稳定的、有规律的庆典特色。

## 二　保护与开发对策

（一）尽快对翁丁村佤族传统文化资源进行大普查

目前，翁丁村佤族传统文化的传承人缺乏，如果不尽快将现存的佤族传统文化资源进行收集、整理和挖掘的话，这些文化会随着时间的推移走向消亡。因此沧源县政府、县旅游局等相关部门应该组织成立翁丁村佤族传统文化普查小组，对传统文化进行普查，要将普查工作做细、做精、做透，并将普查结果造册登记下来，形成详细的文档资料。这是将翁丁村佤族传统文化保留下来的重要措施。

（二）尽快出台保护翁丁村佤族传统文化的规章制度

应该尽快出台保护佤族传统文化的规章制度，从而形成制度支持，这样可以从根本上改变对文化重开发轻保护的现象，有利于杜绝盲目性开发和掠夺性开发，有利于保护民族文化资源，为民族文化旅游的开发提供良好的政策环境。

（三）合理分配旅游收益，提高村民参与的积极性

通过旅游收益的合理分配，使村民们在提高收入、改善生活的同时，理解保护和传承佤族文化对翁丁村今后发展的重要性，从而自觉地执行相关的村规。可以采用整体性分配和参与性分配两种形式，整体性分配方式主要适用

于翁丁村门票收入和保持传统文化资金的分配，门票收入按月或按季度进行结算，然后平均分配给村民。政府应该每年为村民们发放保持传统文化资金，这一资金主要用于鼓励村民保持传统建筑、服饰和生活习惯。参与性分配方式主要适用于翁丁村举办的各种旅游活动取得的收益的分配，这些收益应该按照村民参与的多少和程度的高低进行分配。

（四）加强对当地旅游人才的培养

首先，应该加强对翁丁村管理干部的培训，提高他们的管理素质，使他们树立起保护文化的意识，从管理上遏制无规划、不合理开发现象的发生。其次，沧源县政府和旅游局应该大力加强对翁丁村村民的旅游知识和旅游服务技能的培训，提高他们对旅游业的认识水平，使他们能够真正参与到旅游保护与开发中来。

（五）进一步加强翁丁村旅游基础设施的建设

基础设施建设是开展旅游的重要环节，虽然翁丁村目前已经进行了一些基础设施建设，但仍远远不能满足需要。在不破坏原有村寨环境的基础上，政府应该加大投资力度，进一步改善翁丁村的基础设施，并聘请专人负责这些设施的维护和管理。

（六）加大对翁丁村旅游产品的开发力度

翁丁村旅游产品开发深度不够，特色不明显，没有形成真正吸引旅游者的旅游产品。因此在旅游产品的开发中，要能够体现佤族传统文化的特色，深层次挖掘佤族传统文

化的精华。一方面，要根据旅游者个性化和体验性需求，设计出具有唯一性和参与性的旅游产品；另一方面，要对翁丁村佤族传统文化资源进行深层次挖掘，推出更多的佤族文化旅游项目。

（七）保护翁丁佤族传统文化赖以生存的载体

首先，应该保护好翁丁村周边自然环境不受破坏，佤族传统文化的产生、发展和传承离不开特定的自然环境，要保护佤族传统文化，就必须保护文化赖以存在的环境。其次，要保护好佤族传统文化的特殊载体——文化传承人，必须加大力度培养文化传承人，使佤族传统文化得以一代代传承下去。

（八）继续加大宣传力度，拓展旅游市场

政府应该继续加大对翁丁佤族原始村落的宣传力度，依托临沧市目前大力发展佤文化，打造佤乡品牌及沧源县筹建原始生态民族文化村落走廊的背景，不断加大对翁丁宣传的资金投入，改变重开发轻宣传的局面，努力提升翁丁的知名度。

# 第五章 文教卫生体育

## 第一节 民间文学

### 一 传说、神话

翁丁村的神话传说主要有《司岗里》、《菩萨与莫伟斗法》和《赛玛传说》等。其中《司岗里》是佤族的创世史诗，是佤族文化的灵魂和精髓，它有着十分丰富的内容，不仅涉及开天辟地、日月形成、人类起源、民族形成、语言文字形成等各种万物的起源神话，而且还包含了佤族原始的历史、哲学、宗教、信仰、伦理等多方面的内容，是一部佤族古代社会生活的"百科全书"。现将主要内容摘录如下。

天刚形成的时候，像个癞蛤蟆的背脊，疙里疙瘩，很难看。里（天神）伸出巴掌不停地磨呀、磨呀，不知磨了多少年，终于把天磨得像白鱼的肚皮，滑溜溜亮刷刷的。里在光滑平坦的天上安了太阳，安了月亮，安了星星。从此，天变得好看了。

地刚形成的时候，像个知了的肚囊空落落的，很别扭。伦（地神）用泥土不住地堆呀堆呀，堆出了高山，堆出了深谷，堆出了河道，堆出了河堤。从此，地变得像马鬃蛇

的身子。有高有低，有沟有坎，很顺眼了。里磨天磨出的渣渣掉进了大海，吸住了海水。从此，江河湖海变得规矩了。

那个时候，天和地是用铁链拴在一起的，天地离得很近。地上的万物不自在了，不歇气地向里和伦抱怨。里和伦派达能（动物神）用巨斧砍断了拴着天地的锁链，天高高地升上去，地低低地降下来，从此，天地分开了。

天和地原本是一对夫妻，他俩舍不得分开，哭啊，哭啊，不知哭了多少天，多少年，流不完的眼泪化作了雨露和云雾。那个时候，只有白天，没有黑夜。太阳落了月亮升，月亮落了太阳升。饭是太阳晒熟的，水是月亮晒沸的。地上的生物活不下去了，不歇气地向里和伦抱怨，里和伦商量，把一棵大树放进月亮里，月亮变得阴凉了。从此，才分出了白天和黑夜……

……天神主宰着一切，他看到地上的人太多了，担心会把地上的一切吃光，便想用火把人烧死，但地上的一切也将被烧光，于是他又用水来淹，大水淹没了地上的一切，世上的人类几乎都灭绝了，只有一个老人达摆卡木，由于心地善良，曾救过天神变的癞蛤蟆，天神早早就告诉他牵了条母牛躲进木船，才大难不死。他的船漂啊漂，一直漂到了一座高山，才终于停下着了陆。达摆卡木老人遵照天神的旨意杀了母牛，取出牛肚子里的葫芦种子种在山上，后来葫芦藤结了一个大葫芦，砍开后，佤族和其他民族的祖先后走了出来。从此，佤族就排行为老大。拉祜族、傣族、汉族，分别排为老二、老三、老四，也就是岩佤、尼文、三木傣、赛口……

人从司岗出来时，身上灰扑扑的，面貌模糊不清。老大跑去抱住了一棵大榕树，老二跑去抱住了一棵竹子，老三跑去抱住了一棵芭蕉树，老四跑去抱住了一棵大车树。

莫伟（创造万物的神）吩咐妈农（传说中人类的第一个母亲）说："你带他们去洗洗澡吧。"于是妈农领着人来到河边洗澡。洗过澡以后，人的面貌也就看清楚了。佤族像大榕树一样，黑红黑红的。拉祜族像竹子一样，青黄青黄的。傣族像芭蕉树一样，白嫩白嫩的。汉族像大车树一样，又白又高大。

人从司岗出来时，不晓得该到什么地方去住，就去问莫伟。莫伟对岩佤说："你是勒佤，凡有大榕树的地方就是你的住处。"从此，佤族就住在榕树多的地方。莫伟对尼文说："哪里竹子多，你就到哪里去住吧。"从此，拉祜族就住在竹子多的半山腰上。莫伟对三木傣说："你到芭蕉树多的地方去住吧。"从此，傣族就住在热带平坝地方。莫伟对赛口说："哪里大车树多，你就到哪里去落脚吧。"从此，汉族就像大车树一样，分布很广，热地方冷地方都能居住。

人从司岗出来时，不会说话，只会像独弦胡（乐器）一样哼。人就去找莫伟要语言。莫伟对岩佤说："以后牛是你们的伙伴，你去向牛学说话吧。"从此，佤族说话就拗嘴拗舌的。莫伟对尼文说："你的话在斑鸠那里，你去向斑鸠讨吧。"从此，拉祜族说话就紧一声、慢一声的。莫伟对三木傣说："你去向蜜蜂学说话吧。"从此，傣族说话就像蜜蜂一样，甜蜜蜜的。莫伟对赛口说："你嘛，就去请教画眉鸟吧。"从此，汉族说话就像唱歌一样。

人从司岗出来时，没有文字，也不懂得用文字记事。莫伟拿出了一块牛皮递给岩佤，拿出了一匹芭蕉叶递给尼文，拿出了一片贝叶递给三木傣，拿出了一张纸递给赛口，对他们说："这是我给你们各自的文字，日后你们会用得着的，千万要好好保存。"

后来，有一次闹饥荒时，岩佤把牛皮烧吃了。从此，佤族的学问全在肚子里了。尼文有一次撵麂子到江边，拿芭蕉叶盖了窝铺，大雨把芭蕉叶淋坏了，一些字变得模糊不清，辨认不出来了。从此，拉祜族的文字就变得残缺不全。三木傣和赛口的贝叶及纸保存得完好，从此，傣文、汉文也就流传下来了。

人从司岗出来时，莫伟怕人类日后为贫富争吵打闹，就打开一个金盒子，把"富"拿出来，照人头平均分成几份，摆在地上。他对人们说："这是我给你们的'富'，每人一份，谁也不少，你们赶紧找东西来装吧。"赛口拎来一只箱子，把"富"装进去，锁起来。三木傣拿来一只筒帕，把"富"装进去，双手捂起来。尼文找来一只背篓，把"富"装进去，用芭蕉叶盖起来。岩佤找不到家什，匆匆忙忙弄来一个竹筒，把"富"装进去。岩佤太粗心了，这竹筒早就让蚂蚁蛀通了底。从此，汉族、傣族富的时间长。拉祜族的"富"漏掉了一些，不如汉族和傣族富。佤族的"富"全漏光了，一直很穷，富不起来。

人从司岗出来后，大地上的野兽渐渐地不够人吃了。人去求莫伟帮忙，莫伟说："我把种子忘记在海里了，你们去拿回来吧。"于是，人派老鹰去拿种子，老鹰的嘴巴太短，够不着海水里的种子，拿不出来。人派黄莺去拿种子，黄莺的脚杆太细，夹不住种子，拿不出来。人派蛇去拿种子，蛇卷起尾巴把种子打捞上来了。种子拿回来了，莫伟很高兴，说："以后你们就种庄稼吃吧。"莫伟拿出夺铲、锄头、小犁、大犁、背索、扁担、鞍子，放在地上让大家挑拣。岩佤挑了夺铲和背索。从此，佤族就用夺铲种懒火地，用背索背东西。尼文挑了锄头和背篓，从此，拉祜族就用锄头种山地，用背篓背东西。三木傣挑了小犁和扁担，从此，傣族就用小犁耕水田，用扁担挑东西。赛口挑了大犁和鞍子，从此，汉族就用大犁耕田种地，用牲口驮着东西，走南闯北。

那个时候，佤族没有弩弓，没有标子，只会使用石头和木棒。围捕一只野兽，要靠大伙的力量。白天，人们鼓响木鼓，集中起来，一齐上山打猎；夜晚，人们敲响木鼓，载歌载舞。野兽听见木鼓声，吓得躲得远远的。木鼓保护了人们的安全，给人们带来了欢乐。从此，佤族很敬重木鼓，凡猎到野兽，就把兽头砍下来供祭木鼓。

那个时候，打猎全靠人的勇敢。安木拐为了培养佤族的勇敢精神，就把活捉来的野兽拴在石头桩上，让人们比赛把野兽活活撕死。谁撕抢得的肉多，谁就是英雄，谁就受到安木拐的表扬和人们的敬仰。这项活动一代一代流传下来，后来演变成了"砍牛尾巴"的习俗。

关于《司岗里》传说的特征，目前学术界认为，"'司岗里'是一种复合体神话，具有多种内容，多种形式的复体，是解释性神话，起到了佤族人民生活的解释与规范作用；是神圣性神话，具有神迹，祭仪和祭司传承"、"具有古朴与粗犷，全面性与民族性，有较明显的原始体系和规律等特色"、"蕴涵着浓厚的原始宗教观点、具有朴素的唯物主义思想、反映了家庭婚姻和社会生产的重要过程"。

关于《司岗里》传说的价值和作用，目前学术界认为，"'司岗里'极富浪漫色彩的创作手法，成为佤族文学发展

的一个优良传统，对后世佤族文学的发展，产生了巨大的影响"。"它是佤族历史文化的恢宏开篇，是阐释佤族信仰、心理、伦理、道德与法律的经典，是一部佤族的口传百科全书，在佤族文学中占有重要位置。""认为'司岗里'是认识人类童年时代的母体，填补了人类童年时代的一个空白，为认识人类起源，民族起源的'哑谜'提供了神奇的'钥匙'。"

《菩萨与莫伟斗法》的主要内容是：很久以前，森林里起了一场大火，烧光所有的东西，一只蜜蜂在人们逃难的过程中遭到了踩踏、污辱，人们随意地踩踏它、甚至拉屎在它的头上。一个牵着母牛的男人把这只蜜蜂放在树叶上，救了这只蜜蜂。蜜蜂为了感谢这个男人，送给他一个木槽，并告诉他将来发洪水时可以牵着他的母牛躲在这个木槽里。没过多久，果然发了一场大洪水，淹没了所有的东西，只有这个男人和他的母牛因为躲在木槽里而幸免于难。茫茫洪水中，孤独的男人和母牛发生了关系，母牛怀孕，产下一颗葫芦子，那个男人把葫芦子种下后结了一个大葫芦，放在耳边听，听见里面有人讲话，但是男人没法劈开这个葫芦，就请莫伟（创造万物的神）帮忙打开葫芦，里面的人就出来了。分别是艾饭、尼纹、三木傣、赛凯、卧芒和六格勒。接着莫伟吹来了沙子退了洪水，并教人类如何刨开沙子找到水源。此后，人们为了表示对莫伟的感谢与尊敬，遇到什么事，都要告诉莫伟。吃东西时，都要请他先品尝。

天上的菩萨知道了莫伟在人间的功绩，决定下来和莫伟斗法，谁赢了，就由赢方先吃人类的供品。比试的方式是看谁能找到对方。菩萨躲在新发的芭蕉叶心里，结果被莫伟找到。而莫伟则躲在菩萨的眉毛里，菩萨始终找不到他。斗法结果，菩萨输了。所以以后都是先供奉莫伟，再供奉菩萨。佤族祖先砍了棵树，竖起来，盖上树枝和草片，佤族就住在这里。傣族看不上这种简陋的住房，而建造了更好的房子。可是下凡的菩萨并不喜欢那些豪华的房子，而选择住在佤族简陋的房子里。

《赛玛传说》讲述了远古时期的佤族用人头祭谷，佤族部落笼罩在血腥的屠杀之中，赛玛（传说中的人或神）告诉人们，砍人头祭谷是不好的，并教会人们用牛头代替人头祭谷，祈求丰收的方法，从而避免了血腥屠杀。他还告诉人们不要喝酒，酒是不洁之物，喝了会让人乱了心智，要用茶来代替酒。还教大家建寨桩，赛玛说，如果没有寨桩，寨子就是不完整的，于是寨桩的幡杆就反映了人类重生、赛玛点燃文明之火的整个历程。

此外翁丁还有佤族姓氏的传说，主要内容是佤族从司岗出来后，没有姓氏，大家聚在一起煮鸡肉烂饭，烂饭煮好后，有人用杨树叶盛着吃，于是这人便有了杨的姓氏，有人用李子树叶盛着吃，于是这人便有了李的姓氏……佤族的姓氏就这样产生了。

## 二　历史事件

"血染尖山"战斗，1951 年 7 月 1 日，国民党残匪约300 人分两批来到翁丁，第一批国民党残匪天亮时就已到达翁丁，稍作停留后，向班洪地区逃窜；第二批国民党残匪大约在上午 10 点到达翁丁。中午 2 点钟左右人民解放军与第一批国民党残匪在班洪遭遇，双方发生了激烈的战斗。几小时后国民党残匪退回到翁丁，昼夜修筑战壕。第二天，国民党残匪强行向当地村民征粮，肆意抢走村民的鸡和猪。

解放军约 80 人追踪残匪至新牙寨的山梁驻扎下来，翁丁村头人杨结论悄悄派人给解放军送粮食，不料被残匪发现，残匪堵住寨门，不让村民外出。第三天天还没亮，人民解放军和国民党残匪展开激战，战斗一直到下午 6 点钟才结束，国民党残匪向勐卡方向逃窜，解放军伤亡约 30 人。这就是发生在翁丁的"血染尖山"战斗。

# 第二节　民间艺术

## 一　音乐

翁丁佤族音乐与语调密切相关，舞蹈性与歌唱性紧密结合，音乐基本上以五声音阶为基础，应用宫、商、角、徵、羽等多调式，一个乐段多次重复，并出现滑音、装饰音、颤音，使之具有山野特色。

## 二　歌舞

在佤族民间歌曲中，常见的是咏唱历史的叙事歌、表现爱情生活的情歌、劳动生产时唱的劳动歌、儿童游戏时唱的儿歌、婚丧礼仪中唱的风俗歌、祭祀活动中唱的祭祀歌等。翁丁流传的民间歌曲主要有以下几种。

歌词一：小时候，我们不认识，现在我们长大了也知道串伴儿了，人老心不老，夫妻二人幸福相伴，青春常在。

歌词二：蜂从山洞中出来，来采阿佤百花蜜，阿佤人民走进新时代，过上蜜一样的日子。

歌词三：开门开门我们打开门，迎接远方的来客进到家里喝水喝茶。

歌词四：穿白衣服的小伙串姑娘，白衣刺了姑娘的眼，小伙就像三月开的白花一样。

歌词五：男：你送我甘蔗，是在赶街的时候。我送你香蕉，是在寨边的桥头。

女：有人的时候，我俩心连着心。没人的时候，我俩手挽着手。

歌词六：男：开门请开门

女：我不开，我怕见到流浪人。

女：如果你有工作，我就开给你。

男：我不是流浪人，我有工作做。

歌词七：人走了，我们舍不得你走，舍不得把你埋在土里。

歌词八：希望你们跟我们住三个月，希望你们跟我们住三年，我们舍不得你走，你走了我们就要掉眼泪。

翁丁的民歌以四、五度音程为其核心音程，主要为 6~3 或 6~2 的进行，这两个旋律音程不断以原位或转位的方式出现在旋律中。这两个音成为贯穿歌曲始终的核心音程，其他音往往是对这个音程进行填充与装饰。翁丁民歌的旋律比较质朴，只使用极少数的装饰音，前倚音与下滑音是使用最多的装饰音，且下滑音多出现在歌曲的结束处，偶尔使用上波音。民歌的节奏较舒缓，其节奏型多为均分的八分音符，或前八后十六的节奏型，歌词也是一字一拍或两字一拍，演唱起来有平稳之感，这和佤族的风格和气质是相符合的。歌曲多为单一节拍，以 2 | 4 拍居多，较少有变换节拍的现象，即使出现变换节拍的现象，也是基于歌者即兴发挥的演唱特点。结构短小是其曲式结构的主要特征，主要为一段体，可由一个乐句、两个乐句甚至更多乐

句构成，由于其演唱的即兴性，乐段的结构多为非方整型（所谓方整型结构即乐句的小节数为4或者4的倍数），乐句与乐句之间常变为非对称的形式，以对比结构居多，多为上下句对应式的单乐段或两对上下句构成的复乐段，并在此基础上作小有变化的反复，表面上看这些乐句的走向似乎很即兴，但实际上乐句之间是有关联的，或者体现出同质性对比的特点。演唱时主要是独唱或一领众和，其中领部的即兴性较强，和部的则较固定。凡是喜庆和娱乐时就配以简单的舞蹈动作和打击乐伴奏。总之，翁丁民歌的旋律较为单纯，音域较窄，节奏、调式、曲式等方面均表现为单一化，正是这些因素让佤族的民歌得以散发出原始、古朴、单纯、自然的气息。

每逢传统节日，翁丁便成为歌舞的海洋，许多民间舞蹈并无乐器伴奏，只是在民歌的统一节拍下翩翩起舞的。舞蹈与歌唱是密不可分的，每唱必舞，每舞必歌。翁丁的民间舞蹈主要有两种功能，一是用于祭祀活动，二是自娱自乐。舞蹈的内容丰富、风格多样。从表现形式上看，具有围圈、联袂、对称、且歌且舞、程式化等特点；从动律上看，具有屈膝弹动，重拍向下，节奏感和韵律感强，动作幅度大，有较大的随意性等特点。翁丁民间舞蹈中较多的是自娱性舞蹈，这些舞蹈以模拟鸟兽动作的组合最为形象和丰富，通过各种动物的虚拟动作来抒发感情，以此表示狩猎收获的喜悦。这些舞蹈，在一定程度上可追寻到佤族先民狩猎生活的轨迹。除模拟鸟兽动作的舞蹈外，表现生产劳动和日常生活的舞蹈也非常生动形象，这些舞蹈朴实地模拟生产生活动作，简单形象地表现生产生活过程，除自身的娱乐功能外，还具有传授生产知识的作用。翁丁的自娱性舞蹈主要有：蜂桶鼓舞、芦笙舞、口弦舞、三弦舞、竹竿舞、臼棒舞、扫帚舞、刀舞、毯子舞，等等。

此外，祭祀性的舞蹈也很多，其中最具代表性的是木鼓舞，该舞蹈已被列为首批国家级非物质文化遗产。根据整个木鼓祭祀过程可分为拉木鼓、敲木鼓、跳木鼓房、剽牛舞、砍头刀舞、迎头舞和送头舞等多种套路。其中，主要的套路是拉木鼓，参加的人数不限，一般都在七八十人以上。取四根藤条，人排为八行，即每根藤条两边各站一排人。当魔巴领唱时，众人前脚抬起重落，踏着拍子，同时身体前俯后仰。合唱应答时，用力拉绳，身体后仰，前腿伸直，后腿弓步。敲木鼓：男女老幼拉成大圈，合着鼓点跳转，舞步整齐，节奏感强，边跳边唱，无其他乐器伴奏。击鼓者为男性，每个木鼓 2 ~ 4 人合奏，右手持杵直敲，左手握一竹片横敲伴奏，可发出四种高低不同的音响。敲木鼓的基本动作是双腿分立，同肩宽，半蹲前俯，送胯转身，时而抬起右脚伸缩三次，时而抬起左脚，挥舞鼓杵自转一圈。"跳木鼓房"：人数不限，即兴参加，男女老幼拉手围圈，边唱边跳，有领有合，无乐器伴奏。领唱时，众舞者双膝稍曲，身体前俯成"三道弯"，右脚合着节拍跳"两跺脚"。合唱时，大家挺胸抬头，逆时针方向步步移动，同时双手上举下放，如是反复。

此外，较有代表性的还有甩发舞，这种舞蹈既可两人表演，又可集体表演，但人员必须是偶数。对对舞伴拉手围圈，边唱边跳，无乐器伴奏。每唱完一段歌词后，双手拉紧，身体后仰，接着左右前后猛然地甩动长发狂舞，充分表现了佤族妇女豪放、爽朗的性格特点。在丧葬仪式上也有舞蹈，如棺材舞、竹竿舞等。他们以歌舞来迎神驱鬼。

**图 5 - 1　"摸你黑"狂欢节期间举行的拉木鼓活动（吴晓琳　摄影）**

他们认为，人死后要为其"超度"，要让他高高兴兴地去，要以唱代哭，让死者的亡灵高兴。

## 三　乐器

　　翁丁的乐器主要有吹管乐器、拉弦乐器、打击乐器。吹管乐器以葫芦笙为主，葫芦笙是佤族节庆时打歌的主要伴奏乐器，它有五根笙管，镶竹制簧片，在葫芦的柄端接有细长的吹管，音质清脆明亮。此外，还有"比得利"——用不带节的竹管制作，长45厘米，直径1.90厘米。上端边缘有三角形吹口，无簧。管上有四个圆形按孔，孔距约5厘米。拜——管身竹制，长25.5厘米，管径0.8厘米。上端留节，近节处右侧挖一长方形孔，嵌入铜质簧片，设八孔，按孔正面六背面一，最下孔为气孔，管身刻有"人"字形纹饰。音色清脆明亮，稍带鼻音。

拉弦乐器主要有：葫芦琴——琴身长约 50 厘米，琴杆木制，音箱前小后大，用切口葫芦（晒干）蒙笋壳或薄木板制成。弦轴左右各一，弦槽开在琴头背面，两根琴弦从琴头正面穿孔而出，系于琴杆，马尾夹在两弦间拉奏。独弦琴——形状似胡琴，由琴筒、琴杆、琴皮、琴马、琴轴、弓、弦组成。琴杆有木制的，也有竹制的，杆上方钻一小孔安琴轴，琴筒用一节直径 10 厘米的竹子制成，一边留竹节，一边去节开口，并用笋叶剪成圆形盖在筒口上，筒身钻一小孔，插琴杆。琴弦有麻线、细皮条、丝线、金属线等。琴弓，用细竹弯成弓，弓毛用麻丝、棕丝、白马尾制成，一般为 150～200 根。琴轴为木琴轴和竹琴轴两种，琴杆上钻有四个弦轴孔，可灵活调整音的高低，琴皮选择厚薄均匀的笋壳制成，琴马是竹制的，音量大，琴声豪放。

打击乐器以木鼓为主，在节庆打歌时木鼓最为关键，鼓点节奏决定和统一着舞者的情绪和舞步，具有浓郁的民族特色。

## 四　雕刻绘画

在翁丁村寨门、祭祀木雕、寨桩和悬挂的白布幡上，都可以看到佤族原始的雕刻和绘画传统工艺，如：祭祀木雕插在翁丁神林的山坡上，一般露出地面 120～130 厘米不等；用栗树方料劈出不同性别的人体，采用夸张的比例，多用直线勾画，造型多呈现块面，眼框上镶白圆石当眼球；把棕皮用木楔钉在不同的部位当毛发，涂深蓝色染料为肤色（也有着装之意），用白石灰涂在雕刻的牙齿上。祭祀木雕给人以深沉、压抑、狞厉之美，与佤族原始宗教的内涵

一脉相承。它的出现反映了从带有血族复仇的猎头血祭到买人头来血祭，再过渡到借头颅或头骷髅、刻木雕人作替身来代替猎头血祭的演变过程，这在一定程度上标志着佤族对猎头带来的惨痛后果及消极影响的醒悟。

## 五　天文历法

在长期的生产劳动过程中，通过对天文现象及其他自然现象的观察，佤族逐步形成了自己的天文历法。佤历是以太阳年和朔望月相结合的阴阳合历。阳历即地球绕太阳公转一周的时间，阴历即月亮的一个圆缺周期。佤历一年有 12 个月，一个月有 30 天，一年有 360 天。佤历和农历基本一样，以农历 12 月为岁首，农历 11 月为岁末。翁丁佤族的天干、地支分别为：

天干：搞　那　惹　门　不勒　改　块　茸　到　嘎
　　　甲　乙　丙　丁　戊　　己　庚　辛　壬　癸
地支：者　不劳　尼　毛　西　赛　斯阿　莫　散
　　　绕　灭　亥
　　　子　丑　寅　卯　辰　巳　午　未　申　酉
　　　戌　亥
　　　鼠　牛　虎　兔　龙　蛇　马　蚂蚁　猴　鸡
　　　狗　猪

# 第三节　教育事业

## 一　民族传统教育

佤族历史上没有文字，更没有专门的教育机构和教育人员。佤族青少年的传统教育，主要是在父母的言传身教下，通过自己的实践，逐步获得生产知识和生活经验，并掌握本民族的风俗习惯和道德准则。其中，生产生活教育、社会道德教育、历史教育、宗教教育是佤族传统教育的主要内容。

生产生活教育。一般男孩子在六七岁时就会在父母的指导下开始做一些家务和农活，如拾柴、挑水、煮饭、采猪食、犁耕田地等；十一二岁时就会在父亲的指导下学习犁地、耙田、狩猎、编织、驮运等技能。女孩子在六七岁时就会在母亲的指导下学习带小孩、喂养牲畜、薅地除草、剥麻积麻等技能。随着年龄的增长，孩子获得的技能和知识越来越多，到了十三四岁，已基本能够走向独立。在这个阶段，父母主要教给他们生产生活方面的技能和知识。所以佤族孩子从小就养成了热爱劳动、勤劳勇敢的习惯，他们到了十五六岁时就可以承担家庭的主要劳动。

社会道德教育。这里的社会道德是指在翁丁村形成的与社会相适应的一套道德教育标准和规范。如不计较分配多少，不多拿多占；不偷窃；吃苦耐劳；团结协作、相互帮忙；劳动荣耀，懒惰耻辱；尊老爱幼，青年人在老人面前循规蹈矩，喝酒、饮茶时要先敬长辈；勤俭节约；诚实守信；夫妻恩爱；正直忍让等。在家庭里，首先是父母成为社会道德教育的最直接的教育者和榜样，在平时的一言一行中将上述这些社会道德传授给子女，并一代一代地传授下去。

历史教育。父母常常将自己的祖先、历史上的英雄人物、历史事迹等讲给孩子们听，教育他们不要忘记历史，不要忘记自己的祖先。

宗教教育。在佤族人的观念中，山川、河流、生物以及一切不能解释的自然现象都有"灵魂"或"鬼神"。他们认为"鬼神"主宰着世界，会给人们带来安危祸福，于是就对"鬼神"加以崇拜。在佤族的心目中，日有日神、月有月神、山有山神、水有水神。人们祭祀、祈祷的目的包含了寄托神灵免灾降福、人畜兴旺、五谷丰收等内容。这种"万物有灵"的原始宗教信仰和各种宗教祭祀活动代代相传，无疑是宗教教育的作用和结果。宗教教育的实施一方面是依靠家庭成员的口头相传，另一方面是依靠宗教祭司魔巴和村中老人的言传身教。

小乘佛教传到翁丁的时间，大约也有100多年，是从傣族地区传入的。其教义主要宣传"安于现状"、"来世幸福"等，教规有禁杀生、禁饮酒、不做坏事等内容，这些教义教规客观上有利于规范和稳定翁丁的社会秩序。

另外，翁丁的老人们往往运用本民族丰富的民间口头文学，例如神话、传说、歌谣、谚语、格言等对青少年进行教育。如《盖房歌》说道："盖房子，是为了挡住风，挡住雨，柱子是在最吉祥的那天砍来的，树干是最坚硬的；草片是选在最好的日子割来编成的，是最牢的。但愿新房盖起后，梁柱虫蚁不会蛀，草片不会枯……"《撒谷歌》里说道："撒种要疏得当，把泥均匀盖上，鸟儿看不见，老鼠扒不到，让禾苗苗壮成长……"关于打猎的谚语说道："弩箭削得圆又直，才能射着天上飞起的大鹰"关于耕作的谚语说道"竹不割成笋，谷不收成土"等。

由于传统教育以佤族历史和传统文化为主要内容，所以传统教育成为了佤族历史和传统文化传承和发展的重要途径。即使在学校教育得到普及的今天，这种教育仍然在民间广泛存在，并发挥着特殊的作用。

## 二　学校教育

沧源县是云南省至今未普及九年义务教育的两个县之一，教育的滞后已成为制约沧源发展的一个主要原因。

沧源的教育起步晚、基础差，经历了艰难的发展历程。沧源的教育，是以清末创办土民识字学塾为开端的。清宣统二年创办的两所土民识字学塾分设于岩帅和勐董两地，入学的有佤族、傣族和汉族学生。民国 14 年（1925），汉族人王应春在沧源创办湖广小学。民国时期，沧源仅有小学而无其他办学层次，而且所办小学的规模也不大，再加上政局不稳定，小学时办时停。沧源教育事业得以真正发展，是从 1958 年开始的。1958 年 7 月 12 日，人民政府在原勐董小学的旧址上，创办了沧源中学，当年招生一个班 28 人，结束了沧源仅有小学而无中学的历史。同年，还创办了县级机关幼儿园，进一步完善了办学体系。1964 年，首次在岩帅区贺南乡创办回队式农业中学，当年招收佤族高小毕业生 21 名，这是沧源职业教育的开端。1966 年 8 月，正式创建沧源县农业中学，当年招生 253 人，共有 6 个教学班。1981 年 3 月，经沧源县委和县政府正式批准，在沧源中学教师培训班的基础上，成立沧源教师进修学校。沧源县的教育体系逐步建立和完善。

目前，沧源县共有各级各类学校 259 所，其中独立建制中学 7 所、九年一贯制中心校 5 所、六年制片区校 15 所、村级完小 48 所、初小 67 所、一师一校点 114 个、幼儿园 3 所。有各级各类在校生 29122 人，其中小学 18910 人、初中 6972 人（含职业初中 534 人）、普通高中 738 人、职业高中 576 人，在园（班）幼儿 1956 人。少数民族学生占学生总

数的 87.6%，佤族学生占学生总数的 82.21%。有教职工 1956 人，其中专任教师 1651 人，代课教师 86 人。校园占地 133.5 万平方米，生均 45 平方米。校舍建筑面积 205984 平方米，其中：框架结构 10420 平方米，砖混结构 99473 平方米，砖混结构和框架结构的校舍面积占校舍总面积的 53.4%。沧源县的校点布局、办学条件、发展规模已逐步适应教育发展的基本需要，呈现出和谐发展的良好势头。

勐角乡现有 1 所独立建制中学和 2 所六年制片区中心校，28 个教学点，99 个教学班，在校生 1965 人。其中，中学在校生 580 人，2006 年享受"两免"的学生减免学杂费 520 人，减免课本费 370 人，享受"一补"助学金 400 人；小学在校生 1385 人，2006 年享受"两免"的学生 713 人，享受"一补"助学金的学生 490 人；适龄儿童入学率 97.7%，巩固率 98.7%。基本扫除青壮年文盲，乡政府建有乡党校、成人文化技术学校、计划生育服务站。9 个村委会都建立了农民文化技术学校、家长学校、计划生育婚育教学点和卫生室。

虽然已经尽了很大的努力，但由于地理、历史诸多因素的制约，沧源教育事业的发展还存在很多的困难和问题：一是硬件设施不完善，师生宿舍、教学用房、桌椅板凳远远满足不了需求量。二是完学率低、失学率高、"普九"的关键指标脆弱，"普九"形势相当严峻。三是教师数量不足、素质不高、结构不合理。四是教学管理与规范化要求不适应，管理规范化工作任重道远。五是提高教育质量的办法还不多、措施还不够具体。

翁丁村现有 2 所小学，其中翁丁完小设有学前班、1~6 年级各班，共有 13 名教师，100 多名学生。新芽小学只有 1

~4 年级，2 位教师，10 多位学生。翁丁村村民普遍受教育程度低，45 岁以上的村民几乎不会讲汉语，也几乎听不懂汉语；30~45 岁的村民能听懂汉语，有一部分村民能用汉语进行交流；30 岁以下的村民大部分接受过小学教育，村里少数年轻人接受过初中教育。目前，翁丁村的受教育情况为：小学学历的有 800 人，初中学历的有 85 人，高中学历的有 15 人，大专学历的有 2 人。

图 5-2　翁丁完小上课间操的小学生（吴晓琳　摄影）

# 第四节　医疗卫生事业

## 一　概况

中华人民共和国成立前，沧源县的医疗卫生事业几乎是空白，除民间草医外，没有任何现代医疗机构和医疗人员。1952 年中国人民解放军进入沧源后，一部分部队医务

工作者转业到沧源工作，并于当年建立了沧源卫生院。此后，沧源的医疗卫生事业逐步发展起来，现已形成了配套齐全的医疗卫生机构，能基本满足人民群众就医的需要。

目前，沧源县共有17个医疗卫生单位（即11个乡镇卫生院、县人民医院、县妇幼保健院、县疾控中心、县卫生监督所、县佤医佤药研究所、县卫生培训学校）；全县卫生系统共有在职职工336人，其中卫生专业技术人员270人，卫生专业技术人员中：医生190人、护士80人；具有大专以上学历的48人、中专学历的207人、中专以下学历的15人；具有高级职称的3人、中级职称的76人、初级职称的191人。全县每千人口拥有医生1.17人、护士0.64人；共有住院病床270张，每千人口拥有住院病床0.59张。全县93个村均有村卫生室，其中有标准业务用房（业务用房面积在60平方米以上）的村卫生室18个，不足20平方米的村卫生室39个，有36个村的卫生室就设在村医家中。全县共有乡村医生154人，其中女村医45人，占29.2%，取得"绿卡"资格的78人，占50.65%，初步建立起了县、乡、村三级医疗预防保健网络。

翁丁村设有1个卫生室，有1名乡村医生，即肖志高，男，现年53岁。卫生室也就设在肖医生家中。肖志高初中毕业后学医，1983年在沧源县卫生局培训半年，考试合格后，取得行医执照，之后一直在翁丁行医。行医的方式主要是在自己家里为病人看病，如果病人病情较重，他就上门为病人治病。

除此之外，他还承担着诸如小孩疫苗注射，特定时期传染疾病预防及新农村合作医疗推广等工作。政府每月补助肖医生1030元，其余的费用由自己承担。2007年以前肖

**图 5-3　村里的医生（吴晓琳　摄影）**

医生可到沧源县城购买药品，2007 年新型农村合作医疗开始后，必须统一到勐角乡卫生院购买药品，批发价购进，市场价卖出，中间有一些收益，但收益不高。

关于村民医疗开支情况，当地村民委员会和村民们都没有做过统计，所以在调查中没有得到相应的数据。通过入户访谈了解到，村民的医疗情况大致分为三种情形：一是小病，或是家庭经济十分困难者，村民大多自己采药或请民间草医采药进行医治，开支较低；二是常见病，无论是家庭经济困难或不困难者，村民大多采用民间药方以草药治疗，只有少部分患者会从诊所或药店购买药物进行治疗，这种情况是难以统计医疗开支的；三是已把小病拖成大病或者本身就是大病而民间医生无法医治的，患者才会到相关的卫生部门医治，这种情况虽然不多，但医疗开支却很大。村民们谈到，每个家庭因为身体状况和经济状况不同，所以医疗开支是不一样的，有的很高，有的却不高。

有的家庭如果家庭成员的身体状况不好，那么医疗开支一年可达几千元甚至万元以上。有的家庭如果家庭成员的身体状况良好，那么医疗开支一年只需几百元。

## 二 计划生育

沧源县于 1979 年 4 月 24 日正式成立计划生育领导小组，下设计划生育办公室。1984 年 12 月 26 日，计划生育办公室改为计划生育委员会。1988 年，计划生育委员会下设服务站。到 1990 年年末，全县和村公所（办事处）都配备了不脱产的计划生育宣传员。目前，沧源县已形成一套完整的层层负责的计划生育工作机构，即：县计划生育委员会→县服务站（所）→乡（镇）计划生育领导小组→村、社区委员会人口与计划生育领导小组→村、社区计划生育宣传员

2005 年 3 月，沧源县计划生育局颁布了《计划生育"合格村"标准》，并要求各村认真执行这一标准。各村计划生育宣传员不仅认真执行计划生育政策，还认真办理育龄妇女生育卡，从而有效地控制超生或间隔时间不足的生育现象发生。

为了顺利开展计划生育工作，翁丁村制定了《翁丁村计划生育管理工作人员职业道德规范》、《翁丁村计生协会活动制度》、《翁丁村委会人口与计划生育领导小组职责》、《翁丁村计划生育宣传员职责》、《翁丁村计生宣传员工作制度》等规章制度，进一步加强和完善了制度建设。为了使计划生育政策落到实处，村委会设有计划生育基础知识教育点，定期或不定期地向群众宣传《中华人民共和国人口与计划生育法》、《云南省人口与计划生育条例》、《云南省

社会抚养费征收管理规定》、《临沧地区农业人口独生子女奖励暂行规定》等法律法规。认真做好群众的思想工作，为育龄群众生产、生育、生活服务，帮助育龄群众排忧解难，发展生产。建立健全了村、组计划生育宣传员、服务员岗位责任制。建立有宣传员管理的计划生育统计台账，做到每月向组服务员收集一次婚、孕、育情况。按要求及时更换卡、账、册、板的内容，做到账账相符。

沧源县政府于2004年针对农业人口独生子女实行"奖、优、免、补"政策。具体内容为如下。"奖"：对依法领取《独生子女父母光荣证》的农业人口夫妇给予2000元（含独生子女保健费1000元）的一次性奖励金。"优"：（1）在农村经济发展项目的实施中，给予优先帮助和支持；（2）农业人口独生子女小学毕业参加本县初中招生考试时，加30分择优录取；农业人口独生子女初中毕业参加高中招考时，加20分择优录取；高中毕业报考省内高等院校时，加20分择优录取；（3）农业人口独生子女就业时，同等条件下优先录用。"免"：（1）农业人口独生子女16周岁前，免除父母承担的农村义务工、劳动积累工（税费改革后减免一事一议的筹资、筹劳）；（2）免除农业人口独生子女义务教育阶段的课本费、杂费、文具费，免费标准为小学阶段每人每学年150元，初中阶段每人每学年250元。实行"一费制"的地方，免除"一费"，标准为小学阶段每人每学年160元，初中阶段每人每学年260元。"补"：农业人口独生子女父母年满60周岁后，每人每年发给500元的养老生活补助。

近几年来翁丁村的计划生育情况为：2003年1～9月，共有15个婴儿出生，其中男孩7人，女孩8人；第一胎男孩5人，女孩3人；第二胎男孩2人，女孩5人；均是计划

内出生。2004年10月～2005年9月，共有15个婴儿出生，其中男孩6人，女孩9人；第一胎男孩3人，女孩7人；第二胎男孩3人，女孩2人；均是计划内出生。2005年10月～2006年9月，共有12个婴儿出生，其中男孩8人，女孩4人；第一胎男孩4人，女孩3人；第二胎男孩4人，女孩1人，均是计划内出生。2007年1～6月，共有3个婴儿出生，其中男孩1人，女孩2人；第一胎2人，为女孩；第二胎1人，为男孩；均是计划内出生。

妇女的节育年龄为25或26岁，节育的主要方式为放环，有生了第一胎后放环的，但大多数是生了两个小孩后放环。具体情况为：2005年10月～2006年9月，男性绝育16人，女性绝育47人，放环122人，口服及注射避孕药3人，使用避孕套1人。本期施行计划生育手术情况：女性绝育2例，放环14例，取环2例，人工流产1例，引产2例。退出育龄期已婚妇女有9人，已生育过一孩的妇女49人，其中结扎3人，放环皮埋32人，采取其他有效避孕措施2人；已生育过二孩的妇女86人，其中结扎23人，放环皮埋57人，采取其他有效避孕措施1人；已生育过多孩的妇女71人，其中结扎37人，放环皮埋33人，采取其他有效避孕措施1人。本期有1户领取独生子女证。

2007年1～6月，男性绝育16人，女性绝育47人，放环128人，口服及注射避孕药4人，使用避孕套2人。本期施行计划生育手术情况，放环4例，取环4例，引产1例。已生育过一孩的妇女51人，其中结扎3人，放环皮埋37人，采取其他有效避孕措施5人；已生育过二孩的妇女90人，其中结扎23人，放环皮埋58人，采取其他有效避孕措施1人；已生育过多孩的妇女67人，其中结扎37人，放环皮埋 33 人。

过去，翁丁村的计划生育工作是比较难开展的，大多数村民采取抵制、不配合的态度。现在，村民们的观念发生了转变，逐渐认可、接纳计划生育政策，配合计生人员开展工作。目前开展计划生育工作的主要难题是经费不足，每月仅投入 160 元，难以满足需求。

## 三　新型农村合作医疗

建立新型农村合作医疗保障制度，是国家为了解决广大农民群众"看病难、看病贵"的问题，防止"因病致贫、因病返贫"的一项重大决策，是全面建设小康社会的必然要求。沧源县 141321 农业人口中，还有 9 万余人处于贫困线以下。"因病致贫、因病返贫"的现象十分突出。沧源县委、县政府充分认识到建立和完善新型农村合作医疗制度的重要性和紧迫性，把该项工作列入重要的议事日程和社会发展规划。2005 年 11 月，召开了全县新型农村合作医疗工作动员大会，安排部署全县新型农村合作医疗工作。同时，抽调 20 名责任心强、业务精的人员组成了 10 个工作组，深入到各乡镇开展新型农村合作医疗的培训和宣传发动工作。同时，利用佤山电视台、《阿佤山报》等县内重要媒体对新型农村合作医疗知识进行了大力宣传。宣传发动工作做到县不漏乡、乡不漏村、村不漏组、组不漏户，使新型农村合作医疗政策宣传知晓率达到了 97%。2007 年全县参加新型合作医疗的农民达 131236 人，参合率达到了 92%。全年全县合作医疗基金共 6561800 元，提取 5% 的风险金后，可用基金为 6233710 元。截至 10 月 31 日，全县享受医疗补助的参合农民共 101289 人次，补助医疗金额达

311.87 万元，其中：住院补助 3301 人次共 207.56 万元，占总支出的 67％；门诊减免 97988 人次共 104.31 万元，占总支出的 33％。同时沧源县出台了新型农村合作医疗管理办法，其主要内容如下。

1. 参加对象：沧源户籍的农村户籍人口和因小城镇建设占用土地既未安排工作又未参加城镇职工基本医疗保险的农转非人员。

2. 交费时间：每年 10 月 1 日～12 月 20 日。

3. 交费地点：所在村卫生室。

4. 交费金额及使用、补偿标准。（1）年人均交 10 元；（2）门诊补偿：仅限于乡镇、村两级定点医疗机构进行补偿。门诊不设起付线，乡镇定点医疗机构按 20％ 的比例进行补偿，村级定点医疗机构按 30％ 的比例进行补偿，支付封顶线为每人每年累计 100 元。（3）住院补偿：住院实行设起付线，设封顶补偿的办法。起付线：乡镇级 50 元、县级 100 元、县外 200 元；补偿比例：乡镇级 50％、县级 40％、县外 30％，封顶线年累计 5000 元。（4）参合人员在缴费年度内第二次住院取消第二次住院的起付线；持有民政部门颁发的《农村特困户救助证》、《残疾人证》的参合农民，免除住院费用补偿起付线。（5）经县级以上医疗机构确诊的癌症病人，由合管办审核认可后，报销比例可按医疗机构等级分别在规定补偿比例基础上提高 5％，封顶线为 6000 元。（6）持有《准生证》参合孕产妇住院分娩，乡级正常单胎住院分娩收费控制在 400 元以内，县级医疗机构控制在 600 元以内。正常单胎住院分娩限价指产妇住院分娩期间发生的一切直接费用，包括床位费、护理费、检查费、化验费、药品费等。乡镇卫生院正常单胎住院分娩每例一次性补偿 300 元，县级医疗机构正常单胎住院分娩每例一次性补偿400元。高危孕产妇需抢救和剖宫产的，按住院补偿比例报销。（7）经县合管办审核确认的特殊病、慢性病门诊医药费用年累计超过100元的，30%可报销，封顶线300元。

图5-4　新型农村合作医疗证（吴晓琳　摄影）

通过实施新型农村合作医疗，有效缓解了广大人民群众"看病难，看病贵"的突出问题，充分实现了农民得实惠，卫生得发展，政府得民心。

## 四　民间医药

新中国成立前，翁丁佤族治病全靠民间传统中草药，这是佤族人民在长期实践中逐渐摸索出来的，并口传身授，代代相传。佤族医药以草药为主，配以动物药、矿物药。目前翁丁村有两名草医，一名草医的医疗技术是祖辈传下来的。另一名草医是因为自己的身体体质不好，经常服药，

久病成医，逐渐摸索出一套配制草药的方法。他们的诊治方法以内服、外用为主。一副草药的价格为 2～10 元，一副草药一般服用 3 天。常用的草药有重楼、车前草、龙胆草、白花蛇舌草、歪叶子兰、生姜、土茯苓、狗响铃、通光散、三颗针、青叶胆、小红参、南木香、理肺散、小黄散、紫金龙，等等。重楼，具有消炎止痛、活血散瘀、清热解毒的作用，可以用于治疗痈疮肿毒、跌打损伤、骨折、风湿性关节炎、毒蛇咬伤等病症，此外还可用于治疗胃肠道疾病、肺部疾病等。单味重楼研末冲服，能够治疗腮腺炎等；若配伍理气类的药物如南木香、三颗针等，可以用来治疗胃肠道疾病，如胃炎、胃溃疡、肠炎；若配伍止咳药，能治疗肺炎、哮喘；还有将鲜品重楼研末，再用醋调涂，能够治疗乳腺炎等。龙胆草，其性味苦、寒，具有泻肝火、明目、健胃的作用，主要用于治疗肝炎、胆囊炎、高血压、咽喉疼痛等病证。通光散，其性味苦、寒，具有清热解毒、止咳平喘的作用，主要用于治疗感冒发热、支气管炎、肾炎、急性膀胱炎等病证。白花蛇舌草，其味苦、甘、寒。具有清热解毒，利尿消肿，活血止痛的作用，常用于治疗一些炎症性疾病，如口腔炎、扁桃体炎、肿瘤、毒蛇咬伤等病证。车前草，其性味甘、淡、凉，具有消炎、利尿、化石、通淋的作用，主要用于治疗尿路感染、肾炎、结石等病证。歪叶子兰，其性味辛、热，具有散寒除湿，温经通络，活血止痛的作用，主要用于治疗风湿痹痛、痛经、跌打损伤、结核、胃肠道疾病等。

外用药主要有外包剂、外洗剂、外搽剂、酒剂，主要用于治疗骨折、烧伤、烫伤、跌打损伤、扭伤、挫伤、疮疡脓肿、外伤出血、疥疮、皮炎等病症。有的汤剂也可以内服外洗并用，如一副治疗病毒感染性皮肤病的药方，在内服汤药的同时可用药水外洗患处，能够减轻症状。

当地草医在用药上有自己的特点：第一，植物药多用鲜品，用植物药治疗多发病、常见病最多，且以当地产的鲜品为主。动物药多数以其肉配方炖食，用于滋补、强壮身体。胆类药多用于清热解毒。骨类药多用于祛风除湿、消炎止痛。皮毛类药多炭化后用于生肌收敛、止血消炎，如猪毛炭化后研粉内服治流鼻血，狗皮毛炭化后研粉调敷治狗咬伤。矿物药常用于治疗皮肤病或外伤病。外敷药多是生熟各半混合：同一配方新鲜草药经捣烂后分成两份，一份生品，一份熟品（灶火灰烫熟），然后将两份混合使用。第二，注重引药，当地医生在配伍药物时，最注重使用引药，约有60%的药都要求放引药。引药一般都具有芳香理气、舒筋活血、镇痛的功效。如草果、胡椒、丁香、生姜、白酒等。第三，重视解药，患者在服药时，上方药按疗程服用无效后，换药方前必须要先服用解药，再服用下方药才会生效。第四，讲究禁忌，医生要求服药期间禁食酸冷食物，忌触冷水、忌风吹、忌露水淋和忌赤脚踩湿土。

翁丁佤族有许多经验单方，这些治疗方法既简单，又实用。如咳嗽用理肺散、灯台树、百部来止咳；发热用臭灵丹鲜品泡水当茶饮；用鸡屎藤治疗消化不良引起的腹泻；肺结核用翻白叶、灯台树、小白芨；疟疾用龙胆草、常山；高血压用野芹菜、棕树根、桑寄生。用鼻涕果树皮水煎服，治疗尿淋；用亚落轻鲜叶，水煎服，治疗阑尾炎；用猫须草治疗尿路结石；用小黄散的叶和花泡水喝，治疗流行性感冒和扁桃腺炎，或用根，水煎服，治疗热痹；用益母草

煎汤温洗小腹，治疗闭经；用青蒿叶鲜品揉烂塞鼻，可以治疗内热引起的鼻腔出血；用龙葵叶鲜品适量挤汁外搽，可治疗口疮。此外，当地还有一些土法子治疗疾病，如"塞感给"（治疗感冒），将舌头卷起，用针刺舌底，出血，将火药、大蒜泥混合，置于舌底 1～2 分钟，感冒症状可以缓解。辣椒水不慎溅入眼睛，要立即用凉水抹在膝盖上，几秒钟后眼睛就不痛了。得了砂眼病，要用针刺脊背，过几天砂眼病就会好的。

## 五 存在的主要问题

### （一）预防保健和卫生监督工作有待进一步加强

村民的就医意识和保健意识不强。主要表现在群众生病不及时到医院就医，把一些小病拖成了大病。当然，主要的原因是当地村民经济能力不强。另外，村民们不注重保健工作，卫生习惯较差，家里苍蝇较多，换洗衣服不勤，自我卫生不勤；有的人家牛、猪关在家里，卫生状况差；屋外牲畜粪便遍地等。许多妇女不注重妇幼保健工作。

多年以来，由于经费严重不足，翁丁村的预防保健工作始终处于"见子打子"的被动局面。

### （二）村民就医能力还很弱

由于当地经济不发达，许多家庭的经济收入低，村民生病时，首先是请老人叫魂，如果仍无好转，再服用民间草药进行治疗，仍不见效，才会去医院就医，结果往往把小病拖成大病；有的村民生病后，找乡村医生看病，没有钱开医药费，只好拿鸡或粮食充抵。

### （三）乡村医生队伍建设有待加强

首先，乡村医生队伍人员不足。村卫生室是三级预防保健网的网底，乡村医生承担着最基层的预防保健、疫情监测、计划免疫和农民群众基本的医疗服务。2007年沧源县启动新型农村合作医疗，加强村卫生室建设是做好新型农村合作医疗的关键。国家规定，每个村卫生室乡村医生不低于两名的要求，而翁丁村却只有一名乡村医生。其次，严重缺乏卫生专业人才，现有村医的医疗水平有待提高。需引进卫生专业人才和加强对现有村医的培训。再次，村医的待遇低。从1998年至今村医的补助一直是每月100元，其余的自收自支。这一补助低于沧源县的最低生活保障，这是造成村医不稳定、工作不安心的主要原因。

### （四）农村合作医疗还有待加强

国家为了解决农民看病难、看病贵的问题而实施了新型农村合作医疗制度。很多村民虽然了解这项政策，但尚未充分了解加入新型农村合作医疗后能给自己带来的利益，因此心存侥幸，认为今年如果我没生病，那医疗费岂不白交了。所以，出现了部分村民在发生医疗费用时才要求临时补办相关手续的情况。部分村民由于经济能力不强，还不愿意参加农村合作医疗。参加农村合作医疗的村民每人每年交纳10元钱，一户人家若有四五个人，就要交纳40～50元钱，对于经济十分困难的家庭，有时确实拿不出来这笔钱。

# 第五节　民间传统体育项目

翁丁佤族喜好的体育项目主要有摔跤、拔腰、打鸡枞陀螺、射弩、击石子等，摔跤是用脚助力，抱紧对方的上身来回扭甩，以摞倒对手为胜。分个人赛和集体赛，个人赛以两胜定赢者，集体赛以三跤两胜为赢。多在新米节、播种节、春节期间举行。

拔腰也叫拔桩，与摔跤有相似之处，但不能用脚，两人互相侧身反抱对方腰部，双脚不许移动，以将对方两脚拔离地面者为胜。一般采取三局两胜制。

打鸡枞陀螺是佤族一项传统民间体育活动，因陀螺酷似鸡枞而得名，新米节、春节期间各村寨相互邀约进行比赛。这一运动可分为个人赛和集体赛。个人赛，两陀相击，旋转时间长者赢；或两人用绳索套住悬空的陀螺，套准者为赢。集体赛，两陀撞，后动者为赢。

射弩比赛一般在农闲和节日里举行，比赛有静射和跑射两种。静射，站立或蹲坐均可。动射，在跑步中发箭射击目标，靶子距射手30～50米，以命中次数多者为胜。

击石子为集体赛，十人参赛，五人一队，一人做裁判。裁判根据两队击中石子次数定胜负，以中次数多者为胜。

翁丁儿童喜欢玩的游戏主要有：抢牛肉、老鹰捉小鸡、簸石头、叠窝窝、顶头、打水枪、躲猫猫，等等。

抢牛肉：小孩将细竹棍插于黄瓜上当牛尾巴，以竹木片为刀，模仿大人砍牛尾巴抢牛肉的动作，以抢到"牛肉"者为赢。

老鹰捉小鸡：7～11 位成员中，由两位成员充当"老鹰"和"老母鸡"，其余成员充当"小鸡"，以"母鸡"为头，"小鸡"随后排成一纵队，游戏以"老鹰"捉到末尾的"小鸡"而告终。

簸石头：由 2～3 位小孩轮流用双手将 50 粒小石子向上抛，然后双手交替边接下落的小石子，边将手上的小石子向上抛，3 局后以捡到石子多者为赢。

叠窝窝：5 个小孩轮流将两枚 5 分硬币投入距离 1 米远、深 10 厘米、口径 20 厘米的坑内，以扔进坑内硬币数量的多少定胜负。

顶头：两个小孩面面相对，然后俯身手撑地，膝着地，两头相撞顶住对方，一进一退，来回周旋，最终把对方翻于地者为赢。

打水枪：砍一节竹子，一边空，一边留一节把，节把中间穿孔，取一根棍子，棍头缠布，塞入竹筒中推挤水，水自孔中射出，小孩们相互嬉戏，以水射到对方为乐。

躲猫猫：队员一半为"寻猫猫"，一半为"躲猫猫"。"躲猫猫"先藏在隐蔽处，"寻猫猫"分头找，以找得多、找得快及隐蔽时间长者为赢。

翁丁村民喜欢的棋类主要有：瓜棋、牛角棋。

瓜棋：棋盘圆形似南瓜，两人对弈，各布 7 子，双方轮流每次走一步，设法围住对方棋路，使其无法前行，由此吃掉棋子，以吃光对方棋子者为胜。

牛角棋：棋盘形似水牛角，双方对弈，布 3 子，甲方两子位于粗端，乙方一子位于细段，双方轮流每次走一步，可进可退，甲追乙至将其逼入死地为胜。

# 第六章 婚姻家庭

## 第一节 婚丧习俗

### 一 婚姻

新中国成立前，翁丁佤族多数是一夫一妻制，有极少数家庭出现了一夫多妻制；新中国成立后，没有再出现一夫多妻的情况。佤族可以和其他民族通婚，伴随着经济文化交流的扩大，翁丁佤族妇女远嫁到了山东、江西、四川、湖南等地。

翁丁在过去盛行姑舅表婚，姑舅表婚为什么会盛行？除了是群婚制残余的表现外，还有经济上的原因，舅舅家的儿子优先找姑姑家的女儿，可以节省一笔经济开支。新中国成立以后，提倡婚姻自由，姑舅表婚不再被看重，而且父母干涉、包办儿女婚姻的现象也较少发生。

翁丁男女青年恋爱自由，他们择偶首先是看对方是否心地善良；其次看对方的相貌是否中意；最后看对方的家庭条件是否优越。心地善良、善待老人、勤劳持家是男方择偶的首要条件。在过去，男女青年到了十六七岁就可以结婚，20世纪80年代开始，男性要满20岁，女性要满19

岁才可以结婚。现在男女双方结婚，村干部都要监督他们是否办了结婚手续、领了结婚证，而村中的老人和村民们看重的是他们是否举行了结婚仪式。

翁丁村 22～30 岁未婚的有 20 人，不结婚的主要原因是还未找到合适的对象，并非是因为家境贫穷。终身未婚的有一女性（50 多岁），主要原因是智障。

翁丁青年男女从恋爱到结婚要经过"串姑娘"、定亲和婚礼三个阶段。恋爱的过程称为"串姑娘"。寨中设有撒拉房，是村民们白天休息娱乐，晚上青年男女谈情说爱的地方。在那里，姑娘可为小伙子梳头，若两情相悦，则会发生恋情。相恋的姑娘小伙子觉得时机成熟，小伙子向自己的父母禀明事情。其父母需找信得过的男子去说亲，说亲人带上主人家用白布包的茶叶、一对蜡烛、一束芭蕉领着小伙子到姑娘家，说明两家孩子相恋，想成为一家。这以后，小伙子家又需找来姑娘家的舅舅说明有这样的事情。此后，小伙子家煮好一只全鸡和一些糯米饭，带上鸡和糯米饭，外加茶叶、一束芭蕉到姑娘家，姑娘家便请自家的亲戚一起来吃饭，表明有这样的事情。之后，双方选定日子订婚。订婚后，小伙子家开始准备彩礼。一般的彩礼包括蜡烛、白布、米、肉、芭蕉、衣服等。结婚第一天，新郎需把彩礼全部送去新娘家，还带去一头肥猪在新娘家宰杀，用于招待新娘家的客人，并请老人致祝词。新娘家下厨做饭，新郎家负责招待客人。新郎在新娘家住一晚。第二天吃过午饭，新郎便把新娘接回到自己家中。路上要吹芦笙、敲铓锣，新郎扛一棵芭蕉，身背长刀，表示生活美满甜蜜，新娘到新郎家的路上要哭嫁。到了新郎家，新郎家杀大肥猪，请老人念词迎新娘，迎新娘词为："我们用大肥猪迎你来孝敬父母，为父母洗洗脚，洗洗脸，招呼疼病，养老送终。让你多子多福，有吃有穿，有金银首饰，有钱用"，之后为新娘叫魂，大家一起吃饭。三天后，新郎新娘回门拜望新娘的父母。

**图 6－1　村民在撒拉房休息（吴晓琳　摄影）**

女儿出嫁，父母要陪送衣服、被单、纺织工具和农具等嫁妆。结婚宴席一般要邀请全村人都来参加。宴席上主要有汤（米汤煮瓜）、肉（将猪的内脏洗净煮熟后剁碎，拌上盐，分为若干份，每份上放三块煮熟的肉，一人一份，各吃各的，吃不完的可以带回家）。婚宴一般在 12 桌左右，轮流着吃。婚后，女方居于夫家。若男方上门，则到女方家居住。

男女双方在结婚后，若感情不合，可以离婚。由于佤族的婚姻建立在自由恋爱的基础上，所以离婚率不高。如果是因感情破裂而离婚的，不会受到歧视。若是一方抛弃另一方，就会受到社会舆论的谴责。离婚一般要先到民政局办离婚证，然后男方带上茶、蜡烛、白布到女方家说明离婚理由，女方就可返回娘家居住。如果只有一个孩子，离婚后孩子留在男方家。如果有两个孩子，男、女双方各带一个。离婚时将财产进行平分，先将家中财产按人数进行平分，分为若干份，如果是女方带走一个小孩，那么就分出两份财产让她们带走。如果在抚养子女或财产分配问题上发生纠纷，一般请村中的调解委员会进行调解。目前，翁丁村离婚的夫妇有3对，都办理了正式的离婚手续。丧偶的有12户人家，丧偶的主要原因是疾病。离异再婚或丧偶再婚的成功率都比较高，占总数的一半左右，对于再婚，佤族认为是应该的，无论过去和现在都没有受到歧视。过去佤族再婚，只要举行一定仪式，不需办法定手续，便可共同生活。现在，再婚必须要办理法定的手续，并举行一定的仪式。儿女有赡养继父、继母的义务。

佤族严禁同姓通婚，他们认为同姓通婚是大逆不道，会触怒鬼神，降临各种灾难，会受到惩罚。所以，发生同姓人通婚或通奸，要受到家族和全村人的严厉惩罚，并要祭神做鬼祈求饶恕。

佤族认为未婚先孕会得罪鬼神，会带来灾害，所以要受到习惯法的严惩。如果出现了未婚先孕的情况，就要由女方家拿一包茶叶到男方家，通知男方家，然后男方家就要领着这对青年男女到"头人"家认错，并由男方家杀一头猪，由"头人"搞一些宗教活动，以向鬼神告罪，乞求鬼神原谅，驱逐将会给村寨带来的一系列灾难等。然后男方必须把猪肉送到各家各户（哪怕只有一点，都必须送到）以表认错之心。这时，女方背着一箩筐沙子石头，男方扛一棵带根的龙竹，两人围着村寨走一圈，当众表示愿意接受惩罚。如果未婚先孕而又隐瞒实情，被别人知道后，这

对男女就会被赶出村外，或全村人从此与他们断绝来往。对于这种惩罚，大家都害怕，所以一般不会出现未婚先孕的情况。

## 二　生育

在翁丁，如果妇女在结婚后三四年内还没有生育，就会被认为是婚后夫妻的精魂没有结合在一起，因此，需要举行"修正婚礼"仪式。在修正婚礼之前，要看鸡卦，若是男方精魂没有与女方精魂结合，只需在男方家重新举行一次婚礼就算是修正了。同样，若是女方的话，则要到女方家"娶魂"。在修正婚礼时，男方家要带上礼物和看鸡卦用的公鸡，女方家要请舅父等长辈，然后男女双方的老人先后斟酒致辞，祝词的大意为："让我们共同祝福，小两口相亲相爱，早日携儿带女。"接着把酒酹在地上，向祖父献祭，然后，把白布送给女方父母，黑布衣物送给舅父作为礼仪。分好后，把带来的公鸡杀了煮鸡肉烂饭，款待亲友。男方的家人临走时，女方家把早已准备好的葫芦子、瓜种、谷种、小米种，交给男方家，舅父要把自己的腰带解下送给不育夫妇，意思是让女方的精魂不要留在舅父家里，要好好跟丈夫生儿育女。回到男方家后，通常让女方把葫芦子种在地里。如果葫芦长得好，就认为已经得到福佑，并很快就会有儿有女。当然这种修正婚礼只是一种精神寄托，修正婚礼后，不会生育的情况也很普遍。佤族人并不因为不会生育就离异，有许多不育夫妇还是恩恩爱爱、白头偕老。

翁丁妇女在妊娠期间，照样参加生产劳动。分娩时，把带子结成一个圆圈，悬挂在横梁上，让产妇挽伏在带圈上，助产妇跪坐在产妇背后，双手抱起产妇，从上往下按压产妇的腹部，帮助产妇把婴儿从肚子里挤出来。若是碰上难产，则要让产妇的丈夫帮助挤压。意为让孩子看见自己的父亲后就乐意离开娘肚子。待婴儿出生后，让一个经验丰富的中老年妇女用冷水清洗婴儿，裹紧后放在篾柜盖里，剪去脐带。分娩后，通常要请产妇的母亲前来帮助照看。母亲来时要携带一条裙子，一只小母鸡。裙子是用来包裹婴儿的，小母鸡杀后加米、放一点茴香、枇杷菜，煮成粥汤给产妇喝，据说喝了会使乳汁增多。佤族人家生小孩都习惯拿根刺棵放在门头上，意为不让鬼怪进入家中危害婴儿，在婴儿出世三天内忌讳生人进家门。三天后举行叫魂仪式，生得男孩杀母鸡，生得女孩杀公鸡，然后占卜鸡卦，预示婴儿命运的好坏，有两层含义，一是看祖先对婴儿的看法，若不好，就要举行祭祖先仪式；二是看天地对婴儿的看法，若不好，就要举行祭天地仪式。妇女生育后，吃红糖白酒鸡蛋滋补身体，平时喝鸡汤，只有满月后，才能吃鸡肉。两个月后可以出寨门，但必须要看日子，择良日而出寨门，三个月后下地干活。现在，随着医疗水平的提高，翁丁村的妇女若生头胎多会选择到乡、县医院生育，产妇和婴儿的健康都能得到保证，若生二胎，则有一部分妇女会选择在家中生育。

## 三　丧葬

在翁丁，人去世先要通报死者的舅舅并请人向死者的舅舅致安慰词。然后死者家属包上茶叶送给村中老人，向老人通报。一家有丧，其他人家闻讯都会自己来吊丧，吊丧的一般物品是一碗米、米头上放一块很小的盐砣、一小包茶叶、1～3元钱、一瓶酒。死者家属杀母鸡，准备好死者应带走的东西。给死者净身后用白布裹好。杀小公猪，致词神灵，告之神灵，死者已矣，不再受人管辖，而由鬼神所管。然后再杀小母猪祭，称为"格来"，老人念道："勐买格来，赛买垄"，意为让死者好好上路。然后把死者抬到已挖好坟穴的坟地，穴中放棺木，棺木是一截大树干，先劈出一片木片做棺盖，然后凿空另一片成槽形，棺即做成。棺木选用攀枝花树，或水冬瓜树。把死者放入棺木中，盖上。第二天，又杀小母猪，念丧葬词，称"司嘎尼阿"，其意是让死者走得好，不要有所牵挂，而后面活着的人要活得好，平平安安。安葬的方向，正常死亡，死者的头朝东向寨子，脚朝西向山野；不正常死亡者，则方向相反。人去世，家里只能存放一天，然后就安葬，每十天供一次饭，连续三次，三次以后不再认坟，这种风俗习惯一直延续到今天。

图 6-2　翁丁墓地一角（吴晓琳　摄影）

此外，在翁丁虽然实行土葬，但却不留坟墓，也就是说，到下次埋人的时候有可能会挖到旧墓，这时你只要把墓穴中的骨头先拣起，等墓穴完全挖好后再将骨头置于墓穴底，或放在墓穴外即可，绝不会有人说你乱动祖坟与你理论，这也是佤族节约土地资源的一大贡献。

翁丁村近几年来每年正常死亡的约为七人，死亡的主要原因是疾病。2005 年因交通事故死亡一人，因自杀死亡两人。

# 第二节　家庭构成

## 一　家庭

翁丁家庭中男子主要负责种田，女子主要负责做家务、种田，家中老人主要做一些轻体力活，如放牛、做饭、喂猪等，小孩的首要任务是读书，同时还要辅助家长做一些家务劳动等。

佤族是一夫一妻制的小家庭，成员包括父母和子女。过去，家庭中以男子为中心，女子居于被支配地位，家庭的经济权，由男方掌握，妇女不能多加过问，家中一切事务均由男子做主。农业生产、纺织、采集、烹饪、家务全由妇女承担。妇女不得参加家里、村寨的宗教活动或议事参政。现在妇女的地位有所提高，一部分家庭基本能做到男女平等，很多家庭仍存在着男尊女卑的现象。在父母子女之间，父母居主导地位，子女居于从属地位。子女之间基本上是平等的，重男轻女的现象在翁丁并不突出。

平时家里的日常劳动，由几个儿子分工负责，农忙时，

全家一起突击完成农活。村里的公益劳动，由各家各户抽出劳动力，根据劳动量的多少记工，年底进行结算。计算每个人应承担多少义务，如果实际劳动量超过规定量的，给予误工费补偿。如果实际劳动量没有达到规定量的，则要自己出钱补足差额。

夫妇若只有一子，便留在身边，与父母同住；若有两子以上，父母会选择其中一子留居身边。其他儿子结婚后便要分家居住，分家时可以分到父母的一部分财产。父母选留儿子的标准是看谁"良心好"和能够担负起主要的养老之责。老人过世后遗产一般都由在家住的儿子继承。如果老人富有，可给予分家出去的儿子一部分遗产，大多数遗产仍由在家住的儿子继承。

若一对夫妇没有儿子，只有女儿，可以通过招女婿的方式来继嗣。上门只是一种暂时的行为，如翁丁村主任李学文上门到了杨家，待杨家老人故去后，他可以带着妻儿回归李家。即使是上门，李学文的儿女仍随其父姓李。

翁丁家庭每天的作息时间安排大致为：8：00～11：00劳动；11：30～12：30吃午饭；13：00～18：30劳动；19：30吃晚饭；20：00休息。

翁丁佤族的主要姓氏有杨、肖、李、赵等。佤族多取单名，男子取名前加"岩"，女子取名前加"叶"，以示区分。男子以长幼为序，依次排行为"岩"（老大）、"尼"（老二）、"萨姆"（老三）、"赛"（老四）、"厄"（老五）、"娄"（老六）、"杰"（老七）……；女子排行"叶"、"依"、"安姆"、"欧"、"恩叶"、"屋欧"……。取名：以甲、乙、丙、丁、戊、己、庚、辛、壬、癸而取名。甲为

"嘎木"、乙为"那木"、丙为"惹"、丁为"门"、戊为
"不勒"、己为"改"、庚为"块"、辛为"茸"、壬为
"道"、癸为"嘎"。如果是"甲"（嘎木）那天生的大儿子
叫"岩嘎木"，大女儿叫"叶嘎木"，二儿子叫"尼嘎木"，二
女儿叫"依嘎木",依次取名，不能随意更改。除非遇到特
殊情况或家庭不幸，通过一定的仪式才能更改。现在，佤
族与其他民族通婚，姓氏取名也趋于多样化。

## 二　亲属

　　翁丁佤族亲属的称谓并不复杂，具体情况如表 6 - 1
所示。

**表 6 - 1　翁丁村佤族亲属称谓一览**

| 关系 | 父亲 | 父亲的弟弟 | 父亲的哥哥 | 父亲的妹妹 | 父亲的姐姐 | 父亲的同辈男性 | 父亲的同辈女性 |
|---|---|---|---|---|---|---|---|
| 称呼 | 爸爸（爹） | 叔叔 | 大爹 | 娘娘 | 姑妈 | 大爹 | 大妈 |
| 关系 | 母亲 | 母亲的弟弟 | 母亲的哥哥 | 母亲的妹妹 | 母亲的姐姐 | 母亲的同辈男性 | 母亲的同辈女性 |
| 称呼 | 妈 | 舅舅 | 舅（父）爹 | 姨妈 | 姨妈 | 叔叔 | 娘娘 |
| 关系 | 祖父 | 祖父的弟弟 | 祖父的哥哥 | 祖父的妹妹 | 祖父的姐姐 | 祖父的同辈男性 | 祖父的同辈女性 |
| 称呼 | 爷爷 | 爷爷 | 爷爷 | 奶奶 | 奶奶 | 爷爷 | 奶奶 |
| 关系 | 祖母 | 祖母的弟弟 | 祖母的哥哥 | 祖母的妹妹 | 祖母的姐姐 | 祖母的同辈男性 | 祖母的同辈女性 |
| 称呼 | 奶奶 | 爷爷 | 爷爷 | 奶奶 | 奶奶 | 爷爷 | 奶奶 |
| 关系 | 外祖父 | 外祖父的弟弟 | 外祖父的哥哥 | 外祖父的妹妹 | 外祖父的姐姐 | 外祖父的同辈男性 | 外祖父的同辈女性 |
| 称呼 | 爷爷 | 爷爷 | 爷爷 | 奶奶 | 奶奶 | 爷爷 | 奶奶 |

## 三 民居

关于佤族居住地点，传说最初多是一族一寨。为了便于通婚，在同一个地方会有几个不同姓氏的寨子。后来，不同姓氏的寨子合并成为一个寨子，但各个姓氏还是分片居住的。各个姓氏之间，虽无明显分开的标志，但哪一姓氏住在哪一片，或者说，哪一片是哪一姓，本寨的人是很清楚的。比如说，翁丁村的左上方是李家，右上方是杨家；左下方是肖家，右下方是赵家。杨家是这个寨子的创始人，所以这个寨子的"头人"便选在杨家。

翁丁佤族建房一般要：（1）选择地基，一般选择在山腰，面向流水的方向。（2）选择木材，择日由建房的主人和亲戚一起上山选，树不直、枯树、火烧过、虫吃过或树身有疤痕的都不能选。（3）准备茅草，有的人家在荒地里养茅草，先找一片荒地，放火烧尽杂草，让地里长出茅草，割来备用。翁丁自实行旅游开发以来，多由政府无偿提供茅草片。（4）建房，挖地基时要请魔巴算日子才能动工。户主家中已逝人员的忌日都不能选用，农历十五、十六不盖房，原因是怕出现月食，会对户主不利。挖好房柱洞后，要安排专人看守，以防止用心不良的人往柱洞丢入邪物，影响户主以后的生活。竖房子时还要用蜡烛、糯米粑粑祭供柱洞，请魔巴致平安吉祥词。砍第一棵树做料子时，树要倒的十脆利落，若树倒后还与根相连就会被视为不吉利，这棵树就不能用，要重新砍一棵。另外，扛进家的第一棵树要清洗干净，然后用白布包上蜡烛、茶叶、芭蕉等物品放在小篾桌上供拜。在山上砍好的用作行条的树木扛进村寨时不能落地，然后横放在离地面有一定距离的地方，清洗干净后再供拜，最后用草片盖好树木，遮住光线，这样即使有月食，也不会被邪气侵入了。设立房门也很讲究，房门须建在房屋主行条根部下方，翁丁佤族认为门是万事之根，从外进入房门就得从根开始，这样才会万事顺利。设立房门，还不能让门对着山凹，也不能迎对大路，否则户主做事就不会顺利。

　　新房子盖好后，户主要准备一头猪，还有米、茶、蜡烛、草片、三脚架等物，选好日子进新房。进新房那天，户主预先请村中老人守在新房里。然后户主带三脚架进院子，其余的人带米、茶等物跟进去。房里的老人看见户主已来到院中，就喊道"寨中的父老乡亲、寨神，我们到家了"。户主和其他人便走进新房，摆好物品。进新房的当天户主家杀猪，请老人致祝福词，然后大家一起同餐共庆。吃完饭后请魔巴看猪肝胆卦，卦象好说明建房顺利，卦象

图6-3　翁丁佤族的干栏式建筑（潘璐璐　摄影）

135

不好还要杀猪祭神送鬼，求吉祥。

翁丁的民居大多数是传统干栏式建筑，房顶用茅草片覆盖，呈遮罩式，主框架用木头（一般用红毛树和栗树），围墙和地板用竹篾，分为上下两层，上层用竹蔑将四壁围护，用于住人。下层四壁敞开，主要是用于堆放杂物，或养鸡、猪和牛。

一部分民居为落地式，即房屋墙壁自地面向上延伸，墙壁为竹篱。与房屋相连的是晒台，晒台是每家每户必不可少的设施，为架空的四方形竹编平台，主要用于晾晒粮食，也是妇女们做针线活的地方。房屋有院子，各家的院子一般用竹篱笆和石块围起来，菜园位于住房的后面或侧面，用竹篱笆围护以防禽畜。最初的佤族民居，并没有专门的牛圈、猪圈和鸡圈等。牛多在山上放养，猪、鸡在村子里放养。后来逐渐圈养于住房下层，现在与住房分离的

**图 6 - 4　村寨里的道路（李国明　摄影）**

家禽圈栏已很普遍。户与户之间都有用石块铺成的小路相连，利于相互走往和帮助。

佤族住房进门的上方有个简易阁楼，是堆放杂物的地方。住房的中心是"火塘"，即用木板做成有底无顶的方箱，内填泥土，齐楼面嵌在楼板上，用以架柴烧火，火塘位于主房间的中央，最初火塘内放有三块支锅的石头，称为"三脚石"，现在已换成铁制的三脚架。火塘内的火一般长燃不熄，是家人每天煮饭和晚上取暖之处。不用火时，就用火灰把它埋起，用时再刨开吹一吹。

图 6-5　永不熄灭的火塘（吴晓琳　摄影）

火塘上方约一米高处，悬挂着一层竹木台架，用以放置篾凳和篾桌，佤族喜欢把新编的篾凳和篾桌置于竹木台架上，任由炊烟熏烤一年左右，篾凳和篾桌会变得又黑又亮，据说经过这样的熏烤，篾凳和篾桌会更牢实，且不易被虫蛀。除了放置篾凳和篾桌外，也可放置牛肉、辣椒等食物或者碗勺等生活器皿。佤族置于火塘的三脚是家庭团结的象征，火塘的火则是家庭兴旺的象征。另外，佤族还以火塘上的炕笆喻为父亲，挨着火塘的阁楼喻为母亲。所以佤族家中的火塘、三脚、炕笆、阁楼，过去外人是不能随便触动的。一进门面对火塘正对面，一般是年老者及尊贵的客人方可上坐，长辈的寝室也就在那个位置，一家人一般就围着火塘边睡，新婚夫妇，可在进门的左下方围出一间房间。一进门前方的右下角，一般是搞宗教活动、祭祖的地方。

在距离住房约五米的地方会建一粮仓。粮仓用木板和茅草建成的，房内用木板做成一个长方形的木柜，一面留有门，内盛粮食。木柜的上面用竹子、茅草搭成一个草棚，以防风雨。

翁丁村还有一些具有民族特色的建筑或标志。如：寨门、牛角叉、祭台、佤王府、图腾柱，等等。

寨门位于翁丁村入口处，用六根木柱支撑，中间两根高，两旁四根稍低，上置三根梁，中间的一根粗大，两边的略细，再在梁上用细木搭成"人"字形，上面覆盖茅草，柱子上悬挂着牛头，寨门旁有两棵参天榕树，树荫遮住了寨门，增添了几分神秘色彩，榕树树干上，依次悬挂着牛头。为何寨门旁会有榕树呢？根据《司岗里》传说，岩佤从司岗出来后，不知道要住在哪里，莫伟便告诉他"凡有大榕树的地方就是你的住处"。所以佤族把大榕树视为神树，寨门旁的大榕树被认为能保佑全村寨人的平安。

牛角叉又称"剽牛桩"，高1米多，直径20～30厘米，呈"丫"字形，用于剽牛时拴绑牲牛。一般是每剽一牛就栽立一桩，平时禁止在剽牛桩上拴牲口。

祭台，佤语称为"广姆"，位于佤寨中央。是用木、竹、

图 6-6　翁丁寨门和大榕树（李国明　摄影）

石、土做成的象征人类始祖的标记，反映了佤族对自然、灵魂、生命、图腾等的崇拜。祭台被佤族人民看做是定寨祖台。每逢节日，他们都要举行公共性祭祀，剽牛、杀猪，用血淋于祭台，将煮熟后的牛、猪的各个部位切一小块供奉祭祀。祭祀活动由魔巴主持，魔巴念祭词，主要是祈求清洁平安、六畜兴旺、五谷丰登。随后，男女老幼围着祭台，合着芦笙、木鼓的节拍跳舞，以娱祖先。祭台一般由寨桩、供台、考筒、寨桩台四部分组成。寨桩是指祭台中央立有一根桩和一根粗大的竹竿（芦笙柱），上面装饰着木雕的鱼、船及飞鸟，这是南方所有耕作稻田的民族比较一致的信仰表达。关于飞鸟，是源于传说中是它们给人类带来了谷种；关于船和鱼，则传说在一次大的洪水中，它们使佤族的先民得以生还和繁衍。鱼，在中国汉族民间也被广泛寓指"多子"、"生殖"和"连年有余"之意。寨桩底部的木雕，是佤族人神圣的"火神"和"灶神"，是他们日

图6-7　牛角叉（李国明　摄影）

常生活中的重要的祭拜对象。实际上，寨桩是佤族典型的
原始图腾崇拜遗存，古时作为部落的标志，也是氏族进行
宗教活动和举行征战出师、祝捷、部落议事等仪式的场所。
供台是在寨桩前面插的一根比寨桩细两倍的木柱，木柱的
上端雕刻成类似寨桩的造型，顶端下方30厘米处，横穿了
一个长约30厘米、宽约10厘米、深约8厘米的船形盒子，
这个盒子是用来放置祭祀物品的。考筒中的"筒"杆实际上
是一棵很长的竹竿。竿上有饰物，由上往下分别为：①谷
花，位于竿尖，分三杈，象征谷花、小米花、金银花。
②谷花的下边是一椭圆形竹编，象征谷箩（装谷子、小米
或金银）。③谷箩下面是一个三层的竹编花圈，花圈的作用
是保护其上方的谷花。④花圈下面是一只木船，船上有展
翅欲飞的两只木鸟。这一图形蕴含着《司岗里》的传说，
木鸟在翁丁佤族的《司岗里》传说中其原形实际不是鸟，而
是蜜蜂。⑤船的下面是木鱼，鱼是水中之物，鱼代表了水，

暗指船下的水，这也是与《司岗里》的传说有密切的关系。⑥木鱼上吊着长条形的白布"筒"，"筒"上倒挂着54个小塔，还有很多筒花，筒花可以左右摆动，在摆动时能驱赶不洁净的邪恶之气，防止不吉利的东西或邪恶之气侵犯塔，对塔起到保护作用。基座的石台为"火塘"，石台上面的三块石头为锅桩，而圆木上则刻有象征锅、蒸笼和锅盖的造型。寨桩台是一个用石土垒起的各边长近160厘米、高120厘米的方形石土台。台上，在寨桩和供台中间的脚下有一块建寨时就放置的石头，称为"寨心石"，代表了村寨的心脏。翁丁村的寨心石已经存在了300多年。

**图6-8　翁丁村里的祭台（李国明　摄影）**

佤王府，是一栋比较大的两层木质建筑，一楼设有商店，专门出售佤族特色产品；二楼是一个宽敞的议事厅，正中间是佤王的牛角装饰宝座，背后的佤王旗上悬挂着一只牛头，左右两边的木架上摆放的是佤王用过的砍刀和长矛。议事厅正中央有个大火塘，两侧是两排木制长椅。魔

巴看守着佤王府，魔巴可为游客拴叫魂线，将所有的棉线（保魂线）搓成一根系在病人的手臂上，以示把灵魂拴于躯体上，男左女右，边系边念叫魂辞以求祛病除灾，保佑平安。叫魂辞的大意为：人惊魂逃，体弱病多，被虫惊着，被水惊着，被树惊着，魂掉在哪里也看不见，魂掉在何地也不知道，献你整瓶的酒，献你满碗的米，献你肥壮的肉，在晴天白日里招，在吉祥的日子里招，用雄壮的鸡迎接，用刚下的蛋献祭，路口莫要站，平地不可歇，不要停在人家的饭桌前，不要留在人家的酒桌旁，接你回到自家干燥的草房里，接你回到自家温暖的火塘旁，接你回到生病的人身上，让魂来管体，让魂来保身，让病快走开，掉在沟里的魂从沟里来了，掉在坡上的魂从坡上来了，掉在河里的魂从河里来了，雄公鸡把它驮来，保魂蛋把它带来，魂折回了，魂到达了，拴紧了灵魂线，拉住了生命索，灵魂啊，快回来吧！

图腾柱。在佤王府对面的平地上，立有图腾柱，这是一个造型怪异的女神图腾柱。据说这是佤族女神"木依吉"的化身标识，图腾柱由三部分组成，一是头部，有高举的双手、眼、鼻、口；二是颈部，没有图案；三是身部，有很多图案符号。圆点代表天上的星星，诠释了佤族分星星肉吃的故事；斜纹代表着山水和河流，诠释了《司岗里》传说中河流的行程；燕尾形符号代表了火神燕子；牙形图案代表果实和丰收；三角形符号代表着不熄的火塘；最下端横和竖的条纹代表了木鼓。

木鼓房位于佤王府的左侧，是安放木鼓的地方。木鼓是用优质的硬木红懋树或黄葛树做鼓身，鼓身呈圆柱体，长约11.5~2米，直径约0.15~0.18米，鼓身横侧有一条宽约5~6厘米，长约140厘米的扁长形凹槽，这是音腔孔，

图6－9　翁丁的女神图腾柱（李国明　摄影）

顺着槽孔至树心方向，凿出 10 余厘米的深度后再逐渐把内壁凿宽，使其中空成腔，音腔内还凿有能使鼓声回旋共振发出响声的鼓舌和鼓牙。每只木鼓配有两只木质鼓槌，长约 30 厘米，两头稍大，中间部位收细为手柄，敲打时手握鼓槌，拳心向上，由上往下垂直击鼓，发出声震山野、音透密林的"咚咚……"响声。佤族把木鼓视为一种通天的神器。木鼓的制作很奇异，中空凿成女人生殖器的形状。据《司岗里》传说，这是对原始氏族部落时代母系首领"木依吉"和"司欧布"（佤族"谷神"）的崇拜。这两尊神是主宰天地鬼神和万物生灵的天神，也是主宰人类前途命运的保护神。佤族先民及其后代对"保护神"无比崇敬和信仰，于是便建盖木鼓房，把木鼓安放在木鼓房里。木

鼓房面积约 15 平方米，高约 2 米，一般用 6 根木柱支撑，中间 2 根高，两旁 4 根稍低，上置 3 根梁，中间的一根粗大，两边的略细，屋顶呈"人"字形，上面覆盖茅草片。一个木鼓房里要安放两个木鼓，其中有一"公木鼓"（代表司欧布）和一"母木鼓"（代表木依吉），"母木鼓"体态要大，"公木鼓"体态略小。祭祀木鼓时，魔巴要轮流向木鼓祈祷，他们在木鼓房旁用竹子搭祭坛。祭坛铺上芭蕉叶，芭蕉叶在佤族心中是圣洁的器物。然后魔巴把祭品置于芭蕉叶上，祭品一般为牛心、牛肝、牛腿肉、牛舌、猪肉、鸡肉、茶叶一包、米一碗、盐巴一块、芭蕉一束、棉线一绺、水酒一杯等。

目前学术界关于佤族木鼓的象征意义主要有这样几种观点：（1）木鼓是佤族人民用来驱邪逐鬼，召集部落成员，告急友邻，出征决斗时不可缺少的工具。（2）木鼓是佤族的一种原始的打击乐器，也是佤族的一种古老祭器，是通天神器，是佤族崇拜的吉祥物。（3）木鼓是佤族的一种有灵魂、有知觉、有感情的灵物。（4）木鼓是佤族文明的象征，佤族文化可名之为"木鼓文化"。（5）木鼓是作为民族精神而存在的，凝聚着历史长河中一个民族的创世精神。（6）木鼓是佤族树神。（7）木鼓是佤族神物，是"木依吉"和"司欧布"神下到人间时依附的器物。（8）木鼓是万物灵性之源"生命源于水，灵魂求于鼓"（佤族谚语）。（9）木鼓是世界乐器中留存至今的最原始、最独特、最神圣的鼓，是佤族部落村寨存在与兴盛的特有标志，是佤族古老文化与浓郁民族风情特色的标志。（10）木鼓是佤族的母亲象征，是佤族妈妈。

作为民族的象征，木鼓在佤族文化中有着神圣、权威的地位。木鼓的神圣性可从两个方面得以强化：一是《司

岗里》神话中对其神圣性、权威性的解释；二是木鼓居于
佤族原始宗教祭祀活动中的核心地位。在佤族传统社会中，
围绕着对木鼓的崇拜，产生了具有佤族典型特征的宗教祭
祀活动：拉木鼓、猎头和剽牛。佤族敬畏所有的神灵，也
崇敬包括人和一切动物的头颅，因为头颅是灵魂的居所，
是生命的象征，即使肉体死亡了，头颅依然是有灵性的，
是具有神秘力量的，因而它是向鬼神提供的最珍贵的至高
无上的奉献。木鼓是"木依吉"和"司欧布"的化身，他
们主宰着宇宙万物，尤其是人和谷物的生殖繁衍，理所应
当享用至高无上的牺牲——人头。据《司岗里》记载，佤
族从司岗出来后不久便有了木鼓，而且砍人头祭木鼓是神
的旨意，只有这么做，佤族才能避免灾难死亡。"佤族砍人
头，佤族才能好在"。拉木鼓、猎头和剽牛三者均为佤族木
鼓文化的重要内容，都是最神圣、虔诚的活动，都有着一
整套既相对独立，又与木鼓密切相关的祭祀仪式，共同塑
造着佤族的民族性格与民族精神。

# 第三节　传统节日

## 一　春节

　　翁丁佤族的节日庆典具有浓郁的民族特色，他们一年
中的最重大的节日与汉族一致，即春节，佤语称"崩南
尼"，意为年节，一般持续 7～10 天。年末的最后一天，家
家户户回村寨准备迎接新年。大年初一家家蒸糯米饭，打
粑粑，敬献给"头人"。各家家长到齐后，"头人"主持祭
祀。祭祀完毕后，鸣土炮 12 响，表示辞旧迎新。全村寨所

有的男子听到炮声后，齐集于"头人"家吃"南尼饭"，进餐前，先拜请"头人"，再拜请自家长辈。大年初二魔巴提一只白公鸡到寨外神林祭祀，在神树下摆放好猎枪弓弩，魔巴提鸡念咒绕猎枪弓弩一圈，然后杀鸡，将鸡血滴在猎枪弓弩与笋壳上，祈祷猎枪弓弩的精灵不要伤害好人和主人，但对付恶兽与坏人时能够百发百中。之后几天大家串亲访友，相互拜年，唱歌跳舞。

## 二　贡象节

在国家级南滚河自然保护区周围的佤族山寨，即沧源境内的班老、班洪、南腊几个乡的佤族群众大多过这个节日，翁丁也不例外。据说，这些佤族寨子的建立和人口的发展曾得到过大象的帮助。所以，人们通过欢度这一节日来表达对大象的感恩之情。过节的时间是过年节的第三天。各家各户带上留有梢叶的甘蔗两棵、芭蕉一串和糯米粑粑两个、蜡烛一包、茶叶一包、公鸡一只，穿上民族传统服装，不约而同地往南滚河上游的巴本巴贺地方集中。集中后，大家把带来的贡品摆放在芭蕉叶铺垫的地上，然后由德高望重的老人主持敬象仪式，口念祝词，如："大象啊大象！你是百兽之王，是阿佤人的福星，我们敬你爱你！愿你与阿佤山同在，永不离开！"接着，把一个扎好的草人倒挂在树上，表示对大象不礼貌的人进行惩罚。

## 三　护寨节

护寨节，佤语叫"威冒"，时间为阳历6月份。届时，翁丁的全部劳动力到山上找茅草拧成绳绕寨一圈，并杀一只公猪，每户分一块肉，魔巴在寨桩供奉神灵，并致祈祷词，祭祀寨神、家神，祈求神灵护佑庄稼、护佑寨人、护佑家禽家畜。

## 四　把牙节

　　翁丁有一个很特别的节日，即把牙节，也称"伊拉拐"，主要仪式是招小米魂，吃"小米魂饭"，保佑五谷丰登。这天放出的鸡、猪都要赶回家，借出去的东西都要收回，外出的人也要回家。把牙节一早，家里先要派个女孩到旱地去摘小米叶子。如果小米已经出穗，也要摘上一两穗装在事先备好的小口袋里，小口袋里还装着干老鼠和鸡蛋。小米魂饭就是用小口袋里的干老鼠、鸡蛋，外加一碗小米煮成的。女孩将小米叶子、小米粒放在簸箕上，然后将煮好的饭及干老鼠连同鸡蛋取出来，交给老人，老人边念祝词边将老鼠的嘴、脚、尾巴撕开，放在芭蕉叶上，再将摘来的小米叶和小米穗捆拢，并收藏好。一切准备就绪后，由老人剥开鸡蛋看卦，小米魂招得好不好，可以从鸡蛋卦里看出来。至于为什么在叫小米魂时要用老鼠，翁丁有一个古老的传说：很早以前，谷魂装扮成几个漂亮的少女来到村里，分别到几户人家投宿。第二天，谷魂姑娘在返回的路上相互议论，说主人家如何款待他们。一个谷魂姑娘说："我到的那家给我煮南瓜汤，明年我不去他家了。"一个谷魂姑娘说："我到的那家给我煮老鼠稀饭，味道不错，明年我还要去他家"。这话被一个放牛娃听到了，回去跟大人一讲，从此，叫谷魂都要用老鼠，煮老鼠稀饭。

## 五　新米节

　　新米节是稻谷成熟，喜庆丰收，品尝新米的日子。由

于气候的差异，各地谷物成熟的时间不同，因而各地区、各村寨，甚至每家每户过节的时间也不一样，但过去一般多在农历七、八月份（佤历九、十月间）进行。日期的确定，一是根据各自粮食的成熟情况选择吉日。二是以父母或祖父母去世的属相之日为最佳日期，意在请祖先的灵魂回来，与家人一起同尝新米，共享欢乐。并请他们的在天之灵保佑子孙后代家庭幸福，风调雨顺，粮食丰收。为了让各地佤族同胞能够共同欢度新米节，1991年，沧源佤族自治县和西盟佤族自治县联合决定，把每年的农历八月十四日定为佤族的新米节。节日这天，主人早早起床，到田里采割新谷。割回来的谷子一束挂在门上，表示招谷魂进家。其余的搓下谷粒，用铁锅微火焙干，舂出新米，做成米饭。接着举行家祭仪式：盛一碗新米饭，与各种菜肴一起摆于神台之上，请魔巴念祭词，祭祀谷神，敬献祖先。仪式结束后，以魔巴和老人为首，全家人聚在一起喜尝新米。

现在翁丁每逢新米节，全村人聚集于村寨广场举行传统的"剽牛祭祀"、迎新谷、吃新米、拉木鼓等活动。傍晚，他们燃起篝火、敲响木鼓、吹起芦笙、弹响三弦，跳起传统木鼓舞、甩发舞，举行打歌狂欢活动。新米节各种活动一般持续三天。

## 六　撒谷节

撒谷节，农历初春择日进行，意为祈求风调雨顺、五谷丰登。节时，各家男女老少穿新衣，带牛肉、干菜、好米及各种调料，全村人聚集于田间，由"头人"唱"撒谷调"祈求风调雨顺、五谷丰收。唱毕，宣布撒谷开始，青年男女自愿结伴，男子在前面以锋铲挖坑，女子在后面点种盖土，孩子们负责送水，老年人在田头忙着做饭。饭做好后，分为若干份，并用芭蕉叶包上，午餐时于野炊处共食。

## 七 新火节

新火节，佤语称之为"俄烤"或"卧烤"。翁丁村的节期是在每年大年三十，佤族人家火塘里的火一直燃烧，只有到取新火时，才能将火熄灭。佤族认为家里的火用了一年便成了"旧火"、"破烂火"，很容易引起灾难，所以在辞旧迎新的时候，也应该换新火。整个村寨要在"头人"的指挥下统一行动，各家各户要清除垃圾，修好寨桩、道路，春好谷米，做好"迎新火"的准备。取新火前，每户人家要拿出一碗米、一支蜡烛和一些盐、茶及用旧布包的旧灰、旧房草等旧物，然后将这些物品交给主持取新火仪式的老人。老人手拿一只红公鸡巡行全村寨，到每户人家拣一些火炭放入口袋中，然后把口袋送出寨外，杀鸡念咒词表示送走"火鬼"。取新火仪式一般要在"头人"家或村寨外面进行，要先祭"神林"里的"木依吉"神，然后在寨中广场准备好一堆柴火和栽好"神竿"，送走"火鬼"后即鸣枪或放炮，表示开始取新火，新火是通过磨擦产生的，由几个有经验的佤族男子用竹木轮流磨擦，火草发热冒烟，竹片即燃。接着放入篝火堆点燃。"头人"先取火，之后敲响木鼓，通知大家新火已经诞生。之后，各家各户的火塘都燃起了新火，开始了煮米、蒸饭、春粑粑和迎新跳唱等活动。当晚，全村男子要集中于"头人"家中庆贺新火诞生，"头人"烧香、点烛、念咒、招魂、看鸡卦、预报吉祥。村寨里鸣放土炮，吃祭火饭，歌舞欢庆至深夜。

## 八　新水节

新水节，佤语称"俄颂茸"或"永颂茸"。为了使水流不断，人畜有水饮，确保全村人的生存和发展，翁丁每年都要举行祭祀"水神"（安茸）和修水沟、接新水到村寨的活动。时间是在佤历的十一月，一般为三天，具体时间由魔巴以"占卜"确定。主持人是管水的老人，东道主由比较富裕的人家轮流承担。东道主家要杀牛或杀猪、杀鸡提供给魔巴做"水神"的用品和新水接通后供全村人吃一餐"神饭"。每户人家要交给东道主家两份礼：一份是必交的物品，如一筒谷子、一只鸡、一筒小红米、一棵竹子（搭水槽用）等；另一份是自愿赠送的物品，如茶、烟、酒、辣子、盐巴、芭蕉等物。第一天，东道主家要宰杀牛或猪、鸡，还要备好雌雄一对或三对老鼠干巴上山祭迎水神"安茸"和她的丈夫树神"桑洛"回村寨与大家一起欢庆人间佳节。村中男子则要在这天负责修整水沟。第二天清早，魔巴领着几位德高望重的老人和一些少年到水源头去祭请水神、树神下山进村寨。魔巴边走边念，领头归寨。接着全村的青壮年男子都得出动上山搭水槽。第三天，全村男女老少吃过早餐后，穿上节日盛装，到寨门外接水处排成长队迎接"水神"、"树神"和新水的到来。水槽口旁，站在队伍最前面的是魔巴和"头人"。魔巴左手拿着竹筒，右手拿着撕成梳子形状的芭蕉叶（象征水神安茸的梳子），一面口念迎水神、树神的祭词，一面用芭蕉叶不停地做着给水神"梳头"的动作。在魔巴和"头人"接了新水后，村民们争着接新水，用新水冲洗头发和身子，洗净一年的污浊和疲劳，清除疾病和灾害，争取来年的安康和快乐。

## 九　拉木鼓

拉木鼓属于佤族传统祭祀节日，一般为佤历十至十二月间，节期具体日子由魔巴卜卦择定。佤语称木鼓为"克罗克"，木鼓平时安放在木鼓房内。拉木鼓是指砍伐大树凿制新木鼓的仪式，砍哪棵树来做木鼓，由魔巴占卜选定。砍树时，每户人家出一男子，集合于树下，朝树上空鸣枪驱鬼。树砍倒后，在树干根部放几块石头，相当于供品。第二天魔巴指挥众人截取所需长度，然后抄直道拖回寨中，不得在途中拐弯。拖到村寨门口时，魔巴先用老树和鸡蛋祭祀，然后再将树段拖至寨内制鼓。新木鼓进木鼓房之前，要举行剽牛仪式，佤语称"剽牛"为"棱特莫艾"，是佤族以物占卜的最高形式。佤族所剽的牛，一般是成年的公水牛。事前选中的水牛被拉到寨中宽敞的地方，拴在剽牛桩上，魔巴祈祷道："我们剽水牛，我们祭木鼓。梅依格中（泛指神灵）你最大，众神灵里你为王。""我们敬你香饭，我们铺你温床，你是众神之王，你是精灵之尊。你是山寨的主人，你是家邦的护神，你是先祖的精灵，你是父辈的灵魂。这里宴请各方，这里召集众神。献祭黑鸡，不祭白鸡。（翁丁佤族祭神多用黑鸡，只有祭那些需要赶走的凶鬼妖邪才用白鸡）。""祭祀新的灵魂，希翼人丁增加；砍了新的木鼓，希翼全寨康乐。别因此让我们走错路，别因此让我们做错事，别因此让我们心神不宁，别因此让我们触犯神灵。眼睛亮的木鼓，手臂长的木鼓，当君王的红懋树，最尊最贵的黄葛树。把你砍下来，把你拉回去，回到我们的山寨，回到我们的家邦。回来啊，木鼓！木鼓回来！送

走晦气，得到了幸运。告别了衰败，获得了兴旺。"人们随着魔巴口中念念有词开始载歌载舞，两三名壮汉手持长矛，围绕着公牛选择合适的方向，朝牛脖位置捅去，待公牛鲜血流尽，"头人"查看公牛倒地时头的朝向，分析预示着一年的丰收和平安状况。随后，便由老人对宰杀的牛肉进行平均分配，牛头则被悬挂在村寨周围的树上。仪式结束后，全村人围着木鼓尽情歌舞。

佤族传统节日主要以万物有灵观念为核心，神灵崇拜和祭祀是其节日文化中不可缺少的重要组成部分，其中一些节日就是因信仰而产生的，节日文化中蕴涵着浓厚的万物有灵宗教信仰和神灵祭祀的神秘色彩。通过节日祭祀神灵和祖先，增强了民族内部同族血缘、同源共祖的民族意识，进一步强化了人们的社会价值观、道德伦理和习俗的整合、规范，有利于佤族传统文化的传承。另外，节日的过程同时也是教育的过程，通过这一过程传播了民族历史文化、传授了民族技艺，使具有佤族特色的生活方式得以代代传承。还有，佤族传统节日满足了佤族群众物质和精神的需要。节日为人们提供一个共同享受劳动成果的机会，节日里大家一起同吃"鸡肉烂饭"，相互交换节日礼物（甘蔗、芭蕉、糯米粑粑等），这些礼物有祝愿生活甜蜜、团结、幸福的含义，这些都反映了人们物质生活的需要；从精神需要上看，节日中的祭祀活动，与此相适应的还有剽牛、魔巴念咒、看鸡卦等活动满足了人们的心理需求，还有打歌、跳舞等活动满足了人们表现自我价值的精神需求。

# 第七章　民族与宗教

## 第一节　佤族

### 一　服饰

　　翁丁佤族的传统服饰以黑色为主色调，男女都包黑包头，男子装束最为简洁，且差别不大。多数穿着圆领或无领右衽斜襟布纽长袖衫上衣，宽大而无装饰，有的腰部系布巾腰带。喜欢穿着无领、无袖的贯头衣或对襟布纽褂子。贯头衣与坎肩或马褂相似。下身穿裤子，俗称"大摆裆裤"，特点是裤裆、裤腿都很宽；还有喜欢穿裤脚长至膝盖稍下的"半截裤"，穿这种裤子下水田劳作时较为方便。肩挎长刀和筒帕，烟锅倒插在背后的衣领上。总体而言，男子服饰的颜色变化不大。几乎全是黑色，仅在腰带、背包或内衣处有很少的红、蓝或白色。男子的服饰朴素随意、宽大舒适，很方便劳作。女子的服饰因年龄不同而有所不同，青年妇女喜欢穿着圆领中袖套头衫，下身穿花纹长裙或短裙，穿时花纹部分在下面，把裙头从右到左紧紧系于腰间，再用一条黑色或红色的布带扎紧，青年妇女喜欢戴头箍，以黑色调为主，点缀上红黄蓝线条。老年和中年妇

女上身穿斜襟圆领长袖短上衣，下身穿黑色长裙或短裙，
裙子一般为黑色或彩色条纹裙，小腿裹一块黑布，颈戴银
项圈，手腕戴银制的手镯，嘴里喜叼烟锅，耳上坠有圆筒
形或圈状的银制耳环，因耳环较重，天长日久，坠耳垂肩。
老年和中年妇女喜欢包包头。女子服饰色彩的一个共同特
点是上衣的色彩变化不大，以黑色为主色调。而围裙、腰
带、头巾、筒帕的色彩则很丰富，变化更大。现在，只有
老年男女还经常穿着传统服饰，青年男女平时的穿着与汉
族没有区别，每逢重大节日时他们才会穿上民族服装。

图 7 - 1　翁丁老年妇女的传统服饰（吴晓琳　摄影）

翁丁佤族服饰的纹样主要有：（1）植物纹，这是比较
常见的，植物纹样有荷花纹、向日葵纹、梅花纹、菊花纹、
缠枝花纹、串枝花纹、小簇花纹、忍冬花纹、莲花纹等，
同时还有各种瓜果的纹样，有藕纹、南瓜纹、葫芦纹等。
（2）动物纹样，主要有牛纹、白鹇鸟翎纹、松鼠牙纹、箭

尾羽翼纹、雀眼睛花纹。每一种纹样都代表着一种较为抽象的观念。如牛纹体现了佤族的原始图腾崇拜；白鹇鸟翎纹象征吉祥和幸福；松鼠牙纹象征坚强与结实；箭尾羽翼纹象征着勇敢与正直；雀眼睛花纹象征了发现翁丁人祖先的那只鸟的眼睛。传说远古时候，洪水淹没了大地，天神达梅吉派出一只鸟查看人间是否还有生命，小鸟发现在茫茫洪水中有一小块陆地上，还有一个男人和一个女人，天神就放下一条船来，使他们活命，这两个人就是翁丁人的祖先。（3）自然现象纹样，有太阳纹、月亮纹、星星纹、云纹、水纹、涡旋纹、火焰纹等，其中出现最多的是太阳纹、月亮纹、星星纹。这体现了佤族对太阳、月亮、星星的崇拜。（4）几何纹样，其中最典型的符号是十字纹和菱形纹，十字纹被解释为是神圣、灵验的护身符号，菱形纹代表的是"司岗里"，菱形纹中间加一个点被解释为是妇女怀孕时爱吃的酸木瓜，孕妇爱吃的东西即与生育有一种必然的联系，这与菱形纹代表生殖繁衍的符号观念相通。

　　翁丁佤族织布以野生大麻或麻子树为原料，第一种方法，到山上砍回野生大麻，剥皮，晒干，撕开，抽出纤维，搓成线，放入大锅煮，用棍棒使劲敲打，冲洗，使皮脱落，晒干；第二种方法，砍回整株麻子树（麻子树有野生的，也有家栽的）晒干，放入水中浸泡一夜，剥皮再晒，晒干后搓成线，然后纺织。纺织的方法是相同的，即把线绕在两根圆木棍上绷紧，要多宽的布就绕多宽的线，之后就要一针一线的纺织，织出的料子可缝制筒帕、衣裙或垫单。翁丁妇女的织布工具是腰机，它是一套竹木制的活动工具，这种工具制造简单，每家都有一两套。主要部件有：背皮、卷布杆、分综棍、绕纬线板（梭）、分经棍、卷经杆等。用

棕把经线穿好，需要织的经线可以卷成一卷，它的一头拴
在妇女腰上，另一头用一根木棍穿好，搁在钉在地上的两
根木桩上。织布时，把腰机展开，两头绷紧，把绕在一根
木棍上的纬线穿到经线中间，然后再用抒刀把线打紧即可。
不织时，把腰机拆下，卷起放好。用野生大麻织出的布，
质地软，用麻子树织出的布，质地较硬。

图 7-2　织布的佤族妇女（吴晓琳　摄影）

　　翁丁妇女除了以野生大麻或麻子树为原料外，还会以
各色开司米线为原料，她们将从集市上买来的开司米线用
米汤浆过后，用纺车绕成团，按所需线头拉成同样长的经
线，再织出五颜六色的图案。

　　过去，佤族织布只是满足于自用，旅游开发后，佤族
纺织品多数作为商品销售，主要种类有筒帕、毯子、垫单、
裙子、衣服等。

　　翁丁妇女染色大多以天然染料为主，一般染成红、黄、
蓝、黑色。红色用紫梗作染料，再加上酸性植物的水汁；
黄色用黄花煮水作染料；蓝色用蓝靛水作染料；黑色先用

蓝靛水作染料，再置于麻栗树皮水内浸染。在 20 世纪 90 年代，有一大理男子每年年底到翁丁为衣服染色（使用化学染料），佤族妇女把自家的衣裤拿出来染色，多数都是染成黑色，一件衣服（一条裤子）收费 5～10 元。

翁丁佤族的银耳饰有耳环、耳坠、耳柱几种，银耳环一般为圆形或椭圆形。耳坠多为多坠形，通常由主体耳环加上坠饰组成，坠饰有银叶片、银喇叭花、银菱角、银串珠、银花饰物等，常见的是卷丝垂须银花耳坠，长度为 8～9 厘米。耳柱目前已不多见，只有几位上了年纪的老年妇女才佩戴。耳柱呈圆条形，有些两头一样粗细，有些是大小头，管柱一般为空心。有的是一整件，有的由两截套合而成。颈饰多为银项圈，项圈或一道，或两道，或再加其他珠链装饰。银项圈有实心和空心之分，多数为空心，圈体较粗。饰牌，是直径在数厘米至十几厘米之间的圆形、方形和不规则形的片状挂饰物，它一般分为平面牌和凸面牌二类。平面牌指牌体是平板式的，多数有阴刻或錾刻成浮雕似的花纹，凸面牌指牌体上有弧度。翁丁妇女佩戴的多为凸面牌，牌面刻有花纹，六瓣、八瓣或十瓣圆花，花心留孔，孔中穿彩线，孔外留出彩线流苏，孔的另一端彩线分成两股以便于固定在颈间，每瓣花内阴刻各式纹饰，花纹多现十字纹、牛纹、日月纹、鱼纹等，含祈吉求丰之意，外围几圈小卷云纹，形式别具一格。银手饰有跳脱、臂箍、手镯等品种。跳脱，是用很宽的银条很随意地盘几圈，成形后有四五厘米高，双臂对称地佩戴，而且上下臂都可佩戴，比较灵活。臂箍，戴于手臂的上部，多为圆筒形，器形简洁，有圆绕丝形、圆筒刻花形和竹节刻花形。手镯，佤族妇女爱戴素面银手镯，戴一只或几只，镯面平滑，镯

身较宽，宽约 5 厘米，几乎不用任何纹饰。

## 二 饮食

　　翁丁佤族的饮食分为主粮和杂粮两种，主粮主要是大米、旱谷、玉米等，杂粮主要是荞麦（包括苦荞、甜荞、米荞）、小黄米、小红米、红薯、洋芋等。蔬菜主要有：南瓜、冬瓜、黄瓜、青瓜、青白菜等。南瓜尖也是佤族爱吃的蔬菜。料菜有辣椒、茴香、薄荷、辣蓼、葱、小香蒜、阿佤芫荽、生姜、胡椒等。肉食方面，牛、猪、鸡为主要肉食来源。过去佤族喜欢打猎，现在打猎被国家明令禁止。采集食物便成为补充食物的另一重要手段。动物方面主要是昆虫，食虫习俗是当地食俗中的一大特色，这是佤族人民在与自然界作斗争的漫长历史发展过程中形成的，采集的主要食用昆虫有：蟋蟀、蚂蚱、蝼蛄、蝉、水蚕、土蜂、竹虫、柴虫、芭蕉虫、飞蚂蚁等。此外，翁丁佤族还喜欢采集水生动物如鱼、泥鳅、鳝鱼、螃蟹、石蚌等。植物方面，主要是采集各种各样的野菜，如：山药、野薯、黄金薯、刺五加、枇杷叶、野韭菜、野芹菜、树头菜、蕨菜、野芭蕉等。在翁丁野竹资源丰富，村民们也经常采集竹笋来加工食用，制成笋片、笋丝、酸笋，竹笋成为当地饮食中不可缺少的美味。另外，采集的菌类植物主要有：鸡枞、黄鸡枞、奶浆菌、马屁泡、青头菌、红菌、一掰青、木耳等等；采集的野果主要有：黄泡、火把果、橄榄、鸡嗉果等等。

　　翁丁的炊具、餐具过去多以土制、木制、竹制为主，如土锅、土碗、木碗、葫芦碗、木勺、竹勺、竹桶、竹杯、竹筷等，现在多用铁、铝制成的炊具。餐具除筷子为竹制外，其余的都是铝制品、陶瓷制品等。翁丁大多数人家烧柴火煮饭、炒菜，只有开办农家乐的几户人家，才会使用电器煮饭、炒菜。

翁丁的食物制作法方法并不复杂，制作主食的方法大致有三种：熬稀饭、煮烂饭和蒸干饭。除此之外，当地村民的主食还有用包谷制作的包谷砂饭、用糯米制作的粑粑等。

翁丁招待客人最好的饭菜是鸡肉烂饭，鸡肉烂饭佤语称"馍牙"，鸡肉烂饭的制作比较讲究，具体制作工序是：把鸡杀好洗净，整只放入锅里用冷水煮，放适量的盐，直至鸡肉煮熟，把煮熟的鸡捞出，用手将鸡肉一片片撕下来，越细越好，与洗净切好的茴香、薄荷、辣蓼、阿佤芫荽及舂好的草果面、辣椒、花椒、大蒜等佐料拌匀，同时将适量的米倒进鸡汤里煮，米至七、八成熟时，放入适量的酸笋。米饭快熟时把准备好的作料倒进烂饭里搅拌均匀，熄火，盖上锅盖，焖上 2~3 分钟后，就可以吃到鲜香可口的佤家鸡肉烂饭了。

其他特色菜肴有：老鼠稀饭、猪肠汤、苦肠汤、南瓜汤、黄瓜撒撇、捣酱菜、烤乳猪、烤野菌等。

老鼠稀饭：佤族爱食鼠，一般是吃野生鼠。老鼠稀饭的制作方法是：先用火将老鼠的毛烧光，再将肚杂除去，然后放入锅中同大米一起煮。待老鼠煮熟之后，用勺将其舀出，切细后拌上盐巴、辣子等作料，就可以和烂饭一块食用。如果捕获的老鼠较多，一时吃不完，可将其挂在火塘上方的坑笆上任火烘干，做成老鼠干巴。也可用老鼠干巴熬制稀饭，这样的稀饭香味更浓。

绿豆菜：绿豆菜是当地最有特点的菜肴之一。其做法是：先浸泡绿豆，淘洗后再煮。尚未沸涨之前不能搅拌，

图7-3　佤族传统菜肴的盛宴（吴晓琳　摄影）

避免夹生。水涨后，放入腊牛肉、腊猪脚或腊猪肉。待豆子煮透，再放入酸腌菜，稍煮片刻，将锅抬下，把汤倒出来留渣于锅内，再放入生姜、芫荽、葱、蒜等作料，用勺子将绿豆搅烂，再放入盐巴及辣椒，搅拌均匀，一碗香喷喷的绿豆菜就做好了。

猪肠汤：制作方法是将猪肚、猪肠洗净、剁碎，放入锅里用冷水煮，加入生米、生猪血、盐，煮熟后，加入姜、蒜、韭菜根、绿子叶，搅拌均匀后即可食用。

苦肠汤：制作方法是将牛苦肠洗净、剁碎，放入锅里用冷水煮，加入生米、生猪血、盐，煮熟后，加入姜、蒜、韭菜根、小米辣、绿子叶，搅拌均匀后即可食用。味道苦凉，其功能是健胃生津。

南瓜汤：制作方法是锅中放入米、水、猪骨头、剁碎的猪肠、猪肺，煮上一段时间后，放入南瓜、盐，南瓜熟后，即可食用。

凉拌刺五加：制作方法是把刺五加嫩叶用开水烫过后

取出，待其冷却后，放入盐、辣椒等，拌匀后即可食用。

黄瓜撒撇：制作方法是用热水泡刺五加，待水凉后，滗干水，放入黄瓜丝、青辣椒、阿佤芫荽、辣蓼、盐、味精，搅拌均匀后即可食用。

捣酱菜：佤族称为"抓"，其特点就是"捣"，捣成酱后食用。当地人喜欢吃捣酱菜，是因为捣酱菜味鲜美而浓烈，开胃激发食欲。制作捣酱菜的材料很多，鱼虾、昆虫、野菜，通过搭配都可以用来制作捣酱菜，其中以鱼虾为材料的捣酱菜最为有名。先将鱼虾洗净后放入锅中用清水煮，放进酸笋、南瓜尖、水蓼。煮熟后，将汤水滗干，先把姜、盐巴、小米辣春细，然后把锅里的东西全倒入春臼，用春棒捣烂，即可食用。

烤乳猪：制作方法是将乳猪洗净，从背上切口挖出内脏和猪脑；用盐、草果面、辣椒、花椒、大蒜等作料腌制一段时间；用竹棍将乳猪串起，置于火上烘烤，烘烤时要不停地转动竹棍，并均匀地涂上香油，烤至猪皮呈金黄色即可食用。

烤野菌，把采集来的野菌，如青头菌、红菌、一掰青、奶浆菌等洗净，置于火上烧，一定要翻得勤，烤熟的菌软软的，只蘸一点盐就可以吃了，味道鲜甜可口。

翁丁的农家乐为了适应旅游开发的需要，开办了佤王宴，下面是一份佤王宴的清单。

1. 鸡肉烂饭　　价格　120.00 元

2. 腊肉豆子汤　价格　60.00 元

3. 凉拌鸡　　　价格　150.00 元

4. 烤乳猪　　　价格　260.00 元

5. 凉拌萝卜　　价格　20.00 元

6. 豌豆粉　　　　价格　30.00 元

7. 火烧牛肝巴　　价格　330.00 元

8. 青菜汤　　　　价格　20.00 元

9. 黄糯米饭　　　价格　60.00 元

10. 姜"抓"　　　价格　20.00 元

11. 凉拌绿子叶　　价格　20.00 元

12. 白米饭　　　　价格　30.00 元

总价：1120.00 元

在翁丁，保持着家庭主妇做饭和分食的习惯。吃饭时，全家人围在一起，主妇将饭、菜按人数分成若干等份，每人一份，若分食时有外人在场，亦可分到一份食物，无须客气，否则，会被视为对主人不礼貌。

翁丁佤族喜欢喝自己种植加工的茶，将新鲜茶叶放入铁锅翻炒，炒熟后取出来揉，之后放在竹笆上晾晒，晒至半干时再揉，揉好又晒，反复几次后晒干即成。他们喜欢喝浓茶。喝茶时，茶叶一般放入土罐中置于火塘上烘烤，烤出香味时，再添水煮，煮好的茶水虽然味道很苦，但喝后有回甜、清凉之感，茶水一般用竹杯或土罐盛放。在翁丁，可以说"无茶不成礼"，在喝茶之前，有滴茶的习俗，就是喝茶前要先往地上泼洒一点茶水，意在敬天敬地、怀念已故的长辈，告慰亡灵。另外，在翁丁的各种仪式上，茶叶也是重要的礼品和祭品之一。

在翁丁有两户人家酿制水酒，这主要是为了满足旅游开发的需要。其实翁丁佤族并无酿酒的习俗，但喜欢饮酒，一般是到集市上买来喝，用土罐和葫芦盛装。佤族人喝酒总是三五成群聚在一起，喝酒前，由其中的年长者祝酒，然后大家边喝边说笑，很少有人独自在家喝酒。佤族人虽

图7-4　翻晒茶叶的老年妇女（吴晓琳　摄影）

然喜欢喝酒，但喝得烂酒如泥，酗酒发疯的人却很少。一旦有人喝醉了，就会有朋友主动搀扶并把醉酒者送回家中。

佤族男女普遍有吸草烟的习惯，烟草一般自己种植，加工烟草的过程很简单，将新鲜烟叶摘来晒至半干时用手揉一揉然后再晒干即成。有的弄碎了用烟袋抽，有的则用剪刀剪成条状，卷起来抽，味道浓烈而独特。

## 三　待人接物

翁丁佤族重视信誉和懂得谦让，他们以信誉为大，以信誉为先，无须什么凭证，每个人都会为自己曾经说过的话、做过的事负责。究其根源，这与佤族的神灵崇拜，相信万物有灵，神灵公正、善有善报、恶有恶应的观念有关。也就是说，一个人可以骗得了别人，却骗不了神灵和自己的良心。另外他们认为尊重别人就会得到别人的帮助和谅解，谦让是对别人的尊重和宽容。

翁丁佤族热情好客，有客人到家中来，必是热情款待。

某户人家办大事，如婚丧嫁娶、起房盖屋等，往往要来许多客人。主人家住不下，隔壁邻居会主动要求客人到自己家中居住，并热情款待。

翁丁佤族在为人处世，待人接物方面有一些禁忌，如：为人要诚实，不可欺诈无赖；拾到他人遗失的物品要归还；不能做坏事、亏心事，否则会遭到神灵的惩处；子女不能在父母住房的上方建盖房屋，弟弟也不能在哥哥住房的上方建盖房屋。不要跟父母对唱调子，否则会被视为不孝孽子，败坏门风；不能在老人面前说脏话，不能在老人面前跷腿而坐；不能在老人前赖着不让座位，这样会被视为没家教的不孝之子；用新米煮的第一碗饭，要送给村中最年长的老人吃；不要抢吃鸡头，鸡头是老人和长辈享用的，若硬抢来吃，以后就容易受伤、生病或者遭难；不准打骂儿童，否则会把儿童的灵魂吓跑；客人到家里来，若要留宿，主人要拿出干净的被子给客人使用，意示着客人是高尚的、圣洁的；客人到家要把鸡头敬给客人当中年纪最大或威望最高的人；赠送礼物，送单不送双，有尚未成全之意；不能让过路人睡在门外，要请他们进家住；有孤儿寡妇从门前走过千万不能"喂喂"地叫狗等。这些都充分地体现了他们在待人接物方面的美德。

# 第二节　宗教信仰

## 一　原始宗教

翁丁佤族主要信仰万物有灵的原始宗教，在他们的思想观念中，鬼神无处不在、无所不包，日、月、星辰、雷电风雨、人类、山川、河流、动物、植物及一切他们所不能理解的自然现象和外在的实体都有灵魂（或称鬼神）。他们一方面给这些不能解释的自然现象赋予神力并加以崇拜和祭祀，并人为地给各类鬼神命名并规定其职司。如"木依吉"是创造万物的神，是人类的最高主宰；"阿依俄"是佤族的男性祖先；"安茸"是水神，控制水；"桑洛"是树神，控制树；"达务"是风神，操纵风；"杰柚"是能使人筋骨疼痛、头疼、脚疼的神；"河瑞"是能致人皮肤发痒、发裂的神；"各郎"是能使人害疟疾的神等。出于对神的敬畏和崇拜，他们通过各种宗教活动，如接新火、做水鬼、拉木鼓、砍牛尾巴、砍头祭鬼、叫魂等来祈祷通神、事神、祭神，力求以此讨好、拉拢、亲善鬼神，从而使鬼神心甘情愿地为人服务。另一方面，他们创造出名目繁多的禁忌来约束自己的行为，以免触犯神灵。如：伐木时，必须在树桩上放置一块石头，否则树灵会使砍树者生病；不吃刚出生的动物肉，若吃了，以后就会怕冷，等等。

佤族村寨旁都会有一片神林，并把其中的一棵古老的大树作为寨神或树神的居所。翁丁寨的神林就在村子的左边，神林中有一棵参天大榕树，这是翁丁寨神的居所，里面还有祭祀房，逢年过节或全村有什么大事都会到那里进行祭祀活动，乞求鬼神保佑全村平安健康、五谷丰登、人畜兴旺等。神林是供奉山神和送鬼祭祖的"圣地"，关于神林的禁忌很多。如：禁止砍伐神林里的树木；禁止在神林放养牲畜；不能动神林中的一草一木、一石一土；平时人们不能在里面打猎甚至行走；女人不能进入神林等等。

在翁丁，可经常看到牛角丫，有的人家屋外有2~4个，这表明这户人家剽牛多，拥有较多的财富和较高的地位。

图 7-5　神林里的大榕树（李国明　摄影）

同时，许多人家会把祭祀后的牛头骨架挂在房屋前，用以象征对牛的崇拜以及财富和地位。"简帕"的装饰等仍然处处反映着"牛"崇拜的痕迹，佤族的牛崇拜由此可见一斑。佤族的牛崇拜不是一般意义上的动物崇拜，而是图腾崇拜，它与佤族的祖先崇拜紧密联系。如前所述，在《司岗里》传说中，人和动物都是母牛的后代，佤族的语言也是向牛学来的。另外，在翁丁还流传着关于佤族崇拜牛的传说，"大地上有了各种民族后，一天突然下起了大雨，洪水几乎淹没了阿佤山，佤族的首领圣母玛奴姆慌忙向公洛姆山上跑。没有跑上公洛姆山的男人女人都淹死了。大地上的走兽也全淹死了，只剩下玛奴姆一个人，可是洪水还不停地向她袭来，她焦急万分，突然有一头水牛向她游过来，用温和的目光看着她，用长长的牛角去戳她的脚，示意她快爬到它的背上。玛奴姆爬上了牛背，牛驮着她向游来的方向游去，不知游了多少天，来到了一座树木茂盛的高山上，远离了洪水。但是水牛却因为劳累过度，躺倒在地上再也没有能够站起来。玛奴姆感激水牛的救命之恩，伤心地放声大哭，她不知道哭了多久，一天天过去了，水牛的皮、毛、肉都干枯了化成灰尘融入了泥土，只有牛头却对着玛奴姆直立着不倒下。玛奴姆想，牛头不倒，是表示要永远与佤族人同在啊！"为了不忘记牛的恩情，从此佤族把牛头挂起来供奉。显然，他们不仅视牛为神加以崇拜，而且认为自己的祖先得到了牛的保佑。另外，佤族是典型的山地农耕民族，刀耕火种和挖犁撒种是其主要的耕作方法，牛在农业生产中的重要性不言而喻。佤族崇拜牛、祭祀牛，其中一个重要原因就是希望借助牛的生殖力而带来农作物的丰收。牛不仅是佤族的恩人，还是帮助他们耕田，做其他农活的好帮手。佤族总是把最喜欢的东西供奉给祖宗和鬼神。牛在佤族人心中是最好的动物，所以佤族每逢重大活动，都要举行剽牛活动。

图 7-6　放牛归来（吴晓琳　摄影）

佤族原始宗教的祖先崇拜，已融入日常祭祀活动中。佤族在进行各种祭祀仪式时，要把第一滴酒、第一口饭敬献给祖先神灵，祈求祖先保佑人畜平安。佤族祭祀自己的

祖先，都有固定的祭祀祷词。佤族也流行英雄崇拜，那些在族群中有影响的英雄也被奉为祖先神。

## 二 魔巴

佤族先民信奉万物有灵，他们认为风雨雷电、洪水猛兽、生老病死等搅得人终日不宁的一切自然现象和社会现象都是受天神、祖先、鬼神操纵和控制的。为了能在充满鬼神的环境中控制鬼神和掌握自已的命运，他们便寄希望于人神中介—魔巴，魔巴便介入了佤族社会生活的方方面面。

图7-7 村里的魔巴（李国明 摄影）

在翁丁，魔巴的地位、职能和作用主要体现在以下几个方面。

（1）主持大型的宗教、祭祀活动。新水节、新米节、新火节、撒谷节、木鼓节等佤族传统节日，都要由魔巴主持祭祀活动，以此驱恶祈福、祈祷快乐健康和农作物的丰收。此外，魔巴还要参与重大的宗教活动，如剽牛等。魔巴参与和主持这些重要的祭祀活动，一般都没有报酬，属于义务劳动，是做善事，因此受到大家的尊重。在大型的宗教祭祀活动中，魔巴念的祭词的大意为："自从地球结成小果团，黄牛叫出一声嚓，我们走出司岗里。众神旨意祖先道理，我们从来没有忘记，我们从来没有丢掉。今天要办这些事，为了不越规不走错，敬上一杯酒（一杯茶），献上微薄之礼，表示我们的心愿，事前先禀告你们，万望保佑"，等等。

（2）主持人生的重要礼仪活动。在日常生活中，魔巴要参与的活动主要是主持人生礼仪。婴儿出生时请魔巴杀鸡看卦，这鸡卦能预示小孩一生的命运，被称为"命卦"或"生卦"，并在看卦过程中为小孩念咒祈福，保佑他健康长大。取名的时候也要看卦，看看取的名字是否适合、吉利。结婚仪式上魔巴是不可缺少的人物，从男女双方恋爱关系的确定到婚礼的举行，魔巴要多次杀鸡看卦、祭祀祖先。在结婚仪式上，魔巴念的祝词大意为："呃一顺从祖先爷爷在司岗里就定的道理，太祖奶奶开地之时就指的路，儿子有爹大，姑娘有妈高，理应婚和嫁，现有×××，还有×××，他们已自由恋爱，话已说完，烂饭已煮熟，神林已作声，村寨已振醒，禀告自己要结婚，请示众神明鉴，父母恩准，并祝他们健康长寿，恩爱永远，来，来，来……先敬你行了"，等等。

丧葬仪式更少不了魔巴的主持，佤族认为丧事处理是否得当关乎子孙后代和村寨的凶吉祸福，因此从人死到下葬，每天要请魔巴杀鸡杀猪做鬼祭祀，送葬时魔巴再次念祷词引导死者的灵魂回归祖地，死者下葬后魔巴还要手持红毛树枝一边轻扫墓地上的土，一边为死者祈祷。葬后第三天要由魔巴主持接死者的灵魂回家。

（3）为人治病和叫魂。佤族在"万物有灵"的原始自然崇拜观念的支配下，认为灵魂主宰着人类生活的方方面面，疾病的产生主要是因为人的灵魂与肉体暂时分离，因此，要请魔巴占卜问病，施行叫魂法术唤回灵魂，使失落的灵魂归附于主人，方可病愈。

（4）盖新房时的主祭者。盖新房是佤族生活中的一件大事，盖房子一般请魔巴杀鸡看卦定时间，盖房时隔壁邻居和亲朋好友都来帮忙，当日就要建好房子，否则会被认为不吉利。

（5）社会道德和法规的维护者。过去佤族没有文字，因此没有成文的法律，但是佤族自古就有自己的道德规范和习惯法，他们称为"阿佤理"。有些"阿佤理"现在依然在佤族生活中传承，例如同姓不婚、禁止未婚先孕，等等。

（6）参与佤族传统文化传承和知识的传播。佤族传统社会里，被公认为魔巴的人一般要具备几个条件：一是会做鬼，即能够根据不同的鬼念不同的咒语；二是能看卦解卦；三是能完整地唱颂《司岗里》，通过唱颂《司岗里》追溯本族群迁徙和发展的历史；四是熟悉佤族的传说和故事，经常向村寨里的人讲述这些传说和故事；五是熟悉"阿佤理"，即佤族的道德规范和习惯法，并且是解释和实施习惯法的重要参与者。因此能做魔巴的人，一般是熟悉佤族历史文化的人，是佤族中的"知识分子"，他们对佤族传统文化的传承和知识的传播起着重要的作用。

翁丁村的"头人"和魔巴，具有解释习惯法的资格，也有裁定纠纷的权力，成为民间社会结构中的主导性力量。"头人"杨艾块，因父亲是当地有名的传统文化活动代表人物，从小耳濡目染，掌握民族历史、建房习俗、婚礼习俗、丧葬习俗、节日庆典等佤族文化知识。魔巴肖尼不勒，被翁丁村民们尊称为"达旺"（会算日子的人），不仅任何宗教仪式都由魔巴主持、组织、监督、实施，并通过这种人神之间的交往，以神灵的名义颁布禁忌、习惯法并进行解释和执行。而且村寨大事，都需要魔巴进行宗教仪式和杀鸡卜卦，以决定行止。结婚、建房、出行前均要由魔巴占卜推算良辰吉日才能进行。安葬死者时，也必须由魔巴占卜找出适合的日子和地点才能安葬。因此说"头人"和魔巴既是沟通村民与神灵和祖先的桥梁，又是传统知识的拥有者和解读者。在人们的精神世界和现实生活中扮演着重要的角色。过去，他们是村寨的实际统治者，随着国家政治力量的介入，这些民间权威人物就从日常管理的舞台退出，专门从事宗教信仰事宜，成为与村民委员会并存的民间社会权威力量。但是，他们在翁丁的影响力是非常大的，在调解村落社会纠纷和维护本村利益方面往往可以起到村干部难以起到的作用，村干部常常需要借助他们的力量来影响和说服村民。

## 三 仪式

### （一）占卜

佤族原始宗教的占卜是佤族社会流行的法术，是解决社会生活中疑难问题的常用方法。占卜基于佤族原始宗教的神灵观，在翁丁占卜的风俗盛行，凡盖房、外出、订婚、生病、分娩等，都要占卜看卦，以示吉凶。占卜种类主要有鸡卦和猪卦，善于占卜的主要是魔巴和有宗教权威的老人。占卜猪卦并不普遍，盖新房或得了重病时才占猪卦，或者是在看鸡卦、叫魂后仍没有起色的，才需占卜猪卦。占猪卦的方法是把猪杀了后取出胆或肝观察。看猪胆：猪胆纹路如果上下行，胆内水分多为吉；猪胆纹路交错，胆内水分少为凶。看猪肝：猪肝煮熟后，如果猪肝完整无缺为吉，肝上如果有疤痕、斑点或溃烂为凶。鸡卦是看鸡骨，因比较复杂，故一般只有魔巴才能看懂。看时，魔巴手提一只鸡，念咒祷告，然后用竹签把鸡戳死，取出两根股骨，用线把两骨绑成"V"形，再用很细的竹签，顺鸡骨上自然生成的小孔插进去，以竹签在鸡骨上的位置和方向判断吉凶。

### (二) 叫魂

佤族认为人的灵魂附着于人体，但也会离开人体在外游荡，人在跌倒、受伤、受惊时，其灵魂会游离人体，这时人就容易生病，只能施行叫魂法术唤回灵魂。所以人生病后除了做鬼，还得给病人叫魂，以求身体康复。随着社会的进步，现在的翁丁人，在叫魂无效后，都会选择就医。但是他们的灵魂观念仍然很深，他们认为人有很多个魂，游离的魂越多人就越虚弱，当魂完全游离后，人也就死亡。这些魂位于身体的各个部位，从上到下依次是头顶、耳朵、眼睛、下巴、脖子、背脊心、手臂、侧腰、后腰、腿、膝盖、膝盖窝、踝关节、脚底板，其中最重要的是"头魂"，叫魂时要依次把这些魂都叫一遍。初生婴儿的灵魂尚在体外游荡，还没有附体。所以婴儿出生后的三天内必须要为婴儿叫魂，否则婴儿就可能会死亡。叫魂的做法是：一人抬着一张小篾桌，上面放着饭菜等食物。到附近山间走一走，边走边念咒语。回来后就认为灵魂已附着于食物归来。

将食物喂给病人或婴儿一些，这样灵魂就附体了。除了人有魂，与人的生产生活紧密相关的诸多事物也有魂，如金魂、银魂、谷魂、小米魂、水牛魂、黄牛魂和车魂。他们认为"旱地肥多是谷神魂，家里老人在是寨神"。因此，叫谷魂仪式非常盛行，叫谷魂的宗教功能就是唤回谷子的灵魂，期望稻谷长得颗粒饱满。叫谷魂仪式一般在每年谷物快要成熟时进行，由村中一户比较富足且有一定声望的人家来主办。是日，要请魔巴主持仪式，要唱歌（叫谷魂歌），要跳舞。活动越隆重，谷魂越高兴，歌声越动听，谷魂越爱回来。叫谷魂要用鸡或猪作祭品。杀猪要杀小公猪，杀鸡要杀一公一母成对，并且要选毛色最好看的。鸡翅膀、鸡腿和鸡头都要由魔巴敬献给神灵，若是杀猪，祭品则必须是腿子肉。叫谷魂从主人家木楼的火塘边开始，魔巴开始做法事，尔后，男主人坐在主火塘（或主位）边，女主人敲着铓锣召谷魂回家。这时，已有亲友到田地里拿几束谷物，吹着"毕糯"送谷魂回来。毕糯是一种湿谷秆做成的哨，大小二节套在一起，吹起来呜呜作响。到寨门外，送谷魂人大叫"谷魂回来了，主人家快拿水酒来喝……"主人就立即捧着水酒、祭品下楼接谷魂，接到火塘主位之后供起，魔巴和主人吹着毕糯念祷词，大意是："谷魂谷魂你回来/你从河的那边来/你从山的那边来/下雨天给你搭好桥/烈日下给你盖新房/我们用绳子牵你回来/我们用歌声请你回来/不要留在树林中/不要留在坡那头/也不要留在寨子边/也不要躲在水潭中/不要离我们远去/也不要进别人的寨子/我们要保护你/不让虫吃/也不要被老鼠拖/你要像葫芦水一样满满的回来/把我们的粮仓挤满/把我们的谷箩挤裂/把房子挤破/一直挤到大梁/请来呀来……/谷魂谷魂快回来/

我们为你请客吃饭/我们为你唱歌跳舞/你就随着我们的歌声/高高兴兴地回来啊……"念完祷词后，谷魂就算召回家了。

翁丁叫魂仪式大致可分为三类。第一类：叫小魂。一般在以下情况举行，过年时叫魂，祈求来年全家顺利；家人要长期外出时叫魂，祈求家人在外顺利；发生一些让人不愉快的小事或有身体不适时叫魂，希望以此化解这种不顺。叫小魂的程序比较简单，参加的人也很少。请魔巴或有宗教权威的老人主持，祭品为一只鸡，男人用母鸡，女人用公鸡，一般只请亲戚好友来吃一顿晚饭。有敬祖的过程，就是在屋内象征祖先居所的"更顶"（位于火塘上方主卧处的横梁上，要摆放给祖先使用的竹凳和烟锅。叫魂时的饭食都要各取一点用芭蕉叶盛了放在竹凳旁，意为请祖先先吃）由主持仪式的魔巴或老人告知家里已经过世的祖先，并献上祭品请他们帮忙使叫魂顺利。第二类：叫中魂。一般是在建盖房屋、婚丧嫁娶等重大活动或家里有人生病时举行。先要叫小魂，之后要请魔巴或老人看鸡卦，就按鸡卦显示的吉凶来决定。若是凶，则用猪作祭品，前后总共杀四头猪，邀请亲戚好友们吃一顿饭，有做鬼、供庙、敬祖等过程。做鬼是与叫魂紧密相连的一项活动，是叫魂的第一个环节，意在把不好的东西送走，以便下面的各环节能够顺利进行，获得更好的叫魂效果。供庙是到寨子旁边的神林里敬奉莫伟神，在神林里有两间草房，祭祀过程都在草房里进行，所以被称为供庙。第三类：叫大魂。遇到较大的不幸时举行，程序与叫中魂差不多，但参与的人更多、时间更长、细节更复杂。前后历时可达一周，总共杀7~9头猪，请亲戚及全寨的人吃两顿饭，除了做鬼、供庙等过程外，还有其他更为复杂的环节，例如要做大蜡烛、老人守夜、拜寨桩等。

在翁丁的叫魂仪式中，有分猪肉、送猪腿的习俗，叫魂仪式的宴请中，要请亲戚和邻居来家里帮忙准备饭菜。一般都要宰杀一头肥猪和一头老母猪。宰杀和烹制过程中，除了村寨里专门负责此类事务的老人必须到场外，还要邀请一个邻居、一个兄长、一个家族大姑爷共同协助老人完成筵席分肉工作，肥猪和老母猪这两个猪头的四边腮帮子就分给这些负责分肉的人。另外还要请两个姑爷专门负责倒茶，这两人分到的是猪尾巴，年长一点的要肥猪尾巴，年轻一点的要母猪尾巴。分发的猪头肉和猪尾巴，可以当场食用，也可以带回家与家人分享。在把两头猪宰杀好后，两只右手送给哥哥，母猪的右腿送给弟弟，两只左手送给老岳父，如果岳父岳母都不在世，就送给岳哥，如果岳哥不在世，就送给其儿子，其余的腿留作宴席用。假如有三个兄弟，老二家请客，按照上述的规则，猪右手是送给老大，猪右腿是送给老三；老大家请客，猪右手是送给老三，猪右腿是送给老二，以此类推。如果有三个以上的兄弟，就可以循环成圈，只有两个兄弟的话，就要加上一个堂兄弟。在筵席过程中，除了当场食用外，每个参加者都可再另外分得一块肉。翁丁的这种分肉习俗，体现了佤族互帮互助的精神。

## 四　禁忌

佤族禁忌是佤族传统文化的重要组成部分，起源于佤族的原始宗教信仰、佤族先民规范约束人们行为的约定及生产生活经验的总结。

佤族信仰以"万物有灵"为核心的原始宗教。"神灵"或"鬼神"被视为无时不在，随处皆有的一种精神实体，山有山神，水有水神，石有石神，谷有谷神……如果不慎触怒了神灵而失去了它们的护佑，便会招致灾难。人们为了不得罪神灵，立下了许多禁忌。在翁丁村寨附近，有神林和水源林，任何人都不得砍伐里面的树木，否则就会遭到灭顶之灾，甚至株连整个寨子。在森林里砍伐一棵树木，在砍伐前要虔诚祷告，求树神原谅；砍倒树后要用一块石头放在树桩上，以示回报。见了山泉不能堵塞，否则会耳聋和皮肤干裂等。

　　佤族以农业生产为主，因而谷神备人们尊重，由此产生了很多禁忌。如播种一个月内，人们忌吹芦笙和唱调子，否则谷魂会因此思念往日的欢乐，禾苗将长不好；谷子打完后，要在谷场上和田边地角招谷魂回家，否则主人家会缺粮；忌踩掉在地上的饭粒，忌把饭粒扫进火塘，否则会惊走谷魂，就会缺粮。

　　木鼓是佤族的通天之物，只要木鼓一响，天上的风雷雨电和众多神灵就会下凡保佑旱谷丰收，村寨平安。所有佤族村寨都盖有木鼓房，翁丁也不例外，砍伐制作木鼓的那天，全村人都不能出门下地；木鼓房不能随便进去，更不能随便敲打木鼓。

　　佤族相信人有灵魂，相信一般人死后其灵魂生活在另一个世界，即使是死了几百年、几千年的祖先，他们的灵魂还时时跟后辈儿孙们在一起，保佑着儿孙们，他们不允许儿孙们做错事，不然就会受到严厉的惩罚。佤族举行大小祭祀时，都要把第一滴酒、第一滴茶水、第一口饭首先敬奉给祖先，以求祖先保佑人畜平安。死者断气时，不能

图 7 - 8　翁丁木鼓房（李国明　摄影）

摇动他（她），否则灵魂会散落，升不了天界。死者的衣服不能有纽扣，毯子、被子要反盖，否则死者的灵魂得不到超度。佤族家中进门的右方或正西角有一个"神灵位"，是敬拜祖先和神灵的，此地不论是主人还是客人、男女老少，一概不能放东西，否则祖先和神灵会使人受灾。

此外，还有一些生产生活中的禁忌，如：柴禾不能反烧，若反烧，以后生孩子会难产；悬挂新炊笆时煮的饭，小娃娃不能吃，若是吃了，长大了会摇头晃脑的；安置在庄稼地里吓鸟雀的假人、假鹰等木桩，不能砍作柴禾烧了，否则以后走路会摇摇摆摆；烤火取暖时不准脚踩柴禾，若踩着柴禾烤火，会被斥为没有教养；不准跨、踩扫帚，否则以后走路、跑步常会跌倒；朔日、望日、晦日之夜不要睡懒觉，若是这些日子睡懒觉，就会生病；不要在朔日、望日出门离家，若是出去了也不要到别的村寨住宿，否则会生病；深夜不能洗碗筷，若是洗了，饭魂会被吓走；出门赶路，若有麻雀在前面跨路飞过，要么会遇到好事，要

么会碰到灾难；不要在晚上剪脚指甲，否则以后走路会踢到石头；男人集会的地方（或屋里），女人不能随便从男人前面走过，否则会被视为没礼貌；大病后、分娩后、结婚后若要出寨门，不要在本家忌日或者地支属虎的那天出去，否则会生病或病情加重；山歌只能在山上野外吟唱，不能在家里吟唱，若是在家里吟唱，会被斥为败坏门风；出门人在行程中，若遇蛇跨路，必须歇脚返回家，改日再去，若是硬要去，会有灾难临头；上山打猎、出门做生意、串亲访友，刚出寨门时要注意听鸟声，鸟声在左前方为吉兆，在右前方为凶兆，若是凶兆，打猎不会打着，生意做不成，亲朋好友不在家；穿山甲、竹鼠不能在屋里、窝棚里打洞，若是打洞了会被视为不吉利，主人将遭难；不能随便打死癞蛤蟆，若打死了，老天就会下雨。

饮食方面也有一些禁忌，如：年轻人不要吃双并芭蕉果，若吃了，以后生娃娃会是双胞胎。佤族讳忌双胞胎，如果双胞孩子健存那么父母双方必定会有一个会遇难；年轻人不要用明子火点烟抽，否则以后视力差；女人不要爬刚开始结果的果树，若是爬了以后果子会裂开；孕妇不能摘树上的果子，如果摘了，今后这棵树的果子会烂掉；娃娃不吃麻雀肉，若吃了以后就像麻雀一样话多；男孩子不吃寡鸡蛋，若是吃了，以后会动作迟钝；女孩子也不吃寡鸡蛋，若是吃了，以后她们点播种子，种子就不会发芽；姑娘不吃祭灵时煮的饭菜，若是吃了，以后她的丈夫会打不到猎物；祭灵的饭菜和酒，一般都是老人吃喝；小娃娃不吃鸡脚，若吃了，以后写字就像鸡爪一样，不好看；小娃娃不吃鸡头、鸟头，若是吃了，以后砍木料、劈板子会很费力；小娃娃不要喝茶；小娃娃不要吃春季的蚂蚱；小娃娃不吃孵卵时死在鸡窝里的鸡肉，若吃了，以后会生病；病人不吃毛色黑的黄牛肉，若吃了，病情会更严重；不要给客人吃白羽毛鸡肉，若吃了，主人和客人的关系会淡漠；地支属猪（属蛇）的日子，不能杀猪，卖猪，等等。

# 附　录

## 附录一　《翁丁村村民自治章程》

（2007 年翁丁村村民会议讨论通过，
2007 年 6 月 30 日起施行）

### 第一章　总　则

**第一条**　为充分发扬民主，严格依法自治，调动村民建设社会主义新农村的积极性，促进本村物质文明、政治文明和精神文明建设，依据《中华人民共和国宪法》、《中华人民共和国村民委员会组织法》（以下简称《组织法》）和《云南省实施〈中华人民共和国村民委员会组织法〉办法》、《云南省农村工作守则》等有关法律、法规、政策，联系本村实际，特制定本章程。

**第二条**　本村实行村民自治，在党的现行政策和国家法律法规规定的范围内，在村党支部的领导下由村民委员会（以下简称村委会）依法办理本村的公共事务和公益事业。

**第三条**　本章程是本村村民组织和全体村民的行为规范，在章程面前人人平等，必须严格遵守。

**第四条**　本章程由村委会具体组织实施，村民会议和村民代表会议监督执行。

## 第二章　村民组织

### 第一节　村民会议和村民代表会议

**第五条**　村民会议由本村 18 周岁以上的村民组成，是全村的最高决策机构，村民会议设立村民代表会议。代表会议由各村民小组根据人口多少推选若干名村民代表组成。

村民代表必须是热爱党，热爱社会主义，具有一定的政治觉悟和参政议政能力，作风正派，办事公道，敢于坚持原则、主持正义，在各项工作中起到模范带头作用，在群众中有一定威望的村民。

村民代表每届任期三年，可以连选连任，必要时可以撤换和补选。

**第六条**　村民会议和村民代表会议由村委会负责召集和主持，村民会议每年至少召开一次，村民代表会议半年召开一次，必要时可随时召开。有十分之一以上的村民提议时，应召开村民会议。有三分之一以上的村民代表提议时，应召开村民代表会议。

**第七条**　村民会议的主要职权

（一）选举、罢免、撤换、补选村民委员会成员；

（二）依法制定和修改村民自治章程、村规民约；

（三）审议和决定本村的建设和发展规划；

（四）听取和审议村民委员会的工作报告和财务收支情况报告，监督村务公开制度的落实；

（五）评议村民委员会成员的工作；

（六）改变或者撤销村民代表会议、村民委员会不适当的决定；

（七）讨论决定兴办公益事业向村民筹资筹劳的具体方案；

（八）讨论并决定《组织法》第十九条规定的涉及村民利益的事项。召开村民会议，应当有本村18周岁以上村民的过半数参加，或者有本村三分之二以上的户的代表参加，村民会议所作决定应经到会村民的过半数通过方能有效。

**第八条** 村民会议的职权，除第七条（一）、（二）、（六）项之外，其余可由村民代表会议代行。

当有十分之一以上的村民对村民代表会议的决议持不同意见并提议时，应召开村民会议重新讨论表决。

村民代表会议的决定，由全体村民代表的过半数通过方能有效。

### 第二节 村民委员会

**第九条** 村委会是在国家法律法规规定范围内，村民自我管理、自我教育、自我服务的群众性自治组织，受乡（镇）人民政府的指导和村党支部的领导，代表全体村民处理对内对外各项事务。依国家法律法规和有关政策，按照职责和本村各种规章制度及村规民约管理本村事务。

村委会由主任、副主任和委员组成，每届任期三年，成员由村民会议直接选举产生，可连选连任。

**第十条** 村委会的职责

（一）教育、组织村民认真贯彻执行党的路线、方针、政策，自觉遵守国家的法律、法规。

（二）执行村民会议和村民代表会议的决定，向村民会议负责并报告工作。

（三）带领村民积极完成本村的行政、经济等各项工作任务。

（四）维护和保障村民的合法权益；教育引导村民履行公民义务。

（五）组织村民发展经济，做好本村村民小组生产的服务协调工作。积极发展本村集体经济，促进集体经济积累。

（六）办理本村公共事务和公益事业，调解民间纠纷，维护社会治安，维持农村稳定。向上级政府反映村民意见、建议和要求。

（七）发展文化教育，普及科技知识，提高村民的致富本领；促进组与组之间的互助、团结，带领群众开展社会主义精神文明建设。

（八）管理和使用好本村集体所有的土地和其他财产，教育村民爱护公共财产，合理利用和开发自然资源，保护和改善生态环境。

（九）做好优抚优恤、救灾救济、五保供养等项社会保障工作。破除农村封建迷信活动，开展移风移俗教育。

（十）做好计划生育工作，控制人口增长，提高人口素质。

（十一）法律、法规规定的其他职责。

**第十一条**　村委会的主要工作制度

（一）学习制度。每月至少集中学习一次，由村党支部统一组织，主要学习国家法律、法规和各级党委、政府有关政策、文件，不断提高理论水平和法律、政策水平。

（二）会议制度。村委会每月至少召开一次村民委员会会议、半年一次总结汇报会、年终一次总结会。根据工作需要，也可随时召开村民委员会会议。

（三）建立任期目标、年度计划和分工负责及考核制度，定期进行总结检查。

（四）村务公开制度。村务公开的主要内容包括：上级党委、政府有关政策规定、本村重要公共事务、村干部的分工和职责情况、财务收支、集体企业和财产的承包，以及租赁、集体基建项目投资和招投标、计划生育、救灾救济、优抚政策等有关村民关心的重大问题。一般的村务事项和财务收支情况至少每个季度公布一次，涉及农民利益的重大问题以及群众关心的事项要及时公布。村务公开可采取建立村务公开栏、广播电视、召开村民会议或村民代表会议等方式进行。

**第十二条** 村委会下设人民调解、治安保卫、文教卫生、计划生育等工作委员会。

（一）人民调解委员会主要职责是：进行法制宣传教育；协助政府和司法行政部门做好矛盾纠纷查工作；调解民间纠纷；对违反村规民约的事项进行调处。

（二）治安保卫委员会的主要职责是：发动和依靠群众维护好本村社会治安秩序，协助政府和公安机关做好治安保卫工作。

（三）文教卫生委员会的主要职责是：科技兴村，普及科学技术、卫生健康等知识，不断提高村民素质，搞好日常环境卫生和防疫工作。

（四）计划生育委员会的主要职责是：贯彻执行党和国家的计划生育政策，切实做好计划生育工作。

### 第三节　村民小组

**第十三条**　村民小组是开展群众性自治活动的基层组织，是村委会联系村民的桥梁和纽带。

**第十四条**　每个村民小组设组长1人，副组长1～2人，由本组村民民主推举产生，报村委会备案。

**第十五条**　村民小组长必须由年满18周岁以上，热爱集体，遵纪守法，热心为村民服务，受群众信赖的村民担任。

**第十六条**　村民小组的职责

（一）宣传和贯彻党的路线、方针、政策和国家的法律法规。

（二）负责组织本组村民的活动，及时向村委会汇报工作。

（三）管理属于本组的土地、山林、企业及其他资产。

（四）接受村委会的任务和要求，组织本组村民积极推进物质文明、政治文明和精神文明建设，并对各项村务进行监督并提出建议。

（五）及时向村委会反映本组村民意见、要求和建议。

### 第四节　村委会与本村各组织的关系

**第十七条**　村委会受本村党支部的领导，村党支部应发挥领导核心作用，加强对共青团、妇联、民兵、老协等群团组织的领导，支持村委会的工作，保障村民依法开展自治活动并行使民主权利。村委会应当自觉尊重并接受党支部领导。村民小组中的党组织也应发挥其相应的作用。

**第十八条**　村委会应加强对村民小组的领导，积极支

持其开展工作。村委会根据本村实际，可以授权各村民小组长管理本小组辖区内的土地财产和处理集体事务。其授权委托的内容、事项、范围和要求，应制作成授权委托书。

村民小组应积极支持村委会的工作，顾全大局，认真完成村委会安排的各项任务。

**第十九条** 村委会应积极支持共青团、妇联、民兵、老协等群团组织依法按照各自的职责开展工作，村级群团组织也应积极支持配合村委会的工作。

**第二十条** 村委会应当支持和组织村民依法发展各种形式的合作经济和其他经济，承担本村生产的服务和协调工作。多渠道发展村级集体经济，尊重集体经济组织和其他经济组织依法独立地进行经济活动的自主权，保障他们的合法权益。同时，这些经济组织及其拥有者也应服从村委会的统一管理，按时足额上交有关费用。

## 第三章 村民

**第二十一条** 凡是具有本村常住户口的，属于本村村民。村民行使权利和履行义务是相统一的，坚持权利义务相一致的原则。

**第二十二条** 村民的权利

（一）年满 18 周岁的村民有选举权和被选举权（依法被剥夺政治权利的除外）

（二）有了解村、组应公开的事务之权利。

（三）有监督村、组干部执行本章程和实现其任期目标的权利。

（四）对村委会、村民小组的工作有提出批评、意见、建议的权利。

（五）有参加村民会议和村委会、村民小组组织的活动的权利。

（六）有接受有关教育培训的权利

（七）生产劳动经营中，有按有关规定请求村、组帮助的权利。

（八）表现突出、对集体有贡献的，有获得奖励、表彰的权利。

（九）当人身、财产权利及其他权利受到侵害时，有请求村、组给予维护的权利。有依照有关信访工作规定向上级反映意见的权利。

（十）按有关制度的规定，有获得集体收益、医疗及其他福利待遇的权利。

第二十三条　村民的义务

（一）热爱党、热爱祖国、热爱集体，积极参加村组的集体活动，爱护集体财产，维护集体的利益和声誉。

（二）自觉遵守国家法律法规及村规民约，维护公共安全，注意防火防盗，不得参加违法活动。

（三）勤劳致富，积极从事诚实正当的生产劳动及经营活动。

（四）保护生态环境，实行计划生育。

（五）重视科教，努力学习，不断提高自身素质，积极参加健康有益的活动。

（六）移风易俗，不搞封建迷信，不参加非法宗教及邪教组织，破除陈规陋习。

（七）团结邻里，家庭和睦，敬老爱幼，互相帮助。

（八）履行义务，赡养老人，抚养儿童，自觉服兵役。

（九）爱护公共卫生，搞好家庭卫生。

## 第四章 村务管理

### 第一节 农业生产管理

**第二十四条** 坚决贯彻执行党的农村政策，稳定以家庭承包经营为基础、统分结合的双层经营体制。稳定土地承包期延长 30 年不变的政策，保障农民生产经营自主权。全体村民要珍惜、保护和合理利用耕地，提高农业生产效益。村委会应及时组织好产前、产中、产后的服务工作。

**第二十五条** 维持各村民小组集体土地的界限不变。如因生产和建设需要调整用地的，须经村民小组同意，并相应给予适当的经济补偿。

**第二十六条** 村委会和村民小组所留机动田（地）实行公开招标承包经营，承包户必须按照合同按时足额上交承包费，否则，集体可以随时收回。

### 第二节 企业管理

**第二十七条** 村委会和村民小组拥有的集体企业，一律实行公开招标承包经营或租赁经营。承包户必须爱护集体财产，按时足额上交承包费，并努力防治环境污染。村民有权监督集体企业财产的运用情况，防止破坏性生产现象发生。

**第二十八条** 村委会和村民小组应认真做好集体企业资产的清产核资、保值增值工作，防止集体资产流失。

**第二十九条** 村委会和村民小组拥有的集体企业，无论由谁负责经营，在用工方面，同等条件下应优先照顾本村村民。

### 第三节　土地管理

**第三十条**　土地属国家、集体所有，严格执行国家土地管理的法律法规，严肃查处乱占乱建等破坏耕地的行为，村民建房必须通过村民小组会议讨论同意，才能上报审批。

**第三十一条**　以下地点严禁建房

（一）对村间道路有影响的地点

（二）权属有争议的地点

（三）国家建设规划内的地点

（四）影响国家铁路、电信、电力、道路等设施的地点

**第三十二条**　严禁毁林、毁草开荒，被列入退耕还林、农田保护、水土保持、涵养林、水源林区域内的土地禁止破坏性开发。

**第三十三条**　村民之间转包责任田地，须双方协商一致并报村民小组同意。鼓励村民向农业生产集约化、规范化、产业化方向发展。

### 第四节　山林管理

**第三十四条**　现有山林要严格保护，不得任意砍伐。

**第三十五条**　护林防火人人有责，村组每年应签订护林防火责任书，严格执行木材采伐审批制度，严禁变相砍伐。

**第三十六条**　村、组要积极组织村民植树造林，完成每年的造林任务。

### 第五节　财务管理

**第三十七条**　村委会、村民小组必须遵守《中华人民

共和国会计法》，制定相应的财务管理细则，严格按规章制度办事。健全财簿，按规定设置科目，会计要按月结算，编制报表，做到账据、账款、账目、账实、财物五相符。

第三十八条　现金与存款要分开管理，出纳未经主管领导批准不得私自借出现金。任何人不得以村、组集体名义为单位或个人提供贷款或贷款担保。

第三十九条　严格财务报批制度，坚持主任一支笔审批；重大开支由村民会议或村民代表会议讨论决定。

第四十条　严格控制非生产性开支，不符合财务制度的开支，财务人员有权拒付。

第四十一条　财务事项发生时，经手人必须取得有效原始凭证，并严格实行"三章制"，即要有对方签章、经手人签章、批准人签章，如果不齐全，财务人员有权不予报销。

第四十二条　村委会每季度向村民公布财务收支情况，村民小组按月向村民公布收支财目。

第四十三条　坚持村农经站统一管理村民小组所有财务资金的原则，加强财务资金的监督控制。遵守国家的财经纪律，用活资金，严格村民小组支付资金的审批权。

第四十四条　村民委员会和村民小组建立集体财物登记制度，每年清理公布一次，该报损的及时报损，新增加的要及时登记，借出的要按时收回，做到有专人管理、专人负责。

### 第六节　社会治安管理

第四十五条　全体村民应严格遵守国家法律法规，积极协助政法机关维护本村正常的生产生活和社会秩序，努力化解社会矛盾。

第四十六条　坚持社会治安综合治理目标责任制，层层明确目标任务，群防群治，维护地方平安，及时兑现奖励措施。

第四十七条　惩恶扬善，大力表彰奖励见义勇为的先进分子。

第四十八条　治保委员会负责管理本村的社会治安工作，共青团、民兵、妇联、老年体协等参与社会治安综合治理。必要时可成立治安联防队，开展治安巡逻。

### 第七节　公益事业管理

第四十九条　坚持办好学校，努力提高人口素质；建设公共娱乐休闲设施，丰富和活跃村民文化生活；逐步改善老年人和残疾人的生活状况。村民应积极支持兴办村级公益事业。

第五十条　村庄道路、供水供电设施、村委会及村民小组的公房，分别由村委会和涉及的村民小组负责建设维修，费用合理协商承担。村民都有义务保护公共设施的安全。

## 第五章　民主管理和监督

第五十一条　涉及村民利益的事项，由村党支部、村民委员会、村集体经济组织十分之一以上村民联名或五分之一以上村民代表联名提出议案，由村党支部召集村党支部和村委会联席会议研究，提出具体意见和建议，然后由村委会召集村民会议或村民代表会议讨论决定，由村党支部、村委会组织实施。

第五十二条　村委会和村民小组要坚持决策民主和办事公开的原则，要对决策和公开的内容、程序作出明确规定，张榜公布，并按照规定严格执行。

第五十三条　村民会议和村民代表会议作出的决定，村委会和村民小组必须坚决执行，不得随意变更。原决定需要变更的，必须召开村民会议或村民代表会议讨论决定。

第五十四条　村委会和村民小组执行村民会议和村民小组的决定，履行职责的情况，每半年向村民会议或村民代表会议报告一次，并接受村民的评议。

第五十五条　村委会和村民小组都要设立村务公开栏，定期向村民公开应公开的事项。

第五十六条　对于村民针对民主管理过程中提出的批评、意见和建议村委会和村民小组应当及时研究，及时整改。

第五十七条　村民反映意见和要求应当坚持实事求是、合法有序的原则。村委会和村民小组对提意见的村民不得以任何形式打击报复。

第六章　附则

第五十八条　就执行本章程以及依据本章程制定的村规民约过程中发生的村民与村民、村民与集体的纠纷，由村人民调解委员会依据法律、法规和本章程、村规民约的规定先行调解。对于调解达成的协议事后持有异议、以及拒不执行达成的协议的，当事人一方可以依据法律规定向人民法院起诉。

第五十九条　本章程经村民会议讨论通过后自公布之日起生效执行，如有修改，须经村民会议讨论决定。

第六十条　本章程由村委会负责解释。

# 附录二　《翁丁村村委会工作制度》

根据县委（94）26号文件精神，加强以党支部为核心的其层组织建设，抓好村民委员会的制度建设和规范管理，认真贯彻执行《村民委员会组织法》的施行办法，逐步把村民委员会组织建设纳入制度化、正规化、法制化轨道上来，制定以下任务和制度：

**一　村民委员会主要职责和任务**

1. 办理本村公共事务和公益事业，具体是维修建设道路，整顿村容村貌，搞好公共环境卫生，预防疾病；照顾五保户和孤儿，组织群众学习科学技术，组织开展群众性文化、文艺、体育等娱乐活动，调动广大群众的积极性。

2. 调解民间民事纠纷问题。

3. 维护社会治安，营造一个稳定发展、团结进步的良好社会环境。

4. 维护村民的合法权益，向上级人民政府反映村民提出的要求和建议。

5. 宣传宪法、法律、法规和党的基本路线，通过宣传，增强村民的法制观念，提高村民遵纪守法的自觉性。

6. 教育和推动村民履行法定义务。

7. 带动村民积极发展生产，发展经济，落实好村委会的计划和安排，改变面貌，以身作则，关心群众的生活，为群众排忧解难。

8. 开展社会主义精神文明建设，对村民进行热爱祖国、热爱社会主义，拥护共产党的领导、热爱劳动、热爱科学、热爱集体的思想教育，使村民成为有理想、有道德、有文化、有纪律的公民。

9. 抓好计划生育，关心支持教育工作。

**二 工作制度**

1. 四个月组织召开一次村民委员会会议，主要分析研究各项工作和安排下一步的工作。

2. 四个月召开一次村民大会，主要带领村民学习有关文件精神，听取村民的意见。

3. 一年组织召开两次全体村民大会，主要向村民们公布财务管理情况，对村民关心的重大问题进行说明。

4. 涉及村委会、全体村民切身利益的问题，必须提交村民委员会讨论决策，不得擅自做主。

翁丁村村委会

二〇〇七年五月十八日

# 附录三 《翁丁村、社干部工作制度》

根据县委"村建"工作有关文件精神，村、社两级必须加强班子建设和自身建设，提高工作效率。必须深化改革，吃透政策，领会精神，抓好生产，发展经济，协调好上下级关系。为此，特制定以下制度：

**一 村干部工作学习制度**

1. 认真学习马列主义、毛泽东思想和邓小平建设有中国特色的社会主义理论和市场经济理论，学习党的路线、方针、政策；坚持四项基本原则，政治思想上和党中央保持一致，领导广大群众勤劳致富，走共同富裕之路。

2. 在农村及时地贯彻执行党的路线、方针、政策，把农村粮食生产、经济建设推上新台阶。

3. 以村为家，吃住在村，坚守岗位，同心协力，团结一致，廉洁奉公，大公无私，全心全意为人民服务。

4. 提高工作、办事效益，树立形象，深入群众，调查研究，关心群众的生活，热心帮助群众解决实际的问题，虚心接受群众的批评意见。群众反映较突出的问题，要及时行文逐级上报。

5. 坚持值班、请假制度，村干部有事必须请假，3天以内由村委会负责人审批；3天以上报乡党委、乡政府审批。请假者必须有请假条，不请假者，按旷工处理，并扣工资。工作时间，上午8：00～11：30，下午14：00～18：00。村干部每月出勤不能低于26天，安排两个星期休息一次，一次为2天，但要轮流值班，做到村上随时都有人值班，特殊情况另作安排。

6. 坚持学习制度和民主生活会制度。每个星期五利用半天的时间进行政治学习；每个月月末利用1天的时间过1次民主生活会，主要内容：首先开展批评与自我批评，互相交流思想。其次汇报工作情况，安排各项工作。

7. 每季度按时清理村级、社级账目，及时报送各种报表。及时上报各种灾情，做到不拖时、不误报。

8. 做好电话记录、群众的来信来访登记工作，做好上级走访、来往人员接待工作。

9. 搞好环境卫生，即：打扫房前、屋后、室内卫生。

**二　社委班子工作制度**

1. 认真学习马列主义、毛泽东思想和建设有中国特色的社会主义理论和市场经济理论，学习科学技术知识，学习党的路线方针和政策。

2. 积极带领群众执行改革措施，发展生产，发展经济，推广科学技术，治穷致富，带领群众积极完成各项任务，即：国家征购粮、税收、集体提留等，带领群众积极交清集体欠粮、欠款。

3. 抓好计划生育，关心支持教育工作。

4. 坚持民主集中制的原则，维护班子的团结，班子成员相互配合，形成共识，重大问题必须通过社委班子集体讨论决定，反对个人说了算。涉及社员群众利益的问题，必须提交群众大会讨论。

5. 抓好社会治安综合治理，保证群众生产、生活的稳定，带领群众学习法律知识，关心群众的生活，照顾好五保户和孤儿的生活。

6. 每个月召开一次社委会议，分析研究安排好群众的生产生活。

7. 一年组织召开一次群众大会，主要向群众宣传党的路线、方针和政策，带领群众学习科学技术知识，向群众公开账目，社委班子向群众报告工作情况和安排当前工作。

翁丁村党支部

翁丁村村民委员会

二〇〇七年五月十八日

# 附录四　《翁丁村公共设施管理制度》

加强乡村公共设施建设和管理，是提高和改善人民群众生产和生活的一项基础工程，也是当今农村生产经营过程中不可忽视的一项系统工程，为了加强保护和管理翁丁村现有的公共设施，特制定以下制度：

1. 加强领导，提高对现有公共设施的管理意识，教育好群众，做到保护公共设施人人有责。

2. 对公共设施有破坏行为的人员，按《村规民约》有关规定处罚。情节严重的报上级有关执法部门追究其刑事责任。

3. 对现有的水利设施，即：排涝沟、灌溉（包括大小形水沟），一年进行两次清理，保证干季能灌溉，雨季能排涝，促进农业生产的稳步发展。

4. 加强对道路设施的管理，村社公路、蔗区道路一年进行维修两次；群众要积极投工、投劳，驾驶员及车辆要服从村社领导的调用；保证道路畅通，促进翁丁村运输业和经济建设共同发展。

5. 加强电器设施的管理，各社电工员要管好各社的电器，做到每个月检查一次每户照明用电和加工用电的情况，发现问题及时处理；同时教育群众管好电，用好电，使人民群众生产、生活得到保障。

6. 加强对电视设施的爱护和管理，定好播放时间和播放节目内容，多让群众收看电视新闻节目，使他们增强对国际、国内、省情形势政策的了解。

翁丁村村委会

二〇〇七年五月十八日

## 附录五　《翁丁村村务公开制度》

### 1. 村务公开的内容

村里的所有重大事项和群众普遍关心的问题及国家有

关法律法规和政策明确要求公开的事项，都应向村民公开。公开的重点是财务管理情况。具体内容包括：

（1）财务情况。村年度财务计划执行情况，各项收入和支出，各项财产、债权债务和收益分配情况。所有重大收支必须用农民群众看得明白的文字逐笔逐项公布明细账目，让群众了解村集体财产和收支情况。

（2）工作安排情况。村经济社会发展规划，村党组织、村民委员会年度工作计划，村干部分工，村民（代表）会议形成的决定、决议及落实情况。

（3）公益事业建设情况。村级道路、水利建设等经费筹集、工程招标、承包方案及实施情况等。

（4）集体资产资源管理情况。村集体企业经营、承包、租赁、转让及费用的收缴，村集体所有的土地、滩涂、水面、山场等经济资源开发、承包、租赁、入股，征地补偿、本套村基础设施建设补偿费的使用和分配，宅基地的规划和申报等。

（5）农民负担情况。生产性消费、电费、防汛抗旱、村内"一事一议"、筹资筹劳、新型农村合作医疗等。

（6）计划生育情况。当年计划内生育对象和获准生育名单，本期新婚、生育、节育情况，以及计划生育社会抚养费的征收情况等。

（7）社会优抚情况。优抚对象和五保户的保障，筹资筹劳的减免、国家投入的扶贫、农业的开发、以工代赈等资金的使用情况，社会力量救灾救济、扶贫、助残等款物的接收、分配、发放，以及低保户、救济户的申报等。

（8）村干部的管理情况。村干部报酬、民主评议、任期和离任审计，以及奖惩情况等。

（9）党建工作情况。党组织的重要决策，党员大会的重要决定、决议，发展党员、党费收缴、民主评议党员、干部联系群众等情况。

（10）补贴兑现及补助资金使用情况。种子、粮食直接补贴、退耕还林草款物兑现，以及国家其他补贴农民、资助村集体的政策性专项补助资金的使用情况等。

（11）村民要求公开的其他事项。

（12）情况反馈。村民询问事情的答复和处理情况。

## 2. 村务公开的形式、时间和基本程序

（1）公开的形式：坚持实际、实用、实效的原则，在便于群众观看的地方设立固定的财务公开栏，同时还可以通过广播、电视、网络、"明白纸"、民主听证会等其他形式公开。

（2）公开的时间：一般的村务事项至少每季度公开一次，涉及农民利益的重大问题以及群众关心的事项要及时公开，集体财务往来较多时，财务收支情况应每月公布一次。

（3）村务公开的基本程序是：村民委员会根据本村的实际情况，依照法规和政策的有关要求提出公开的具体方案；村务监督委员会对方案进行审查、补充、完善后，提交村党组织和村民委会联席会议讨论确定；将确定的方案通过村民委员会村务公开栏及时公布。

（4）要求：推进村务事项从结果公开，向事前、事中、事后全过程公开延伸。要充分利用现代科学技术，不断创新财务公开的有效形式和手段。

## 3. 听取和处理群众的意见

（1）群众对公布的内容有疑问的，可以口头或书面形

式向村务监督委员会投诉，村务监督委员会对群众反映的问题应及时进行调查，确定内容有遗漏或不真实的，应督促村民委员会重新公布；也可以直接向村党组织、村民委员会询问，村民委员会应在10日内予以解释和答复。

（2）村民委员会要对村务公开的资料进行整理归档并妥善保管。

翁丁村支部委员会

翁丁村村民委员会

村民代表

二〇〇八年六月

## 附录六　《翁丁村调解委员会工作制度》

根据县委"村建"办有关文件精神，加强以党支部为核心的各种组织建设，扎扎实实地贯彻党的路线、方针、政策，体现出社会主义制度的优越性，使社会主义思想占领农村阵地，给国家、集体、个人三者利益得到有力的保障。切实加强调解委员会的力量，充分发挥人民调解委员会的作用；及时调解民间民事纠纷，维护社会的稳定，促进群众之间的团结，促进我村农业生产、经济的发展，特制定本制度。

1. 为加强人民群众之间的团结，维护社会稳定，帮助群众解决疑难纠纷问题。

2. 每个季度组织群众进行一次政治学习，主要学习有关政策、法律、法规，提高村民们对政策、法律的正确认识，增强村民的法律观念。

3. 认真学习《人民调解委员会组织条例》，严格遵守《条例》规定的各项原则和纪律，履行职责，大公无私，站在公平的角度，依法办事，做到以事实为依据，以法律为准绳。

4. 严格遵守《村规民约》，为集体、村民的利益着想，维护各项合法权益，全心全意为人民服务。

5. 及时调解各种民间民事纠纷，同时做好调查研究工作，热心、耐心地做好当事人的思想教育。在其中进行法律、法规和国家政策的宣传，教育公民遵纪守法。

翁丁村法调解委员会

二〇〇八年六月

## 附录七　《翁丁村团支部工作和目标管理制度》

为了切实加强以党支部为核心的团组织建设，搞好团支部的工作，教育管理好青年团员，发展团员，壮大团组织队伍，让团员在各项事业中发挥先锋模范作用，特制定以下制度，望团员和团小组遵照执行。

### 一　团支部工作制度

1. 认真学习党的路线、方针、政策，学习时事政治，拥护中国共产党的领导，执行党的政策，遵守团的章程，执行团支部的决议，履行团员的义务，做好党的有力助手和后备军。

2. 积极投身于社会主义现代化建设，学科学，用科学，树立科学技术是第一生产力的观念，在建设中国特色社会主义的过程中起到主力军和突击队的作用。

3. 维护各民族间的团结和友好关系。带领广大青年走共同富裕之路，维护社会治安稳定，敢于同一切不良行为作斗争，做遵纪守法的模范。

4. 开展文体娱乐活动，每个团小组要建立一支业余文艺队和篮球队，活跃青年文化阵地，促进两个文明共同发展。

5. 提倡社会主义道德风尚，尊老爱幼，助人为乐，认真执行婚姻法和计划生育条例。

6. 建立和完善团员花名册，入团积极分子花名册，好人好事登记册，团员活动和会议记录，团员退、离团组织转续登记簿。

7. 团支部每年须向党组织推荐 1～2 名优秀团员作为党组织的发展对象。

8. 团支部一年召开两次支部大会，上团课两次，每年的"五四"青年节，开展捐资助学，帮贫扶困工作，为群众做好事。

9. 团支部、小组结合支部活动开展工作，每年组织活动不少于四次。

10. 团员要积极参加支部小组活动，每季度缴纳一次团费，每年进行一次民主评议团员活动。

**二 团建目标管理制度**

1. 支书目标管理内容：（1）认真执行党的各项方针政策，学习时事政治，遵守团的章程，执行团的决议，履行团员义务，当好党的助手和后备军。积极投身于社会主义现代化建设，在建设中国特色社会主义的过程中起到主力军和突击队的作用。（2）团结各族青年，关心少年儿童的成长，维护社会稳定，做遵纪守法的模范。（3）开展各项文体活动，活跃青年的文化阵地，促进两个文明共同发展。
（4）团支部每年召开支部大会两次，上团课两次。每年
"五四"青年节之际，开展一次帮贫扶困，做好事活动；每
年吸收 5～10 名先进青年加入团组织。（5）每年进行一次
民主评议团员活动，评选出优秀团员和先进团小组，妥善
处置不合格团员。（6）完成团支部每年确定的目标任务。
（7）制定联系制度。支部委员、团员每年联系 1～2 名贫困
户。（8）每年开展一次"创先争优"活动，并进行表彰。

2. 团支部委员、团小组目标管理内容

（1）支委每年活动四次，每季度一次，团小组每年活
动 12 次，一个月一次。

（2）支委分工。

宣传委员：负责组织宣传、学习工作；主要带领广大
团员认真学习马列主义、毛泽东思想、邓小平理论、"三个
代表"重要思想和科学发展观；学习《团章》和现代科技
知识。

组织委员：负责负责团的组织工作，按照《团章》的
有关规定，主动向社会青年解释团的纲领，组织发动青年
积极投身于现代化事业建设中，做好推优工作，即向团支
部推荐先进青年入团，向党支部推荐优秀团员作为发展
对象。

文体委员：负责团支部的文体活动，组织青年团员开
展文艺体育活动。开展"创先争优"活动。

纪委委员：负责抓好团的纪律，教育团员做四有新人。
与违纪、违法、败坏道德作风等不良行为作斗争。

三　团员目标管理内容

团组织是先进的青年组织，是党的有力助手和后备军

力量，是党和国家联系青年的桥梁和纽带，团员要服从组织安排，遵守团的章程，执行国家的法律、法规。积极参加有益的活动，完成法定的义务，团结广大青年团员，维护社会主义道德，敢于同歪门邪道作斗争，不参与赌博、打架、斗殴、卖淫、嫖娼等违法行为，按时缴纳团费，参加团组织活动，争取做青年人的表率，勤劳致富的带头人。

翁丁村团支部

二〇〇七年五月十二日

# 附录八　《翁丁村妇代会工作制度》

根据县委基层组织建设的有关文件精神和关于农村基层党组织建设中加强村级妇女组织建设的精神要求，充分发挥妇女组织的优势，结合翁丁村的实际，制定以下工作制度：

## 一　妇代会的职责任务

1. 认真学习党的各项方针、政策，学习中国特色社会主义理论；学习法律常识，特别是《妇女权益保障法》和《未成年人保护法》等法律知识，掌握实际精神内容，发挥有效作用，教育广大妇女学法、知法、守法，能够运用法律武器保护自己，保证妇女工作的顺利开展。

2. 对全村妇女进行热爱党、热爱社会主义、热爱集体的教育；进行有理想、有道德、有文化、有纪律的教育和自尊、自信、自立、自强的教育。

3. 组织和带领全村妇女积极投身于社会主义建设中，让更多的妇女学会依靠科技致富的本领；团结带领全村的妇女走共同致富之路，为家乡的经济发展作出贡献。

4. 维护妇女儿童的合法权益，自觉抵制各种封建迷信活动；配合治保组织打击拐卖妇女儿童的人贩子；打击嫖娼、卖淫、赌博、吸毒等丑恶的社会行为，保护妇女的合法权益，促进社会的稳定和团结。

5. 教育妇女严格执行计划生育政策，向妇女进行优生、优育、优教的宣传，积极配合学校、社会做好少年儿童的教育工作，使适龄儿童都能接受正规教育，为翁丁村的发展培养合格人才，努力做一名"为国教子"的好母亲。

6. 组建妇女文艺宣传队和篮球队，组织丰富多彩的文艺体育活动，活跃翁丁村妇女的文化生活。

**二　工作制度**

1. 建立健全会议制度，每年组织召开两次妇女群众大会，主要分析研究妇女工作，以及开展活动。

2. 建立健全活动制度，每年组织一次妇女群众开展"双学双比"劳动竞赛活动，使妇女在活动中不断提高科学文化素质。开展这一活动，妇代会必须向党支部、上级妇联汇报情况，年底对工作进行全面总结，对成绩显著的个人进行表彰。

3. 建立健全代表联系制度；经各组妇女群众选出的妇女代表，每年要联系 2～3 位困难妇女，联系的主要内容是：宣传党的方针、政第，动员她们学习文化和农业科学技术；帮助确定致富路子；制订致富计划，及时反映所联系妇女的愿望和要求；教育她们严格执行计划生育政策，积极参加妇代会组织的各项活动。

4. 建立"两簿"、"一册"，即好人好事登记簿和活动登记簿，主要登记在开展活动中涌现出来的好人好事和组织活动的时间、内容，参加的人数，群众的反映和活动的效

果，"一册"即妇女花名册，主要登记全村18岁以上妇女的姓名、年龄、民族、文化程度、政治面貌等基本情况。

翁丁村村民委员会
二〇〇七年五月十二日

# 附录九　《翁丁村基层妇代会工作职责》

一、积极宣传党在农村的各项方针、政策，贯彻执行上级妇联组织及同级妇女代表大会或妇女大会的决议。

二、加强与驻村单位及其妇女组织的联系与合作，培养以妇女为主体会员的协会、联谊会和农村经济合作组织等基层群众组织，提高农村妇女组织化程度。

三、加强农村妇代会自身建设，建立和完善学习培训、工作会议、代表联系、检查考核、评比表彰等制度。

四、培养树立各类妇女典型、引导广大妇女做"四有"（有理想、有道德、有文化、有纪律）和"四自"（自尊、自信、自立、自强）新女性，不断提高妇女的整体素质。

五、组织发动本村妇女参加"双学双比"竞赛活动，引导广大妇女积极调整产业结构，参与环境治理，走科技致富道路。

六、宣传国家法律法规，加强维权工作，切实维护妇女儿童的合法权益，配合有关部门同一切侵犯妇女儿童合法权益的行为作斗争，推动维权工作的社会化、法制化进程。

七、积极开展"五好文明家庭"创建活动，大力倡导健康、文明、科学的生活方式，以家庭的平等、文明、和睦、稳定促进社会的文明进步和安定团结。

八、代表妇女参与民主管理和民主监督，倾听群众呼声，向上级反映妇女的意见和要求，做好妇女的思想宣传、教育发动工作。

翁丁村村民委员会

二〇〇七年五月十二日

## 附录十　《翁丁村民兵工作职责》

一、努力学习军事、政治和科学文化知识，勤学苦练，坚决完成训练任务。

二、自觉遵守训练纪律和各项规章制度，服从管理，防止事故发生。

三、吃苦耐劳，团结互助，认真执行各项勤务，积极完成各项任务。

四、搞好内务卫生，保持良好仪容。

五、勤俭节约、爱护武器装备和公物。

六、积极投身到抢险救灾等工作中，保护人民群众的生命和财产安全。

翁丁村村民委员会

二〇〇七年五月十八日

## 附录十一　《翁丁村治保工作制度》

根据加强农村基层各种组织建设的指示精神，为保证社会主义建设事业的顺利进行；加强团结、稳定社会秩序，稳定正常的生产、生活秩序，进行社会治安综合治理，建

立健全可行的规章制度，为此，特制定以下制度：

1. 治保委员会成员，要认真学习法律、法规知识和有关治安保卫方面的政策法规；学习掌握《村规民约》的内容，并能够熟悉运用。积极投身于社会治安综合治理工作中，稳定社会秩序，为群众负责，大公无私，全心全意为人民服务。

2. 每季度组织群众学习一次；主要带领群众学习有关政策法规；学习关于社会治安综合治理知识，使每位群众都能认识到维护社会生产，经济发展的必要性和重要性。

3. 长期对群众进行治安教育，进行防火、防盗、防毒的思想教育，认真检查生产生活中的用火、用电等问题，出现问题时及时处理，并向上级报告情况。

4. 对驾驶人员进行安全生产和运输安全教育，使他们更好地为生产合作社服务。

5. 抓好群众文体娱乐场所的管理工作，教育群众自觉地遵守《村规民约》的规定，遵纪守法，使群众能够维护共同的利益；维护社会治安稳定和正常的生活秩序。

6. 加强对社员群众的法制教育，严厉打击打架、斗殴、吸毒、贩毒、卖淫、嫖娼、赌博等违法行为，若有发现以上行为，及时批评教育处理，情节严重，不听教育批评的人员，报村务会或交公安派出所处理。

7. 加强各种节日值班制度，保证节日期间群众能愉快、顺利地过好节日。

翁丁村支部委员会

翁丁村村民委员会

村民代表

二〇〇八年六月

# 附录十二　《翁丁村维护稳定工作制度》

（一）坚持矛盾纠纷排查调处工作制度

各级社会治安综合治理组织健全，村三级治保网络完善，即村民委员会设立治保会，村小组设立治保组，分地段设立治保员。工作职责明确，做到村有调解委员会，村民小组或自然村有调解小组，每 10 户村民设治安员。

矛盾纠纷排查调处工作，要坚持"预防为主，教育疏导，依法处理，防止激化"、"属地管理"和"谁负责"的原则，每半个月要对矛盾纠纷进行一次排查，及时做好矛盾纠纷调处协调工作。力争调处在基层，化解在萌芽状态，做到"小事不出村，大事不出乡，矛盾不上交"。

（二）建立矛盾纠纷排查调处工作报告制度

要本着实事求是的精神，认真细致排查，对问题不夸大，不缩小，及时向上级维护稳定工作领导小组及办公室报告情况。排查后没有发现新问题的，实行"零报告"制度。

（三）完善稳定工作定期分析制度

村"两委"联席会要不断完善稳定工作定期分析制度，做到每季度对辖区的社会稳定工作进行一次认真分析，准确掌握情况，研究工作对策。适时调整维稳工作重点，增强维稳工作的针对性和时效性。

（四）建立和完善维护稳定工作重要情况报告制度

1. 坚持实事求是，有情必报的原则。

2. 重要情况报告的主要范围。

"法轮功"等邪教组织的活动情况；境外宗教组织和境

内非法宗教组织涉及辖区范围的活动情况；其他可能影响社会政治稳定的因素。

有可能引发打、砸、抢等突发事件的各种情况；有可能到省、市、县党政机关重大集体上访的各种动向；有可能造成伤亡、重大经济损失和社会影响的各种事件和事故；较大规模的群体性闹事、械斗事件；非法宗教组织较大规模的聚众集会、闹事事件，涉及民族、宗教事务的事件；其他影响社会政治稳定的重大事件。

3. 报告的重要情况，必须坚持实事求是的原则，基本事实要清楚。凡重要情况一般应在 24 小时内、重大事件必须在 4 小时内报告。对事态正在发展或正在处置的重大事件，要及时续报事态的发展和处置结果。

（五）建立完善以"十户联防"、义务更夫和"护村队"为基本形式的联防措施，开展群防群治。组织巡逻队定期或不定期地进行值班巡查，发现可疑的人和事，采取措施及时处理。

（六）治保委员会要定期排查（半年一次）经常违法乱纪，具有明显劣迹，处于犯罪边缘的重点人员和刑释解教人员，适时开展普法教育，并安排德高望重的人员结对帮教。建立健全相关的工作档案。

（七）调解委员会要坚持合法合理、平等自愿、不限制当事人诉讼权利的原则，调解好民间纠纷，建立健全相关的工作档案。

（八）实行维护稳定工作领导责任制

1. 支部书记为维护稳定工作第一责任人，对维护稳定工作负总责；村委会主任为直接责任人，承担直接领导责任；班子其他成员根据分工，对职责范围内的维护稳定工作负具体责任。

2. 领导干部对职责范围内维护稳定工作承担以下领导责任

（1）严格制度，强化措施，落实责任，加强对影响社会稳定的各类矛盾纠纷的排查调处，及早发现和解决各种苗头性问题，防止矛盾激化。把问题解决在基层、初始阶段；对已经发生的群体性事件，村"两委"主要领导要直接到第一线，面对面做好群众工作。及时、依法、妥善处理。

（2）完成上级交办的有关维护稳定工作事项。

3. 认真实行维护稳定责任制。不把本辖区矛盾推向社会，不把本级应处理的问题推向上级。

翁丁村支部委员会

翁丁村村民委员会

村民代表

二〇〇八年六月

# 附录十三　《翁丁村茶叶产业协会章程》

## 第一章　总则

**第一条**　为了充分利用翁丁村的区域、资源优势，因地制宜发展茶叶产业，促进农民增收，特制定本章程。

**第二条**　本协会是从事茶叶商品生产、经营的农户，按照自愿互利原则建立的专业技术经济合作组织，为会员和群众提供技术与经济信息服务。会员入会自愿，退会自由。

第三条　本协会以提高茶叶整体生产经营水平和产品质量，打造茶叶品牌，增强市场竞争力，扩大市场占有率，壮大茶叶产业为重点，以广大林农为基础，促进区域特色经济发挥最大效益。

第四条　本协会坚持以邓小平理论、"三个代表"重要思想和科学发展观为指导，广泛吸纳各方面人才，群策群力，不断增加科技含量，提高茶叶生产加工水平，逐步规范生产经营行为，杜绝无序竞争，切实维护生产者、经营者和消费者的合法权益，推动茶叶产业走健康、可持续发展的道路。

第五条　本协会坚持自愿互利和民办、民管、民受益的原则，走自我发展、自我服务、自我监督之路，实行民主选择、民主管理、民主决策、民主监督。

第六条　本协会遵守国家法律、法规，接受村"两委"的领导，在业务上接受上级主管部门和当地政府的指导，在经济活动中承担相关责任。

第七条　本协会名称：勐角乡翁丁村茶叶产业协会

第八条　本协会地址：勐角乡翁丁村

## 第二章　机构设置

第九条　协会权力机关为会员大会，由全体会员组成，设会长1名、副会长1名、秘书长1人、会员198人，每年举行一次会员大会，大会必须有三分之二以上会员出席，有三分之二以上会员通过时方可形成决议。其职权有：

（一）修改和通过本协会章程，讨论决定本协会重大问题。

（二）选举或罢免协会成员。

（三）审查批准协会的经营方式和业务发展规划。

（四）审查和通过对协会会员的奖罚决定。

**第十条**　协会根据工作需要设立：

1. 技术指导、关系协调岗

2. 无公害农药、专用肥供销岗

3. 市场调研及信息岗

4. 办公室

5. 会计 1 名

6. 出纳 1 名

## 第三章　会员

**第十一条**　凡承认并遵守本会章程，按时交纳会费，并符合下列条件之一者均可自愿申请加入本会。

（一）种植面积有 5 亩以上的林农。

（二）从事茶叶的经营生产，管理加工的林农。

（三）有能力和资格提供技术、无公害农药、肥料等的林农。

（四）热爱和支持茶叶事业的林农。

**第十二条**　入会须填写入会申请，经协会审查批准后方可入会。

**第十三条**　退会者需履行完合同或协议，经协会批准，办理退会手续后退会。

**第十四条**　在本协会活动中，有违反本协会章程的会员，视情节轻重给予警告或除名处理。

**第十五条**　会员权利

（一）参加会员大会并有表决权、选举权和被选举权，参与管理、提出建议和批评。

（二）有权建议召开会员大会。

（三）享有享受本协会提供的各种服务的优先权。

（四）享有政府或协会规定的其他优先政策。

**第十六条　会员义务**

（一）遵守本会章程，履行协会的决议。

（二）会员必须严守承诺，团结协作，营造良好的生产经营环境。

（三）积极参加本协会活动，履行会员职责。

（四）定期交纳会费。

（五）自觉维护本协会行业标准

**第十七条**　会员交纳会费标准和方式由会员大会决定。幼林期交纳会费每年每亩 0.5 元，采摘期交纳会费每年每亩 5 元。

## 第四章　业务

**第十八条**　本协会根据规定的宗旨和目的，由理事会各职能部门负责开展各自业务活动，其范围如下：

（一）执行行业标准，推行茶叶无公害生产技术。

（二）对茶叶的生产、加工、销售情况进行调查研究，为政府及有关部门制定政策、规划、标准提供依据和建议。

（三）开展业务培训和技术咨询服务，提供技术和经济信息，组织产品及技术交流活动。

（四）组织和会员之间的合作。

（五）组织开展本协会的公益事业。

## 第五章　财务

**第十九条**　经费来源：单位或个人捐赠、有偿服务收费、会员交纳的会费、盈余补充等。

**第二十条**　经费收支管理按照相关财务管理办法执行

**第二十一条**　账目实行公开制度半年一公开，接受广大会员查阅、监督。

**第二十二条**　盈余用于公益事业和协会经费补充。

### 第六章　附则

**第二十三条**　本章程未尽事宜，由会员大会负责解释。

**第二十四条**　本章程自沧源县科学技术协会核准之日起生效。

翁丁村茶叶产业协会

二○○八年四月六日

# 附录十四　《翁丁村竹子产业协会章程》

### 第一章　总则

**第一条**　为了充分利用翁丁村的区域、资源优势，因地制宜发展竹子产业，促进农民增收，特制定本章程。

**第二条**　本协会是从事竹子商品生产、经营的农户，按照自愿互利原则建立专业技术经济合作组织，为会员和群众提供技术与经济信息服务。会员入会自愿，退会自由。

**第三条**　本协会以提高竹子整体生产经营水平和产品质量，打造竹子品牌，增强市场竞争力，扩大市场占有率，壮大竹子产业为重点，以广大林农为基础，促进区域特色经济发挥最大效益。

**第四条** 本协会坚持以邓小平理论、"三个代表"重要思想和科学发展观为指导，广泛吸纳各方面人才，群策群力，不断增加科技含量，提高竹子生产加工水平，逐步规范生产经营行为，杜绝无序竞争，切实维护生产者、经营者和消费者的合法权益，推动竹子产业走健康、可持续发展的道路。

**第五条** 本协会坚持自愿互利和民办、民管、民受益的原则，走自我发展、自我服务、自我监督之路，实行民主选择、民主管理、民主决策、民主监督。

**第六条** 协会遵守国家法律、法规，接受村"两委"的领导，在业务上接受上级主管部门和当地政府的指导，在经济活动中承担有限责任。

**第七条** 本协会名称：勐角乡翁丁村竹子产业协会

**第八条** 本协会地址：勐角乡翁丁村

## 第二章　机构设置

**第九条** 协会权力机关为会员大会，由全体会员组成，设会长1名，副会长1名，秘书长1人，会员258人，每年举行一次会员大会，大会必须有三分之二以上会员出席可举行，有三分之二通过时方可形成决议。其职权有：

（一）修改和通过本会章程，讨论决定本协会重大问题。

（二）选举或罢免协会成员。

（三）审查批准协会的经营方式和业务发展规划。

（四）审查和通过对协会会员的奖罚决定。

**第十条** 协会根据工作需要设立

1. 技术指导、关系协调岗

2. 无公害农药、专用肥供销岗

3. 市场调研及信息岗

4. 办公室

5. 会计 1 名

6. 出纳 1 名

## 第三章　会员

**第十一条**　凡承认并遵守本会章程，按时交纳会费，并符合下列条件之一者均可自愿申请加入本会。

（一）种植面积有 5 亩以上的林农。

（二）从事竹子的经营生产，管理加工的林农。

（三）有能力和资格从事提供技术、无公害农药、肥料等的林农。

（四）热爱和支持竹子发展事业的林农。

**第十二条**　入会须填写入会申请，经协会审查批准后方可入会。

**第十三条**　退会者需履行合同或协议，经协会批准，办理退会手续后退会。

**第十四条**　在本协会活动中，有违反本协会章程的会员，视情节轻重给予警告或除名处理。

**第十五条**　会员权利

（一）参加会员大会并有表决权、选举权和被选举权，参与管理、提出建议和批评。

（二）有权建议召开会员大会。

（三）享有本协会提供的各种服务的优先权。

（四）享有政府或协会规定的其他优先政策。

**第十六条**　会员义务

（一）遵守本会章程，履行协会的决议。

（二）会员必须严守承诺，团结协作，营造良好的生产经营环境。

（三）积极参加本协会活动，履行会员职责。

（四）定期交纳会费。

（五）自觉维护本协会行业标准。

**第十七条** 会员交纳会费标准和方式由会员大会决定。幼林期交纳会费每年每亩0.5元，挂果期交纳会费每年每亩2元。

## 第四章 业务

**第十八条** 本协会根据规定的宗旨和目的，由理事会各职能部门负责开展各自业务活动，其范围如下：

（一）执行行业标准，推行竹子无公害生产技术。

（二）对竹子的生产、加工、销售情况进行调查研究，为政府及有关部门制定政策、规划、标准提供依据和建议。

（三）开展业务培训和技术咨询服务，提供技术和经济信息，组织产品及技术交流活动。

（四）组织和会员之间的合作。

（五）组织开展本协会的公益事业。

## 第五章 财务

**第十九条** 经费来源：单位或个人捐赠、有偿服务收费、会员交纳的会费、盈余补充等。

**第二十条** 经费收支管理按照相关财务管理办法执行。

**第二十一条** 账目实行公开制度半年一公开，接受广大会员查阅、监督。

**第二十二条**　盈余用于公益事业和协会经费补充。

## 第六章　附则

**第二十三条**　本章程未尽事宜，由会员大会负责解释。

**第二十四条**　本章程自沧源县科学技术协会核准之日起生效。

翁丁村竹子产业协会

二〇〇八年四月六日

# 后　记

　　2006 年，由中国社会科学院中国边疆史地研究中心牵头，立项开展"当代中国边疆·民族地区典型百村调查"。在"当代中国边疆·民族地区典型百村调查·云南部分"项目主持人云南大学西南边疆少数民族研究中心方铁教授的支持下，从 2007 年 8 月开始，云南大学西南边疆少数民族研究中心与临沧师范高等专科学校合作，决定选择云南省临沧市沧源佤族自治县（以下简称沧源县）翁丁村作为"当代中国边疆·民族地区典型百村调查·云南部分"子课题的一个调查点。

　　翁丁村位于沧源县勐角傣族彝族拉祜族乡，距离县城 33 公里，居住民均为佤族。这里气候温和、雨量充沛、水土丰美、环境宜人、自然资源丰富。这里至今仍保留着佤族原始民居建筑风格和传统文化，被誉为"中国最后一个原始部落"。

　　在接受中国社会科学院中国边疆史地研究中心的调研任务之后，在"当代中国边疆·民族地区典型百村调查·云南部分"项目主持人云南大学西南边疆少数民族研究中心方铁教授的悉心指导下，临沧市子课题组精心策划，注重依靠县乡各级政府相关部门和民族干部，几年里多次深入村寨调研，实施问卷调查，细心倾听佤族干部和群众的心声。历六年时间，撰写了真实客观的调研报告《佤族家园——云南省临沧市沧源佤族自治县勐角乡翁丁村调查报告》书稿。

云南省临沧市沧源佤族自治县勐角傣族彝族拉祜族乡翁丁村的调研工作主要由杨宝康教授、李国明副教授等人共同策划和完成，李国明副教授负责撰写书稿初稿，方铁教授审阅了书稿初稿并提出了宝贵的修改意见，最后由杨宝康教授统稿。

感谢云南大学西南边疆少数民族研究中心方铁教授，因为正是有了他的关心、支持和帮助，该项目的调研、撰写和出版才得以顺利进行。

感谢云南民族大学人文学院的吴晓琳博士不吝提供照片，从而大大丰富了本书的内容。

由于学力有限，加之时间仓促，书中甚或存在舛误和不足之处，恳请学界和读者不吝赐教。

杨宝康

2012 年 11 月于临沧

## 图书在版编目（CIP）数据

佤族家园：云南省临沧市沧源佤族自治县勐角乡翁丁村调查报告 / 杨宝康，李国明著 . --北京：社会科学文献出版社，2018.7

（当代中国边疆·民族地区典型百村调查 . 云南卷 . 第3辑）

ISBN 978 - 7 - 5097 - 5054 - 4

Ⅰ.①佤… Ⅱ.①杨… ②李… Ⅲ.①农村调查 - 调查报告 - 沧源佤族自治县 Ⅳ.①D668

中国版本图书馆 CIP 数据核字（2013）第 214524 号

当代中国边疆·民族地区典型百村调查：云南卷（第三辑）

佤族家园
———云南省临沧市沧源佤族自治县勐角乡翁丁村调查报告

著　　者 / 杨宝康　李国明

出 版 人 / 谢寿光
项目统筹 / 宋月华　范　迎
责任编辑 / 范　迎

出　　版 / 社会科学文献出版社·人文分社（010）59367215
　　　　　　地址：北京市北三环中路甲 29 号院华龙大厦　邮编：100029
　　　　　　网址：www. ssap. com. cn
发　　行 / 市场营销中心（010）59367081　59367018
印　　装 / 三河市龙林印务有限公司

规　　格 / 开　本：889mm × 1194mm　1/32
　　　　　　印　张：7.625　字　数：169 千字
版　　次 / 2018 年 7 月第 1 版　2018 年 7 月第 1 次印刷
书　　号 / ISBN 978 - 7 - 5097 - 5054 - 4
定　　价 / 249.00 元（共 4 册）